# THE OLD TESTAMENT
## IN GREEK

CAMBRIDGE UNIVERSITY PRESS WAREHOUSE
C. F. CLAY, Manager.
London: FETTER LANE, E.C.
Glasgow: 50, WELLINGTON STREET.

Leipzig: F. A. BROCKHAUS.
New York: THE MACMILLAN COMPANY.
Bombay and Calcutta: MACMILLAN & CO., Ltd.

# THE OLD TESTAMENT
## IN GREEK

ACCORDING TO THE TEXT OF CODEX VATICANUS,
SUPPLEMENTED FROM OTHER UNCIAL MANUSCRIPTS,
WITH A CRITICAL APPARATUS CONTAINING THE
VARIANTS OF THE CHIEF ANCIENT AUTHORITIES FOR
THE TEXT OF THE SEPTUAGINT

EDITED BY

### ALAN ENGLAND BROOKE, B.D.
FELLOW AND DEAN OF KING'S COLLEGE,

AND

### NORMAN MᶜLEAN, M.A.
FELLOW OF CHRIST'S COLLEGE, UNIVERSITY LECTURER IN ARAMAIC.

VOLUME I. THE OCTATEUCH.
PART I. GENESIS.

CAMBRIDGE
AT THE UNIVERSITY PRESS
1906

**Cambridge:**
PRINTED BY JOHN CLAY, M.A.
AT THE UNIVERSITY PRESS.

# PREFATORY NOTE TO GENESIS.

WHEN the task of preparing the larger Cambridge edition of the Septuagint was entrusted to the present editors by the Syndics of the University Press in 1895, it was settled that the first volume should contain the Octateuch (Genesis to Ruth). As the collection and arrangement of material have occupied a much longer time than was anticipated, it has been decided to publish the first volume in four parts—containing (1) Genesis, (2) Exodus and Leviticus, (3) Numbers and Deuteronomy, and (4) Joshua, Judges and Ruth—in order to place the information we have collected at the disposal of scholars as soon as possible. We are not yet able to present in final form our preface to the Octateuch, and must here confine ourselves to lists of the symbols and abbreviations used, with a short explanation of the methods adopted in our critical notes.

The object of our work is to present as clearly and fully as is possible within reasonable limits of space the evidence available for the reconstruction of the text or texts of the LXX. At an early stage of the undertaking it was decided that it would be premature to attempt to provide a reconstructed or "true" text in this edition; and that the text of the Vatican MS. should be followed wherever extant, its lacunae being supplied from the Alexandrian or another uncial MS. The text of Dr Swete's manual edition has therefore been reprinted with but few alterations. The punctuation has been revised, and a few departures from the text of the principal MS. have been made in cases where its readings are quite indefensible. Daggers († †) have been used to indicate all such departures from the MS. which are not merely corrections of itacisms, misspellings, or trivial errors of a similar kind.

The symbol placed at the top of the outer margin on each page is that of the MS. which supplies the text. A list of the MSS. and versions quoted in the notes is given in a line between the first and second sets of notes. Where an authority is extant for part of a page only, its symbol is placed in brackets.

1. The notes immediately below the text contain the itacisms and small errors of the principal MS., as well as of the other uncial MSS. quoted in the manual edition, but not of the remaining uncials, nor of any cursive MSS.[1] After the first 20 chapters of Genesis were in type, we decided from this point onwards to include in these notes also all readings of the principal MS. which are not adopted in the text, and notes on corrections in this MS. by the first or by later scribes. Its substantial variants are repeated in the main notes only where they are supported by other authorities or are important for the interpretation of the whole evidence.

2. In the main body of notes we have endeavoured to give the substantial variants found in (a) all the extant uncial MSS. and the 30 cursive MSS. selected by us as representative, (b) the chief ancient versions made from the Septuagint, (c) the writings of Philo, Josephus, and the most important of the early Christian writers. With a view to

---

[1] We are anxious to reproduce all the information contained in the notes of the manual edition, but do not think it well, in view of the large number of authorities quoted, to cumber our notes with the minutiae of other MSS. than those used by Dr Swete.

completeness, moreover, variants which are quoted by Holmes and Parsons from any of their MSS., but are not found in any of the MSS. selected by us, are given between angular brackets ⟨⟩ on the authority of their edition, the MSS. so quoted being denoted by Holmes's numbers.

The number of authorities quoted has made it desirable to exclude impossible forms and constructions, and minutiae devoid of special interest or value: but it has not been possible to follow rigid rules with absolute consistency. In recording possible variants, which *may* be only itacistic blunders, we have been to some extent guided by the character of the MS. which contains them. Where a reading is found in only one MS., its spelling is reproduced. Where two or more MSS. have the same reading but shew unimportant differences in spelling, all are credited with the forms of words such as are usually followed in the text. But in the case of proper names we have endeavoured to give all variations of spelling with the exception of such itacisms as the interchange of ι and ει, and (in some cases) of ε and αι.

In the arrangement of the notes the order of the text has of course been followed; and variants on longer portions of the text precede those on shorter portions beginning with the same word. In each set of variants words prefixed to those of the text are given first (introduced by "pr"), then alternative words, and then words added after those of the text (introduced by +). Except in the case where words are prefixed or added, we have tried to avoid quoting the same authority twice in the same set of variants—unless one of the points in question is a mere detail of spelling. But we have not always been able to carry out this rule consistently. To discover the exact reading of any MS. it is important that readers should look through the whole list of variants on the particular word or phrase in question.

When an addition or alternative reading of some length is supported by several authorities, the commonest form of the reading is given first, followed by the symbols of all the authorities which yield it general support: then the detailed variations of each authority from that type are added in double brackets ⟦ ⟧. This method, besides saving a great deal of space, seems to shew clearly at a glance what authorities really support many of the more important variants. In the case of these and other readings, where one authority differs in a single detail from the common type shewn by the authorities which otherwise support the same reading, the difference has been recorded in ordinary brackets ( ) immediately after the symbol of that authority. Where several agree in one divergence, it has been recorded in similar brackets after the list of symbols.

When the reading of the text has the support of comparatively few MSS., the positive evidence has been given immediately after the word or phrase quoted from the text and to the left of the square bracket. In such cases the symbols of those cursives which support the commonest variant are not separately enumerated, except where there has been correction by later hands, but are included under "rell" (or "omn" if all the cursives are agreed). But the symbols of all authorities other than Greek cursives are in these cases given in full. If any are omitted it is because their evidence is not decisive for or against the particular variant.

Our treatment of the several ancient versions has varied according to the character of each. The evidence of the Old Latin has been given with special fullness, not only because of its intrinsic importance, but also because of its relation to the Scripture citations of the Latin Fathers. The Syro-hexaplar is fully quoted for a different reason, viz. its extreme literalness, and the certainty with which it can be retranslated into Greek. The Armenian has the same quality though in a less degree: and the character of the

Palestinian Aramaic, where it is extant, is similar. The Ethiopic is too free to be quoted without great caution, and from the middle of Genesis onward the use of its evidence has been confined almost entirely to the cases where it agrees with some other authority or with the Hebrew original: much space has thus been saved without serious detriment[1]. The Egyptian versions are on the whole accurate translations, though they do not follow the Greek so slavishly as the Syro-hexaplar, and the Sahidic sometimes betrays a tendency to paraphrase. The evidence for some unimportant variants in the Coptic versions is very uncertain, e.g. as regards the copula before verbs (particularly in narrative), the article, and pronouns affixed to nouns and verbs. In all these cases the evidence of the version has been neglected unless it is supported by other authority[2]. Where the weak article is used in Coptic, the version has not been cited for or against the presence of the article in Greek[3].

The evidence of the versions has been quoted in Latin wherever their variants are unsupported by Greek authorities. The original languages are quoted only in a few instances where it seems necessary to emphasize some point which is in itself doubtful or which cannot be clearly expressed in Latin. The forms of proper names found in the Latin and Egyptian versions have usually been given in full, and so too the Armenian forms of all but those that frequently occur[4]. The forms of proper names found in the Syro-hexaplar have in the great majority of instances been neglected, as agreeing with those found in the Peshiṭta and evidently derived from that source: but wherever they deviate from the Peshiṭta form they have been given in the Syriac character, since there is no sufficiently trustworthy witness to their vocalisation. In the Ethiopic version the proper names are so constantly distorted and corrupt, that it has seemed best to neglect altogether its evidence on this head.

The redaction of patristic evidence has proved in some ways the most difficult and least satisfactory part of our work. To the well-known difficulties due to the unsatisfactory state of the text of most editions of the Fathers, and to the habit shewn by many writers of quoting inexactly from memory, is added that which arises from the reaction of New Testament quotations of certain passages, which were more familiar to the writers in this form than in the actual Greek of the Septuagint. There are many instances too of "conflate" quotations, where elements derived from different passages of the Old Testament have been interwoven. The fractions which indicate the proportion of support that a variant receives from a Father as compared with the total number of his quotations of the passage must be regarded as only roughly approximate. They take account only of those passages which we have decided to treat as definite quotations with respect to the particular variants to which they are attached. It is not always easy to decide whether the repetition of a verse, or part of it, in the near neighbourhood of a quotation should be treated as a separate attestation of the words. The improved texts of the Berlin and Vienna editions have been used wherever available[5]: but in most other cases we have had

---

[1] It is not often possible to quote the Ethiopic for or against the presence of possessive pronouns, and the peculiarities of its idiom prescribe silence in many cases where its apparent evidence might be misleading.

[2] The experience of preparing the notes for Genesis has shewn that the attempt to give the Bohairic evidence for the definite article, when a variant involving its presence or absence is supported by Greek authority, is unsatisfactory, and it will not be continued in Exodus.

[3] The above paragraph is in substance identical with one printed in our article on "the forthcoming Cambridge Septua-

gint" which appeared in the *Journal of Theological Studies* for July 1902.

[4] With few exceptions the Armenian version maintains throughout the same form for each proper name.

[5] Where these and other modern texts—such as Cohn and Wendland's Philo—are available, we have given a pretty full representation of manuscript evidence: and we have been supplied with this by fellow-workers in some other cases. By "ed" we denote the text as edited: readings of one or more MSS. of a Father are indicated by "cod" or "codd."

to depend on unsatisfactory texts. This is shewn only too clearly by the frequency with which two or more variants receive about equal support from the same writer. And it must be added that even when satisfactory editions of all the Fathers are available, it will still be difficult to estimate the value of their evidence without considering each quotation with special reference to its context in the works of the writer who makes it.

Of evidence derived from the writings of Josephus we have been able to make little use: his relation to the text of the LXX.—so far as he used it at all—is quite different in kind from that of the other writers whose quotations we have given. The questions of the sources from which he derived his own account of facts recorded in the Old Testament, and of his method in dealing with his materials, are such as lie outside the scope of our undertaking.

3. Our third set of notes contains the hexaplaric matter found in the margins of those MSS. which we quote continuously, and of the Syro-hexaplar version. We did not think it our duty to include in our selection all MSS. with marginal hexaplaric matter, or to collect such matter from other sources, for the result would only have been the reprinting of the greater part of Field's *Hexapla*. But when a MS. was chosen for its own text, it seemed desirable to give the whole of its evidence. We have thus added a certain amount of new matter not given by Field, but none of this is of great importance.

Our task has been greatly lightened by the generous contributions of many friends and fellow-workers, who have helped us with the collation and photographing of MSS., and with the collection of patristic quotations. But we must postpone detailed acknowledgement till the publication of the first volume as a whole.

There is however no need to delay the acknowledgement of our debt to those whose work is done. The obvious defects of the great Oxford edition of the LXX. by Holmes and Parsons, when judged by critical standards of a later age, have unfortunately done much to obscure its enormous value, especially in the volume which contains the Pentateuch. The amount and completeness of the information from Greek MSS. which this edition supplies is the more surprising the more the subject is studied. To have collected the readings of practically all the MSS. of the LXX. which were then in Europe, during the stormy years at the end of the 18th and beginning of the 19th century, was a very remarkable feat. Without this pioneer work our task would have been almost impossible, and it is only just to recognize the extent of our debt to the Oxford editors.

Among the LXX. scholars of the 19th century the name of Lagarde stands first. His contributions to the subject are too well known to need special mention here. But it would be impossible to publish our work without declaring our indebtedness to them. In April 1868 he wrote "Mea autem Genesis editione conabor uti ad instituendos iuuenes, qui integri ueteris testamenti graeci editionem parantem me possint adiuuare: nam solus tantum laborem sustinere omnino nequeo." He alone, if any one, could have "sustained the labour,"—not only of the preliminary task which has been entrusted to us, but also of its more important sequel—the reconstruction of the pre-hexaplaric text of the LXX., so far as that is now possible. We gladly testify to what we have learned from his edition of Genesis, as well as from his other writings.

Once more, it is always a pleasure to Cambridge men to have an opportunity of recording their obligations to Dr Hort. It is altogether characteristic of him that though his name is nowhere publicly connected with LXX. studies the determination of the scope of this edition was entirely his work. In his memorandum on the extent and value of extant authorities for the text of the LXX. the lines are laid down which have been followed, with but few modifications, in this edition. His hints on the best method of describing MSS., and of collecting the evidence of patristic citations, have guided the labours of those who have helped us, as well as our own. And all his pupils would say of him, as Gregory said of Origen, that much as they learned from his words they learned more from his example—παρεκάλει πλέον τοῖς ἔργοις ἢ οἷς ἔλεγεν.

To all those connected with the University Press who have been employed on the printing of our work we would express our sincere thanks for the accuracy and skill with which they have carried out their task.

## LIST OF SYMBOLS.

N.B.—The index * everywhere denotes the original writing of the scribe; and for MSS. other than BADEFS (see below) ᵃ denotes corrections by the same or an approximately contemporary hand, ᵇ corrections by a later hand.

In the case of MSS. used by Holmes and Parsons, their numbers are here given in brackets after our symbols.

### UNCIAL MSS.

B (II) Codex Vaticanus. Rome, Vatican, Gr. 1209.
  B¹ corrections by the original scribe.
  Bᵃ Bᵇ Bᶜ corrections by three successive later scribes (Dr Swete's preface, p. xix).
A (III) Codex Alexandrinus. London, Brit. Mus., Reg. I. D. v–viii.
  A¹ corrections by the original scribe.
  Aᵃ Aᵇ Aᶜ Aᵈ corrections by four successive later scribes.
D (I) Codex Cottonianus. London, Brit. Mus., Cotton MSS., Otho B. vi. 5–6.
  $D$ Grabe's collation, published by Dr H. Owen, London, 1778.
  $D^{sil}$ readings inferred from Grabe's silence.
  D the text of fragments still legible, as published in *Vetusta Monumenta* (London 1747), and by Tischendorf, Gotch, and Omont.
  D¹ ($D^1$) corrections by the original scribe or a contemporary.
  Dᵃ Dᵇ ($D^a$ $D^b$) corrections by later scribes.
E Codex Bodleianus. Oxford, Bodl., Auct. T. infr. ii. 1.
  E¹ corrections by the original scribe.
  Eᵃ Eᵇ later corrections.
F (VII) Codex Ambrosianus. Milan, Ambrosian, A. 147 infr.
  F¹ corrections by the original scribe.
  Fᵃ corrections in uncial hands.
  Fᵇ corrections in cursive hands.
G (IV, V) Codex Colberto-Sarravianus. Leyden, Univ. Libr., Voss. Gr. Q. 8.
  „       „       „       Paris, Bibl. Nat., Reg. Gr. 17.
  „       „       „       St Petersburg, Imp. Libr., v. 5.
L (VI) Codex Purpureus Vindobonensis. Vienna, Imp. Libr., Theol. Gr. 2 (Lamb.).
M (X) Codex Coislinianus. Paris, Bibl. Nat., Coislin Gr. 1. Quoted from the proof-sheets of the Rev. H. S. Cronin's edition.
S Codex Sinaiticus (ℵ). Leipzig and St Petersburg.
  On the correctors' hands see Tischendorf, as quoted in Dr Swete's preface, p. xxi.
U₂ Amherst Papyri, iii c, containing Gn. i. 1–5.
U₃ London, Brit. Mus., *pap.* ccxii, containing Gn. xiv. 17.
U₄ Oxyrhynchus Papyri 656, containing parts of Gn. xiv. xv. xix. xx. xxiv.
Δ₂ Paris, Bibl. Nat.; vellum fragments in the binding of Gr. 1397, containing portions of Gn. xxi. xxii. xxiv. These were copied for us by M. Seymour de Ricci.
Δ₃ Strassburg, Pap. Gr. 748; vellum fragments of Gn. xxv. xxvi. (see *Archiv f. Papyrusforschung* II. 224 ff.).
Δ₄ Geneva, n° 99; vellum fragments of Gn. xxxvii. (see *Revue de Philologie*, 1904, pp. 65 ff.).
Δ₆ Palimpsest fragment containing Gn. xl. 3, 4, 7 (*Expos. Times*, Nov. 1901, pp. 56 ff.).

a (15) Paris, Bibl. Nat., Coislin Gr. 2.
b (19) Rome, Chigi, R. vi. 38.
⁓ b (108) Rome, Vat. Gr. 330—used to supply
    lacunae in b and some hexaplaric
    notes. We propose to quote this MS.
    throughout the later part of the Octa-
    teuch.
c (38) Escurial, Y. 11. 5.
d (44) Zittau, A. 1. 1.
e (52) Florence, Laur., Acq. 44.
f (53) Paris, Bibl. Nat., Reg. Gr. 17ᵃ.
g (54) Paris, Bibl. Nat., Reg. Gr. 5.
h (55) Rome, Vat., Regin. Gr. 1.
i (56) Paris, Bibl. Nat., Reg. Gr. 3.
j (57) Rome, Vat., Gr. 747.
k (58) Rome, Vat., Regin. Gr. 10.
l (59) Glasgow, Univ. Libr., BE. 7ᵇ. 10.
m (72) Oxford, Bodl., Canon. Gr. 35.

n (75) Oxford, Bodl., Univ. Coll. 52.
o (82) Paris, Bibl. Nat., Coislin Gr. 3.
p (106) Ferrara, Bibl. Com., Gr. 187.
q (120) Venice, St Mark's, Gr. 4.
r (129) Rome, Vat., Gr. 1252.
s (131) Vienna, Imp. Libr., Theol. Gr. 1 (Nessel 23).
t (134) Florence, Laur., v. 1.
u        Jerusalem, Holy Sepulchre, 2.
v        Athos, Pantocrator, 24.
w (314) Athens, Bibl. Nat. 44.
x (426) London, Brit. Mus., Curzon 66.
y (121) Venice, St Mark's, Gr. 3.
z (85) Rome, Vat., Gr. 2058.
a₂      St Petersburg, Imp. Libr., 62 ⎫ (continuation
        London, Brit. Mus., Add. 20002 ⎭ of E).
b₂ (29) Venice, St Mark's, Gr. 2.
c₂ (135) Bale, AN. III. 13 (Omont 1).
d₂ (61) Oxford, Bodleian, Laud Gr. 36.

## MSS. WHOSE READINGS ARE OCCASIONALLY QUOTED (SEE ABOVE, P. ii) ON THE AUTHORITY OF HOLMES AND PARSONS.

It has occasionally been impossible to reproduce the evidence of H. & P. where it is unusually complicated, obscure, or doubtful.

14 Rome, Vat., Pal. Gr. 203.
16 Florence, Laur., v. 38.
18 Florence, Laur., Med. Pal. 242 (from the Monastery
    of S. Domenico, Fiesole).
20 Codex Dorothei.
25 Munich, Gr. 9.
30 Rome, Casanatensis, 1444.
31 Vienna, Imp. Libr., Theol. Gr. 4 (Lamb.).
32 Codex Eugenii.
37 Moscow, S. Synod., 31.
64 Paris, Bibl. Nat., Reg. Gr. 2.
68 Venice, St Mark's, Gr. 5.
71 Paris, Bibl. Nat., Reg. Gr. 1.
73 Rome, Vat., Gr. 746.
74 Florence, Laur., Acquisti da S. Marco 700 (49).

76 Paris, Bibl. Nat., Reg. Gr. 4.
77 Rome, Vat., Gr. 748.
78 Rome, Vat., Gr. 383.
79 Rome, Vat., Gr. 1668.
83 Lisbon, Archivio da Torre do Tombo 540 ff. (for-
    merly at Evora).
84 Rome, Vat., Gr. 1901.
107 Ferrara, Gr. 188.
108 Rome, Vat., Gr. 330.
118 Paris, Bibl. Nat., Reg. Gr. 6.
125 Moscow, S. Synod., Vlad. 3 (Matt. 30).
126 Moscow, S. Synod., Vlad. 38 (Matt. 19).
127 Moscow, S. Synod., Vlad. 1 (Matt. 31 a).
128 Rome, Vat., Gr. 1657.
130 Vienna, Imp. Libr., Theol. Gr. 3 (Nessel 57).

All citations of 25 and 130 throughout Genesis have been tested by the collations of these MSS. embodied in Lagarde's *Genesis graece*. Those of 31 have been checked by a collation of our own.

## ANCIENT VERSIONS.

𝔄 = Armenian (ed. Zohrab, Venice, 1805).
    𝔄-ed means Zohrab's text, 𝔄-cod or 𝔄-codd variants
    recorded in his notes.
𝔅 = Bohairic.
    𝔅ˡ Lagarde's edition, Leipzig, 1867.
    𝔅ʷ Wilkins's edition, London, 1731.
    𝔅ᵖ Paris Bibl. Nat. Copt. 1, quoted for Genesis only.
ℭ = Sahidic.
    ℭᶜ Ciasca's edition, Rome, 1885.
    ℭᵐ Maspéro's edition (*Mémoires de la Mission
        Archéologique Française au Caire*, Tom. vi.
        Paris, 1892). ℭ-cod is a Bodleian MS. quoted
        by Ciasca. A few fragments in Paris (Bibl.
        Nat., Copt. 129 b) not published by Maspéro
        have been quoted under the symbol ℭᵖ.
    ℭᵇ fragments in the British Museum (Or. 5287)
        hitherto unpublished.

𝔈 = Ethiopic.
    𝔈ᶜ Dillmann's codex C.
    𝔈ᶠ   „      „      F.
    𝔈ᵖ Paris, Bibl. Nat., Eth. 3 (Zotenberg), collated
        throughout Genesis for our edition.
𝕷 = Old Latin.
    𝕷ᵇ Belsheim's edition of the Vienna palimpsest.
    𝕷ʳ Robert's edition of the Lyons Octateuch.
    𝕷ᵛ Extracts given by Vercellone, *Variae Lectiones*.
    𝕷ʷ Ranke's edition of the Würzburg palimpsest.
𝔓 = Palestinian Aramaic, contained in Mrs Lewis's
    edition of the Lectionary (*Studia Sinaitica*,
    no. vi).
𝔖 = Syro-hexaplar (ed. Lagarde, *Bibliothecae Syriacae*).
    𝔖-ap-Barh quotations from 𝔖 in the *Ausar Rāzē* of
    Barhebraeus.

(1) *Greek.*

**Philo.** Cohn and Wendland, completed from Mangey.

**Phil-arm** = Armenian fragments published by Aucher.

**Phil-lat** = Fragments of a Latin version of the *Quaest. in Gen.* published by Conybeare in *Expositor*, 4th series, vol. iv, in two recensions (¹²).

[N.B. **Phil-arm** and **Phil-lat** are quoted only where the variant is supported by no quotations of Philo extant in Greek. The symbol **Phil** therefore = Greek evidence from Philo, whether alone or supported by quotations which are extant only in Armenian or Latin.]

**Josephus.** Niese.

**N.T. authors.**

**Ev** or **Evan** = Gospels.

**Acta** = Acts.

**Paul** = Pauline epistles.

**Heb** = Epistle to the Hebrews.

**Cath** = Catholic epistles.

**Apoc** = Apocalypse.

[N.B. The N.T. quotations have been treated in Genesis like all the quotations of other writers. Their evidence is given only where they support definite variants, and quotations too loose or periphrastic to afford such evidence are passed over in silence. We have come to the conclusion that this method results in a somewhat inadequate treatment of such early and important evidence, and from Exodus onwards we propose to give the full text of definite quotations by N.T. writers in our main set of notes.]

**Apostolic Fathers.** Lightfoot and Harmer.

**Clem-R** = Clement of Rome.

**Barn** = Barnabas.

**Justin Martyr.** Otto.

**Other apologists.** Otto.

**Theoph** = Theophilus.

**Clement of Alexandria.** Potter.

*Paedagogus* and *Protrepticus.* Stählin.

**Hippolytus.** Bonwetsch and Achelis.

*Philosophumena.* Duncker and Schneidewin.

**Origen.** *C. Celsum.* Koetschau.

*Hom. in Jerem.* &c. Klostermann.

*Comm. in Joann.* Preuschen.

Brooke.

*Philocalia.* Robinson.

The remainder from Lommatzsch.

Use has been made of Lagarde's index of quotations in Origen, which is among the MSS. forming Lagarde's "Nachlass" in the University Library at Göttingen.

**Or-gr** = works of Origen extant in Greek.

**Or-lat** = works of Origen extant only in Latin translations.

**Or** is a symbol used only where the variant is found both in Greek works and in Latin translations.

**Adamantius.** Bakhuyzen.

**Eusebius.** *Hist. Eccl.*, Bks i–v. Schwartz.

Bks vi–x. Heinichen.

*Vita Constant.* &c. Heikel.

*Praepar. Evang., Demonstr. Evang., Eclogae Prophet.* Gaisford.

The remainder from Migne.

[N.B. We have confined ourselves to those works of Eusebius that are extant in Greek.]

**Onomasticon Eusebii.** Klostermann.

**Athanasius.** Padua edition (1777).

**Cyr-hier** = Cyril of Jerusalem. Touttée.

**Chrysostom.** Savile.

We have used Lagarde's index of quotations in Chrysostom preserved at Göttingen.

**Thd** = Theodore of Mopsuestia. Migne.

**Thd-syr** = works of Theodore extant in Syriac (ed. Sachau).

**Cyril of Alexandria.** Aubert.

**Jul-ap-Cyr** = the text of Julian as quoted by Cyril.

**Thdt** = Theodoret. Schulze.

**A-Z** }
**T-A** } = The dialogues of Athanasius and Zacchaeus, and of Timothy and Aquila, ed. Conybeare.

(2) *Latin.*

**Irenaeus.** Stieren (supplemented by Mr H. N. Bate's collation of the Cheltenham MS.).

**Cyprian.** The quotations were collected by Prof. F. C. Burkitt from Hartel's edition. They have been supplemented from Mr C. H. Turner's collations of fresh MSS.

**de-P-C** = De Pascha Computus. Hartel. Quotations collected by Prof. Burkitt, who recollated the text of the MS. in the British Museum.

**Novatian.** Migne.

**Hilary.** Migne, corrected from Vienna edition where available.

*De Mysteriis.* Gamurrini.

**Lucifer of Cagliari.** Hartel.

**Tyconius.** Burkitt.

**Priscillian.** Schepss.

**Speculum**, *i.e.* Liber de Divinis Scripturis, quod fertur Augustini. Weihrich.

**Anon**¹⁻⁴ = the anonymous Chronicle, preserved in two recensions at Lucca and Turin, edited by Lagarde in *Septuagintastudien*, 2ᵉʳ Theil.

**Tractatus de Sanctis Scripturis.** Batiffol.

**Vulgate.** Quoted occasionally, where some of the Latin writers usually quoted follow its readings, and their evidence is accordingly omitted, as of no value in witnessing to the text of the LXX.

circ = *circiter*.

cod = *codex*, i.e. one manuscript.

cod-unic = *codex unicus*, the only extant manuscript.

codd = *codices*, i.e. two or more manuscripts.

codd-omn = *codices omnes*, all the extant manuscripts.

ed = *in editione*, i.e. according to the text of the edition used.

ex corr = *ex correctura*.

ext lin = *extra lineas*, i.e. projecting beyond the beginning or end of a line.

incl = *inclusit* or *incluserunt*.

inscr = *inscripsit* or *inscripserunt*.

int lin = *intra lineas*, i.e. above or below the line.

mg = *in margine*.

om = *omittit* or *omittunt*.

omn = *omnes*, i.e. all the selected cursives.

pr = *praemittit* or *praemittunt*.

ras = *rasum* or *rasura*. Ras (1), ras (2) mean one letter erased, two letters erased, and so on.

rec man = *recenti manu*.

rescr = *rescripsit*.

rell = *reliqui*, i.e. the rest of the selected cursives.

s. = *siue*.

sine nom = *sine nomine* s. *nominibus*, i.e. with the omission of the signs α΄, σ΄ &c.

subscr = *subscripsit* or *subscripsernnt*.

sup ras = *supra rasuram*.

suprascr = *suprascripsit*.

txt = *in textu*.

uid = *ut uidetur*.

α΄ = 'Ακύλας, Aquila.

ἐβρ = ὁ ἐβραῖος.

θ΄ = Θεοδοτίων.

οἱ λ = οἱ λοιποί, i.e. the other translators.

σ΄ = Σύμμαχος.

σαμ. = τὸ σαμαρειτικόν.

## OTHER SIGNS.

: is used to separate variants on the same word or phrase.

[ is used to separate variants on one word or phrase from those on another.

] separates the word or phrase in the text from the variants on it. N.B. The mention of the word or phrase in the text is omitted where there is only one variant, and it is obvious to what word or phrase it belongs. Where positive evidence is quoted (see above, p. ii) it is given between the word or phrase and the square bracket.

[ ] Words or parts of words which cannot be clearly read are enclosed in square brackets.

( ) after a symbol contain a peculiarity of spelling or wording found only in that authority. Where however symbols are included within the brackets the peculiarity is found in all the authorities so denoted.

(?), which indicates doubt, usually refers only to the letter immediately preceding.

( ) containing a number (1) when prefixed to a word taken from the text indicate the verse to which it belongs, (2) after "ras" indicate the number of letters erased.

[[ ]] See above, p. ii.

( ) enclose all information which is given on the authority of Holmes and Parsons.

+ introduces an addition which comes after the words quoted from the text.

– In any list of cursive MSS. a–d = abcd, k–n = klmn, and so on.

— between two words taken from the text indicates that the intervening words are included.

... between two words taken from the text indicates that the intervening words are not included in those for which the variants form an equivalent.

... at the end of an incomplete word or phrase indicates that the completion is wanting or cannot be read.

§ = *incipit*.

¶ = *explicit*.

† † are placed before and after words in the text in respect of which the reading of the principal MS. has been departed from.

✳ is the hexaplaric asterisk.

+ is the hexaplaric obelus. Varying forms of this (÷ ~) are only noted for 𝔖.

⋌ is the hexaplaric metobelus.

1°, 2°, &c. indicate the first, second, &c. time the word or phrase occurs in the verse.

A fraction after the name of an authority shews by the denominator the number of times that the words in question are quoted by that authority, and by the numerator the number of times that it supports the particular variant. Thus e.g. Cyr$\frac{2}{4}$-ed$\frac{1}{1}$-cod$\frac{1}{1}$ means that out of four quotations of the word in Cyril, two have the particular variant according to all the evidence known to us: in the third quotation the edited text of Cyril has it, but a MS. or MSS. differ; while in the fourth case only one MS. is known to have the variant, which is not found in the edited text of the Father.

# ΓΕΝΕΣΙΣ ΚΟΣΜΟΥ

1 ¹ΕΝ ΑΡΧΗ ἐποίησεν ὁ θεὸς τὸν οὐρανὸν καὶ τὴν γῆν. ²ἡ δὲ γῆ ἦν ἀόρατος καὶ ἀκατα- Α §U₂
3 σκεύαστος, καὶ σκότος ἐπάνω τῆς ἀβύσσου· καὶ πνεῦμα θεοῦ ἐπεφέρετο ἐπάνω τοῦ ὕδατος. ³καὶ
4 εἶπεν ὁ θεός Γενηθήτω φῶς· καὶ ἐγένετο φῶς. ⁴καὶ Ἴδεν ὁ θεὸς τὸ φῶς ὅτι καλόν· καὶ διε-
5 χώρισεν ὁ θεὸς ἀνὰ μέσον τοῦ φωτὸς καὶ ἀνὰ μέσον τοῦ σκότους. ⁵καὶ ἐκάλεσεν ὁ θεὸς
τὸ φῶς ἡμέραν, καὶ τὸ σκότος ἐκάλεσεν νύκτα. καὶ ἐγένετο ἑσπέρα καὶ ἐγένετο πρωί, ἡμέρα
6 μία.¶ ⁶Καὶ εἶπεν ὁ θεός Γενηθήτω στερέωμα ἐν μέσῳ τοῦ ὕδατος, καὶ ἔστω διαχωρίζον ¶U₂
7 ἀνὰ μέσον ὕδατος καὶ ὕδατος· καὶ ἐγένετο οὕτως. ⁷καὶ ἐποίησεν ὁ θεὸς τὸ στερέωμα· καὶ διε-
χώρισεν ὁ θεὸς ἀνὰ μέσον τοῦ ὕδατος ὃ ἦν ὑποκάτω τοῦ στερεώματος, καὶ ἀνὰ μέσον τοῦ ὕδατος
8 τοῦ ἐπάνω τοῦ στερεώματος. ⁸καὶ ἐκάλεσεν ὁ θεὸς τὸ στερέωμα οὐρανόν· καὶ Ἴδεν ὁ θεὸς ὅτι
9 καλόν. καὶ ἐγένετο ἑσπέρα καὶ ἐγένετο πρωί, ἡμέρα δευτέρα. ⁹Καὶ εἶπεν ὁ θεός Συνα-
χθήτω τὸ ὕδωρ τὸ ὑποκάτω τοῦ οὐρανοῦ εἰς συναγωγὴν μίαν, καὶ ὀφθήτω ἡ ξηρά· καὶ ἐγένετο
οὕτως. καὶ συνήχθη τὸ ὕδωρ τὸ ὑποκάτω τοῦ οὐρανοῦ εἰς τὰς συναγωγὰς αὐτῶν, καὶ ὤφθη ἡ
10 ξηρά. ¹⁰καὶ ἐκάλεσεν ὁ θεὸς τὴν ξηρὰν γῆν, καὶ τὰ συστήματα τῶν ὑδάτων ἐκάλεσεν θαλάσσας·
11 καὶ Ἴδεν ὁ θεὸς ὅτι καλόν. ¹¹καὶ εἶπεν ὁ θεός Βλαστησάτω ἡ γῆ βοτάνην χόρτου, σπεῖρον
σπέρμα κατὰ γένος καὶ καθ' ὁμοιότητα, καὶ ξύλον κάρπιμον ποιοῦν καρπόν, οὗ τὸ σπέρμα αὐτοῦ

2 επεφερετο E | υδατος E      4 ειδεν A¹(rescr Aᵈ)      6 γενηθητω E | εμμεσω A(uid)E
10 συστεματα A      11 σπειρον] στει E

EM(U₂) abd–jl–rtvwyc₂d₂ 𝔄𝔅𝔈𝔚

Inscr γενεσις κοσμου Ay Theoph] γενεσις EMabdhijln (γενεσεις nᵃ)pqtvw: η γενεσις m: η γενεσις μωσεως o: η βιβλος των γενεσεων r: αρχη των γενεσαιων f: του αγιου προφητου μωσεως συγραφη εις την κοσμογενεσιν e: om gc₂
1–25 multa euanida rescripsit Aᵈ qui etiam accentus addidit
2 om ην Chr½ | σκοτος]+ην n𝔅𝔚 Or-lat Chr½ de-P-C Hil: ⟨+ετεκειτο 68⟩ | θεου] pr των Eus¼ Cyr-hier-ed | om εταιω 2° Cyr½ | του υδατος] ου υδατος sup ras M: των υδατων 𝔅 Just Clem Or-lat de-P-C-codd Hil
3 om εται 1°] pr το p | om και εγενετο φως q°
4 om ο θεος 1° f | om το φως b Eus | om ο θεος 2° (78) Theoph Hip | φωτος] σκοτους Hip | σκοτους] φωτος Hip
5 om και 1°—νυκτα U₂ | om ο θεος Phil-codd Hip | (om το 2° 31) | μια] πρωτη (20) 𝔅
6 om και εστω—υδατος 3° w | εστω] εσται bp Thdt½ | υδατος 2°—(7) εποιησεν in mg sup ras Aᵃ | om και υδατος 𝔅 | υδατος 3°] inter aquam 𝔅ˡ | om και εγενετο ουτως iᵇ

7 om και 1°—στερεωμα eᵃ | om και 2°—(8) στερεωμα m | om ο θεος 2° d Theoph Or-lat | ο ην υποκατω] ου ην υποκατω o: του υποκατω n𝔄-ed(uid): του εταιω f Or-lat Thdt½ | εταιω] υπερανω (37.125) Hip: υποκατω f Or-lat Thdt½ | στερεωματος 2°] + και εγενετο ουτως efhjltvc₂d₂°
8 om και ιδεν—καλον y°𝔄-codd
9 το υδωρ 1°] τα υδατα Eus | το 2°] om Or-gr-codd ½ Eus T-A | στερεωματος T-A | εις συναγωγην μιαν] εις τας συναγωγας αυτων mr: εν ταις συναγωγαις iᵃ(uid): om T-A | om και 3°—ξηρα 2° i | και 4°—ξηρα 2°] sub+jv: om n | om το υδωρ το υποκατω του ουρανου 𝔚 Theoph | αυτων] αυτου o
10 των υδατων] του υδατος v𝔅ˡʷ
11 βλαστησατω] εξενεγκατω Cyr½: εξαγαγετω Cyr-hier Chr½ | σπειρον] σπειροντος Or-lat Eus-cod½ | κατα γενος 1°] om Eus½: secundum suum genus Hil | om και καθ ομοιοτητα Eus½ Cyr-hier-codd | ομοιοτητα 1°] ομοιωσιν y | ξυλον] pr παν Eus½ | καρπον]+ το το γενος αυτων j(mg)v(mg) (127 (sub ✻)): ⟨+κατα γενος αυτων 78⟩: + secundum genus suum 𝔄 | ου]

1–5 (α′) εν κεφαλεω εκτισεν θ̄σ συν τον ουρανον και τ[η]ν γην η δε γη ην κενωμα και [ο]υθεν και [ε]ιπεν θ̄σ [γ]ε[ν]ηθητω φω[σ και] εγεν[ετ]ο φως [και ειδε]ν θ̄ το φω[σ ο]τι αγαθον .. διεχ[ωρισεν] θ̄ μεταξυ φω[τος] κτ μεταξυ του [σκοτο]υς και εγενετο εσ[π]ερα και [....π]ρωι η[μ]ερα πρωτη U₂
    Σ εν αρχη α′ εν κεφαλαιω: εβρ. βρασιθ c₂
2 αορ. και ακατ.] α′ κενωμα και ουθεν j𝔖-ap-Barh: σ′ αργον και αδιακριτον jc₂𝔖-ap-Barh: θ′ θεν και ουθεν c₂: θ′ aliquid et nihil 𝔖-ap-Barh
7 (και εγενετο ουτως)] ενθα κειται ο αστερισκος κειται μεν εν τω εβραικω ου φερεται δε παρα τοις ο′ j
9 (και εγενετο ουτως)] α′ σ′ συστημα jv | και 4°—ξηρα 2°] ενθα κειται ο οβελισκος ου κειται εν τω εβραικω παρα μονοις δε φερεται τοις εβδομηκοντα jv(ο οβελισκος) οβελος)
11 σπειρον (?)] α′ σπερματιζοντα j

A ἐν αὐτῷ κατὰ γένος εἰς ὁμοιότητα ἐπὶ τῆς γῆς· καὶ ἐγένετο οὕτως. [12]καὶ ἐξήνεγκεν ἡ γῆ βοτάνην 12
χόρτου, σπεῖρον σπέρμα κατὰ γένος καὶ καθ' ὁμοιότητα, καὶ ξύλον κάρπιμον ποιοῦν καρπόν, οὗ
τὸ σπέρμα αὐτοῦ ἐν αὐτῷ κατὰ γένος ἐπὶ τῆς γῆς. καὶ ἴδεν ὁ θεὸς ὅτι καλόν. [13]καὶ ἐγένετο 13
§ D §ἑσπέρα καὶ ἐγένετο πρωί, ἡμέρα τρίτη. [14]Καὶ εἶπεν ὁ θεός Γενηθήτωσαν φωστῆρες ἐν 14
τῷ στερεώματι τοῦ οὐρανοῦ εἰς φαῦσιν τῆς γῆς, καὶ ἄρχειν τῆς ἡμέρας καὶ τῆς νυκτός, καὶ δια-
χωρίζειν ἀνὰ μέσον τῆς ἡμέρας καὶ ἀνὰ μέσον τῆς νυκτός· καὶ ἔστωσαν εἰς σημεῖα καὶ εἰς καιροὺς
καὶ εἰς ἡμέρας καὶ εἰς ἐνιαυτούς· [15]καὶ ἔστωσαν εἰς φαῦσιν ἐν τῷ στερεώματι τοῦ οὐρανοῦ, ὥστε 15
φαίνειν ἐπὶ τῆς γῆς. καὶ ἐγένετο οὕτως. [16]καὶ ἐποίησεν ὁ θεὸς τοὺς δύο φωστῆρας τοὺς μεγά- 16
λους, τὸν φωστῆρα τὸν μέγαν εἰς ἀρχὰς τῆς ἡμέρας καὶ τὸν φωστῆρα τὸν ἐλάσσω εἰς ἀρχὰς τῆς
νυκτός, καὶ τοὺς ἀστέρας. [17]καὶ ἔθετο αὐτοὺς ὁ θεὸς ἐν τῷ στερεώματι τοῦ οὐρανοῦ, ὥστε φαίνειν 17
ἐπὶ τῆς γῆς, [18]καὶ ἄρχειν τῆς ἡμέρας καὶ τῆς νυκτός, καὶ διαχωρίζειν ἀνὰ μέσον τοῦ φωτὸς καὶ 18
ἀνὰ μέσον τοῦ σκότους· καὶ ἴδεν ὁ θεὸς ὅτι καλόν. [19]καὶ ἐγένετο ἑσπέρα καὶ ἐγένετο πρωί, ἡμέρα 19
¶ D τετάρτη.¶ [20]Καὶ εἶπεν ὁ θεός Ἐξαγαγέτω τὰ ὕδατα ἑρπετὰ ψυχῶν ζωσῶν καὶ πετεινὰ 20
πετόμεν[α] ἐπὶ τῆς γῆς κατὰ τὸ στερέωμ[α τοῦ] οὐρανοῦ· καὶ ἐγένετο οὕτως. [21]καὶ ἐποίησεν 21
ὁ θεὸς τὰ κήτη [τὰ με]γάλα καὶ πᾶσαν ψυχὴν [ζῴων ἑρπε]τῶν, ἃ ἐξήγαγεν [τὰ ὕδατα κατὰ γένη
αὐτῶν], καὶ πᾶν πετεινὸν πτ[ερωτὸν] κατὰ γένος· καὶ ἴδεν ὁ [θεὸς ὅτι καλά]. [22]καὶ ηὐλόγησεν 22
αὐτὰ ὁ θ[εὸς λέγων] Αὐξάνεσθε καὶ πληθ[ύνεσθε, καὶ] πληρώσατε τὰ ὕδατα [ἐν ταῖς θα]λάσσαις,
καὶ τὰ πετε[ινὰ πληθυ]νέσθωσαν ἐπὶ τῆς [γῆς. [23]καὶ ἐγέ]νετο ἑσπέρα καὶ ἐγ[ένετο πρωί], ἡμέρα 23
πέμπτη. [24]Καὶ εἶπεν ὁ θεός Ἐξαγαγ[έτω ἡ γῆ ψυχὴν] ζῶσαν κατὰ γένος, [τετράποδα] 24

21 κατα 2° A*(uid)] καὶ πᾶ A[d] 22 αυξανεσθαι A

(*D*)EMabd–jl–rtvwy$c_2d_2$𝔄𝔅𝔈𝔓

ουτινος j(mg)v(mg) | ⟨κατα γενος εν αυτω 74⟩ | om εν αυτω q | κατα γενος εις ομ. A[a?]𝔄] εις ομ. κατα γενος Ehtv Thdt ½: κατα γενος και καθ ομ. Mi[b]r: καθ ομ. κατα γενος ⟨20⟩ Chr-codd Thdt ½: om κατα γενος A*(hab A[a?] mg) q Theoph: om εις ομοιοτητα bdfgi*mnpwy$c_2$𝔅𝔈 Or-gr Eus Chr-ed Thd-syr: καθ ομοιοτητα aejlo$d_2$ 𝔓 Or-lat | om επι της γης Theoph | της γης] την γην o | om και εγενετο—(12) γης bd

12 εξηνεγκεν] εξηγαγεν i[a]r | om χορτου 𝔈[fp] | σπειρον σπερμα] *semen seminantis* Or-lat | κατα 1°—ομοιοτητα] om και καθ ομοιοτητα Theoph: *quod est super omnem terram* 𝔄-ed: + eadem 𝔄-codd: ⟨+ επι της γης 37.63⟩ | ποιουν καρπον] om i* (hab ποι i[a]): ⟨+ ※εις το γενος αυτων 127⟩ | ου] ουτινος j(mg)v(mg) | om αυτου Theoph | αυτω] + *faciens fructum* Or-lat | om καλον l*

13 om ημερα 𝔅[p(txt)]𝔓

14 εις φαυσιν] εις φωτισμον v(mg): ωστε φαινειν En𝔈(uid)𝔓 Or-lat Eus Thd-syr de-P-C: + της ημερας του φαινειν r | της γης ADMehjq Ath ½] pr επι E rell 𝔄𝔈𝔓 Theoph Or-lat Eus Ath ½ Chr Thd Cyr de-P-C | και αρχειν—νυκτος 1° Alnr Ath ½] και αρχετωσαν (D)—νυκτος *D** (rescr *D*[a]): om EM rell 𝔄𝔅𝔈𝔓 Theoph Or-lat Eus Ath ½ Chr Thd-syr de-P-C | om και διαχ.—νυκτος 2° l Eus Ath ½ | και 4° AEMjnr𝔄𝔅𝔈𝔓 Theoph* Or-lat Ath ½ de-P-C] om h: του D rell Chr: ωστε ⟨78⟩ Theoph[b] | της ημερας 2°] του φωτος n | ⟨om και ανα μεσον της νυκτος 71⟩ | της νυκτος 2°] του σκοτους n | om και εστωσαν—εις ενιαυτους dp | εις 3°—ημερας] *in diebus et in mensibus et in temporibus* de-P-C-ed | om εις 3° n Or-lat Hil | και εις ενιαυτ. και εις ημερας Thdt | om και εις ημερας Cyr-hier Hil | om εις 5° *D* Eus-cod ½ Hil

15 om ωστε Theoph Ath

16 om δυο Thd-syr | τον φωστηρα 1°] pr *et* Or-lat ½ | om εις αρχας 1°—ελασσω n* | om και 3°—(18) νυκτος f

17 om ο θεος dp Eus Ath Thdt | ωστε φαινειν] εις φαυσιν Thdt

18 φωτος] σκοτους l𝔈[cf] | om ανα μεσον 2° 𝔅[pw] | σκοτους] φωτος l𝔈[cf]

20—25 quae uncis incl sunt perier in A

20 τα υδατα] *terra* 𝔈[fp] | om ερπετα b | ζωσων] + κατα γενος g Eus ½ Chr ½ | πετεινα] pr τα Thdt ½ | om επι της γης g Eus Chr Thdt | ουρανου] + κατα γενος g | om και εγενετο ουτως Chr

21 ψυχην πασαν h | ζωων] ζωσων i[b]or𝔄(uid): ζωσαν gm𝔅𝔈(uid) | ερπετων—υδατα] *quae produxerunt reptilia aquarum* 𝔅[pw] | ερπετων] πετεινων o | om α ej | εξηγαγον y | υδατα] + εν ταις θαλασσαις n | γενη] γενος ei*jl$d_2$[a]𝔄𝔅𝔈𝔓 Or-lat Thd-syr | om αυτων 𝔅 | και παν—γενος] om dg(spat relict)p: hab post καλα 𝔈[fp] | πετ. πτερ.] ⟨πτερ. πετ. 79⟩: om. πτερ. r𝔅 | γενος] + αυτων t Or-lat | καλα] καλον inr$d_2$𝔓 Thdt

22 om ο θεος d Or-lat | λεγων] και ειπεν o: ⟨om 126⟩ | om και πληθυνεσθε a | τα 1°—θαλασσαις] *terram* 𝔈 | υδατα] + τα egjlty 𝔄𝔅𝔓 Or-lat Chr | εν ταις θαλασσαις] της θαλασσης Theoph | πληθυνεσθωσαν] πληθυνεσθω degi*jopqt$c_2d_2$: πληθυνετω Theoph | της γης] om της p

23 om εγενετο 2° Or-lat | om ημερα f

24 ο θεος] pr *Dominus* 𝔅 | εξαγετω o | γη ψυχην] ψυχη n* | ψυχην—γενος 1°] om Eus Chr ½: om ψυχην ζωσαν κατα 𝔈: om κατα γενος 𝔅 Thdt: ⟨+ και τα κτηνη και παντα τα ερπετα της γης κατα γενος 76⟩ | τετραποδα] pr και l | om και 2° r𝔈[p] Chr ½ Thdt | και θηρια] om E Chr ½: om και $c_2$ (uid) 𝔅𝔈[p] | θηρια] pr τα f: κτηνη Thdt | της γης] om g: pr επι t Chr ½: και παν κτηνος Chr ½: + και τα κτηνη και παντα τα ερπετα της γης abdhioptw$c_2d_2$ Chr ½: ⟨+ και παντα τα ερπετα 74⟩ | κατα γενος 2°] om h: + και τα κτηνη κατα γενος και παντα τα ερπετα

12 σπειρον] α' σ' σπερματιζοντα j(sine nom)v 21 τα κητη τα μεγ.] τους δρακοντας τους μεγαλους $c_2$

25 καὶ ἑρπετὰ καὶ θηρί[α τῆς γῆς κατὰ] γένος, καὶ ἐγένετο [οὕτως]. [25]καὶ ἐποίησεν ὁ θεὸς τὰ [θηρία A
τῆς γῆς] κατὰ γένος καὶ τὰ κτ[ήνη κατὰ γέ]νος καὶ πάντα τὰ ἑρπ[ετὰ τῆς γῆς] κατὰ γένος αὐτῶν·
26 καὶ ἴδεν ὁ θεὸς ὅτι καλά. §[26]καὶ εἶπεν ὁ θεός Ποιήσωμεν ἄνθρωπον κατ᾽ εἰκόνα ἡμετέραν καὶ § D
καθ᾽ ὁμοίωσιν· καὶ ἀρχέτωσαν τῶν ἰχθύων τῆς θαλάσσης καὶ τῶν πετεινῶν τοῦ οὐρανοῦ καὶ τῶν
27 κτηνῶν καὶ πάσης τῆς γῆς καὶ πάντων τῶν ἑρπετῶν τῶν ἑρπόντων ἐπὶ τῆς γῆς. [27]καὶ ἐποίησεν
28 ὁ θεὸς τὸν ἄνθρωπον, κατ᾽ εἰκόνα θεοῦ ἐποίησεν αὐτόν· ἄρσεν καὶ θῆλυ ἐποίησεν αὐτούς. [28]καὶ
ηὐλόγησεν αὐτοὺς ὁ θεὸς λέγων Αὐξάνεσθε καὶ πληθύνεσθε, καὶ πληρώσατε τὴν γῆν καὶ κατα-
κυριεύσατε αὐτῆς, καὶ ἄρχετε τῶν ἰχθύων τῆς θαλάσσης καὶ τῶν πετεινῶν τοῦ οὐρανοῦ καὶ
πάντων τῶν κτηνῶν καὶ πάσης τῆς γῆς καὶ πάντων τῶν ἑρπετῶν τῶν ἑρπόντων ἐπὶ τῆς γῆς.
29 [29]καὶ εἶπεν ὁ θεός Ἰδοὺ δέδωκα ὑμῖν πᾶν χόρτον σπόριμον σπεῖρον σπέρμα, ὅ ἐστιν ἐπάνω πάσης
τῆς γῆς· καὶ πᾶν ξύλον, ὃ ἔχει ἐν ἑαυτῷ καρπὸν σπέρματος σπορίμου· [ὑ]μῖν ἔσται εἰς βρῶσιν,
30 [30]καὶ πᾶσι [τοῖ]ς θηρίοις τῆς γῆς καὶ πᾶσι [τοῖ]ς πετεινοῖς τοῦ οὐρανοῦ [καὶ π]αντὶ ἑρπετῷ τῷ
ἕρπον[τι ἐπὶ τῆς] γῆς, ὃ ἔχει ἐν ἑαυτῷ [ψυχὴ]ν ζωῆς· καὶ πάντα χόρ[τον χλ]ωρὸν εἰς βρῶσιν.
31 καὶ [ἐγένετ]ο οὕτως. [31][καὶ ἴδεν ὁ] θεὸς τὰ πάντα §ὅσα ἐποίη[σεν, καὶ] ἰδοὺ καλὰ λίαν. καὶ § x
II 1 ἐγέ[νετο ἑσ]πέρα καὶ ἐγένετο πρωί, [ἡμέρα ἕ]κτη.¶ [1][Καὶ συνετε]λέσθησαν [ὁ οὐρανὸς κ]αὶ ¶ D
2 ἡ γῆ καὶ πᾶς ὁ κόσμος [αὐτῶν. [2]κ]αὶ συνετέλεσεν ὁ θεὸς [ἐν τῇ ἡμέρᾳ] τῇ ἕκτῃ τὰ ἔργα αὐτοῦ

27 θυλυ D 28 ευλ[ογησεν] D | πληθυνεσθαι A 29 σπειρων A

($D$)EMabd–jl–rtvw(x)y$c_2d_2$ 𝔄𝔅𝔈𝔓

της γης κατα γενος ejn(ερπετα] τετραποδα): ⟨+ και τα κτηνη κατα γενος 83⟩ : + *et omnia reptilia terrae secundum genus* 𝔅 | om και εγεν.—(25) αυτων g(spat relict) | om και εγεν.—(25) γενος 2° 𝔓 | om και εγεν.—(25) γενος 1° w | και εγενετο ουτως] και καθ ομοιοτητα Chr $\frac{1}{2}$

**25** τα θηρια—αυτων] *pecora secundum genus* 𝔈$^{fp}$: *pecora secundum genus et omnia reptilia terrae secundum genus et bestias terrae secundum genus* 𝔈$^{c}$ | om της γης 1° bejy | γενος 1°] + αυτων adfhiotv$d_2$ Chr: ⟨+ αυτων και ειδεν ο θς οτι καλα 74⟩: + και εγενετο ουτως και εποιησεν ο θς τα θηρια της γης κατα γενος l | και 2°—γενος 2°] om Edfil-p$d_2$ Or-lat: om κατα γενος bw: + αυτων aehjty Chr | και 3°—αυτων] om defjnopy: om της γης r: om κατα γενος αυτων Theoph: om αυτων 𝔅 Or-lat | ⟨γενος 3°] + ειπεν ο θς και εγενετο ουτως και εποιησεν ο θς τα θηρια κατα γενος αυτων και παντα τα ερπετα της γης και τα κτηνη κατα γενος 126⟩ | ⟨om και ιδεν—καλα 74⟩ | καλα] καλον r Theoph Or-gr

**26—28** rescr uid D$^{a}$

**26** ο θεος] pr κυριος Phil $\frac{1}{2}$ | ποιησομεν n | ημετεραν] ιδιαν Eus $\frac{1}{16}$: om Clem-R Barn Theoph $\frac{2}{3}$ Clem Hip Or-gr $\frac{2}{11}$ Or-lat $\frac{4}{5}$ Adam Eus $\frac{1}{15}$ Ath $\frac{1}{2}$ Chr $\frac{1}{11}$ Cyr $\frac{1}{16}$ Thdt $\frac{1}{3}$ A-Z $\frac{1}{2}$ Iren Cyp Nov Hil Vulg | om καθ Clem $\frac{1}{2}$ Or-gr $\frac{2}{11}$ Or-lat Adam Eus $\frac{2}{15}$ Ath $\frac{1}{2}$ Chr $\frac{1}{35}$ Cyr $\frac{1}{16}$ A-Z $\frac{2}{3}$ Iren Cyp Nov Hil Vulg | ομοιωσιν] + ημετεραν Clem-R Barn $\frac{1}{2}$ Clem $\frac{1}{2}$ Or-gr $\frac{1}{11}$ Adam Eus $\frac{1}{15}$ Ath $\frac{1}{2}$ Chr $\frac{2}{11}$ Cyr $\frac{1}{16}$ Thdt $\frac{2}{3}$ A-Z $\frac{1}{2}$: + την ημετεραν Theoph $\frac{1}{3}$: + ημων Barn $\frac{1}{2}$ Clem $\frac{1}{2}$: + *nostram* 𝔅 Or-lat Iren Cyp Nov Hil Vulg | αρχετωσαν] *principatum gerat* Or-lat $\frac{1}{2}$: *dominetur* Or-lat $\frac{1}{2}$ | των 1°—γης 2°] των θηριων της γης και των πετ. του ουρ. και των ιχθυων της θαλ. Barn | θαλασσης] + και των θηριων της γης r𝔈 | και των πετεινων του ουρα sup ras circ 36 litt A$^{a}$ | om και 5°—γης 1° Chr $\frac{1}{2}$ | και των κτηνων] pr και των θηριων f Chr: pr και των θηριων της γης m: και παντων των κτηνων l: + και των θηριων ejv | ⟨και πασης] om και 74: και παντων 108⟩ | και παντων—γης 2°] om fo$c_2$: om παντων ⟨25⟩ 𝔈 | των ερπετων] om Or-lat: om των $D$ (uid) | γης 2°] + και εγενετο ουτως n

**27** θεος] κυριος Eus $\frac{1}{7}$ | ανθρωπον] + εν εικονι αυτου f$c_2$𝔄 Eus $\frac{1}{3}$ | om εποιησεν αυτον 𝔈 | αυτον] αυτους Theod-ap-Clem | om εποιησεν αυτους 𝔅

**28** αυτους] ⟨om 108⟩: post θεος E Just | πληρωσατε] πληθυν[ετε?] $D$ | αρχετε] αρχετωσαν rv(mg)$c_2$ | θαλασσης] + *et bestiarum terrae* 𝔈$^{c}$ | ουρανου] + και παντων των θηριων fm𝔓 | om παντων 1° Ev Or-lat | κτηνων [και] πα A$^{1\,mg}$ | και πασης της γης] om Eq𝔈𝔓: *et omnium quae sunt super terram* Or-lat: *et omnium bestiarum terrae* Thd-syr | om παντων 2° Or-lat | om των ερπετων E | γης 2°] + και ειδεν οτι καλον l

**29—II 3** quae uncis incl sunt perier in A

**29** om και ειπεν ο θεος a | υμιν 1°] ημιν g* | παν 1° AEmqy* Theoph] παντα $D^{sil}$My$^{a}$rell Chr Thdt | om σπειρον—σποριμου l* | σπερμα] + *secundum genus et secundum similitudinem* 𝔄-ed | ο εστιν επανω] *super faciem* Thd-syr | om πασης di*py𝔈$^{p}$ Or-lat $\frac{1}{2}$ Thdt $\frac{1}{2}$ | εαυτω] αυτω dmop Theoph | om καρπον mo | σποριμου] σποριμον Thdt | εσται] εστω m

**30** της γης 1°] *agri* Thd-syr | om και 2°—ουρανου n | post παντι ras (2 uel 3) A | τω AMlm] om $D^{sil}$E rell Theoph Chr Thdt | εαυτω] αυτω Mmop Theoph: + γαρ f | ψυχην] πνοην ψυχης f: πνοην n Theoph Thd-syr | ζωης] ζωσαν di*𝔄𝔓 | om και 4° Theoph | ⟨om χορτον 79⟩ | ⟨om και εγενετο ουτως 127⟩

**31** rescr omn $D^{a}$ | om ο θεος b | om τα Eab(spat relict) fmnr𝔅 Phil-codd $\frac{1}{3}$ Theoph Eus-ed $\frac{1}{3}$ Chr $\frac{2}{3}$ Cyr Thdt T-A | om οσα εποιησεν Eus $\frac{1}{3}$ | ιδου] + παντα Cyr $\frac{2}{3}$ | καλα λιαν] αγαθα παντα Phil-codd $\frac{1}{3}$: αγαθα σφοδρα Phil-codd $\frac{1}{3}$

**II 1** συνετελεσθησαν] συνετελεσθη bdp𝔈 Chr-semel: ετελεσθησαν Phil-codd: post συνετελ. ras (7) A | ο ουρανος] om ο n*: οι ουνοι Phil-codd | om και η γη Phil-cod | πας ο κοσμος] πασαι αι στρατιαι Phil-cod: πασαι στρατιαι Phil-codd

**2** εν—εκτη] om 𝔈: om εν elmy$c_2$ Phil-ed Chr Iren: om τη 1° Phil-codd | εκτη] εβδομη Barn(uid) Thdt-cod | τα εργα] pr *omnia* 𝔄-ed Thd-syr Iren-lat: εργον Phil-codd | αυτου 1°] αυτα

27 κατ εικονα θεου] σ′ εν εικονι διαφορω ορθιον Mv
29 σποριμον] σ′ σπερματιζοντα v | σπειρον] σ′ σπερματιζον M | σπερματος] σ′ σπερματιζοντα $c_2$
30 θηριοις] α′ ζωοις M: α′ σ′ ζωοις v II 1 ο ουρανος] α′ σ′ οι ουνοι Mv$c_2$ 2 τη εκτη] οι λ. τη εβδομη Mv$c_2$

Α [ἃ ἐποίησ]εν· καὶ κατέπαυσεν [τῇ ἡμ]έρᾳ τῇ ἑβδόμῃ ἀπὸ πάν[των τῶ]ν ἔργων αὐτοῦ ὧν [ἐποίησ]εν. ³καὶ ηὐλόγησεν [ὁ θεὸς τὴν] ἡμέραν τὴν ἑβδόμην καὶ ἡγίασεν αὐτήν, ὅτι ἐν αὐτῇ 3 κατέπαυσεν ἀπὸ πάντων τῶν ἔργων αὐτοῦ ὧν ἤρξατο ὁ θεὸς ποιῆσαι.

⁴Αὕτη ἡ βίβλος γενέσεως οὐρανοῦ καὶ γῆς, ὅτε ἐγένετο· ᾗ ἡμέρᾳ ἐποίησεν Κύριος ὁ θεὸς τὸν 4 οὐρανὸν καὶ τὴν γῆν, ⁵καὶ πᾶν χλωρὸν ἀγροῦ πρὸ τοῦ γενέσθαι ἐπὶ τῆς γῆς, καὶ πάντα χόρτον 5 ἀγροῦ πρὸ τοῦ ἀνατεῖλαι. οὐ γὰρ ἔβρεξεν ὁ θεὸς ἐπὶ τὴν γῆν, καὶ ἄνθρωπος οὐκ ἦν ἐργάζεσθαι τὴν γῆν· ⁶πηγὴ δὲ ἀνέβαινεν ἐκ τῆς γῆς καὶ ἐπότιζεν πᾶν τὸ πρόσωπον τῆς γῆς. ⁷καὶ ἔπλασεν 6,7 ὁ θεὸς τὸν ἄνθρωπον χοῦν ἀπὸ τῆς γῆς· καὶ ἐνεφύσησεν εἰς τὸ πρόσωπον αὐτοῦ πνοὴν ζωῆς, καὶ ἐγένετο ὁ ἄνθρωπος εἰς ψυχὴν ζῶσαν. ⁸Καὶ ἐφύτευσεν Κύριος ὁ θεὸς παράδεισον ἐν 8 Ἔδεμ κατὰ ἀνατολάς, καὶ ἔθετο ἐκεῖ τὸν ἄνθρωπον ὃν ἔπλασεν. ⁹καὶ ἐξανέτειλεν ὁ θεὸς ἔτι ἐκ 9 τῆς γῆς πᾶν ξύλον ὡραῖον εἰς ὅρασιν καὶ καλὸν εἰς βρῶσιν· καὶ τὸ ξύλον τῆς ζωῆς ἐν μέσῳ τῷ 𝔗ᵐ παραδείσῳ, καὶ τὸ ξύλον τοῦ εἰδέναι γνωστὸν καλοῦ καὶ πονηροῦ. ¹⁰ποταμὸς δὲ ἐκπορεύεται ἐξ 10 Ἔδεμ ποτίζειν τὸν παράδεισον· ἐκεῖθεν ἀφορίζεται εἰς τέσσαρας ἀρχάς. ¹¹ὄνομα τῷ ἑνὶ Φεισών· 11 οὗτος ὁ κυκλῶν πᾶσαν τὴν γῆν Εὐειλάτ, ἐκεῖ οὗ ἐστιν τὸ χρυσίον· ¹²τὸ δὲ χρυσίον τῆς γῆς 12 ἐκείνης καλόν· καὶ ἐκεῖ ἐστιν ὁ ἄνθραξ καὶ ὁ λίθος ὁ πράσινος. ¹³καὶ ὄνομα τῷ ποταμῷ τῷ 13

---

II 6 αναιβεννεν A    8 ταραδισον A    9 εμμεσω AE
10 παραδισον A    11 φισων E | ευιλατ E

---

EMabd–jl–rtv–yc₂d₂ 𝔄𝔅(𝔗ᵐ)𝔈𝔭

p: om fm | a] o Phil‑codd | κατεπαυσεν]+ο θ̄ς abdfgiᵐmopqv wc₂d₂𝔈 Phil ‡ Heb Or‑lat Eus Chr ‡ Iren‑gr Hil | τη ημ. τη εβδ.] pr εν Mbe‑hjlmt‑xc₂ Phil ‡ Heb Theoph Or‑gr ‡ Or‑lat Eus Chr ‡ Thd Thdt Iren Hil : τη εβδομη ημερα Phil‑codd ‡ | om παντων Phil‑codd | Or‑lat | om των f | om αυτου 2° dn | om εποιησεν 2°—(3) ων m | εποιησεν 2°] inchoauit facere Hil

3 (om την ημεραν 73) | om και ηγιασεν αυτην x | om παντων Or‑gr ‡ | om εργων E | om ων—ποιησαι y* | ο θεος ποιησαι) ο θ̄ς ποιειν bw Chr : ποιειν ο θεος Phil‑ed |

4 om η 1° Theoph | ουρ. και γης] ανθρωπον Or‑gr ‡ | ουρανου] + τε adfgioptvxd₂ Chr | γης] pr της Phil‑codd ‡ Theoph | om στε εγενετο ο 𝔄‑ed Or‑syr ‡ Eus | Cyr | om οτι c₂ | εγενοντο x Pbil‑cod ‡ | η ημερα] ημερα η ny Theoph : εν ημερα η Cyr : +η i²ᵐqr Eus‑codd ‡ Chr : +οτε Or‑gr ‡ | κυριος ο θεος ΑΕhjmpc₂𝔅 Or‑gr‡] om κυριος M rell (hab sub ※v‑mg) 𝔄𝔭 Phil Theoph Clem Or‑gr‡ Eus Chr Cyr

5 [παν] παντα 25.128] | om προ 1°—αγρου 1° 𝔅𝔭𝔈ᶠᵖ | γενεσθαι] ανατειλαι y | om επι της γης Theoph | παντα] παν Eq Phil‑codd ‡ | αγρου 2°] pr του ej : om E Phil‑arm | προ του 2°] πριν Phil‑codd ‡ | ανατειλαι] γενεσθαι y | εβρεχεν n | ο θεος —γην 1°] pr κ̄ς bejwc₂ 𝔄‑codd : pr ※κ̄ς v(mg)𝔄‑ed : ο θ̄ς επι της γης dmp : επι της γης ο θ̄ς E : om επι την γην Iren | και 2° —γην 1°] antequam creatus est homo 𝔈ᶠᵛ | την γην 2°] αυτην bdfgil*nopwyd₂ Chr‑aliq : (om την 31)

6 εκ της γης] ex Edem 𝔅: om g | εε] απο v(txt) Phil‑codd ‡ | om και—γης 2° 𝔈ᶠᵖ | om παν 𝔅 Phil‑codd ‡ | om το f | της γης 2°] om την Phil‑codd ‡

7 επλασεν—γην] ελαβεν ο θεος χουν απο της γης και επλασεν τον ανθρωπον Adam Eus Cyr ‡ Chr ‡ Thdt ‡ Iren ‡ (ο θεος| Dominus) Hil | επλασεν] εποιησεν Hip ‡ Thdt ‡ T‑A | ο θεος] pr κ̄ς M(mg)efh^b(uid)jc₂ Or‑gr : pr ※κ̄ς v(mg)𝔄 | om του Phil‑codd ‡ | λαβων w : +λαβων a‑gh^bil‑px*y*d₂ Phil‑ed Clem Or‑gr Cyr‑hier‑ed ‡ codd ‡ Chr ‡ Thdt ‡ T‑A | αττο] εκ ε | γης] χθονος Phil‑codd ‡ : +λαβων Jos Hip ‡ Cyr ‡ Iren ‡ Anon |

ενεφυσησεν] ενεπνευσεν Phil ‡ Clem‑aliq Phil‑ap‑Eus | εις—αυτου] in eum Hil | πνοην [ωης] πνευμα [ωης Phil ‡ : om Chr ‡ | ο ανθρωπος] om Phil‑codd | Eus‑codd ‡ Ath ‡ : om ο abp Phil‑cod ‡ Phil‑ap‑Eus Eus‑cod ‡ Chr ‡ | ψυχην] πνοην (32) Phil‑codd ‡ | ζωσαν] ζωης Phil‑codd ‡

8 om κυριος adfmoprtx–d₂ 𝔄‑ed𝔅𝔭 Phil Theoph Hip Or‑gr Chr Thdt Iren | om ο i* | παραδ. εν εδεμ] pr τον Theoph : εν εδεμ παραδεισον Phil‑cod ‡ : om εν εδεμ Phil‑cod ‡ | εθετο] εθηκεν Phil‑cod ‡ | εκει—ανθρωπον Phil‑cod ‡ | om ον επλασεν] εποιησεν Phil‑cod ‡

9 εξανετειλεν] εξανετειλεν Phil‑codd | ο θεος ετι] pr κ̄ς fm𝔄 Phil‑arm : iterum Dominus Deus Thd‑syr ‡ : ετι ο θεος Thd‑syr ‡ Thdt : om ετι I Theoph | εκ της [ωης] om l* Chr ‡ : (om της 78) | ται] pr και (108) 𝔈ᶠᵖ | ωραιον—βρωσιν] quod bonum esui est bonum uisui 𝔅 : om ει ορασιν και καλον h | εν μεσω τω παραδεισω ΑΕΜhlq*t Phil‑ed] Or‑gr] του παραδεισου q*(uid)rell Phil ‡ codd ‡ Theoph Chr : +και το ξυλον της [ωης εν μεσω του παραδεισου w* | γνωστον καλου] καλου γνωστον n | γνωστον] γνωστου Phil‑codd ‡

10 παραδεισον] πορευεται Phil ‡ : εκπορευεται m : exibat 𝔄 | εξ εδεμ] a fronte eius 𝔈 : post παραδεισον g | ποτιζειν] pr του Phil‑codd ‡ : ποτιζων (32.128) 𝔈ᶠ(uid) | εκειθεν] pr ει 𝔄𝔈𝔅𝔭 Thd‑syr : (εκει δε 18) | αφοριζεται] fit : γινεται M(mg)ejv(mg)c₂ (mg: sine και) | αρχας τεσσαρας f Hip

11 ονομα] +δε i* | φεισων] φησων gnt : φυσων 𝔅 Phil‑codd | ουτος] ει και q : +ουτω i | om την (16) Phil‑cod | ευειλατ] ευιλατ q : (ευιλατων 37) : ευιλαττων o | om εκει—χρυσιον c₂ | ου] om Edefjl‑prtyd₂ Phil‑codd Theoph : γουν g : om h²iℭ(uid) 𝔭 Phil‑codd

12 το δε] και το bw | om και 1° dp Phil‑codd | εστιν] erat 𝔅: (om 76) | ο ανθραξ και] om ο

13 (ονομα] pr τω 31) | (om τω ποταμω 128) | γηων] γειων b: γεων adfilnopxd₂ 𝔅ℭ Phil‑codd Theoph Hip Or‑gr : γαιων ej | ο κυκλων] pr εστιν Cyr : κυκλοι 𝔄 Phil‑ed Theoph | ναγων Phil‑codd | om γην v(mg) | αιθιοπιας] αιθιοπιαν v : Aethiopum 𝔅ℭ

---

2 κατεπαυσεν] διελειπεν Μ: α´ διελιπεν ν: α´ σ´ διελιπεν c₂    4 αυτη—γενεσεως] α´ αυται αι γενεσεις Μ: α´ σ´ αυται αι γενεσεις vc₂    7 εις το προσωπον] οι ⅃ εις τους μυκτηρας v
8 παραδεισον] κηπον ν    12 ανθραξ] οι ⅃ βδελλιον Μν: α´ βδελλιον c₂ | πρασινος] οι ⅃ ονυξ Μν: α´ ονυξ c₂

14 δευτέρῳ Γηών· οὗτος ὁ κυκλῶν πᾶσαν τὴν γῆν Αἰθιοπίας. [14]καὶ ὁ ποταμὸς ὁ τρίτος Τίγρις· A
15 οὗτος ὁ πορευόμενος κατέναντι Ἀσσυρίων. ὁ δὲ ποταμὸς ὁ τέταρτος, οὗτος Εὐφράτης. [15]καὶ
ἔλαβεν Κύριος ὁ θεὸς τὸν ἄνθρωπον ὃν ἔπλασεν καὶ ἔθετο αὐτὸν ἐν τῷ παραδείσῳ, ἐργάζεσθαι
16 αὐτὸν καὶ φυλάσσειν. [16]καὶ ἐνετείλατο Κύριος ὁ θεὸς τῷ Ἀδὰμ λέγων Ἀπὸ παντὸς ξύλου τοῦ
17 ἐν τῷ παραδείσῳ βρώσει φάγῃ· [17]ἀπὸ δὲ τοῦ ξύλου τοῦ γινώσκειν καλὸν καὶ πονηρόν, οὐ
18 φάγεσθε ἀπ' αὐτοῦ· ᾗ δ' ἂν ἡμέρᾳ φάγησθε ἀπ' αὐτοῦ, θανάτῳ ἀποθανεῖσθε. [18]Καὶ εἶπεν
19 Κύριος ὁ θεός Οὐ καλὸν εἶναι τὸν ἄνθρωπον μόνον· ποιήσωμεν αὐτῷ βοηθὸν κατ' αὐτόν. [19]καὶ
ἔπλασεν ὁ θεὸς ἔτι ἐκ τῆς γῆς πάντα τὰ θηρία τοῦ ἀγροῦ καὶ πάντα τὰ πετεινὰ τοῦ οὐρανοῦ, καὶ
ἤγαγεν αὐτὰ πρὸς τὸν Ἀδὰμ ἰδεῖν τί καλέσει αὐτά· καὶ πᾶν ὃ ἐὰν ἐκάλεσεν αὐτὸ Ἀδὰμ ψυχὴν
20 ζῶσαν, τοῦτο ὄνομα αὐτοῦ. [20]καὶ ἐκάλεσεν Ἀδὰμ ὀνόματα πᾶσιν τοῖς κτήνεσιν καὶ πᾶσι τοῖς
πετεινοῖς τοῦ οὐρανοῦ καὶ πᾶσι τοῖς θηρίοις τοῦ ἀγροῦ· τῷ τε Ἀδὰμ οὐχ εὑρέθη βοηθὸς ὅμοιος
21 αὐτῷ. [21]καὶ ἐπέβαλεν ὁ θεὸς ἔκστασιν ἐπὶ τὸν Ἀδάμ, καὶ ὕπνωσεν· καὶ ἔλαβεν μίαν τῶν πλευ-
22 ρῶν αὐτοῦ §καὶ ἀνεπλήρωσεν σάρκα ἀντ' αὐτῆς. [22]καὶ ᾠκοδόμησεν Κύριος ὁ θεὸς τὴν πλευράν, § s
23 ἣν ἔλαβεν ἀπὸ τοῦ Ἀδάμ, εἰς γυναῖκα· καὶ ἤγαγεν αὐτὴν πρὸς τὸν Ἀδάμ. [23]καὶ εἶπεν Ἀδάμ
Τοῦτο νῦν †ὀστοῦν†¶ ἐκ τῶν ὀστέων μου καὶ σὰρξ ἐκ τῆς σαρκός μου· αὕτη κληθήσεται Γυνή, ¶ ℭᵐ

17 φαγεσθε] φαγεσθαι AE | φαγησθε] φαγησθαι A — 20 πασι τοις κτηνεσι E
22 οκοδομησεν E* (ωκοδ. Eᵇ) — 23 om οστουν A

EMabd–jl–r(s)tv–y$c_2d_2$𝔄𝔅(ℭᵐ)𝔈𝔖

14 om ο 1° e | τιγρις] pr ο Phil-codd: τυγρις g: τιγρης djptd$_2$𝔅ᵖ Phil-codd $\frac{1}{2}$ Thdt: | ουτος 1°] αυτος M | ο πορευομενος] pr ο ποταμος E: ο προπορευομενος My | ασσυριων] ασυριων jmno: ασσυριας ⟨128⟩ 𝔄 Phil-arm | ο δε] και ο 𝔖 Phil-codd: om δε l | ουτος 2°] om i$^{a?}$rvx$c_2$𝔄 Phil-ed Theoph Hip: + εστιν ο μεγας g | ευφρατης] pr ο m Phil-cod: εφρατης o: + ουτος ο μεγας ποταμος i$^{a?}$r: + *magnum flumen* ℭ

15 ⟨om κυριος 37⟩ | επλασεν] εποιησεν Mhmnqv(mg)𝔄𝔅 Phil | om αυτον 1° dp | παραδεισω AEM(txt)mqry𝔅ℭ𝔈𝔖 Theoph Phil Or-gr $\frac{2}{3}$ Chr $\frac{2}{3}$ Thdt $\frac{1}{2}$] + της τρυφης M(mg) rell 𝔄 Or-gr $\frac{1}{3}$ Chr $\frac{1}{3}$ Thdt $\frac{1}{2}$ | om αυτον 2° Thdt $\frac{1}{2}$ | φυλασσειν] + αυτον Mtv(mg)$c_2$𝔅ˡ

16 om κυριος fℭ | ξυλου] pr του f | om βρωσει 𝔈 Phil-codd $\frac{1}{2}$ Chr $\frac{2}{3}$ | φαγη] φαγεσαι Phil-codd $\frac{1}{2}$: φαγειν q

17 του ξυλου] pr του καρπου a | γινωσκειν—πονηρον] ειδεναι γνωστον καλου και πονηρου 𝔅 Phil-codd $\frac{1}{2}$ | και] η Phil-codd $\frac{1}{2}$ | φαγεσθε] φαγησθε a Theoph: φαγη 𝔈ᶜᶠ Chr $\frac{1}{6}$: φαγεσαι ⟨107⟩ Phil-codd $\frac{1}{2}$ | απ αυτου 1°] εξ αυτου Phil-codd $\frac{1}{2}$: om 𝔄 Phil-codd $\frac{1}{2}$ Chr $\frac{2}{3}$: + ουδ ου μη αψησθαι αυτου ινα μη αποθανηται r | η δ αν ημερα] η δ αν ημεραν de*n: ην δ αν ημεραν Cyr: οτι εν ημερα η 𝔈 Phil-codd $\frac{1}{2}$ | φαγησθε A (φαγησθαι) a*(uid)dlmn Ath $\frac{1}{2}$ cod $\frac{1}{2}$] φαγεσθε fx Theoph: φαγετε v: φαγητε M$a^{a?}$ rell Phil-ed Or-gr Ath-ed $\frac{1}{2}$ Cyr-hier Chr $\frac{7}{10}$ Cyr Thdt $\frac{1}{2}$: φαγη E 𝔈ᶜ Phil-codd $\frac{1}{2}$ Thdt $\frac{1}{2}$: φαγης Chr $\frac{1}{10}$: φαγεσαι Chr $\frac{1}{10}$: ⟨φαγησαι 107⟩ | απ αυτου 2°] απο του ξυλου Chr $\frac{2}{10}$: τοτε Chr $\frac{1}{10}$: om ⟨32 uid⟩ Ath $\frac{1}{2}$ Cyr-hier Chr $\frac{8}{10}$ Iren $\frac{1}{2}$ | θανατου g | αποθανεισθε] ⟨αποθανεις 107⟩: αποθανη 𝔈ᶜ Ath $\frac{1}{2}$ Chr $\frac{2}{10}$ Thdt $\frac{1}{2}$

18 om κυριος e$c_2$ Eus | ⟨om τον ανθρωπον 31⟩ | ποιησωμεν] ποιησω Phil-codd $\frac{1}{2}$ | αυτον] αυτων dg: αυτου n

19 επλασεν] εκαλεσεν q | ο θεος ετι] pr κ̅ς̅ fy$^{a?}$𝔄ℭ: ετι ο θ̅ς̅ x$c_2$ Thd-syr: om ετι Eus | θεος] + τον α̅ν̅ο̅ν̅ l | om εκ της γης 𝔄 | εκ] απο Eus $\frac{1}{2}$ | παντα 1°] pr και l | και 2°—ουρανου] om $d_2$: om παντα t | πετεινα του ουρανου] κτηνη Chr $\frac{1}{2}$ | ηγαγεν] ηνεγκεν g | ιδειν—αυτα 2°] om Theoph: om ιδειν 𝔅 | καλεσει] καλεση Mgo | εαν] αν Mgl Theoph: om Edeijmnqr$c_2$ Chr | αυτο] αυτα ad fglnop$d_2$𝔅ℭ𝔈 Phil-arm $\frac{1}{2}$ Theoph Chr $\frac{1}{2}$: om i*mx𝔄(uid)𝔖 Phil $\frac{1}{2}$ | αδαμ 2°] pr ο glp: om $c_2$: + αυτων m | om ψυχην—(20) αδαμ 1° e* | ψυχην ζωσαν] pr εις e$^{a?}$jn: om Chr $\frac{2}{3}$ | τουτο] + ην Eus | ονομα] pr το i(mg)r Chr $\frac{1}{2}$ | αυτου AEgi*rv$c_2$ 𝔄-ed𝔖 Theoph Phil $\frac{1}{2}$ ed $\frac{1}{2}$ Eus-ed] αυτων o𝔅ℭ𝔈: αυτοις a (οις sup ras) dmnp$d_2$ 𝔄-cod Chr $\frac{1}{3}$: αυτω M$e^{a?}i^{a}$ rell Phil-codd $\frac{1}{2}$ Eus-codd Chr $\frac{1}{3}$

20 om και 1° a | αδαμ 1°] pr ο l: om E | ονομα Epr | om πασιν—και 2° x | τοις κτηνεσιν πασιν r | και 2°—ουρανου] om ℭ: om πασι 𝔈 | του αγρου] της γης a–gi(mg)jmoptv(txt)w$c_2d_2$ Chr: της γης και πασι τοις κτηνεσιν x | τε A] δε EM omn 𝔄𝔅ℭ𝔈𝔖 Phil Theoph Eus Chr | ουχ ευρεθη] ουκ ην Eus | βοηθος] post αυτω p: ⟨om 127⟩ | ομοιως $c_2$ | αυτω] + κατ αυτον Chr $\frac{1}{2}$

21 ο θεος] pr κ̅ς̅ afmq𝔄 Chr: κ̅ς̅ h | μιαν των πλευρων] *costam ex lateribus* 𝔅 | ανεπληρωσεν] αντεπληρωσε f: ενεπληρωσεν Theoph | αυτης] αυτου m

22 κυριος ο θεος] om Or-gr $\frac{1}{2}$: om ο θεος y Or-gr $\frac{1}{2}$ | om απο του αδαμ $c_2$ | om και ηγαγεν—αδαμ 2° m

23 αδαμ] pr ο nt | νυν] ουν ns: ην f: *est* 𝔈ᶠᵖ: om g𝔈ᶜ Tract Anon¹ | om και 2°–μου 2° y* | ⟨της σαρκος] των σαρκων 20⟩ | αυτη

14 κατεναντι] α' εξ ανατολης M: σ' εξ ανατολης v

17 η δ αν—φαγησθε] α' οτι εν ημερα βρωσεως σου M (om σου) v$c_2$(εν] εαν) | η δ αν ημερα] σ' η γαρ αν ημερα v | θανατω αποθανεισθε] οι λ̥ θνητος εση Mv$c_2$

18 μονον] οι λ̥ μοναχον M: σ' μοναχον v: α' μοναχον $c_2$ | κατ αυτον] α' ως κατεναντι αυτου σ' αντικρυς αυτου Mv$c_2$

19 θηρια] σ' ζωα M; α' σ' ζωα v

20 τοις θηριοις] α' σ' (τοις) ζωοις Mv: α' τοις ζωοις $c_2$ | ομοιος αυτω] σ' αντικρυς αυτου M: α' αντικρυς αυτου v

21 εκστασιν] α' καταφοραν σ' καρον Mv$c_2$ (καταφορα) | ανεπληρωσεν] α' επεκλησεν M: α' απεκλεισεν v$c_2$: σ' συνεκλεισεν Mv$c_2$

23 τουτο—μου 1°] σ' θ' τουτο απαξ οστουν εκ των οστεων μου $c_2$ | τουτο νυν] σ' τουτο απαξ M | αυτη 1°—αυτη 2°] εσσα εβραιστι ληψις η ανδρις σ' αυτη κληθησεται η ανδρις οτι απο ανδρος εληφθη αυτη η εστιν γυνη M: εβρ θ' εσσα θ' ληψις

A ὅτι ἐκ τοῦ ἀνδρὸς αὐτῆς ἐλήμφθη αὕτη. ²⁴ἕνεκεν τούτου καταλείψει ἄνθρωπος τὸν πατέρα αὐτοῦ 24
§ D καὶ τὴν μητέρα αὐτοῦ, καὶ ⁵προσκολληθήσεται τῇ γυναικὶ αὐτοῦ· καὶ ἔσονται οἱ δύο εἰς σάρκα
μίαν. ¹καὶ ἦσαν οἱ δύο γυμνοί, ὅ|τε Ἀδὰμ καὶ ἡ γυνὴ αὐτοῦ, καὶ οὐκ ᾐσχύνοντο.    1 III (Π 25)
Ὁ δὲ ὄφις ἦν φρονιμώτατος πάντων τῶν θηρίων τῶν ἐπὶ τῆς γῆς ὧν ἐποίησεν Κύριος ὁ θεός·    (III 1)
καὶ εἶπεν ὁ ὄφις τῇ γυναικί Τί ὅτι εἶπεν ὁ θεὸς Οὐ μὴ φάγητε ἀπὸ παντὸς ξύλου τοῦ παρα-
δείσου; ²καὶ εἶπεν|ἡ γυνὴ τῷ ὄφει Ἀπὸ παντὸς ξύλου τοῦ| παραδείσου φαγόμεθα· ³ἀπὸ δὲ ₃
καρποῦ τοῦ ξύλου ὅ ἐστιν ἐν μέσῳ τοῦ παραδείσου, εἶπεν ὁ θεός Οὐ φάγεσθε ἀπ' αὐτοῦ οὐδὲ μὴ
§ L ἅψησθε αὐτοῦ, ἵνα μὴ ἀποθάνητε.   ⁴καὶ εἶπεν ὁ ὄφις τῇ γυναικί Οὐ θανάτῳ ἀποθανεῖσθε· ⁵ᾔδει ₄
γὰρ ὁ θεὸς ὅτι ἐν ᾗ ἂν ἡμέρᾳ φάγητε ἀπ' αὐτοῦ, διανοιχθήσονται ὑμῶν οἱ ὀφθαλμοί, καὶ ἔσεσθε ₅
¶ D ὡς θεοί, γινώσκοντες καλὸν καὶ πονηρόν.¶   ⁶καὶ ἴδεν ἡ γυνὴ ὅτι καλὸν τὸ ξύλον εἰς βρῶσιν, καὶ 6
ὅτι ἀρεστὸν τοῖς ὀφθαλμοῖς ἰδεῖν καὶ ὡραῖόν ἐστιν τοῦ κατανοῆσαι, καὶ λαβοῦσα τοῦ καρποῦ
αὐτοῦ ἔφαγεν· καὶ ἔδωκεν καὶ τῷ ἀνδρὶ αὐτῆς μετ' αὐτῆς, καὶ ἔφαγον.   ⁷καὶ διηνοίχθησαν οἱ 7
ὀφθαλμοὶ τῶν δύο, καὶ ἔγνωσαν ὅτι γυμνοὶ ἦσαν· καὶ ἔρραψαν φύλλα συκῆς καὶ ἐποίησαν ἑαυ-
τοῖς περιζώματα.   ⁸Καὶ ἤκουσαν τὴν φωνὴν Κυρίου τοῦ θεοῦ περιπατοῦντος ἐν τῷ παραδείσῳ τὸ 8
§ ℭᶜ δειλινόν· καὶ ἐκρύβησαν ὅ τε Ἀδὰμ καὶ ἡ γυνὴ αὐτοῦ ⁵ἀπὸ προσώπου Κυρίου τοῦ θεοῦ ἐν μέσῳ

---

23 ελήφθη E    24 τουτο E | καταλιψει A      III 1 εποισεν E    2 φαγουμεθα Dᵘⁱ
3 εμμεσω AE | φαγεσθαι AE | αποθανηται E      5 ηδει] ειδει D | εσεσθαι AE | γειωωσκοντες A
6 αραιστον A    7 εραψαν E      8 δειλινον] διλινον A | εμμεσω AE

---

(D)E(L)Mabd–jl–tv–ycₐd₂ 𝕬𝕭(ℭᶜ)𝕰𝕻

1°] ταυτη και Phil–ed‡ | om οτι—αυτη 1° 𝕭ⁱʷ | ανδρος αυτης]
ιδιου ανδρος m Chr‡ | om αυτη 1° Ehmnq𝕭 Phil–arm Or–gr
Chr Cyr Hil

24 ενεκεν] ενεκα Phil‡ Evan‡: αρτι Paul Chr Thdt | om
αυτου 1° Phil Evan‡ Paul Theoph Or–gr Or–lat‡ A–Z |
αυτου 2° bhmw Phil‡ Evan Paul Or–lat‡ Chr‡ Thdt‡ A–Z |
om και 2°—αυτου 3° Evan‡ Thdt‡ A–Z | προσκολλ.|
θησεται Evan | τη γυναικι Av(mg)| Evan Paul–mg |
Thdt‡] προς την γυναικα DEMv(txt) rell Phil Paul–txt Theoph
Or–gr Chr‡ Thdt‡ | αυτου 3°] εαυτου t: om adpd₂

III 1 γυμνοι οι δυο ε | ⟨οι δυο⟩ +ομου 37) | γυμνοι] post
αυτου (128) 𝕰 | ης] φησιν s : om v | φρονιμωτερος D‡(mg)rv(mg)
𝕬(uid) Theoph Or–lat Eus Chr ‡ Luc | om την φρ⟨.⟩ | ων
εποιησεν] quam fecit Or–lat | ο θεος 2°] pr Eejv(mg) Luc:
⟨fi 79⟩ | φαγητε] φαγη E: φαγησθε Chr ‡ | καττοτ 𝕰 |
παραδεισου Aᵃ (sup ras 13–14 litt) DᵘⁱEghjoksvxy𝕭 Phil Theoph
Or–lat Chr‡ Iren] εν τω παραδεισω M rell 𝕭 Eus Chr ‡
Thdt Luc

2 om του οφει ⟨31.83⟩ Chr‡ | καττοτ] sup ras Aᵃ: pr καρπου
M : καρπου DᵘⁱEghnqr*xy𝕭𝕰𝕭| ⟨του παραδεισου 31⟩: om t: +
καρπου efjr𝕭ˢᵛ | ξυλου] pr του Dfghnqrtxy𝕭(uid) | του παρα-
δεισου] του εν τω παραδεισω dfilmprv(mg) 𝕰 Luc: om εν τω
παραδεισω 107] | φαγομεθα] pr βρωσει a: φαγωμεθα ejlmnsx*d₂

3 καρπου] pr Dᵘⁱ a–fijopwyc₂d₂ Chr‡ | του
ξυλου] om 𝕭: om του E | ο εστιν] ου εστιν p: του v(mg) Chr |
του παραδεισου] τω παραδεισω Mlq Iren(uid) Luc(uid): +ου
φαγομεθα c₂ | om ου h | φαγεσθε] φαγησθε aᵃ Chr‡: φαγητε
Or–gr Chr‡ : μη φαγεσθε h*q Theoph: μη φαγησθε Mehᵇijorc₂:
μη φαγητε dpd₂ | αποθανεα n | om απ αυτου ⟨20⟩ Chr‡ |
ουδε—αυτου 2°] di(txt)p | ουδ ου Mbfi(mg)lmrd₂ Or–gr

5 ηδει γαρ] sed sciebat Or–lat | om ο θεος n | om οτι s | εν η
ADMegjlnsvc₂ Theoph Chr‡₊| η Lqrwy Or–gr Chr‡₊ Cyr Iren
Luc: η δ rell Eus Ath Chr ‡₊: om E | ημεραν dpd₂ | φαγηφθε
Afsv Chr‡₊| φαγητε D ⟨..τε⟩ Chr‡ : +η γυνη
Theoph Or–gr Eus Ath Chr‡₊ Cyr | om αν Ath Chr–
aliq | διανοιχησονται m | os οφθ. υμων xc₂𝕰 Or–gr | om και
εσεσθε ως θεοι 𝕰ᶠᵖ | γινωσκοντες—πονηρον 𝕰 | καλον] pr το E

6 το ξυλον οτι καλον Or–lat‡ Chr‡ Thdt | om εις βρωσιν—
εστιν n | om οτι 2° ejs𝕰𝕭 Or–lat Thdt | αρε-
στον] optimum Or–lat‡ | om ιδειν και ωραιον εστιν 𝕭 | om και
3°—κατανοησαι Or–lat‡ | λαβουσα ⟨20⟩ Chr‡ : +η γυνη
La–fijopsvwd₂ Chr‡ | του καρπου αυτου] pr απο ejsv𝕭(uid)
Chr‡: de ligno Or–lat‡ | αυτου] om em Chr‡ | ligni Or–
lat‡ | φαγεν a ⟨31⟩ Chr‡: και απο 6° h*c₂𝕰𝕰 Phil | ⟨om
αυτης 1° 79⟩ | μετ αυτης] μεθ αυτης t: μεθ εαυτης ⟨76⟩ Theoph:
om mr Or–lat ‡ Chr | και εφαγον] και εφαγεν dpqrt: om 𝕭ᵖ:
+οι δυο Chr‡

7 ηνοιχθησαν r | οι οφθαλμοι] pr αυτων f Chr: +αυτων
Or–lat ‡ | om των δυο fo𝕰 Or–lat‡ Chr‡ : +η γυναικων g |
ερραψαν φυλλα συκης] αν φυλλα συ sup ras ⟨6⟩ Aᵃ | εαυτοις]
αυτοις mnos

8 την φωνην ALMxᵃ¹gh*i*qstvc₂ Or–gr‡] της φωνης Eaᵃhᵇiaᵃ|
rell Theoph Or–gr‡ Chr Thdt: om Or–gr‡ | om κυριου 1°
Thdt‡ | om του θεου 1° m Chr‡ | om περιπατουντος—δειλινον
L | το δειλινον] τω δειλινω x : +της ημερας fv(mg) | εκρυβησαν]
εκρυβη Phil–codd‡ | om ο τε—παραδεισου L | om κυριου 2°
En𝕭 Theoph | om του ξυλου Ebi*wxy

---

ανδρος σ' αυτη κληθησεται εσσα ανδρις οτι απο ανδρος ελημφθη αυτη εστιν γυνη v : σ' αυτη κληθησεται εις ανδρος οτι απο εις
ανδρος ελημφθη αυτη ο εστι γυνη c₂

III 1 φρονιμωτατος] α' πανουργοτερος M : α' θ' πανουργος σ' πανουργοτερος v | των θηριων] α' των ζωων Mv | τι οτι—
παραδεισου] α' μη οτι ειπεν ο θι μη φαγητε απο παντος ξυλου του κηπου c₂ | τι οτι—θεος 2°] σ' προς τι ειπεν ο θι c₂ | τι
οτι] σ' προς τι M      2 παραδεισου] θ' κηπου M

5 διανοιχ.] θ' συνετισθησαν M: θ' συνετισθησονται v: θ' συνετισθητε c₂      7 διηνοιχθ.] θ' συνετισθησαν Mv

9 τοῦ ξύλου τοῦ παραδείσου. ⁹καὶ ἐκάλεσεν Κύριος ὁ θεὸς τὸν Ἀδὰμ καὶ εἶπεν αὐτῷ Ἀδάμ, ποῦ A
10 εἶ; ¹⁰καὶ εἶπεν αὐτῷ ᾿Τὴν φωνήν σου ἤκουσα περιπατοῦντος ἐν τῷ παραδείσῳ, καὶ ἐφοβήθην, ὅτι | u
11 γυμνός εἰμι, καὶ ἐκρύβην. ¹¹καὶ εἶπεν αὐτῷ Τίς ἀνήγγειλέν σοι ὅτι γυμνὸς εἶ, εἰ μὴ ἀπὸ τοῦ
12 ξύλου οὗ ἐνετειλάμην σοι τούτου μόνου μὴ φαγεῖν ἀπ᾿ αὐτοῦ ἔφαγες; ¹²καὶ εἶπεν ὁ Ἀδάμ Ἡ
13 γυνή, ἣν ἔδωκας μετ᾿ ἐμοῦ, αὕτη μοι ἔδωκεν ἀπὸ τοῦ ξύλου, καὶ ἔφαγον. ¹³καὶ εἶπεν Κύριος ὁ
14 θεὸς τῇ γυναικί Τί τοῦτο ἐποίησας; καὶ εἶπεν ἡ γυνή Ὁ ὄφις ἠπάτησέν με, καὶ ἔφαγον. ¹⁴καὶ
εἶπεν Κύριος ὁ θεὸς τῷ ὄφει ῞Οτι ἐποίησας τοῦτο, ἐπικατάρατος σὺ ἀπὸ πάντων τῶν κτηνῶν καὶ
ἀπὸ πάντων τῶν θηρίων τῆς γῆς· ἐπὶ τῷ στήθει σου καὶ τῇ κοιλίᾳ πορεύσῃ, καὶ γῆν φάγῃ πάσας
15 τὰς ἡμέρας τῆς ζωῆς σου. ¹⁵καὶ ἔχθραν θήσω ἀνὰ μέσον σου καὶ ἀνὰ μέσον τῆς γυναικός, καὶ
ἀνὰ μέσον τοῦ σπέρματός σου καὶ ἀνὰ μέσον τοῦ σπέρματος αὐτῆς· αὐτός σου τηρήσει κεφαλήν,
16 καὶ σὺ τηρήσεις αὐτοῦ πτέρναν. ¹⁶καὶ τῇ γυναικὶ εἶπεν ᾿Πληθύνων πληθυνῶ τὰς λύπας σου καὶ | ₈
τὸν στεναγμόν σου· ἐν λύπαις τέξῃ τέκνα, καὶ πρὸς τὸν ἄνδρα σου ἡ ἀποστροφή σου, καὶ αὐτός
17 σου κυριεύσει. ¹⁷τῷ δὲ Ἀδὰμ εἶπεν ῞Οτι ἤκουσας τῆς φωνῆς ᾿τῆς γυναικός σου καὶ ἔφαγες ἀπὸ
τοῦ ξύλου οὗ ἐνετειλάμην σοι τούτου μόνου μὴ φαγεῖν ἀπ᾿ αὐτοῦ ἔφαγες, ἐπικατάρατος ἡ γῆ ἐν
18 τοῖς ἔργοις σου· ἐν λύπαις φάγῃ αὐτὴν πάσας τὰς ἡμέρας τῆς ζωῆς σου· ¹⁸ἀκάνθας καὶ τρι-
19 βόλους ἀνατελεῖ σοι, καὶ φάγῃ τὸν χόρτον τοῦ ἀγροῦ. ¹⁹ἐν ἱδρῶτι τοῦ προσώπου σου φάγῃ

10 περιπατουντος] περιπατος A　　14 συ] σοι E | στηθι A　　15 τηρησει E

ELMabd–jl–t(u)v–yc₃d₂ 𝔄𝔅𝔈(b)(c)𝔈𝔄𝔅

15—23 plurima rescr Aᵈ
15 om totum comma L (spat 6 uel 7 relict) | θησω] ποιησω
Theoph | om ανα μεσον 1°—γυναικος και w | om και ανα μεσον
της γυναικος mn | om ανα μεσον 2° 𝔆 Phil ⅓ Cyp Luc | ανα μεσον 3°—
σου 2°] inter te et semen tuum 𝔆: om nx𝔈ᶜᵖ | om ανα μεσον 4°
Phil Theoph Iren ⅓ Cyp | om σου 3°—(16) κυριευσει uersio ualde
corrupta in 𝔆 | τηρησει σου sv 𝔄 | τηρησει] calcabit Iren⅓ Cyp–
ed Luc⅓ (uid) | κεφαλην] pr την n Theoph | και συ τηρησεις]
δε n | αυτου τηρησεις Theoph Luc | αυτου πτερναν] cal-
caneum eius Iren–ed⅓ Cyp | πτερναν] pr την n Theoph
16 om πληθυνων Cyp ⅓ | om της στεν. σου L | τον
στεναγμον] τους στεναγμους dᵃˡm(uid)opc₂𝔄 Cyp | om σου 2°
M𝔅ᶜᵉ | λυπαις] εν λυπη 𝔄 Theoph: et in tristitia Cyp |
τεκνα] filios tuos 𝔅ᵇᶜ | (επιστροφη 18)] ουτος m | σου 5°]
σε o
17 τω δε] και τω Labdi 'nopwd₂𝔄𝔅 | om της φωνης (73) 𝔅𝔄𝔅
Adam | om απο L | om ου ενετειλαμην—εφαγες 2° L | om σοι
Adam | τουτου μονου] μονου τουτου Theoph: om Phil ⅓ | του-
του] τουτο E | φαγειν] φαγεις r | αυτου εφαγες] om Cyp |
εφαγες 2°] pr et 𝔆𝔄⅓: om 𝔅 𝔄 | γη] συ Phil–codd–om𝔄 Chr⅓ |
εν τοις εργοις σου] in omnibus operibus tuis Cyp: propter te
Phil–arm | +non addet dare tibi uim tuam Cyp | εν λυπαις—
ζωης σου E Cyr–hier | εν λυπαις] in tristitia et gemitu Cyp |
λυπαις] λυπη 𝔄𝔅ᶜ Phil Theoph Chr⅓ | αυτην] panem tuum
𝔆ᶜ | om της ζωης L
18 σοι] εν γη nc₂ | και φαγη—(19) ατελευση] και τα εξης
L | φαγεσαι r | χορτον] αρτον o | om σου Theoph Cyp–
codd ½
19 εν] pr και s𝔄 | ιδρωτι] ιδροτητι dfgimnoqsx*d₂*: sudore

12 εδωκας μετ εμου] σ᾿ συνηκησας μοι M | ην εδ. μετ εμ.] σ᾿ ην συνωικισας μοι ν : α᾿ η συνωκησας με c₂
13 ηπατησεν με] α᾿ επηγαγετο με Mvc₂
14 θηριων] α᾿ σ᾿ ζωων M | των θηρ.] α᾿ των ζωων ν | γην] α᾿ χουν Mv
15 τηρησει] τριψει M : α᾿ προστριψει σ᾿ θλιψει vc₂
16 τον στεναγμον σου] α᾿ τας συλληψεις σου Mv : σ᾿ θ᾿ τας κυησεις σου Mv (om τας) | αποστροφη] α᾿ σ᾿ συναφεια
ορμη M : α᾿ συναφια σ᾿ ορμη ν
17 επικαταρατος—αυτην] θ᾿ επικαταρατος η γη αδαμα εν τη παραβασει σου μετα μοχθου φαγη αυτην Mc₂(γη αδαμα]
αδαμ): σ᾿ επικαταρατος η γη εν τη εργασια σου εν κακοπαθεια φαγη αυτην M (κακοπαθει) c₂ | εν τοις εργοις σου] α᾿ ερεκεν
σου ν | εν λυπαις] σ᾿ εν κακοπαθειαις θ᾿ μετα μοχθου ν

7

A τὸν ἄρτον σου ἕως τοῦ ἀποστρέψαι σε εἰς τὴν γῆν¶ ἐξ ἧς ἐλήμφθης· ὅτι γῆ εἶ καὶ εἰς γῆν ἀπε-
¶ ℭb λεύσῃ. [20]Καὶ ἐκάλεσεν Ἀδὰμ τὸ ὄνομα τῆς γυναικὸς Ζωή, ὅτι αὕτη μήτηρ πάντων τῶν 20
ζώντων. [21]καὶ ἐποίησεν Κύριος ὁ θεὸς τῷ Ἀδὰμ καὶ τῇ γυναικὶ αὐτοῦ χιτῶνας δερματίνους, καὶ 21
§ ℭb ἐνέδυσεν αὐτούς. [22]Καὶ εἶπεν Κύριος ὁ θεός Ἰδοὺ Ἀδὰμ γέγονεν §ὡς εἷς ἐξ ἡμῶν, τοῦ 22
γινώσκειν καλὸν καὶ πονηρόν· καὶ νῦν μή ποτε ἐκτείνῃ τὴν χεῖρα καὶ λάβῃ τοῦ ξύλου τῆς ζωῆς
καὶ φάγῃ, καὶ ζήσεται εἰς τὸν αἰῶνα. [23]καὶ ἐξαπέστειλεν αὐτὸν Κύριος ὁ θεὸς ἐκ τοῦ παρα- 23
δείσου τῆς τρυφῆς, ἐργάζεσθαι τὴν γῆν ἐξ ἧς ἐλήμφθη. [24]καὶ ἐξέβαλεν τὸν Ἀδὰμ καὶ κατῴκισεν 24
αὐτὸν ἀπέναντι τοῦ παραδείσου τῆς τρυφῆς, καὶ ἔταξεν τὰ Χερουβὶν καὶ τὴν φλογίνην ῥομφαίαν
¶ Lℭc𝔓 τὴν στρεφομένην φυλάσσειν τὴν ὁδὸν τοῦ ξύλου τῆς ζωῆς.¶
§ D §[1]Ἀδὰμ δὲ ἔγνω Εὔαν τὴν γυναῖκα αὐτοῦ, καὶ συνέλαβεν καὶ ἔτεκεν τὸν Κάιν. καὶ εἶπεν 1 IV
Ἐκτησάμην ἄνθρωπον διὰ τοῦ θεοῦ. [2]καὶ προσέθηκεν τεκεῖν τὸν ἀδελφὸν αὐτοῦ τὸν Ἅβελ. 2
§ c Καὶ ἐγένετο Ἅβελ ποιμὴν προβάτων· Κάιν δὲ ἦν ἐργαζόμενος τὴν γῆν. §[3]καὶ ἐγένετο μεθ' 3
ἡμέρας ἤνεγκεν Κάιν ἀπὸ τῶν καρπῶν τῆς γῆς θυσίαν τῷ κυρίῳ· [4]καὶ Ἅβελ ἤνεγκεν καὶ αὐτὸς 4
¶ ℭb ἀπὸ τῶν πρωτοτόκων τῶν προβάτων αὐτοῦ καὶ ἀπὸ τῶν στεάτων αὐτῶν. καὶ ἐπίδεν ὁ θεὸς¶ ἐπὶ
¶ D Ἅβελ καὶ ἐπὶ τοῖς δώροις αὐτοῦ· [5]ἐπὶ δὲ Κάιν καὶ ἐπὶ ταῖς θυσίαις αὐτοῦ¶ οὐ προσέσχεν. καὶ 5
ἐλύπησεν τὸν Κάιν λίαν καὶ συνέπεσεν τῷ προσώπῳ. [6]καὶ εἶπεν Κύριος ὁ θεὸς τῷ Κάιν Ἵνα τί 6
περίλυπος ἐγένου, καὶ ἵνα τί συνέπεσεν τὸ πρόσωπόν σου; [7]οὐκ ἐὰν ὀρθῶς προσενέγκῃς, ὀρθῶς 7

24 κατωκεισεν A IV 5 επι 1°] επει E 7 προσενεγκεις E

(D)E(L)Mab(c)d–jl–y$c_2d_2$𝔄𝔅(ℭbc)𝔈(𝔓)

ἵνα 𝔅w | om σου 1° j Thdt | του αποστρεψαι σε] ου αποστρεψης Thdt: ου αποστρεψω σε Adam ½: ου αποστρεψεις Adam ½ | του 2°] ου Efr$c_2$ | αποστρεψαι] επιστρεψαι Phil ½ | την γην] om την Edn | ελημφθης] pr *et* Cyp-codd | ει] ην fg: *eras* 𝔄 | απελευση] *reuerteris* 𝔄𝔅lwℭ𝔈 Phil ½

**20** om αδαμ E | το ονομα της] ονομα Phil-codd | γυναικος A] +αυτου ELM omn 𝔄𝔅ℭ𝔈𝔓(uid) Phil Chr | ζωη] pr ευα οπερ εστι f Chr: ζωην Phil-codd | om οτι—ζωντων L | αυτη] +ην b | μητηρ αυτη s𝔈cf | om παντων 𝔈

**21** om και 1° a | om κυριος 𝔄-codd Adam Cyr | ⟨om ο θεος 18⟩ | ⟨om τω αδαμ 16⟩ | δερματινους χιτωνας m Adam

**22** om totum comma L | ⟨ειπεν] +αυτοις 108⟩ | κυριος AEM(mg sub ※)efjstvx$c_2$𝔄𝔅] om M(txt) rell 𝔓 Phil Just Chr | ⟨om ο θεος 108⟩ | γεγονεν αδαμ ⟨79⟩ Phil Thdt A-Z | om αδαμ Phil-cod | om εξ ℭ Phil | του 1°] τω Phil | om και νυν ℭc | om εκτεινη την χειρα και m | χειρα] +αυτου defi*jprsvy𝔅ℭ Chr Thdt | λαβη] φαγη Thdt: om 𝔅 | του ξυλου—φαγη AEM hlnr] om qu: pr εκ m: pr απο rell Chr Thdt Cyr: om και φαγη i* Thdt | ζησεται] ζησῃ Thdt

**23** αυτους Mi* | om ο θεος b | ⟨της τρυφης του παραδεισου 73⟩ | om της τρυφης L | om εξ ης ελημφθη L

**24** και 1°—αδαμ] *et Adam exiuit* 𝔅: om ℭc | εξεβαλεν] +κ̅ς̅ ο θ̅ς̅ fia Chr: +ο θ̅ς̅ mr ℭb | κατωκισεν αυτον] κατωκησεν lnqu𝔅 Phil-cod: om αυτον 𝔄 Phil | της τρυφης του παραδεισου dehi*jnpqu | om της τρυφης L | εταξεν] επεταξε Phil-codd | χερουβιν Aℭ] χαιρουβημ n: χερουβιμ ELM rell 𝔅 Phil Or Ath Chr Thdt | την στρεφομενην] μεταστρεφομενην h: om gy | om την οδον s (spat 5 relict)

IV **1** om ευαν ms Phil | συνελαβεν και Ar Phil] συλλαβουσα Dsil EM rell 𝔅 Theoph Chr Cyr | ετεκεν] +υιον w | εκτησ.] εκτισαμην g*nwx: *acquisiuimus* 𝔈

**2** προσεθηκεν] προσεθετο bdfghbilmoptwx$d_2$ Phil-codd Chr Cyr-ed: προσεθετο ετι Theoph | τον αβελ τον αδ. αυτου Phil-cod ½ | τον αβελ] om Phil-codd ½: om τον ο Phil-cod ½ | ⟨om ην 107⟩

**3** ηνεγκεν] pr και sv: ανηνεγκεν Jul-ap-Cyr | των καρπων] του καρπου Phil-codd ½ Luc | θυσιαν] δωρον 𝔄(uid) Phil-codd ½: *hostias* Anon¹ | τω κυριω] τω θ̅ω̅ Ery𝔄ℭ Phil-codd Clem-R Chr Jul-ap-Cyr Anon¹: κ̅ω̅ τω θ̅ω̅ m

**4** om και αυτος Cyr ½ Anon¹ | om των 2° ⟨76. 78⟩ Jul-ap-Cyr | προβατων] αμνων Cyr ½ | om αυτου 1° Clem-R Or-lat Cyr ½ Jul-ap-Cyr | και 3°—αυτων] om Eus Luc: om απο $c_2$ | αυτων] αυτου adi*op$c_2$ Cyr-cod ½: om ehm | om και 5° o*

**5** επι δε] και επι h | om επι 2° Or-gr Eus Cyr-ed ½ | ταις θυσιαις] τοις δωροις Elr | om ου wa? | ελυπησεν τον] ελυπηθη r𝔄𝔅l Clem-R Luc | ελυπησεν] +ο θ̅ς̅ m: ⟨+κ̅ς̅ ο θ̅ς̅ 14. 77. 130⟩ | ⟨τον] τω 130⟩ | συνεπεσεν] *mutatum est* 𝔅 | τω προσωπω AEM clnqruy$c_2$(txt)𝔈fp Phil-arm Cyr ½ codd ½] +αυτου v(mg)$c_2$(mg) Clem-R: το προσωπον αυτου v(txt) rell 𝔄𝔅𝔈c Chr Cyr-ed ½ Jul-ap-Cyr Thdt Luc

**6** om κυριος Clem-R | τω] προς τον v(mg): προς Clem-R | καιν] και ο | om ινα 1° adfiop$d_2$ | εγενου] +σφοδρα g | συνεπεσεν] *mutatum est* 𝔅

**7** ουκ—διελης] *quare non recte obtulisti* Luc: om ουκ $c_2$𝔅 | εαν AEMiamqruw$c_2$] αν i* rell | ορθως 1°] +μεν Chr ½ | προσ-

19 αποστρεψαι σε] α' επιστρεψαι σε M | απελευση] α' επιστρεψη v 20 ζωη] α' αυα σ' ζωογονος M: α' ζωογονος v
22 ιδου—χειρα] σ' ιδε ο αδαμ γεγονεν ομου αφ εαυτου γινωσκειν καλον και πονηρον νυν ουν μηδαμως εκτεινας την χειρα αυτου M | γινωσκειν] +σ' αφ εαυτου v | χειρα (αυτου)] +αφ εαυτου s 24 χερουβιν] α' εβρ χερουβ v
IV 1 εγνω] επεγνω συνετισθη s: επεγνω και συνετεκεν v | εκτησ.—θεου] ο εβραιος και ο συρος εκτησαμην α̅ν̅ο̅ν̅ εν θ̅ω̅ $c_2$
2 προσεθηκεν τεκειν] σ' παλιν ετεκεν Ms(sine nom)v
4 επιδεν] θ' επυρισεν σ' ετερφθη α' επεκλιθη Mv: θ' σ' επυριασεν ετερφθη ενεκληθη $c_2$
5 και ελυπησεν τον] α' και οργιλον τω σ' και ωργισθη v
6 ινα τι περιλ. εγενου] α' εις τι οργιλον σου σ' εις τι ωργισθης v
7 ουκ εαν—αυτου 2°] θ' ουκ αν αγαθως ποιεις δεκτον και εαν μη αγαθως επι θυρα αμαρτια εγκαθηται και προς σε η

8 δὲ μὴ διέλῃς, ἥμαρτες; ἡσύχασον· πρὸς σὲ ἡ ἀποστροφὴ αὐτοῦ, καὶ σὺ ἄρξεις αὐτοῦ. [8]καὶ εἶπεν A
Κάιν πρὸς Ἅβελ τὸν ἀδελφὸν αὐτοῦ Διέλθωμεν εἰς τὸ πεδίον. καὶ ἐγένετο ἐν τῷ εἶναι αὐτοὺς ἐν
9 τῷ πεδίῳ καὶ ἀνέστη Κάιν ἐπὶ Ἅβελ τὸν ἀδελφὸν αὐτοῦ καὶ ἀπέκτεινεν αὐτόν. [9]καὶ εἶπεν ὁ § 𝔖
θεὸς πρὸς Κάιν Ποῦ ἐστιν Ἅβελ ὁ ἀδελφός σου; ὁ δὲ εἶπεν Οὐ γινώσκω· μὴ φύλαξ τοῦ ἀδελφοῦ
10 μού εἰμι ἐγώ; [10]καὶ εἶπεν ὁ θεός Τί ἐποίησας; φωνὴ αἵματος τοῦ ἀδελφοῦ σου βοᾷ πρὸς μὲ ἐκ
11 τῆς γῆς. [11]καὶ νῦν ἐπικατάρατος σὺ ἐπὶ τῆς γῆς, ἣ ἔχανεν τὸ στόμα αὐτῆς δέξασθαι τὸ αἷμα
12 τοῦ ἀδελφοῦ σου ἐκ τῆς χειρός σου. [12]ὅτι ἐργᾷ τὴν γῆν, καὶ οὐ προσθήσει τὴν ἰσχὺν αὐτῆς
13 δοῦναί σοι· στένων καὶ τρέμων ἔσῃ ἐπὶ τῆς γῆς. [13]καὶ εἶπεν Κάιν πρὸς τὸν κύριον Μείζων ἡ
14 αἰτία μου τοῦ ἀφεθῆναί με. [14]εἰ ἐκβαλεῖς με σήμερον ἀπὸ προσώπου τῆς γῆς, καὶ ἀπὸ τοῦ
προσώπου σου κρυβήσομαι, καὶ ἔσομαι στένων καὶ τρέμων ἐπὶ τῆς γῆς· καὶ πᾶς ὁ εὑρίσκων με
15 ἀποκτενεῖ με.¶ [15]καὶ εἶπεν αὐτῷ Κύριος ὁ θεός Οὐχ οὕτως· πᾶς ὁ ἀποκτείνας Κάιν ἑπτὰ ἐκδι- ¶ $𝔈^f$
κούμενα παραλύσει. καὶ ἔθετο Κύριος ὁ θεὸς σημεῖον τῷ Κάιν τοῦ μὴ ἀνελεῖν αὐτὸν πάντα τὸν
16 εὑρίσκοντα αὐτόν. [16]ἐξῆλθεν δὲ Κάιν ἀπὸ προσώπου τοῦ θεοῦ καὶ ᾤκησεν ἐν γῇ Ναὶδ κατέναντι
17 Ἐδέμ. [17]Καὶ ἔγνω Κάιν τὴν γυναῖκα αὐτοῦ, καὶ §συλλαβοῦσα ἔτεκεν τὸν Ἑνώχ. καὶ ἦν § D

8 παιδιον A | παιδιω A 9 ειμη E 15 αναιλειν A

(D)EMa–jl–y$c_2d_2$𝔄𝔅𝔈(𝔖)

ενεγκης] pr μοι $i^{a?}r$ | om ορθως 2°—διελης $𝔅^{p\text{-}txt}$ | δε] om t Phil-cod : *tu* Hil | μη διελ.] *offeras mihi* 𝔈 | διελης] διελεις g : ελης n : *placeas* ([illegible]) 𝔖-ap-Barh | προς σε—αυτου 1°] *id* (sc *peccatum*) *converteretur ad te* 𝔖-ap-Barh | αποστρ.] επιστροφη Cyr-ed $\frac{2}{3}$ | αρξ. αυτου] αυτου αρξεις adefjmop$d_2$ : αυτου αρξης bginwx

8 και ειπεν] ειπε δε ej | om αβελ 1° m$𝔈^p$ Anon$^1$ | διελθωμεν] + δη adefi–mopx$d_2$ Chr $\frac{1}{4}$ Cyr $\frac{1}{3}$ ed $\frac{1}{3}$ : δευρο εξελθωμεν Chr $\frac{3}{4}$ | εις] επι Phil | εν τω πεδιω] εις τω πεδιω f : εις το πεδιον $i^{a?}$ : ⟨om τω 31⟩ | om και 3° abdei*joptw𝔄𝔅𝔈 Phil Clem-R Chr Luc | επι] προς b

9 om και ειπεν o* | ο θεος AMabdgi*npw$d_2$ Chr Luc] pr $\overline{κς}$ $Ei^a$ rell 𝔄𝔅𝔖 Cyr | προς] τω Cyr-cod | αβελ] post σου qu : om m Hil Luc | om εστιν E Phil $\frac{1}{2}$ Theoph Ath Chr $\frac{8}{11}$ Cyr $\frac{3}{4}$ Thdt | ο δε] και abd–josv(txt)wy$d_2$ Chr $\frac{1}{3}$ Luc | ου γινωσκω] ουκ οιδα fi Chr $\frac{2}{3}$ Cyr $\frac{3}{4}$ | του—εγω] εγω ειμι του αδ. μου Chr $\frac{8}{16}$ : ειμι του αδ. μου 𝔄-ed Theoph Chr $\frac{4}{16}$ (+ εγω $\frac{1}{16}$) : του αδ. μου ειμι Chr $\frac{1}{16}$ | του αδ.] τω αδελφω l | om μου i Cyr $\frac{1}{3}$ | εγω ειμι Cyr $\frac{1}{3}$

10 ο θεος] pr $\overline{κς}$ fn 𝔅 | εποιησας] pr του E* : pr τουτο $E^b$adegjp : πεποιηκας y Cyr-codd : + τουτο bcfhimorstvwx$c_2d_2$ 𝔄𝔖 Theoph Chr Luc | αιματος] pr του e : om c : + αβελ Eus Chr $\frac{1}{11}$ | om σου Cyr $\frac{1}{3}$ | εκ της γης] om της Phil-codd $\frac{1}{2}$ Cyr $\frac{1}{3}$ : εν τη γη n

11 και νυν—γης] om cr : om και νυν dp𝔖*(uid) | συ—γης] η γη 𝔈 Or-lat $\frac{1}{3}$ Chr $\frac{1}{3}$ Cyr $\frac{3}{4}$ | συ] ει dp : om s | επι Aiy𝔄 Phil $\frac{1}{2}$ codd-omn $\frac{1}{2}$ Chr $\frac{1}{3}$ Cyr-ed $\frac{1}{3}$] εκ f : απο EM rell 𝔅𝔖 Phil $\frac{1}{2}$ ed $\frac{1}{2}$ Theoph Or-lat $\frac{2}{3}$ Chr $\frac{1}{3}$ Cyr-codd $\frac{1}{3}$ | om το στομα αυτης 𝔈 Theoph Cyr $\frac{1}{3}$ | om της 2° Theoph

12 οτι] οτε $n^a$(uid) : η Phil | εργαση $l^{a?}$ Phil-codd | ου] + μη p | προσθησει] προσθειναι x | την 2°—σοι] δουναι σοι την ισχυν αυτης c$c_2$𝔄𝔅𝔈𝔖 | δουναι] pr ετι r | om εση m

13 τον κυριον A] om τον abdfgioptw$d_2$ Phil Chr Cyr-ed : τον $\overline{θν}$ $c_2$ Cyr-codd : $\overline{κν}$ τον $\overline{θν}$ EM rell 𝔄𝔅𝔖 Or-gr | μειζον Mcdsx | αιτια] αμαρτια $m^b$qu𝔅𝔈 Or Chr Thdt | με] μοι gx𝔅(uid) : om Phil $\frac{1}{2}$ ed $\frac{1}{2}$ : + και εσομαι στενων και τρεμων επι της γης p

14 ει—κρυβησομαι] pr και abdegijmopstvwx$d_2𝔈^{fp}$ Cyr-ed $\frac{1}{3}$ : ⟨om 107⟩ | εκβαλεις Abmy Cyr $\frac{1}{3}$ codd $\frac{1}{3}$] εκβαλης acdiopqu Phil-cod Cyr-ed $\frac{1}{3}$ : εκβαλλης t : εκβαλλεις EM rell Phil-ed Chr Cyr $\frac{2}{3}$ codd $\frac{1}{3}$ Thdt | σημερον] νυν Cyr $\frac{1}{3}$ : om 𝔈 Chr $\frac{1}{3}$ | προσωπου 1°] pr του Phil-codd : om c𝔈 Cyr $\frac{2}{3}$ cod $\frac{1}{3}$ Chr $\frac{1}{3}$ | om του doqu | σου] μου p : ⟨om 79⟩ | om και εσομαι—γης 2° p Chr $\frac{1}{3}$ Cyr $\frac{1}{3}$ | πας A*𝔈 Cyr $\frac{1}{3}$] pr εσται $A^{c\,mg}$EM omn 𝔄𝔅𝔖 Chr Cyr $\frac{2}{3}$ | om με 2° Cyr $\frac{1}{3}$ | ⟨αποκτεινει 71⟩

15 om αυτω m | om ο θεος 1° 𝔅 | πας ο] pr οτι Cyr $\frac{1}{3}$ : ο πας Cyr $\frac{1}{3}$ : om πας Phil $\frac{1}{2}$ | αποκτεινας καιν] ευρισκων καιν και αποκτεινας g | om ο θεος 2° i* | τω καιν σημειον x$c_2𝔈^c$𝔖 Phil $\frac{1}{2}$ Cyr-codd $\frac{1}{2}$ | om αυτον 2° Phil $\frac{2}{3}$

16 εξηλθεν δε] και εξηλθεν bdgpsvw Thd : ⟨απηλθε δε 32⟩ : om δε a | του θεου] pr $\overline{κυ}$ f : ⟨om του 31⟩ : *Domini* Or-lat(uid) $\frac{1}{3}$ Thd-syr | ωκησεν] pr ras (3) x : κατωκησεν Thd | γη] pr τη Mgn : τη Thd | ναιδ] αιδ qu : ναηδ Or-gr $\frac{1}{2}$ : ναιν m : ναινα l | εδωμ y

17—V 9 multa rescr $A^d$

17 ενωχ 1° $AD^{sil}$EMh*lmn$p^a$rstxy$c_2$𝔄𝔈 Phil Theoph Cyr-

αποστροφη αυτου και συ αρξεις αυτου α' εαν αγαθυνης αρεσεις σ' αλλ εαν αγαθυνης αφησω εαν δε μη αγαθυνης παρα θυραν αμαρτια εγκαθηται και προς σε η ορμη αυτης (cod αυτη σ') αλλ εξουσιασεις αυτης v | ουκ εαν—ησυχασον] εαν αγαθυνης αρεσης σ' αλλ εαν αγαθυνης αφησω εαν δε μη αγαθυνης παρα θυραν αμαρτια εγκαθηται $c_2$

8 διελθωμεν—πεδιον] ταυτα εκ του αποκρυφου δοκει υπο των ο' ειληφθαι εχειν δε αυτα και το σαμαρειτικον εν γαρ τω εβραικω ου γεγραπται ουδε εν τοις περι ακυλαν v

12 και ου προσθησει] σ' η δε ουκετι sv | στενων και τρεμων] σ' αναστατος και ακαταστατος sv : ο εβρ. και ο συρος σαλευομενος και ακαταστατων· ακαταστατος και αναστατος εν τη γη $c_2$

13 η αιτια μου] α' ανομημα μου s(pr το)v 14 ει εκβαλεις με] α' ιδου εξεβαλες με sv(εξεβαλλες)$c_2$(sine nom)

15 επτα—παραλυσει] α' *septempliciter uindicabitur*. σ' *septies uindictam dabit*. θ' *per hebdomadem uindicabit* (siue *uindicabitur*). *Is quem genuit* ([illegible]) *generatio septima uindictam dabit* 𝔖 | ανελειν] α' πληξαι σ' παταξαι sv$c_2$

16 ναιδ] αναστατου σαλον σαλευομενος s : σ' αναστατος σαλου η σαλευομενος v : σαλος $c_2$ : σ' *rebellis* (?) ([illegible]) θ' *fluctuantis* ([illegible]) 𝔖

Α οἰκοδομῶν πόλιν· καὶ ἐπωνόμασεν τὴν πόλιν ἐπὶ τῷ ὀνόματι τοῦ υἱοῦ αὐτοῦ Ἐνώχ. ¹⁸ἐγενήθη 18
δὲ τῷ Ἐνὼχ Γαιδάδ, καὶ Γαιδὰδ ἐγέννησεν τὸν Μαιήλ, καὶ Μαιὴλ ἐγέννησεν τὸν Μαθουσαλά,
¶ D καὶ Μαθουσαλὰ ἐγέννησεν⁶ τὸν Λάμεχ. ¹⁹καὶ ἔλαβεν ἑαυτῷ Λάμεχ δύο γυναῖκας· ὄνομα τῇ μιᾷ 19
Ἀδά, καὶ ὄνομα τῇ δευτέρᾳ Σελλά. ²⁰καὶ ἔτεκεν Ἀδὰ τὸν Ἰωβέλ· οὗτος ἦν ὁ πατὴρ οἰκούντων 20
ἐν σκηναῖς κτηνοτρόφων. ²¹καὶ ὄνομα τῷ ἀδελφῷ αὐτοῦ Ἰουβάλ· οὗτος ἦν ὁ καταδείξας ψαλτή- 21
ριον καὶ κιθάραν. ²²Σελλὰ δὲ ἔτεκεν καὶ αὐτὴ τὸν Θοβέλ· καὶ ἦν σφυροκόπος χαλκεὺς χαλκοῦ 22
καὶ σιδήρου. ἀδελφὴ δὲ Θοβὲλ Νοεμά. ²³εἶπεν δὲ Λάμεχ ταῖς ἑαυτοῦ γυναιξίν 23

Ἀδὰ καὶ Σελλά, ἀκούσατέ μου τῆς φωνῆς·
γυναῖκες Λάμεχ, ἐνωτίσασθέ μου τοὺς λόγους·
ὅτι ἄνδρα ἀπέκτεινα εἰς τραῦμα ἐμοί,
καὶ νεανίσκον εἰς μώλωπα ἐμοί·
²⁴ὅτι ἑπτάκις ἐκδεδίκηται ἐκ Κάιν, 24
ἐκ δὲ Λάμεχ ἑβδομηκοντάκις ἑπτά.

§ D ˢ²⁵Ἔγνω δὲ Ἀδὰμ Εὔαν τὴν γυναῖκα αὐτοῦ, καὶ συλλαβοῦσα ἔτεκεν υἱόν. καὶ ἐπωνόμασεν 25
τὸ ὄνομα αὐτοῦ Σὴθ λέγουσα Ἐξανέστησεν γάρ μοι ὁ θεὸς σπέρμα ἕτερον ἀντὶ Ἅβελ, ὃν ἀπέ-
κτεινεν Κάιν. ²⁶καὶ τῷ Σὴθ ἐγένετο υἱός, ἐπωνόμασεν δὲ τὸ ὄνομα αὐτοῦ Ἐνώς· οὗτος ἤλπισεν 26
ἐπικαλεῖσθαι τὸ ὄνομα Κυρίου τοῦ θεοῦ.

---

17 επονομασεν E      22 χαλκευι] χαλκεους E

---

D)EMa–jl–yc₂d₂𝕬𝕭𝕰ᶜᵖ𝕾

codd] ενωκ h⁵p* rell 𝕭 Chr Cyr-ed Anon | om και 4°—πολιν 2°
d Chr | επι τω] ετ ο | om του υιου D | ενωχ 1° AD^iiiEMh*lm
nrstxyc₂ 𝕬-ed𝕰 Phil Theoph Cyr-codd] om 𝕬-codd Chr Cyr-
ed : ενωκ h⁵c₂* rell 𝕭 Anon¹
18 εγενηθη—ενωχ] Enos autem genuit 𝕭 | εγενηθη AM
achj*npr*w*c₂ Theoph Chr Cyr] και εγενηθη g : εγεννηθη
DEj⁵ʳ*w* rell 𝕰𝕾 | (om τω 16) | ενωχ AD^iiiEMh*lmp²rstxyc₂*
𝕬𝕰 Phil Theoph] ενχω n : ενωκ h⁵p*c₂* rell Chr Cyr Anon |
γαιδαδ 1°] pr ειραδ ειραδ δε c : γαιραδ xᵃ : Gaieridad 𝕬 : Gedam
Anon | γαιδαδ 1°] γαιδαδ δε c₂ | γαιδαδ 2°] γαιραδ x : Gairi-
dad 𝕬 : Gedam Anon² | μαιηλ 1° Abh*(uid)jntwy*(uid)c₂𝕬
Phil-ed] μεηλ sv Phil-cod Theoph : μαουια D Cyr-codd : μαιουια
l : μαιουιαν Cyr-ed : μαουιανα s(mg) : μαουιηλ Mcr : μαουιηλ E :
μαουιαιηλ quv(mg)x : μαλεληλ h⁵yᵃ rell 𝕭ᵖ-ᵗˣᵗ Chr : Menia
𝕭ᵖ-ᵗˣᵗˡʷ Anon¹ : Malelech Anon² | μαιηλ 2° Abh*(uid)
jntwy*(uid)c₂𝕬] μεηλ sv Theoph : μαουια D Cyr-codd : μαιουια l :
μαουιας Cyr-ed : μαουλ c : μαουηλ Mr : μαουιαιηλ E : μαουιαιηλ
qux : μαλλεηλ fᵃ : μαλεληλ f⁵h⁵yᵃ rell 𝕭ᵖ-ᵗˣᵗ : Mevia
𝕭ᵖ-ᵗˣᵗˡʷ : Malelel Anon¹ : Malelech Anon² | om τον μαθουσαλα
—εγεννησεν 3° c | μαθουσαλα bis] μαθουσαηλ x : μαθουσαηλ
quy* Cyr-codd : Matusalam Anon¹ : Mattusalam Anon²
19 εαυτω] αυτω mn : om 𝕬 | αδα] αδδα bdeᵃdᵃfmpr𝕬 Cyr-codd :
αδαδα w | τη 1°] της l⁵ | σελα delopx Theoph
20 αδδα bcᵃdfmprw𝕬 | ιωβελ] ιωβηλ Ma–dfghmoprwyd₂
Phil Chr : μαιη Theoph : ιωαβελ qu : ιωβαλ x : ιωσηθ Eit :
Thobel Anon¹ : Tobel Anon² | ην] ειτ 𝕬𝕭 | om ο b–fh⁵b¹ᵃm–
pq¹ʳwxy*¹d₂ Chr | κτηνοτρ.] pr των l⁵𝕰𝕾

21 του αδελφου aod₂𝕾 | ιουβαλ] ιωβαλ m : ιωβαλ fiᵃ¹prs
𝕬𝕭ᵖ-ᵗˣᵗ Phil-cod⅓ : ιωβελ 𝕭¹ʷ : ιορας(1)βαδ n | ην] εστιν 𝕬-ed 𝕭
Phil Theoph : + xηρ x Phil : +ο πηρ c : + pater 𝕬𝕰𝕾 | ο
—κιθαραν] ψαλτηριον και κιθαρας Phil⅓ | ο καταδειξας] qui
fecit 𝕭
22 σελα delpxc₂ | ετεκεν και αυτη] και αυτη ετεκεν cyc₂𝕾 :
(om ετεκεν 107) : om και αυτη 𝕬 | θοβελ 1°] θουβαλ x : ιωβελ
Phil-cod | om χαλκευς l | θοβελ 2°] θουβαλ x : θωβελ l | νοεμα]
+ras (1) h : νοεμαρ iqruy Phil Chr : νοεμμα f : νοεμμα abtwc₂
Anon¹ : νοεμμαρ q : Neema 𝕬-codd
23 ειπεν δε] και ειπε l | λαμεχ 1°] αβελ g | om ταις—λαμεχ
2° n | εαυτου γυναιξιν] αυτου γυναιξιν lo : γυναιξιν αυτου bc |
αδδα bcdfmprw Phil-arm Cyr-codd | σελλα] σελα dejiopxc₂ :
Salla 𝕭ˡʷ | μου της φωνης] της φωνης μου adfioprwc₂ Cyr-ed⅓ :
μου του λογους d₂ | ενωτισασθε] in livore meo Hil Anon | εμοι 2°] μοι
mihi in plagam Phil⅓ : in livore meo Hil Anon | εμοι 2°] μοι
EMh*mquv
24 επτακις—καιν] εκ μεν καιν εκδεδικηται επτακις Chr : om
εκ cn | εκ 2°] εν fn
25 ενων] post αυτου 1° Phil⅓ : om y𝕰 | επωνομασεν] πω
sup ras circ 16 litt Aᵃ : εκαλεσεν x | το ονομα αυτου] αυτον Phil-
cod⅓ | λεγουσα] sub ÷ mb ⁂ 𝕰 : om Phil-codd-omn⅓ Clem |
om γαρ gmn𝕭𝕰 Phil⅓ | ο θεος] pr ꝏ ⟨71⟩ 𝕰 : θ̅σ̅ oᵃ
26 σηθ] +και αυτω x𝕾 | εγενετο ⟨εγεννηθη 64(mg).73.130⟩ :
εγεννηθη ei(mg)jrt𝕾 : ⟨+αυτω 14⟩ | επωνομασεν δε] pr και 31.
128): και επωνομασεν dfpr Chr Cyr | ενος s | ουτος ηλπισεν]
ηρξατο Chr | ουτος] ουτως fᵃuᵃ : αυτος m : +primus Or-lat⅓ |
ηλπισεν] coepit 𝕰ᶜ : + πρωτον Phil⅓ | το ονομα 2°] τω ονοματι

18 γαιδαδ 1°] α´ αραδ s : α´ ιραδ ν | μαθουσαλα 1°] ωριγ. παρα τοις ο´ μαθουσαλα εκειτο οπερ διορθωσαμεν γραφην
ευρουτες πλυγην ουσαν ο γαρ μαθουσαλα υιος εστιν του ενωκ εκ της συνεπτωσης γενεας των απο αδαμ ο δε μαθουσαηλ απογονος
ων του και γαιδαδ ιν της αυτων των λοιπων των αιτ εκεινου της προκειμενης γενεας sv(om ονομα)
20 ο πατηρ—κτηνοτρ.] σ´ ο πρωτος υποδειξας σκηνας και κτηνοτροφια s : σ´ θ´ (?) ο πρωτος υποδειξας σκηνας και κτηνοτροφιαν v
23 νεανισκον] α´ σ´ παιδιον s : α´ παιδιον v
24 οτι—επτα] α´ οτι επταπλασιως εκδικηθησεται καιν και λαμεχ ο και ζ´ ο´ οτι εβδομαιος εκδικησιν δωσει καιν λαμεχ ο´
και εβδομαιος θ´ οτι εβδομαδας εκδικηθησεται καιν λαμεχ εβδομηκοντα και επτα s ⟨απτα και επτα perier⟩ ν ⟨ο και ζ⟩ εβδομη-
κοντακις επτα ⟨εβδομαιως⟩ εβδομας] επτακις εκδεδικηται] σ´ septies uindictam dabit 𝕾
26 ουτος—θεου] α´ τοτε ηρχθη του καλειν εν ονοματι σ´ τοτε αρχη εγενετο s ⟨om σ´⟩ ν𝕾 : ο εβραιος εχει ουτος ηλπισθη
επικαλεισθαι εν ονοματι κ̅υ̅ του θ̅υ̅ ο μεντοι ακυλας ουτος ηρξατο του καλεισθαι εν ονοματι κ̅υ̅ s

V 1 　¹Αὕτη ἡ βίβλος γενέσεως ἀνθρώπων. ᾗ ἡμέρᾳ ἐποίησεν ὁ θεὸς τὸν Ἀδάμ, κατ᾽ εἰκόνα θεοῦ A
2 ἐποίησεν αὐτόν· ²ἄρσεν καὶ θῆλυ ἐποίησεν αὐτούς, καὶ εὐλόγησεν αὐτούς. καὶ ἐπωνόμασεν τὸ
3 ὄνομα αὐτῶν Ἀδάμ, ᾗ ἡμέρᾳ ἐποίησεν αὐτούς. ³ἔζησεν δὲ Ἀδὰμ διακόσια καὶ τριάκοντα ἔτη, καὶ
4 ἐγέννησεν κατὰ τὴν ἰδέαν αὐτοῦ καὶ κατὰ τὴν εἰκόνα αὐτοῦ· καὶ ἐπωνόμασεν τὸ ὄνομα αὐτοῦ Σήθ.
4 ⁴ἐγένοντο δὲ αἱ ἡμέραι Ἀδὰμ μετὰ τὸ γεννῆσαι αὐτὸν τὸν Σὴθ ἑπτακόσια ἔτη, καὶ ἐγέννησεν
5 υἱοὺς καὶ θυγατέρας. ⁵καὶ ἐγένοντο πᾶσαι αἱ ἡμέραι Ἀδὰμ ἃς ἔζησεν ἐννακόσια καὶ τριάκοντα 𝕰ᵐ
6 ἔτη, καὶ ἀπέθανεν. ⁶Ἔζησεν δὲ Σὴθ διακόσια καὶ πέντε ἔτη, καὶ ἐγέννησεν τὸν Ἐνώς.
7 ⁷καὶ ἔζησεν Σὴθ μετὰ τὸ γεννῆσαι αὐτὸν τὸν Ἐνὼς ἑπτακόσια καὶ ἑπτὰ ἔτη, καὶ ἐγέννησεν
8 υἱοὺς καὶ θυγατέρας. ⁸καὶ ἐγένοντο πᾶσαι αἱ ἡμέραι Σὴθ ἐννακόσια δώδεκα ἔτη, καὶ ἀπέθανεν.
10 ⁹Καὶ ἔζησεν Ἐνὼς ἑκατὸν ἐνενήκοντα ἔτη, καὶ ἐγέννησεν τὸν Καινάν. ¹⁰καὶ ἔζησεν Ἐνὼς μετὰ
τὸ γεννῆσαι αὐτὸν τὸν Καινὰν ἑπτακόσια καὶ δέκα·πέντε ἔτη, καὶ ἐγέννησεν υἱοὺς καὶ θυγατέρας.
11 ¹¹καὶ ἐγένοντο πᾶσαι αἱ ἡμέραι Ἐνὼς ἐννακόσια καὶ πέντε ἔτη, καὶ ἀπέθανεν.¶ ¹²Καὶ ¶ D
13 ἔζησεν Καινὰν ἑκατὸν ἑβδομήκοντα ἔτη, καὶ ἐγέννησεν τὸν Μαλελεήλ. ¹³καὶ ἔζησεν Καινὰν
μετὰ τὸ γεννῆσαι αὐτὸν τὸν Μαλελεὴλ ἑπτακόσια καὶ τεσσεράκοντα ἔτη, καὶ ἐγέννησεν υἱοὺς καὶ

---

V 2 ψυλογησεν E | [επιωνομ]ασε D 　　3 εἷησεν E | εγεννησε D | ιδεαν E | επωνομασεν E
13 τεσσαρακοντα E (ita constanter)

---

(D)EMa–jl–yc₄d₂𝔅𝔖(𝕰ᵐ)𝕰ᶜᵖ𝔖

(32) Chr₁ Cyr–ed₁ | κυριου του θεου] om κυριου Chr: om του
θεου Clem Or–lat½ : + αυτον Cyr½
　V 1 om η 1° Phil–cod–omn½ | γενεσεως ανθρωπων] creationis
hominis | αυῶν sup ras (7) A¹ | ημερα] + η r | θεος] Dominus
𝔅𝔖ᵖ | αδαμ] ανθρωπον t | εποιησεν 2°] επλασεν iᵃ¹ʳ𝔄 | αυτον—
(2) εποιησεν 1°] om d₂ : (om αυτον 31)
　2 εγενετο t | και ευλογησεν—αυτους 3°] om e(txt)mw: om και ευλο–
γησεν αυτους Madiᵃ¹oprtc₂d₂ Chr | om αυτον 2° g | om το ονομα
M | αυτων αδαμ] ων αδαμ sup ras (8) Aᵃ²: αυτου αδαμ Dbd
e(mg)fghiᵃ¹jlnoᵃ¹prsyᵃ¹𝔅𝔈 Chr–codd: (αυτω αδαμ 16): (om
αδαμ 64) | αυτους 3°] αυτου dp
　3 διακ.—ετη A] τριακοντα και διακοσια ετη DEMceh*jqsuvy
c₂𝔖 Eus Cyr: om και n : τριακοντα ετη και διακοσια l: ετη
διακοσια τριακοντα hᵇ rell Chr : (τριακοντα και τριακοσια ετη 31) |
εγεννησεν] + as εζησεν 1° 𝔄–codd 𝔅 | αυτον 1° ο 𝔄–codd Phil |
om και 3° w | κατα την εικονα] κατ εικονα E Chr: om κατα
την d | om αυτου 2° m | ⟨om και επωνομασεν—σηθ 25⟩
　4 εγενετο t | αι ημεραι] pr πασαι t | αδαμ ADEMehiᵃ¹jq
ruy𝔅𝔖𝔖] pr εζησεν g : +as εζησεν iᵉ rell 𝔈 : ⟨αυτου 20⟩: ⟨om
83(uid)⟩ | μετα το γεννησαι] om nt: ετη εκατον Aᵃ¹ : om αυτον
b | μετα το γ.—αυτον ADEMcehjlqs–vy𝔅𝔖] ετη διακοσια r*: ψ και εᵗ
ετη c₂ : ετη επτακοσια rᵇ rell Chr
　5 εγενετο sup ras A¹(uid) | om αι εζησεν A¹(uid) | εννακ.—εννακ. m |
om αι εζησεν ⟨73⟩𝔖 Chr | εννακ.—ετη AEhc₂] τριακ. και εννακ.
ετη D𝔖Mejqy: om και nt: εννακ. και τριακ. εννακ. ετη u: εννακ. ετη
και τριακ. c: εννακ. τριακ. f: ετη εννακ. τριακ. rell Chr: non–
genti anni et triginta 𝔖
　6 εζησ.] εζησ. δε j | διακ.—ετη An] πεντε και
διακ. ετη D𝕸EMcehjlqsuvyc₂𝔖 Cyr: om και t: ετη διακ. πεντε
rell | εγεννησεν] ετεκε Cyr–ed | om πεντε f
　7 om επτακοσια—(8) σηθ g | επτακ.—ετη An] επτα και
επτακ. ετη sv: επτα επτακ. f: επτα ετη και επτακ. D𝕸EM
cehjlquyc₂: ετη επτακ. επτα rell Chr: septingenti 𝔖 : + annos 𝔖 |
septem et septingentos annos 𝔖 | om και 3° w | om και 4° f

8 αι ημ. σηθ] +as εζησεν Dsx𝕰 | post εννακοσια ras (2) A |
εννακ.—ετη A] εννακ. δεκαδυο ετη t: δωδεκα και εννακ. ετη
D𝕸𝕰Mehjlquy Cyr: δεκαδυο και εννακ. ετη cc₂: ετη εννακ.
δωδεκα gprx: ετη εννακ. δεκα b𝕰ᵖ: ετη εννακ. δυο sᵃ: ετη
εννακ. δεκαδυο sᵃ¹ rell: ✳ anni ⟨ duodecim et nongenti
anni 𝔖
9 και εζησ.] εζησ. δε iᵇ¹rx | εκατον] om Aᵃ: hab Aᵃ¹ᵐᵍ
(rescr Aᵈ) | εκατον—ετη AE] εκατον και ενενηκ. ετη ej: ρ´ ετη
και ενενηκ. c₄ᵃ: ρ´ ετη ενενηκ. c₂ᵃ: ⟨ετη ενενηκ. εκατον 20⟩:
εκατον σαρακοντα ετη n: ετη ενενηκ. f: ετη εκατον ογδοηκοντα
d₂: ετη εκατον δεκα x: ετη εκατον ενενηκ. DM rell Chr Cyr:
annos centum et nonaginta 𝔖
10 om πεντε a | εκατ.—ετη An] πεντε και δεκα και επτακ.
ετη cs: om και t: πεντε και δεκα ετη και επτακ. D𝕸EMhlquvy:
επτα και (20) j: πεντε ετη και επτακ. ετη εκατον f: ετη εκατον
f: ετη επτακ. δεκαπεντε rell (ras 3 litt post ετη w): quinque et
decem annos et septingentos ✳ annos ⟨ 𝔖: septingentos et
decem annos 𝔖
11 ενως] +as εζησεν x𝕰ᵖ | εννακ.—ετη An] πεντε και
εννακ. ετη sv Cyr–ed: om και t: πεντε ετη και εννακ. Echlquyc₂
Cyr–codd: πεντε ετη και εννακ. ετη D: ετη πεντε και εννακ.
M: ετη εννακ. δεκαπεντε g: ετη εννακ. εικοσι πεντε f: ετη
οκται. εικοσι πεντε x: ετη εννακ. πεντε rell: ✳ anni ⟨ quinque
et nongenti anni 𝔖
12 και εζησ.] εζησ. δε iᵇ¹rx𝕰ᵖ𝔖 | εκατ.—ετη A] εκατον και
εβδ. ετη n: εβδ. και εκατον ετη ιjsy𝔖 Cyr–codd: εβδ. ετη και
εκατον EMejlquy Cyr–ed: ετη εβδ. και εκατον cc₂: ετη εκατον
ογδοηκοντα dp: ετη εβδ. f: ετη εκατον εβδ. rell: centum et
quinque annos 𝔖ᵖ | Malalael 𝔄 (Malaliel codd) et ita 13, 15,
17
13 και εζησ.] εζησ. δε d₂ | επτακ.—ετη An] τεσσαρακ. και
επτακ. ετη sy: τεσσαρακ. ετη και επτακ. EMehjquv: ετη τεσσα–
ρακ. και επτακ. ετη εβδ. και επτακ. σαρακοντα gp: ετη επτακ. τεσ–
σαρακ. rell: quadraginta annos et septingentos ✳ annos ⟨ 𝔖

---

V 1 κατ εικονα] a´ εν ομοιωματι svc₂: σ´ εν ομοιωσει sv(om εν): σ´ ομοιωσ c₂　3 διακ. και τριακ.] οι ⟩ ρλ´ v𝔖
4 επτακοσια] οι ⟩ ω´ v　6 διακ. και πεντε] οι ⟩ ρλε´ v: οι ⟩ ρε´ c₂𝔖
7 επτακ. και επτα] οι ⟩ ωζ´ vc₂　9 εκατον ενενηκ.] οι ⟩ ϟ´ v: οι ⟩ ϟ´ c₂ | τον καιναν] οι ⟩ τον κηραν s
10 επτακοσια] οι ⟩ ω´ v　13 επτακοσια] οι ⟩ ω´ v

A θυγατέρας. ¹⁴καὶ ἐγένοντο πᾶσαι αἱ ἡμέραι Καινὰν ἐννακόσια καὶ δέκα ἔτη, καὶ |ἀπέθανεν. 14
¹⁵Καὶ ἔζησεν Μαλελεὴλ ἑκατὸν καὶ ἑξήκοντα πέντε ἔτη, καὶ ἐγέννησεν τὸν Ἰάρεδ. ¹⁶καὶ ἔζησεν ¹⁶₁₀
Μαλελεὴλ μετὰ τὸ γεννῆσαι αὐτὸν τὸν Ἰάρεδ ἑπτακόσια καὶ τριάκοντα ἔτη, καὶ ἐγέννησεν υἱοὺς
καὶ θυγατέρας. ¹⁷καὶ ἐγένοντο πᾶσαι αἱ ἡμέραι Μαλελεὴλ ὀκτακόσια καὶ ἐνενήκοντα πέντε ἔτη, 17
§ D καὶ ἀπέθανεν. ¹¹⁸Καὶ ἔζησεν ¹Ἰάρεδ¹ ἑκατὸν καὶ ἑξήκοντα δύο ἔτη, καὶ ἐγέννησεν τὸν 18
Ἐνώχ. ¹⁹καὶ ἔζησεν Ἰάρεδ μετὰ τὸ γεννῆσαι αὐτὸν τὸν Ἐνὼχ|ὀκτακόσια ἔτη, καὶ ἐγέννησεν 19
υἱοὺς καὶ θυγατέρας. ²⁰καὶ ἐγένοντο πᾶσαι αἱ ἡμέραι Ἰάρεδ ἐννακόσια καὶ ἑξήκοντα δύο ἔτη, καὶ 20
ἀπέθανεν. ²¹Καὶ ἔζησεν Ἐνὼχ ἑκατὸν καὶ ἑξήκοντα πέντε ἔτη, καὶ ἐγέννησεν τὸν Μαθου-21
σάλα. ²²εὐηρέστησεν δὲ Ἐνὼχ τῷ θεῷ μετὰ τὸ γεννῆσαι αὐτὸν τὸν Μαθουσάλα διακόσια ἔτη, 22
καὶ ἐγέννησεν υἱοὺς καὶ θυγατέρας. ²³καὶ ἐγένοντο πᾶσαι αἱ ἡμέραι Ἐνὼχ τριακόσια ἑξήκοντα 23
¶ d. πέντε ἔτη. ²⁴καὶ εὐηρέστησεν Ἐνὼχ τῷ θεῷ καὶ οὐχ ηὑρίσκετο, διότι μετέθηκεν αὐτὸν ὁ θεός.¶ 24
²⁵Καὶ ἔζησεν Μαθουσάλα ἑκατὸν καὶ ὀγδοήκοντα ἑπτὰ ἔτη, καὶ ἐγέννησεν τὸν Λάμεχ. ²⁶καὶ ²⁶₁₀
ἔζησεν Μαθουσάλα μετὰ τὸ γεννῆσαι αὐτὸν τὸν Λάμεχ ἑπτακόσια καὶ ὀγδοήκοντα δύο ἔτη, καὶ
ἐγέννησεν υἱοὺς καὶ θυγατέρας. ²⁷καὶ ἐγένοντο πᾶσαι αἱ ἡμέραι Μαθουσάλα ὃς ἔζησεν ἐννακόσια 27

18 ιαρετ A     22 γενησαι E* (γενν. Eᵃ)     24 μετετεθηκεν E
27 εγενοτο E* (εγενωτο Eᵃ) | μαθουσα Aᵃ (μαθουσαλα Aʸ)

(D)EMa–jl–yc₂(d₂)𝔄𝔅𝕮ᵐ𝔈ᶜᵖ𝔖

14 και τ°—ημεραι] *fuerunt igitur omnia tempora* 𝔖-txt | om πασαι 𝔅ⁱᵘ | om ημεραι o | καιναν] +αs εζησεν x | ετη An] δεκα και εννακ. ετη M₃𝔖: om και τ: δεκα ετη και εννακ. Ecehjlvyc₂ Cyr: δεκα ετη και εννακ. qu: ετη εννακ. δεκα rell | δεκα] δωδεκα Jos-ed‡

15 μαλλεηλ 1°] εκατ.—ετη Ahn] πεντε και εξηκ. και εκατον ετη EMejxquvy Cyr: ε΄ ετη και ξ΄ και ρ΄ c₂: ετη εκατον εξηκ. και πεντε l: ετη εξηκ. πεντε f: ετη εκατον εξηκ. πεντε rell: *quinque* ❋ *και sexaginta* ❋ *et centum annos* 𝔖 | ιαρεδ] ιαρετ qrˢᵗ𝕮: ιαρετ E Anonⁱ

16 ιαρεδ] ιαρεθ rˢᵗ𝕮: ιαρετ E | ετακ.—ετη A] τριακοντα και επτακ. ετη Msv: ετη τριακοντα και επτακ. Eceᵃ¹hjlquyc₂: ετη τριακοντα και επτακ. e*(uid): ετη επτακοσια i*: ετη επτακ. τριακοντα iᵇ rell: *annos triginta et septingentos* ❋ *annos* ◁ 𝔖

17 μαλελεηλ] +αs εζησεν x𝕮 | οκτακ.—ετη An] πεντε και ενενηκ. και εκατ. ετη Msvc₂: ετη πεντε και ενενηκ. και εκατ. ej: ετη οκτακ. πεντε 1*: ετη οκτακ. ενενηκ. πεντε lᵃ¹ rell: *anni quinque et nonaginta* ❋ *et octingenti* ❋ *anni* ◁ 𝔖

18 om totum comma w | και ❋s εζησ. δε x | ιαρεδ] ιαρεθ (79) 𝔅ᵖ Theoph: ιαρετ AEhᵉ | και εκατ. ετη D(+D)Mhsc₂ Cyr-codd n: δυο και εξηκ. και εκατ. ετη D(+D)Mhsc₂ Cyr-codd και εξηκ. ετη και εκατ. Ecejquvy Cyr-ed: ετη εκατ. εξηκ. δυο rell: *duos et sexaginta* ❋ *annos* ◁ *et centum* ❋ *annos* ◁ 𝔖

19 (om αυτον 14) | οκτακ. ετη] ετη οκτακ. abdgimoprstvw xd₂: ετη εκατ. f

20 εγενετο w | ιαρεδ] αρεθ n*s: +αs εζησεν x | ετη An] δυο και εξηκ. και εννακ. ετη EMhsyc₂: δυο και εξηκ. ετη και εννακ. D(+D)cejquv: ετη εννακ. εξηκ. δυο rell: *duo et sexaginta anni et nongenti* ❋ *anni* ◁ 𝔖 | δυο] εννεα Jos

21 και εξηκ.] εξησ. δε x | ενωχ] pr ο s(uid) | εκατ.—ετη A] om και nt: πεντε και εκατ. ετη D(+Dˢⁱ)Ecefhjqsuvyc₂𝔖:

πεντε και εξηκ. ετη M: ετη εξηκ. πεντε g: ετη εκατ. εξηκ. πεντε rell Chr

22 ευηρεστ.—θεω] και εζησεν ενωχ E: εζησεν δε ενωχ t: +και εζησε f: +και εζησεν ενωχ abdghᵇlmopwc₂d₂𝔈: +εζησεν δε ενωχ M𝕮: +και ουχ ηυρισκετο εζησεν δε ενωχ n | τω θεω ενωχ s Chr | τω θεω] τω θ͞υ h*: τω κ͞υ c: (om 79) | και εζησε ενωχ Eus | μαθουσαλα] +*et nixit Enoch* 𝔄-codd | διακ. ετη ADEM ehjlnqtuyc₂𝔖] om c: ετη διακ. rell Or-gr Chr

23 om πασαι Chr | τριακοσ.—ετη A] πεντε και εξηκ. και τριακοσ. ετη D(+Dˢⁱ)EMcehjlqsuvyc₂: ⟨πεντε και εξηκ. και τετρακ. ετη 71⟩: om και n: ετη τριακοσ. εξηκ. πεντε rell Chr: *quinque et sexaginta anni et trecenti* ❋ *anni* ◁ 𝔖

24 και ευηρ.] ευηρ. δε a𝕮 Phil Cyr: om και nt: +ο θ͞ς τω w* | θεω] κυριω Eus | om και 2°—θεω Eus | (om ουχ 31) | ηυρισκετο] *est inuentus postmodum* Cyp | διοτι] οτι DˢⁱMcefgiᵏ*jlnq s–vyc₂ | μετεθηκεν—θεω] μετετεθη παρα θ͞υ f: *Dⁱ illum transtulit* Cyp | αυτον] αυτω d₂

⟨25—30⟩ om 18)

25 και εζησ.] εζησ. δε x | om εκατον—(26) μαθουσαλα f | εκατον—ετη Aᵃ² (ογδο sup ras)] εκατον και εξηκ. επτα ετη Aᵉ (uid): ετη εκατ. εξηκ. επτα D(..ηκοντα εα..D)EMahl qsuvy(ογδο sup ras): ⟨επτα ετη και ογδ. και εκατον 68⟩: ετη εκατ. και εξηκ. και εκατον ετη cejc₂: εκατον εξηκ. πεντε ετη ⟨107⟩𝔅𝕮: ετη εκατ. και ογδοηκ. επτα rell Chr Theoph: *septem et sexaginta* ❋ *annos* ◁ *et centum annos* 𝔖

26 om και 1°—δυο] και λαμεχ g | και εζησ.] εζησ. δε 1𝔅 | (om αυτον 16) | λαμεχ] pr μαθουσαλα m* | εκτακ.—ετη A(επτακ. και ογδον sup ras Aᵃ)] om και n: δυο και ογδοηκ. και εκατ. ετη D ογδοηκ. rescr Dᵇ)EMehjlqsuvy (ογδο sup ras yᵃ): ετη επτακ. ογδοηκ. δυο a: δυο και ω΄ ετη cc₂𝔈ᵖ (ex corr): ετη οκτακοσια 𝔄-mg: *duo et octaginta* ❋ *annos* ◁ *et septingentos annos* 𝔖: *octingentos duo annos* 𝔅𝕮

27 μαθασαλα g | om αs εζησεν adfghop𝔈𝔖 | εννακ.—ετη

15 εκατον—πεντε] οι λ ξε΄ ν     16 επτακ. και τριακοντα] οι λ ωλ΄ ν     19 οκτακοσια] ψτε΄ ν
20 εννακ.—ετη] οι λ ωμ̄ϛ̄΄ ν
22 ευηρ.—θεω] α΄ και περιεπατει ενωχ συν τω θ͞ω s (om και) ν𝔖: και ανεστρεφετο ενωχ s: σ΄ ωδευσεν ν: σ΄ *conuersabatur* 𝔖 | διακοσια] οι λ τ΄ ν
24 και 1°—θεω] α΄ και περιεπατει ενωχ συν τω θ͞ω vc₂(om και) 𝔖: σ΄ και ανεστρεφετο ενωχ καταβαινων vc₂(om καταβαινων): σ΄ *conuersabatur* 𝔖     25 εκατον—ετη] οι λ *septem et octaginta annos et centum annos* 𝔖
26 επτακ.—δυο] οι λ ωϊ΄ s | επτακ.—ετη] οι γ΄ *similiter*: om ο΄ *duo et octingentos annos* 𝔖

28 καὶ ἑξήκοντα ἐννέα ἔτη, καὶ ἀπέθανεν.      28Καὶ ἔζησεν Λάμεχ ἑκατὸν ὀγδοήκοντα ὀκτὼ A
29 ἔτη, καὶ ἐγέννησεν υἱόν.    29καὶ ἐπωνόμασεν τὸ ὄνομα αὐτοῦ Νῶε λέγων Οὗτος διαναπαύσει ἡμᾶς
ἀπὸ τῶν ἔργων ἡμῶν¶ καὶ ἀπὸ τῶν λυπῶν τῶν χειρῶν ἡμῶν¶ καὶ ἀπὸ τῆς γῆς ἧς κατηράσατο ¶ ℂᵐ
30 Κύριος ὁ θεός.    30καὶ ἔζησεν Λάμεχ μετὰ τὸ γεννῆσαι αὐτὸν τὸν Νῶε πεντακόσια καὶ ἑξήκοντα ¶ D
31 πέντε ἔτη, καὶ ἐγέννησεν υἱοὺς καὶ θυγατέρας.    31καὶ ἐγένοντο πᾶσαι αἱ ἡμέραι ⁱΛάμεχ ἑπτα- § k
(V 32) VI 1 κόσια καὶ πεντήκοντα τρία ἔτη, καὶ ἀπέθανεν.    31Καὶ ἦν Νῶε ἐτῶν πεντακοσίων, καὶ ἐγέννησεν § d₂
Νῶε τρεῖς υἱούς, τὸν Σήμ, τὸν ⁱΧάμ, τὸν Ἰάφεθ.

(VI 1)        Καὶ ἐγένετο ἡνίκα ἤρξαντο οἱ ἄνθρωποι πολλοὶ γίνεσθαι ἐπὶ τῆς γῆς, καὶ θυγατέρες ἐγενή-
2 θησαν αὐτοῖς· ²ἰδόντες δὲ οἱ ἄγγελοι τοῦ θεοῦ τὰς θυγατέρας τῶν ἀνθρώπων ὅτι καλαί εἰσιν,
3 ἔλαβον ἑαυτοῖς γυναῖκας ἀπὸ πασῶν ὧν ἐξελέξαντο.    ³καὶ εἶπεν Κύριος ὁ θεὸς Οὐ μὴ καταμείνῃ
τὸ πνεῦμά μου ἐν τοῖς ἀνθρώποις τούτοις εἰς τὸν αἰῶνα, διὰ τὸ εἶναι αὐτοὺς σάρκας· ἔσονται δὲ
4 αἱ ἡμέραι αὐτῶν ἑκατὸν εἴκοσι ἔτη.    ⁴οἱ δὲ γίγαντες ἦσαν ἐπὶ τῆς γῆς ἐν ⁱταῖς ἡμέραις ἐκείναις, § D
καὶ μετ᾽ ἐκεῖνο ὡς ἂν εἰσεπορεύοντο οἱ υἱοὶ τοῦ θεοῦ πρὸς τὰς θυγατέρας τῶν ἀνθρώπων, καὶ
5 ἐγεννῶσαν ἑαυτοῖς· ἐκεῖνοι ἦσαν οἱ γίγαντες οἱ ἀπ᾽ αἰῶνος, οἱ ἄνθρωποι οἱ ὀνομαστοί.    ⁵Ἰδὼν δὲ § ℂᶜ
Κύριος ὁ θεὸς ὅτι ἐπληθύνθησαν αἱ κακίαι τῶν ἀνθρώπων ἐπὶ τῆς γῆς, καὶ πᾶς τις διανοεῖται ἐν

---

29 ετωνομασεν E        VI 1 εγεννησεων E | τρις A | χαφ A | γενεσεθαι A        3 αυτουσαρκας A
                       4 γιγαντες 1°] γηγαντες E | εισπορευοντο E

(D)EMa—j(k)l—yc₂(d₂)𝕬𝕭(ℂᵐ)𝔈cᵖ𝔖

An] εννεα και εξηκ. και εννακ. ετη DᵈⁱEMcehj°(uid)lsvyc₂:
εννεα και εξηκ. ετη και εννακ. qu: ετη εννακ. εξηκ. πεντε o:
εννεα και τεσσαρακοντα και εννακ. ετη jᵇ: ετη εννακ. εξηκ. εννεα
rell: nouem et sexaginta ✠ anni ᐊ et nongenti anni 𝔖

28 και εζησ.] εζησ. δε x : +δε 𝕭ᵖ | εκατον—ετη Al] οκτω
και ογδοηκ. και εκατον ετη D (..ω και ογδοηκων|..) EMcehjlqsu
vyc₂: ρℵᵈ ετη η : om οκτω Chrⱡ: ετη εκατ. ογδοηκ. οκτω rell :
octo et octaginta ✠ annos ᐊ et centum annos 𝔖 : centum octa-
ginta et duos annos 𝔈ᶜ | ογδοηκοντα] quadraginta 𝔉

29 om και 1° ⟨31⟩ 𝕭ᵖ | οντοι] pr quoniam Or-latⱡ: (om
76) | ημας διαναπαυσει Chr-ed (δη αναπ. codd) | διαναπαυσει
δη αναπαυσει Mcdnpx: αραπαυση iᵃ | ημας] υμας f: me 𝕭ⱡ |
απο 1°—ημων 1°] ab opere meo 𝔈: a maeroribus nostris Or-latⱡ |
om ημων 1° Philⱡ⅓ | και απο 1°—ημων 2°] et ab operibus nostris
Or-latⱡ⅓: om 𝕭ᵖ Cyr-ed | λυπων] λοιπων l°my: λυπηρων dfiᵃ⁺
Chrⱡ | των χειρων ημων] manus meae 𝕭: om Philⱡ⅓ | om και
3°—θεος c₂ | ο θεος] om 𝕭ᵖ-txt Or-lat: +ημων ej

30 om και 1°] εζησε. δε l: και εζη n. om αυτων w | πεντακ.—
ετη An] πεντακ. και εξηκ. και πεντε ετη yᵃⁱ: om και 1°: πεντε
και εξηκ. και πενται. ετη EMehjlquvc₂: πεντε και εξηκ. ετη και
πεντακ. c: ετη πεντ. και εξηκ. και πεντε. w: πεντακ. και εξηκ. ετη
yᵃ: ετη πεντακ. εξηκ. πεντε rell : quinque et sexaginta annos
et quingentos annos 𝔖 | και—θυγατερας g | των εγεννησεν—θυγατερας g

31 λαμεχ] +as εζησεν x | επτακ.—ετη Ay] om και nt: τρια
και πεντηκ. και επτακ. ετη EMcehjlqsuvc₂: ετη επτακ. πεντηκ.
τρια afikorw: τρια επτακ. τετε. τρια ετη 108): om ετη επτακ.
πεντηκοντα πεντε bdp: ετη πεντακ. πεντηκ. τρια gx: ετη γπⁱ m:
tres et quinquaginta anni et septingenti ✠ anni ᐊ 𝔖

__VI 1__ και ην νωε] και νωε ην bw: νωε ην add₂: νωε δε ην p:
⟨ην δε νωε 18⟩: +ην rᵃ | ετων] post πεντακοσιων cc₂ Cyr: om
dᵃ | om νωε 2° qu Or-lat Cyr | υιους τρεις m | σημ] σηφ r |

<hr>

iαφεθ] αρ ο(uid) | εγενετο] εγενοντο c | πολλοι γινεσθαι] πλη-
θυνεσθαι Phil-cod | γενεσθαι Mn | επι της γης] εν τη γη dp |
εγεννηθησαν AMaiᵃ] om f: εγεννηθησαν Eiᵃ rell 𝕬𝕭𝔈𝔖 Phil
Chr Cyr | αυτοις] +ωραιαι και καλαι k

2 om οι bcq | αγγελοι Aᵗᵘⁱᵈ(sup ras)Eh°iᵃmny 𝕭ᵖ-txtlw𝕭ᵖ
𝔖-mg Phil Jos Clem(uid) Eus-ed codd-ap-Cyr Spec] om M
hᵇiᵃ rell 𝕬𝕭-txt Or-gr Eus-codd Ath Chr Thd-lat
Cyr Jul-ap-Cyr Thdt Anon | ελαβον] +αυτας Chrⱡ | εαυτοις]
εαυτας m : αυτας c: αυτοις εξ αυτων Thdtⱡ: εξ αυτων Thdtⱡ |
γυναικας] pr εις cej Or-grⱡ Chrⱡ Thdtⱡ: om Or-grⱡ Thd-lat
εξ εε Eus | om ων w | εξελεξατο d

3 om κυριος ⟨14.73.130⟩ Thdt Hil | μη καταμεινῃ] κατα-
μεινει Phil-ed: μη μεινῃ Chrⱡ Cyrⱡ | εν—τουτοις] επι τους αν-
θρωπους τουτους Thdtⱡ: om εν c | τουτοις] sub — 𝔖: om qu𝕭
Phil Eusⱡ Ath-codⱡ | om εις τον αιωνα ny Or-grⱡ-latᵖ Adam
Eus Ath Cyr-hier Chr Cyrⱡ Thdtⱡ Hil | σαρκα k Cyrⱡ | om
αι rᵃ | αυτων] αυτου Cyr-ed | +αι πασαι k | εκατον—ετη] εικοσι
εκατον ετη M: ετη εκατον εικοσι dfgirt Phil Clem Chr
Thdt

4 γιγαντες 1°] +οι απ αιωνος c | om ησαν 1° xᵃ | μετ
εκεινο] μετ εκεινα gⁱᵇ𝕭 Chr: μετ εκεινους n : μετ εκεινων dkⁱⁱp:
εγενοντο f: εγενετο iᵃ¹r | om ως αν k | om εν | εισεπο-
ρευοντο] ⟨επορευοντο 32⟩: εισηλθον Thdt | οι υιοι] om οι bln:
οι αγγελοι m Phil | των και 1° Ⳁ 𝔖 | εγεννωσαν εαυτοις] parie-
bant eis 𝔅 | εγεννωσαν] εγεννηθησαν m | αυτοις DᵈⁱEhᵃmnvxy
𝔈𝔖 Phil Cyr] εκεινοι ησαν] hi sunt 𝔅 | οι ανθρωποι] om
ftd₂* Jul-ap-Cyr: om αι dgp | οι ονομαστοι] om αι fpxᵃd₂*

5 ⟨om κυριος 76⟩ | om ο θεος Or-lat Chrⱡ | επληθυνθ. αι
κακιαι] multiplicata est iniuria 𝔈 | επληθυνθησαν] ⟨18⟩ Phil-cod | om ανθρωπων Or-gr | om επι της γης ⟨18⟩
Chrⱡ | διανοειται] διενοειτο Phil-coddⱡ: +πονηρα g | om επι

---

27 εννακ.—εννεα] οι ϟ Ⳑᵉ s : οι ϟ θ´ s
29 διαναπαυσει] α´ παρακαλεσει s ⟨πα....⟩ ν | των λυπων] σ´ της κακοπαθειας νℨ
. VI 2 οι αγγελοι του θεου] α´ οι υιοι των θεων σ´ οι υιοι των δυναστευοντων νℨ Cyr: θ´ et filii Dei 𝔖 | του θεου] α´
των θεων M : α´ των εθνων c₂ : σ´ των δυναστευοντων Mc₂
3 ου μη—αιωνα] ου μη—αιωνι a´ τω πνευμα μου τους ανθρωπους αιωνιως Mjsvc₂ [μη κρινῃ M | αιωνιωι] εις αιωνιους c₂]
4 οι γιγαντες 1°] α´ οι επιπιπτοντες σ´ οι βιαιοι j(om σ´)vc₂ℨ | οι γιγαντες 2°] σ´ οι επιπιπτοντες σ´ οι  βιαιοι M |
γιγαντες 2°] α´ δυσιατοι jv : α´ δυνατοι c₂ℨ : σ´ βιαιοι jvs(sine nom)c₂ℨ

A τῇ καρδίᾳ αὐτοῦ ἐπιμελῶς ἐπὶ τὰ πονηρὰ πάσας τὰς ἡμέρας· [6]καὶ ἐνεθυμήθη ὁ θεὸς ὅτι ἐποίησεν 6
τὸν ἄνθρωπον ἐπὶ τῆς γῆς, καὶ διενοήθη. [7]καὶ εἶπεν ὁ θεός Ἀπαλείψω τὸν ἄνθρωπον ὃν ἐποίησα 7
ἀπὸ προσώπου τῆς γῆς, ἀπὸ ἀνθρώπου ἕως κτήνους καὶ ἀπὸ ἑρπετῶν ἕως τῶν πετεινῶν τοῦ οὐ-
ρανοῦ· ὅτι ἐθυμώθην ὅτι ἐποίησα αὐτούς. [8]Νῶε δὲ εὗρεν χάριν ἐναντίον Κυρίου τοῦ θεοῦ. 8

§ 𝔓 §[9]Αὗται δὲ αἱ γενέσεις Νῶε. Νῶε ἄνθρωπος δίκαιος, τέλειος ὢν ἐν τῇ γενέσει αὐτοῦ· τῷ θεῷ 9
εὐηρέστησεν Νῶε. [10]ἐγέννησεν δὲ Νῶε τρεῖς υἱούς, τὸν Σήμ, τὸν †Χάμ†, τὸν Ἰάφεθ. [11]ἐφθάρη 10 11
§ 𝔈ᶠ δὲ ἡ γῆ ἐναντίον τοῦ θεοῦ, καὶ ἐπλήσθη ἡ γῆ ἀδικίας. §[12]καὶ ἴδεν Κύριος ὁ θεὸς τὴν γῆν, καὶ ἦν 12
κατεφθαρμένη, ὅτι κατέφθειρεν πᾶσα σὰρξ τὴν ὁδὸν αὐτοῦ ἐπὶ τῆς γῆς. [13]Καὶ εἶπεν ὁ 13
θεὸς πρὸς Νῶε Καιρὸς παντὸς ἀνθρώπου ἥκει ἐναντίον μου, ὅτι ἐπλήσθη ἡ γῆ ἀδικίας ἀπ' αὐτῶν·
καὶ ἰδοὺ ἐγὼ καταφθείρω αὐτοὺς καὶ τὴν γῆν. [14]ποίησον οὖν σεαυτῷ κιβωτὸν ἐκ ξύλων τετρα- 14
γώνων· νοσσιὰς ποιήσεις τὴν κιβωτόν, καὶ ἀσφαλτώσεις αὐτὴν ἔσωθεν καὶ ἔξωθεν τῇ ἀσφάλτῳ.
[15]καὶ οὕτως ποιήσεις τὴν κιβωτόν· τριακοσίων πήχεων τὸ μῆκος τῆς κιβωτοῦ, καὶ πεντήκοντα 15
πήχεων τὸ πλάτος, καὶ τριάκοντα πήχεων τὸ ὕψος αὐτῆς. [16]ἐπισυνάγων ποιήσεις τὴν κιβωτόν, 16

10 τρις A | χαφ A
11 αδικειας A
14 τετραγονων E | ασφαλτωσις E
16 ποιησεις 1°] ποιεισης E

(*D*)EMa–yc₂d₂𝔄𝔅ℭᶜ𝔈(𝔓)𝔖

τη—επιμελως ℭ | ⟨εν τη] η 37⟩ | om αυτου c₂ Phil½ ed½ Or-gr | ⟨επι τα πονηρα επιμελως 37⟩ | επι τα πονηρα] om g: om επι τα Cyr-ed: om επι Phil½ ed½ Chr⅓: ⟨+κειται 18⟩ | πασας τας ημερας] pr εκ νεοτητος ⟨37⟩ 𝔈: pr *a pueritia eius* ℭ: εκ νεοτητος x Chr⅔: +*eius et dixit Deus tempus hominis omnis uenit coram me* ℭ

6 om και 1° Phil Or-gr-lat½ | ενεθυμηθη ο θεος] *dixit Dominus Deus poenitet me* ℭ | ο θεος] pr κ̅ς̅ cfiᵃ?kmoᵃs(mg)tc₂ Chr: *Dominus* Or-lat½: om Phil-codd | om οτι—(7) θεος f | εποιησεν] *feci* ℭ | om επι της γης ⟨18.37⟩ ℭ | om και διενοηθη ℭ Thdt | διενοηθη] ενενοηθη Phil-codd½: ενενοησεν Phil½: *poenituit in corde suo* Or-lat: +*Deus* 𝔅: +εν τη καρδια αυτου cj(mg sub ※)qs(mg)uv(mg sub ※)𝔄𝔖 (και διεν.—αυτου sub ※) Or-gr

7 om και ειπεν ο θεος ℭ | ο θεος] pr κ̅ς̅ ciᵇ?lmoᵃqtuc₂𝔄𝔖 Chr: om 𝔅 Or-lat½ Cyr-ed | εξαλειψω ⟨20⟩ Ath Chr⅔ | τον ανθρωπον] *omnem carnem* 𝔄-ed Or-lat⅔: *creaturam omnem* ℭ | εποιησα] επλασα Phil-codd½ Thdt½ | om απο προσωπου της γης ℭ | της γης] pr πασης Chr¼ codd¼: της χθονος Phil-codd½ | om και 2° kℭ Phil½ | ερπετων] pr των Cyr | των πετεινων A*D*Mcghi*jklqsuvy Or-gr Cyr] om των Eiᵃ? rell Phil Chr Thdt: πετεινου Phil-codd½ | εθυμωθην A*D*Ech*qsuv 𝔄𝔅ℭ𝔖 Phil⅔ ed½ Or-gr-ed] ενεθυμηθην Mhᵇ rell Phil-codd⅓ Or-gr-codd Chr Cyr Thdt: *poenitet me* Or-lat | αυτους] αυτον abdklmo*pwd₂ 𝔈ᶜ Phil½: *hominem* 𝔈ᵖ

8 εναντιον] εναντι adko*pd₂ Phil codd½: ενωπιον *D*Mln v(mg) Cyr-ed | om κυριου bdi*rt Chr½ | θεου] +αυτου m

9 om αυται—νωε 1° d₂ | om δε c₂ 𝔅ᵖ𝔈ᵖ | om νωε 2°—ων g | νωε 2°] ⟨pr ην δε 18⟩: om m Phil-codd½: +δε c₂𝔅ᵖ: +δε ην ℭ Eus: +*erat* 𝔅𝔓 | om ανθρωπος Chr⅓ | τελειος] ⟨pr και 25⟩: om r Phil-cod½ Eus | ων] ην 𝔄 Phil-codd½: om 𝔓 Phil½ Or-gr Eus Chr⅔ | εν τη γενεσει αυτου] *a natu suo* 𝔈 | γενεσει A] γενεα *D*ˢⁱˡEM omn 𝔄𝔅ℭ𝔓𝔖 Phil Or-gr Eus Chr | om αυτου l | om νωε 3° k–nt𝔈 Phil½ Chr⅔

10 om δε ef | om νωε g𝔈ᶜ | υιους τρεις m | σημ] σηθ r

11 εναντιον] εναντι adlpxd₂ | του θεου] pr κ̅υ̅ aiᵃ?j*(uid)rℭ: *Domini* Or-lat | om η γη 2° ℭ𝔈 Phil½ | αδικιας] +απ αυτων fℭ

12 om κυριος fx Chr⅓ | om ο θεος o Or-lat½ Thdt | και 2°] *quod* ℭ𝔈 | κατεφθαρμενη] διεφθαρμενη Phil-codd: +πασα Chr⅓ | οτι] pr *et* 𝔈ᶜᶠ: *et* ℭ𝔈ᵖ | κατεφθειρεν] εφθειρεν E: διεφθειρε Eus | αυτου] αυτης Chr⅔ Cyr | ⟨om της 79⟩

13 ο θεος] pr κ̅ς̅ *D*ˢⁱˡcejlmoqr–uv(mg)yc₂𝔄ℭ𝔈𝔖 Chr: κ̅ς̅ n Or-lat | προς] τω dpy | om παντος 𝔈 | εναντιον μου] προς με x Chr½ | εναντι l | εμου Ma–eg–mpqsuvwc₂d₂ | επλησθη] ενεπλησθη k: ⟨επληθυνθη 71⟩ | om η γη b | om απ n | om ιδου 𝔓 | om εγω b𝔈ᵖ Thdt½ | καταφθερω r𝔅ℭ Or-lat | αυτους και την γην] *terram et carnem omnem* ℭ

14 ποιησον] pr και ειπε κ̅ς̅ ο θ̅ς̅ τω νωε f: pr συ δε Chr | om ουν fc₂𝔓 Chr | σεαυτω] εαυτω qu | εκ ξυλων τετραγ.] *e lignis tetragonis incorruptibilibus quadrangularibus* ℭ | τετραγωνων] pr ασηπτων g𝔅: +ασηπτων fiᵃ?krt Chr | νοσσιας—κιβωτον 2°] om g𝔈ᶜ: *fac eam igitur sic loculamenta distega et tristega* ℭ | νοσσιας] *nidos nidos* 𝔄𝔓 Phil-arm: *et ita* 𝔈ᶠᵖ | την κιβωτον] pr εις a: pr επι k(mg): pr κατα c₂ᵇ Cyr-ed: τη κιβωτω f: *in arca* Or-lat: επ αυτης bdlopwd₂: επ αυτη m | εξωθεν και εσωθεν αυτην Chr | αυτην] om a: post εξωθεν gj(uid)sv: post εσωθεν x | εξωθεν και εσωθεν t | om τη j*(uid)m* | ασφαλτω] +πισση l

15 και—κιβωτον] *facies autem eam sic* ℭ | την κιβωτον] pr αυ m* | τριακοσιων] τετρακοσιων E: τρι ex corr yᵃ | om το 1° *D* | της κιβωτου] αυτης d𝔈: om fℭ | πηχεων 2°] πηχεις k | πλατος] +*eius* 𝔖 Phil | τριακοντα] δωδεκα codd-ap-Clem | υψος] βαθος Phil-arm Jos Clem | om αυτης abdkoprwxd₂𝔄ℭ Phil

16 επισυναγων—κιβωτον] θυριδα εν τη κιβωτω ποιησεις lᵇ:

6 ενεθυμηθη] α' μετεμεληθη M(sine nom)jk(sine nom)svc₂𝔖 Cyr: σ' απεστρεψεν jsvc₂ | διενοηθη] α' διενοηθη σ' επεπεσεν v
7 οτι εθυμωθην] α' οτι μετεμεληθην jqvyc₂𝔖(sine nom jqy)
9 τω θεω ευηρ.] α' σ' συν τω θ̅ω̅ περιεπατει Mjsv(sine nom js): θ' τω θ̅ω̅ επηκολουθησεν jsv(sine nom js)
13 καιρος] α' τελος Mjsv𝔖: σ' περας jsv𝔖: ο εβρ. και ο συρ. περας η τελος η πληρωμα c₂
14 εκ ξυλων τετραγ.] εν τω εβραιω εκ ξυλων κεδρινων i | τετραγωνων] α' ασιπτων τεθεωμενων M | ασφαλτωσεις] α' αλοιφησεις jsv | τη ασφαλτω] τη αλοιφη y | ασφαλτω] α' αλυφη M: α' αλοιφη jsv𝔖
15 κιβωτον] σ' ιλαστηριον v𝔖 | κιβωτου] σ' ιλαστηριου s
16 επισυναγων] α' μεσημβρινον jc₂𝔖: α' μεσημβρινον τη κιβωτω Msv: σ' διαφανες Ms(sine nom)v𝔖: σ' διαφανη c₂: σ' τη κιβωτω διαφανες j

καὶ εἰς πῆχυν συντελέσεις αὐτὴν ἄνωθεν· τὴν δὲ θύραν τῆς κιβωτοῦ ποιήσεις ἐκ πλαγίων· κατὰ Α
17 γαια διώροφα καὶ τριώροφα ποιήσεις αὐτήν.¶ ¹⁷ἐγὼ δὲ ἰδοὺ ἐπάγω τὸν κατακλυσμὸν ὕδωρ ἐπὶ ¶ D
τὴν γῆν, καταφθεῖραι πᾶσαν σάρκα ἐν ᾗ ἐστιν ἐν αὐτῇ πνεῦμα ζωῆς ὑποκάτω τοῦ οὐρανοῦ· καὶ
18 ὅσα ἐὰν ᾖ ἐπὶ τῆς γῆς τελευτήσει. ¹⁸καὶ στήσω τὴν διαθήκην μου πρὸς σέ· εἰσελεύσῃ δὲ εἰς τὴν
19 κιβωτόν, σὺ καὶ οἱ υἱοί σου καὶ ἡ γυνή σου καὶ αἱ γυναῖκες τῶν υἱῶν σου μετὰ σοῦ. ¹⁹καὶ ἀπὸ
πάντων τῶν κτηνῶν καὶ ἀπὸ πάντων τῶν ἑρπετῶν καὶ ἀπὸ πάντων τῶν θηρίων καὶ ἀπὸ πάσης
σαρκός, δύο δύο ἀπὸ πάντων εἰσάξεις εἰς τὴν κιβωτόν, ἵνα τρέφῃς μετὰ σεαυτοῦ· ἄρσεν καὶ θῆλυ
20 ἔσονται. ²⁰ἀπὸ πάντων τῶν ὀρνέων τῶν πετεινῶν κατὰ γένος καὶ ἀπὸ πάντων τῶν κτηνῶν κατὰ
γένος καὶ ἀπὸ πάντων τῶν ἑρπετῶν τῶν ἑρπόντων ἐπὶ τῆς γῆς κατὰ γένος αὐτῶν, δύο δύο ἀπὸ
21 πάντων εἰσελεύσονται πρὸς σὲ τρέφεσθαι μετὰ σοῦ, ἄρσεν καὶ θῆλυ. ²¹σὺ δὲ λήμψῃ σεαυτῷ
ἀπὸ πάντων τῶν βρωμάτων ἃ ἔδεσθε, καὶ συνάξεις πρὸς σεαυτόν, καὶ ἔσται σοὶ καὶ ἐκείνοις
22 φαγεῖν. ²²καὶ ἐποίησεν Νῶε πάντα ὅσα ἐνετείλατο αὐτῷ Κύριος ὁ θεός, οὕτως ἐποίησεν.

VII 1 ¹Καὶ εἶπεν Κύριος ὁ θεὸς πρὸς Νῶε Εἴσελθε σὺ καὶ πᾶς ὁ οἶκός σου εἰς τὴν κιβωτόν, ὅτι ¶ D
2 σὲ ἶδον δίκαιον ἐναντίον μου ἐν τῇ γενεᾷ ταύτῃ. ²ἀπὸ δὲ τῶν κτηνῶν τῶν καθαρῶν εἰσάγαγε
πρὸς σὲ ἑπτὰ ἑπτὰ ἄρσεν καὶ θῆλυ, ἀπὸ δὲ τῶν κτηνῶν τῶν μὴ καθαρῶν δύο δύο ἄρσεν καὶ θῆλυ·
3 ³καὶ ἀπὸ τῶν πετεινῶν τοῦ οὐρανοῦ τῶν καθαρῶν ἑπτὰ ἑπτὰ ἄρσεν καὶ θῆλυ, καὶ ἀπὸ πάντων

---

16 πηχην D | διωροφα A διωρυφα DE | τριοροφα D τριωρυφα E          20 πετινων A
21 βρωματων E | εδεσθαι E | κακειροις E          VII 1 γενα E          2 εισαγαγετροι A* (εισαγαγε προς Aª)

---

(D)EMa-yc₂d₂ 𝔄𝔅ℭ𝔈𝔚𝔖

---

16 διωρ. και τριωρ.] σ΄ διστεγα και τριστεγα Mjs(sine nom)vc₂
18 διαθ. μου προς σε] α΄ σ΄ συνθηκην μου μετα σου M | διαθηκην] συνθηκη c₂: α΄ σ΄ foedus 𝔖 | προς σε] α΄ προς σε j:
σ΄ συν σοι js(sine nom)
19 θηριων] α΄ σ΄ ζωων Mjsv: σ΄ ζωων c₂𝔖(uid)

A τῶν πετεινῶν τῶν μὴ καθαρῶν δύο δύο ἄρσεν καὶ θῆλυ, διαθρέψαι σπέρμα ἐπὶ πᾶσαν τὴν γῆν.
[4]ἔτι γὰρ ἡμερῶν ἑπτὰ ἐγὼ ἐπάγω ὑετὸν ἐπὶ τὴν γῆν τεσσεράκοντα ἡμέρας καὶ τεσσεράκοντα 4
νύκτας, καὶ ἐξαλείψω πᾶν τὸ ἀνάστημα ὃ ἐποίησα ἀπὸ προσώπου τῆς γῆς. [5]καὶ ἐποίησεν Νῶε 5
¶ D πάντα ὅσα ἐνετείλατο αὐτῷ Κύριος ὁ θεός.¶ [6]Νῶε δὲ ἦν ἐτῶν ἑξακοσίων καὶ ὁ κατα- 6
κλυσμὸς ἦν ἐπὶ τῆς γῆς. [7]εἰσῆλθεν δὲ Νῶε καὶ οἱ υἱοὶ αὐτοῦ καὶ ἡ γυνὴ αὐτοῦ καὶ αἱ γυναῖκες 7
τῶν υἱῶν αὐτοῦ μετ' αὐτοῦ εἰς τὴν κιβωτὸν διὰ τὸ ὕδωρ τοῦ κατακλυσμοῦ. [8]καὶ ἀπὸ τῶν πετει- 8
§ D νῶν καὶ ἀπὸ τῶν §κτηνῶν τῶν καθαρῶν καὶ ἀπὸ τῶν κτηνῶν τῶν μὴ καθαρῶν καὶ ἀπὸ τῶν
πετεινῶν καὶ ἀπὸ πάντων τῶν ἑρπετῶν τῶν ἐπὶ τῆς γῆς [9]δύο δύο εἰσῆλθον πρὸς Νῶε εἰς τὴν 9
κιβωτόν, ἄρσεν καὶ θῆλυ, καθὰ ἐνετείλατο αὐτῷ ὁ θεός. [10]Καὶ ἐγένετο μετὰ τὰς ἑπτὰ 10
ἡμέρας καὶ τὸ ὕδωρ τοῦ κατακλυσμοῦ ἐγένετο ἐπὶ τῆς γῆς. [11]ἐν τῷ ἑξακοσιοστῷ ἔτει ἐν τῇ ζωῇ 11
τοῦ Νῶε τοῦ δευτέρου μηνός, ἑβδόμῃ καὶ εἰκάδι τοῦ μηνός, τῇ ἡμέρᾳ ταύτῃ ἐρράγησαν πᾶσαι αἱ
πηγαὶ τῆς ἀβύσσου, καὶ οἱ καταράκται τοῦ οὐρανοῦ ἠνεῴχθησαν· [12]καὶ ἐγένετο ὁ ὑετὸς ἐπὶ τῆς 12
γῆς τεσσεράκοντα ἡμέρας καὶ τεσσεράκοντα νύκτας. [13]Ἐν τῇ ἡμέρᾳ ταύτῃ εἰσῆλθεν 13
§ ℭ$^{m}$ Νῶε, Σήμ, Χάμ, Ἰάφεθ, υἱοὶ Νῶε, καὶ §ἡ γυνὴ Νῶε καὶ αἱ τρεῖς γυναῖκες τῶν υἱῶν αὐτοῦ μετ'

4 αναστεμα A    11 ετη E

(D)EMa–yc$_2$d$_2$𝔄𝔅ℭ$^{c(m)}$𝔈𝔓𝔖

πετεινων 2° AEMhi*lmnquy𝔄𝔅𝔓𝔖] +του ουνου Di$^{b}$ rell 𝔈$^{cf}$ | καθαρων 2°] +του ουνου m | διαθρεψαι] +σε M: nutries ea tecum ℭ | σπερματα ix | ⟨επι] εις 128⟩ | om πασαν 𝔈

4 ημερων] ημερας n$^{b}$(uid): ⟨ημεραι 20⟩ | εγω] ⟨pr και ιδου 20⟩: pr et 𝔄: et 𝔈$^{fp}$: sub ÷ 𝔖: om 𝔅ℭ(uid) | επαξω ⟨18.108⟩ 𝔄𝔅ℭ | υετον] ⟨pr τον 37⟩: τον κατακλυσμον υδωρ k: aquam diluuii 𝔅: τον κατακλυσμον Ath | την γην] ⟨της γης 108⟩: +omnem 𝔅 | om τεσσερ. 1°—νυκτας c$_2$* | om ημερας και τεσσερ. w | νυκτας] ημερας w$^{a?}$(uid) | παν—γης] omne quod mouetur super terram 𝔈: om παν ℭ | παν το αναστ. ο AMj(mg)ks(mg)v(mg)y] om το n: παν το επαναστημα ο fi$^{a?}$r: πασαν την αναστασιν ην D(..στασιν..D)Ehi*: πασαν την εξαναστασιν ην j(txt)s(txt)v(txt) rell Phil Or-gr Chr: ⟨πασαν την επαναστασιν ην 77⟩ | απο] super ℭ: +ανου εως κτηνους εκ n | της γης] pr πασης DEMejlmnsy: +απο ανου εως κτηνους abdfghklmoptwxd$_2$ Chr

5 ⟨om νωε 78⟩ | om αυτω l*n | om κυριος g | ο θεος] om i*ℭ: ⟨+ουτως εποιησε 71⟩

6 om δε ac𝔄 | εξακοσιων ετων elqu𝔖 | ο κατακλυσμος ην] uenit aqua diluuii 𝔅ℭ𝔈$^{cp}$: uenit diluuium 𝔈$^{f}$ | ην A] εγενετο g: εγενετο του υδατος rtc$_2$: fuit aqua 𝔓: του υδατος εγενετο EM rell 𝔄𝔖 Or-gr Chr | επι της γης] super omnem terram 𝔈

7 ⟨εισηλθεν] pr και 78⟩ | νωε] +εις την κιβωτον ℭ Cyr | και οι υιοι αυτου] post αυτου 2° 𝔅𝔈$^{c}$ Cyr-cod: om g𝔈$^{fp}$: om οι Ebdp*: +μετ αυτου e: +μετ αυτου εις την κιβωτον δια το υδωρ του κατα c* | om και η γυνη αυτου ℭ | om μετ αυτου e Chr | om εις την κιβωτον ℭ Cyr | post κατακλυσμου ras (12) A

8 και 1°—μη καθαρων sup ras circ 100 litt A$^{a}$ | και 1°—πετεινων 1°] om Ecflnotc$_2$ℭ: και απο παντων των πετ. qu𝔖: +των καθαρων d$_2$: +των μη καθαρων d: +του ουνου των καθ. και απο των πετ. των μη καθ. b: και απο των πετ. των καθ. και απο των πετ. των μη καθ. M(sub ÷)gi$^{a}$kmprsv–y𝔄𝔈𝔓 Chr: και απο παντων των πετ. των καθ. και απο παντων των πετ. των μη καθ. aeh(om παντων 2°)j | om και 2°—πετεινων 2° dp𝔄-ed𝔈$^{p}$𝔓 | om και 2°—καθαρων 1° Ebmw | και απο 2°] απο δε f: om απο 𝔅 | και 2°] +sumpsit secum ℭ | των κτηνων 1°] pr παντων aej: ⟨των θηριων 83⟩ | των καθαρων] om Chr: +και απο των πετεινων των μη καθαρων d$_2$: +και απο των πετ. των καθ. εισηλθον προς νωε εις την κιβωτον επτα επτα αρσεν και θηλυ f | om και 3°—μη καθαρων Chr | om απο των κτηνων 2° ℭ | των κτηνων 2°] pr παντων Eaejl | των μη καθαρων] om των D(uid): +δυο δυο αρσεν και θηλυ f | και απο των πετεινων 2°] sub ※ 𝔖: om Mab eghi$^{a}$jkmqrsu–xd$_2$ 𝔄-codd 𝔅ℭ𝔈 Chr: +των καθ. και απο των πετ. των μη καθ. clotc$_2$: και απο παντων των πετ. των καθ. και απο παντων των πετ. των μη καθ. E: +των μη καθ. δυο δυο αρσεν και θηλυ f | πετεινων 2°] θηριων y | om και 5° g | απο παντων] om n: om παντων Dal𝔅ℭ Chr | ερπετων των] ερποντων t𝔈(uid): ⟨om 71⟩: +ερποντων Eabdfgh$^{b}$j–mopr*svwxd$_2$ 𝔄ℭ𝔓 | om των επι της γης n𝔈$^{cp}$ Chr

9 δυο δυο] απο παντων bgw: ⟨απο παντων δυο 73⟩: +απο παντων adeh$^{b}$jpsvd$_2$ Chr | εισηλθον] εισηλθοσαν cmot: εισηλθεν DEbgirwc$_2$ | νωε] +απο παντων x | κιβωτον] +δυο δυο g | αυτω ο θεος] ο θς αυτω co: αυτω κς ο θς Mfkt𝔄𝔅: αυτω κς E: ο θς τω νωε abdgpwxd$_2$𝔈$^{cf}$: κς ο θς τω νωε m Chr: ⟨om αυτω 64$^{a?}$⟩: +τω νωε h*

10 και 1°—γης] εγενετο d$_2$ | και εγενετο] εγενετο δε cj(mg)motℭ | τας επτα] om b: om τας dgmw𝔅 | om και 2° k𝔅ℭ𝔈 | om το e | επι της γης] εν τη γη ctc$_2$: super terram omnem ℭ: om 𝔈$^{p}$

11 post τω ras (5 uel 6) A | εξακοσιοστω] pr ενι και Ey𝔈$^{fp}$: pr πρωτω και i$^{b}$r: ⟨post ετει 83⟩ | ⟨om του 1° 73⟩ | του δευτερου μηνος] in septimo mense 𝔄-ed Phil(uid) | om εβδομη—μηνος 2° mq | εβδ. και εικαδι] die uicesimo et septimo 𝔖 | om του μηνος d | τη ημερα ταυτη AD$^{sil}$Mciqrtuyc$_2$] om E: et 𝔄: pr εν rell Chr | ταυτη] εκεινη Chr | om πασαι Ee*i*kℭ𝔓 | της αβυσσου] πασης αβυσσου k: om g: +της πολλης cj(mg)s(mg)v(mg sub ※)𝔄 (sub ※) 𝔖 (sub ※) | οι] αι g

12 εγενετο] post υετος r: praeualuit ℭ | om ο glnqsu | υετος] aqua diluuii 𝔅ℭ | ημερας τεσσαρακοντα E

13 εισηλθεν] εισηλθον ck*vℭ𝔈$^{c}$: +δε d$_2$ | νωε 1°] +εις την κιβωτον ⟨20⟩ 𝔓 Chr: +et filii eius ℭ: +et tres filii eius 𝔅 | σημ] pr et cum eo 𝔓 | ιαφεθ] pr και dlp | υιοι νωε] pr οι Mbcf ghklmpsv–y𝔅: filii eius 𝔈$^{cf}$: om nℭ𝔈$^{p}$ Chr | om και η γυνη νωε E | νωε 3°] αυτου 𝔏𝔅ℭ$^{m}$𝔈: om k | om αι r | om τρεις

VII 4 ⟨πασαν την εξαναστασιν⟩] οι λ̥ παν το αναστημα c$_2$
11 εβδομη και εικαδι] οι λ̥ ζ και ι s𝔖: οι ο' ζ και ι j | οι καταρακται] οι λ̥ και σ' αι θυριδες sv: οι ο' και σ' αι θυριδες j: σ' θυριδες c$_2$𝔖
12 υετος] α' ομβρος σ' χειμων vc$_2$

14 αὐτοῦ εἰς τὴν κιβωτόν. ¹⁴καὶ πάντα τὰ θηρία κατὰ γένος καὶ πάντα τὰ κτήνη κατὰ γένος καὶ A
15 πᾶν ἑρπετὸν κινούμενον ἐπὶ τῆς γῆς κατὰ γένος καὶ πᾶν πετεινὸν κατὰ γένος ¹⁵εἰσῆλθον πρὸς
16 Νῶε εἰς τὴν κιβωτόν, δύο δύο ἄρσεν καὶ θῆλυ ἀπὸ πάσης σαρκὸς ἐν ᾧ ἐστιν πνεῦμα ζωῆς. ¹⁶καὶ
τὰ εἰσπορευόμενα ἄρσεν καὶ θῆλυ ἀπὸ πάσης σαρκὸς εἰσῆλθεν, καθὰ ἐνετείλατο ὁ θεὸς τῷ Νῶε·¶ ¶ D
17 καὶ ἔκλεισεν Κύριος ὁ θεὸς τὴν κιβωτὸν ἔξωθεν αὐτοῦ. ¹⁷Καὶ ἐγένετο ὁ κατακλυσμὸς ἐπὶ
τῆς γῆς τεσσεράκοντα ἡμέρας καὶ τεσσεράκοντα νύκτας ἐπὶ τῆς γῆς· καὶ ἐπληθύνθη τὸ ὕδωρ καὶ
18 ἐπῆρεν τὴν κιβωτόν, καὶ ὑψώθη ἀπὸ τῆς γῆς. ¹⁸τὸ δὲ ὕδωρ καὶ ἐπληθύνετο σφόδρα
19 ἐπὶ τῆς γῆς· καὶ ἐπεφέρετο ἡ κιβωτὸς ἐπάνω τοῦ ὕδατος. ¹⁹τὸ δὲ ὕδωρ ἐπεκράτει σφόδρα ¶ L
σφοδρῶς ἐπὶ τῆς γῆς, καὶ ἐπεκάλυψεν πάντα τὰ ὄρη τὰ ὑψηλὰ ἃ ἦν ὑποκάτω τοῦ οὐρανοῦ.
²⁰ ²⁰δέκα πέντε πήχεις ἐπάνω ὑψώθη τὸ ὕδωρ, καὶ ἐπεκάλυψεν πάντα τὰ ὄρη τὰ ὑψηλά. ²¹καὶ
ἀπέθανεν πᾶσα σὰρξ κινουμένη ἐπὶ τῆς γῆς τῶν πετεινῶν καὶ τῶν κτηνῶν καὶ τῶν θηρίων, καὶ
22 πᾶν ἑρπετὸν κινούμενον ἐπὶ τῆς γῆς, καὶ πᾶς ἄνθρωπος· ²²καὶ πάντα ὅσα ἔχει πνοὴν ζωῆς καὶ
23 πᾶς ὃς ἦν ἐπὶ τῆς ξηρᾶς ἀπέθανεν. ²³καὶ ἐξήλειψεν πᾶν τὸ ἀνάστημα ὃ ἦν ἐπὶ προσώπου πάσης
τῆς γῆς, ἀπὸ ἀνθρώπου ἕως κτήνους καὶ ἑρπετῶν καὶ τῶν πετεινῶν τοῦ οὐρανοῦ· καὶ ἐξηλείφθη-

---

14 κεινου[μενον] D     21 κεινουμ. bis A     23 αναστεμα A | εξειληφθησαν E

---

(D)E(L)Ma–yc₂d₂𝔄𝔅ℭᶜᵐ𝔈𝔍𝔖

⟨128⟩ 𝔈 | αυτου 1°] νωε x | μετ αυτου] post κιβωτον r: om ℭᵐ
𝔈𝔅 Chr | εις την κιβωτον] pr intrauerunt ℭ: om 𝔅 Chr:
+δια το υδωρ του κατακλυσμου D (..ο υδωρ του κατα.. D) j(mg)
s(mg)v(mg): +cum illo ℭᶜ: +ills ℭᵐ
14 om και 1°—(16) νωε ℭᶜ | και 1°] pr αυτοις cmc₂𝔄𝔖(sub
✤) | om παντα 1° ℭᵐ𝔈 | θηρια] +της γης a–eghjlmpstvwxd₂ |
γενος 1°] +αυτου c: +αυτων otℭᵐ𝔖(sub ✤): +και παν ερπετον
κατα γενος ej | και 2°—γενος 2°] om 𝔅 | γενος 2°] +αυτου
παντα n𝔐ᵐ: om τα E | κτηνη] +της γης bw | γενος 2°] +αυτου
c𝔖(sub ✤): +αυτων ft𝔄ℭᵐ: +και παν ερπετον πετεινον κατα
γενος bw | και 3°—γενος 3°] om efj: om παν d𝔈ᵖ: om κινουμενον
—γης 𝔅𝔈 | ερπετον] +της γης κατα γενος g | κινουμενον] ⟨om
14⟩: +παν ορνεον g | κατα γενος 3°] om x𝔈: +αυτου
c𝔖(sub ✤): +αυτων iᵃmr𝔄ℭᵐ𝔅(uid) | και 4°—γενος 4°] om
bgnw: om παν ℭᶜ | πετεινον] pr ορνεον fhiᵃkrsvxc₂𝔄–ed𝔅(uid)
ℭᵐ𝔅: pr πτερωτον l: ορνεον πτερωτον acdmpd₂: (ορνεον παν
πτερωτον 14) | κατα γενος 4°] om c𝔅: +αυτου sv𝔄: +εσrum
ℭᵐ: +αυτων παν ορνεον παν πετεινον d₂𝔖(sub ✤): (+αυτων
παν ορνεον παν πετεινον 18): +παν ορνεον παν πτερωτον κατα
γενος o: +παν ορνεον παν πτερωτον g
15 εισηλθον] pr και ejmc₂𝔖 Or–gr: εισηλθεν EMbdfikpqru
wc₂d₂𝔅 | προς νωε] om ℭᵐ: om προς E | δυο δυο εις την
κιβωτον g | ⟨κιβωτον⟩ | 𝔄(κιβωτον) 71) | αρσεν
και θηλυ Ay] om D(D uid)EM rell 𝔄𝔅ℭᵐ𝔈𝔍𝔅𝔖 Or–gr | σαρκος]
pr ζωης και c | om εν ω—(16) σαρκος 𝔈 | ω] η f | εστιν] ενι g |
ζωη] ζων g𝔄
16 ⟨πορευομενα 31⟩ | αρσεν και θηλυ] post σαρκος o: ⟨δυο
δυο 73⟩ | om σαρκος w | om παντα ℭᵐ | εισηλθεν] εισηλ–
θον Daceghj–oqs–vxd₂𝔄𝔅𝔖: +προς νωε abdfghlmopsvwxd₂:
⟨+προς νωε εις την κιβωτον 37.108⟩ | om καθα—νωε dp | καθα]
καθ ο v: καθαπερ Chr | ο θεος τω νωε] pr κτ Eabdkmsvwxd₂
𝔈ᶜ Chr: κτ τω νωε D(+D)M𝔅ℭᵐ: τω νωε ο θς c𝔖: αυτω
κτ ο θ̄ς f: αυτω κτ ο θ̄ς τω νωε l: om τω νωε 𝔅ᵖ | απε–
κλεισε qu | om κυριος E Phil–arm Just | ο θεος 2° 𝔅 | την
—αυτου Ay𝔅𝔈𝔍] εξωθεν αυτου την θυραν της κιβωτου q:
εποιησε fiᵃr: εξωθεν αυτου την κιβωτον EMiᵒ rell 𝔄 Phil
Chr: ⟨[syriac]⟩ 𝔖 (pro [syriac] hab
[syriac] 𝔖–ap–Barh] de foris ostium arcae Or–lat: ianuam
arcae super Noe ℭᶜ | εξωθεν αυτου] νωε εξωθεν Just

17 om και 1°—γην 2° ℭᶜ | επι της γην 1° Ahiᵃrt𝔅ℭᵐ𝔈𝔍]
om EMiᵒ rell 𝔄𝔖 Chr | και τεσσερακοντα νυκτας] sub—𝔖:
om qu | om επι της γην 2° bhiᵃrtw𝔅ℭᵐ𝔈𝔍 | om και 3°—γην
3° iᵃ | επληθυνθη] ⟨υπερεπληθυνθη 32⟩: praeualuit ualde ℭᶜ |
το υδωρ] aqua dilusii ℭᶜ: +επι της γην t | επηρεν] +το υδωρ
ej(mg)s(mg)v(mg): +Deus 𝔈ᵖ | και υψωθη] om ℭᶜ: +τα
κυματα E | απο] επι cdfmpd₂ℭᵐ(uid): ετανω ej: εως iᵇ(uid) |
γην 3°] +fluctuauit cum aqua ℭᶜ
18 om και 1°—γην e | επεκρατει iᵃ | ⟨επληθυνθη 108⟩ |
σφοδρα] σφοδρωι j(mg)s(mg)v(mg): post γην a𝔅 | om επι της
γην ℭᵐ | om και επεφερετο—(19) γην c₂ | και 3°] pr και επε–
κρατη f | εφερετο k | ετανω του υδατος] et ibal cum aqua ℭᶜ |
ετανω] εταυωθεν n | υδατος] +το δε υδωρ επεκρατει σφοδρα επι
της γην και επεφερετο η κιβωτος ετανω του υδατος w
19 om και 1°—γην 3° 𝔅 | σφοδρως] σφοδρα adefhᵇjklnpqs(txt)
uv(txt)yd₂: om Em𝔅ℭᶜ | επι της γην] επι την γην n: om ℭᶜ |
επεκαλυψεν] εκαλυψεν dpy: +aqua ℭᶜ | om α ην ℭᶜ | του ουρα–
νου] pr παντοσ ckc₂ | ουρανου] +cooperuit super ea ℭᶜ
20 δεκα πεντε] πεντε και δεκα EMcehjkloqtuc₂ Chr | εταμω]
υπεραμω ejqu Chr–codd: super eos ℭᵐ𝔈: post υψηλα fm
𝔅: om Lcℭᶜ | υδωρ] +εταμω των ορεων c: +ualde ℭᶜ | om
και—υψηλα 𝔈 | επεκαλυψεν] επεκλυζεν ⟨20⟩ Chr–ed | παντα
αναστα ⟨20⟩: παν ορη h: pr —𝔖: om k | om τα 1° n |
om τα υψηλα ELabdfhklnpqsu–xd₂𝔄𝔅ℭ𝔖 Chr
21 om επι 1°—γην i𝔈 | super faciem ℭᶜ | κινουμενη—γην 2° de
𝔈 | πετεινων] +του ουθου f | om και των κτηνων 𝔅 | om πας
ℭᵐ
22 και 1°—απεθανεν] quaecumque habent spiritum uitae ℭᶜ |
εχει] εχον o: habebat 𝔄: +εν εαυτω m | ζωης] om 𝔅: +εν
ρωθωσιν αυτου c₂𝔄𝔖 | και 2° της γην o iᵃr𝔅𝔖 Phil–arm | επι της
ξηρας] super terram 𝔖 | επι] υπο d | απεθανεν o
23 om και 1°—γην 2° L | εξηλειψεν] εξηλειφθη E(εξει–
ληφθη)dj(mg)mpqud₂𝔅(uid) | και 1°] +Dominus Deus ℭᶜ:
+τις k | το αναστημα ο ην] quod monetur 𝔈 | ψ—γην 1°]
fecerat ℭᶜ | και 1°] απο m: om g | προσωπου] προσωπον f(uid):
om ℭᵐ𝔅ᵖ | πασης] post γην 1° x: om bgkrtw𝔄𝔅ℭ𝔅 Phil |
της γην 1°] om της m | ⟨ανθρωπων 15⟩ | εως] pr και gk | om
και 2° 𝔄ℭ(uid) | ερπετων] pr απο α𝔅ℭ(uid): +των ερπετων και των
θηριων t: +omnium 𝔅ℭᵐ(uid) | και τ—εων] εως α𝔄: και εως
j(mg)ℭᶜ: om των biᵃʲrwx Chr | om και 4°—γην 2° ℭ𝔈ᶜ |

A σαν ἀπὸ τῆς γῆς. καὶ κατελείφθη μόνος Νῶε καὶ οἱ μετ' αὐτοῦ ἐν τῇ κιβωτῷ. ‡²⁴καὶ ὑψώθη 24
§ D τὸ ὕδωρ ἐπὶ τῆς γῆς ἡμέρας ἑκατὸν πεντήκοντα.

¹Καὶ ἐμνήσθη ὁ θεὸς τοῦ Νῶε, καὶ πάντων τῶν θηρίων καὶ πάντων τῶν κτηνῶν καὶ πάντων 1 VIII
τῶν πετεινῶν καὶ πάντων τῶν ἑρπετῶν ὅσα ἦν μετ' αὐτοῦ ἐν τῇ κιβωτῷ· καὶ ἐπήγαγεν ὁ θεὸς
πνεῦμα ἐπὶ τὴν γῆν, καὶ ἐκόπασεν τὸ ὕδωρ. ²καὶ ¹ἐπεκαλύφθησαν¹ αἱ πηγαὶ τῆς ἀβύσσου καὶ οἱ 2
καταράκται τοῦ οὐρανοῦ, καὶ συνεσχέθη ὁ ὑετὸς ἀπὸ τοῦ οὐρανοῦ, ³καὶ ἐνεδίδου τὸ ὕδωρ πορευό- 3
μενον ἀπὸ τῆς γῆς ἐνεδίδου τὸ ὕδωρ καὶ ἠλαττονοῦτο μετὰ πεντήκοντα καὶ ἑκατὸν ἡμέρας. ⁴καὶ 4
ἐκάθισεν ἡ κιβωτὸς ἐν μηνὶ τῷ ἑβδόμῳ, ἑβδόμῃ καὶ εἰκάδι τοῦ μηνός, ἐπὶ τὰ ὄρη τὰ Ἀραράτ.
⁵τὸ δὲ ὕδωρ πορευόμενον ἠλαττονοῦτο ἕως τοῦ δεκάτου μηνός· ἐν δὲ τῷ ἑνδεκάτῳ μηνί, τῇ πρώτῃ 5
τοῦ μηνός, ὤφθησαν αἱ κεφαλαὶ τῶν ὀρέων. ⁶Καὶ ἐγένετο μετὰ τεσσεράκοντα ἡμέρας 6
ἠνέῳξεν Νῶε τὴν θυρίδα τῆς κιβωτοῦ ἣν ἐποίησεν, ⁷καὶ ἀπέστειλεν τὸν κόρακα τοῦ ἰδεῖν εἰ 7
κεκόπακεν τὸ ὕδωρ· καὶ ἐξελθὼν οὐχ ὑπέστρεψεν ἕως τοῦ ξηρανθῆναι τὸ ὕδωρ ἀπὸ τῆς γῆς.
⁸καὶ ἀπέστειλεν τὴν περιστερὰν ὀπίσω αὐτοῦ ἰδεῖν εἰ κεκόπακεν τὸ ὕδωρ ἀπὸ τῆς γῆς. ⁹καὶ οὐχ 9
εὑροῦσα ἡ περιστερὰ ἀνάπαυσιν τοῖς ποσὶν αὐτῆς ἀνέστρεψεν πρὸς αὐτὸν εἰς τὴν κιβωτόν, ὅτι

VIII 1 απεκαλυφθησαν A      3 ενεδιδου 2°] ερδιδου E* (ενεδιδου Eᵇ)      4 εκαθεισεν A
5 ελαττονουτο D      6 ανεωξεν DE

(D)ELMa–yc₂d₂𝔄𝔅ℭᶜᵐ𝔈𝔍𝔖

om και 4° m | απο 2°] επι d₂ | om γης 2° fᵃ | και 5°] donec
ℭᶜ | νωε μονοτ Lbdmpwd₂𝔈𝔍 | οι–κιβωτω] arca ℭᵐ | οι]
+ τοι αυτου ca εν τη κιβωτω] εις την κιβωτον a
24 επι] απο gᵇʳty | ημερας εκατον πεντηκοντα] εκ. πεντηκ.
ημερας nt | πεντηκ. και εκ. ημ. DEMcehjloqsuvc₂𝔖
VIII 1 om και 1°–κιβωτω L | και 1°] post haec ℭᶜ | ανε-
μνησθη b | ο θεος] κυριος Thdt ½ | του] τω fn | om και 2°–
θηριων Thdt(uid) | om θηριων–οσα sv ℭᵐ | om παντων 2° nℭᵐ |
και 4°–ερπετων] sub + M : om i°quᴱᵖ | om και 2°–πετεινων
c₂ | om παντων 3° nℭᵐ | om των πετεινων–ερπετων ᴱᶜᶠ |
πετεινων] ερπετων k | και 5°–ερπετων] om DE𝔄𝔅 | om παντων
nℭᵐ𝔍𝔅 | +των ερχοντων bw | ερπετων] πετεινων k | οσα] pr et
omnium 𝔍𝔅 | εν τη κιβ.] εις την κιβωτον clm | ο θεος 2°] Domi-
nus Deus ℭᶜ | ⟨την γην⟩ της γης 108)
2 om και 1°–(3) ημερας L | απεκαλυφθησαν Aknyc₂𝔈 |
αι πηγαι] pr πασαι k𝔅 | και συνεσχ.–ουρανου 2°] om bemw:
cessauit caelum pluens ℭᶜ | ⟨ο υετος⟩ τω υδωρ 31) | om απο
του–(3) πορευομενον f | και] om Chr: + καω k
3 πορευομ.–υδωρ 2°] a tota terra aqua autem ibat imminue-
batur ℭᶜ | απο της γης πορευομενον coc₂𝔖 | απο της γης] (om
25): post ενεδιδου 2° 𝔄 | απο] επι fhᵇ | ενεδιδου 2°] pr και
⟨14.64(mg)⟩ 𝔄 : om abdkmnpwxc₂d₂𝔈 Chr | το υδωρ και ηλαττ.
Aᶠ(ηλαττονειτο)] και ηλαττ. το υδωρ D(+D)EM(το υδ. sub+)
iᵃ rell 𝔄𝔅𝔈𝔍𝔖 Chr: om το υδωρ i°ᵃℭᵐ: + a terra 𝔅 | μετα]
pr et ℭᶜ: (om 71) | πεντηκ. και εκ.] εκ. πεντηκ. abdfgi–nprsvwxd₂
4 om και 1° aℭᶜ | om εν–μηνι–μηνος L Cyr | μηνι τω εβδ.]
pr τω lo𝔅 : τω εβδομω μηνι abd–gijkmprsvwxd₂ Chr: (εβδομω
μηνι 108) : om τω n | om εβδομη E | και εικαδι] και εν τη εβδ.]
+ ημερα cfo | επι τα ορη τα] super caput montis ℭᶜ | τα 2°] του
gkn : om Cyr ½ | αραρατ] αραραθ 𝔄–codd Hip : Barat ℭᶜ
5 om το δε–(13) γης 1° | om το δε–μηνος 1° ℭᶜ |
wxd₂ℭᵐ𝔅 Chr | ηλαττονειτο f | om εως του–μηνος 1° ℭᶜ |
δεκατου μηνος] μηνος του δεκατου oc₂ | δε–του μηνος]
om abdgjpsvwxd₂ℭᶜ Chr | εν δε τω] και εν τω 𝔍𝔅 | om εν δε 2° f |
ενδεκατω μηνι] μηνι τω ενδ. m | δεκατω] δεκατω i°krt𝔍𝔅
Phil | om εν δε τω–μην k | τη πρωτη] μια o: om a | μια του

Phil | ωφθησαν] pr και Chr: + δε abdgjpsvwxd₂ | ⟨κεφαλαι⟩
κορυφαι 32) | ορεων] + εν τω δεκατω μηνι τη πρωτη του μηνος
abdjpsvwxd₂ [om τη αх | ενδεκατω sv] Chr: + εν τω δεκατω
μηνι του πρωτου μηνος g: +primo mensis ℭᶜ
6 om και εγενετο] εγεν. δε equ𝔄𝔅ℭᶜ: και εγενοντο t | τεσσερα-
κοντα] pr τας drᵃ Chr | ημερας] +et quadraginta noctes ℭᶜ |
ηνεωξεν] pr και bdghmpwxd₂ Chr: ηνοιξεν f | om ηνεω gj | θυριδα]
θυραν ac–fmnpc₂ Cyr | om την 2° επιοιησεν ℭᵐ
7 sub + M | και 1°–κορακα] post υδωρ 1° ℭᶜ | ⟨εξαπε-
στειλε 32) | του ιδειν–υδωρ 1°] sub – 𝔖 : om k𝔄 Phil(uid) |
την ιδειν] rescr Dᵃ : om τον Ea–dmptwxc₂d₂ Chr Cyr–ed |
κεκοπακεν] εκοπασε sv | υδωρ 1°] rescr Dᵃ : + απο προσωπου της
της fj(mg)s(mg) 𝔈 Cyr–ed ½ : + απο της γης Cyr–cod ½ |
εξελθων] απελθων k : εξοδω c : + εξω oᵃ : + cornus ℭᶜ | ουχ
υπεστρ.] ουκ ανεστρεψεν abdgkmpwxd₂ Chr ½ : ουκ επεστρεψεν
Chr–ed ½ | υδωρ 1° sub – 𝔖 : om Jos–ed | υπεστρεψεν] + intus ad
Noe ℭᶜ : + intus ad eum ℭᵐ | εως του ξηρανθηναι] donec cessauit
ℭᶜ | του υδ. D : οτου v | ξηρανθηναι] ξηρανθη ℭᵐ
8 εξαπεστειλεν Ebdfmpwd₂ | om οπισω–γης 𝔈 | οπισω
αυτου] παρ αυτου dprtxd₂𝔍𝔅 Phil Chr : παρ αυτα a: οπισω παρ
αυτου g : (om 37) : αυτου 76) : α rell 𝔄𝔅𝔍 | πρ προσωπου DEM rell
εκοπασε 14.77.79) | της γης Ay𝔅] pr προσωπου DEM rell
𝔈𝔍𝔄𝔅 Chr : (pr του προσωπου 128)
9 και ουχ–γης] bis scr d | (και ουχ ευρουσα] μη ευρουσα δε
20) | ουχ] μη abw Chr | om η περιστερα ℭᵐ𝔈 | om αυτης
Phil–arm | ανεστρεψεν Ay] υπεστρεψεν DEM rell Chr Cyr |
προς αυτον] post κιβωτον 1° ℭᶜ : ad Noe 𝔄–codd ℭᶜ | om επι–
αυτου 2° c | om οτι–(19) γης½ | om επι ψᵖ𝔅ᵖ | pr ot | om ψρ 𝔈ᵖ |
παντι προσωπω] παντι τω προσωπω l : πας το προσωπον abdegj
mnpwyd₂ Cyr–ed : om παντι i°𝔅ℭᵐ𝔈ᵖ : ⟨παντος του προσ-
ωπου 74 : παντος προσωπου 76 : προσωπου ot | τασης ADEM
hi°oqsuvy°𝔅𝔍𝔖] om i°ᵃ𝔍° rell 𝔄ℭᵐ𝔈𝔍𝔅 Chr Cyr: ⟨επι 74.76)
| γης–αυτου κ 𝔄–ed Phil–arm Chr | ελα-
βετ–αυτον 2°] misit eam ℭᶜ | om προσηγαγεν αυτην χ°d₂𝔖 |
om αυτην 2° E Phil–arm | ⟨om προς εαυτον 83) | εαυτον] αυτον
Dᵃ(rescr)Ebdkpwyd₂ Cyr–cod | κιβωτον 2°] + οτι το υδωρ ην

24 και υψωθη] a′ et apprehenderunt σ′ et praeualuerunt 𝔖 | υψωθη] a′ ενεδυναμωθη | εδυναμ[ω]θη s : a′ εδυναμωθησαν v :
σ′ επεκρατησεν js(sine nom)v
VIII 1 επηγαγεν] a′ παρηγαγεν 𝔖 | εκοπασεν] a′ et transire fecit 𝔖 | εκοπασεν] εσταλησαν Mj(sine nom)sv :
a′ ελωφησεν j : a′ ελωφησαν s : σ′ εκοπασεν v | a′ et coercitae sunt θ′ et quieuerunt 𝔖
2 επεκαλυφθ.] a′ ενεφραγησαν Mv : a′ ενεφραγησαν js : a′ et clausi sunt 𝔖      4 εβδ. και εικ.] οι ½ septimo decimo 𝔖

ὕδωρ ἦν ἐπὶ παντὶ προσώπῳ πάσης τῆς γῆς· καὶ ἐκτείνας τὴν χεῖρα αὐτοῦ ἔλαβεν αὐτὴν καὶ A
10 εἰσήγαγεν αὐτὴν πρὸς ἑαυτὸν εἰς τὴν κιβωτόν. ¹⁰καὶ ἐπισχὼν ἔτι ἡμέρας ἑπτὰ ἑτέρας πάλιν
11 ἐξαπέστειλεν τὴν περιστερὰν ἐκ τῆς κιβωτοῦ. ¹¹καὶ ἀνέστρεψεν πρὸς αὐτὸν ἡ περιστερὰ τὸ
πρὸς ἑσπέραν, καὶ εἶχεν φύλλον ἐλαίας κάρφος ἐν τῷ στόματι αὐτῆς· καὶ ἔγνω Νῶε ὅτι κεκό-
12 πακεν τὸ ὕδωρ ἀπὸ τῆς γῆς. ¹²καὶ ἐπισχὼν ἔτι ἡμέρας ἑπτὰ ἑτέρας πάλιν ἐξαπέστειλεν τὴν
13 περιστεράν, καὶ οὐ προσέθετο τοῦ ἐπιστρέψαι πρὸς αὐτὸν ἔτι. ¹³Καὶ ἐγένετο ἐν τῷ ἑνὶ
καὶ ἑξακοσιοστῷ ἔτει ἐν τῇ ζωῇ τοῦ Νῶε, τοῦ μηνὸς τοῦ πρώτου, μιᾷ τοῦ μηνός, ἐξέλειπεν τὸ ὕδωρ
ἀπὸ τῆς γῆς· καὶ ἀπεκάλυψεν Νῶε τὴν στέγην τῆς κιβωτοῦ,¶ καὶ ἴδεν ὅτι ἐξέλειπεν τὸ ὕδωρ ¶ 𝕮ᵐ
14 ἀπὸ προσώπου τῆς γῆς. ¹⁴ἐν δὲ τῷ μηνὶ τῷ δευτέρῳ, ἑβδόμῃ καὶ εἰκάδι τοῦ μηνός, ἐξηράνθη
ἡ γῆ.
¹⁵
₁₆ ¹⁵Καὶ εἶπεν Κύριος ὁ θεὸς τῷ Νῶε λέγων ¹⁶Ἔξελθε ἐκ τῆς κιβωτοῦ, σὺ καὶ ἡ γυνή σου καὶ
17 οἱ υἱοί σου καὶ αἱ γυναῖκες τῶν υἱῶν σου μετὰ σοῦ, ¹⁷καὶ πάντα τὰ θηρία ὅσα ἐστὶν μετὰ σοῦ,
καὶ πᾶσα σὰρξ ἀπὸ πετεινῶν ἕως κτηνῶν, καὶ πᾶν ἑρπετὸν κινούμενον ἐπὶ τῆς γῆς ἐξάγαγε μετὰ
18 σοῦ· καὶ αὐξάνεσθε καὶ πληθύνεσθε ἐπὶ τῆς γῆς. ¹⁸καὶ ἐξῆλθεν Νῶε καὶ ἡ γυνὴ αὐτοῦ καὶ οἱ
19 υἱοὶ αὐτοῦ καὶ αἱ γυναῖκες τῶν υἱῶν αὐτοῦ μετ' αὐτοῦ· ¹⁹καὶ πάντα τὰ θηρία καὶ πάντα τὰ κτήνη
καὶ πᾶν πετεινὸν καὶ πᾶν ἑρπετὸν κινούμενον ἐπὶ τῆς γῆς κατὰ γένος αὐτῶν ἐξήλθοσαν ἐκ τῆς

10 εξακοστειλεν E      16 ιuoι] ul E      17 κειρουμενον A | πληθινεσθαι A      19 κειρουμενον D

DELMa-yc₂d₂𝔄𝔅𝔆ᶜⁱᵐ𝔈𝔍𝔖

επι προσωπου της γης iˢᵗ[om το | προσωπου]: +οτι υδωρ ην ετι
πασαν την γην f

10 om ετι 𝔅 | ημερας] post εττα a-dfgnoprsvwxc₂d₂𝔖
Chr: post ετερας k | ετερας παλιν] om abdtwxd₂𝔈𝔓 Chr: om
ετερας ehiˢʲlmnoˢ¹𝔄𝔆ᶜ𝔅: om παλιν gp | απεστειλεν f | (om
την 32) | om εκ της—(12) περιστεραν b | εκ της κιβωτου) om
𝔆: in terram ui uideret 𝔅

11 ανεστρεψεν] ανεστρεψεν iwc₂: επεστρεψε n | προς αυτον]
pr iterum Phil-arm: παλιν f | (η περιστερα προς αυτον 79) |
om η περιστερα E𝔆ᶜ | om το προς εσπεραν w | om το 1ᵒ Dade
fjlnpqs−vxc₂d₂𝔖 Chr | εσπερας] εσπερας dp: +προς αυτον f |
ελαιας φυλλον e | καρφος] καρφος m | om 𝕮𝔈 | απο] super 𝕮ᵐ
της γης] pr προσωπου Dad−gjlmnpstvwxc₂d₂

12 ετι 1ᵒ—παλιν] παλιν ημερας ετι εττα ετερας qu: om ετι 𝔅 |
ημερας] post εττα EMac−gjl−prsvwxc₂d₂𝔖 Chr: post ετερας
k | (om εττα 77) | om ετερας ejnsx𝔄𝔈: παλιν εξαπ.] παλιν
απεστειλε 𝔈ᶜ: απεστειλε παλιν f: εξαπεστειλεν k: εξαπεστειλεν
adpwxd₂𝔈𝔓𝔅 Chr | προσεθετο του επιστρ.] ανεστρεψε (37)
𝔈ᶜ: om του εκc₂ᵃ | ετι του επιστρ. προς αυτον o𝔄 | επιστρεψαι]
αποστρεψαι dp: υποστρεψαι eh: αναστρεψαι k | om ετι 1ᵒ𝔅𝔈𝔓

13 εν 1ᵒ—ετει] εν τω εξακοσιοστω ετει και ετι o: in anno
sexcentorum et unius annorum 𝔅: om ετι και E𝔆 | om εν 2ᵒ—
νωε 1ᵒ qu | του μηνος του πρωτου A] του πρ. μηνος D𝔐EMomn
Chr | του του μηνος] pr εν qu: om DEdbmoˢ(hab μια οᵃ)tw𝔆ᶜ
Chr | (μια) πρωτη 32) | εξελειπεν 1ᵒ] εξελειπε D𝔐bd−gjlptw−
d₂𝔄𝔅𝔆𝔈𝔓𝔖 Chr | απο της γης] a terra omni 𝔆: της γης 1ᵒ
ADEMeinoˢqruy𝔅𝔈ᶜ𝔓] pr προσωπου οᵃ rell 𝔄𝔈𝔓𝔖 Chr | (om
νωε 2ᵒ 16) | την—κιβωτου] (την κιβωτον 15): (το καλυμμα 127):
+ην εποιησεν D𝔐EMa−jl−prstv−d₂𝔄 (sub ※) 𝔆𝔈𝔓 Chr:+
ην εποιησεν k | την στεγην] την θυραν E: +της καλυμμα 64
(το post eras) | και ιδεν οτι εξε sup ras 23 uel 25 litt Aᵃ | και
ιδεν οτι uidere si 𝔆 | εξελειπεν 2ᵒ] εξελειπε m: om ετι 2ᵒ E: εξελιπεν
Labdꝰgijlptw−d₂𝔄𝔅𝔆𝔈𝔓𝔖 Phil Chr: κεκοπακεν D | om προσ-
ωπου 𝔆

14 om totum comma c₂ | om δε dmp𝔅 | μηνι τω δευτερω]

δευτερω μηνι Labdfgijkoprsvwd₂ Chr: εβδομω μηνι x𝔅-ed Phil-
arm | ημβδομη—γη 𝕮 | εβδομη—μηνος] post γη ajsv Chr:
om του μηνος x𝔈 Phil: εττα και δεκατη ημερα Lbdgklpwd₂:
(εττα και εικαδι ημερα 108): +του δευτερου m | γη] +και εβδομη
και εικαδι του μηνος ανεωξεν την κιβωτον Lbdgklpw[εβδομη] pr
τη]x (om και 1ᵒ) d₂

15 τω νωε] προς τον d₂: om L | om λεγων et𝔅 Phil-arm
Chr

16 εκ της κιβωτου] (pr συ 20): (post συ 32): (post σου 1ᵒ
77): om x Phil Or-gr Chr | και οι υιοι σου και η γυνη σου
Labgkvw𝔅 Chr | om οι n | μετα σου] μετα σε E: om e𝔅
Phil Or-gr Hil

17 om 1ᵒ] pr και ταντα τα κτηνη E | τα θηρια] om 𝔅: +et
𝔅 | εστιν] sub ÷ 𝔖: om r | σεαντου j(mg)s(mg) | απο
—κτηνων] a pecoribus usque ad uolatilia caeli 𝔅 | κτηνων] sub |
σου 2ᵒ AEdfpsv(txt)] σεαυτου DᵘⁱᵗᵗLMv(mg) rell 𝔆: +και
ερπετε επι της γης c(mg)](mg)s(mg)v(mg)𝔖(sub ※): et repla-
bunt super terram 𝔅 | επι της γης 2ᵒ] επι την γην f(uid)oᵃ: και
πληρωσατε την γην noᵃ𝔆ᶜᵖ: et implete terram et dominamini
eam 𝔆

18 om και 1ᵒ—(19) αυτων L | νωε] +ex arca ipse 𝔆 | και
οι υιοι αυτου και η γυνη αυτου cc₂ | και οι υιοι σου και η Aᵃ
(hab Aⁱᵐᵍ)n: om οι d₂ | γυναικες] pr τρεις m | μετ αυτου]
αυτων fk: om Aᵃ (hab Aᶜᵐᵍ) e

19 θηρια] +μετ αυτου m | και 2ᵒ—κτηνη] om 𝔄𝔆: om
παντα 𝔅 | κτηνη] ερπετα qu𝔅𝔖: +και παντα τα κινουμενα sv:
+και παντα τα ερπετα τα κινουμενα επι της γης cc₂ [ερπ. τα κιν.]
κιν. ερπ.] | και παν πετεινον] et uolucres 𝔅: om k𝔆𝔓 | πετει-
νον] ερπετον DEhlnty: reptile mouens 𝔄 | ερπετον] πετεινον
DEhlnty𝔖: om οᵃque𝔅 | κινουμενον] om ed₂ | επι της γης] a terra 𝔄 | om κατα γενος αυτων bdpwd₂ |
γενος] γενη gtx𝔅𝔆 | αυτων] eius 𝔅: +κ | et uolatilia omnia et
uiuum omne mouens super terram omnem 𝔆 | εξηλθοσαν Anoᵃy]
pr και r𝔈ᶜⁱ: εξηλθεν bdhlmoˢ(uid)pquwd₂: και εξηλθαν L: εξηλ-
θον DEM rell | om εκ της κιβωτου oᵃ | εκ] απο g | κιβωτου)

11 φυλλον] σ´ θαλλον Mj(sine nom)ν | καρφος] σ´ θαλλον sc₂(sine nom)
13 την στεγην] α´ σ´ το καλυμμα Mj(om σ´)vc₂(sine nom)𝔖

A κιβωτοῦ.¶     ²⁰Καὶ ᾠκοδόμησεν Νῶε θυσιαστήριον τῷ θεῷ, καὶ ἔλαβεν ἀπὸ πάντων τῶν 20
¶ D
¶ u κτηνῶν τῶν¶ καθαρῶν καὶ ἀπὸ πάντων τῶν πετεινῶν τῶν καθαρῶν, καὶ ἀνήνεγκεν ὁλοκάρπωσιν
¶ L ἐπὶ τὸ θυσιαστήριον.¶   ²¹καὶ ὠσφράνθη Κύριος ὁ θεὸς ὀσμὴν εὐωδίας, καὶ εἶπεν Κύριος ὁ θεὸς 21
διανοηθεὶς Οὐ προσθήσω ἔτι τοῦ καταράσασθαι τὴν γῆν διὰ τὰ ἔργα τῶν ἀνθρώπων, ὅτι ἔγκειται
§ D ἡ διάνοια τοῦ ἀνθρώπου ἐπιμελῶς ἐπὶ τὰ πονηρὰ ἐκ νεότητος· *οὐ προσθήσω οὖν ἔτι πατάξαι
πᾶσαν σάρκα ζῶσαν καθὼς ἐποίησα. ²²πάσας τὰς ἡμέρας τῆς γῆς σπέρμα καὶ θερισμός, ψῦχος 22
καὶ καῦμα, θέρος καὶ ἔαρ ἡμέραν καὶ νύκτα οὐ καταπαύσουσιν.     ¹Καὶ ηὐλόγησεν ὁ θεὸς 1 IX
τὸν Νῶε καὶ τοὺς υἱοὺς αὐτοῦ, καὶ εἶπεν αὐτοῖς Αὐξάνεσθε καὶ πληθύνεσθε, καὶ πληρώσατε τὴν
γῆν καὶ κατακυριεύσατε αὐτῆς. ²καὶ ὁ τρόμος ὑμῶν καὶ ὁ φόβος ἔσται ἐπὶ πᾶσιν τοῖς θηρίοις 2
τῆς γῆς καὶ ἐπὶ πάντα τὰ ὄρνεα τοῦ οὐρανοῦ καὶ ἐπὶ πάντα τὰ κινούμενα ἐπὶ τῆς γῆς καὶ πάντας
τοὺς ἰχθύας τῆς θαλάσσης· ὑπὸ χεῖρας ὑμῖν δέδωκα. ³καὶ πᾶν ἑρπετὸν ὅ ἐστιν ζῶν ὑμῖν ἔσται 3
εἰς βρῶσιν· ὡς λάχανα χόρτου ἔδωκα ὑμῖν τὰ πάντα. ⁴πλὴν κρέας ἐν αἵματι ψυχῆς οὐ φά- 4
γεσθε· ⁵καὶ γὰρ τὸ ὑμέτερον αἷμα τῶν ψυχῶν ὑμῶν ἐκζητήσω· ἐκ χειρὸς πάντων τῶν θηρίων 5

21 ετη E      IX 1 και 6°] κα E      2 κεινουμενα AD      4 φαγεσθαι E

(D)E(L)Ma–t(u)v–yc₂d₂𝕬𝕭𝕮ᶜ𝕯𝕻𝕾

+ εν μια του μηνος του τριτου dgklmo(om εν o*)pxd₂ : +super
terram 𝕰
20 τω θεω] pr κ̅υ̅ fn𝕰 : τω κ̅υ̅ Labdgimopstvwxd₂ᵃ Chr
απο 1°—καθαρων 1°] a pecoribus et omnibus mundis 𝕰 : om
ταυτων c : om των 1° n | om και 3°—καθαρων 2° m𝕭𝕻⁻ᵗˣᵗ𝕴𝕻|
om καρπωσιν 2° c | ανηνεγκεν] ηνεγκεν Ef : +ανω εt : +ανα n𝕮 |
ολοκαρπωσιν] ολοκαρπωσεις Mejknqstv𝕬–codd𝕭𝕾 Eus Cyr:
καρπωσεις iᵃr : ολοκαυτωσεις bw : ολοκαυτωσεις 1 : holocausta
Phil–arm : om 𝕵𝕻 | επι το θυσιαστηριον] επι τω θυσιαστηριω f :
Domino Deo 𝕰 | επι] εις E
21 om κυριος 1° Chr½ Cyr½–cod½ | ο θεος 1°] sub ÷ 𝕾 :
om E§ipᵃpt Phil–arm–codd½ Or–gr Eus Chr𝕭 | και ειπεν]
ειπε δε dp | om κυριος 2° | ο θεος 2°] sub ÷ 𝕾 | διανοηθεις
+τουτο q : cogitaui quod 𝕰ᶜᵍᵇ : iuraui quod 𝕻: poenitet me
quod destruxi terram 𝕰 | ου 1°] +μη bdfgimpswd₂ Or–gr Cyr½ |
προσθησω 1°] προσθω Or–gr : +autem 𝕰 | ετι 1°—ανθρωπων]
percutere carnem omnem inducere diluuium aquae super terram
omnem destruere cam 𝕰 | ετι 1°] post καταρασασθαι c₂𝕾: om
𝕴𝕻 | om του 𝕵𝕻 | ετι 1° Eabcefijkpqrs(txt)vwd₂ Or–gr Cyr½ | καταρα–
σασθαι] καταρασεσθαι df : καταρασθαι blnw | του ανθρωπου] των
ανων d₂𝕬ᵉd Athᵗ : αυτου i | του 2°] τον Cyr𝕻/₁₆ |
επιμ(ε)λως] post πονηρα c*𝕰 Athᵗ : om q 𝕭𝕭𝕾 Cyr𝕻/₁₆ | νεοτητος]
+αυτου Mbcefj–nwc₂𝕬𝕭𝕾 Chr½ Cyr𝕻/₁₆ ed𝕻/₁₆ : +πασας ται
ημερας Thdt : +eius omnes dies eius 𝕰 | ου—με Mkn𝕻𝕭 |
ετι 2° abdgpwxyd₂𝕰 Chr 𝕭𝕭𝕾 : παταξαι] pr του ky : destruere 𝕰 |
σαρκα] sub ÷ 𝕾 | ζωσαν] om Eq Cyr–cod: +quae feci 𝕰 |
εποιησα] +ετι aghtx𝕬𝕾 Chr½
22 πασας—γης] sed erit eis 𝕰 | πασας ται ημερας] pr και
ej : pr ται k : (παντα τον χρονον 64) | της γης] pr ετι fs(ετι της
γ sup ras sᵃ)v : της ζωης c | θερισμος ai³¹mr𝕰ᶠᵖ | καυμα] καυσον
m : θαυμα d | (θερος) pr και 16) | ημεραν και νυκτα] και ημεραν
και νυξ : d : dies et nox 𝕰ᶜ𝕾 | ημερα cn | om νυκτα ου x* | ου]
(pr κ 16) : om 𝕵𝕻
IX 1 ο θεος] pr κ̅ς̅ ht𝕰 Cyr | τον] τω nost : om bw | και

+εν μια του μηνος του τριτου dgklmo(om εν o*) pxd₂ : +super
terram 𝕰
ειπεν αυτοις] om 𝕰ᶠ : om αυτοις o* | και 5°—κατακυρ.] sub ÷
M | (την γην] αυτην 74) | και κατακυρ. αυτης] sub ÷ 𝕾 : om q |
κατακυριευετε M
2 om και 1°—(7) γης 𝕮 | om και 1° iᵃ¹r | om ε 1° w* |
τρομος—φοβος] τρομ. και ο φοβ. ψμ. hq 𝕮(uid) Cyr–cod: φοβ. ψμ.
και ο τρομ. l Chr–cod½ Cyr–ed½ : φοβ. ψμ. και ο τρομ. ψμ.
emny 𝕰(uid) Chr–ed½ Cyr–ed½ Thdt : φοβ. και ο τρομ. ψμ.
Ecoc₂ 𝕾 : (φοβον ψμων 16.18.77.130): om και ο φοβος w | ημων
dgˢ | om και 2° fᵉ | (φοβος] +ψμων abdgᵃʰijpstvd₂𝕭𝕭 Or–gr
Chr½ : +ημων g* | εσται] εστι f | ετι 1°] εν q : om w | πασιν
τοις θηριοις] παντα τα θηρια Chr½ : τα θηρια Chr½ : +και ετι
πασι τοις κτηνεσι Cyr½ | της γης 1°] agri 𝕭𝕰 : +και ετι πασι
τοις κτηνεσι της γης DE(κτηνεσιν)Me–lqsv Cyr½ (om την γης fbi
Cyr½) : om παντα τα κτηνη της γης n : +τ ei super
omnia pecora terrae ≺ 𝕾 | om και 3° Dᶜⁱˡ | om ετι παντα 1°
𝕭𝕰 | om ετι 2° fᵉ | ορνεα] ορφε sup ras (6) rᵃ : πετεινα bw
Thdt | om ετι παντα 2° Aᵉ | om τα 2° Di | και 5°] sup ras (5)
iᵃ | ταυτας A (ταυ sup ras Aᵉ) efiklnory] pr ετι DᶜⁱˡEM rell
dg* | om τα 2° fᵉ | (φοβος] +ημων abdg | τοις χειρας] υποχειριους y | υπο]
pr α 𝕬 Thdt : (ετι 71) | χειρας] pr ται m : χειρα iᵃ¹r Thdt | υμιν]
ημιν i : υμων gmp𝕭𝕭𝕰(uid) 𝕻 Phil–arm Cyr½ : +παντα (20)
𝕭𝕾²¹ Chr
3 ερπετον ο] πετεινον o bw : ει τι k | εστιν] +ετι της γης k |
ζων] ζωον axc₂ | εσται 1° cnr* | υμιν] υποχειριουσ y | υπο]
εδωκα υμιν Arx] δεδοται υμιν g : υμιν δεδωκα fc₂ : δεδωκα υμιν
DᶜⁱˡEM rell Chr | τα παντα] om d𝕭𝕻𝕭𝕾 : om τα aᵇflnc₂ Clem
(uid) Chr½
4 κρεας] κρεα b–fiᵃ¹jno*¹prwd₂ : om Or–gr | εν αιματι] et
sanguinem Luc | ψυχης αιματι oc₂ | ου φαγεσθε] ουκ εδεσθε
Thdt
5 υμετερον cp: om 𝕭𝕰 | τον ψυχ. υμων f
Thdt | ψυχων υμων Aᵃⁱ⁶ | ημων cgn | om εκζητησω 1°—θηριων
Ej | εκζητησω 1°] sup ras Aᵃ (om Aᵇuid): om bwy: +αυτο iᵃ
Chr Iren | om εκ χειρος 1°—και 2° dp | εκ χειρος 1°—θηριων]

20 ολοκαρπωσιν] σ′ αναφοραι M : σ′ αναφορας jsv : ολοκαρπωσεις js
21 ειπεν—προσθησω] ειπε της ο θ̅ς̅ διανοηθεις ου προσθησω ειπε κ̅ς̅ προς καρδιαν αυτου σ′ ειπε κ̅ς̅ προς εαυτον θ′ ειπε κ̅ς̅
προς την καρδιαν αυτου j
22 πασας—γης] σ′ per omnia tempora terrae 𝕾 | ημεραν και νυκτα] σ′ ημερα και νυξ Ms(sine nom) : a′ σ′ και ημερα
και νυξ j(sine nom)      IX 1 πληρωσατε] θερησατε M
4 εν αιματι ψυχη] a′ εν ψυχη αυτου αιμα αυτου M(αιματι)jsvc₂𝕾: σ′ ου συν ψυχη αιμα αυτου jsvc₂[ψυχη]+αυτου]𝕾(om ου)
5 θηριων] a′ σ′ ζωων Msv𝕾

6 ἐκζητήσω αὐτό, καὶ ἐκ χειρὸς ἀνθρώπου ἀδελφοῦ ἐκζητήσω τὴν ψυχὴν τοῦ ἀνθρώπου. ⁶ὁ ἐκχέων Α
αἷμα ἀνθρώπου ἀντὶ τοῦ αἵματος αὐτοῦ ἐκχυθήσεται, ὅτι ἐν εἰκόνι θεοῦ ἐποίησα τὸν ἄνθρωπον.
7 ⁷ὑμεῖς δὲ αὐξάνεσθε καὶ πληθύνεσθε, καὶ πληρώσατε τὴν γῆν καὶ πληθύνεσθε ἐπὶ τῆς γῆς.
8,9 ⁸,⁹Καὶ εἶπεν ὁ θεὸς τῷ Νῶε καὶ τοῖς υἱοῖς αὐτοῦ μετ' αὐτοῦ λέγων ⁹Ἐγὼ ἰδοὺ ἀνίστημι τὴν δια- § L
10 θήκην μου ὑμῖν καὶ τῷ σπέρματι ὑμῶν μεθ' ὑμᾶς, ¹⁰καὶ πάσῃ ψυχῇ ζώσῃ μεθ' ὑμῶν, ἀπὸ ὀρνέων
καὶ ἀπὸ κτηνῶν, καὶ πᾶσι τοῖς θηρίοις τῆς γῆς ὅσα μεθ' ὑμῶν ἀπὸ πάντων τῶν ἐξελθόντων ἐκ
11 τῆς κιβωτοῦ. ¹¹καὶ στήσω τὴν διαθήκην μου πρὸς ὑμᾶς, καὶ οὐκ ἀποθανεῖται πᾶσα σὰρξ ἔτι ἀπὸ
τοῦ ὕδατος τοῦ κατακλυσμοῦ, καὶ οὐκ ἔσται ἔτι κατακλυσμὸς ὕδατος τοῦ καταφθεῖραι πᾶσαν
12 τὴν γῆν.¶ ¹²καὶ εἶπεν Κύριος ὁ θεὸς πρὸς Νῶε Τοῦτο τὸ σημεῖον τῆς διαθήκης ὃ ἐγὼ δίδωμι ἀνὰ ¶ 𝕰ᶜ
μέσον ἐμοῦ καὶ ὑμῶν καὶ ἀνὰ μέσον πάσης ψυχῆς ζώσης ἥ ἐστιν μεθ' ὑμῶν εἰς γενεὰς αἰωνίους·
13 ¹³τὸ τόξον μου τίθημι ἐν τῇ νεφέλῃ, καὶ ἔσται εἰς σημεῖον διαθήκης ἀνὰ μέσον ἐμοῦ καὶ τῆς γῆς.
14 ¹⁴καὶ ἔσται ἐν τῷ συννεφεῖν με νεφέλας ἐπὶ τὴν γῆν ὀφθήσεται τὸ τόξον μου ἐν τῇ νεφέλῃ,
15 ¹⁵καὶ μνησθήσομαι τῆς διαθήκης μου, ἥ ἐστιν ἀνὰ μέσον ἐμοῦ καὶ ὑμῶν καὶ ἀνὰ μέσον πάσης
ψυχῆς ζώσης ἐν πάσῃ σαρκί· καὶ οὐκ ἔσται ἔτι τὸ ὕδωρ εἰς κατακλυσμόν,¶ ὥστε ἐξαλεῖψαι ¶ L
16 πᾶσαν σάρκα. ¹⁶καὶ ἔσται τὸ τόξον μου ἐν τῇ νεφέλῃ, καὶ ὄψομαι τοῦ μνησθῆναι διαθήκην

---

7 αυξανεσθαι A                                        11 αποθανειτε A
12 ξωσῃ] +ης A* | αιωνιους] ανιους E         13 τοξομου E* (τοξον μου Eᵃ) | τημι E* (τιθημι Eᵇ) | σημιον A

---

DE(L)Ma-tv-yc₂d₂𝕬𝕭𝕳(𝕮ᶜ)𝕰𝕵𝕭𝕾

εκ χειρος παντος ʃωντος c₂(mg) | om χειρος 1°𝕰ᶠᵖ Phil-arm Thdt½ |
om παντων ced₂ | θηριων] +της γης f | om εκʃητησω αυτο fn
Chr Iren | om αυτο—εκʃητησω 3° Luc | om και 2° iᵃno | αν-
θρωπου αδελφου] fratris hominis 𝕭 | ανθρωπου 1°] pr του E:
pr παντος fⁱmrsv: ανδρος j: om c₂: +εκ χειρος ανδρος j(mg)
s(mg)v(mg)𝕾(≺ post ανδρος)𝕰ᶜ (sine ❖) | αδελφου—ανθρωπου 2°]
e manibus uiri animam sanguinis fratris eius exquiram 𝕬 (om
sanguinis codd) | αδελφου AD^ᵘˡEM(txt)hiᵃˡqry Phil] pr του j:
om 𝕭: +αυτου εκ χειρος ανδρου k: +αυτου M(mg)iᵃj rell 𝕰(uid)
𝕾(sub ❖) Thdt | εκʃητησω 2°—ανθρωπου 2°] om 𝕭: om εκʃ-
τησω p | την ψυχ. του ανθρ.] την ψυχ. αυτου Thdt: αυτου την
ψυχ. a: αυτο 𝕭 Thdt½
    6 ο εκχεων] pr και ej: pr πας Cyr½: hab εκειενου j(mg)
indice supra εκχεων posito: hab εκειενοι (uid)s(mg) | ανθρωπου]
+❖ in homine ≺ 𝕾: +sanguis Iren-cod | αντι—εκχυθ.] effun-
detur sanguis eius 𝕭ᵘⁱ: effundetur sanguis eius pro sanguine eius
𝕭ᵖ: effundetur sanguis eius pro eo 𝕭ʲ (εκχυ.) hominis Luc |
εκχυθησεται] pr το αυτου Chr: +το αιμα αυτου x𝕭𝕰: +anima
eius Hil: +anima hominis illius Spec
    7 και πληθυνεσθε 1°] και πληθυνεσθαι c: om 𝕭 | om και 2°
—πληθυν. 2° c₂ | και 3°—γης] pr και κατακυριευσατε k: pr και
κατακυριευσατε αυτην m: και κατακυριευσατε αυτης a-hiᵃj(txt)
prs(txt)tv(txt)wxd₂𝕭: om iᵃn𝕰ᶜ: +και κατακυριευσατε αυτης l |
επι της γης] εκ αυτης DEMj(mg)klmoqs(mg)v(mg)c₂𝕬𝕭𝕰ᶠᵖ𝕾
    8 ο θεος] pr κ̅ς̅ Eeᶠⁱ² (κ̅ς̅ o sup ras)𝕭𝕰ᶜ: κ̅ς̅ fˣ (τω) προτ
108) | om και 2°—αυτου 2° 𝕮 | om μετ αυτου iᵃˡnr𝕭 | λεγων]
+ει 𝕮
    9 εγω ιδον Atᵉd₂𝕵𝕭] pr και D^ᵘˡLMahikstᵇˡvxy𝕾: και ιδου
εγω εgjoqr𝕬: ιδου εγω rell 𝕭𝕮𝕰: και εγω E | om μου
dp𝕰ᶠᵖ (υμων 78) | υμας] μαι gl: υμων xᵉ
    10 om και πασῃ—(11) υμας c | ψυχῃ ʃωσῃ] ψυχη τη ʃωση
DLMbeghk-nqtwx𝕾(uid): τη ψ. τη ʃ. Esv: τη ʃωση c₂ | υμων
1°] υμων dg: υμας iᵃˡr: +εις τον αιωνα bw | (απο 1°] +τε 20) |
απο κτηνων] ο κτ sup ras (3) A^ˡ: απο των κτηνων at𝕭: om
απο iᵉˡ𝕮𝕰 | om οσα—(11) υμας 𝕮 | οσα μεθ υμων] sub ❖ M𝕬𝕾: om
Eq𝕰ᶜ | οσα] pr η s: τοις ονc₂: +εστι b: +ην nd₂ | υμων 2°]
+και πασι τοις ʃωοις της γης s(om και)v | απο 3°] pr et 𝕬
    11 om totum comma L | ημας π°] om ουκ 1° bˣ | απο-
θανουνται bw | πασα σαρξ] post ετι 1° fil𝕵𝕰: om πασα
𝕭ʲ | om ετι 1° egx𝕭ᵖ | αιω x | του υδατος] post κατα-
κλυσμου a: om 𝕬 | εσται] post ετι 2° a-dfgijkmpsvwxd₂𝕬 Phil-
arm Chr: εσται ετι 1° 2° c₂𝕮 | κατακλ. υδατος] aqua
diluuii 𝕭𝕮: om υδατος q Phil | του καταφθειραι] om του D^ᵘˡ
Ea-dfipqs-xd₂ Chr: του διαφθειραι M: διαφθειραι l
    12 om κυριον D | om o θεος q | προς AD^ᵘˡEMehjlnoqrs(mg)
c₂𝕾] τω Ls(txt) rell 𝕬(uid) Chr | νωε] +et filiis eius 𝕬-codd |
(ο διαθηκης] +εγω 𝕭 | (διδωμι] τιθημι 32) |
Lacdeghjkmpstvxc₂d₂ Chr | om εγω 𝕭 | (διδωμι] τιθημι 32) |
και υμων] sup ras iᵃ | υμων 1°] pr ανα μεσον i𝕰: σου Lacdkmp
txd₂ Chr | υμων 1° 2° egx𝕭ᵖ | δια x | του υδατος] post κατα-
οσῃ Lag: οτ x: o hᵇ | εσται c₂ | υμων 2°] ημων cg | γενεαι]
generationes uestras 𝕭 | αιωνοι εj
    13 om του εσται—(14) νεφελη be | και εσται—γης] om x:
(om και εσται 25) | εις σημειον] εν σημειω g Chr | διαθηκης]
διαθηκην p: +αιωνιου iᵃˡ𝕭𝕭ᵖ | της γης] inter terram 𝕭ᵖ: inter
omnem terram 𝕬𝕰ᶠᵖ: inter uos et inter omnem terram 𝕭ᵖ:
υμων j: (+ της γης AD^ᵘˡEMnowyc₂] την γην AD^ᵘˡEMnowyc₂
    14 συννεφειν] συναγειν M(mg) | (om με 16.77.130) | νεφε-
λας] pr ras iᵃˡr: νεφελαις af | επι την γην] υπερανω της γης
M(mg) | την γην AD^ᵘˡEMnowyc₂] την γ i rell Chr |
οφθησεται] pr και i𝕭 Chr: +τοτε Chr-codd | om μου D^ᵘˡo*qry
𝕭𝕾 | (om της 37)
    15 (αναμνησθησομαι 32) | om η εστιν—σαρκι L | η εστιν] ης
διεθεμην o | om ανα μεσον 1°—και 3° D | ανα μεσον 1°—υμων]
ανα μεσον o𝕵𝕾: (σου 107) | om πασης cdmpd₂ | om ʃωσης b |
om εν πασῃ c₂—(16) υδωρ ο | om και 4°—(16) υδωρ ο | ημων και 4° m |
εσται] post ετι agc₂𝕮: εστιν fs | ετι το υδωρ] το υδωρ ετι ι: om
το cdfiᵉjkpsd₂ Chr: υδωρ ετι L: om ετι 𝕭ᵖ: om ετι το bw | ετι]
ουκετι ι | το υδωρ] εις κατακλ.] diluuium 𝕰: aqua diluuii 𝕭(uid)
𝕭 | κατακλυσμον] pr των c | ωστε] ως εις L: η του g
    16 om μου DMqr𝕭 | οψομαι] +αυτο l𝕰𝕾: +αυτην ms(mg)
v(mg)c₂ | του] sup ras (7) Aᵃ | διαθηκης αιωνιου c-fj-npd₂ |

21

Α αἰώνιον ἀνὰ μέσον ἐμοῦ καὶ ἀνὰ μέσον πάσης ψυχῆς ζώσης ἐν πάσῃ σαρκὶ ἥ ἐστιν ἐπὶ τῆς γῆς.

§ 𝕮ᵖ ¹⁷καὶ εἶπεν ὁ θεὸς ⁱτῷ Νῶε Τοῦτο τὸ σημεῖον τῆς διαθήκης ἧς διεθέμην ἀνὰ μέσον ἐμοῦ καὶ ἀνὰ 17
μέσον πάσης σαρκὸς ἥ ἐστιν ἐπὶ τῆς γῆς.

¹⁸ᵀἮσαν δὲ οἱ υἱοὶ Νῶε οἱ ἐξελθόντες ἐκ τῆς κιβωτοῦ Σήμ, Χάμ, Ἰάφεθ· Χὰμ ἦν πατὴρ 18
¶ 𝕭 ¶ 𝕮ᵖ Χανάαν. ¹⁹τρεῖς οὗτοί εἰσιν οἱ υἱοὶ Νῶε· ἀπὸ τούτων¶ διεσπάρησαν ἐπὶ πᾶσαν τὴν γῆν.¶ 19
§ L ⁱ²⁰Καὶ ἤρξατο Νῶε ἄνθρωπος γεωργὸς γῆς, καὶ ἐφύτευσεν ἀμπελῶνα. ²¹καὶ ἔπιεν ἐκ τοῦ οἴνου 20
§ 𝕮ᵖ καὶ ⁱἐμεθύσθη, καὶ ἐγυμνώθη ἐν τῷ οἴκῳ αὐτοῦ. ²²καὶ εἶδεν Χὰμ ὁ πατὴρ Χανάαν τὴν γύμνωσιν 22
τοῦ πατρὸς αὐτοῦ, καὶ ἐξελθὼν ἀνήγγειλεν τοῖς δυσὶν ἀδελφοῖς αὐτοῦ ἔξω. ²³καὶ λαβόντες Σήμ 23
¶ 𝕮ᵖ καὶ Ἰάφεθ τὸ ἱμάτιον ἐπέθηκαν ἐπὶ τὰ δύο νῶτα αὐτῶν, καὶ ἐπορεύθησαν¶ ὀπισθοφανῶς καὶ
συνεκάλυψαν τὴν γύμνωσιν τοῦ πατρὸς αὐτῶν· καὶ τὸ πρόσωπον αὐτῶν ὀπισθοφανές, καὶ τὴν
¶ 𝕾 γύμνωσιν τοῦ πατρὸς αὐτῶν οὐκ ἴδον. ²⁴ἐξένηψεν δὲ Νῶε ἀπὸ τοῦ οἴνου, καὶ ἔγνω¶ ὅσα ἐποίη- 24
§ 𝕮ᵖ σεν αὐτῷ ὁ υἱὸς αὐτοῦ ὁ ⁱνεώτερος. ²⁵καὶ εἶπεν 25

Ἐπικατάρατος Χανάαν·
παῖς οἰκέτης ἔσται τοῖς ἀδελφοῖς αὐτοῦ.

²⁶καὶ εἶπεν 26

¶ 𝕮ᵖ Εὐλογητὸς Κύριος ὁ θεὸς τοῦ Σήμ,
καὶ ἔσται Χανάαν παῖς αὐτοῦ.¶

²⁷πλατύναι ὁ θεὸς τῷ Ἰάφεθ, 27
καὶ κατοικησάτω ἐν τοῖς οἴκοις τοῦ Σήμ·
¶ L καὶ γενηθήτω Χανάαν παῖς αὐτῶν.¶

---

20 αρος (sic) E | 22 ιδεν DE | 23 οπισθοφανως A | ειδον E
24 εξενειψεν E | εγνωσεν E | 25 παις] παι E | 27 κατοικησατο E

---

𝐷E(L)Ma–tv–yc₂d₂𝕬𝕭(𝕮ᵖ)𝔼(𝕯)(𝕾)

ανα μεσον 1°] pr η εστιν k: om t | εμου] του θυ as(txt)v(txt)xc₂
𝕰ᵖ Chr: + και υμων bw: + και σου f: + και της γης y | om πασης
bwy | ψυχης—σαρκι] σαρκος g | εν παση σαρκι] post εστιν y:
om E | om η—γης i | η εστιν] +μεθ υμων E | της γης] pr
πασης m: post γης ras (1) A: + ψυχη ζωη g
17 om totum comma e*f | ο θεος] pr κ̄ς 𝐷bjrs(mg)v(mg)w 𝕬–
codd: κ̄̄ς m | τω] προς E | το—διαθηκης] testamentum meum 𝕰ᵖ |
ης—γης] quod statuam inter me et inter uos 𝕰ᶜᵗ: quod dabo
uobis ego inter me et inter uos quod statuam 𝕰ᵖ | διεθεμην] pr
εγω διδωμι και η: ετεθην dp | εμου] του θυ 𝕾(mg)v(mg): +
και ανα μεσον υμων g𝕬𝕭ᵖ⁻ᵐᵍ (om ανα μεσον) | πασης] pr υμων
και ιᵃʳ: om eᵃ¹m | ⟨της γης⟩ pr προσωπον 73)
18 ησαν δε] hi autem sunt 𝕭ᵇ⁻𝔼: hi sunt 𝕭ᵖ | om οι 1°
ace | νωε] pr του Chr | om οι 2° s | χαμ 2° ADMbjoᵃqrvy
𝕬𝕭𝕾 Cyr-cod] om E: +δε oᵃ rell 𝕭𝕰 Or-gr Chr Cyr-ed |
χανααν] pr του Chr
19 εισιν οι υιοι] om οι abcegipqrvwxc₂d₂𝕭 Chr: υιοι εισιν
D: ησαν υιοι k𝕬: om εισιν fhn Phil-arm | τουτων] παντων f:
+δε q𝕬𝕭 | om γην m
20 om γης 𝕭 Phil ‡ cod ‡
21 om εκ Phil-ed | οινου] +αυτου ir | εμεθυσθη] +και υπνω-
σεν k | ⟨om και 3° 71⟩
22 οιδεν n | om χαμ ο πατηρ Chr‡(uid) | αυτου 1°] αυτων
⟨10⟩ 𝕰 Chr | om και 2°—εξω f | εξελθων] pr–𝕾: post απηγ-
γειλεν c | απηγγειλεν] απηγγειλαν Eabdiklmprwd₂ Cyr-cod:
επηγγειλα Cyr-ed | om δυσιν eijr 𝕬 | αυτου αδελφοις M |
om αυτου 2° ⟨37(txt)⟩ Phil-arm

23 λαβοντες] ελαβον y | σημ] +χαμ g | om και 2° E | το
ιματιον] ⟨τα ιματια 79⟩: +αυτων M | επεθηκαν A] pr και y:
om dp: επεθετο Dᵈ́ELM rell Chr Cyr | om επι—και 3° dp |
τα δυο νωτα] om τα x: τα νωτα τα δυο c₂: ⟨om δυο 31⟩: επο-
ρευθησαν] εκορευθη wᵃ: ⟨εισεπορευθησαν 32⟩ | ⟨om ισθοφανως⟩
οπισθοφανες c(uid) · om και 5°—οπισθοφανες ELeᵃ: pr ❦ 𝕾 |
συνεκαλ.] εκαλυψαν g: ⟨επεκαλυψαν 32⟩ | om και 5°—ιδον n |
τα προσωπα c | αυτων 4°—οπισθοφανες ⟨32⟩ | om
αυτων 4° s Cyr-ed
24 εξενηψεν δε και εξυπνισθη Or-gr | οινου] +αυτου Doc₂
𝕬𝕰(uid)𝕾(sub ❦) Or-lat: υπνου M(mg)c: υπνου αυτου Or-gr |
om αυτω cfnq | om αυτου Phil-codd
25 και] pr και εκαταρασατο αυτον f: om hᵃ | χανααν παις]
puer Chanaan Or-lat ꙸ: παις χαμ f | χανααν] χαμ Ecdglmnpq
rᵃ¹(uid)yd₂ T-A | παις] pr και ej: om l1 παι οικετης] δουλος
δουλου Or-gr: +δουλος δουλων (cod δουλειων) Phil ‡ | οικετης
εσται] et erit seruus 𝕬
26 ευλογημενος Phil ‡ | om κυριος Lj Phil-cod ‡ | ο θεος]
om Ec: +Deus 𝕬 Phil-arm | om υιος l Phil Cyr | χανααν]
χαμ n | παις αυτου] δουλος αυτοις Phil ‡ | παις] +οικετης bw
27 πλατυνη L | ο θεος] κυριος Just | τω] τον cld₂ | post
κατοικησατω] ras ⟨10⟩ M : ras ⟨3⟩ x | εν τοις οικοις]in domo 𝕬𝕰 |
οικοις] αγρω(σε)εσιν L : σκηνωμασιν ac–ghᵇ¹lᵇmnprxyd₂ Chr
Cyr-ed T-A: σκηνωμασιν οικοις hᵃk | om του Lap Just Cyr-
ed ‡ | γενηθητω] γενεσθω Phil : εσται Dblw T-A | χαμ
En | παις] δουλος Phil ‡ | αυτων] δουλος ELacdghᵇlmpxyd₂𝕰
Just Chr Cyr-ed ‡ : αυτω et: αυτοις Phil

22 την γυμνωσιν] α´ σ´ την ασχημοσυνην M(sine σ´)jsvc₂𝕾
23 και το—ιδον] οι γ´ et anteriora (◦◦◦◦) autem eorum conuersa et dedecus (◦◦◦◦) patris eorum non uide-
runt 𝕾 | την γυμνωσιν] α´ σ´ θ´ την ασχημοσυνην v(om θ´𝕾)
25 παις οικετης] δουλος δουλων js

<sup>28</sup><sub>29</sub>  <sup>28</sup>Ἔζησεν δὲ Νῶε μετὰ τὸν κατακλυσμὸν τριακόσια πεντήκοντα ἔτη.  <sup>29</sup>καὶ ἐγένοντο πᾶσαι A
αἱ ἡμέραι Νῶε ἐννακόσια πεντήκοντα ἔτη, καὶ ἀπέθανεν.

X 1  <sup>1</sup>Αὗται δὲ αἱ γενέσεις τῶν υἱῶν Νῶε, Σήμ, Χάμ, Ἰάφεθ· καὶ ἐγενήθησαν αὐτοῖς υἱοὶ μετὰ
2  τὸν κατακλυσμόν.¶      <sup>2</sup>Υἱοὶ Ἰάφεθ· Γάμερ καὶ Μαγὼγ καὶ Μαδαὶ καὶ Ἰωυὰν καὶ Ἐλισὰ ¶ w d<sub>2</sub>
3  καὶ Θόβὲλ καὶ Μόσοχ καὶ Θειράς.  <sup>3</sup>καὶ υἱοὶ Γάμερ· Ἀσχανὰζ καὶ Ῥιφὰθ καὶ Θεργαμά.
5  <sup>4</sup>καὶ υἱοὶ Ἰωυάν· Ἐλισὰ καὶ Θαρσίς, Κήτιοι, Ῥόδιοι.  <sup>5</sup>ἐκ τούτων ἀφωρίσθησαν νῆσοι τῶν ἐθνῶν
ἐν τῇ γῇ αὐτῶν· ἕκαστος κατὰ γλῶσσαν ἐν ταῖς φυλαῖς αὐτῶν καὶ ἐν τοῖς ἔθνεσιν αὐτῶν.
7  <sup>6</sup>Υἱοὶ δὲ Χάμ· Χοὺς καὶ Μεσράιν, Φοὺδ καὶ Χανάαν.  <sup>7</sup>υἱοὶ δὲ Χοὺς· Σαβὰ καὶ Εὐιλὰ καὶ
8  Σαβαθὰ καὶ Ῥεγχμὰ καὶ Σαβακαθά.  υἱοὶ δὲ Ῥεγχμά· Σαβὰ καὶ Δαδάν.  <sup>8</sup>Χοὺς δὲ ἐγέννησεν
9  τὸν Νεβρώδ· οὗτος ἤρξατο εἶναι γίγας ἐπὶ τῆς γῆς.  <sup>9</sup>οὗτος ἦν γίγας κυνηγὸς ἐναντίον Κυρίου
10  τοῦ θεοῦ· διὰ τοῦτο ἐροῦσιν Ὡς Νεβρὼδ γίγας κυνηγὸς ἐναντίον Κυρίου.  <sup>10</sup>καὶ ἐγένετο ἀρχὴ

X 1 γενεσις E* (-σεις E<sup>a</sup>)        5 αφορισθησαν E        9 κυνηγοι 2°] γυνηγοι D* (κυν. D<sup>a</sup>): κυνιγοι E

DEMab(+b)c–tv(w)xyc<sub>2</sub>(d<sub>2</sub>)𝔄𝔅𝔈

A τῆς βασιλείας αὐτοῦ Βαβυλὼν καὶ Ὄρεχ καὶ Ἀρχὰδ καὶ Χαλαννὴ ἐν τῇ γῇ Σενναάρ. ¹¹ἐκ τῆς 11
γῆς ἐκείνης ἐξῆλθεν Ἀσσούρ· καὶ ᾠκοδόμησεν τὴν Νινευὴ καὶ τὴν Ῥοωβὼς πόλιν καὶ Χάλαχ,
¶ D ¹²καὶ τὴν Δάσεμ, ἀνὰ μέσον Νινευὴ καὶ ἀνὰ μέσον Χάλαχ· αὕτη ἡ πόλις ἡ μεγάλη.¶ ¹³καὶ ¹²
Μεσράιν ἐγέννησεν τοὺς Λουδιείμ καὶ τοὺς Νεφθαλιείμ καὶ τοὺς Αἰνεμετιείμ καὶ τοὺς Λαβιείμ ¹³
¹⁴καὶ τοὺς Πατροσωνιείμ καὶ τοὺς Χασμωνιείμ, ὅθεν ἐξῆλθεν ἐκεῖθεν Φυλιστιείμ, καὶ τοὺς Χαφ- 14
θοριείμ. ¹⁵Χανάαν δὲ ἐγέννησεν τὸν Σιδῶνα πρωτότοκον, καὶ τὸν Χετταῖον ¹⁶καὶ τὸν Ἰεβουσαῖον ¹⁵
καὶ τὸν Ἀμορραῖον καὶ τὸν Γεργεσαῖον ¹⁷καὶ τὸν Εὐαῖον καὶ τὸν Ἀρουκαῖον καὶ τὸν Ἀσενναῖον 17
¹⁸καὶ τὸν Ἀράδιον καὶ τὸν Σαμαραῖον καὶ τὸν Ἀμαθί. καὶ μετὰ τοῦτο διεσπάρησαν αἱ φυλαὶ 18
τῶν Χαναναίων. ¹⁹καὶ ἐγένοντο τὰ ὅρια Χαναναίων ἀπὸ Σιδῶνος ἕως ἐλθεῖν εἰς Γέραρα καὶ 19

19 χαναναιων E* (-ων E^b)

(D)EMabc–tvxyc₂𝕬𝕭𝕰

e: Babelon 𝕬 | και 2° Aᵇcmnopyc₂𝕬𝕰] om DEM rell Thdt |
ορεχ] χ sup ras i: ωρεχ o: ερεχ c: ορεκι r: θουβεχ n: ωρεδ x𝕬 |
om και αρχαδ Thdt | αρχαδ] αχαδ DEejmq𝕬 On (cod αχαβ):
αρχαβ (31) Theoph (αρχα 76): αρκαθ c | χαλαννη] D^a ex corr:
χαλαννει c₂*: χαλανη d*efiprt Theoph Thdt Anon¹: χαλλανη
hn: χαλλανη m: χαλαν c: γαλαννη k: γαλαννι E: Chalame
𝕭^{lw p-txt}: +και ο | om τη D | σεννααρ] σεναар ὸdgk*lmopsy𝕭:
σεραααρ n*: σεεναρ q: σεεναρ f: ναар c: Sennar Anon

11 ασσουρ] pr ο x Chr: ασουρ bcdfjmpc₂ | Νινευη] suprascr
D^a: νηευη dfjo^apq^aᵀ Chr: νηευει o*(uid)x: νηευη Eginq*(uid):
νηευη a*(uid) | ρωωβωθ A] ρωωβωθ EMabethjoqstvy On: ρωωβωθ
D^ac₂: ρωοβωθ n: ρωιβωθ c: ρωηβωθ ir: ρωαβαθ x: ρωαβωθ k:
ρωωβων dp: ρωωβωθ Theoph: ρωβωθ g: ρωβωθ rell: ρωωβ m𝕬:
Roboth 𝕭^{lw p-txt} Anon¹: Rooboth Anon²: Koob 𝕭^{p-txt}: | om
πολιν—(12) αυτη 𝕰 | πολιν] pr την p𝕭 | χαλαχ AMfijnqr] pr
την dh^apstx: χαλαχ Ekyc₂𝕭^{lw} On: την χαλαχ bco:
την χαλεχ g: την χαλαχ v: την χαλααχ l: την χαλλαχ m: την
καλαχ Theoph: την χαλαδ ah^b: χαλαε c𝕬: (την χαλχ 79):
Chalech Anon¹: Calechi Anon²: +haec est urbs magna 𝕭

12 om και 1°—χαλαχ q | την] τοις p | Δασεμ] δασεν Eikr
Theoph Anon¹: δασεν c| δασε ej: δασεμαν gc₂𝕬: δασιμαν dp:
δασεμμαν tx: ⟨δασσεμαν 76⟩: δασσεμμαν a: Dassen Anon |
νινευη και ανα μεσον] om c₂: om αναμεσον d | νινευη] νινευι
D^llcdfjp: νηευη Eox: νηευη gin | χαλαχ] καλαχ D^a*(uid)fir:
χαλαχ bcosc₂𝕭: χαλεχ g Anon¹: χαλεκ E: χαλααχ l: χαλλαχ
m: καλαχ Theoph: χαλαν e𝕬: μαλαχ n: χαλαχαχ d | om
αυτη—μεγαλη 𝕭 | ¶ ητι 2°] rescr D^a: om Ej*y | μεγαλη] μεγα
E* (λη suprascr E^b)

13 Μεσραιν Ay𝕭^{p-mg}] μεσραειν Theoph: ⟨μεσαραιν 78⟩:
μεσραιμ Mhqst: μεσραειμ Ekmo: μεσαραιμ j: μεσσαραιμ e:
μεσαραειμ b: μισραειμ c: μεσραημ n: μιερμη v: μεστραιμ lc₂*:
Esraim Anon² | τους 1°] τον cx | λουδιειμ] λουδιειμ n: λουδιειμ
d: λουδιειρ E: λοδιειμ n: λουδιωμ o: λουδουειμ Theoph: δου-
διειμ a: δουλιειμ oc₂*: λουλιειμ g: Ludin Anon |
και 1°—λαβιειμ] 𝕷. ‹armenian script› 𝕷. ‹armenian script› 𝕷.
‹armenian script› 𝕬 | και τους νεφθαλιειμ Aᵀ(-λειμ)y]
om x: om hic EM rᵃ rell 𝕭^{lw p-txt} Theoph Anon¹: Nephaliim
𝕭^{p-mg} | om και 3°—λαβιειμ Γ* | αινεμιειμ αινεμετιειμ M:
αινεμιειμ n: αινεμιτιειμ q: ενεμετιειμ E: ενεμετιειμ dgklpy𝕭^{p-mg}:
ενεμμετιειμ ht: εναιμιτιειμ b: εναμμιτιειμ ϛνc₂*: σενεμετιειμ x:
νεμετιειμ a: ⟨ρεματιειμ 16⟩: ερετιειμ firᵃ: ενιμιειμ o: ενεμιγειμ
Theoph: αινεαιμειμ b: ενεσιαι c: Midiim 𝕭^{lw p-txt}: Emime-
gim Anon¹: Cmimcg Anon²: +και τους νεφθαλιειμ fi: +και τους
νεφθαλιμ l | om και τους λαβιειμ lx | τους 4°] των c₂: om g |
λαβιειμ] λαβιμ t: λαβιειρ c₂: ⟨λαβειμ 31⟩: ⟨λαβιεμ 18⟩:

λαμιειμ o: δαβιειμ dgp: λαδιβιειμ f: Latirin Anon¹: Latin
Anon²: Baliim 𝕭^{p-mg}: +και τους νεφθαλειμ Eδhr㊀𝕰 Theoph:
+ και τους νεφθαλιειμ Mejoqs: +και τους νευθαλιειμ m: +και
τους νεφθαβιειμ av: +και τον νεφθαλιειμ c₂: +και τους νεφ-
θαβιειμ n: +και τους νεφθαβιειμ dp: +και τους νεφθαμιειμ g:
+ και τους νεφθαλειειμ c: +και τους νεφθαλειμ k: +Neptabiim
Anon²: +Neptabin Anon¹: +et Saphthabiim 𝕭^{lw p-txt}

14 και 1°—χασμωνιειμ] και τους χασλωνιειμ και τους πατρο-
σωνιειμ t: om c*: om και τους πατρ. x | πατροσωνιειμ] πατρο-
σονιειμ δhlmo𝕭^{lw}: πατροσσωνιειμ g: πατροσσονιειμ Ei:
πατροσωνιειμ r: προσανιειμ k: πατροθωνιειμ g: προσδονιειμ dp:
παθροσιειμ f: Patrosonmiim j: Patrosonoeim h: Patrosin
Anon | om και τους χασ. rᵃ | χασμωνιειμ Ay] χασλωνιειμ Maδl
hkqvx𝕬: ⟨χαλω-⟩ 𝕭^{p-txt} Theoph: χαελοσιειμ rᵃc₂^b: χασλοννιειμ
i: χασμο-ειμ c₂*: χασλωνιειμ c₂*: χαλωνιειμ n: χελωνιειμ d: χαιλω-
νιειμ g: χελονιειμ q: χαλονιειμ n: χελωνιειμ d: χαιλω-
νιειμ g: χελονιειμ q: χαλονιειμ s: χαλλωνιειμ o: ⟨χαρμωνιειμ 20⟩: χαλοειμ E:
καπιειμ m: Chasloniin Anon: Chasmoniim 𝕭^{p-mg}: Chasaoniim
𝕭^{lw} | οθεν] ουτοι c | ⟨εξηλθεν⟩ εξηλθον gn𝕬: ηλθον c | om εκειθεν
n𝕬㊀ Theoph | φυλιστιειμ] φιλιστιειμ dfgilmnp: φιλισθηειμ c |
χαφθοριειμ] χαφθωριειμ x: χαφθοριειν v: χαφθαριειμ f: καφθοριειμ
behjmoqrx (ras 2 litt inter a et φ): καφθοριμ 𝕭^{lw p-txt}: καφθωριειμ
agc₂: καφθαριειμ f: καφθωριειμ b: χαμφθωριειμ dᵃ: χαμ-
φωριειμ dᵃ*: καφθωριειμ p: Chapterini Anon¹: Captorini Anon²

15 om τον 1° t | σιδωνα 𝕭*| πρωτοτοκον] pr αυτον f: pr
των q: om 𝕭^{lw}: +αυτον δcj(mg)moqs(mg)c₂𝕬𝕭

16 και 1°—(17) ευαιον] om 𝕭^{lw}: om και 1° p | ιεβουσαιον]
ιεβουσσαιον k: ενουσαιον c | om και 2° dp | αμορραιον—(17)
ασενναιον] γεργεσαιον και τον ασσεναιον (ασσαιον e) και τον αμορ-
ραιον ej | αμορραιον] αμμορραιον h: αμωραιον c | om και 3° dp |
ευαιον] και τον ευαιον και τον γεργεσαιον k | om και 3° dp |
γεργεσαιον] γερσαιον M: γεργεσαλ o

17 om και 1° t | ευαιον] om και 2° dp | αρουκαιον] αργγαιον d:
αργκαιον p(uid) | om και 3° dp | om τον ασενναιον] ‹armenian› 𝕭^{p-mg}
𝕬 | ασενναιον] ασεναιον dfp: ασαιναιον l: ασσεναιον m: αρσε-
ναιον o

18 om και 1°—σαμαραιον] om e: om και 1° dp | αραδιον] αρα-
δαιον¹: Arodion 𝕬: Azyreus Anon¹: Assyrius Anon²: om
και 2° p | om τον 1° d | σαμαραιον] σαμαρειον E* (σαμαραιον
E^{a-mg}): σαμοραιον cn: μαραιον j* | αμαθι] αμαθη 𝕭:
αμαθη flmn*: αμαθιει l: Amath 𝕭^{lw}: +ταυτα EMδefhj(txt)
lnqs(txt)v𝕭: τουτων c: τουτον s(mg uid) | om των ir

19 εγενετο aδcdfgikmoprsvxc₂ | χαναναιων Aikr] pr των
EM rell 𝕭 | σειδωνος gk | ελθειν 1°] εισελθειν Ebcei*¹jqsvc₂:
om o | om εις γερ.—ελθειν 2° a | γεραρα] γερερα f: την γερερα
q: ⟨γερασα 74⟩: ⟨γαβηρα 107⟩ | γαζ-ρ] γαζαλ x: ⟨χαλαν 16⟩: ειστ

10 βαβυλων] εβρ. βαβελ j

24

10 Γάζαν, ἕως ἐλθεῖν ἕως Σοδόμων καὶ Γομόρρας, Ἀδαμὰ καὶ Σεβωὶμ ἕως Δασά. ²⁰οὗτοι υἱοὶ Α
Χὰμ ἐν ταῖς φυλαῖς αὐτῶν, κατὰ γλώσσας αὐτῶν, ἐν ταῖς χώραις αὐτῶν καὶ ἐν τοῖς ἔθνεσιν
21 αὐτῶν. ²¹Καὶ τῷ Σὴμ ἐγενήθη καὶ αὐτῷ, πατρὶ πάντων τῶν υἱῶν Ἔβερ, ἀδελφῷ Ἰάφεθ τοῦ
²²₂₃ μείζονος. ²²υἱοὶ Σήμ· Αἰλὰμ καὶ Ἀσσοὺρ καὶ Ἀρφαξὰδ καὶ Λοὺδ καὶ †Ἀράμ†. ²³καὶ υἱοὶ Ἀράμ·
24 Ὠς καὶ Οὔλ καὶ Γάθερ καὶ Μόσοχ. ²⁴καὶ Ἀρφαξὰδ ἐγέννησεν τὸν Καινάμ, καὶ Καινὰμ ἐγέννη-
25 σεν τὸν Σάλα, Σάλα δὲ ἐγέννησεν τὸν Ἔβερ. ²⁵καὶ τῷ Ἔβερ ἐγεννήθησαν δύο υἱοί· ὄνομα τῷ
ἑνὶ Φάλεκ, ὅτι ἐν ταῖς ἡμέραις αὐτοῦ διεμερίσθη ἡ γῆ, καὶ ὄνομα τῷ ἀδελφῷ αὐτοῦ Ἰεκτάν.
²⁶₂₇₂₈₂₉ ²⁶Ἰεκτὰν δὲ ἐγέννησεν τὸν Ἐλμωδὰδ καὶ τὸν Σάλεφ καὶ τὸν Ἀσαρμὼθ καὶ Ἰάραδ ²⁷καὶ Ὀδορρὰ
καὶ Αἰζὴλ καὶ Δεκλὰ ²⁸καὶ Ἀβιμεὴλ καὶ Σαβεῦ ²⁹καὶ Οὐφεὶρ καὶ Εὐειλὰ καὶ Ἰωβάβ. πάντες
30 οὗτοι υἱοὶ Ἰεκτάν. ³⁰καὶ ἐγένετο ἡ κατοίκησις αὐτῶν ἀπὸ Μασσηὲ ἕως ἐλθεῖν εἰς Σωφήρα, ὄρος

22 αραμ] αραμων Α (μων sup ras circ 10 litt Aᵃ)          26 τον 3° Eᵇ] των Ε*          30 κατοικησεις Α

EΜαδc–τνχyc₂𝔄𝔅𝔈

2°] pr και p | ελθειν 2°] εισελθειν Ecq: om firc₂ | εως 3° Ay]
om EM rell 𝔄𝔅𝔈 Anon | σοδομων] εις σοδομα c | γομορρας] γο-
μορρα c | αδαμα] pr και c₂𝔄: om Anon² | om και 4° p |
σεβωιμ Aty] σεβοειμ fgi: σοβοειμ n: σεβωειν ο Anon²: σεβο-
νιειμ d: σεβωνιειν kp: σεβωειμ EM rell | δασα] λασα ΕΜbehj
mnoqsvc₂𝔄𝔅ᵖ⁻ᵗˣᵗ: λασαν a(post ras 2 litt)cdgpx On: (λασω
78): σαλα l: σελα 𝔅ⁱʷ: Lassa 𝔅ᵖ: Elassa 𝔅ᵖ⁻ᵗˣᵗ: Laban Anon¹:
Silè 𝔅: Segor Anon²
20 om και p οr Eδjp𝔅: om c | κατα γλωσσας] και γλωσσαις
ej: και εν ταις γλωσσαις (25) 𝔈(uid) | γλωσσαι] pr τας Ea:
γλωσσαν ch | om αυτων 2° m | εν ταις χωρ. αυτων] pr και e𝔅:
om c𝔅 | om και 3° (16) 𝔈
21 εγενηθη Αχγc₂] post αυτω k (εγεννηθη kᵃ): εγεννηθη
ΕΜ rell 𝔄𝔅𝔈 | αυτω πατρι] αυτω πηρ p: αυτω πηρ m𝔄-codd |
om των ο | εβορ Ε | αδελφου mc₂ | ιαφεθ] ιαφετ k𝔅ⁱʷ : +αδελφω
e: (+αδελφου 18.79) | του μειζονος] τω μειζων adpstv: +υιον
(20) Chr
22 υιοι] pr οι e𝔅: υιον cor | αιλαμ] ελαμ admpqc₂: ιαιλαμ
o: αιλαμι ej: μαιλαμ n: αλαδ Ε: κελαμ l: (om 31) | om και
2° d𝔄 | ασσυρ Εb⁽ⁱ⁾jlmno*s*ty | αρφαξαδ] αρφαξαθ Theoph:
αρφαξεαδ hᵃ: αρφαμαξαδ hᵇ(uid): αρφαξεαλ q | om και 3° Μd |
λουδ] ελουδ k: δουδ x: χουδ g: Lot 𝔅ⁱʷ: Aoth 𝔅ⁱʷ: +και
ρουδ q | om και 4° d | αραμ] αρεβ n: αραβ g: αρδ dp: +καιναν
j: +και καιναν ΕΜbⁱ⁽ᵉⁱⁱⁱⁱ⁾deghklnpr–vxy𝔅: +και κεναμ c₂*: Cainan
ναμ c₂ᵇ): +και καιηλ m: +Chanaam Anon¹: +Canaan Anon²
23 και υιοι αραμ] και υι sup ras (11) i: om q: om και Ε |
υιοι] pr οι δεc₂𝔅: om και dp: ουκ dp: την kmq: (ω 128): Obs
Anon: om g | om και 2° dp | συλ] ιουλ ej: (εουλ 73): ιεουλ
adghᵇkoptx: σουλ c: εβουλ f: εμουλ ir𝔄: +και εμμονχ k | om
και 3° dp | γαθερ] γαθερ (32) 𝔄: γατερ ej: σαθερ fir: γαθερ
n: θαγερ l: Gatera Anon¹: Catera Anon²: om και 4° dp |
μοσοχ] μοσωχ ai: μεσεχ c: Osoch 𝔅ⁱʷ: om Anon²
24 αρφαξαδ] αρφαξαδ: Theoph αρφαξωδ b: αρφαξεαθ hᵃ:
αρφαχξαδ q | om των 1°—εγεννησεν 2° αcoqc₂𝔄–ed𝔅𝔈ᶠᵖ Jos
Theoph Anon | τον καιναμ 1°] και καιναμ 1°] καιναν
ΕΜbdefh–npr–x𝔄-codd | και καιναμ] και καιναν Edfiklmprtxy
𝔄-codd: καιναν δε Μbhjmsv: καιναμ x | om και 2°—εγεννησεν
3° bᵃ | σαλα δε] και σαλα adfgiprtx𝔅: σαλαι δε bᵃ | om εγεν-
νησεν 3° dp
25 om τω εβερ Εᵖ | εγεννηθησαν] +αυτω c𝔅ᵖ | υιοι δυο
sv | φαλεκ] φαλεγ a*ghᵃkmt𝔈: φαλεχ nc₂𝔅ⁱʷ Anon: φαλακ
v | om οτι c | διεμερισθη] διεμερισθησαν hᵃ: εμερισθη m: δια-
χωρισθη c | ονομα 2°] pr το s | ιεκταν] εκταν fᵖn: Iecta Anon¹:
26 ιεκταν] εκταν d: ικταν ι | ελμωδαδ] ελμοδαδ l: ιελμωδαδ b:

ιαλμωδαδ c: ελμωδαμ Eesy: ελιωδαμ dp: Elmodā Anon¹: om
και 1°—ιαραδ 𝔅ᵖ⁽ᵖ⁾ | om και 1° dp: om τον 2° k | σαλεφ] σαλεθ
y: (σαφελ 14.16.78.79.130: σοφελ 77): Salech 𝔄 Anon¹(†) | om
και 2° dp: om τον 3° Madeghj–mos–x | ασαρμωθ] σαρμωθ
𝔄*(a suprasc A¹)alvy: ασαρμωθ oq: ασαρμωθ a: ασαραμωθ b:
ασαρμων : ασαρμον i: ασαρμαβεθ c: ασαμαρ f: σαλμων Ε:
Asarmōd 𝔄: Sarmoht Anon¹: Soromoth Anon² | om και 3°
dp | ιαραδ] τον ιαρεθ Ε: τον ιαρεθ c: τον ιαραχ fir: ιαραχ
Maghjklnoqstvyc₂𝔄𝔅: αραχ x: ιεραχ b: ιεραχαμ dp (pr τον):
ιαρο(?)χ m: ιεραφ c: Seruch Anon¹·²(†): Iduram Anon¹(†)
27 και οδορρα] om f₁c om και dp | οδορρα] τον οδωρα p:
om και dp | αιζηλ] τον ιεζηλ b: τον ιεζηλ c: εζηλ kln:
ιεζηλ gqvx Anon²(†): ιεζηλ d: αζηλ fi: ιαζηλ ejo(uid): (ιαζηλ
73): εζηρ a: (αιζηρα 74.76): αζηρα t: ιελ·ηλ s: (ιθηλ 107):
Esiel 𝔅ᵖ⁻ᵗˣᵗ: Asaer Anon¹·²(†) | και δεκλα] om fiᵇ¹: om και dp:
δεκλα] τον δοκλα p: τον δικλαν c: δεκλω g: δεκθα iᵇ*r: θεκλα n:
Declax Anon¹: Declam Anon²(†): Declaf Anon²(†): +και τον
γεβαλ agjtvx𝔄: +και γεβαλ b: +και τον γηβαλ kmoc₂ (γηβαλ
mc₂): +και γηβαλ l: +και τον γεβελ s: +και τον γεβαρ e: +τον
ιαβαλ p: +ιαβαλ d: +και τον ιουβαλ c: +ηβαλος Jos: +et
Ùbala 𝔈ᶜ
28 om και 1° dp | αβιμεηλ] pr τον αdtc₂: τον αθημεηλ c:
τον αβημεηλ b: αβμιεηλ l: αβμεηλ j: αβμεηλ 𝔄: αβιμε-
ληθ Ε: αβιμαμηλ d: αβιαβμεηλ k: Abimeleh Anon¹ | και
σαβευ] om k: om και dp | σαβευ] τον σαβευ p: τον σαβευ c: τον
σαβευ d: (σαβευ 107): σαβαυ Εδhᵇlqstv: σαβαι hᵃ(σαβευ hᵇ):
σαβευ ej: σαβαυτ m: σακευ f: (σωβευ 31): Sabei 𝔄: Sobau
𝔅ⁱʷᵖ⁻ᵗˣᵗ: Soba Anon²(†)
29 om και 1° dp | ουφειρ] τον ουφηρ p: τον ομφειρ c: ουφιρ
t: ουφηρ dο*: ουφερ c₂: ιουφηρ x: ευφειρ n: Sophir 𝔅ⁱʷ⁽*⁾:
Ufer Anon¹: Sufer Anon² | και ευειλα] om 𝔈ᶠᵖ: om και dp |
ευειλα] τον ευειλατ b: τον ευιλατ p: τον αβελαν c: ευιλα Εhᵃm
nrc₂: ευιλατ Mdefhᵇjltx: ευηλατ q: ευειλαθ g: Euilath
Anon¹: Ebilath Anon² | ιωβαβ] pr των c: τον ιωβαμ p:
ιωβαμ de(uid): (ιωβαβ 16): ιωαβαβ c₂: ιωβαλ Eln: (ιωβαρ 77)]
ιωαντες] pr και fi𝔈: post ουτοι c | om ουτοι q | υιοι] pr οι c₂𝔅:
om j | ιεκταν] εκταν djmn: νεκταν p
30 om και τον εγενετο c (om η 31) | αυτων] αυτω c₂ | απο
εκ c | μασσηε Α] μασση l: μασσει ο: μασσε n: μασσηρ m: μα-
νασση Εb𝔅ᵖ⁻ᵗˣᵗ: rell Anon¹: Massie
𝔅ᵖ⁽ⁱⁿᵍ⁾: Messa Anon² | εως ελθειν es | πλησιον c | ελθειν] om
b: εισελθειν q | εις—ασαρολων] Gofer a monte Salma Anon¹:

21 του μείζονος] αʹ τῳ μεγαλῳ σʹ τον πρεσβυτερου Μ

A ἀνατολῶν. [31]οὗτοι οἱ υἱοὶ †Σὴμ† ἐν ταῖς φυλαῖς αὐτῶν, κατὰ γλώσσας αὐτῶν, ἐν ταῖς χώραις 31
§ $d_2$ αὐτῶν καὶ ἐν τοῖς ἔθνεσιν αὐτῶν. §[32]Αὗται αἱ φυλαὶ υἱῶν Νῶε κατὰ γενέσεις αὐτῶν, 32
§ w κατὰ τὰ ἔθνη αὐτῶν· §ἀπὸ τούτων διεσπάρησαν νῆσοι τῶν ἐθνῶν ἐπὶ τῆς γῆς μετὰ τὸν κατα-
κλυσμόν.
[1]Καὶ ἦν πᾶσα ἡ γῆ χεῖλος ἕν, καὶ φωνὴ μία πᾶσιν. [2]καὶ ἐγένετο ἐν τῷ κινῆσαι αὐτοὺς ἀπὸ 1 2 XI
ἀνατολῶν εὗρον πεδίον ἐν γῇ Σενναὰρ καὶ κατῴκησαν ἐκεῖ. [3]καὶ εἶπεν ἄνθρωπος τῷ πλησίον 3
Δεῦτε πλινθεύσωμεν πλίνθους καὶ ὀπτήσωμεν αὐτὰς πυρί. καὶ ἐγένετο αὐτοῖς ἡ πλίνθος εἰς
λίθον, καὶ ἄσφαλτος ἦν αὐτοῖς ὁ πηλός. [4]καὶ εἶπαν Δεῦτε οἰκοδομήσωμεν ἑαυτοῖς πόλιν καὶ 4
§ *D* πύργον, οὗ ἡ κεφαλὴ ἔσται ἕως τοῦ οὐρανοῦ, καὶ ποιήσομεν ἑαυτῶν ὄνομα πρὸ τοῦ §διασπαρῆναι
ἐπὶ προσώπου πάσης τῆς γῆς. [5]καὶ κατέβη Κύριος ἰδεῖν τὴν πόλιν καὶ τὸν πύργον ὃν ᾠκοδόμη- 5
σαν οἱ υἱοὶ τῶν ἀνθρώπων. [6]καὶ εἶπεν Κύριος Ἰδοὺ γένος ἓν καὶ χεῖλος ἓν πάντων· καὶ τοῦτο 6
ἤρξαντο ποιῆσαι, καὶ νῦν οὐκ ἐκλείψει ἐξ αὐτῶν πάντα ὅσα ἂν ἐπιθῶνται ποιῆσαι. [7]δεῦτε καὶ 7
καταβάντες συγχέωμεν ἐκεῖ αὐτῶν τὴν γλῶσσαν, ἵνα μὴ ἀκούσωσιν ἕκαστος τὴν φωνὴν τοῦ
¶ i πλησίον. [8]καὶ διέσπειρεν αὐτοὺς Κύριος ἐκεῖθεν ἐπὶ πρόσωπον πάσης τῆς γῆς, καὶ ἐπαύσαντο¶ 8
§ ℭ^c οἰκοδομοῦντες τὴν πόλιν καὶ τὸν πύργον. §[9]διὰ τοῦτο ἐκλήθη τὸ ὄνομα αὐτοῦ Σύγχυσις, ὅτι ἐκεῖ 9

31 σημ] σηθ A    XI 2 παιδιον A    6 εκλιψει A

(*D*)EMab(*b*)c–h(i)j–tv(w)xy$c_2$($d_2$)𝔄𝔅(ℭ^c)𝔈

*Gophera montī orientis* Anon[a] | σωφηρα] σωφειρα On: σωφιρα a: σοφηρα eglpx: σοφειρα q: σοφιρα n: σορφηρα k: σεφαρ c: ⟨οφηρα 79⟩: *Sopher* 𝔅[lw] | ορους *b*c | ανατολων] του αρχαιου c

31 οι υιοι Aht] om $c_2$: om οι EM rell | σεμ dp | εν ταις φυλαις] κατα συγγενιας c | κατα γλωσσας] κατα γλω corr ex και εν ταις l[a]: και ταις γλωσσαις y | γλωσσας] pr τας m: γλωσσαν c | εν ταις 2°—αυτων 4°] om m: om εν ταις—και 𝔅[p(txt)] | εν ταις χωραις] κατα χθονα c | εν τοις εθνεσιν] τα εθνη c

32 αυται] pr περι της πυργοποιιας και της καταστροφης των γλωσσων n: + δε ir𝔈 | υιων] pr των dekm$d_2$𝔅: υιοι q | om κατα γενεσεις αυτων 𝔈 | κατα γενεσεις] και τα γενη c | γενεσεις] ⟨pr τας 37⟩: συγγενειας *b*o: συγγενειαν $c_2$ | om κατα 2°—αυτων 2° Eo | κατα 2°] pr και ir: και acg | om τα M*b*ehstvx–$d_2$ | τουτων] + δη m | διεσπαρ.—κατακλυσμον] om m: om νησοι—γης 𝔈[fp] | νησοι] pr αι n𝔅 | ⟨εθνων] + αυται αι φυλαι υιων νωε 107⟩ | τον κατακλυσμον] *aquam diluuii* 𝔅

XI 1 om και ην m | πασα η γη ην $c_2$ | ⟨om η 108⟩ | πασιν] παντων aco$c_2$: om 𝔅𝔈

2 εν τω] μετα το ⟨25⟩ 𝔈(uid): ⟨μετα 32⟩ | κινησαι] μετοικησαι w(ετοι sup ras uid) | γη] pr τη $c_2$ Phil: τη h | σενναααρ] σεναααρ dflpsy$c_2$𝔄𝔅 Phil-ed Jos Ath Cyr-ed: σενναρ Phil-codd ½: ενναααρ q: νααρ m: σααρ Phil-cod ½

3 ειπεν] ειπαν $c_2$𝔄𝔈: ειπας m | ανθρωπος] εκαστος ⟨20⟩ Chr | τω] προς τον c Or-gr | πλησιον] + αυτου abcfkmoy$c_2$ 𝔄𝔅 Or-gr Chr | πλινθον bw | αυτας] αυτα E: αυτους pt | πυρι] pr εν q | om αυτοις 1° l | ⟨εις λιθον η πλινθος 77⟩ | η] ο g* | λιθους x | ασφαλτος] pr η Phil ½ | ην αυτοις] αυτοις ην dp$d_2$: *est* 𝔅: om 𝔄𝔈 | ο πηλος] η πηλος ce: om ο Phil ½: *in locum luti* 𝔄: *terra eorum* 𝔅: *lutum eorum* 𝔈: *in caementum* 𝔖-ap-Barh: *pro luto* Anon

4 om και ειπαν E | ειπαν] ειπον abdfgjmptwx$c_2$: ειπεν q$d_2$ | δευτε] + και lmy Phil ½ Or-gr-ed ½ Chr: ⟨+ δε και 20⟩ | εαυτοις] αυτοις gy: om 𝔈 | πυργον και πολιν mn | om πολιν και Phil-cod ½ | η κεφ. εσται] om η n*: εσται η κεφαλη abdgjpsvwx$d_2$ 𝔄𝔈 Or-gr ½ Chr Jul-ap-Cyr: ⟨εσται η κορυφη 32⟩ | εσται sup ras (8) y[a?] | των ουνων g | ποιησομεν Ac*] ποιησωμεν EMc[a?] rell 𝔅𝔈 | εαυτων AEij(mg)r[a]s(mg) Phil] εαυτους m(uid): εαυτοις Mj(txt)r*(uid)s(txt) rell 𝔄𝔅𝔈 Chr Cyr Jul-ap-Cyr | ονοματα m | διασπαρηναι] ..σπαρηναι *D*: + ημας bdejmpw$d_2$𝔅 Chr ½ | επι προσωπου] *in omnem faciem* 𝔈[cf] | επι] απο bw | προσωπου—γης] πασαν την γην Cyr | προσωπου] προσωπον l Phil: om ⟨20⟩ Chr | om πασης hg𝔈 | om της w

5 κυριος] + ο θς bdmpw$d_2$ Chr | ιδειν] pr του $d_2$ | ⟨τον πυργον και την πολιν 78⟩ | ωκοδομουν 𝔄-ed Chr | om οι cen

6 κυριος] + ο θς cejkmr Chr | χειλος εν] φωνη μια g: + και φωνη μια Emn | παντων] πασιν Eagn | ηρξατο A*(ν suprascr A[1])no | και νυν] ⟨pr δευτε 73⟩: ⟨τα νυν 83⟩: om 𝔄-codd: om και m | παντα εξ αυτων i | εξ] απ a–gj(txt)mnps(txt)vwx$d_2$ Phil ½-codd ½ Or-gr Chr ⅔ Jul-ap-Cyr | παντα] παντων Jul-ap-Cyr: om ⟨73⟩ 𝔈 Chr | αν] εαν m: ⟨om 25⟩ | επιθωνται] επειθωντο o | ποιησαι 2° Aoy Just] ποιειν *D*[sil]EM rell Phil Or-gr Chr ⅔ Jul-ap-Cyr

7 και καταβαντες] om Or-lat: om και d𝔄(uid)𝔅𝔈(uid) Chr ¼ Jul-ap-Cyr Thdt ½ Nov | εκει συγχεωμεν Jul-ap-Cyr | εκει—γλωσσαν] αυτων εκει τας γλωττας Cyr ⅔: αυτων τας γλωττας εκει Cyr ⅓ | εκει] post αυτων ac–fjlmpsvx𝔅 Phil-cod ½ Or-gr ⅔ Chr ¼: om bgw$d_2$𝔈 Or-gr-cod ⅓ Chr ¾ Cyr ⅓ Thdt | αυτων την γλ.] την γλ. αυτων *D*(...υτων D)oq$c_2$ Or-gr ⅔: om την bw: αυτων τας γλωσσας Chr ¾ Cyr ⅓ Thdt Nov: τας γλωσσας αυτων y𝔄 Or-lat Chr ¼ Cyr ⅓ | ακουσ. εκαστος] εκαστος ακουωσι Jul-ap-Cyr | ακουσ.] ακουσωνται e: ακουση dp Nov(uid) | την φωνην] της φωνης bcefgjsvw$d_2$ Or-gr ⅓ Chr Jul-ap-Cyr: ⟨φωνης 108⟩: om Ea Or-gr-cod ⅓ | πλησιον] + αυτου *D*Efkmnoc$c_2$𝔄𝔅 Or-gr ⅔ Nov

8 ⟨εσπειρεν 68.83⟩ | αυτ. κυρ.] κς αυτους ow$c_2$ Or-gr-codd: κς ο θς αυτους bdmp$d_2$: ⟨om αυτους 78⟩: + ο θς Eacgstvx 𝔄 Chr Jul-ap-Cyr | κυριος] *Deus* Or-lat | om εκειθεν cg𝔈 Jul-ap-Cyr | επι προσ.] *a facie* Or-lat | προσωπον] pr το y: προσωπου eknsx Phil-cod Chr-ed Jul-ap-Cyr | γης] + και αυται αι γενεσεις σημ q | και 2°—(9) γης 2°] om E | και 2°—(9) γης 1°] bis scr s: om 𝔅[p(*)] | επαυσαν d | οικοδομ.] pr οι k | τον πυργον και την πολιν m

9 το—αυτου] *urbs* 𝔅[p(mg)] | αυτου Acg Phil-ed Or-gr ½] αυτης *D*[sil]M rell 𝔅[lw]ℭ(uid)𝔈 Phil-codd Or-gr ½ Chr | συγχ.] *Babylon*

XI 2 κινησαι] α' αραι σ' απαραι Mj(sine nom)sv
6 οσα αν επιθωνται] α' ο εννοηθησονται σ' ο εαν λογισωνται M: οθεν εννοηθησονται σ' θεαλογισονται j: α' οθεν νοησθησονται σ' θεαλογησονται s    7 συγχεωμεν] α' αναμιξωμεν Mj(sine nom)s
9 συγχυσις] α' βαβελ Ms: α' συγχυσις v | συνεχεεν] α' ανεμιξεν Mj(sine nom)sv

συνέχεεν Κύριος τὰ χείλη πάσης τῆς γῆς, καὶ ἐκεῖθεν διέσπειρεν αὐτοὺς Κύριος ὁ θεὸς ἐπὶ A
πρόσωπον πάσης τῆς γῆς.¶                                                                ¶ d₂

10    ¹⁰Καὶ αὗται αἱ γενέσεις Σήμ. Σὴμ υἱὸς ἐτῶν ἑκατὸν ὅτε ἐγέννησεν τὸν Ἀρφαξάδ, δευτέρου
11 ἔτους μετὰ τὸν κατακλυσμόν.  ¹¹καὶ ἔζησεν Σὴμ μετὰ τὸ γεννῆσαι αὐτὸν τὸν Ἀρφαξάδ¶ πεντα- ¶ k
12 κόσια ἔτη, καὶ ἐγέννησεν υἱοὺς καὶ θυγατέρας, ¹καὶ ἀπέθανεν.  ¹²Καὶ ἔζησεν Ἀρφαξὰδ § Ꞔᵐ
13 ἑκατὸν τριάκοντα πέντε ἔτη, καὶ ἐγέννησεν τὸν Καινάν. ¹³καὶ ἔζησεν Ἀρφαξὰδ μετὰ τὸ γεννῆ-
σαι αὐτὸν τὸν Καινὰν ἔτη τετρακόσια τριάκοντα, καὶ ἐγέννησεν υἱοὺς καὶ θυγατέρας, καὶ ἀπέ-
θανεν.    Καὶ ἔζησεν Καινὰν ἑκατὸν τριάκοντα ἔτη, καὶ ἐγέννησεν τὸν Σάλα.  καὶ ἔζησεν
Καινὰν μετὰ τὸ γεννῆσαι ¹αὐτὸν τὸν Σάλα ἔτη τριακόσια τριάκοντα, καὶ ἐγέννησεν υἱοὺς καὶ § u
14 θυγατέρας, καὶ ἀπέθανεν.  ¹⁴Καὶ ἔζησεν Σάλα ἑκατὸν τριάκοντα ἔτη, καὶ ἐγέννησεν τὸν
15 Ἔβερ. ¹⁵καὶ ἔζησεν Σάλα μετὰ τὸ γεννῆσαι αὐτὸν τὸν Ἔβερ τριακόσια τριάκοντα ἔτη, καὶ
16 ἐγέννησεν υἱοὺς καὶ θυγατέρας, καὶ ἀπέθανεν.  ¹⁶Καὶ ἔζησεν Ἔβερ ἑκατὸν τριάκοντα
17 τέσσερα ἔτη, καὶ ἐγέννησεν τὸν Φάλεκ. ¹⁷καὶ ἔζησεν Ἔβερ μετὰ τὸ γεννῆσαι αὐτὸν τὸν Φάλεκ
18 ἔτη τριακόσια ἑβδομήκοντα, καὶ ἐγέννησεν υἱοὺς καὶ θυγατέρας, καὶ ἀπέθανεν.¶    ¹⁸Καὶ ¶ D
19 ἔζησεν Φάλεκ ἑκατὸν τριάκοντα ἔτη, καὶ ἐγέννησεν τὸν Ῥαγαύ. ¹⁹καὶ ἔζησεν Φάλεκ μετὰ τὸ
γεννῆσαι αὐτὸν τὸν Ῥαγαὺ διακόσια ἐννέα ἔτη, καὶ ἐγέννησεν υἱοὺς καὶ θυγατέρας, καὶ ἀπέθανεν.

13 εγεννεισεν Eᵃ¹

(D)EMa–hj(k)l–t(u)v–yc₂(d₂)𝕬𝕭Ꞔᶜ⁽ᵐ⁾𝕰

Βᵖ⁽ᵐᵍ⁾Ꞔᶜ: Babel 𝕬-codd | om εκει ds | κυριοι 1°] + ο θṡ Dα–dg
kmopqs–xc₂d₂𝕬Ꞔ Or–grᵗ Chr: ο θṡ (108) Βᵖ⁽ᵐᵍ⁾ | τα χειλη
πασης] τας γλωσσας πασας n𝕭ᵖ⁽ᵐᵍ⁾(uid) | om πασης 1°–θεος ο |
om και–γης 2° 𝕭 | κυριος ο θεος] om n : om ο θεος bfkrwy Phil :
(ο κṡ 108) | προσωπον] προσωπου f : om q Chr | (om τηε 2° 73.128)

10 om και gc₂Βᵖ | σημ ιιος] pr και o : (pr ηε δε 108):
ιιω n: και ηε σημ sup ras yᵃ : (και ηε σημ ωτ 107) : + ηε (79)
ΒꞔꞒ : + ρωε ηε fᵇ : + ρωε γεννομενοι k | υιοτ—αρφαξαδ] οτε εγεν-
νησε τον αρφαξαδ υιοτ ην εκατον ετων x | ετων εκατον A] om n :
εκατον ετων DᵘᵉEM rell Phil | οτε] pr και e : om k | (om τον 2°
73.78ᵇ) | αρφαξαδ] αρφαξαθ Theoph : αρφαξατ Phil : αρφαξαμ f :
αρφαχσαδ qsv | δευτερου—κατακλ.] (δευτερω ετει απο του κατα-
κλυσμου 32): om g | δευτερου ετους] μετα δυο ετη aᵇ

11 om αυτον d | om τον qs | αρφαχσαδ qsv | τεντακοσια]
post ετη abdfgmprsvwx: πεντε και τριακοντα και τριακοσια qyᵃ¹ |
om και 2°–θυγατερας Ꞔ | om και απεθανεν f

12 εζησεν] post αρφαξαδ morc₂Ꞔ | om c | αρφαξαδ] αρφαξαθ
Theoph : αρφαχσαδ qv: αρφαχσαθ s | εκατον—ετη Anry] πεντε
και τριακ. ετη και εκ. o(και τρια sup ras o²)c₂ : ετη εκ. τριακ.
πεντε Dabdgmpwx: πεντε και τριακ. ετη | +και εκατον Eᵇᵐᵍ) ετη
E: ετη λέ ex corr fᵇ: om πεντε Ꞔ: πεντε και τριακ. και εκ.
ετη M rell | τριακοντα] sexaginta Anon¹ | om και 2°—(13) ετη
1° cfoꞒ Theoph Jos(uid) Anon | om τον mq | καινα] καινναν
m: Cainam Ꞔᶜ: σαλα c₂

13 και εξ. 1°] εζησεν δε η | αρφαξαδ] αρφαχσαδ qv: αρφαχ-
δαδ s | om αυτον 1° d | καιναν 1°] Cainam Ꞔᶜ: σαλα c₂ | ετη 1°
—τετρακοσια Ꞔ | ετη τετρακ. και τετρακοσια τρια-
κοντα DEag–mq–vxyᵃ¹: τλ´ ετη n𝕭: τριακοσια και τριακοντα
ετη c₂: τριακοντα και τριακοσια ετη M: ρλ´ετη nᵃ | om και 5°
—ατεθανεν 2° Eᵃ(hab Eᵃ) | και εξ. 1°] εζησεν δε x | εκατον
—ετη 2°] om εκ. ετη y: τρια και τετρακοσια ετη co: ετη εκ. τριακ.
τριακ. Dbejmsw: εκ. τριακ. ετρια Ꞔ: ετη εκ. τριακ. ετρεα
adgprxc₂ | εγεννησεν 2°] +αυτον f | σαλα bis] σ ετ λ sup ras
o² | καιναν 3°] αρφαξαδ cfo𝕬 Anon | om αυτον 2° d | ετη 3°
—τριακοντα 3°] τριακοντα και τριακοσια ετη s: ετη τετρακοσια
τριακοντα dghnxrc₂𝕭𝕮꞊ Anon¹: τριακοντα και τετρακ. ετη
M: ετη νγ´ f: τρια και τετρακοσια ετη co | και απεθανεν 2°]
pr + M

14—19 nonnulla rescr Aᵈ

14 και εξ.] εζησεν δε x | ετη Eᵃ(εζησεν Eᵇ) | σαλα] σ ετ λ
sup ras o²: +και ουτος qu | εκατον—ετη Anr] τριακ. ετη και
εκ. o: ετη εκ. τριακ. Dabdgmpwx: ετη λ´ και ρ´ c₂: om ετη y:
ετη λ´ f: τριακ. και εκ. ετη EM rell: annis centum quinqua-
ginta VII Anon¹ | εβερ] sup ras o²

15 om αυτον dw | om τριακοσια—ατεθανεν 83) | τριακοσια
—ετη Any] τριακοσια και τριακοντα ετη c₂: τριακοντα και τρια-
κοσια ετη M: ετη τριακοντα και τετρακοσια quꞒᶜ Anon¹: ετη
τριακοσια πεντηκοντα ejlmsv: ετη τετρακ. πεντηκ. E: ετη νγ´ f:
τρια και τετρακοσια ετη co: ετη τριακοσια τριακοντα D rell:
centum triginta annos 𝕭 | τριακοντα] τρια Ꞔ: om 𝕭 | om
και 2°—θυγατερας bw | και απεθανεν] pr + M

16 και εξ.] εζησεν δε ux | +δε q | εκατον—ετη Ary] pr
μετα n: τεσσαρα και τριακ. και εκ. ετη Mehjlq[τεσσαρα] τεσσα-
ρακοντα]s–v: τεσσ. και τριακ. ετη και εκ. Ecoc₂: ετη λδ´ f:
(τεσσαρακ. και εκ. ετη 25): om τεσσερα Ꞔᶠᵖ: ετη εκ. τριακ. τεσσ.
D rell | τριακοντα] quadraginta Anon¹ | και εκ. ετη τεσσ.]
φαλεγ Maᵃcdgh⁽ⁿ⁾pqs–vc₂ Theoph Hip: φαλεχ mꞒᵐ Anon

17 om totum comma Ꞔᶠᵖ | εζησεν δε x | εκατον—ετη Ꞔᶠ] om
αυτου d | φαλεκ] φαλκ Aᵃ(ε suprascr Aᵃ rescr Aᵈ) | φαλεγ
Macdghⁿpqs–vc₂ | ετη 1°—εβδομ. καιτ. | ετη εκ. εβδομ. Abwy] ετη δια-
κοσια εβδομ. Dᵐⁱ(ετη διακο...D)mrꞒꞒ: ετη εβδομ. και διακ. l:
σσ´ ετη n𝕭: εβδομ. και διακ. EMehjstv: ετη διακοσια εννεα
adgpx: θ´ και σ´ ετη c₂: ετη τλ´ f: τριακοσια και τετρακοσια ετη
coqu Ꞔᶜ | om και εγεννησεν Ꞔᵐ | και απεθανεν] pr + M

18 και εξ.] εζησεν δε x | φαλεκ] φαλεγ Macdgh⁴npqs–vc₂:
φαλεχ m Anon | εκατον—ετη Any] τριακ. και εκ. ετη EMchjl
sv: ετη εκ. τριακ. mrx: λδ´ και ρ´ ετη c₂: τεσσαρα και τριακ.
και εκ. ετη et: ετη εκ. τριακ. τεσσαρα abdgpw𝕬(om εκατον
Ꞔᶜ): τριακ. πεντε και εκ. ετη qu: τριακοντα και ετη λ´ f | om
τον ρω τ | ραγαυ] ραγαβ dfp: ραχαυ s: Racau Ꞔᶜ

19 om και 1°—θυγατ. Ꞔ | om 1°—θυγατερας Ꞔᶠ | φαλεγ Macdghnpqs–vc₂:
φαλεχ m | om αυτον d | om τον c | ραγαυ] ραυγα εᵃ(uid): ραγαβ
dp: ραχαυ s | διακ.—ετη 2°] ετη εκ. τριακ. εννεα abdgmprwx:
οκτω και διακ. ετη eᵇ: ετη σθ´ f: ducentos septuaginta annos 𝕭:
ducentos triginta nouem annos 𝕰: om eᵃ(spat 20 relict): εννεα
και διακ. ετη EM rell | και απεθανεν] pr + M

A ²⁰Καὶ ἔζησεν Ῥαγαὺ ἑκατὸν τριάκοντα δύο ἔτη, καὶ ἐγέννησεν τὸν Σερούχ. ²¹καὶ ἔζησεν Ῥαγαὺ ²⁰₂₁
μετὰ τὸ γεννῆσαι αὐτὸν τὸν Σεροὺχ διακόσια ἑπτὰ ἔτη, καὶ ἐγέννησεν υἱοὺς καὶ θυγατέρας, καὶ
ἀπέθανεν. ²²Καὶ ἔζησεν Σεροὺχ ἑκατὸν τριάκοντα ἔτη, καὶ ἐγέννησεν τὸν Ναχώρ. ²³καὶ ²²₂₃
ἔζησεν Σεροὺχ μετὰ τὸ γεννῆσαι αὐτὸν τὸν Ναχὼρ ἔτη διακόσια, καὶ ἐγέννησεν υἱοὺς καὶ θυγα-
τέρας, καὶ ἀπέθανεν. ²⁴Καὶ ἔζησεν Ναχὼρ ἔτη ἑβδομήκοντα ἐννέα, καὶ ἐγέννησεν τὸν 24
Θάρα. ²⁵καὶ ἔζησεν Ναχὼρ μετὰ τὸ γεννῆσαι αὐτὸν τὸν Θάρα ἔτη ἑκατὸν εἴκοσι ἐννέα, καὶ 25
¶ 𝕮ᵐ ἐγέννησεν υἱοὺς καὶ θυγατέρας, καὶ ἀπέθανεν.¶ ²⁶Καὶ ἔζησεν Θάρα ἑβδομήκοντα ἔτη, καὶ 26
ἐγέννησεν τὸν Ἀβρὰμ καὶ τὸν Ναχὼρ καὶ τὸν Ἀρράν.

²⁷Αὗται δὲ αἱ γενέσεις Θάρα· Θάρα δὲ ἐγέννησεν τὸν Ἀβρὰμ καὶ τὸν Ναχὼρ καὶ τὸν 27
Ἀρράν, καὶ Ἀρρὰν ἐγέννησεν τὸν Λώτ. ²⁸καὶ ἀπέθανεν Ἀρρὰν ἐνώπιον Θάρα τοῦ πατρὸς αὐτοῦ 28
§ D ἐν τῇ γῇ ᾗ ἐγενήθη, ἐν τῇ χώρᾳ τῶν Χαλδαίων. ²⁹καὶ ἔλαβον Ἀβρὰμ καὶ Ναχὼρ ἑαυτοῖς 29
γυναῖκας· ὄνομα τῇ γυναικὶ Ἀβρὰμ Σάρα, καὶ ὄνομα τῇ γυναικὶ Ναχὼρ Μελχά, θυγάτηρ Ἀρράν,
καὶ πατὴρ Μελχὰ καὶ πατὴρ Ἰεσχά. ³⁰καὶ ἦν Σάρα στεῖρα καὶ οὐκ ἐτεκνοποίει. ³¹καὶ ἔλαβεν ³⁰₃₁
Θάρα τὸν Ἀβρὰμ τὸν υἱὸν αὐτοῦ καὶ τὸν Λὼτ υἱὸν Ἀρράν, υἱὸν τοῦ υἱοῦ αὐτοῦ, καὶ τὴν Σάραν
τὴν νύμφην αὐτοῦ, γυναῖκα τοῦ υἱοῦ αὐτοῦ, καὶ ἐξήγαγεν αὐτοὺς ἐκ τῆς χώρας τῶν Χαλδαίων
πορευθῆναι εἰς τὴν γῆν Χανάαν· καὶ ἦλθεν ἕως Χαρράν, καὶ κατῴκησεν ἐκεῖ. ³²καὶ ἐγένοντο αἱ 32
ἡμέραι Θάρα ἐν Χαρρὰν διακόσια πέντε ἔτη· καὶ ἀπέθανεν Θάρα ἐν Χαρράν.

28 αρρα A | θαρρα A        31 γυναικαν D

(D)EMa–hjl–yc₂𝕬𝕭𝕮ᶜ⁽ᵐ⁾𝕰

20 και εξ.] εζησεν δε x | ραγαβ dp | εκατον—ετη Anry|
δυο και τριακ. και εκ. ετη EMehjlqs–v; δυο και λ´ ετη και ρ´ cc₂:
ετη εκ. τριακ. δυο abdgmpwx: om δυο Jos: δυο και τριακ. ετη o:
ετη λβ´ f | σερουχ hᵇlstv

21 (om και 1°—ετη 18) | ραγαβ dp | om αυτον d | σερουχ
hᵇlstv | διακ.—ετη Any] ετη διακ. εττα abdfgmprwx: [´ και σ´
c₂: εττα και διακ. ετη EM rell | και απεθανεν] pr ÷ M: om d

22 om totum comma E | και εζ.] εζησεν δε x | σερουχ
hᵇlstv | εκατον—ετη Agy] ετη εκ. τριακ. abdmnpwx: εκ. τριακ.
πεντε ετη f𝕰ᵛⁱ: τριακ. ετη o: ετη λ´ f: τριακ. και εκ. ετη M rell |
τριακοντα] + δυο Jos(ut uid) | αχωρ dp

23 σερουχ hᵇlstv | om αυτον d | om τον c₂ | αχωρ dnp |
διακ. ετη Ecehjlnoqtuc₂ | και απεθανεν] pr + M: om dp

24 και εξ.] εζησεν δε x | ναχωρ] αχωρ d: + διακοσια ετη
και εγεννησεν υιους και θυγατερας lᵃ | om ετη—(25) ναχωρ l |
ετη—εννεα] εννεα και εβδ. EMehjqs–v: εβδ. και εννεα ετη o:
εννεα b: εννε και εικοσι ετη co: ετη o´ m: septuaginta quinque
annos 𝕭 Theoph: centum uiginti annos Jos(ut uid): centum
triginta annos 𝕮ᵐ: centum nouem annos 𝕰 | θαρρα abcejmrt
wc₂𝕭ᵈ

25 (om και 1°—εννεα 18) | ναχωρ] ναχ sup ras yᵃ: αχωρ
dᵃⁱn | om αυτον d | om τον y | θαρρα abcehᵇjmrtwc₂𝕭ᵈ | ετη
—εννεα Amy] εννεα και εικ. ετη και εκ. 77): ρκθ´ ετη n: εννεα
και εικ. και εκ. ετη EMehjlqsuv: ετη και εκ. εννεα: ετη και εκ.
εικ. δυο agprx𝕬: δυο και εικ. και εκ. ετη tc₂(κ´ και ρ´ ετη sup
ras c₂ᵃ): om εννεα 𝕭: ετη ριθ´ f: εννεα και δεκα και εκ. ετη co:
ετη ρκϛ´ d | και απεθανεν] pr ÷ M

26 και εξ.] εζησεν δε x | θαρρα abceh ᵇjmrtwc₂𝕭ᵈ | εβδ.
ετη] ετη εβδ. abdfgmpsvwx: ετη m: centum annos 𝕰ᶜᶠ |
αβραμ] αβρααμ hc₂ᵃ: Arran Anonᶻ | om και 3° d | αχωρ dnp
𝕮 | αρραν] αραν dp: αρραμ j Or-gr: αραμ m: Abram Anonᶻ:
+ και αρραν εγεννησεν τον λωτ qs(αραν) u

27 om αυται—αρραν 1° Ecdglpr𝕰 | om δε 1° bwc₂𝕬 | γενε-
σεις] γεννησεις t | θαρα θαρα] θαρρα θαρρα Aᵃᵘⁱᵈ(ρ 1° ras bis
Aᵗˡᵃ¹)abejmqstuwc₂𝕭ⁱᵛ | θαρα 1°] θαρρα hᵇ | om δε 2° Mbefh
jmnoqsu–xc₂𝕬𝕭 | αβραμ hᵃ | αχωρ n𝕮 | (om τον 3° 18) |
αρραν 1°] ραρραν n: αρραμ t: αραμ jm | και αρραν] αρραν δε 𝕰.

(Aran): om και bw: ⟨+ δε 79⟩ | αρραν 2°] αραν dp: αρρα x:
αρραμ t: αραμ jm

28 αρραν] αραν dp: αρρα Ax: αρραμ t: αραμ jm | θαρα]
θαρρα Aacegjlᵃmoq–uc₂𝕭: θαρας v(uid): θαρρας w: om E |
(om αυτου 31.83) | om εν τη 1°—εγενηθη dp | η] pr εν moc₂ |
εγενηθη A] εγεννηθη EMabce–oq–c₂𝕬𝕭𝕮𝕰 | εν τη 2°] και εν o:
om τη r

29 ελαβεν DEchl–oqrux*(uid)c₂ Phil-cod | αβραμ 1°] αβρααμ
E | ναχωρ 1°] Achor 𝕮 | (γυναικας] pr εις 107) | ονομα 1°] pr
και 𝕭–codd𝕮 | αβραμ 2°] αβραμ n | σαρρα gjn | ναχωρ 2°]
Achor 𝕮(uid) | ναχωρ 1°] μελχαν p: μελαχαν d | om θυγατηρ
—μελχα 2° o | αρραν] αραν dfp: αρραντ t: αρρα n: αρραμ t |
και πατηρ 1°] patris 𝕬 | και 4°] gui est 𝕮: om f | πατηρ 1°]
pr σ v: μητηρ Al𝕭ᵖ | πατηρ 2°] (μελγα 107): μελα | πατηρ
2°] patris 𝕬 | ιεσχα] εσχα n𝕭: Iescan Anonᶻ

30 om ην n | θαρρα Eefjnp | ετεκνοποιει d

31 και ελ.] ελαβε δε n | θαρρα D ᵈⁱⁱabcejmoᵃq–twc₂𝕭ⁱᵛᵖ⁽ᵃ⁾ |
om τον 1° dr | αβρ.] + και τον ναχωρ Dadeghjop(αχωρ) txc₂𝕭ᵖ
Chr | τον υιον] om τον D ˢⁱⁱEMbcjmnqsuvw: τους υιους (18) 𝕭ᵖ
Chr: υιους adeghoptxc₂ | αυτου 1°] + et Nachor filium suum 𝕬 |
αρραν] αραν 2°] post αυτου 4° 𝕮 | τον υιον] λωτ τον g: + τον
fx | om υιον 2°—αυτου 2° d | υιον αυτου] τον Chr | αρραν] αραν
p: αρρα n: αρραμ jt: αραμ m | om υιον 3° cx*𝕬𝕭𝕮𝕰ᶜᵖ | του
υιου 1°] fratris 𝕰ᶠᵖ | τον υιου c₂ | και την—αυτου 4° om tr: του
1° dp | σαραν] σαρρα ejntwc₂ | σαρα Emo: ⟨+ και 18⟩ | om γυν.
—αυτου 4° dp | γυναικα Al𝕭ᵖ | αβραμ D ˢⁱⁱEMbcehjmnqruwy
𝕬𝕭ⁱᵛ𝕰ᶜ: + δε αβραμ afgostvxc₂ Chr | αυτου 4°] om n: + αβραμ
l | και εξηγ.] pr και παντα τα υπαρχοντα αυτων dgp: pr και παντα
τα υπαρχοντα αυτων εκ του αμορραιου και ναχωρ εκ των αυτων j(mg)s
(mg) | αυτους] αυτ ex corr jᵃᵗ | om τη d | πορευεσθαι D(....
υεσθαι D) | την 1°] om την EMdhloqru: om την 𝕮 Chr| αχωρ 1°]
pr των fsv: των χαναναιων acdgm–prtxyc₂𝕮 Chr| ηλθον bdw𝕬𝕰 |
εως] εις Maflsv | χαραν cdfᵃgp𝕮 | κατωκ.] ωκησαν bw𝕬𝕰

32 αι ημεραι] pr πασαι az–gjmoptvxc₂𝕬𝕰 Chr: + πασαι r |
θαρα 1°] θαρρα Dabcejlmoq–twᵃᵗc₂𝕭ⁱᵛᵖ⁽ᵃ⁾: θαρραν wᵃ | χαρραν
1°] pr γη bw: Charan 𝕮: χαρρα mquc₂ | διακ.—ετη Any] ετη
διακ. πεντε Dbgmpswx Chr: πεντηκοντα και διακ. ετη t: ετη

XII 1     ¹¹Καὶ εἶπεν Κύριος τῷ Ἀβρὰμ Ἔξελθε ἐκ τῆς γῆς σου καὶ ἐκ τῆς συγγενείας σου καὶ ἐκ τοῦ Α
2 οἴκου τοῦ πατρός σου, εἰς τὴν γῆν ἣν ἄν σοι δείξω. ²καὶ ποιήσω σε εἰς ἔθνος μέγα καὶ εὐλογήσω §d₂
3 σε καὶ μεγαλυνῶ τὸ ὄνομά σου, καὶ ἔσῃ εὐλογητός· ³καὶ εὐλογήσω τοὺς εὐλογοῦντάς σε, καὶ τοὺς
4 καταρωμένους σε καταράσομαι, καὶ εὐλογηθήσονται ἐν σοὶ πᾶσαι αἱ φυλαὶ τῆς γῆς. ⁴καὶ
5 ἐπορεύθη Ἀβρὰμ καθάπερ ἐλάλησεν αὐτῷ Κύριος, καὶ ᾤχετο μετ᾽ αὐτοῦ Λώτ· Ἀβρὰμ δὲ ἦν
ἐτῶν ἑβδομήκοντα πέντε ὅτε ἐξῆλθεν ἐκ Χαρράν. ⁵καὶ ἔλαβεν Ἀβρὰμ τὴν Σαρὰ γυναῖκα αὐτοῦ
καὶ τὸν Λὼτ υἱὸν τοῦ ἀδελφοῦ αὐτοῦ καὶ πάντα τὰ ὑπάρχοντα αὐτῶν ὅσα ἐκτήσαντο καὶ πᾶσαν
6 ψυχὴν ἣν ἐκτήσαντο ἐκ Χαρράν, καὶ ἐξήλθοσαν πορευθῆναι εἰς γῆν Χανάαν· καὶ ἦλθον εἰς γῆν
Χανάαν. ⁶καὶ διώδευσεν Ἀβρὰμ εἰς τὸ μῆκος αὐτῆς ἕως τοῦ τόπου Συχέμ, ἐπὶ τὴν δρῦν τὴν
7 ὑψηλήν· οἱ δὲ Χαναναῖοι τότε κατῴκουν τὴν γῆν. ⁷καὶ ὤφθη Κύριος τῷ Ἀβρὰμ καὶ εἶπεν αὐτῷ
Τῷ σπέρματί σου δώσω τὴν γῆν ταύτην· καὶ ᾠκοδόμησεν ἐκεῖ Ἀβρὰμ θυσιαστήριον Κυρίῳ τῷ
8 ὀφθέντι αὐτῷ.¶ ⁸καὶ ἀπέστη ἐκεῖθεν εἰς τὸ ὄρος κατ᾽ ἀνατολὰς Βαιθήλ, καὶ ἔστησεν ἐκεῖ τὴν ¶d₂
σκηνὴν αὐτοῦ ἐν Βαιθὴλ κατὰ θάλασσαν καὶ Ἀγγαὶ κατ᾽ ἀνατολάς· καὶ ᾠκοδόμησεν ἐκεῖ θυσιασ-
9 τήριον τῷ κυρίῳ καὶ ἐπεκαλέσατο ἐπὶ τῷ ὀνόματι Κυρίου. ⁹καὶ ἀπῆρεν Ἀβρὰμ καὶ πορευθεὶς
ἐστρατοπέδευσεν ἐν τῇ ἐρήμῳ.

XII 1 συγγενειας E | δειξω A      3 καταρουμενος D | αι] α D*
   8 κατα ανατ. (bis) DᵘᵗᵗᵗE            9 πορευθεις E* ᵘⁱᵈ (πορευθεις Eᵃ)

DEMa–hjl–yc₂(d₂)𝔄𝔅𝕮ᶜ𝔈

οε´ dr : ετη πεντε c₂ : πεντε και διακ. ετη EM rell | om θαρα εν
χαρραν 2° dn | θαρα 2°] θαρρα Dᵘⁱᵃbcegjlmoqrtuwc₂𝔅ᵗᵃ⁽ᵃ⁾) :
om f Chr | χαρραν 2°] χαραν sℭ: χαρρα Mmr Phil-codd
XII 1 κυριος] +ο θς Madprd₂ Cyp: Deus 𝔄 | (τω) προς
25) | εξελθε] ατελθε Phil-ed‡ | Clem-R : πορευου Phil-codd ½ |
om εκ 1°—και 2° Cyr‡ | om εκ 2° Acta-txt | συγγενειας] γε-
νεσεως Phil-cod‡ | om και 3°—σου 3° Acta Hip Cyr‡ | εις
την—(2) ευλογητος] mutila in ℭ | εις ADaʰⁿriᵃ𝔈ᴵᵖ Phil‡ ed‡ |
Clem-R Or-gr Thdt‡] pr και πορευου cm : pr και υταγε hᵇ : pr
και ελθε aᵇ: pr ᾰμοτ 𝔅 : pr και δευρο EM rell 𝔈ᶜ Acta
Hip Or-lat Eus Chr Cyr Thdt‡ Cyp Spec: προς Phil-codd‡ |
την γην] om την c–flnpsxyd₂ Hip Eus Chr Cyr‡ | αν] αιν E:
om am Phil‡ ed‡ | δειξω σοι Phil-codd‡
2 μεγα] και πολυ dpd₂ | om εθ—ευλογητος 𝔈ᵖ | μεγα—
λυνω—σου] εσται το ονομα σου μεγα m | ευλογητος] ευλογησμενος
Mbdfghlnpstv–yc₂(mg)d₂ Clem-R Eus‡ Chr Cyr-codd Thdt
3 τους ευλογ. σε] qui te benedixerit Cyp Spec | τους 2°—
καταράσομαι] καταρασ. τους κατ. σε Clem-R : maledicam qui te
maledixerit Cyp Spec | ευλογηθησονται Alm Clem-R Cyr-ed‡
Thdt] ενευλογηθησονται D(+Dᵘⁱ)EM rell Phil Eus Chr Cyr‡
codd‡ | om πασαι x
4 καθαπερ] καθα bnquw Phil‡ | Chr | ελαλησεν] ενετειλατο
ej : pr praecepit ei Dominus et 𝔈ᵖ : ενετειλατο ej | κυριος] pr ο
jw: Deus 𝔄 : +ο θς dífglopsd₂ Chr | μετ αυτου] μετα του Daᵐmo
Phil-codd | om αβραμ 2°—(5) λωτ x | ετων εβδομηκοντα πεντε]
ετων πεντε και εβδ. Mc₂ : πεντε ετων και εβδ. aco : πεντε και
εβδ. ετων Eefhjlqs–v | εκ] ηνικα r | εκ] εις hᵃl : εν td₂ Phil-
cod‡ | χαρραν] χαραν dp𝔈
5 χαρραν] την σαρρα DEMahqu : την σαρρα e : την σαρραν
jo Cyr-codd: σαραν r : την σαρα Chr l : την σαρρα την m : την
σαραν την sv : σαρα την y : σαραν την bcdfgpsᵗʷ Chr : σαρραν
την npᵃc₂d₂ Cyr-ed | τον λωτ] λωτ τον acdgm–pc₂d₂ Chr : (om
τον 25.37.108) | υιον] pr τον fsvxˣ Cyr-ed : ο υιος xᵃᵗ | αδελφου]

η του αρραν c(mg) | om αυτου 2° c₂ | και παντα—(6) χαραναιοι]
mutila in ℭ | αυτων] αυτοις m: αυτου p : (αυτω 25): om c |
εκτησαντο 1°] +εν χαρραν gh(χαρρα hˣ)txc₂ | και πασαν—εκτη-
σαντο 2°] om dpd₂𝔅𝔈 Chr : om και x | om εκ χαρραν nc₂ | εκ εν
Mabd–gjoprs(txt)tvwd₂𝔅𝔅(uid) Chr Cyr-ed | χαραν dps* | εξηλ-
θοσαν Afnry] εξηλθον DEbglquwc₂ Chr Cyr-codd: εξηλθον M
rell | γην 1°] om Chr-ed | om και γηλθ. εις γην χαν. Ebd
flmo*wc₄d₄𝔈 Cyr-ed | ηλθον] ηλθεν Dx Chr : εισηλθον pqu |
γην χανααν 2°] (pr την 68.83.132) : αυτην p
6 αβραμ Any] pr την γην Cyr-codd: την γην x : +την γην
DᵘⁱᵗEM rell 𝔄𝔅𝔈 Or-gr(uid) Chr Cyr-ed | εις το μηκος αυτης]
om Dabcquwc₂𝔈 Phil Or-gr(uid) : (om αυτης 37) | εως εη
77) | του τοπου] om 𝔈 : (του ποταμου 73) | συχεμ] pr του
gw Chr: (pr τηι 108) | επι] εις E Cyr-codd | (γην) +αυτων
108)
7 κυριος] ο θεος 𝔄-codd Phil Or-gr‡ : +ο θς r Or-gr‡(uid)
Chr | τω σπερματι σου] pr tibi et 𝔅 | om δωσω xᵇ | γην]
pr πασαν r | αβραμ εκει 𝔈 Cyr | αβραμ 2°] om acdmopquxc₄d₄
Eus Chr : +ras (10) w | αβραμ 2°] pr ac abceghlmostwx Eus Chr
Cyr: om p | post αυτω 2° ras (1) A
8 ανεστη c₄ℭ | εις—βαιθηλ 1°] in terram Bêtêl quae iuxta
orientem 𝔈ᶜ : iuxta orientem in terram Bêtêl 𝔈ᶜ : in terram
Bêtêl 𝔈ᵖ | βαιθηλ κατα ανατολαετ | βαιθηλ 1°] καιθηλ s | om
και 2°—βαιθηλ 2° mpx𝔈ᵖ | om εκει 1° abcow | om αυτου n𝔈 :
om εν DMdfghnoqs–vc₄ | βαιθηλ 2°] καιθηλ s: βαιθαμ r | om
και αγγαι y𝔈ᴵᵖ | κατ ανατολας 2°] κατα νοτον hᵃᵗ𝔅 | εκει 2°]
κακει (20) Chr | τω κυριω] κῦ τω θῶ ℭ : +τω οφθεντι αυτω 𝔅 |
και 5°—(κυριου) et innocauit nomen eius 𝔈ᶜ⁽ᵃ⁾: om 𝔈ᶠ⁽ˢ⁾ᵖ : (om
και 108) | επι—κυριου] om ο ουομα αυτου ln | κυριου] του
θῦ x : +του θῦ τω οφθεντι αυτω rℭ(uid) : +τω οφθεντι αυτω y :
+ras (15) A
9 om και 1°—αβραμ o* | απηρεν] +inde 𝔅 | πορευθ.εστραπ.]
init ℭ | κατεστρατοπαιδευσεν x | τη] γη Chr-ed

XII 6 την δρυν την υψηλην] σ´ της δρυος μαμβρη Mjsv(sine nom jv)
8 ανεστη] α´ μετηρεν M : α´ μετηγεν jv: σ´ απηρεν Mj(sine nom)v | κατα θαλ.] α´ απο θαλασσης σ´ απο δυσμων Mj(sine
nom)sv | κατ ανατολας 2°] οιον κατα νοτον M
9 αβραμ] pr α´ εκειθεν s: +εκειθεν jv | εν τη ερημω] α´ νοτονδε σ´ εις νοτον Mjv : σ´ νοτονδε· εις νοτον s

A   <sup>10</sup>Καὶ ἐγένετο λιμὸς ἐπὶ τῆς γῆς· καὶ κατέβη Ἀβρὰμ εἰς Αἴγυπτον παροικῆσαι ἐκεῖ, ὅτι 10
ἐνίσχυσεν ὁ λιμὸς ἐπὶ τῆς γῆς. <sup>11</sup>ἐγένετο δὲ ἡνίκα ἤγγισεν Ἀβρὰμ εἰσελθεῖν εἰς Αἴγυπτον, εἶπεν 11
¶ D Ἀβρὰμ Σάρᾳ τῇ γυναικὶ αὐτοῦ ¶ Γινώσκω ἐγὼ ὅτι γυνὴ εὐπρόσωπος εἶ· <sup>12</sup>ἔσται οὖν ὡς ἂν ἴδωσίν 12
σε οἱ Αἰγύπτιοι, ἐροῦσιν ὅτι Γυνὴ αὐτοῦ ἐστὶν αὐτή· καὶ ἀποκτενοῦσίν με, σὲ δὲ περιποιήσονται.
<sup>13</sup>εἰπὸν οὖν ὅτι Ἀδελφὴ αὐτοῦ εἰμί, ὅπως ἂν εὖ μοι γένηται διὰ σέ, καὶ ζήσεται ἡ ψυχή μου 13
ἕνεκεν σοῦ. <sup>14</sup>ἐγένετο δὲ ἡνίκα εἰσῆλθεν Ἀβρὰμ εἰς Αἴγυπτον, ἰδόντες οἱ Αἰγύπτιοι τὴν γυναῖκα 14
αὐτοῦ ὅτι καλὴ ἦν σφόδρα, <sup>15</sup>καὶ ἴδον αὐτὴν οἱ ἄρχοντες Φαραὼ καὶ ἐπήνεσαν αὐτὴν πρὸς 15
Φαραὼ καὶ εἰσήγαγον αὐτὴν πρὸς Φαραώ. <sup>16</sup>καὶ τῷ Ἀβρὰμ εὖ ἐχρήσαντο δι᾿ αὐτήν, καὶ ἐγέ- 16
§ 𝕃<sup>b</sup> νοντο αὐτῷ πρόβατα καὶ μόσχοι καὶ ὄνοι, παῖδες καὶ παιδίσκαι, ἡμίονοι καὶ κάμηλοι. <sup>17</sup>καὶ 17
ἤτασεν ὁ θεὸς τὸν Φαραὼ ἐτασμοῖς μεγάλοις καὶ πονηροῖς καὶ τὸν οἶκον αὐτοῦ περὶ Σάρας τῆς
γυναικὸς Ἀβράμ. <sup>18</sup>καλέσας δὲ Φαραὼ τὸν Ἀβρὰμ εἶπεν Τί τοῦτο ἐποίησάς μοι, ὅτι οὐκ 18
ἀπήγγειλάς μοι ὅτι γυνή σού ἐστιν; <sup>19</sup>ἵνα τί εἶπας ὅτι Ἀδελφή μού ἐστιν; καὶ ἔλαβον αὐτὴν 19
ἐμαυτῷ εἰς γυναῖκα. καὶ νῦν ἰδοὺ ἡ γυνή σου ἐναντίον σου· λαβὼν ἀπότρεχε. <sup>20</sup>καὶ ἐνετείλατο 20
Φαραὼ ἀνδράσιν περὶ Ἀβράμ, συνπροέπεμψαν αὐτὸν καὶ τὴν γυναῖκα αὐτοῦ καὶ πάντα ὅσα ἦν
αὐτῷ, καὶ Λὼτ μετ᾿ αὐτοῦ.

<sup>1</sup>Ἀνέβη δὲ Ἀβρὰμ ἐξ Αἰγύπτου αὐτὸς καὶ ἡ γυνὴ αὐτοῦ καὶ πάντα τὰ αὐτοῦ καὶ Λὼτ μετ᾿ 1 XIII
αὐτοῦ εἰς τὴν ἔρημον. <sup>2</sup>Ἀβρὰμ δὲ ἦν πλούσιος σφόδρα κτήνεσιν καὶ ἀργυρίῳ καὶ χρυσίῳ. 2

---

10 βραμ A* (αβραμ A¹)      11 ηγγισεν A      12 αιγυπτιοι] αι sup ras (1) A* | αιρουσιν E | γυ|γη E
13 ειμι] ει μη E      14 αιγυπτιοι] αι sup ras (1) A*      16 παιδες] αι sup ras (1) A* | παιδισκαι A (παιδισκαι A¹ᵗᵃᵗᵐᵍ)

---

(D)EMa–hjl–yc₂𝔄𝔅𝔆𝔈(𝕃ᵇ)

10 λιμος 1°] λοιμος n | +μεγας dp | εις αιγυπτον αβραμ
Chr | om εκει x | ενισχυσεν] ενισχυεν b: ισχυσεν dpx: κατι-
σχυεν nr: (εκεισε ισχυσεν 107) | om σ p | λιμος 2°] λοιμος n |
την γην 2°] την γην m
11 om εγενετο—αιγυπτον c₂ | ηγγισεν fn | αβραμ 1°] αββρααμ
n | εις αιγυπτον εισελθειν m | εισελθειν] (ελθειν 107): om n |
(αεγυπτον] pr την 132) | ειπεν] pr και oc₂𝔄 | om αβραμ 2° n𝔄
Chr | σαρρα jmn°₂ | γινωσκω d | om εγω 𝔄𝔅ᵇⁱʷ𝔈𝕃 Chr ½ |
γυνη] pr σν l: om 𝔅ᵖ | ει] +σν dgmpc₂𝔄 Chr ½
12 εσται] εστω gl | om αν 132) | αν αι] οταν M Chr½ |
εαν c₂ | αν] εαν acdgmoprx | ειδωσιν Eg°orx | om σε 1° 𝔄 |
om εστω EMacefjmoqs–vxc₂ Chr | om αυτη nr | αποκτεινουσιν
Emv | (αυτη] +σν 20)
13 ειπον] ειπε aᵇbcdfgmnpx Chr: ειπεν w | ουν] δε x : om
𝔄 : +αυτη l | αυτου ειμι] μου ει Chr½ | αυτου αν] ινα Chr ½:
om αν r | om εν e | γενηται] γενοιτο r | om δια σε f Chr ½ : om
και—σου 𝔄 | ενεκεν σου] δια σε f Chr½ : om bw
14 εγενετο δε ηνικα] ηνικα δε d: om ηνικα En | εισηλθεν]
ηλθεν dp : ηγγισεν l: descendit 𝔅 | ιδοντες] pr ετ 𝔄 : (post
αιγυπτιοι 77) : +ουν E | την γυναικα αυτου Aγ𝔅𝔆𝔈] om αυτου
EM rell 𝔄 Chr Cyr | ην καλη e | ην] εις j(mg)s(mg)
Cyr–ed | (σφοδρα] +αυτη 76)
15 ιδον] ιδοντες nej𝔆 Cyr–codd | om οι n | και 2°—φαραω
2°] om c Chr (repugnante autem contextu) Cyr–codd: om και
adej 𝔆 Cyr–codd | εκηνεσαν] duxerunt 𝔅 | om αυτην 2° n
Cyr–codd | om προς φαραω 1° c₂ | om και 3°—φαραω 3° Erᵃ |
om και 3°—αυτην 3° c₂° | ηγαγον Cyr–cod | εισηγαγον 2°] in
domum eius 𝔈 | προς 2° A] προς τον οικον d : εις οικον rᵇy : εις
τον οικον M rell 𝔄𝔅𝔆 Chr Cyr
16 αβραμ f | om ευ (128) Or-gr-cod | εχρισατο gn | αυτην]
αυτης f | εγενετο acefjnorsvc₂ Chr | αυτω] αυτοις m: αυτων M |

προβατα] +τε Cyr-ed | μοσχοι] βοει Cyr-cod | παιδες—ημιονοι]
pr και a–gjoprstvwxc₂𝔅𝔆 Or-gr Cyr : pr et cameli et 𝔈: om
qu | ημιονοι] pr και abdfgmoprstvwxc₂𝔅ᵇⁱʷ𝔆𝔈𝕃-ap-Barh Or-gr
Chr Cyr | om και καμηλοι 𝔈
17 και ητασεν—αιγυπτιον και] mutila in 𝔆 | ο θεος] pr κ̄ς̄
acms(mg)v(mg)c₂𝔅ᵇⁱʷ: κ̄ς̄ Ebehjloqtuw𝔅ⁱʷ𝕃(uid) Or-lat Eus
Cyr | ετασμοις] pr ετ m | και πονηροις] om ponderosis Cyr-codd|
Thdt: om Eus Cyr | τον οικον] pr απαντα 𝕃(uid) Thdt |
σαρρας ejmnoc₂ | αβραμ] αυτου qu
18 καλεσας δε] και καλεσας (108) 𝕃 | ειπεν] +αυτω EMd-
lnprstvxc₂𝔄𝔅𝔆𝔈 Chr | τι—οτι 1°] quare 𝕃 | (τι] +οτι 20) | μοι
1°] με ο : μου v 𝔄 | τι—μοι n𝔄 | απηγγειλας] ανηγ-
γειλας c Chr: dixisti 𝕃 | om μοι 2° 𝔄-ed | σου] σοι n : μου
myᵇⁱʷ | (εστιν] +αυτη 20)
19 om ινα τι—εστιν y° Chr | ινα τι] pr και bᵇⁱʷ: τι οτι r :
sed 𝕃 | ειπας] ειπες x : +mihi 𝔈𝕃 | om οτι Ecej𝔆 Thdt | μου]
σου dp | ελαβον] pr εγο 𝕃 | αυτην] pr εις EMabcfhl–oqs–y Chr | om
ριν m𝕃 | om η n | εναντιον] ενωπιον acoc₂ 𝔆𝔈𝕃 | σου] om
q: +est 𝕃
20 φαραω ανδρασιν] post αβραμ acmoc₂: om φαραω 𝔄:
+αυτου 1 | om περι αβραμ 𝔆𝔈 | αβραμ] pr του Thdt: αββραμ
ns: αυτου g | συνπροεπεμψαι συνπροεπεμψαν c₂: του συμπαρα-
πεμψαι f: (προεπεμψα 25) | αυτον] αυτω d: Abram 𝔈𝕃 | αυτου
1°] +και λωτ τον ὕ̈ τον αδελφου αυτου n | αυτου p: (+μετ
αυτου 128) | και 4°—αυτου 2°] om 𝕃(uid) Thdt(uid) | και λωτ
om n: και τον λωτ (20.32) 𝔄(uid) Chr | (αυτου 2°] αυτου 20.32)
XIII om αν αν—αυτου 2° 𝔅ᵖ | ανεβη δε] et ascendit
𝔄(uid): om δε l | αυτος—αυτου 1°] om n: om αυτος E | om
και λωτ μετ αυτου n | (αυτου 3°] αυτου 32) | ερημον] +εως
βεθηλ και τον τοπου ου η σκηνη αυτου το προτερον m
2 om και 1° g Chr | αργυριου m | χρυσιου m

---

10 ενισχυσεν] α' εβαρυνθη Msv : α' εβαρυνεν j      12 περιποιησονται] α' ζωωσουσιν Mj(sine nom)s
17 και ητασεν] α' και ηπτετο αφαις Mjsv(sine nom sv): (και) εβασανισεν M
18 τι] διατι εις τι j : α' εις τι v      XIII 1 εις την ερημον] σ' εις τον νοτον M : α' εις τον νοτον s(sine nom)v

3 ³καὶ ἐπορεύθη ὅθεν ἦλθεν εἰς τὴν ἔρημον ἕως Βαιθήλ, ἕως,τοῦ τόπου οὗ ἦν ἡ σκηνὴ αὐτοῦ τὸ πρό- A
4 τερον, ἀνὰ μέσον Βαιθὴλ καὶ ἀνὰ μέσον Ἀγγαί, ⁴εἰς τὸν τόπον τοῦ θυσιαστηρίου οὗ ἐποίησεν
5 ἐκεῖ τὴν σκηνήν· καὶ ἐπεκαλέσατο ἐκεῖ Ἀβρὰμ τὸ ὄνομα Κυρίου. ⁵καὶ Λὼτ τῷ συμπορευομένῳ
6 μετὰ Ἀβρὰμ ἦν πρόβατα καὶ βόες καὶ κτήνη. ⁶καὶ οὐκ ἐχώρει αὐτοὺς ἡ γῆ κατοικεῖν ἅμα, ὅτι
7 ἦν τὰ ὑπάρχοντα αὐτῶν πολλά· καὶ οὐκ ἐδύναντο κατοικεῖν ἅμα. ⁷καὶ ἐγένετο μάχη ἀνὰ μέσον
  τῶν ποιμένων τῶν κτηνῶν τοῦ Ἀβρὰμ καὶ ἀνὰ μέσον τῶν ποιμένων τῶν κτηνῶν τοῦ Λώτ· οἱ δὲ § D
8 Χαναναῖοι καὶ οἱ Φερεζαῖοι τότε κατῴκουν τὴν γῆν. ⁸εἶπεν δὲ Ἀβρὰμ τῷ Λὼτ Μὴ ἔστω μάχη
  ἀνὰ μέσον ἐμοῦ καὶ σοῦ, καὶ ἀνὰ μέσον τῶν ποιμένων σοῦ καὶ ἀνὰ μέσον τῶν ποιμένων μοῦ, ὅτι
9 ἄνθρωποι ἀδελφοὶ ἡμεῖς ἐσμέν. ⁹καὶ ἰδοὺ πᾶσα ἡ γῆ ἐναντίον σου· διαχωρίσθητι ἀπ' ἐμοῦ. εἰ
10 σὺ εἰς ἀριστερά, ἐγὼ εἰς δεξιά· εἰ δὲ σὺ εἰς δεξιά, ἐγὼ εἰς ἀριστερά. ¹⁰καὶ ἐπάρας Λὼτ τοὺς
  ὀφθαλμοὺς αὐτοῦ ἴδεν πᾶσαν τὴν περίχωρον τοῦ Ἰορδάνου, ὅτι πᾶσα ἦν ποτιζομένη πρὸ τοῦ
  καταστρέψαι τὸν θεὸν Σόδομα καὶ Γόμορρα ὡς ὁ παράδεισος τοῦ θεοῦ καὶ ὡς ἡ γῆ Αἰγύπτου, ἕως
11 ἐλθεῖν εἰς Ζόγορα. ¹¹καὶ ἐξελέξατο ἑαυτῷ Λὼτ πᾶσαν τὴν περίχωρον τοῦ Ἰορδάνου, καὶ ἀπῆρεν
12 Λὼτ ἀπὸ ἀνατολῶν· καὶ διεχωρίσθησαν ἕκαστος ἀπὸ τοῦ ἀδελφοῦ αὐτοῦ. ¹²Ἀβρὰμ δὲ κατῴ- § d₂
  κησεν ἐν γῇ Χανάαν· Λὼτ δὲ κατῴκησεν ἐν πόλει τῶν περιχώρων καὶ ἐσκήνωσεν ἐν Σοδόμοις.
13 ¹³οἱ δὲ ἄνθρωποι οἱ ἐν Σοδόμοις πονηροὶ καὶ ἁμαρτωλοὶ ἐναντίον τοῦ θεοῦ σφόδρα.     ¹⁴Ὁ δὲ
14

XIII 7 ποιμαινων A (bis)        8 ποιμαινων A (bis): ποιμενων E (1°)        9 ειδον E
        10 παραδισοι A        12 ενεσκηνωσεν A

(D)EMa–hjl–yc₂(d₂)𝔄𝔅𝔆𝔈𝔏ᵇ

3 επορ.] abierunt 𝔏 | οθεν ηλθ.] inde uenientes 𝔏 | οθεν]
οτου Cyr-ed | ηλθεν] εξηλθεν bw𝔈ᵇ Cyr: om aˢ | om ει–
βαιθηλ 1° g | om ει x | om εως βαιθηλ l | om ει–αγγαι] om n:
om εως—βαιθηλ fm | εως τ. τοπ.] εις τον τοτον j(mg): ad locum
𝔏: +βεθηλ g | του αβρααμ] om q | η σκηνη] γυνη w |
om το ⟨τοβ⟩ Cyr-ed | προτερον] πρωτον o | ανα μεσον 1°] pr
και E | βαιθηλ και ανα g.] (pr της 18): om ανα μεσον
𝔏(uid) | om και 2° m | αγγαι] ⟨εγγαι 74⟩ | Aggei 𝔏(uid)

4 εις—εκει 1°] ubi fecerat altare 𝔅ᵇ(uid): in locum ubi
fecerat altare 𝔅ᵖ(uid)𝔈(+ibi 𝔈ᶜˡ) | εκει του θυσ.] εως του τοπου
c₂: om τον m | του—σκηνην] ubi initio altare fecerat 𝔏 | σκηνην
Any] αυτου EM rell 𝔄𝔅𝔆𝔈𝔏 Chr | επεκαλεσατο] ανεκα-
λεσατο .31) | επεκαλεσεν Eacloqs(mg)tuc₂ Cyr | επεκαλειτο g:
επεκαλεσε dp: corr ex επεκαλεσατο s(txt) | om εκει 2° bw𝔈ᵇ |
αβραμ] αββααμ nˣ: om τ του ονοματι y | κυριου] Dei 𝔈𝔏:
+του θυ Md–gjpstvxc₂𝔄 Chr

5 του συμπορευομενου xˢ | om τω d | κτηνη] σκηναι M(txt)
acehjmoqu𝔅𝔏: +και σκηναι En | +multa 𝔈

6 om και 1° n𝔅ᵖ | αυτου] post γη c | η γη] terra illa 𝔅
| om οτι—αμα 2° eˢw𝔈 | ην—πολλα] multa habebant 𝔏(uid): om
ην m | αυτων] αυτου mo | om και—αμα 2° Eac₂ | εδυναντο
ην δυνατον b: εχωρει αυτους η γη y: +οι δυο n | κατοικειν 2°]
οικειν m

7 εγενοντο μαχαι dp | ⟨εγενετο⟩ +δε 32) | om των κτηνων
1° noℤ𝔈 | του αβραμ—κτηνων 2°] om bw𝔈: om του d |
αβρααμ f | om ανα μεσον 2° d𝔏 | om των ποιμενων 2° gqu |
om των κτηνων 2° n Chr | om του 2° dnr | λωτ] +et Abram
𝔈 | και οι φερ.] post τοτε g: et Feretaei 𝔏 | ⟨γην⟩ +εκεινην 20)

8 ανα μεσον 1°—σου 1°] inter te et inter me 𝔈ᶜ | εμου]
ημων d | και σου] και ανα μεσον σου ht𝔅𝔄 Chr ‡: om 𝔅𝔈ᵖ
𝔈ᵖ | και 2° et non 𝔏 | om ανα μεσον 2° d | σου 2° AEny𝔈ᵖᵍ |
ημων deˢᵗ: μου DᵈⁱMeˢ rell 𝔄𝔅𝔆𝔈𝔏 Chr Cyr | om και 3°—
μου de | ανα μεσον 3° gnpr Chr | σου DᵈⁱM
abcf–mo–xc₂𝔄𝔅𝔆𝔈𝔏 Chr Cyr | om ανθρωποι ⟨2o(txt)⟩ Chr
𝔈 | ημεις] post εσμεν bw𝔄: om fy

9 και ιδου] nonne 𝔆 | και AdjpE] om ⟨2o⟩ 𝔏 Chr‡: ουχ

DMow: ουκ E rell 𝔄𝔅 Chr‡ | πασα] παντα s: om 𝔅 | σου
An𝔈] εστιν E: +εστιν DᵈⁱM rell 𝔄𝔅𝔈𝔏 Chr | διαχωρισοντι
s(txt) | ει 1°] η nr𝔆 | om ει 1° en | αριστερα 1°] pr τα m:
αριστερια xˢ: τα δεξια c𝔈ᶠᵖ Or-lat | εγω 1°] pr η n: +δε
fjs(mg) | om ει 2° n | δεξια 1°] pr τα m: τα αριστερα c𝔈ᶠᵖ
Or-lat | om ει δε—αριστερα 2° n𝔅ᵖ | ει δε] η r𝔅𝔄𝔈: ει Aˢ(δε
suprascr Aˢ)abcmop𝔄 Or-lat‡: uel ti 𝔏: aut ti Or-lat‡ | om
εις 3° o | δεξια 2°] pr τα m: τα αριστερα c𝔈ᶠᵖ Or-lat | εγω 2°]
pr και f: +δε E | αριστερα 2°] pr τα m: τα δεξια c𝔈ᶠ Or-lat

10 αρας l | λωτ] post αυτου bw𝔏: om αυτου
Dhmqu | ιδεν] επειδεν bw: περειδε ⟨2o⟩ 𝔏 | om πασαν x
Chr‡𝔈ᵖ | om του ιορδανου Chr | οτι] και Chr‡: quae 𝔏 |
om πασα bw𝔅 Chr‡ | ποτιζομενη πρ bw𝔄 | om προ—γομορρα
Chr‡ | om ο qtu Chr‡ | θεου] κυ c₂: +ημων l | ⟨om και 2°
83⟩ | γη 2°] η En | αιγυπτου] Aegyptiorum 𝔈 | εως 2°—
⟨γορα 𝔈 | ελθειν] pr ου qu: pr ωˢ: αν ελθη ao | ⟨γορα]
⟨γογαρα aˢ: ⟨γογαρα e: σογορα dpr𝔅ᵖ: ⟨γοτγορα l: Zoora 𝔈-ed:
Segor 𝔏-codd: Sogorra 𝔆: Zogara in Segor 𝔏(uid)

11 εξελεξατο] ⟨επελεξατο 32): ⟨εδεξατο 25): εξελατο g |
εαυτω] post λωτ dfmp: om 𝔏 Chr‡: om πασαν 𝔅ᵖ |
ασο 1°] ασθ E | διεχωρισθη ς: ασο του αδελφου] προι τον
αδελφον f | om του αδελφου] προι τον αδελφου] πλησιον r

12 αβραμ δε] και αβραμ Mdfghopstvxc₂ Chr: om δε Dˢ
(suprascr Dᵃ)acqu𝔆𝔈ᶜᶠ | κατωκησεν 1°] παρωκησεν Mdgptxd₂𝔄
Chr | γη 1°] εν γη bw | χανααν] +παντα του θυ d(om του)
p | λωτ δε] και λωτ ej𝔅ⁱˣ𝔏 | κατωκησεν 2°] παρωκησεν dglpx
d₂: ιδε 𝔏(uid) | κατωκ.] γη bw | λωτ—σοδομοις] aput Ior-
danen et ascendit in terram Sodomam 𝔏(uid) | εσκηνωσεν
εσκηνωσεν Ag: ⟨ενεσκηνωσεν 32): ωκησεν Chr-ed | om ει 3°
Dm Em

13 οι δε—σοδομοις] οι δε σοδομιται p: εκειτε δε υπηρχον d |
om δε] +οι l | om οι 1° εν γη lw | χανααν] +εναντιον του
πονηροι d: maligni 𝔏: +ησαν ⟨32⟩ 𝔄(uid)𝔅 | εναντιον του
θεου] post σφοδρα ⟨37⟩ 𝔅𝔆𝔏: in conspectu Dⁱⁱ erant 𝔏(uid):
om dp: om του c₂ | εναντι tx

14 ο δε θεος ειπεν] ειπεν δε ο θι bnw𝔄𝔈: et dixit Dⁱⁱs Dⁱ

3 εις την ερημον] σ´ εις τον νοτον M        12 κατωκησεν 1°] α´ εκαθισεν σ´ εμεινεν M

A θεὸς εἶπεν τῷ Ἀβρὰμ μετὰ τὸ διαχωρισθῆναι τὸν Λὼτ ἀπ᾽ αὐτοῦ¶ Ἀνάβλεψον τοῖς ὀφθαλμοῖς
¶ ℐᵇ σου καὶ ἴδε ἀπὸ τοῦ τόπου οὗ νῦν σὺ εἶ πρὸς βορρᾶν καὶ λίβα καὶ ἀνατολὰς καὶ θάλασσαν·
¹⁵ὅτι πᾶσαν τὴν γῆν ἣν σὺ ὁρᾷς, σοὶ δώσω αὐτὴν καὶ τῷ σπέρματί σου ἕως τοῦ αἰῶνος.  ¹⁶καὶ ¹⁵₁₆
ποιήσω τὸ σπέρμα σου ὡς τὴν ἄμμον τῆς γῆς· εἰ δύναταί τις ἐξαριθμῆσαι τὴν ἄμμον τῆς γῆς,
καὶ τὸ σπέρμα σου ἀριθμηθήσεται.  ¹⁷ἀναστὰς διόδευσον τὴν γῆν εἴς τε τὸ μῆκος αὐτῆς καὶ εἰς 17
τὸ πλάτος· ὅτι σοὶ δώσω αὐτὴν καὶ τῷ σπέρματί σου εἰς τὸν αἰῶνα.  ¹⁸καὶ ἀποσκηνώσας Ἀβρὰμ 18
ἐλθὼν κατῴκησεν παρὰ τὴν δρῦν τὴν Μαμβρήν, ἣ ἦν ἐν Χεβρών· καὶ ᾠκοδόμησεν ἐκεῖ θυσιαστή-
¶ dₐ ριον Κυρίῳ.¶

¹Ἐγένετο δὲ ἐν τῇ βασιλείᾳ τῇ Ἀμαρφὰλ βασιλέως Σενναάρ, Ἀριὼχ βασιλεὺς ᵗᵗἙλλασὰρ¹ ₁ XIV
καὶ ὁ Χοδολλογόμορ βασιλεὺς Αἰλὰμ καὶ Θαλγὰ βασιλεὺς ἐθνῶν ²ἐποίησαν πόλεμον μετὰ ₂
Βάλλα βασιλέως Σοδόμων καὶ μετὰ Βαρσὰ βασιλέως Γομόρρας καὶ Σενναὰρ βασιλέως Ἀδαμὰ
¶ ℭᶜ καὶ Συμόβορ βασιλέως Σεβωείμ¶ καὶ μετὰ βασιλέως Βάλακ· αὕτη ἐστὶν Σήγωρ.  ³πάντες οὗτοι ₃
συνεφώνησαν ἐπὶ τὴν φάραγγα τὴν ἁλυκήν· αὕτη ἡ θάλασσα τῶν ἁλῶν.  ⁴δώδεκα ἔτη ἐδούλευον ₄

17 εἰς 1°] ιϛ E | αυτην] bis scr A          XIV 1 σελλασαρ A

*DEMa–hjl–yc₂(d₂)ℬℬ(ℭᶜ)ℰ(ℒᵇ)*

ℒ(uid) | θεος] κς̄ EMacℾhmquvc₂ℬ | τω] προς bej ℒ(uid) Or-
gr | διαχωρισθηναι] αποχωρισθηναι n : χωρισθηναι Dm(+αυτων) |
απ αυτου τον λωτ Eℨℭ | αναβλεψον Aejs(mg)y Or-gr Iren]
αναβλεψαι DEMs(txt) rell Clem-R Chr | om σου acdopxc₄d₂*ᵗ
Chr Iren | om και ιδε ℭ | και 1° AEejy Or-gr Iren] om DM
rell Clem-R Chr | ου συ ει] ου νυν ει bℐsrw : συ ει νυν Chr ½ :
om συ νυν ει] *stas et intuere* Or-lat | βορρα D(.ρα D)o | λιβα
cmt | και αναϊολας] post θαλασσαν Or-lat
   15 om οτι πασαν m | πασαν την γην] πασα η γη D : *eminet
terram hanc* Or-lat | om συ ℨᵘ-coddℭℭ Or-lat | αυτην] (ταυτην
78): om Iren | εως του αιωνος] μετα σου n: om ℭ : om τω
bℐrw Clem-R-ed
   16 om και 1°—σου 1° ℨᶠᵖ | σου 1°] + ως τους αστερας του
οιϊου και h | γης 1°] θαλασσης Emℭ | ει δυναται—γης 2°] om
E : (om ει δυναται τις 20) | δυναται] δυναϊ c : ⟨δυναϊο 32⟩ :
δυνησεται Chr | εξαριθμησαι] post γης 2° Chr : αριθμησαι dp |
την 2°—γης 2°] (om 20): om την αμμον p | την 2°] τον n | γης
2°] θαλασσης hmℭ | το σπερμα 2°] τω σπερματι fnd₂ | αριθμη-
θησεται] pr ουκ h : (αριθμηται 76): εξαριθμηθησεται Dᵐᶦˢfgjln
orsvc₂ Clem-R : εξαριθμησεται bcqu : +την
αμμον της γης s
   17 αναστας] pr και frᵃ : pr *et nunc* ℨ | διωδευσεν f | την
γην] post εις 1° n | om τε adem–quc₂d₂ : om αυτης dp | om
εις 1° dfnℬℭℰ | πλατος Abbℐrwy Iren] +αυτη DEM rell
ℨ(sub ※)ℬℭ | και 2°—αιωνα Abrwyℭ] om DEM rell ℬℬℰ
Iren(uid) | εις τον αιωνα] εως του αιωνος (20) Chr
   18 αποσκην.—κατωκησεν] *migrauit Abram* ℰ | αποσκη-
νωσας] (αποσκευασαμενος 32): +ινδε ℬ | (συνσκευασας 32) :
om ελθων ℬᵛ | παρωκησεν egj | παρα ⟨περι 31 : προς 32.83⟩ :
επι m | δρυν] γην 78) | om την μαμβ. E | την 1°] τη q | μαμ-
βρην AEʰ*j(uid)mnx] μανρην cdfgop : μαμβρη Dᵘⁱ ʰᵇ† rell Chr :
*Mamre* ℬᵛ : *Mabre* ℭ | η ην] την dpxd₂ ℨ(uid) Chr : om mn Or-
lat : om η s | χεβρων cr(uid) | εκει] +και n | κυριω Aᵘⁱᵈamny
c₂] +θω̄ Aᵃ·ᵘⁱᵈ(ras Aᵗᵘⁱᵈ) : +τω θω̄ fℬℨ : pr τω DEM rell Chr
   XIV 1 om δε d | τη 2°] του E: om hxℬ | αμαρφαλ] αμαρ-
φαβ fstv: αμαρφαα c₂: μαρφαλ qu : αμαρφαθ Chr : (αμαρφαλ
118): ιαμορφαλ x : αρμαφαλ d: αμαρφαϊ l | σεννααρ] σεναορ
Eabeˣlqwyℨ(uid)*ℭℭ: εσενσααρ c : σασσααρ m | αριω(χ)] pr και
oℬℰ: αργωχ c: αριωχ l : αριω c₂: βασιλευς 1°] βασιλευ[ς bc₂ |

ℓ(uid) | θεος] κς̄ EMacℾhmswᵛ: αλασαρ ⟨20⟩ Chr: σελλασαρ AMacd
gntxyℨℨᵖ·ᵗˣᵗℭ: *Seddasar* ℬᵖ·ᵗˣᵗ: σελασαρ hᵇ: σαλλασαρ ej:
σαλασαρ ρ: ελχααρ l: om λωτ ℬᴵᵛ | ο Aacjrᵃᵗ] om DEM
rᵃ rell ℭ Chr | χοδολλογομορ] χοδολλογομορ D(+D) Maᵃ†gor
Theoph: χοδολλογομορ On: χοδολλογομορ x: χοδαλογομορ ℨ
Chr: χοδολογομορ dep ℬℭ: χοδαλα(?) γομ n: ⟨χοδασοχομορ
20⟩: χολολογομορ f: χολλοδογομορ j: *Chollogomor* ℬᵖ | αιλαμ]
ελαμ d–gm–prx: αιλαμ qtu: σαιλαμ D: σελαμ l: θαλγα A]
θαλγαλ D (θελγαδ) dgp: ο αργαλ a: θεργαλ jr: θεργεαλ f: ο
αργαλ hᵇ: θαργαδ x: θαργαι b: θαργαν m: θαργαν EMhᵛ rell
ℬℨᵖ·ʷℭ Theoph: ⟨θαραγαλ 128⟩: ⟨θαγαλ 71⟩: θαρθακ ⟨20⟩
Chr: *Thadgal* ℬᵖ·ᵗˣᵗ: *Thargar* ℬᵛ | βασιλευς 3°] βασιλεως
   2 εποι.] εποιησαντο qru Chr: εποιησε bd | εποιησαν] pr το
+μεγαν dgj(mg)ps(mg) | om βαλλα—μετα 2° c | ⟨βαλλα⟩ βαλα
Mℬᵛ On: βαλβα l: βορλα ej: βαλακ dgptxc₂ℨℭ Chr: βαρα
o: βαρα Eahᵇmsᵛ: βαρα qu : ⟨μαρλα 18⟩ : ⟨σοδομων⟩ pr των ⟨20⟩:
om μετα 2°ℬℭ | βασιλεως βαρα g | βαρσα] βαργα t: βαρσαε f:
βαρασα Chr: ⟨βαρσας 20⟩: βαραβα nr: βαρασαμ m | γομορρας]
pr της g | σεννααρ] pr μετα Mdfgpstvxc₂ℨℭ Chr: σεναρ dfl
orsvc₂: σεναρ w: σεννααβ αο: σενναρ d: σεναγαρ g: *Sansaar* ℬᵖ:
σεναναρ m: αδαμα] αδαν x: σαδαμα Eqru: σεβαμα: συμβορ] pr μετα ⟨31⟩
ℬ: βορ sup ras ⟨4⟩ Aᵃ: συμμιβορ f: ⟨συμβωρ 31⟩: συμορβα
Chr: συμορ Mbovwx: συβωρ m: συμορ ℨ: ιμορ Theoph: συμ
αμορ g: ⟨σιμειωρ 71⟩: *Semobor* ℭ: *Synober* ℬᵖ | βασ. 4°] βασι-
λευς d | σεβωειμ] σεβωιμ l: σεβοειμ cfhlucₐℨ: σεβωειν n:
σιβωημ x: σεβωιεν Theoph: σεβωιν dmp: *Esebon* ℬᵖ·ᵗˣᵗ: om
και 4°—βαλακ d | μετα 3° Aℨℨ] om Dᵘ·EM omnℬℨ Chr
| βασιλεως βαλακ m: βαλα Eejqrsuv: σαβακ f: ⟨σαλα 18⟩ |
σηγωρ] σιγωρ abℐglquw: σιγωρ dp
   3 ⟨συνεφωνησαν ουτοι 108⟩: ⟨ουτοι⟩ om 16⟩ | ⟨συνεφωνησαν⟩
συνεπεβαλον 32⟩ | επι] εις | φαραγγα] θαλασσαν g | αλυκην]
αληκ n: ⟨αλιμυραν 32⟩ | αυτη] +εστιν Exℬ | om η b
   4 om τε | εδουλευον] pr αυτον bw: εδουλευσαν ejo Theoph:
εδουλευσεν x | χοδολλογομορ] χοδολλογομορ Maor Theoph:
χοδολλογομομ m: χοδολλογομορ gn: χοδολλογομορ ℨ Chr: χο-
δολλογομορ elpsᵛℨ: χοδολλογομορ ℬ Chr: χιδολλαγομορ x: ⟨χοδα
λογομορ 20⟩: χολολογομορ d: χολλοδογομορ j: χολοδδογομορ f:
+βασιλει ελαμ Chr: +*et regibus qui cum eo* ℰ | om τω δε—
⟨ϛ⟩ χοδολλογομορ om και τω b: και w | ετει απεστησαν]

XIV 1 ελλασαρ] σ᾽ τοπτου Mjsv ℨ-ap-Barh | αιλαμ] σ᾽ σκυθων Mjsv ℨ-ap-Barh
   3 συνεφωνησαν] σ᾽ συνεβαλον M : α᾽ συπεβαλον σ᾽ συνηλθον js(sine nom)v | την αλυκην] σ᾽ συνηλθον M

32

5 τῷ Χοδολλογόμορ, τῷ δὲ τρισκαιδεκάτῳ ἔτει ἀπέστησαν.¶ 5ἐν δὲ τῷ τεσσαρεσκαιδεκάτῳ ἔτει A
ἦλθεν Χοδολλογόμορ καὶ οἱ βασιλεῖς οἱ μετ' αὐτοῦ, καὶ κατέκοψαν τοὺς γίγαντας τοὺς ἐν Ἀστα- ¶ D
6 ρὼθ Καρνάιν, καὶ ἔθνη ἰσχυρὰ ἅμα αὐτοῖς, καὶ τοὺς Σομαίους τοὺς ἐν Σαυῇ τῇ πόλει, 6καὶ τοὺς
Χορραίους τοὺς ἐν τοῖς ὄρεσιν Σηείρ, ἕως τῆς τερεμίνθου τῆς Φαράν, ἥ ἐστιν ἐν τῇ ἐρήμῳ.¶ ¶ E
7 7καὶ ἀναστρέψαντες ἤλθοσαν ἐπὶ τὴν πηγὴν τῆς κρίσεως, αὕτη ἐστὶν Καδής, καὶ κατέκοψαν
πάντας τοὺς ἄρχοντας Ἀμαλὴκ καὶ τοὺς Ἀμορραίους τοὺς κατοικοῦντας ἐν Ἀσασὰν Θαμάρ.
8 8ἐξῆλθεν δὲ βασιλεὺς Σοδόμων καὶ βασιλεὺς Γομόρρας καὶ βασιλεὺς Ἀδαμὰ καὶ βασιλεὺς
Σεβωεὶμ καὶ βασιλεὺς Βάλακ, αὕτη ἐστὶν Σήγωρ, καὶ παρετάξαντο αὐτοῖς εἰς πόλεμον ἐν τῇ
9 κοιλάδι τῇ ἁλυκῇ, 9πρὸς Χοδολλογόμορ βασιλέα Αἰλὰμ καὶ Θαλγὰλ βασιλέα ἐθνῶν καὶ Ἀμαρφὰλ
βασιλέα Σενναὰρ ¹καὶ¹ Ἀριὼχ βασιλέα Ἑλλασάρ, οἱ τέσσαρες οὗτοι βασιλεῖς πρὸς τοὺς πέντε.
10 10ἡ δὲ κοιλὰς ἡ ἁλυκὴ φρέατα ἀσφάλτου. ἔφυγεν δὲ βασιλεὺς Σοδόμων καὶ βασιλεὺς Γομόρρας,
11 καὶ ἐνέπεσαν ἐκεῖ· οἱ δὲ καταλειφθέντες εἰς τὴν ὀρινὴν ἔφυγον. 11ἔλαβεν δὲ τὴν ἵππον πᾶσαν

4 τρισκεδεκατω A        5 τους 2°] του A        9 om και 3° A

(DE)Ma–hjl–yc₂𝕬𝕭𝕰

 απεστησαν ετη n: om ετει E | om απεστησαν—(5) ετει y | ραας] γομμορας l: γομορρων t | και βας. αδαμα] om Chr: om
απεστησαν] απεστησεν x: (συναπεστησαν απ αυτων 32)        βασιλευς d𝕰P | αδαμα] αδανα x: σαδαμα m: αδαμαβαλ n | om
5 εν 1°—ετει] et 𝕰 | om ετει Chr | ηλθεν] ηλθον n𝕰: διηλθε      βασιλεα 4° d Chr | σεβωειμ] σεβωιμ t: σεβοειμ fᵇlmqux: σε-
l | χοδολλογομορ] χοδολλαγομορ Magnor: χοδολογομορ efᵃᵗˡplᴮ𝕭:   βοιμ n: σεβαειμ p: σαβαειμ d: βοειμ fᵉ | om βασιλεα 5° Chr |
χοδολαγομορ 𝕬 Chr: χωδολλογομορ x1: (χοδολοχομορ 20): χολο-      βαλακ] βαλαακ b: βαλα ejqsuv: (σαλα 25) | σηγωρ] σιγωρ
δογομορ d: χολλοδογομορ j: χολογομορ fᵃ | om τους 4° bw |       bdflnquw | παρεταξαντο] παραταξαντες f | om αυτοις fr𝕭𝕰 |
κατεκοψαν] εκοψαν dp | om τους εν ασταρωθ Theoph | τους 2°]     εις πολεμον] post αλυκη dgpsvx Chr: (om 107: εις παραταξιν
om Eaclmo𝕭ᵇ𝕰: παντας qu | om (εν ασταρωθ) εσταρωθ και 31)      32) | επι bw | τη αλυκη] της αλυκης b: (τη αλμυρα 32):
ασταρωθ] αστερωθ E: αταρωθ m: (σταρωθ 79): ασταραθ c |        +Saue 𝕭
καρναιν] pt et 𝕰: καρναειν gsv On ᵇ: καραναειν Theoph:          9 χοδολλογομορ] χοδολλαγομορ aor: χοδολλαγομωρ gn: χοδο-
ναιμ ahᵇtc₂ 𝕭(uid): καρναειμ dfpr Onᵇ: καρνααν n: καιναιν      λογομορ defᵇjlp𝕭: χολογομορ x𝕬 Chr: (χοδολογομιν 127):
Ebw: καινασιν o: καρναειν Chr-codd: και αρπαση Chr-ed:        (χολοδογομορ 20): χολογομορ m: χολογομορ fᵃ | om βασιλεα
(ισχυρα αμα αυτοις) μαχιμα μετ αυτων 32) | και τους σομαιους]     αιλαμ 1°] βασιλεα 1° 𝕭 | βασιλεα 1°] βασιλεαι ελαμ bdeflmpr:
⳨⳨⳨⳨⳨ S–ap–Barh | σομαιους] συμμαιους n𝕬: σομμαιους        ειλαμ x: ιλαμ c₂: αιλαμ s | om και 1°—αμαρφαλ (βασιλεα
EMotc₂ᵇ: σωμμαιους l: σημμαιους a: σημαιους c: σιμαιους hᵇ:      A] θαλγαρ] θαλγα u: θαργαμ l: θαρσαλ d: θορυαλ ao:
σιμμαιους degjpqravw c₂ᵇ𝕭ᵐˡᵖˣ: συμ-          Chr Theoph: συμ-   θαργαλ M rell 𝕬: θαρθακ Chr: Thargar 𝕭 | om βασιλεα εθνων
μαιους b: αμμαιους s | om τους 4°—(6) χορραιους n | τους 4°—     Chr | βασιλεα 1°] βασιλευς d: βασιλεαις q | αμαρφαλ] λ sup
πολει] et urbem Sᵉwi 𝕰 | τους 4° AMfhrty 𝕭–ap–Barh]om E rell  ras Aᵃ (αμαρφαρ Aᵘid): αμαρφαα l: αμαρφααλ fstvx: αμαρφα
𝕬 Theoph Chr | σαυη] σαυι x: σαβα dp: σαββη m: εαυη a:        dgp: αμαρφαθ Chr: μαρφαλ qu: Morphal 𝕭ᵉ | ομ βασιλεα
ναιαη hᵇ: (νεαβι 71): αυτη l Theoph Chr | πολει] +αυτων ac𝕬     σεννααρ Chr | βασιλεα 3°] βασιλευς d | om σεννααρ—βασιλεα
θ χορραιους] χοραιους p: χαρραιους ν𝕭: χορραμιων hqwx:          4° g | σεννααρ] σενααρ djlps𝕭ᵇ(uid)𝕭ᵉ: εννααρ m: σαναααρ c |
χαραιους d: χορδαιους E | (om ορεσιν—(7) θαμαρ 31) | ορεσιν     om και 3° Aqu | αριωχ] αργυχ c: αριω c₂: (αρχω 31) | om
Sinibus 𝕭 | σηειρ] σηρ t: σιειρ quyᵃ: σιηρ dflnx: σκειρ msᵃ |     βασιλεα ελλασαρ Chr | βασιλεα ελλασαρ f | om αυτοις fr𝕭𝕰 |
om της 1° bcow | τερεμινθου] τερμινθου Eaᵃˡc₂: τερεβινθου       ελλασαρ] ελασαρ alw: ελασαρ b: (αλασαρ 20): σελλασαρ cdeginr
bdglnpstw Theoph | om της 2° d | φαραν] φαρραν s: φαρα o:      𝕬𝕭P: σελασαρ p: λασαρ x: +και θαργαλ βασιλεα εθνων e |
φαραμ Chr: ualis 𝕭                                          οι] pr και l | ουτοι A] om M omn 𝕬𝕭𝕰
7 (αναστρεψαντει] υποστρεψαντες 20) | ηλθοσαν] ηλθον Ma–     10 η αλυκη] (αλμυρα 32): om 𝕭ᵉ | φρεατα Adfhwx Chr
hj(txt)l–prstvwxc₂: om qu | πηγην] γην dejlmn: κυλην o |       Jos] pr w 𝕭: +w l: +φρεατα M rell 𝕬𝕭𝕰S–ap–Barh | εφυγεν]
καδης] καθθη dfgmᵃp Phil–cod: καθη c | αμαληκ] pr του amoc.   εφυγον d𝕰P | βασιλευς 1°] pr ο 𝕭 | om βασιλευς 2°—om της
𝕭ᵇP: pr τους c | (om και 3° 16) | αμορραιους] αμμορραιους d:    φαραγγα e: (+εις το φαραγμα 79) | om βασιλευς 2° lmo 𝕬–cod
αμμοραιους h: αμορραιους x | τους κατοικ. | om bw 𝕬–codd |      𝕰P Chr | ενεπεσαν Anry] ενεπεσον M rell: (ενεπεσεν 79: αιε-
ασασαν] ασασαμ Mn: ασασαθ c₂: ασασαν Chr: ασαν y: ασαν     πεσον 108: επεσον 16): acciderunt eos 𝕰 | εκει] +ενθα τα φρεατα
fᵉt: ασα bfᵃ: σα w: ασα d: Sasan Or–lat | Assan 𝕭ᵖ–txt:     (20) Chr | εκει] εις—εφυγον] εφυγον εις την ορεινην bw𝕬𝕭: (+εις
Nasen 𝕭ᵉ | θαμαρ] θαμαρ qu: σαμαρ dp: θαμ c₂: μαρ g|         αυτην 32)
Them Or–lat
8 βασιλευ MhE | δε] +παραταξασθαι Chr | βασιλευς 1°]       11 ελαβεν Anos] ελαβον M rell 𝕬𝕭𝕰 Or–gr Chr | δε] +και
pr ο ejp Chr | βασιλευς 2°] pr ο ej: om cn𝕭ᵖ–txt𝕭ᵖP Chr | γομορ-  την ορινην και Mdghptx Chr–ed: (+την ορεινην και εκρορο-
μενσαν 31.8₃): +και την ορινην r: +και fs | την ιππον πασαν]

5 γιγαντας] α' ραφαειν jsv: σ' ζοιζομμειν j(sine nom)v | σομαιους] σ' ζοιζομμειν s
6 τερεμινθου] οι ϟ δρυος Mj(sine nom): σ' δρυος v
9 αιλαμ] σ' σκυθων v | εθνων] σ' σκυθων Mj: σ' ταμφυλιας Mj(sine nom)v | σεννααρ] ποντου j | ελλασαρ] σ' ποντου v |
(ver 9) α' σ' σκυθων: ταμφυλιας: σ' ποντου s

(A) (D) τὴν Σοδόμων καὶ Γομόρρας καὶ πάντα τὰ βρώματα αὐτῶν, καὶ ἀπῆλθον. ¹²ἔλαβον δὲ καὶ τὸν 12
Λὼτ υἱὸν τοῦ ἀδελφοῦ ᾿Ἀβρὰμ¹ καὶ τὴν ἀποσκευὴν αὐτοῦ, καὶ ἀπῴχοντο· ἦν γὰρ κατοικῶν ἐν
§ D Σοδόμοις. ¹³παραγενόμενος δὲ τῶν ἀνασωθέντων τις ἀπήγγειλεν ᾿Ἀβρὰμ τῷ περάτῃ· αὐτὸς δὲ 13
¶ c κατῴκει ἐν τῇ δρυὶ τῇ Μαμβρῆ ὁ ῎Αμορις τοῦ ἀδελφοῦ ᾿Εσχὼλ καὶ τοῦ ἀδελφοῦ Αὐνάν, οἳ ἦσαν¶
§ d₂ συνωμόται τοῦ ᾿Αβράμ. ¹⁴ἀκούσας δὲ ᾿Αβρὰμ ὅτι ᾐχμαλωτεύθη Λὼτ ὁ ἀδελφὸς αὐτοῦ, ἠρίθμη- 14
¶ A σεν τοὺς ἰδίους οἰκογενεῖς αὐτοῦ, τριακοσίους δέκα καὶ ὀκτώ, καὶ κατεδίωξεν¶ ὀπίσω αὐτῶν ἕως
Δάν. ¹⁵καὶ ἐπέπεσεν ἐπ᾿ αὐτοὺς τὴν νύκτα αὐτὸς καὶ οἱ παῖδες αὐτοῦ, καὶ ἐπάταξεν αὐτούς, καὶ 15
ἐδίωξεν αὐτοὺς ἕως Χωβάλ, ἥ ἐστιν ἐν ἀριστερᾷ Δαμασκοῦ. ¹⁶καὶ ἀπέστρεψεν πᾶσαν τὴν ἵππον 16
Σοδόμων· καὶ Λὼτ τὸν ἀδελφὸν αὐτοῦ ἀπέστρεψεν καὶ πάντα τὰ ὑπάρχοντα αὐτοῦ καὶ τὰς
§ LU₃꜀ γυναῖκας καὶ τὸν λαόν. ¹⁷᾿Εξῆλθεν δὲ ,βασιλεὺς Σοδόμων εἰς συνάντησιν αὐτῷ, μετὰ τὸ 17
§ A ὑποστρέψαι αὐτὸν ἀπὸ τῆς κοπῆς τοῦ Χοδαλλογόμορ καὶ τῶν ¹βασιλέων τῶν μετ᾿ αὐτοῦ, εἰς τὴν
¶ U₃ κοιλάδα τὴν Σαύην· τοῦτο ἦν τὸ πεδίον βασιλέως.¶ ¹⁸καὶ Μελχισέδεκ βασιλεὺς Σαλὴμ ἐξήνεγκεν 18

12 αβραμ A      13 ανασωθεντις A | συνομοται A      17 σκοπη: D

(DL)M(U₃)ab(c)d–hjl–yc₂(d₂)𝕬𝕭(ℭꜜ)𝕰

πασαν την ιππον Macdgmopsvxc₂ Chr: ⟨πασαν την οισπρον 107⟩: pr ολην y Cyr-codd | ⟨παιδες⟩ οικογενεις 20⟩ | αυτου] pr μετ f:
omnem praedam 𝕬: om πασαν 𝕭ᴵᵐ𝕰 | την 1°] om Macdghm–p + μετ αυτου Mdgptxd₂ | om και εδιωξεν αυτους dgp𝕬 Chr |
stvxc₂ Chr: των ly | γομορρας] γομορας Γ | γομορρον ο | βρω- εδιωξεν αυτου] κατεδ. αυτους και εξεδιωξε Cyr-cod | εδιωξεν]
ματα] βρωτα dgps: σωματα r: αρματα m: ⟨σιτηρεσια 32: υπαρ- εξεδιωξεν Mejlqs–vxc₂d₂ Cyr-cod: επεδιωξεν Cyr-cod: κατε-
χοντα 31.83⟩ διωξεν abw Cyr-ed | om αυτους 3° behjlmqs–v Cyr-cod | χωβαλ]
12 om των c₂° | om υιον—αβραμ mo | υιον AMbtw] pr των χωβα bdfmpwc₂d₂ Cyr-cod: χωβηλ g: χωβα h°nqruy𝕭ᴵᵐ On:
rell Chr | αδελφου] + αυτου l | αυτου] + τον υιον του αδελφου χοβα Cyr-cod: χωβαρ x: ⟨σοβα 83⟩ | om εσ dfgj°lnop
αβραμ mo | αχωντο ejqu: ⟨+ φευγοντες 20⟩: ρεενις Chr-ed | ⟨δαμασκου αριστερα 108⟩ | αριστερα] αριστα θ
𝕬-codd | κατοικων] κατασκηνων bw 16 απεστρεψεν 1°] επεστρεψεν qu: απεστρεψαι y: ⟨εφυγα-
13 παραγενομενος] παραγενομενος f: παραγενομενοι f(uid) | δεσαν 20⟩ | πασαν—σοδομων] mulos eorum 𝕰 | την ιππον πασαν
των ανασωθ. τις] τις των ανασωθ. Mbd–gjopsvwx𝕬𝕭(uid) Chr: qu | την ιππον] praedam 𝕬 | σοδομων] +et Gomorrhae 𝕭 |
τι ανασωθ. n: ⟨των διασωθ. τις 32: τις των διασωθ. 16.20⟩ | λωτ—αυτου 1°] των 𝒘 του αδελφου αυτου + λωτ 76⟩ |
ανασωθεντων] αναληφθεντων c | απηγγειλεν] απηγγειλεν l Thdt: λωτ τον] pr των bw: τον λωτ ht | αδελφον] αδελφιδουν dfpv°x
απηγγειλα fn | αβραμ 1°] pr τω DMbdfgptwx Chr Cyr Thdt: d₂bᵗ Chr Cyr–ed: υιον αδελφου m𝕰꜀ | απεστρεψεν 2°] post
om τω περατη d𝕰 | αυτος] αυτω a | εσ Am Cyr-cod] παρα bw αυτου 1° amoc₂𝕰: ⟨απεσωσε 20⟩ om εσ𝕰ᵖ | om παντα abmorwc₂
Chr ½: προς DM rell 𝕬𝕭(uid)𝕰(uid) Chr½ Cyr-ed | τη δρυι τη 𝕰 | αυτου 2° ej | και τον λαον και τας γυναικας t Chr | τας
την δρυν την lnx | μαμβρη] μαμβρι e: μαμβρην p: μαβρη p: γυναικας] τας γυναικας h Chr
μαυρη cdfo: Mamre 𝕭ᵖ | ο αμορις] ο αμορρις D: αμορρι yᵃᵗ(uid) 17 εξηλθεν p |βασιλευς] pr o d Chr | σοδομων] +και βασι-
c₂ᵇ: ομορος dgoprxc₂ᵃ Chr-codd: ολιμορι hᵃ: ο αμμωρ b: ο λευς γομορρας bw | om εις 1°—αυτω Cyr-cod ½ | συναντησιν
αμμωρ w: ⟨ο αμωρ 108⟩: ο γαμβρος m: του αμορραιου 𝕬-ed ⟨υπαντησιν 20⟩: απαντησιν Cyr-ed | αυτω] + αυτω bemnwx
𝕭(uid): αμορραιου Cyr-ed: ο αμορραιον nᵇ: ομορων Chr-ed: om Cyr-ed½: αβραμ fr𝕭𝕰꜀: om dpd₂ | το 1°] τον m | υποστρεψαι]
o t: + δε c₂: Amorrhaeorum 𝕬-codd | ⟨om τον 1° 14⟩ | αποστρεψαι U₃dp: επιστρεψαι bw: αποστρεψειν LMaefgj(txt)
εσχωλ—αδελφου 2°] εσχολ dejmpsvx | του αδελφου 2°] om nors(txt)wx-dr Chr: υπαναστρεψαι t | om αυτον bw | αυτου]
df𝕭𝕰꜀: om του abcgmoprwxc₂ Chr | αυναν] ⟨ευναν 68⟩: αυτου ⟨τροπης 32⟩: σκοπης D Phil-cod | του χοδ. και] om L: om του
M | om οι h𝕭ᶜᵖ | om συνωμοται—⟨xvi. 15⟩ ισμαηλ c (spat 14 Cyr ½ | χοδαλλογομορ] χοδαλλαγομορ am: χοδαλλαγομορ επ
circ linearum relicto⟩ | συνωμοται] ⟨συμμαχοι 20: συμψηφοι χοδολλαγομορ hᵃqs–wyc₂ Cyr ½: χοδολλογομορ deflpd₂𝕭ℭ Cyr ½:
32⟩ | του 3°] τω Mdfmnptx Chr Cyr-codd χοδαλλογομορ Mghᵇᵗr Phil-cod: χοδολλαγομορ n | χοδολλαγο-
14 ακουσας δε] και ακουσας c₂ | om αβραμ m𝕭ᶠᵖ | ηχμαλω- μωρ Chr: χοδολλογομορ x: χολλοδογομορ j: χολλοδογομορ—
τευθη Ay] ηχμαλωτισται dejp: ηχμαλωτευεται DᵘⁱⁱM rell Chr χολοδογομορ Phil-codd: χολογομοδορ Phil-cod: χολογομορ n |
Cyr | αδελφος] αδελφιδους dfpv(mg)xd₂ᵇ𝕬-codd Chr Cyr-ed: των μετ αυτου 18: των συν αυτω 20 |
αρεψιος gn: υιος του αδελφου m𝕰ᶜᵖ | ιδιους] οικειους l: om των 2°] των Cyr-cod ½: του Cyr ½ ed ½: om gpd₂ | σαυην A]
x𝕬(uid)𝕭(uid) | om αυτου 2° m Chr | τριακ.—οκτω] δεκα και σαυιν n: σαν x: σαβη dpw Cyr½: σαν 18): σαυη DLM rell
οκτω και τριακ. D ⟨δε...σιους D⟩: οκτω και δεκα και τριακ. 𝕬Cyr ½ | om τουτο—βασιλεως L | τουτο] τουτως e | + βασιλεω] e
aehjloqtu: τριακ. δεκα οκτω dmrswy: ⟨οκτω και δεκα τριακ. 78⟩ | sup ras Aᵃ | βασιλεως ½] sup ras Aᵃ: pr του agoc₂: βασιλεω
⟨om και 2°—δαν 83⟩ | κατεδιωξε] κατε.. 𝕬 ⟨εδιωξε αυτων Dlqu𝕰: των βασιλεων Cyr ½: regni 𝕰: +μελχισεδεκ bw:
οπισω αυτων x: om bw | εως ⟨δαν—(15⟩ αυτους 1° 𝕬 | δαν] + των μετ αυτου ί
δαμ s: δαθαμ g 18 και μελχ.] μελχ. δε ⟨32⟩ ℭ: + δε e | βασ. σαλημ] post
15 επεπεσεν] επεσεν nxc₂ Cyr-cod | om επ g | την νυκτα]

13 παραγενομενος] σ΄ διαφυγων v | ανασωθ.] σ΄ διαφυγοντων j: σ΄ διαφευγοντων s | τω περατη] α΄ τω περατη σ΄ τω εβραιω
jsv | ο αμορις] α΄ του αμωρι sv: του αμορι j: σ΄ του αμορραιου jsv
17 της κοπης] α΄ του πληξαι j(sine nom)sv: σ΄ μετα το παταξαι sv

34

19 ἄρτους καὶ οἶνον· ἦν δὲ ἱερεὺς τοῦ θεοῦ τοῦ ὑψίστου. [19]καὶ ηὐλόγησεν τὸν Ἀβρὰμ καὶ εἶπεν (A) (D)
20 Εὐλογημένος Ἀβρὰμ τῷ θεῷ τῷ ὑψίστῳ, ὃς ἔκτισεν τὸν οὐρανὸν καὶ τὴν γῆν· [20]καὶ εὐλογητὸς ὁ
θεὸς ὁ ὕψιστος, ὃς παρέδωκεν τοὺς ἐχθρούς σου ὑποχειρίους σοι.¶ καὶ ἔδωκεν αὐτῷ δεκάτην ἀπὸ ¶ $d_2$
21 πάντων.¶ [21]εἶπεν δὲ βασιλεὺς Σοδόμων πρὸς Ἀβρὰμ Δός §μοι τοὺς ἄνδρας, τὴν δὲ ἵππον λάβε ¶ L
22 σεαυτῷ. [22]εἶπεν δὲ Ἀβρὰμ πρὸς βασιλέα Σοδόμων Ἐκτενῶ τὴν χεῖρά μου πρὸς τὸν θεὸν τὸν § $U_4$
23 ὕψιστον, ὃς ἔκτισεν τὸν οὐρανὸν καὶ τὴν γῆν, [23]εἰ ἀπὸ σπαρτίου ἕως σφαιρωτῆρος ὑποδήματος
24 λήμψομαι¶ ἀπὸ πάντων τῶν σῶν· ἵνα μὴ εἴπῃς ὅτι Ἐγὼ ἐπλούτισα τὸν Ἀβράμ. [24]πλὴν ὧν ¶ $U_4$
ἔφαγον οἱ νεανίσκοι καὶ τῆς μερίδος τῶν ἀνδρῶν τῶν συμπορευθέντων μετ' ἐμοῦ, †Ἐσχώλ†,
Αὐνάν, Μαμβρή· οὗτοι λήμψονται μερίδα.
XV 1 [1]Μετὰ δὲ τὰ ῥήματα ταῦτα §ἐγενήθη ῥῆμα Κυρίου πρὸς Ἀβρὰμ ἐν ὁράματι λέγων Μὴ § L
2 φοβοῦ, Ἀβράμ· ἐγὼ ὑπερασπίζω σου· ὁ μισθός σου πολὺς¶ ἔσται σφόδρα. [2]λέγει δὲ Ἀβρὰμ § $d_2$ ¶ A
Δέσποτα Κύριε, τί μοι δώσεις; ἐγὼ δὲ ἀπολύομαι ἄτεκνος· ὁ δὲ υἱὸς Μάσεκ τῆς οἰκογενοῦς μου,
3 §οὗτος Δαμασκὸς Ἐλιέζερ. [3]καὶ εἶπεν Ἀβράμ Ἐπειδὴ ἐμοὶ οὐκ ἔδωκας σπέρμα, ὁ δὲ οἰκογενής § $𝔏^b$
4 μου κληρονομήσει με. [4]καὶ εὐθὺς φωνὴ Κυρίου ἐγένετο πρὸς αὐτὸν λέγων Οὐ κληρονομήσει σε
5 οὗτος· ἀλλ' ὃς ἐξελεύσεται ἐκ σοῦ, οὗτος κληρονομήσει σε. [5]ἐξήγαγεν δὲ αὐτὸν ἔξω καὶ εἶπεν

19 ευλογησεν $D^{sil}$ 23 σφαιρ.] φαιρ. A*(σ suprascr $A^1$): σφερ. D
24 εισχωλ A XV 1 πολυς] πο...A

$D$(L)M($U_4$)abd–hjl–y$c_2$($d_2$)𝔄𝔅(ℭ^c)𝔈($𝔏^b$)

υψιστου 𝔈 | σαλειμ $nd_2$ | εξηνεγκεν] +αυτω blw Cyr-ed ½: +αυτου n | αρτους] αρτον mnx | ην δε ιερευς] *quia sacerdos erat* 𝔄 | ιερευς] pr ο t* | om του 2° ⟨79⟩ Cyr ½ ed ½

19 τον αβραμ] τον αβρααμ e: ⟨om τον 18⟩: αυτον amo: αυτον μελχισεδεκ bw | ευλογημενος] ευλογητος ⟨20⟩ Chr ½ Thdt | τω θεω] pr παρα ej: om g

20 om και 1°—υψιστος $𝔈^{fp}$ | ευλογητος] ευλογημενος dejp | ο θεος] pr κ̅ς̅ bw | om ο υψιστος Chr ½ | παρεδωκεν] εδωκεν D Cyr ½ | σου—σοι] *eius in manibus eius* Or-lat | υποχειριους] υπο χειρας ej: εις χειρας ⟨32⟩ 𝔄(uid) | σοι] σου bdeflpt Cyr ½ cod ½ | αυτω δεκατην] δεκατην αυτω f𝔅: αβραμ δεκατας αυτω ej | αυτω] +αβραμ bw: ⟨om 83⟩ | δεκατην] δεκατας l: +μοιραν Cyr ½ | απο παντων] *ab omnibus suis* Spec: +*quae erant ei* $𝔅𝔈^p$

21 βασιλευς] pr ο Dbfrw | ⟨σοδομων] pr των 20⟩ | μοι] εμοι qsuv | ανδρας] παιδας n | την δε ιππον] *et praedam* 𝔄 | σεαυτω] μετα σεαυτου $c_2$

22 om δε l | βασιλεα σοδομων] pr τον bdf Chr Cyr-ed: αυτον p | εκτεινω $U_4$*(uid)o𝔄 | om την χειρα μου Eus ½ | om τον θεον Cyr ½ | τον 1°] pr κ̅ν̅ qu Cyr-ed ½: om m Phil-cod ½ | om τον υψιστον Iren-cod | εκτισεν] εποιησε ⟨20⟩ 𝔄(uid)𝔈 Chr | γην] +και ευλογητος ο θ̅ς̅ ο υψιστος $quy^a$

23 ει] εις l: η p | om σπαρτιου εως g | εως] pr και x: μεχρι m | om υποδηματος d | om παντων ℭ-ed𝔈 | om οτι Cyr-ed ½ | επλουτισα] πεπλουτικα Mdfglpt$c_2$ Chr | τον αβραμ] αυτον n

24 ⟨ων] α 32⟩ | νεανισκοι] ⟨παιδες 20⟩: *homines mei* 𝔈 | συμπορευομενων qu | εσχωλ αυναν] αυναν εσχωλ aox$c_2$𝔄: *Annan et Eschol* $𝔅^p$ | εσχωλ] εσχολ dejp: εισχολ m | ⟨αυναν] αυγαν 18⟩: +εισχολ m | μαμβρη] μαμβρι e: μαυρη f: μαυρι dp: μαυρην m: *Mamre* $𝔅^p$: *Mabre* ℭ | μεριδα] +αυτων aefjmox$c_2$𝔄ℭ𝔈(uid)

XV 1 om τα b | εγενηθη] εγενετο efj$d_2$ | ρημα κυριου] κυριου λογος Jul-ap-Cyr | εν οραματι λεγων] λεγων εν οραματι sv: om εν οραματι Cyr-cod ½: ⟨om λεγων 77⟩: εν οραματι της νυκτος λεγων efhjlt(λεγον jl)𝔄-ed Cyr-ed ½ (cod λεγον): ⟨εν οραματι νυκτος λεγων 32⟩: λεγων εν οραματι της νυκτος Mdgnp$d_2$ Chr (λεγον) Jul-ap-Cyr | λεγων] λεγον Cyr-ed ½ | om αβραμ 2° L | ⟨εγω] +δη 32⟩ | υπερασπιζω] υπερασπιω Lx𝔄 Chr ½: υπερασπισω Cyr-ed ½ | εσται σφοδρα] *est* Tyc: om εσται Phil-codd

2 λεγει δε] *et dixit ei* 𝔈 | λεγει] ειπε p𝔅ℭ | δε 1°] αυτω f: om est $𝔅^p$ | δεσποτα κυριε] om L: om δεσποτα a*ℭ: om κυριε Mb–hj(txt)lprs(txt)tvwy$d_2$𝔅𝔈 Phil Chr ½ Cyr ½ codd ½ Jul-ap-Cyr | κυριε] post δωσεις Chr ½ | om δε 2° e$𝔅^p$ℭ-ed | απολυομαι] απολλυομαι lp: απολλυμαι ⟨76⟩ Chr ¾: απολυθησομαι Phil ½: απελευσομαι Phil-codd ½: *moriar* ℭ | om δε 3° dp | μασεκ] μασεχ qu Cyr-ed ½: μαεσεκ x: ⟨μαζεκ 20⟩: μου εκ ⟨61⟩ Cyr-codd ½: μου ο εκ l Phil-codd ½: εκ Cyr-cod ½: om Chr | οικογενους] οικετιδος Phil-codd ½ | om μου Phil-cod ½ | ουτος] pr κληρονομησει με Phil-codd 𝔈(uid): om Or-lat(uid)

3 και ειπεν αβραμ] ειπεν δε αβραμ ryℭ: ειπε δε αβραμ δεσποτα f: om dp | επειδη] επει p: ⟨επειδαν 68.107⟩ | εμοι ουκ εδωκας] ουκ εδωκας μοι m(εδωκες)pℭ(uid) Or-lat Chr | εδωκας] εδωκες L | σπερμα] τεκνον bgw | ο δε—μου] ουτος p Chr | ο δε] ουδε ο g: ⟨και ο 37⟩: *hic* Or-lat: om δε dm𝔄𝔅ℭ𝔈 | μου] +ουτος fr | με κληρονομησει fr Chr

4 om και—σε 1° Lo | ευθυς] ευθυ a: ευθεως m | κυριου] θ̅υ̅ begjrvw Phil Chr: του θεου Jul-ap-Cyr: *Dei* 𝔄ℭ: om dps(txt) x*y$d_2$𝔏 Cyr-cod ½ | om προς αυτον 𝔈 | λεγων] λεγουσα defjl mpqu$c_2d_2$ Chr Cyr ½ ed ½: λεγοντος Jul-ap-Cyr: τω λεγειν Phil: om x*ℭ-ed | ουτος 1°] +και ειπεν αυτω ουχ ουτως ο | ουτος κληρον. σε] om ⟨25⟩ $𝔈^p$: om σε f* | σε κληρονομησει $f^a$r

5 ⟨εξηγαγεν] εξεβαλε 77⟩ | δε αυτον] εαυτον l | om εξω

21 τους ανδρας] α' την ψυχην σ' τας ψυχας jsv | την δε ιππον] α' την δε περιουσιαν σ' την δε υπαρξιν j(sine nom)sv
23 σπαρτιου] α' ραμματος σ' νηματος jsv$c_2$ | σφαιρωτηρος] σ' ιμαντος M$vc_2$(sine nom): α' ιμαντος js: σ' σφαιρωτηρα δε τον ιμαντα του υποδηματος j | ινα μη ειπης] σ' και ουκ ερεις jsv
XV 1 υπερασπιζω] υπερμαχομαι καθαπερ οπλον j
2 απολ. ατεκνος] α' απερχομαι αγονος σ' πορευομαι M | ατεκνος] α' αγονος j(sine nom)sv | ο δε—μου] σ' ο δε συγγενης του οικου μου Mjsv(sine nom js)
4 λεγων] α' τω λεγειν οι δε ο' και σ' και θ' ως γεγραπται λεγων sv

(A) (D) πρὸς αὐτόν Ἀνάβλεψον δὴ εἰς τὸν οὐρανὸν καὶ ἀρίθμησον τοὺς ἀστέρας, εἰ δύνῃ ἐξαριθμῆσαι
§ $U_4$ αὐτούς. καὶ εἶπεν Οὕτως ἔσται τὸ §σπέρμα σου.¶ [6]καὶ ἐπίστευσεν Ἀβρὰμ τῷ θεῷ, καὶ ἐλο- 6
¶ L § A γίσθη αὐτῷ εἰς δικαιοσύνην. [7]εἶπεν δὲ αὐτῷ Ἐγὼ ὁ θεὸς ὁ ἐξαγαγών σε ἐκ χώρας Χαλδαίων, 7
§ $ℭ^m$ ὥστε δοῦναί σοι τὴν γῆν ταύτην κληρονομῆσαι. [8]εἶπεν δέ Δέσποτα Κύριε, κατὰ τί γνώσομαι 8
¶ $U_4$$ℭ^m$ ὅτι κληρονομήσω αὐτήν; [9]εἶπεν δὲ αὐτῷ Λάβε μοι δάμαλιν τριετίζουσαν καὶ αἶγα¶ τριετίζουσαν 9
καὶ κριὸν τριετίζοντα καὶ τρυγόνα καὶ περιστεράν. [10]ἔλαβεν δὲ αὐτῷ πάντα ταῦτα, καὶ διεῖλεν 10
αὐτὰ μέσα, καὶ ἔθηκεν αὐτὰ ἀντιπρόσωπα ἀλλήλοις· τὰ δὲ ὄρνεα οὐ διεῖλεν. [11]κατέβη δὲ ὄρνεα 11
ἐπὶ τὰ σώματα, τὰ διχοτομήματα αὐτῶν· καὶ συνεκάθισεν αὐτοῖς Ἀβράμ. [12]περὶ δὲ ἡλίου 12
¶ $𝔏^b$ δυσμὰς ἔκστασις ἐπέπεσεν τῷ Ἀβράμ, καὶ ἰδοὺ φόβος σκοτινὸς μέγας ἐπιπίπτει αὐτῷ.¶ [13]καὶ 13
ἐρρέθη πρὸς †Ἀβράμ† Γινώσκων γνώσῃ ὅτι πάροικον ἔσται τὸ σπέρμα σου ἐν γῇ οὐκ ἰδίᾳ, καὶ
κακώσουσιν αὐτὸ καὶ δουλώσουσιν αὐτοὺς καὶ ταπεινώσουσιν αὐτοὺς τετρακόσια ἔτη. [14]τὸ δὲ 14
ἔθνος ᾧ ἐὰν δουλεύσωσιν κρινῶ ἐγώ· μετὰ δὲ ταῦτα ἐξελεύσονται ὧδε μετὰ ἀποσκευῆς πολλῆς.
¶ $d_2$ ¶ A [15]σὺ δὲ ἀπελεύσῃ πρὸς τοὺς πατέρας σου μετ' εἰρήνης, τραφεὶς ἐν γήρει καλῷ.¶ [16]τετάρτη δὲ¶ 15 16

9 κρειον *D* 11 συνεκαθεισεν A 12 εκστασεις A 13 αβραν A

*D*(L)M($U_4$)abd–hjl–y$c_2$($d_2$)𝔄𝔅$ℭ^{c(m)}$𝔈($𝔏^b$)

Clem-R Jul-ap-Cyr | προς αυτον *D*𝔏(uid)] αυτω LM omn Clem-R Or-gr Chr Cyr Jul-ap-Cyr: om Phil | αναβλεψον] αναβλεψαι τοις οφθαλμοις σου f: + τοις οφθαλμοις σου r | om δη Labdfmop rw–$d_2$𝔄𝔅ℭ𝔈𝔏 Phil Clem-R Or Chr Cyr-cod ½ Jul-ap-Cyr Thdt Spec | αριθμησον] εξαριθμησον sv: ιδε Thdt | ει δυνη] εαν δυνηθης Phil | ει] ⟨+ δη 32⟩: pr *uide* 𝔅ℭ | δυνη *D*] δυνασαι $c_2$: δυνηση LM rell 𝔏 Clem-R Or-gr Chr Cyr Jul-ap-Cyr Thdt | εξαριθμησαι] εξαριθμησασθαι L: ⟨αριθμησαι 108⟩: του αριθμησαι Phil-codd | αυτους] τους αστερας n | και ειπεν 2°] om ejp Phil(uid) Clem-R Or-gr ½ Spec: + αυτω Ladflmorx$c_2$$d_2$ 𝔄$𝔅^p$ℭ$𝔈^{cf}$𝔏 Or-gr ½: + *ad eum* Or-lat ⅔ | ουτως] pr και d | εσται] εστω L | το σπερμα] τω σπερματι f: ..ερμα $U_4$

6—15 nonnulla rescr $A^d$

6 και επιστ.] επιστ. δε bw Phil Paul Cath Clem-R Just Or-gr Eus ⅔ Cyr ½ | αβραμ] αβρααμ fv: post θεω Just | om εις m

7 ειπεν δε] και ειπεν y | αυτω Ay] προς αυτον $D^{sil}$M$U_4$ rell 𝔏(uid) Phil Cyr Jul-ap-Cyr | εγω—σε] *ego sum qui te educo* Or-lat | εγω] + ειμι Mdfglprstv$c_2$$d_2$𝔅ℭ𝔈 Phil-arm Chr Jul-ap-Cyr | ο θεος] pr κ̅ς̅ x𝔄𝔈 Phil-arm: + σου l$d_2$𝔄𝔈: + *sum* 𝔏 | εξαγων Jul-ap-Cyr | εκ] απο Phil-cod | χωρας] pr γης s: pr της Chr: χειρος $c_2$: γης Phil-codd | ⟨ωστε] του 32⟩ | κληρονομησαι] + αυτην *D*Madfgl–pstvx$c_2$$d_2$𝔄-codd𝔅ℭ𝔈𝔏(uid) Chr Cyr-ed Jul-ap-Cyr

8 ειπεν δε] *et dixit* 𝔏: om δε w: + αυτω dp$𝔅^{lw}$𝔈: + αβραμ fn𝔄 | om δεσποτα—(9) αυτω $𝔈^{fp}$ | δεσποτα κυριε] κυριε θεε ℭ Phil-codd: om δεσποτα f: om κυριε $U_4$* Phil-ed Cyr ½: + θεε bw | κατα τι] πως M(mg)𝔅(uid) | γνωσομαι] + τουτο Mdgnpt$d_2$ Chr Cyr ½ ed ½ Thdt ½ | οτι—αυτην] *quia hereditas illa* 𝔏

9 δε αυτω] *Ds ad Abram* 𝔏 | μοι] *tibi* 𝔈 | om τριετιζουσαν 1°—κριον w | και αιγα τριετιζουσαν] post τριετιζοντα fr Phil Chr ½: om Cyr-ed ½ (repugnante contextu) Jul-ap-Cyr Thdt(uid) $𝔈^p$: ⟨om τριετιζουσαν 20⟩ | om και κριον τριετιζοντα Chr ½ Jul-ap-Cyr | om και 3° dp$d_2$ | και περιστεραν και τρυγονα Chr ½

10 ελαβεν—ταυτα] *haec accepit* 𝔏: και ελαβεν Chr | ελαβεν δε] και ελαβεν bw: *et sume* 𝔈 | αυτω] εαυτω *D*o Cyr-ed: *ita* 𝔈: om 𝔄 | ταυτα παντα Md–np–suv$c_2$$d_2$𝔈 Phil-codd Cyr | διειλεν] *diuide* 𝔈 | om αυτα 1° 𝔏(uid) | μεσα] μεσον defjm | om και 2°—αλληλοις n𝔈 | αυτα 2°] ⟨αυτω 31⟩: om 𝔏(uid) Cyr-ed | αντιπροσωπα] αντιπροσωπον df(uid)mp: ⟨αντι προσωπου 79⟩ | αλληλοις] αλληλων fr | ου διειλεν] *ne diuiseris* 𝔈 | διειλεν 2°] + και εθικεν αυτα αντιπροσωπον αλληλοις n: + *et sumpsit sibi ita haec omnia et diuisit inter ea et posuit quae diuiserat contra se altrinsecus aues autem non diuisit* $𝔈^c$

11 κατεβη δε] *et descenderunt* 𝔏(uid) | ορνεα] pr τα $b^b$𝔅$𝔈^{fp}$: pr ετερα Chr: ⟨ορνεον 18⟩: + εκ του ου̅ν̅ο̅υ̅ frℭ | om τα σωματα f Jul-ap-Cyr | τα διχοτ.] pr επι $e^b$(postea ras)hjlqtu Cyr-ed: τα διχοτομημενα n: τα διχοτομηθεντα ⟨20⟩ Phil-codd Chr: *quae diuisa erant* 𝔏 | om αυτων n𝔅𝔏 Chr Jul-ap-Cyr | αβραμ] + *et auertit eos* $𝔈^c$

12 περι δε—αβραμ] om mw: om δε 𝔏(uid) | εκστασις] σκοτοσις h | επεπεσεν] επεσεν ln Phil-codd ½ Cyr-ed T-A: επεστησεν Phil-cod ½ | τω] pr επι Phil-codd ½: επι τον M(mg) hs(mg)t Phil-cod ½ Cyr T-A: επι Phil-codd ½ | om ιδου 𝔄-codd $𝔅^{lw}$ | φοβος] γνοφος bnw | σκοτινος μεγας] μεγας σκοτινος Mdgp rsv$d_2$𝔅ℭ Phil-arm: μεγας και σκοτεινος f Chr: ⟨σκοτος μεγα 32⟩: om n: om μεγας bhmw𝔄$𝔈^p$ | επιπιπτει] εμπιπτει dmp$d_2$: επιπτει Ml: επεστει n: *uenit* 𝔅 | αυτω] αυτων l

13 αβραμ] αυτον dgr* | παροικος x | γη] pr τη ⟨31⟩ Thdt ½ | ουκ ιδια] αλλοτρια m Acta Cyr ½ | κακωσ.—αυτους 1° A] δουλωσουσιν αυτους και κακωσουσιν Mb(δουλευσ. b*)dgh(δουλευσ. h*)ln ptw$d_2$𝔄 Phil-arm (om αυτους) Chr ½ Tyc-cod: δουλωσ. αυτους και κακωσ. αυτους $D^{sil}$aefjmo(uid)qrsuvxy$c_2$𝔅ℭ𝔈 Cyr Thdt ½ Tyc-ed: δουλωσ. αυτο και κακωσ. Acta Chr ⅔: δουλωσ. αυτο και κακωσ. αυτο Thdt ½ | αυτο] αυτους Or-gr | om και δουλωσ. αυτους Or-gr (repugnante contextu) | και ταπειν. αυτους] post ετη $𝔅^{lw}$: om ho*qux Acta Chr ⅔ Cyr Thdt ½ Tyc | om αυτους 2° bw Chr ⅔ Thdt ½ | ετη τετρακοσια Mbdfghlnprsvw$d_2$ Acta Or-gr ½ Chr Cyr-ed Thdt Tyc

14 το δε] και το bejnw Acta | ω εαν δουλ.] *qui affligent eos* 𝔈 | ω] ου n | εαν] αν bfrsvwx | εγω κρινω aο$c_2$𝔈 | εγω] + λεγει κ̅ς̅ bw | μετα δε] και μετα g Acta: om δε p | ταυτα δε m | om ωδε y | αποσκευης] σκευης n

15 απελευση] πορευση abow$c_2$: *ibis et reuertere* 𝔈 | ⟨προς—σου] post ειρηνης 37⟩ | μετ ειρηνης τραφεις] εν ειρηνη τραφεις 𝔅 Or-lat ½ Thdt: τραφεις εν ειρηνη *D*y Chr-codd: om 𝔈: om μετ ειρηνης gmn Chr-ed Cyr ⅔ | εν] παιδεια αγαθη l | γηρει] γηρα apu$c_2$ | καλω] καλως q: ⟨πιονι 32⟩

11 συνεκαθισεν] α' απεσοβησεν Mjsv$c_2$(sine nom)
12 εκστασις] α' κορος (κορσος $c_2$) σ' καρος jsv$c_2$: α'σ' *nausea* 𝔖-ap-Barh
15 εν γηρει καλω] α' εν πολια αγαθη Msv: σ' εν πολια αγαθη j

γενεᾷ ἀποστραφήσονται ὧδε· οὔπω γὰρ| ἀναπεπλήρωνται αἱ ἁμαρτίαι τῶν Ἀμορραίων ἕως τοῦ (A) (D)
17 νῦν. ¹⁷ἐπεὶ δὲ ἐγίνετο ὁ ἥλιος πρὸς δυσμαῖς, φλὸξ ἐγένετο· καὶ ἰδοὺ κλίβανος καπνιζόμενος καὶ
18 λαμπάδες πυρός, αἳ διῆλθον ἀνὰ μέσον τῶν διχοτομημάτων τούτων. ¹⁸ἐκεῖ διέθετο ὁ θεὸς τῷ
Ἀβρὰμ ⁂διαθήκην λέγων Τῷ σπέρματί σου δώσω τὴν γῆν ταύτην, ἀπὸ τοῦ ποταμοῦ Αἰγύπτου § i
19 ἕως τοῦ ποταμοῦ τοῦ μεγάλου Εὐφράτου· ¹⁹τοὺς Κεναίους καὶ τοὺς Κενεζαίους καὶ τοὺς Κελμω-
20 ναίους ⁂καὶ τοὺς Χετταίους καὶ τοὺς Φερεζαίους καὶ τοὺς Ῥαφαεὶν ⁽²¹⁾καὶ τοὺς Ἀμορραίους § A
καὶ τοὺς Χαναναίους καὶ τοὺς Εὐαίους καὶ τοὺς Γεργεσαίους καὶ τοὺς Ἰεβουσαίους.

XVI 1     ¹Σάρα δὲ ἡ γυνὴ Ἀβρὰμ οὐκ ἔτικτεν αὐτῷ· ἦν δὲ αὐτῇ παιδίσκη Αἰγυπτία ᾗ ὄνομα Ἀγάρ.
2 ²εἶπεν δὲ Σάρα πρὸς Ἀβράμ ᾽Ιδοὺ ⁂συνέκλεισέν με Κύριος τοῦ μὴ τίκτειν· εἴσελθε οὖν πρὸς τὴν § Σ
3 παιδίσκην μου, ἵνα τεκνοποιήσεις ἐξ αὐτῆς. ὑπήκουσεν δὲ Ἀβρὰμ τῆς φωνῆς αὐτῆς. ³καὶ
λαβοῦσα Σάρα ἡ γυνὴ Ἀβρὰμ Ἀγὰρ τὴν Αἰγυπτίαν τὴν ἑαυτῆς παιδίσκην, μετὰ δέκα ἔτη τοῦ
4 οἰκῆσαι Ἀβρὰμ ἐν γῇ Χαναάν, καὶ ἔδωκεν αὐτὴν τῷ Ἀβρὰμ ἀνδρὶ αὐτῆς αὐτῷ γυναῖκα. ⁴καὶ
εἰσῆλθεν πρὸς Ἀγάρ, καὶ συνέλαβεν· καὶ ἴδεν ὅτι ἐν γαστρὶ ἔχει, καὶ ἠτιμάσθη ἡ κυρία ἐναντίον

17 εγινετο] εγενετο D          XVI 4 εγγαστρι A

DMabd–h(i)jl–yc₂𝔄𝔅𝔆𝔈(𝔖)

16 γενεα δε τεταρτη amoxc₂ | αποστραφησονται] επιστρα-
φησονται r: στραφησονται Thdt ½: (επαναστραφησονται 32):
αποστραφησεται (18.79) Tyc-codd | ουτω] ουτω dpr | γαρ] δε
M | αναπετληρ.] πεπληρωνται T-A: αναπληρωσονται d: (αν
αναπληρωνται 71) | ( om αι αμαρτ.—(17) τουτων 31) | αμαρτιαι]
ανομιαι l Phil-ed | αμορραιων] αμορραιω h°: αμμωραιων hᵇ
(om εως του νυν 128)
17 επει] επειδη Mdf-joqstvyc₂ Chr Cyr | δε] +ηδη Mbg
w: om hqy 𝔅ˡᵛ Chr | ο ηλιος εγινετο y | εγινετο D(εγειν.)
Maᵒᵘᵗⁿ Phil-ed] εγενετο aᵉʳ rell Phil-codd Chr Cyr | om ο
j | προς δυσμας ο ηλιος f | δυσμας a–npqrᵗtuwx Phil-codd Chr
Cyr ½ | εγενετο] εγινετο h: om n | καπνιζομενος e-] λαμ-
παδες] pr ηλθον bw: λαμπαδας m: λαμπαδια p(uid) | αι] και
Mdglptc₂𝔅-codd Chr: om fbjnsv𝔄-ed𝔅ˡᵛ𝔆: αι m | διηλθον c₂ |
⟨διχοτομηθεντων 20) | om τουτων jnv𝔄𝔅𝔆𝔈(uid) Phil Chr
18 εκει D] εν τη ημερα εκεινη M omn 𝔄𝔅𝔆𝔈 Phil Chr
(post κτ) | διεθετο] συνεθετο Phil-codd | ο θεοσ Dfry] pr τω
Mdglpqs–v𝔅ˡᵛ: κτ rell 𝔄𝔅ᵖ Phil Chr | διαθηκην τω αβραμ
bmw𝔄𝔅𝔖 | λεγων διαθηκην τ–] διαθηκην συνθηκην Phil-codd |
om λεγων c₂ | om σου i | την γην] pr πασαν h | om αιγυπτου—
ποταμου 2° r Phil-codd ½ | αιγυπτου] του αιγυπτου n°: του
αιγυπτιου nᵃ | εως] pr και Mdptc₂ | om του ποταμου 2° Phil-
codd 𝔈ᵖ | του 2°] τουτου y | του μεγ. ευφρατου] εφρατου του
μεγαλου (: om του μεγ. d | ευφρατου] pr ποταμου a(part ras)x
𝔈 Phil ½: εφρατου l: om s
19 κεναιους] κειναιους Mhᵇ: κιναιους aᵒdgtc₂𝔈 Chr: κιναι-
ουσ p | om και 1° jp | τουσ κενεζαιουσ] νεζαιουσ d: Ν̅ΓΔΙCΕΟΕ
𝔈 | om και 2°—(20) φερεζαιουσ qu | και τουσ κελμωναιουσ] om
𝔅ˡᵛ: om και 3°—(20) φερεζαιους c₂ | και τουσ κελμωναιουσ m:
κεδμωναιους Mbgh°jlotvwy𝔄 Phil-arm Chr: (καδμωναιους 32):
κεδμωναιους dp: (κεδμωναιουσ 18): κεδμαιουσ e: κνελμωναιουσ hᵇ
20 om και τουσ 1°—και τουσ 4° d | om και τουσ 1°—και 3°
p | φερεζαιουσ] +και τουσ κεδμωναιουσ και τουσ χετταιουσ και
τουσ φερεζαιουσ | ραφαειν nt: ραφαειμ Mabehᵇʲjmowx
Chr: ραφαιμ lc₂𝔄(uid)𝔅: φαραμ p | om και a° | αμορ-
ραιουσ] αμμορραιουσ b: αμμοραιους h: αμμορραιουσ φαραμ d |
και τουσ 5°] om d: om και p | χαναιουσ] pr ευαιους και τουσ

abᵍˡ | om και τουσ ευαιους Ma–fimoprwxc₂𝔄𝔅ˡᵛ𝔈 Phil Chr
Iren(uid) | γεργεσαιουσ και τουσ ευαιουσ 𝔈 | (ευαιουσ] εβραιουσ
71) | και τουσ 7°] om d: om και jp | om και τουσ ιεβουσαιουσ
Chr | γεργεσαιουσ] εβουσαιουσ d: Iebusseos 𝔈
XVI 1 σαρρα mn | ουκ] ουκετι w | αυτω] αυτη m | ην—
αγαρ] και αυτη δουλη ην αιγυπτια και ονομα αυτη αγαρ Phil-
codd | om αυτη Cyr: om 𝔄-cod | αιγυπτια] pr η c₂: pr ibi
𝔅: om ⟨71) 𝔈ˡᵖ | η ονομα] ονοματι n
2 σαρρα mn | ειπεν 1°] πε w | εν τη χαναα χαναα-
D(...χαναα D)Mdf–jnprstv𝔄𝔆𝔈ˡᵛ Chr: +εν τη γη χαναα e |
ιδου] quoniam 𝔄: +δη D(δ...D)bhlstvw(uid)y𝔖: +ηδη ej | μη]
μοι bfgnw Phil-cod | uterum meum 𝔄 | κυριοσ] pr o Mdᵃpst
Chr ½: o θσ fir: +Deus 𝔈ˡᵖ | μη τικτειν] μη τεκειν c₂ Chr:
τεκειν Phil-codd ½ | ουν προς τω σαρ ras Aᵃ | om y𝔅
Phil ½ ed] Phil-arm Cyr: δη Phil-codd ½ | (προσ 2°] εισ 107) |
μου] σου Cyr: (om 77) | ινα] ει πωσ Phil-codd ½ | τεκνοποιησεισ
Adipr⁸ Phil-codd ½] τεκνοποιησησ Mfⁿʳ Phil ½ ed ½ Chr
Cyr: τεκνοποιηση (79) Phil-ed ½: τεκνοποιησω Dghlsv: τεκνο-
ποιησωμαι abᵇjnoquwxc₂𝔄𝔅𝔖: τεκνοποιησομαι bᵉy: τεκνοποιη-
σωμεν m: οικοδομηθησομαι Phil-codd ½ | τεκνοποιησωμαι
bsvw: επηκουσε Phil-cod ½ | αυτησ 2° A] σαρρασ mnc₂ Phil Chr:
σαρασ 𝔅ᴰᴹ rell 𝔄𝔅𝔆𝔈𝔖
3 σαρα—αβραμ 1°] om d: om σαρα D: om η γυνη αβραμ 𝔈 |
σαρρα mnc₂ | εαυτησ] post παιδισκην c₂𝔄: αυτησ M | om μετα—
χανααν aip | δεκα] post ετη l: uiginti 𝔖-mg | om ετη τ |
συνοικησαι Mfghstvc₂𝔈(uid) Chr | αβραμ 2°] σαραν τω ανδρι
αυτησ g: +τω ανδρι αυτησ Mft Chr: (+σαρα τω ανδρι αυτησ
107) | γη] τη ej Chr ½ | χανααν] χαναναια (20) Chr ½ | και 2°—
γυναικα] om 𝔈ᵖ: (om και—αυτη 76): om και mc₂ Phil Chr |
αυτηι] αυτη s: om Phil Chr | τω αβραμ Any] om 𝔈 |
om αβραμ p: αβραμ τω DM rell 𝔖 Phil-codd Chr: +τω Phil-
ed] αυτησ] αυτησ ανδρι Phil-codd: om 𝔈 | om τω ανδρι
γυναικα d | αυτω] αυτηρ Phil-cod Chr: post αυτω 𝔖: om
(20.32) 𝔅ᴰᴹ𝔈 | γυναικα] pr εισ enqsu Phil-codd: γυναικι p
4 και εισηλθεν] εισηλθεν δε f(+αβραμ)ir | αγαρ] αβραμ t: +
Abram 𝔈 | om και 3°—εχει 𝔅ᵖ𝔈ˡ | η κυρια] om 𝔈: +αυτη aejox
𝔖(sub ÷)𝔄(sub ÷)𝔅 Or-gr | εναντιον] εναντι i(uid)c₂: om m

19 κελμωναιουσ] σ´ ανατολικουσ v
XVI 2 συνεκλεισα] α´ ετεσχεν Msvc₂𝔖: σ´ συνεσχεν svc₂𝔖 | ινα τεκνοπ.] α´ ει πωσ οικοδομηθησομαι Mc₂: σ´ ει πωσ τεκνωθω
M: θ´ ει πωσ τεκνωθω c₂

(A) (D) αὐτῆς.  ⁵εἶπεν δὲ Σάρα πρὸς Ἀβράμ Ἀδικοῦμαι¶ ἐκ σοῦ· ἐγὼ δέδωκα τὴν παιδίσκην μου εἰς τὸν 5
¶ 𝕮ᶜ κόλπον σου· ἰδοῦσα δὲ ὅτι ἐν γαστρὶ ἔχει, ἠτιμάσθην ἐναντίον αὐτῆς.  κρίναι ὁ θεὸς ἀνὰ μέσον
¶ Α ἐμοῦ καὶ σοῦ.  ⁶εἶπεν δὲ Ἀβρὰμ πρὸς Σάραν Ἰδοὺ ἡ παιδίσκη σου ἐναντίον¶ σου· χρῶ αὐτῇ ὡς δ' 6
ἄν σοι ἀρεστὸν ᾖ.  καὶ ἐκάκωσεν αὐτὴν Σάρα, καὶ ἀπέδρα ἀπὸ προσώπου αὐτῆς.  ⁷εὗρεν δὲ αὐτὴν þ
ἄγγελος Κυρίου τοῦ θεοῦ ἐπὶ τῆς πηγῆς τοῦ ὕδατος ἐν τῇ ἐρήμῳ, ἐπὶ τῆς πηγῆς ἐν τῇ ὁδῷ Σούρ.
§ 𝕷 ⁸καὶ εἶπεν αὐτῇ ὁ ἄγγελος Κυρίου Ἁγὰρ παιδίσκη Σάρας, πόθεν ἔρχῃ; καὶ ποῦ πορεύῃ; καὶ εἶπεν 8
§ 𝕷 Ἀπὸ προσώπου Σάρας τῆς κυρίας μου ἐγὼ ἀποδιδράσκω.  ⁹εἶπεν δὲ αὐτῇ ὁ ἄγγελος Κυρίου 9
§ Ἀποστράφηθι πρὸς τὴν κυρίαν σου καὶ ταπεινώθητι ὑπὸ τὰς χεῖρας αὐτῆς.  ¹⁰καὶ εἶπεν αὐτῇ 10
ὁ ἄγγελος Κυρίου Πληθύνων πληθυνῶ τὸ σπέρμα σου, καὶ οὐκ ἀριθμήσεται ἀπὸ τοῦ πλήθους.
¹¹καὶ εἶπεν αὐτῇ ὁ ἄγγελος Κυρίου Ἰδοὺ σὺ ἐν γαστρὶ ἔχεις, καὶ τέξῃ υἱόν, καὶ καλέσεις τὸ ὄνομα 11
αὐτοῦ Ἰσμαήλ, ὅτι ἐπήκουσεν Κύριος τῇ ταπεινώσει σου.  ¹²οὗτος ἔσται ἄγροικος ἄνθρωπος· αἱ 12
¶ 𝕾 χεῖρες αὐτοῦ ἐπὶ πάντας· καὶ αἱ χεῖρες πάντων¶ ἐπ' αὐτόν, καὶ κατὰ πρόσωπον πάντων τῶν
ἀδελφῶν αὐτοῦ κατοικήσει.  ¹³καὶ ἐκάλεσεν Ἀγὰρ τὸ ὄνομα Κυρίου τοῦ λαλοῦντος πρὸς αὐτήν 13
Σὺ ὁ θεὸς ὁ ἐφιδών με· ὅτι εἶπεν Καὶ γὰρ ἐνώπιον Ἶδον ὀφθέντα μοι.  ¹⁴ἕνεκεν τούτου ἐκάλεσεν 14
τὸ φρέαρ Φρέαρ οὗ ἐνώπιον Ἶδον· ἰδοὺ ἀνὰ μέσον Καδὴς καὶ ἀνὰ μέσον Βάραδ.  ¹⁵καὶ ἔτεκεν 15
Ἀγὰρ τῷ Ἀβρὰμ υἱόν, καὶ ἐκάλεσεν Ἀβρὰμ τὸ ὄνομα τοῦ υἱῷ αὐτοῦ, ὃν ἔτεκεν αὐτῷ Ἀγάρ,
§ c Ἰσμαήλ.  ¹⁶Ἀβρὰμ δὲ ἦν ὀγδοήκοντα ἓξ ἐτῶν ἡνίκα ἔτεκεν Ἀγὰρ τὸν Ἰσμαὴλ τῷ Ἀβράμ.  16

---

5 εγγαστρι Α* (εν γαστρι Αᵃ)       9 αποστραφητι D       11 εγγαστρι Α

---

DMab(c)d–jl–yc₂𝕬𝕭(𝕮ᶜ)𝕰(𝕷𝕾)

5 σαρρα mnp°c₂ | εγω] ιδου Chr | δεδωκα] εδωκα ahmox: +σοι ε | του κολπου] τας χειρας fi*lr | σου 2°] μου ⟨16⟩ 𝕰ᵖ | om δε 2° i | ητιμασθη mc₂ Phil-codd-omn | ενωπιον c₂ Phil | σου 3°] pr ανα μεσον j

6 σαραμ] σαρρας mc₂: +uxorem suam 𝕰 | om ιδου 𝕰ᶠᵖ | om σου 1° d Phil Clem Chr ⅓ | εναντιον Α] εν ταις χερσιν Dⁱⁱ M omn 𝕬𝕭𝕰𝕾 Phil Clem Chr Thdt: ⟨εν χερσι 76⟩ | αυτη] αυτην gps: αυτη n | ως] καθως h | δ αν Dy] αν Me Chr ⅓: αν rell Phil Clem Chr ⅓ Thdt | om σοι 𝕰 | ῃ] ην ο: om lx* Phil-codd: + εν οφθαλμοις σου αmoquxc₂𝕬𝕭𝕾 | αυτην σαρα] σαρα αυτην fi: Sara Agar 𝕰 | αυτην] αυτη bo | om σαρα–αυτην 31) | σαρρα mnc₂

7 om αγαρ 𝕭ˡʷ | om του θεου abdfgim–prsvwxc₂𝕬𝕾 Phil Chr Cyr-cod | om της 1° f | πηγης 1°] γης w | του 2°–πηγης 2°] της m: om 𝕰ᵖ: om του υδατος Cyr-cod | εν 1°–σουρ] om bw: om εν 1°–πηγης 2°] om επι της πηγης νpquc₂𝕰 Phil-arm Chr Cyr | πηγης 2°] της efⁱⁱlrt: om f*| εν τη οδω] post σουρ d𝕰: om 𝕭ˡʷ

8 αυτη–κυριου] sub ✣ 𝕾: om ο αγγελος κυριου dp: +πληθυνων πληθυνω το σπερμα σου και ουκ αριθμησεται απο του πληθους και ειπεν αυτη ο αγγελος κν̄ m | om αγαρ a Phil-gr | σαρας 1°] σαρρας mnc₂ | om και ειπεν 2° n | και 3°] η δε fir: om 𝕭ᵖ | σαρρας mnc₂: om ag | ⟨om μου 76⟩ | εγω αποδιδρασκω] om m: om εγω Chr ⅓

9 om αυτη d | ο αγγελος κυριου] ⟨om 107⟩: om κυριου bw | αποστραφηθι] υποστραφητι Cyr ⅓: επιστρεφε Cyr ⅓ | προς] εις bf

10 και 1°–κυριου] οτι p: ⟨om ο 31⟩: om κυριου d | om πληθυνων Phil-arm | σου i(uid) | ουκ–πληθους] απο του

πληθους ουκ αριθμηθησεται 74) | αριθμησεται Aglmt] αριθμηθησεται Dⁱⁱ M rell Chr

11 om ειπεν–κυριου dp | αυτη] post κυριου q | ο αγγελος κυριου] angelus Di 𝕷: ⟨om 107⟩: om o 31) | om ιδου Phil-codd-omn ⅓ | om συ mor𝕾 | τεξεις mp | υιον] παιδιον Phil ⅓ | κυριος] ο θ̄ς bw𝕷: +o θ̄ς fir | τη ταπεινωσει ej

12 om ουτος–ανθρωπος c₂*| αι 1°] pr και ⟨25⟩ 𝕷𝕰ᶠᵖ | παντας] παντων q | αυτου 1°] αγαυτων f | επ αυτον] αυτον g | om παντων 1° 𝕰ᶜᶠ | om των] om αυτον 1° dgpc₂ Phil-gr | αυτου g | om παντων 2° 𝕰ᶜᶠ | om των] om αυτον 2° dgpc₂ Phil-gr

13 om αγαρ DMabej–oquwc₂𝕬 Phil-arm Chr Hil | ⟨om το 31.83⟩ | κυριου] Dei Spec-ed | αυτην] αυτον n*: +et dicit 𝕬𝕰 | συ] ⟨om 32⟩: +et Dbw𝕬 | om θεος h | om ο 2° fⁱⁱ εφιδων Afhᵇnᵇpy] επιδων DⁱⁱMhbⁿᵃ rell: ⟨ενειδε 32⟩ | οτι–γαρ] et dixi quia 𝕷: quia 𝕰 | ειπεν] ειπον ⟨31⟩ 𝕭ˡʷ

14 ενεκεν τουτου] δια τουτο Phil | εκαλεσα bw𝕷 | φρεαρ 1°] om mc₂: +ορκου | εκαλεσεν ου dp𝕷 | ενωπιον] +θν m | ⟨om ιδον–ειδε 79⟩ | ιδου] pr και fj𝕬: om 𝕭𝕰 Chr | καδδης dfm Phil-cod | βαραδ] βαραχ bdghpwc₂𝕬: βαραχ y Chr: ⟨βαραξ 83⟩: αραδ x*: Barrad 𝕷: Faran 𝕬-mg Phil-arm

15 και 1°] pr et reddit Agar 𝕰 | αγαρ τω αβραμ] αβραμ τω αγαρ t | αβραμ 1°] αββρααμ w* | om αβραμ 2° bgmnw𝕰 Chr | om του υιον gnp Chr | αυτου] om 𝕭𝕰: +του γενομενου αυτη ej(αυτον)ν(mg) | om αν–αγαρ 2° gnpt | om αυτω em

16 om totum comma dp | ογδ. εξ ετων] ετων ογδ. εξ D (+Dⁱⁱ)bcgnᵃˡ²sv–y𝕰: ετων ρ̄ϛˤ n*(uid) | εξ] quinque 𝕰: om l | ⟨ηνικα οτε 77⟩ | ετεκεν] +αυτω g𝕬 | om αγαρ s | τω αβραμ τον ισμαηλ x*y | τω αβραμ] ει δ𝕰: om g𝕬

---

6 εκακωσεν] α΄ εκακουχησεν sv | απεδρα] α΄ μετα φυγης υπεχωρησεν Μ

11 ισμαηλ] α΄ εισακοη θῡ ο θ΄ ερημου αθ̄οι c₂ | επηκουσεν] εφη δε ο θ̄ς Μ

12 αγροικος] α΄ αγριος Μy(sine nom)c₂𝕾: α΄ σ΄ αγριος sv | σ΄ ερημου αθ̄οι Μy(sine nom) | σ΄ κεχωρισμενος αθ̄ων vc₂: θ΄ κεχωριμενος αθ̄ων sy(sine nom)𝕾

XVII 1 [1]Ἐγένετο δὲ Ἀβρὰμ ἐτῶν ἐνενήκοντα ἐννέα, καὶ ὤφθη Κύριος τῷ Ἀβρὰμ καὶ εἶπεν αὐτῷ A
2 Ἐγώ εἰμι ὁ θεός σου· εὐαρέστει ἐναντίον ἐμοῦ, καὶ γίνου ἄμεμπτος· [2]καὶ θήσομαι τὴν διαθήκην § d₂
3 μου ἀνὰ μέσον ἐμοῦ καὶ ἀνὰ μέσον σοῦ, καὶ πληθυνῶ σε σφόδρα. [3]καὶ ἔπεσεν Ἀβρὰμ ἐπὶ
4 πρόσωπον αὐτοῦ, καὶ ἐλάλησεν αὐτῷ ὁ θεὸς λέγων [4]Καὶ ἐγώ, ἰδοὺ ἡ διαθήκη μου μετὰ σοῦ· καὶ
5 ἔσῃ πατὴρ πλήθους ἐθνῶν. [5]καὶ οὐ κληθήσεται ἔτι τὸ ὄνομά σου Ἀβράμ, ἀλλ᾽ ἔσται Ἀβραὰμ
6 τὸ ὄνομά σου· ὅτι πατέρα πολλῶν ἐθνῶν τέθεικά σε. [6]καὶ αὐξανῶ σε σφόδρα, καὶ θήσω σε εἰς
7 ἔθνη, καὶ βασιλεῖς ἐκ σοῦ ἐξελεύσονται. [7]καὶ στήσω τὴν διαθήκην μου ἀνὰ μέσον ἐμοῦ καὶ ἀνὰ
μέσον σοῦ καὶ ἀνὰ μέσον τοῦ σπέρματός σου μετὰ σὲ εἰς γενεὰς αὐτῶν εἰς διαθήκην αἰώνιον,
8 εἶναί σου θεὸς καὶ τοῦ σπέρματός σου μετὰ σέ. [8]καὶ δώσω σοὶ καὶ τῷ σπέρματί σου μετὰ σὲ
τὴν γῆν ἣν παροικεῖς, πᾶσαν τὴν γῆν Χανάαν, εἰς κατάσχεσιν αἰώνιον· καὶ ἔσομαι αὐτοῖς θεός.
9 [9]καὶ εἶπεν ὁ θεὸς πρὸς Ἀβραάμ Σὺ δὲ τὴν διαθήκην μου διατηρήσεις, σὺ καὶ τὸ σπέρμα σου μετὰ
10 σὲ εἰς τὰς γενεὰς αὐτῶν. [10]καὶ αὕτη ἡ διαθήκη ἣν διατηρήσεις ἀνὰ μέσον ἐμοῦ καὶ ὑμῶν, καὶ ἀνὰ
μέσον τοῦ σπέρματός σου μετὰ σὲ¶ εἰς τὰς γενεὰς αὐτῶν· περιτμηθήσεται ὑμῶν πᾶν ἀρσενικόν. ¶ *D*
11 [11]καὶ περιτμηθήσεσθε τὴν σάρκα τῆς ἀκροβυστίας ὑμῶν, καὶ ἔσται ἐν σημείῳ διαθήκης ἀνὰ

XVII 11 *περιτμηθησεσθαι* A

(*D*)Ma–jl–yc₂𝔄𝔅𝔈𝔏[r]

**XVII 1** om *εγενετο—αβραμ* 2° m | *ετων—εννεα*] *ενενηκ. ενν. ετων* hirt𝔏: om *εννεα* Eus ½: *ετων ρϙθ′* n* | *κυριος τω αβρ.*] *κ̅ς̅ αυτω* dp𝔅[lw] Or-lat: *αυτω κυριος* Eus ½: *αυτω ο θεος* Chr | *κυριος*] + *ο θ̅ς̅* l𝔄 Phil-arm | *αυτω*] om Or-lat: + *κ̅ς̅* m | ⟨*εγω*] pr *ει* 128⟩ | *ο θεος σου*] pr *κ̅ς̅* c₂ Phil-arm: *ο θεος σος* Phil-ed ⅓: *θεος σος* Phil ⅔ cod ⅓: om *σου* achlmqu𝔅𝔈 Or-lat Eus-ed | *ευαρεστ.—εμου*] *περιπατει εις προσωπον μου* Phil-cod ⅓ | *ευαρεστει*] ⟨*ευαρεστησεις* 31⟩: *ευαρεστησει* mx*(uid) Phil-codd ⅓: *prospere age* 𝔏 | *ενωπιον* be*(uid)gj(mg)mns(mg)w Phil ⅔ Clem Eus Chr ½ | *εμου*] *μου* bgnt | *αμεμπτος*] *τελειος* Phil-cod ⅓

**2** *θησομαι*] *θησω* ad–gijlnoprsvc₂d₂(½) Phil Clem: *στησω* c | om *εμου και ανα μεσον* dej | *εμου*] *σου* c(uid) Eus | om *ανα μεσον* 2° n𝔏(uid)𝔄-cod Or-lat | *σου*] *εμου* Eus: + *και του σπερματος σου* Clem | om *και* 3°—*σφοδρα* Or-lat | *σφοδρα*] + *σφοδρα* acej lmosv[mg](sub ※)xc₂𝔄𝔅[p] Phil-arm

**3** *αυτου*] *εαυτου* a: *κ̅υ̅* g: om dpd₂𝔏 Phil: + *et adorauit Deum* Or-lat | *ελαλησεν*] *ειπεν* f

**4** *και* 1°—*ιδου*] *ιδου εγω και* f: *ecce ego* 𝔅[lw]𝔏: om *και* 𝔅[p] | *και εγω*] om dlmpsd₂𝔈 Chr: *ego sum* Or-lat | *εγω—μου*] *meum ecce testamentum* 𝔄 | *εγω ιδου*] *ιδου εγω* acn Clem: om *εγω* bejq*(uid): om *ιδου* x*: + *και* h[b] | *η διαθ. μου*] *testamentum meum ponam* 𝔏 | *μετα σου*] om m: + *και πληθυνω σε σφοδρα* d | om *και* 2° ⟨31⟩ 𝔅[p] | *πληθους*] *πληθων* s: *πολλων* ej𝔏 Cyr | *εθνων*] + *et benedicentur in te omnes gentes* Or-lat

**5** *ετι—σου* 1°] *το ονομα σου ουκετι* ac: om *ετι* md₂(½)𝔅𝔈[p] Phil Chr ⅔ | *αβραμ το ονομα σου* r | om *σου* 1° i | *αλλ᾽ εσται*] *αλλα κληθησεται* c₂: om *εσται* Chr ⅔: + *iam* 𝔏 | *αβρααμ εσται* Eus | *αβρααμ—σου* 2° A] *το ονομα σου αβρααμ* D (+*D*)M omn 𝔄𝔏 Phil-gr Or Chr | *πατερα*] *π̅η̅ρ̅* q | *τεθεικα*] *ponam* 𝔄-codd

**6** *αυξανω*] *multiplicabo* 𝔅 | *σε* 1°] + *και πληθυνω σε* l Chr ⅓ | *σφοδρα* Adgyc₂ Phil-arm] om Chr ⅓: + *σφο*... D: + *σφοδρως* t Chr ⅓: + *nimis* 𝔏: + *σφοδρα* *D*[sil]M rell 𝔅[p]𝔈 | *εις—εξελευσονται*] *ut exeant de te gentes et reges* 𝔈 | *εθνη*] *εθνος* c₂ Chr ⅓ codd ⅓ | om *και* 3°—*εξελευσονται* y | *βασιλεις*] + *εθνων* bw | *εξελευσονται*] *εσονται* bw𝔏 Phil-arm

**7** *στησω*] *θησω* cdglpyd₂(½)𝔈: *ponam* 𝔏 | *εμου και ανα μεσον*] om bqu Chr: om *αναμεσον* d𝔏(uid) Or-lat | om *μετα σε* 1° g | *εις γενεας—μετα σε* 2°] bis scr d | *εις γενεας*] *et progenies* 𝔏 | *γενεας*] pr *τας* befgjntwd₂(½) Chr: *γενεαν* x | om *εις* 2° h | *σου* 3°—*σε*] *Deus* 𝔈[f]: *Deus eorum* 𝔈[p]: *Dominus Deus tuus* 𝔈[c] | *σου θεος*] *Deus tuus* 𝔏: *tibi Deus* 𝔄𝔅 | *θεος*] pr *ο* f | *του σπερματος* 2°] *τω σπερματι* a𝔄𝔅 | ⟨*μετα σε* 2°] *μετα σου* 37: om 16⟩

**8** om *και* 1°—*σε* p | *δωσω*] *διδωμι* n | *σοι και*] om 𝔈: om *και* f | *μετα σε*] om cmqu𝔄𝔈: + *εις τας γενεας αυτων* l | *την γην* 1°] om qu: *terram hanc* 𝔄𝔈 | *παροικεις*—(9) *θεος*] sup ras 50 circ litt A[a?]: pr *συ* fr: pr *σοι* i | ..*ς πασαν· την γην* D | *εσομαι—θεος*] *θεος εσομαι αυτων* Chr | *αυτοις*] *αυτων* n𝔏: *αυτω* c₂ | *θεος*] *εις θ̅ν̅* bwx

**9** om *και* 1°—*αβρααμ* ⟨25⟩ 𝔄 | *ο θεος*] *κυριος* Cyr | *προς αβρααμ*] *τω αβ.* dfipr: om *προς* M: *Abraham* 𝔏 | *αβραμ* f | om *δε* 𝔅[p]𝔈 | om *μου* gi | *διατηρησεις*] *τηρησεις* m: *διατηρησον* aco: + *αναμεσον εμου και σου* d | om *συ* 2°—(10) *διατηρησεις* y* | *συ και το σπερμα*] *σοι και τω σπερματι* f: *συ και τω σπερματι* g: om *συ* bw𝔄𝔈 Or-lat Cyr ½ Tract: *και τω σπερματι* qu𝔄-codd | *το σπερμα*] *omne semen* Or-lat | *μετα σε*] *μετα σου* n: om j | om *τας* Macdmopxc₂d₂(½)

**10** om *και* 1°—*αυτων* fs | *διαθηκη*] + *μου* cgm𝔄𝔅𝔈 Cyr ½ Tract | *ην διατηρησεις*] *ην διαθησω* Cyr ½: *quod disposui* Or-lat ⅔: om d Tract | *υμων και εμου* Cyr ½ | *υμων* 1°] *σου* dgp𝔄𝔈[c] Or-lat ⅔ Tract | *ανα μεσον του σπερμ.*] *inter me et inter semen* Or-lat ⅓ | om *ανα μεσον* 2° 𝔏(uid) | om *μετα σε* 𝔈[fp] Cyr ⅔ | *εις τας γενεας αυτων*] *transiet* 𝔏: *e terra* 𝔈[f]: *a semine tuo* 𝔈[p]: om bw𝔈[c] | om *τας* aco | *αυτων*] *υμων ο* Cyr ½ | *περιτμηθησεται*] *περιτεμεισθε* Cyr-cod ½: *circumcidetis* 𝔈𝔏 | *υμων—αρσενικον*] *omne masculinum uestrum* Iren: *omnem uestrum masculinum* 𝔏 Tract (*omne*) | *υμων* 2°] *υμιν* bcdgpwd₂: om Cyr ½ | *παν αρσενικον*] ⟨om *παν* 107⟩: *των αρσενικων εις τας γενεας αυτων* d: + *εις τας γενεας αυτων* p: + *εις τας γενεας υμων* fgstv

**11** om *και* 1° m 𝔈 Chr | *περιτμ. την σαρκα*] *circumcidetur caro* Tract | *περιτμηθησεσθε*] *περιτεμεισθε* M: *περιτμηθησεται* cdgn: *circumcidetis* 𝔅𝔏 Iren | *υμων* 1°] *αυτου* g | *και* 2°—*υμων* 2°] om c: om *και εσται* Iren | *εν σημ. διαθ.*] *εις διαθηκην* Cyr ½ | *εν σημειω*] *εις σημειον* hfilmwd₂ Cyr-ed ⅔ Thdt | *δια-*

XVII 1 *αμεμπτος*] *α′ τελειος* j(sine nom)s

8 *και δωσω σοι*] *σ′ και θ′ ην διδωμι σοι* j

Α μέσον ἐμοῦ καὶ ὑμῶν. ¹²καὶ παιδίον ὀκτὼ ἡμερῶν περιτμηθήσεται ὑμῖν πᾶν ἀρσενικὸν εἰς τὰς 12
γενεὰς ὑμῶν· ὁ οἰκογενὴς τῆς οἰκίας σου καὶ ὁ ἀργυρώνητος ἀπὸ παντὸς υἱοῦ ἀλλοτρίου, ὃς οὐκ
ἔστιν ἐκ τοῦ σπέρματός σου, ¹³περιτομῇ περιτμηθήσεται, ὁ οἰκογενὴς τῆς οἰκίας σου καὶ ὁ ἀργυ- 13
ρώνητος. καὶ ἔσται ἡ διαθήκη μου ἐπὶ τῆς σαρκὸς ὑμῶν εἰς διαθήκην αἰώνιον. ¹⁴καὶ ἀπερί- 14
τμητος ἄρσην, ὃς οὐ περιτμηθήσεται τὴν σάρκα τῆς ἀκροβυστίας αὐτοῦ τῇ ἡμέρᾳ τῇ ὀγδόῃ,
ἐξολεθρευθήσεται ἡ ψυχὴ ἐκείνη ἐκ τοῦ γένους αὐτῆς· ὅτι τὴν διαθήκην μου διεσκέδασεν. ¹⁵Εἶπεν 15
δὲ ὁ θεὸς τῷ Ἀβραάμ Σάρα ἡ γυνή σου, οὐ κληθήσεται τὸ ὄνομα αὐτῆς Σάρα, ἀλλὰ Σάρρα ἔσται
τὸ ὄνομα αὐτῆς· ¹⁶εὐλογήσω δὲ αὐτήν, καὶ δώσω σοι ἐξ αὐτῆς τέκνον. καὶ εὐλογήσω αὐτόν, καὶ 16
ἔσται εἰς ἔθνη, καὶ βασιλεῖς ἐθνῶν ἐξ αὐτοῦ ἔσονται. ¹⁷καὶ ἔπεσεν Ἀβραὰμ ἐπὶ πρόσωπον καὶ 17
ἐγέλασεν καὶ εἶπεν ἐν τῇ διανοίᾳ αὐτοῦ λέγων Εἰ τῷ ἑκατονταετεῖ γενήσεται υἱός, καὶ εἰ Σάρρα
¶ 𝕃ʳ ἐνενήκοντα ἐτῶν γενήσεται; ¹⁸εἶπεν δὲ Ἀβραὰμ πρὸς¶ τὸν θεόν Ἰσμαὴλ οὗτος ζήτω ἐναντίον 18
σου. ¹⁹εἶπεν δὲ ὁ θεὸς πρὸς Ἀβραάμ Ναί· ἰδοὺ Σάρρα ἡ γυνή σου τέξεταί σοι υἱόν, καὶ καλέσεις 19
¶ d₂ τὸ ὄνομα αὐτοῦ Ἰσαάκ· καὶ στήσω τὴν διαθήκην μου πρὸς αὐτὸν εἰς διαθήκην αἰώνιον,¶ καὶ τῷ
σπέρματι αὐτοῦ μετ᾽ αὐτόν. ²⁰περὶ δὲ Ἰσμαὴλ ἰδοὺ ἐπήκουσά σου· καὶ εὐλόγησα αὐτόν, καὶ 20
αὐξανῶ αὐτὸν καὶ πληθυνῶ αὐτὸν σφόδρα· δώδεκα ἔθνη γεννήσει, καὶ δώσω αὐτὸν εἰς ἔθνος μέγα.
²¹τὴν δὲ διαθήκην μου στήσω πρὸς Ἰσαάκ, ὃν τέξεταί σοι Σάρρα εἰς τὸν καιρὸν τοῦτον ἐν τῷ ἐνι- 21
αυτῷ τῷ ἑτέρῳ. ²²συνετέλεσεν δὲ λαλῶν πρὸς αὐτόν, καὶ ἀνέβη ὁ θεὸς ἀπὸ Ἀβραάμ. ²³Καὶ 22, 23
ἔλαβεν Ἀβραὰμ Ἰσμαὴλ τὸν υἱὸν αὐτοῦ καὶ πάντας τοὺς οἰκογενεῖς αὐτοῦ καὶ πάντας τοὺς

(D)Ma–jl–yc₂(d₂)𝕬𝕭𝕰(𝕃ʳ)

θηκη] om Thdt : +αιωνιου l | om αναμεσον ej | υμων και εμου
Chr | υμων 2°] του σπερματος σου gt : σου και αναμεσον εμου
και του σπερματος σου dhp Cyr ½ : +και αναμεσον του σπερματος
σου fc₂ : +και αναμεσον του σπερματος iᵃ¹ : +και του σπερματος
σου s : +του σπερματος σου ν(sub + uid)

12 και 1°] πλην acoc₂ : om d₂ | οκτω ημερων] οκταημερον
cl Cyr-ed ½ : octauo die Or-lat | περιτμηθησεται] circumcides
𝕭ᵇ | υμιν] υμων Mfhirt𝕬𝕷 : in uobis Or-lat : ex nobis Tract ½ |
αρσενικον] +uestrum 𝕭𝕰 | υμων] eorum 𝕭ⁱʷ | om ο οικογ.—
(13) αργυρων 1°] pr και Chr : και Cyr ½ | της οικιας σου 1°]
domus uestrae 𝕰 : om Macehjlmoqux𝕬𝕭 Or-lat½ Chr Cyr: om
της οικιας Or-lat½ | ο 2°—σου 2°] omnis quem emistis auro uestro
𝕰 : (om ο 16) | αργυρ—(13) αργυρωνητος] om Acehjl—(13) αργυρ
νιου] γενεας 128 : ταντος αρον 32) | εστιν] post σου 2° acmoxc₂

13 περιτομη—αργυρ.] om ο περιτομη cirx° : om ο
οικογ.—αργυρ. bfw : om σου ac | αργυρωνητος] +απο παντος
νιου αλλοτριου 71) : +σου acmoxc₂𝕭ᵇ Or-lat | εστω g | μου]
+εκι της διαθηκης μου mᵃ

14 om και 1° 𝕬 | απεριτμητος] pr ο fir : pr και Thdt : om
ejnqud₂𝕰 Tract | αρσην] om fl𝕰 : omnis masculus Tract ½ |
—αυτου] praeputio suo 𝕷 : om Thdt (της σαρκα] της σαρκος
108) | τη ημερα] pr εν bw | εξολεθρ.] +και αφανισθησεται bw |
εκεινη] αυτου (32) Tract ½ | του γενους αυτης] a plebe sua
Tract ½ | γενους αυτης] λαου n : σπερματος αυτης Cyr ½ | om
μου Tract | διεσκεδασεν] εσκεδασε j : (διεσκεδασαν 32) : trans-
gressus est 𝕰

15 ειπεν δε Afinry] και ειπεν M rell 𝕬𝕷 Chr | ο θεος]
pr κ̄ς bd₂ : Dn̄s 𝕷 | τω] προς l𝕰(uid) | σαρρα dn | σαρα 1°]
pr et 𝕰 : σαρρα mn : +δε i | κληθησεται] +τι Mborw𝕭ᵖ𝕰ᶜᶠ |
το ονομα αυτης 1°] om 𝕭ⁱʷ𝕰 Phil : +ετι gp | σαρα 2°] σαρρα
m | σαρρα]σαρα m

16 ευλογησω δε] και ευλογησω n𝕷 | τεκνον] pueros Phil-
arm | om και 2°—εις 𝕰 | αυτου] αυτο bᵃ¹cefilp Cyr½ : αυτω g :
αυτην m | εθνη] εθνος m Chr ½ | εθνων] om n𝕰ᵖ : +και s | om
εξ αυτου εσονται 𝕰ᵖ | αυτου] αυτης m𝕰ᶜ Phil | εσονται] εξελευ-
σονται c—gijpstvyc₂d₂𝕭𝕰ᶜ Chr Cyr

17 ⟨επεσεν⟩ ειπεν 18) | προσωπον] +αυτου abcefhnoqs(mg)
uwxd₂𝕬𝕭 : +αυτης j(mg) | εγελασεν] εγγισεν d | ειπεν] +intra
s 𝕷 | om εν berw Phil-gr Cyr³|ᵒ om αυτου bdgpvw Phil Cyr|
om λεγων acefjlmoxd₂ Phil | γενησεται 1°] pr γε M : γενη-
σεται cdlmtwx: γεννηθησεται j: γεννηθησεται ei(uid)d₂ : γεν-
νηθη f: εσται Cyr | om κος achimoqs(txt)tuvxc₂𝕭𝕷 Phil | om
ει 2° d–gjouc₂𝕬𝕭 Phil Cyr-ed | σαρρα] σαρα rᵃ : pr η bfgouw
Phil ½ Cyr-ed | η σαρα m | ενενηκ. ετων] post nonaginta annos
𝕷 : pr ουσα stv𝕭 | ετων] pr ουσα d₂ : ουσα Ma–ruw–c₂ Phil
Cyr | γενησεται 2° Α] τεξεται M omn 𝕬𝕭𝕷 Phil Cyr

18 om totum comma d₂ | αβρααμ] Abram 𝕷 | om προς
τον θεον g | ζητω] ζησεται i | ενωπιον bw Phil | σου] +κ̄ε g :
+precor Domine 𝕷

19 ειπεν—θεος] ο δε κ̄ς g | προς 1°] τω Macefh–ors(mg)xy
d₂ Phil | αβρααμ] αυτω 𝕰 | ναι] και dmp : om blw Hil | σαρα
m | σοι] σου hᵃ : om Phil-cod ½ Cyr | om και 1°—ισαακ 𝕰-ed |
καλεσεις] καλεσεται t | στησω] θησω blw Cyr ½ | μου] +ειναι
αυτω θ̄ μ̄(mg) | om προς 2°—διαθηκην 2° c | αιωνιου] +ειναι
αυτω θ̄ι eg–jp(αυτου θ̄ι)qrs(mg)tuyᵐᵘ(αυτου)𝕭 : (+ειναι αυτω ο
θ̄ι 16 : +ειναι αυτω θ̄ 18) | om και 2°—αυτον gm : αυτ̄ω c₂

20 om δε dp | νηνκουσα f | σου] +της δεησεως Chr | και
1° Adf𝕰 Hil] +ιδου acmoqux : ιδου M rell 𝕭 | ευλογησα
Aafhw] ευλογησω b𝕬-ed𝕰 Phil-arm: ευλογηκα M rell Phil-gr
Chr: (ευελογησα 107) | αυτον 1°] inter αυ et τον ras(14 uel 15)
A(και αυξανω αυτον bis scr Aᵃuid) | και αυξανω αυτον—om e
Hil: om και Chr | αυξανω] αυξησω hlqsuv Phil Chr: om a |
δωδεκα] pr et 𝕬𝕰 | γεννησει] γεννησεται f

21 om δε cm𝕭ᵖ | τεξεται] τεξει n | σαρα m | om ετ t |
ετερω] δευτερω efjmnsv Chr

22 θεος] +κ̄ς n: +ο θ̄ι dgps(mg)𝕰 | ανεβη] απεστη l | ο θεος]
κυριος Phil: om l | απο] προς qw

23 αβραμ 1°] αβραμ s | ισμαηλ τον] pr τον f: τον ισμαηλ
w | αυτου 1°] αυτω 𝕰 | om και 1°—αυτου m | om αυτου—
dej | παντας τους 2°] om d : παντας n | αργυρωνητους] αργυ-
ρωνητας cf°go : +αυτου acdeghjmopqs(mg)tuxc₂𝕬𝕭𝕰 Cyr
ταρ—των 2°] κτιτος qui 𝕭ⁱʷ | πασαν c | αρσεν] αρσενικον

ἀργυρωνήτους καὶ πᾶν ἄρσεν τῶν ἀνδρῶν τῶν ἐν τῷ οἴκῳ Ἀβραάμ, καὶ περιέτεμεν τὰς ἀκρο- A
24 βυστίας αὐτῶν ἐν τῷ καιρῷ τῆς ἡμέρας ἐκείνης, καθὰ ἐλάλησεν αὐτῷ ὁ θεός. [24]Ἀβραὰμ δὲ ἦν
25 ἐνενήκοντα ἐννέα ἐτῶν, ἡνίκα περιέτεμεν τὴν σάρκα τῆς ἀκροβυστίας αὐτοῦ· [25]Ἰσμαὴλ δὲ ὁ υἱὸς
26 αὐτοῦ ἐτῶν δέκα τριῶν ἦν, ἡνίκα περιετμήθη τὴν σάρκα τῆς ἀκροβυστίας αὐτοῦ. [26]ἐν τῷ καιρῷ
27 τῆς ἡμέρας ἐκείνης περιετμήθη Ἀβραὰμ καὶ Ἰσμαὴλ ὁ υἱὸς αὐτοῦ· [27]καὶ πάντες οἱ ἄνδρες τοῦ
οἴκου αὐτοῦ καὶ οἱ οἰκογενεῖς καὶ οἱ ἀργυρώνητοι ἐξ ἀλλογενῶν ἐθνῶν, περιέτεμεν αὐτούς.
XVIII 1 §[1]Ὤφθη δὲ αὐτῷ ὁ θεὸς πρὸς τῇ δρυὶ τῇ Μαμβρῇ, καθημένου αὐτοῦ ἐπὶ τῆς θύρας τῆς § ℭ[c]𝔓
2 σκηνῆς αὐτοῦ μεσημβρίας. [2]ἀναβλέψας δὲ τοῖς ὀφθαλμοῖς αὐτοῦ ἴδεν, καὶ ἰδοὺ τρεῖς ἄνδρες
ἱστήκεισαν ἐπάνω αὐτοῦ. καὶ ἰδὼν προσέδραμεν εἰς συνάντησιν αὐτοῖς ἀπὸ τῆς θύρας τῆς σκηνῆς
3 αὐτοῦ, καὶ §προσεκύνησεν ἐπὶ τὴν γῆν· [3]καὶ εἶπεν Κύριε, εἰ ἄρα εὗρον χάριν ἐναντίον σου, μὴ § *D*
4 παρέλθῃς τὸν παῖδά σου. [4]λημφθήτω δὴ ὕδωρ, καὶ νιψάτω τοὺς πόδας ὑμῶν· καὶ καταψύξατε
5 ὑπὸ τὸ δένδρον. [5]καὶ λήμψομαι ἄρτον, καὶ φάγεσθε, καὶ μετὰ τοῦτο παρελεύσεσθε εἰς τὴν ὁδὸν
ὑμῶν,¶ οὗ εἵνεκεν ἐξεκλίνατε πρὸς τὸν παῖδα ὑμῶν. καὶ εἶπεν Οὕτως ποίησον καθὼς εἴρηκας. ¶ 𝔓
6 [6]καὶ ἔσπευσεν Ἀβραὰμ ἐπὶ τὴν σκηνὴν πρὸς Σάρραν καὶ εἶπεν αὐτῇ Σπεῦσον καὶ φύρασον τρία
7 μέτρα σεμιδάλεως καὶ ποίησον ἐγκρυφίας. [7]καὶ εἰς τὰς βόας ἔδραμεν Ἀβραάμ, καὶ ἔλαβον

23 ακροβυστειας A 24 ακροβυστειας A
25 ακροβυστειας A XVIII 2 τρις A 5 εξεκλειvατε A

(*D*)Ma–jl–yc₂𝔄𝔅(ℭ[c])𝔈(𝔓)

a | αβρααμ 2°] pr του fimprtxc₂: αυτου bdgqu: om Cyr-ed | τας ακροβυστιας] την ακροβυστιαν ej𝔅[lw]: την σαρκα της ακροβυστιας Macfhi[a?]lmoqs–vxc₂𝔄𝔅[p]𝔈[f] Cyr | αυτων] αυτου o: + και y | εν τω 2°—εκεινης] εν τη ημερα εκεινη c: om 𝔈 | καιρω] + εκεινω dgpt | ο θεος] pr κ̅ς̅ s: *Dominus* 𝔅[p]

**24** ⟨om ην 68⟩ | ενενηκ.—ετων] ετων ενενηκ. εννεα bdgiprs vw: ετων ενενηκ. και εννεα l: ετων ργθ' n*: ετων ρ' n[a?] | ηνικα] οτε ej | περιετεμεν] περιετεμετο Mabghilqrtuwxy𝔈(uid) Chr: ετεμεν ej | αυτου] ⟨αυτων 71.108⟩: + εν τω καιρω εκεινω της ημερας εκεινης p: ⟨+ εν τω καιρω εκεινω 107⟩

**25** om totum comma ejlqu | ⟨ετων—αυτου 2°] περιετμηθη την σαρκα της ακροβυστιας αυτου ετων ων δεκα τριων 74⟩ | ετων—ην] ην ετων δεκα τριων dc₂[b]: ην ετων τριων c₂*: om ην h | ην δεκα τριων Mgpsv | δεκα τριων] τρισκαιδεκα acx | ην—αυτου 2°] om n: om ην o | om ηνικα—(26) εκεινης d | περιετμηθη] περιετεμετο bw: ⟨περιετεμνετο 32⟩: *circumcidit* 𝔄

**26** om εν—εκεινης p | εν] + δε j(mg)qs(mg)u𝔅𝔈 | τω καιρω] om τω s(txt): + εκεινω gt: *tempore hoc* 𝔅[lw] | της ημερας εκεινης] εκεινω f | περιετμηθη] pr και dp | om ο j

**27** και 1°—αυτου] post εθνων d: om και παντες οι o | ⟨om οι ανδρες—αυτους 31⟩ | και 2°—αυτους] *circumcisi sunt* 𝔈 | om οι 2° c₂ | οικογενεις] + αυτου bmnw𝔅[p] | αργυρωνιται dp | εξ] pr οι egjpstvxc₂𝔄𝔅: pr και οι d: pr *et* 𝔅[p(*)] | περιετεμεν αυτους] pr και eghjpqs–vxc₂: om bw

XVIII **1** αυτω ο θεος] ο θεος αυτω Eus ½: *Deus Abraham* 𝔈 𝔓 Tract ⅓: κυριος τω αβρααμ Eus ½ T-A Tract ⅓: κυριος ο θεος τω αβρααμ Eus ½ A-Z | αυτω] *patri nostro Abraham* ℭ-cod | ο θεος] pr κ̅ς̅ c Phil-arm ½ Eus | προς] εν s Phil-arm | μαμβρη] μαβρη p: μαυρη cf: μαυρι d: *Mamre* 𝔅[p]: + *iuxta exitus uiarum* Tract | ⟨καθημενου] + δε 108⟩ | om αυτου 1° dgp | επι της θυρας] προς τη θυρα x Cyr-cod ½ T-A(uid): *ad ostium* Spec Tract | της θυρας] τη θυρα oy Just ½: ταις θυραις m | om αυτου 2° Just ½ ℭ-cod 𝔈 | μεσημβρια y

**2** αναβ. δε] και αναβλεψας dgpstv | om αυτου 1° Just Chr | om ιδεν και 𝔅[p] | και ιδου] om ℭ-cod: om ιδου Phil-arm ½ | om τρεις Or-gr | ιστηκεισαν] εστησαν Thdt | om αυτου 2° s | om και 2°—αυτου 3° 𝔈[fp] | ιδων] + αυτους ⟨31⟩ 𝔅[lw]ℭ-ed Cyr-ed ½ | προσεδραμεν] συνεδραμεν Just | αυτοις] αυτων do: αυτου c | om απο—αυτου 3° cd Phil-arm Tract | om της θυρας r*c₂ | ας της σκηνης αυτου in mg et sup ras circ 10 litt A[?] | om αυτου 3° y ℭ-cod 𝔈[c] Or-gr Eus | προσεκυνησεν] ..κυνησεν *D*: + *facie* ℭ-ed: + *illis* ℭ-cod

**3** και ειπεν] *dicens* ℭ-cod | κυριε] pr δεομαι Thdt ½: *domini mei* ℭ𝔈[fp]: + *mi* 𝔅 | om αρα bfgi*nr𝔄𝔓 Phil-codd Ath Chr ½ Cyr ⅔ cod ½ Thdt ½ | εναντιον σου] ενωπιον σου Chr ½: εν οφθαλμοις σου Cyr ½: παρα σοι Phil: *coram uobis* ℭ-cod𝔈[fp] | om μη—σου 2° 𝔈 | παιδα] δουλον *D* | σου 2°] *uestrum* ℭ-cod: ⟨om 78⟩

**4** λημφθητω] *sumam* 𝔄-ed: *feram* ℭ-cod: *feramus* 𝔈 | δη] δε msv𝔄𝔅 Thdt Spec: om ℭ-ed𝔈𝔓 | υδωρ] pr μικρον acmx𝔄𝔅[p]: + μικρον o | νιψατω A] νιψατωσαν *D*[sil]M omn 𝔄𝔅 ℭ-ed (*lauate* cod) 𝔓 Phil-arm Or-gr Chr Cyr Thdt T-A: *lauentur* Or-lat Spec Tract: *lauemus* 𝔈 | υπο το δενδρον] *sub arbore densa* Phil-arm ½ | το δενδρον] των δενδρων cm: om το j

**5** λημψομαι] *feramus* 𝔈 | αρτου c | φαγεσθε] φαγομεθα t | τουτο] τουτου d: ταυτα ej𝔅[p]ℭ-cod T-A | εις—υμων 1°] om Dahmo𝔅 Chr Spec: om εις d𝔄 | εινεκεν] ενεκεν ejy: εινεκα afiorc₂: ενεκα m | προς] εις m | ειπεν] ειπαν DMachoquxc₂𝔄-codd𝔅[p] ℭ-ed Chr Spec: ειπον dfgimprt Cyr: ειπον αυτω Ath Thdt ℭ-cod𝔈 | ουτως] τουτο dp: om ℭ-cod | ποιησον] ποιησομεν o Chr-ed Cyr | καθως Acemy Cyr-ed T-A] καθα *D*M rell Chr Cyr-cod Thdt: ⟨καθαπερ 74⟩

**6** εσπευσεν] ⟨επεσπευσεν 20⟩: εσπουδασεν dgp | αβραμ o[a?]s | επι—σαρραν] *abiit ad Sarram uxorem suam in tabernaculum* ℭ-cod𝔈(om *abiit*) | επι την σκηνην] ⟨post σαρραν 16: επι της σκηνης 31⟩: + αυτου f | επι] εις t𝔅T-A | σαρραν] pr την fqu: σαραν Mm | om αυτη gm | om και 3° acmoc₂𝔅 | φυρασον] post σεμιδαλεως acmoc₂: + μοι f | μετρα] αλευρου m: + αλευρου acoc₂𝔄 | εγκρυφιας] *panes azymos* ℭ

**7** τας] τους n | αβρααμ] pr ο m | ελαβον A] ελαβεν *D*[sil]M

XVIII **6** μετρα] οι ο' σατα M: α' σ' σατα js

A μοσχάριον ἁπαλὸν καὶ καλόν, καὶ ἔδωκεν τῷ παιδί, καὶ ἐτάχυνεν τοῦ ποιῆσαι αὐτό. ⁸ἔλαβεν δὲ 8
βούτυρον καὶ γάλα καὶ τὸ μοσχάριον ὃ ἐποίησεν, καὶ παρέθηκεν αὐτοῖς, καὶ ἐφάγοσαν· αὐτὸς δὲ
παριστήκει αὐτοῖς ὑπὸ τὸ δένδρον. ⁹εἶπεν δὲ πρὸς αὐτόν Ποῦ Σάρρα ἡ γυνή σου; ὁ δὲ ἀποκρι- 9
θεὶς εἶπεν Ἰδοὺ ἐν τῇ σκηνῇ. ¹⁰εἶπεν δέ Ἐπαναστρέφων ἥξω πρὸς σὲ κατὰ τὸν καιρὸν τοῦτον 10
εἰς ὥρας, καὶ ἕξει υἱὸν Σάρρα ἡ γυνή σου. Σάρρα δὲ ἤκουσεν πρὸς τῇ θύρᾳ τῆς σκηνῆς, οὖσα
§ d₂ ὄπισθεν αὐτοῦ. ¹¹Ἀβραὰμ δὲ καὶ Σάρρα πρεσβύτεροι προβεβηκότες ἡμερῶν· ἐξέλειπεν δὲ 11
Σάρρᾳ γίνεσθαι τὰ γυναίκια. ¹²ἐγέλασεν δὲ Σάρρα ἐν ἑαυτῇ λέγουσα Οὔπω μέν μοι γέγονεν ἕως 12
τοῦ νῦν· ὁ δὲ κύριός μου πρεσβύτερος. ¹³καὶ εἶπεν Κύριος πρὸς Ἀβραάμ Ὅτι ἐγέλασεν Σάρρα 13
ἐν ἑαυτῇ λέγουσα Ἀρά γε ἀληθῶς τέξομαι; ἐγὼ δὲ γεγήρακα. ¹⁴μὴ ἀδυνατεῖ παρὰ τῷ θεῷ 14
¶ d₂ ῥῆμα; ¹⁴εἰς τὸν καιρὸν τοῦτον ἀναστρέψω πρὸς σὲ εἰς ὥρας, καὶ ἔσται τῇ Σάρρᾳ υἱός. ¹⁵ἠρνή- 15
σατο δὲ Σάρρα λέγουσα Οὐκ ἐγέλασα· ἐφοβήθη γάρ. καὶ εἶπεν Οὐχί, ἀλλὰ ἐγέλασας.
¹⁶Ἐξαναστάντες δὲ ἐκεῖθεν οἱ ἄνδρες κατέβλεψαν ἐπὶ πρόσωπον Σοδόμων καὶ Γομόρρας· Ἀβραὰμ 16
δὲ συνεπορεύετο μετ' αὐτῶν συνπροπέμπων αὐτούς. ¹⁷ὁ δὲ κύριος εἶπεν Μὴ κρύψω ἐγὼ ἀπὸ 17
§ ¶ Ἀβραὰμ τοῦ παιδός μου ἃ ἐγὼ ποιῶ; ¹⁸Ἀβραὰμ δὲ γινόμενος ἔσται εἰς ἔθνος μέγα καὶ πολύ, 18

      11 γεινεσθαι A       14 αδυνατι D       18 γειυομενος A

DMa–jl–yc₂(d₂)𝕬𝕭𝕮𝕰(𝕻)

omn 𝕬𝕭𝕮𝕰 Phil-arm Or-lat Chr Thdt T-A | (μοσχαριον) post
απαλον 31: μοσχον 76) | και καλον] om Phil-arm: om και
de*𝕭 | ⟨εδωκε 78⟩ | τω παιδι] seruis suis 𝕭ᵖ: +αυτου dfghiᵃ
pstv𝕭ᵂ𝕮-cod 𝕰 Ath Thdt | εταχυνεν]/estinauerunt 𝕭ᵖ | om
του ε | ⟨ποιησαι⟩ θυσαι 32) | αυτο] αυτω dl: om 𝕬 Thdt
8 ελαβεν] pr και εᵃ | βουτυρον] pr και Thdt | γαλα] niel
𝕰: +και αξυμους T-A | om και 3° Ath Thdt | και εφαγοσαν
Ay*] om acmox: και εφαγον Dᵈⁱᴹyᵃⁱ rell | αυτοις 2°—δενδρον]
sub arbore et ministrabat eis 𝕰 | αυτοις 2°] +ministrans eis
𝕮-cod | το δενδρον] του δενδρου και εφαγον m: + και εφαγοσαν
acox(εφαγον)
9 ειπεν] ειπον acefⁿʲjmo(ειπαν)xc₂𝕬-codd𝕰ᶠᵖ: cum cessas-
sent edere dixerunt 𝕮-cod | om προς αυτον x | σαρα m | om
αποκριθεις h𝕭ᵂΕΤ-A
10 ειπεν δε] ειπον δε 68) | om Dn: om δε m: +προς
αυτον 𝕮-ed𝕰 | επαναστρ.] (pr ιδου 31.83) | om σαρρα ευjc₂:
εταιων Phil-ed ⅓: ⟨επαναστρεψαντες 68⟩ | ηξω] ηκω o: ⟨ηξομεν
68⟩: om 𝕭ᵖ | κατα—τουτον] om yᵃ | εις ωρας] ⟨η ωρας f: εις
ωρ εας mT-A: εις νεωτα Phil-ed⅓: anni 𝕰 | εξει—ωρας] εσται
τη σαρρα υιοι y | εξει] εξη nᵃ: τεξει m𝕮-ed | σαρρα 1°] σαρα
m | η γυνη σου 𝕰 | σαρρα 2°] om δε 2° (31) 𝕭ᵂ |
ηκουε τᵃ | προς 2°—σκηνης] intra tabernaculum 𝕮-cod | προς
τη θυρα] προς την θυραν abdlmnps(θυρα ns): προ της θυρας ir:
παρα της θυραν (20) Chr | της σκηνης] post ουσα fir: ουσα
εστωσα n𝕬 Chr: om 𝕭ᵂ𝕰ᵖ | κατοπισθεν h | om αυτου Chr
11 σαρρα 1°] σαρα m: +riserunt quia 𝕭ᵖ | πρεσβυτεροι]
om bw Chr: +erant 𝕬𝕭𝕮 | προβεβηκοτες] +οι g: +ησαν
hw | ημερων] εν ταις ημεραις αυτων fir𝕭𝕮(uid): (+ησαν 108) |
om εξελειπεν—γυναικια d₂ | εξελειπεν] εξελιπεν abd-gmpstw
xy𝕭𝕮𝕰 Phil Chr Thdt: εξελινον lc₂ | σαρρα γινεσθαι] pr τη
qux: γινεσθαι τη σαρρα acm(σαρα)σω: σαρρα 2°] σαρρας n Thdt
12 εγελασεν δε] και εγελασε f | σαρα m | εν εαυτη λε-
γουσα] λεγουσα προς εαυτην ej | εν εαυτη] εν αυτη b*wc₂d₂:
(καθ εαυτην 20) | ουπω—νυν] quod adhuc non factum est mihi
nunc fiet 𝕬 | ουπω] +hoc 𝕮 | μην 1: om dfilpd₂𝕮-cod |
12 εαυτη] αʹ εγκατω αυτης Mj(εγκατα)sv | ουπω—νυν] αʹ μετα το κατατριβηναι με εγενετο μοι τρυφερια Mj(sine nom)sv:
σʹ μετα το παλαιωθηναι με εγενετο μοι ακμη jsv
13 εαυτη] αʹ εγκατω αυτης c₂
18 πολυ] αʹ οστεινον σʹ ισχυρον Mjsv

μοι] +hoc 𝕭 | νυν] +εγω γαρ ειμι προβεβηκυια f | πρεσβυ-
τερος] πρεσβυτη bw Chr⅓: creuit in diebus suis 𝕮-cod
13 και ειπεν] ειπεν δε bdfsgiprstvw𝕭𝕮-ed | κυριος] om c:
+ο θι efijrd₂ | προς] τω ejnd₂ | αβρααμ] +λεγων bw | om A]
pr τι DM omn 𝕬𝕭𝕮 Phil-arm Just Chr Hil | σαρα m | om
εγελασεν δε Phil-arm Just Hil | αληθως] pr ει ε: om 𝕮-ed Just⅓ |
εγω δε] quod ecce ego 𝕬: om δε bwc₂
14 αδυνατησει blwd₂𝕭𝕮-cod | παρα τω θεω] α Deo Hil: om
παρα τ | τω θεω] τω θυ Dov: θυ m Phil-codd: θυ achx Phil-
codd: κω bw | ρημα] pr παν: εfjmn Phil-arm Chr-semel: om a |
εις 1°—ωρας] pr οτι dp: pr ecce ego 𝕮-cod: κατα τον καιρον
τουτον ελευσομαι Paul | αναστρεψω—ωρας] εις ωρας αναστρεψω
προς σε bw(επαναστρεψω): εις ωρας ανακαμψω προς σε Just⅓ |
αναστρεψω] αναστρεφω ⟨107⟩ Just⅓: επαναστρεφω ix: επανα-
στρεφω dgmp: αποστρεψω (128) Just⅓ | om προς σε Just⅓ | εις
ωρας] anni 𝕮-ed: om f | εσται—υιος] τη σ. υιος εσται Just⅓:
τη σ. υιος γενησεται Just⅓ | σαρα m
15 δε] (pr τη 78): om m | σαρρα] pr η ejm(σαρα) | λεγουσα]
+εγω δι efijrd₂ | ουκ] +ουκ 𝕮-cod | ουκ εγελασα] εγελασα Dᵖᵉ | ειπεν] + ejmfghtpwc₂𝕮-cod
𝕰 | εγελασας] εγελασε als: εγελασε g
16 εξαν—κατεβ.] et abierunt ab illo suspexit autem 𝕮-cod |
om δε 1° m | εκειθεν] post ανδρες bejnwx𝕰: om Chr T-A |
ανδρες] pr τρεις dgptc₂: pr duo 𝕰ᶜᶠ | ⟨επεβλεψαν 20⟩ | om
προσωπον 𝕮-ed | ειπεν] + συνεπορευθη g | om μετ αυτων
Phil-gr | προπεμπων nᵖ | om αυτους D
17 ο δε—ειπεν] ειπεν δε ο κτ x𝕬𝕰 | ειπεν] δε ο𝕮 και ο dgps(txt)tv |
κυριος] θι fir | ειπεν] +Abraham dicens ei 𝕮-cod | μη] pr ου
bedfgpstvwc₂𝕰(uid) Just Eus⅓ Chr Thdt A-Z Hil | κρυψω
εγω] celetur aliquid 𝕬 | αποκρυψω c₂(⅓) | om εγω 1° boc₂𝕰
Phil-arm Just Or-lat Chr⅓ Thdt | αβρααμ] pr προσωπου ej:
post μου n𝕮-cod 𝕰 Just⅓ Chr⅓ | α] εγω Just⅓ | εγω ποιω]
μελλω ποιειν Just | Chr⅓: μελλω ποιειν εγω Ath Thdt: facturus
sum 𝕭𝕮 Hil
18 γινομενος εσται] fiens fiet et erit Tyc | γινομενος] γινο-
μενος afghlqux Eus⅓: om 𝕮-cod | και πολυ] κατα πολυ o: om

19 καὶ ἐνευλογηθήσονται ἐν αὐτῷ πάντα τὰ ἔθνη τῆς γῆς. / [19]ᾔδειν γὰρ ὅτι συντάξει τοῖς υἱοῖς αὐτοῦ A
καὶ τῷ οἴκῳ αὐτοῦ μεθ' ἑαυτόν, καὶ φυλάξουσιν τὰς ὁδοὺς Κυρίου ποιεῖν δικαιοσύνην καὶ κρίσιν,
20 ὅπως ἂν ἐπαγάγῃ Κύριος ἐπὶ Ἀβραὰμ πάντα ὅσα ἐλάλησεν ἐπ' αὐτόν. ‡[20]εἶπεν δὲ Κύριος § $d_2$
21 Κραυγὴ Σοδόμων καὶ Γομόρρας πεπλήθυνται, καὶ αἱ ἁμαρτίαι αὐτῶν μεγάλαι σφόδρα. [21]κατα-
βὰς οὖν ὄψομαι εἰ κατὰ τὴν κραυγὴν αὐτῶν τὴν ἐρχομένην πρὸς μὲ συντελοῦνται· εἰ δὲ μή, ἵνα
22 γνῶ. [22]Καὶ ἀποστρέψαντες ἐκεῖθεν οἱ ἄνδρες ἦλθον εἰς Σόδομα· Ἀβραὰμ δὲ ἦν ἑστηκὼς
23 ἐναντίον Κυρίου. [23]καὶ ἐγγίσας Ἀβραὰμ εἶπεν Μὴ συναπολέσῃς δίκαιον μετὰ ἀσεβοῦς, καὶ
24 ἔσται ὁ δίκαιος ὡς ὁ ἀσεβής. [24]ἐὰν ὦσιν πεντήκοντα ἐν τῇ πόλει δίκαιοι, ἀπολεῖς αὐτούς; οὐκ
25 ἀνήσεις τὸν τόπον ἕνεκεν τῶν πεντήκοντα ‡δικαίων, ἐὰν ὦσιν ἐν αὐτῇ; [25]μηδαμῶς σὺ ποιήσεις § E
ὡς τὸ ῥῆμα τοῦτο, τοῦ ἀποκτεῖναι δίκαιον μετὰ ἀσεβοῦς, καὶ ἔσται ὁ δίκαιος ὡς ὁ ἀσεβής· μη-
26 δαμῶς. ὁ κρίνων πᾶσαν τὴν γῆν, οὐ ποιήσεις κρίσιν; [26]εἶπεν δὲ Κύριος Ἐὰν εὕρω ἐν Σοδόμοις
27 πεντήκοντα δικαίους ἐν τῇ πόλει, ἀφήσω πάντα τὸν τόπον δι' αὐτούς. [27]καὶ ἀποκριθεὶς Ἀβραὰμ
28 εἶπεν Νῦν ἠρξάμην λαλῆσαι πρὸς τὸν κύριον, ἐγὼ δέ εἰμι γῆ καὶ σποδός· [28]ἐὰν δὲ ἐλαττονωθῶσιν

24 πολι A

*D*(E)Ma–jl–y$c_2$($d_2$)𝔄𝔅ℭ[c]𝔈𝔓

mℭ-cod | ευλογηθησονται lm | ⟨παντα τα εθνη] πασαι αι φυλαι 25⟩

**19** ηδειν] ηδει f[a]irs(ηδη)w𝔈[fp] A-Z: ειδεν *D* | συνταξει] συντασσει Chr-ed ½: συναξει l: +αβρααμ dfgiprℭ𝔈𝔓 Chr ½ | τοις υιοις] τους υιους ej: +των υιων f | αυτου 1°] +και τοις υιοις των υιων αυτου ir: +αβρααμ t | και 1°—εαυτον] μετ αυτον και τω οικω αυτου *D* | μεθ εαυτον A] μεθ αυτον t: μετ αυτων djmp: μετ αυτου gn: μετ αυτον M rell Eus Chr A-Z: om 𝔈 | και φυλαξ.] *custodire* 𝔄𝔓 | φυλαξουσιν] φυλαξωσι bg*irt$c_2$: φυλαξω σοι w | κυριου] +του θῡ dfgiprt Chr ⅔ A-Z: +οτι συνταξει τους υιους αυτου ej | ποιειν] pr του bw A-Z: pr ποιησαι αυτας του g: pr *et* 𝔄 | δικαιοσ. και κρισιν] *iudicium et ueritatem* ℭ-cod | δικαιοσ.] ελεημοσυνην A-Z | om και κρισιν m | οπως αν επαγαγη] *et inferet* 𝔄: om αν *D* Eus | επαναγαγη m | κυριος] om Phil-arm: +ο θς̄ dgpt𝔄ℭ-cod A-Z | om παντα aclmoqsuvx Phil-arm Or-lat Eus A-Z | οσα] α acmoqux Eus A-Z Chr | ελαλησεν] +κς̄ i(uid)r | επ αυτον Ay*] προς αυτον *D*[sil]My[a?] rell 𝔄𝔅(uid)𝔓 Phil-arm Eus Chr A-Z: ⟨αυτω 76⟩: *ei* ℭ𝔈

**20** ειπεν δε] και ειπε aT-A | κυριος] +ο θς̄ efij(mg)r A-Z: +*deus Abraham* ℭ-cod | κραυγη] φωνη Eus T-A | γομορρων *D* | πεπληθυνται] +προς με bdeg-jnprtx$c_2d_2$𝔓 Chr Thdt A-Z: πεπληρωται προς με f: ηκει προς με Chr-ed ½: βοα προς με Eus: *ascendit ad me* 𝔅[lw]ℭ | και αι αμαρτιαι] ⟨αι αμαρτιαι ουν 14⟩: *et opera* 𝔅[lw] | om και 2° ej | ⟨σφοδρα μεγαλαι 16⟩ | μεγαλαι] *abundauerunt* ℭ-cod

**21** καταβας] pr *et* 𝔅[lw]𝔈[cf] | om ει 1° b | αυτων] αυτης c | την—με] post συντελουνται A-Z: om Hil | ⟨συντελουνται προς με 77⟩ | συντελουνται] συντελουντα b: συντελουσιν t* | ⟨om ει δε—γνω 73.78⟩ | μη] μηγε $c_2$ Thdt ½ | om ινα dp*𝔈𝔓

**22** om και—σοδομα dp$d_2$ | αποστρεψ.] αποστραφεντες fgi[a] Ath Thdt: ⟨υποστρεψαντες 78⟩ | εκειθεν] post ανδρες bcejswx ℭ𝔓 Just: om m𝔈[p] | om δε q | ην] pr ετι Maceh[a]jloqsux𝔅[p] ℭ-ed𝔓 Phil ⅔: om b*: +ετι gimr$c_2$𝔈 A-Z | εστηκως] +ινα dp | εναντιον] εναντι *D**(suprasc ον *D*[a])bdghpw$d_2$: ενωπιον Phil ½ ed ½: εν τοπω Phil-codd-omn ½ | κυριου] pr του A-Z: +του θῡ Mejs(mg)v(mg)$c_2$(mg)ℭ-cod𝔓

**23** εγγισας] ευλογησας A-Z | αβρααμ] om t: +*ad Dominum* ℭ-cod | ειπεν] +*ei Nequaquam Domine* ℭ-cod | συναπολ.] συναπολεσεις n𝔄: απολεσης Cyr ½: +*Domine* 𝔈 | ασεβους] ασεβων m𝔄-codd Cyr ½ | και εσται] pr + M: *ne sit* ℭ-cod𝔈(pr *et*) | om ο 1° g* | om ως y* | om ο 2° $d_2$ Or-gr | ασεβης] ασεβεις $d_2$*: αδικος ir

**24** εαν 1°] +δε $c_2$ | πεντ. 1°—δικαιοι A] δικαιοι πεντ. εν τη πολη g: εν τη πολει πεντ. δικαιοι fir: om εν τη πολει e: πεντ. δικαιοι εν τη πολει DM rell 𝔄𝔅ℭ𝔈𝔓 Phil-arm Eus Chr Thdt A-Z | ⟨εν 1°—δικαιοι] δικαιοι εις την πολιν 14.16.18.25.77.128.130⟩ | απολεσεις Dabdfginprtwx*(uid)y$c_2d_2$ | ⟨om αυτους—τον 25⟩ | αυτους] αυτην o | ουκ ανησεις] pr και 𝔄𝔈 Thdt: ουκ ανοισης d | τον τοπον An𝔓] om dp$d_2$: pr παντα DM rell 𝔄ℭ𝔈 Eus A-Z T-A: pr απαντα Chr Thdt: +εκεινον D A-Z: +*omnem* 𝔅[p]: *populum omnem* 𝔅[lw] | ενεκεν] pr δι αυτους g: ενεκα Dm | δικαιων] ..καιων E | om εαν 2°—αυτη 𝔈 Eus | εαν 2°] +δε m | αυτη] αυτοις Em*

**25** συ] ου Chr: ⟨ουν 20⟩: om bw𝔓 Hil ½ | ποιησεις 1°] ποιησης Mertwx$d_2$ | om ως 1° EMbdf–joprstvwx$d_2$𝔄𝔅𝔈 Eus Ath Chr Thdt A-Z T-A Hil | om του bpx*$c_2$ A-Z | om και—ασεβης f𝔈 | ως 2°] ος E | μηδαμως 2°] +κυριε Eus ½ T-A | πασαν] post την γην E: om m Clem Hil ⅔ | om την cA-Z | ου ποι. κρισιν] ⟨om 76⟩: om ου Hil | ποιησεις 2°] ποιησης bfh: ποιησει Cyr-hier-ed Thdt | κρισιν] *hoc iudicium* 𝔄𝔅ℭ𝔈 Hil

**26** κυριος] pr ο Dbw$d_2$ Thdt: +ο θς̄ efijrs A-Z | ⟨εαν] pr και 107⟩ | ευρω—δικαιους] ωσιν πεντηκοντα δικαιοι εν σοδομοις ej | ευρω] ωσιν bwT-A: ευρεθωσιν ⟨20⟩ Chr | εν 1°—πολει] *quinquaginta iustos in Sodomis ciuitate* 𝔅ℭ | εν σοδομοις] εκει T-A: om Chr | δικαιοι bw Chr T-A | om εν τη πολει bgnw T-A | αφησω] pr δι εκεινους Chr: ανησω bw: ⟨αφησωμεν 16⟩ | παντα τον τοπον] pr ολην την πολιν και bw: *populum omnem* 𝔅[lw]: *totam urbem* 𝔈: om τον g | om δι αυτους Chr

**27** ειπεν αβρααμ E | νυν] sup ras i[a] | om τον l Phil-codd | κυριον] θν̄ fir: +μου dgmpstx$d_2$ 𝔅ℭ Chr T-A | om γη f* | om και 2° c*

**28** εαν—πολιν] εαν δε ελαττους των πεντηκοντα ευρεθωσι και τεσσαρακοντα πεντε ωσιν εν τη πολει δικαιοι ου σωσεις την πολιν v(τους των et ευρεθωσι—πολει sup ras, δικαιοι—πολιν in mg tantum) Chr | om δε c𝔄 | ελαττονωθωσιν] ελαττονηθωσιν imr: ελαττωθωσιν d–gjlnptx$c_2d_2$: ελαττονωσιν s: ελαττον ευρε-

20 μεγαλαι] α' εβαρυνθησαν M$c_2$: α' εβαρυνθη j(sine nom)sv: σ' βεβαρηται j(sine nom)sv: σ' βεβαρηνται $c_2$
21 συντελουνται] σ' επετελεσαν το εργον Mjs(sine nom)v$c_2$(συνετελεσαν) 22 ηλθον] επορευθησαν jsv
23 και 2°—ασεβης] εικοτως ωβελισθη οικειοτερον εν τοις εξης εμφερομενον μετα τα του αποκτειναι δικαιον μετα ασεβους M
25 μηδαμως 1°] σ' ουχι σον s | μηδαμως 2°] σ' ουχι σον j | ο κρινων—κρισιν] σ' ο παντα ανον απαιτων δικαιοπραγειν ακριτως μη ποιησεις τουτο M

A οἱ πεντήκοντα δίκαιοι πέντε, ἀπολεῖς ἕνεκεν τῶν πέντε πᾶσαν τὴν πόλιν; καὶ εἶπεν ὅτι Οὐ μὴ ἀπολέσω ἐὰν εὕρω ἐκεῖ τεσσεράκοντα πέντε. ²⁹καὶ προσέθηκεν ἔτι λαλῆσαι πρὸς αὐτὸν καὶ 29 εἶπεν Ἐὰν δὲ εὑρεθῶσιν ἐκεῖ τεσσεράκοντα; καὶ εἶπεν Οὐ μὴ ἀπολέσω ἕνεκεν τῶν τεσσεράκοντα. ³⁰καὶ εἶπεν Μή τι, κύριε, ἐὰν λαλήσω· ἐὰν δὲ εὑρεθῶσιν ἐκεῖ τριάκοντα; καὶ εἶπεν Οὐ μὴ ἀπο- 30 λέσω ἐὰν εὑρεθῶσιν ἐκεῖ τριάκοντα. ³¹καὶ εἶπεν Ἐπειδὴ ἔχω λαλῆσαι πρὸς τὸν κύριον, ἐὰν 31 ¶ ℭᶜ δὲ εὑρεθῶσιν ἐκεῖ εἴκοσι; καὶ εἶπεν¶ Οὐ μὴ ἀπολέσω ἕνεκεν τῶν εἴκοσι. ³²καὶ εἶπεν Μή τι, 32 κύριε, ἐὰν λαλήσω ἔτι ἅπαξ· ἐὰν δὲ εὑρεθῶσιν ἐκεῖ δέκα; καὶ εἶπεν Οὐ μὴ ἀπολέσω ἕνεκεν τῶν δέκα. ³³ἀπῆλθεν δὲ Κύριος ὡς ἐπαύσατο λαλῶν τῷ Ἀβραάμ, καὶ Ἀβραὰμ ἀπέστρεψεν εἰς τὸν 33 ¶ d₂ τόπον αὐτοῦ.¶

¹Ἦλθον δὲ οἱ δύο ἄγγελοι εἰς Σόδομα ἑσπέρας· Λὼτ δὲ ἐκάθητο παρὰ τὴν πύλην Σοδόμων. 1 XIX ἰδὼν δὲ Λὼτ ἀνέστη εἰς συνάντησιν αὐτοῖς, καὶ προσεκύνησεν τῷ προσώπῳ ἐπὶ τὴν γῆν· ²καὶ 2 εἶπεν Ἰδού, κύριοι, ἐκκλίνατε πρὸς τὸν οἶκον τοῦ παιδὸς ὑμῶν καὶ καταλύσατε, καὶ νίψατε τοὺς πόδας ὑμῶν, καὶ ὀρθρίσαντες ἀπελεύσεσθε εἰς τὴν ὁδὸν ὑμῶν. εἶπαν δέ Οὐχί, ἀλλ᾽ ἢ ἐν τῇ πλατείᾳ καταλύσομεν. ³καὶ παρεβιάζετο αὐτούς, καὶ ἐξέκλιναν πρὸς αὐτόν. καὶ εἰσῆλθον εἰς 3 τὴν οἰκίαν αὐτοῦ· καὶ ἐποίησεν αὐτοῖς πότον καὶ ἀζύμους ἔπεψεν αὐτοῖς, καὶ ἔφαγον ⁴ᵃπρὸ τοῦ

31 τωπ] τον E   XIX 2 εκκλειωατε A | καλυσατε A°(καταλ. Aᵃ) | ορθισαντες A | απελευσεσθαι AD
3 εξεκλειναν AD(εξεκλει[ναν])

DEMa–jl–ycₐ(d₂)𝕬𝕭(ℭᶜ)𝕰𝕵𝕻

θωσιν α | δικαιοι πεντε] και εισι με' δικαιοι m: om δικαιοι E | πεντε 1°] pr εις τεσσαρακοντα Ea(mg)b–hjnoptwcₐd₂(σαρακοντα Egn): (pr εις τους τεσσαρακοντα 37): om Mᵃʲl | (απολεσι-πεντε 2°] post πολυν 77) | απολεσεις acdejnptd₂ | ενεκεν των πεντε] post πολιν 𝕰𝕵 | ενεκα m | πεντε 2°] pr τεσσαρακοντα E (σαρακοντα)a(mg)b–giᵃʲ]–ptwcₐd₂T-A | πασαν–πεντε] om 78): om πασαν m | και ειπεν] ειπεν δε c: om xᵃ: +κ̄ς̄ m𝕰 T-A οτι ADEMhlnty] om rell 𝕬𝕭𝕵 Chr T-A | om ου μη] ουκ 78) | εαν ευρω εκει] ενεκεν των n | ευρω] ευρεθωσιν Eovᵇ(ευρωθωσι)𝕵𝕭 Chr | om εκει fvᵇ Chr | σαρακοντα g | πεντε 3°] +ου μη απολεσω ενεκεν των πεντε 𝕭]mopsvd₂ 𝕰 Chr: +πασαν την πολιν και ειπεν ου μη απολεσω gᶜ
29 και 1°–ειπεν 1°] et dixit ei Abraham 𝕰: προσεθετο fimr | om ετι 𝕭 | om προς αυτον Chr | om εαν–(30) ειπεν 1° w | δε] post ευρεθωσιν d: om D(aliq deesse id Dᵃ¹)Eef𝕭 T-A | om εκει ej | τεσσαρακοντα] σαρακοντα g: +iusti 𝕭¹ | om και 3°–τεσσαρακοντα 2° yᵛ | ειπεν 2°] om: +κ̄ς̄ m𝕰 | ου μη] ουκ EMaceijoq–tvyʰc₂ | απολω quvyᵇ | τεσσαρακοντα 2°] σαρακοντα g
30 και 1°–λαλησω] addidit etiam dicere ei Abraham et dixit ei 𝕰ᵈ: et etiam nddidit et dixit ei Abraham 𝕭ᵖ | και ειπεν 1°] om qu: +αβρααμ m T-A | om τι l | κυριε] post λαλησω bw | λαλησω] +ετι f: +ετι απαξ l T-A | om και 2° | και 1: και εαν f | om δε D𝕭ᵖ Chr | ⟨ευρεθωσιν 1°⟩ ευρω 127) | om εκει 1° fir | om και 2°–τριακοντα 2° bwᵛ] ειπεν 2°] +κ̄ς̄ m T-A | ου μη] ουκ ej | om εαν 2°–τριακοντα 2° s(txt) | εαν ευρεθωσιν εκει] ενεκεν των Dᵈⁱⁱejnos(mg)v(mg)y𝕰 T-A | ευρεθωσιν 2°] ευρω Mdghhilmpqrtuvxd₂𝕭 T-A | εαν] δη ι om s: +αβρααμ m𝕰 | ⟨om εχω 31⟩ λαλησω f | κυριον] +μου efgjmsvc₂d₂𝕭ℭ | om δε Encₐ𝕬ℭ | om εκει E | ενεκεν των] εαν ευρω εκει bw | ενεκα m
32 και ειπεν 1°] (om 25): +αβρααμ m𝕰 | κυριε] κ̄ς̄ qᵒ | (om λαλησω 71) | (om ετι–δεκα 2° 31) | ετι] post απαξ g: om dp | om δε D𝕭ᵖ Chr-ed | ευρεθωσιν] inueniam 𝕭ᵖ | εκει] post δεκα 1° E: om e | ειπεν 2°] +κ̄ς̄ m T-A: +ο θεος Thdt | ου μη] ουκ EMadehlopqtuxᵃycₐd₂ Thdt | ενεκα md₂
33 ⟨om δε 73⟩ | κυριος] pr ο befiprtw Phil-codd Thdt: om

c₂ | λαλων] λεγων Just | και αβρ. απεστρ.] και απεστρεψεν αβρααμ qu: και υπεστρεψεν αβρααμ fi: υπεστρεψεν δε αβρααμ dmpd₂: και απηλθεν Just: et rediit Abraham 𝕭 | αβρααμ 2°] αβραμ b | απεστρεψεν] υπεστρεψεν ghlr Chr Thdt: επεστρεψεν acjᵃ¹(uid)oxc₂: ειπεστρεψεν n: init 𝕭ᵖ | τοπον] οικον Thdt
XIX 1 ηλθον] απηλθεν E | om οι Cyr-ed | om δυο f𝕰ᵖ | om αγγελοι lᵒ | παρα] περι Thdt | πυλην] πολιν f | σοδομων] pr των ⟨14⟩ 𝕭ᵖ | λωτ δε ιδων m𝕭 | προς αυτην Abwy] εξαριστησεν E: εξανεστη DᵈⁱⁱM rell Chr Cyr Thdt | εις συναντησιν] εναντιον Chr-ed+½ | αυτοις] αυτων mnᵃ Cyr-ed | και—γην] et se prostrauit eis 𝕰ᶜ: om 𝕭ᵖ | την γην] της γης f
2 ειπεν] +αυτοις 𝕰 | ιδου] om 𝕭𝕰 T-A: +ego 𝕰 | κυριοι] κ̄ε̄ y | +μου m𝕭𝕰(uid) T-A | εκκλινατε] εκλινατε M: εγκλινατε n: +προς με ej | προς—παιδος] ad puerum 𝕭ᵖ: ad seruum 𝕰ᶠᵖ | προς A] εις DEM omn 𝕬 Chr Cyr Thdt T-A | οικον] τοπον l | υμων 1°] +μου 𝕰ᶜ | om υμων 2°] om 𝕰ᶜ(s καταλυσ...| νιψα...τους π...|μων Eᵃᵐᵍ) | καταλυσατε] +ου ειπεν εξεκλιναται προς τον παιδα υμων n | νιψατε Amquy] νιψασθε DᵈⁱⁱM rell Chr Cyr Thdt: lauabo 𝕬 | εις την οδον] mutila in wᵒ: om εις bm𝕰 | υμων 3°] ημων n: +ου ειπεν εξεκλιναται προς τον παιδα υμων Ebfirs(mg)v(mg)c₂(ειπεκα fir)𝕭 | ειπεν δε] pr ειπον δε dfgimpr: ειπαν s(txt): και ειπαν DᵈⁱⁱEMehlqtu𝕭 Chr: και ειπον j Cyr T-A | αλλ' η] om η DᵈⁱⁱE(αλλα)Ma–prsu–c₂ | καταλυσομεν] καταλυσωμεν Ecdfglnoptxᵛy: +et se prostrauit eis facie tua 𝕰ᶜ
3 παρεβιαζετο g T-A: κατεβιασατο Ebw Or-gr: κατεβιαζεν d: κατεβιαζετο DM rell Chr Cyr: (εξεβιαζετο 20): coegit 𝕭𝕰 Phil-arm | αυτους] +σφοδρα acmoxc₂ | om εξεκλιναν—αυτον y Or-gr | om αυτον v | προς—απηλθον 𝕭 | εισηλθον] ηλθον c₂—αυτον y Or-gr: om προς—παιδος𝕭 | αυτον] κ̄ς̄ m: κατα 4° h | αυτου c: αζυμους dgp | επεψεν] επεψεν EMbdfhᵖ(uid)lmnqvᵒ(uid)w: και επεψεν y: παρεθηκε g | προ του κοιμηθηναι] pr ετι 𝕰: om n: +αυτους ac moxc₂

30 μη τι κυριε] α' μη δη οργιλον τω κ̄ω̄ M(om δη)jsv(sine nom js)

44

4 κοιμηθῆναι. ⁴καὶ οἱ ἄνδρες τῆς πόλεως οἱ Σοδομεῖται περιεκύκλωσαν τὴν οἰκίαν ἀπὸ νεανίσκου A
5 ἕως πρεσβυτέρου, ἅπας ὁ λαὸς ἅμα. ⁵καὶ ἐξεκαλοῦντο τὸν Λώτ, καὶ ἔλεγον πρὸς αὐτόν Ποῦ
εἰσὶν οἱ ἄνδρες οἱ εἰσελθόντες πρὸς σὲ τὴν νύκτα; ⁶ἐξάγαγε αὐτοὺς πρὸς ἡμᾶς, ἵνα συγγενώμεθα § L′
7 αὐτοῖς. ⁶ἐξῆλθεν δὲ Λὼτ πρὸς αὐτούς, καὶ τὴν θύραν προσέῳξεν ὀπίσω αὐτοῦ. ⁷εἶπεν δὲ πρὸς
8 αὐτοὺς Μηδαμῶς, ἀδελφοί, μὴ πονηρεύσησθε. ⁸εἰσὶν δέ μοι δύο θυγατέρες, αἳ οὐκ ἔγνωσαν ἄνδρα·
ἐξάξω αὐτὰς πρὸς ὑμᾶς, καὶ χρήσασθε αὐταῖς καθὰ ἀρέσκῃ ὑμῖν· μόνον εἰς τοὺς ἄνδρας τούτους
9 μὴ ποιήσητε μηδὲν ἄδικον, οὗ εἵνεκεν εἰσῆλθον ὑπὸ τὴν στέγην τῶν δοκῶν μου. ⁹εἶπαν δέ
Ἀπόστα ἐκεῖ· εἰσῆλθες παροικεῖν, μὴ καὶ κρίσιν κρῖναι· νῦν οὖν σὲ κακώσομεν μᾶλλον ἢ ἐκεί-
10 νους. καὶ παρεβιάζοντο τὸν ἄνδρα τὸν Λὼτ σφόδρα, καὶ ἤγγισαν συντρίψαι τὴν θύραν. ¹⁰ἐκ-
11 τείναντες δὲ οἱ ἄνδρες τὰς χεῖρας εἰσεσπάσαντο τὸν Λὼτ πρὸς ἑαυτοὺς εἰς τὸν οἶκον, καὶ τὴν
12 θύραν τοῦ οἴκου ἀπέκλεισαν· ¹¹τοὺς δὲ ἄνδρας τοὺς ὄντας ἐπὶ τῆς θύρας τοῦ οἴκου ἐπάταξαν
ἀορασίᾳ, ἀπὸ μικροῦ ἕως μεγάλου· καὶ παρελύθησαν ζητοῦντες τὴν θύραν. ¹²εἶπαν δὲ οἱ ἄνδρες § L
πρὸς Λὼτ Ἔστιν τίς σοι ὧδε, γαμβροὶ ἢ υἱοὶ ἢ θυγατέρες, ἢ εἴ τίς σοι ἄλλος ἐστιν ἐν τῇ πόλει,
13 ἐξάγαγε ἐκ τοῦ τόπου τούτου· ¹³ὅτι ἀπόλλυμεν ἡμεῖς τὸν τόπον τοῦτον, ὅτι ὑψώθη ἡ κραυγὴ
14 αὐτῶν ἐναντίον Κυρίου, καὶ ἀπέστειλεν ἡμᾶς Κύριος ἐκτρῖψαι αὐτήν. ¹⁴ἐξῆλθεν δὲ Λὼτ καὶ

4 σοδομιται Dˢⁱˡ    6 προσοεξεν E    8 χρησασθαι A
9 κακοσωμεν E | ηγγισαν A | την θυρα E    11 την θυρα E    12 ει] η A

DE(L)Ma–jl–yc₂ᴁᴂ(L′)ᴈᴘ

4 om και E | οι σοδομ.] σοδομων nᴁ: om E: om οι h | εκυκλωσαν bw T-A | om οικιαν—(5) λωτ c₂* | πρεσβυτερου εως νεανισκου n | πρεσβυτου bfw Chr‡ | om απας ο λαος αμα n | απας] πας bwx Chr‡: om Chr‡

5 εξεκαλουντο τον] προσεκαλουν τω b: προσεκαλουντο wT-A | και ελεγον] και ειπαν bw: λεγοντες gᴂ T-A | om προς m* (om οι ανδρες 31) | ελθοντες ejs | προς σε] προς υμας Chr‡: in domum tuam ᴃ | om την q | ημας] υμας Chr‡

6 λωτ προς αυτους Ay*] λωτ προς το προθυρου bw: προς αυτου λωτ προς το προθυρον aci*orxc₂ᴈ: προς αυτους λωτ εξω προς το προθυρον lᴈ*: προς εαυτον προς την θυραν f: + εις το προθυρον gm: + εξω προς το προθυρον l: +προς το προθυρον D(+Dˢⁱⁱ)EMyᵇ rell (uid) Chr: ad eos Lot extra portam ᴁ: ad eos Lot stetit ad portam quae extra ᴃ: ad eos Lot (Lot ad eos ᴈᵖ) ad portam ante eos ᴇ | (om και την θυραν 71) | και την Ay] την δε DEM rell ᴃ: + προ εαυξεν] προσεαξεν dp: προσεωξαι g: (προσεαξα 107): clusit ᴁᴃᴘ: extendit ᴁ | οπισω αυτου] postquam intrauerunt ᴇᴘ | αυτου] αντων D

7 ειπεν δε] και ειπεν nxᴁT-A | προς αυτους] αυτοις abcefij orwxc₂ᴁ T-A: om m | μηδαμων—ταπηρ.] nolite fratres nollite malefacere viris ᴁ | αδελφοι μη πονηρ.] πονηρευεσθε αδελφοι μου m | αδελφοι] μη αδελφοι bw: +εις τους αδελφ. a–egjlpquvwc₂T-A: πορευησθε sᵃ· | πονηρευεσθε s²·] (πονηρευσε 31): + εις τους απους τουτου οᴃᵖ T-A: + super hos ᴇ

8 εισιν δε] ecce sunt ᴇᶜⁱ: om δε ᴁᴘ | δυο] (post θυγατερες 74): om sv | αδραϲ] ανδρας Macdehᵇʲmopτxyc₂ Chr: ανδρες g | εξαξω—υμας] eduxit eas ad eos et dixit eis Ecce eae ᴇᴘ | εξαξω] pr και T-A: και εξω E: εξαγω fir: (εξαγω 74) | υμας] ημας opᵃ | χρησασθε ADdgpc₂T-A] χρασθε E: χρασθε dp: καθωστ m: ωϲ l Chr: καθα αρ EMcefijqrsuvy T-A: καθο αν Dabghotwxc₂ | αρεσκει dl–p Chr: αρεσκη fgi | ανδρας] pr δυο eᵃ(uid): αρεσκωντον D: +ras (6) i | μη—μηδεν] μηδεν ποιησητε Chr: (μηδεν ποιησητε 20) | ποιησητε] ποιησατε E: ωφειδ i | μηδεν μηδεν ejrs(mg): om DEbhlqs(txt)tu–xᴁ(uid)ᴂ | αδικον] κακον f | στεγην] σκεπην M(mg)bdgnpε(txt)tvwxc₂ Chr ᴇ(uid) | των δοκων] domus ᴃᴇ

9 ειπαν δε] και ειπαν acox: και ειπον m: ειπαν δε Ed–gijn

prtc₂: +αυτω bwᴁ: +εκεινοι g | om εκει n | εισηλθες] pr και | ειπαν acmsvxᴁᴘ: pr και ειπον gp: ηλθες Mᴃᴘ: εισηλθεν s | και κρισιν κριναι] ut et iudices ᴁ: om και beᴃ | κρισιν κριναι] κρισιν κριναι c₂ | κρισιν] κρισει c₂: + ρομοιοι κρινειν c₂ | κρισιν] κρισειϲ firᴃ | κρισιν] κρινειν DˢⁱⁱEMabdefh–y Chr T-A: ποιειν g | (η] υπερ 32) | και παρεβιαζοντο] και γαρ εβιαζοντο m: περεβιαξοντο δε Chr | om τον ανδρα efjn Chr | om τον λωτ ᴃ | ηγγισαν] pr οι ανδρες f

10 (om δε 128) | ανδρες] αγγελοι fi*r | (χειρας] θυρας 8g) | εισεσπασαντο Ec₂ Thdt(uid): εισπασαντο b: εσπασαντο o Or-gr: εσπασαν n: (εισεσπασαντο 107): απεσπασαντο 71.79): επιασαν Just | προς εαυτον] προς αυτον s | εαυτους Cyr-codd: post οικον bw: om Chr‡ | om τον οικον ej Cyr-cod T-A | (om και—(11) θυραν 31) | om και—απεκλ. ᴃᴘ | (την θυραν) τας θυρας ε | του οικου] του τοιχου E: om Or-gr Chr‡ Cyr-cod ᴇᶜ | προσεκλεισαν Just

11 om οντας acimorxc₂ Or-gr | (την θυρας) τη θυρα amox Or-gr Cyr-codd: την θυραν cg: om την (79) Cyr-cod | του οικου] του τοιχου E: om bw Phil-arm Cyr-cod | ενεταξεν Mlxᵃ T-A | αορασια] pr εν w | μικρου] +αυτων eᴃᴘ | μεγαλου] +αυτων (20.32) ᴃᵖ | παρελυθησαν] παρελυθεισαν iᵇ¹ Phil-cod: παρελυληθσαν T-A

12 ειπαν acdfgijopr | οι ανδρες] angeli ᴇᶜ: om ᴇᴘ: om οι c | προς m T-A | εστιν] bfirwᴁ Or-gr | τις] τι fi: τιϲετ fir Or-gr: post σοι 1° o T-A: om Dbglnwc₂ᴁᴂ Thdt | om ωδε ᴁ | γαμβροι Eacdgmopsxc₂ᴂ Chr Thdt | υιοι] υϲ am | η υιοι η] om η 3° m* T-A | om εϲ η ELclmᵃ¹nᴁᴃ | τις 2°] τι ο | σοι αλλος εστιν] est tibi alius ᴁ | εστιν αλλος bfirw | εν] in urbe hac ᴃ | εξαγαγε] +αυτους Ed–gps (mg)ᴃᴂᴇᴌ T-A | om εκ ε

13 om οτι 1°—τουτον sᵃᴇᴘ | απολλ. ημεις] ημεις απολ-λυμεν quᴁᴂᴘ: nos delebimus ᴃ | απολλυμεν] απολλυμεν ᴁ: απολουμεν L | ημεις] υμεις g | τον τοπον τουτον] urbem hanc ᴁ: om ᴃ: om τουτον Chr-ed | (η κραυγη) post αυτων 77: η καρδια 79) | αυτων] αυτην d: om Or-gr | αυτην] κυριου κυριου] ante Dᴍ ᴃᴂᴌ | εναντιον] εναντι deghpty: ενωπιον bw | κυριου] +του εῡ filr: + κῡ s | om και—αυτην L | αυτην] αυτον sᴌ Chr: urbem hanc ᴃ | pr o τ Thdt: + o θ̄ dfgipr: om (71) ᴁᴘ Phil-arm Chr-ed (εντρψαι 31.83) | αυτην] αυτους s ᴌ Chr: urbem hanc ᴃ

14 om δε 1° n | om και ελαλησεν E | om τους 2°—αυτου

Α ἐλάλησεν πρὸς τοὺς γαμβροὺς αὐτοῦ τοὺς εἰληφότας τὰς θυγατέρας αὐτοῦ, καὶ εἶπεν Ἀνάστητε καὶ ἐξέλθατε ἐκ τοῦ τόπου τούτου, ὅτι ἐκτρίβει Κύριος τὴν πόλιν. ἔδοξεν δὲ γελοιάζειν ἐναντίον τῶν γαμβρῶν αὐτοῦ. ¹⁵ἡνίκα δὲ ὄρθρος ἐγίνετο, ἐπεσπούδαζον οἱ ἄγγελοι τὸν Λὼτ λέγοντες 15 Ἀναστὰς λάβε τὴν γυναῖκά σου καὶ τὰς δύο θυγατέρας σου ἃς ἔχεις καὶ ἔξελθε, ἵνα μὴ συναπόλῃ ταῖς ἀνομίαις τῆς πόλεως. ¹⁶καὶ ἐταράχθησαν· καὶ ἐκράτησαν οἱ ἄγγελοι τῆς χειρὸς αὐτῶν καὶ 16 τῆς χειρὸς τῆς γυναικὸς αὐτοῦ καὶ τῶν χειρῶν τῶν δύο θυγατέρων αὐτοῦ, ἐν τῷ φείσασθαι Κύριον αὐτοῦ. ¹⁷καὶ ἐγένετο ἡνίκα ἐξήγαγον αὐτοὺς ἔξω καὶ εἶπαν Σώζων σῷζε τὴν σεαυτοῦ ψυχήν· μὴ 17 περιβλέψῃς εἰς τὰ ὀπίσω μηδὲ στῇς ἐν πάσῃ τῇ περιχώρῳ· εἰς τὸ ὄρος σώζου, μή ποτε συνπαραλημφθῇς. ¹⁸εἶπεν δὲ Λὼτ πρὸς αὐτούς Δέομαι, κύριε, ¹⁹ἐπειδὴ εὗρεν ὁ παῖς σου ἔλεος ἐναντίον 18/19 σου καὶ ἐμεγάλυνας τὴν δικαιοσύνην σου, ὃ ποιεῖς ἐπ᾽ ἐμέ, τοῦ ζῆν τὴν ψυχήν μου· ἐγὼ δὲ οὐ δυνήσομαι διασωθῆναι εἰς τὸ ὄρος, μὴ καταλάβῃ με τὰ κακὰ καὶ ἀποθάνω· ²⁰ἰδοὺ ἡ πόλις αὕτη 20 ἐγγὺς τοῦ καταφυγεῖν με ἐκεῖ, ἥ ἐστιν μικρά· ἐκεῖ σωθήσομαι· οὐ μικρά ἐστιν; καὶ ζήσεται ἡ ψυχή μου ἕνεκεν σοῦ. ²¹καὶ εἶπεν αὐτῷ Ἰδοὺ ἐθαύμασά σου τὸ πρόσωπον καὶ ἐπὶ τῷ ῥήματι 21 τούτῳ τοῦ μὴ καταστρέψαι τὴν πόλιν περὶ ἧς ἐλάλησας· ²²σπεῦσον οὖν τοῦ σωθῆναι ἐκεῖ· οὐ 22

17 συμπαραλημφθῃς D    18 δαιομε A    20 πολεις A

DELMa–jl–yc₂𝔄𝔅𝔏′𝔈𝔭

2° L | τας]om r: duas 𝔈 | εξελθατε] εξελθετε Ma–eghbᵇ1jqs–vc₂: εξελθε w | τουτου του τοπου g | εκτριβει κυριος] Dⁿs conteriturus est 𝔏 | εκτριβει] καταστρεφει M(mg): εκτριψει b𝔅 | κυριος] Deus 𝔅 | πολιν]+ταυτην ⟨108⟩ | om εδοξεν—αυτου 3° L | εδοξεν δε γελοι.] putabat autem se derideri 𝔏: om δε dpq | γελοιαζειν] αγγελναζειν m: (παιζειν 20: γελωτοποιειν 31) | εναντιον] ενωπιον bw T–A: με αντι Ε

15 ηνικα] ωι bw | ορθρος] pr ο Mfhrt | εγενετο ELbdegl–qsuw–c₂𝔄𝔅𝔏𝔈𝔭 Chr Cyr Thdt | επεσπουδ.—λωτ] pr και ε: stabant angeli ad Lot 𝔏 | εσπουδαζον Eabfgilors(txt)tvc₂ | γγελοι τον λωτ λεγων sup ras A¹ | αγγελοι] ανθρετ Ly | τον] τω m | αναστας] αναστα j(txt)s(txt)v: surge et 𝔏 | λαβε] παραλαβε bw | την—σου 2°] duas filias tuas et uxorem tuam 𝔈 | om δυο Dbhsvw | ⟨σου θυγατερας 31⟩ | σου 2° ALlqs(mg)u𝔄𝔅 Cyr–codd] om DEMs(txt) rell 𝔏 Chr Cyr–ed Thdt | ας εχεις om L𝔈 | +ενταυθα c₂ | om ινα—(16) εταραχθησαν L | μη] +και συ Dᵐⁱ(Dᵘⁱᵈ)EMacfh–oq–vx𝔄𝔅ˡ𝔈𝔏𝔭 Chr Cyr: +και c₂ | συναπολη] συναπολεσει ε 𝔅ᵖ | om συναπολη—της πολεως] ciuitatis huius 𝔅𝔈𝔏

16 και εταρ. και] om m: om και—παιζε 𝔈 | εταραχθησαν] pr ii 𝔏: turbatus est 𝔅𝔏: +οι αγγελοι f | +ετεκρατησαν f | οι αγγελοι] uiri 𝔈ᶜᶠ: duo uiri 𝔈ᵖ: om fn | της χειρος 1°] τας χειρας d: manus 𝔏 | αυτων ALacy] αυτου DEM rell 𝔄𝔅𝔈𝔏𝔭 Phil–arm(uid) Just Chr Cyr Thdt | +και της χειρος αυτου vᵃ | om και 2°—αυτου 2° L | της χειρος 2°] manus 𝔏: om E | των χειρων] της χειρος D(+Dˢⁱⁱ)𝔅ᵖ: om ⟨71⟩ 𝔈 Cyr–ed | om δυο Eej Phil–arm Just Chr Cyr–codd | κυριον] post αυτου 3° Chr: +τον θε ejΞ | αυτου 3°] αυτω E: αυτων Lm𝔈𝔏 Cyr–ed Thdt–A | +και εξηγαγοσαν αυτον και εθηκαν απεξω της πολεως αcοxc₂[εξηγαγον cx | εθετο x | εξω σ] +και εξηγαγον αυτους και εθηκαν εξω της πολεων m[mg): +και εξηγαγεν κϛ αυτον και εθηκεν αυτους εξω της πολεως m[mg): +και εξηγαγεν κϛ αυτον και εθηκεν αυτον εξω της πολεως v[mg)𝔅[εθηκεν] ποιιεσαιντ 𝔅ᵐ]: +et eduxerunt eum et posuerunt extra urbem 𝔏

17 εγενετο ηνικα c₂ T–A | ⟨εγενετο 77⟩ | εξηγαγον] εξηγαγοσαν c₂: εξηγαγεν densiv𝔅ᶦʷ: εξεβαλον T–A: εξεβαλεν g | αυτους] αυτον EMachloqsuv𝔅𝔈𝔏 Cyr T–A | εξω] pr εκ

πολεως fˢ: pr εκ της πολεωτ fᵃ: εκ της πολεως ir: om d𝔅: +της πολεως D(+Dˢⁱⁱ)gn | om και 2° tˣ 𝔄𝔅ˡʷ𝔏𝔭 Cyr–ed | ειπον bᵃʳ dfgijmprtc₂ | om σωζων—ψυχην L | σωζων] σωζε Just: om aˣchmoqtuxc₂𝔅𝔈𝔏𝔭 Cyr Thdt⁅ T–A | σωζε] σωζου T–A | εαυτου m Thdt⁅ T–A | μη 1°] pr και 𝔈 Thdt Spec: μη xᵃ | περιβλεψῃς] περιβλεψη DˢⁱⁱMaceghiqrsu–c₂: (βλεψη 31.68.83: επιβλεψης 20): respexeris 𝔏 | om μηδε—(23) στηγω L | μηδε] και Chr | om στης 𝔈 | (περιχωρω) χωρα 79) | εις 2° σ] pr sed 𝔅 | σωζου] (διασωζου 32): uade et ibi saluaberis 𝔏 | συνπαραλημφθης μη d: παραλημφθη bf: (συναπολημφθης 128)

18 om λωτ g | om προς αυτους 𝔍𝔭 | αυτους] αυτον (16) Thdt | κυριος cdm𝔈

19 επειδη] ει Cbr–ed | ευρον bqw𝔈 | om ο παις σου 𝔈 | σου 1°] υμων m | ελεος] ελεον fgp: χαριν bw𝔅ᵖ | ενωπιον x | σου 2°] υμων dm | εμεγαλυνας] (εμεγαλινε 71): εμεγαλυνε κϛ m | σου 3°] αυτου m: om 𝔍𝔭 | το ποιεις] o ποιεισ m: ο ποιησεισ c₂𝔅: ου ποιησεισ En: ην ποιεισ fl𝔏: om ερ εμε] επι Cyr–ed | επι ρε dnp𝔏 Chr: (om 107) | ῳ] ῳ̣σ bw | μου] σου h | δυναμαι o𝔄(uid) Just Or–lat | διασωθηναι] σωθηναι bw Thdt: του σωθηναι T–A | μη] +ποτε dfgijlprstvx𝔄(uid) Thdt | μεταλαβη Thdt | om και 2° eᵃ

20 om η 1° b | εγγυς] pr parua 𝔅ⁱʷ: μικρα T–A: ⟨om 71⟩ | με—εστιν] εκ εστιν Just: om με moϑ̣ Phil–arm | η 2°—σωθησομαι] om T–A: om η εστιν μικρα 𝔏: εστιν μικρα] μικρα εστιν Chr: om εστι 2°—εστιν i𝔅ᵖ | om 𝔅ⁱʷ: εκει σωθησομαι] et non est parua sed saluabor Phil–arm: om 𝔅ⁱʷ: εκει σωθησομαι] σωθησομαι εκει acmoxc₂: και σωθησομαι bw𝔅ⁱ𝔭: και εκει σωθησομαι ej | ⟨om 107⟩ | ῳη] ῃσαι bw | μου] σου h | δυναμαι o𝔄(uid) Just Or–lat | διασωθηναι] σωθηναι bw Thdt: του σωθηναι T–A | μικρα δlt | μικρα εστιν 2°—Cyr–codd ου μικρα εστιν] quae est minima 𝔏𝔅(uid): om fn Chr | om εστι 2° Just | μικρα 2° μακρα δlt: μικρα εστιν T–A om Dehlmo qs(txt)tuvc₂𝔅𝔈𝔏 Phil–arm Just Chr Cyr Thdt T–A

21 ειπεν] dixerunt 𝔏ᵖ | om αυτω l | εθαυμασα] pr εγω Cyr–ed | θαυμασα σου acmoxc₂𝔅 | om και 1° m𝔄ᵖ 𝔏𝔈 Or–lat | επι—τουτω] hoc uerbum 𝔏: om επι τω s | ρηματι] +σου c₂𝔅 | του μη καταστρ.] om Or–gr | πολιν] +ταυτην c₂𝔅 | ελαλησας] ελαλησα iᵃʳ: ελαλησε d

22 σπευσον—εκει 1°] illuc saluare 𝔏 | om ουν ej Just |

XIX 16 εταραχθησαν] a' εμελλησεν Mj(εμελησεν)v: σ' ο δε εστραγενετο M: σ' ο δε εστρατευσατο j(sine nom)v
17 εγενετο κ.τ.λ.] σ' ✳ και εξηγαγεν κϛ αυτον και εθηκεν αυτον εξω της πολεως M    19 του ζην] του ζωωσαι js
21 ιδου—προσωπον] a' ιδου ηρα προσωπον σου: σ' ορασας εδυσωπηον προσωπον σου c₂

46

γὰρ δυνήσομαι ποιῆσαι πρᾶγμα ἕως τοῦ σε ἐλθεῖν ἐκεῖ. διὰ τοῦτο ἐπωνόμασεν τὸ ὄνομα τῆς A
23 24 πόλεως ἐκείνης Σήγωρ. 23ὁ ἥλιος ἐξῆλθεν ἐπὶ τὴν γῆν, καὶ Λὼτ εἰσῆλθεν εἰς Σήγωρ, 24καὶ
25 Κύριος ἔβρεξεν ἐπὶ Σόδομα καὶ Γόμορρα θεῖον καὶ πῦρ παρὰ Κυρίου ἐκ τοῦ οὐρανοῦ, 25καὶ κατέ-
στρεψεν τὰς πόλεις ταύτας ἐν αἷς κατῴκει ἐν αὐταῖς Λὼτ καὶ πᾶσαν περίοικον καὶ πάντας τοὺς
26 κατοικοῦντας ἐν ταῖς πόλεσιν καὶ πάντα τὰ ἀνατέλλοντα ἐκ τῆς γῆς. 26καὶ ἐπέβλεψεν ἡ γυνὴ
27 αὐτοῦ εἰς τὰ ὀπίσω, καὶ ἐγένετο στήλη ἁλός.¶ 27ὤρθρισεν δὲ Ἀβραὰμ τὸ πρωὶ εἰς τὸν τόπον οὗ ¶ *D*L
28 ἱστήκει ἐναντίον Κυρίου, 28καὶ ἐπέβλεψεν ἐπὶ πρόσωπον Σοδόμων καὶ Γομόρρας καὶ ἐπὶ πρόσω-
πον τῆς γῆς τῆς περιχώρου, καὶ ἴδεν· καὶ ἰδοὺ ἀνέβαινεν φλὸξ τῆς γῆς ὡσεὶ ἀτμὶς καμίνου.
29 §29Καὶ ἐγένετο ἐν τῷ¶ ἐκτρίψαι Κύριον πάσας τὰς πόλεις τῆς περιοίκου, ἐμνήσθη ὁ θεὸς τοῦ § L
Ἀβραὰμ καὶ ἐξαπέστειλεν τὸν Λὼτ ἐκ μέσου τῆς καταστροφῆς, ἐν τῷ καταστρέψαι Κύριον τὰς ¶ 𝔏$^{r}$
πόλεις ἐν αἷς κατῴκει ἐν αὐταῖς Λώτ.

30 §30Καὶ ἐξῆλθεν Λὼτ ἐκ Σήγωρ, καὶ ἐκάθητο ἐν τῷ ὄρει καὶ αἱ δύο θυγατέρες αὐτοῦ μετ' § *D*
αὐτοῦ· ἐφοβήθη γὰρ κατοικῆσαι ἐν Σήγωρ· καὶ ᾤκησεν ἐν τῷ σπηλαίῳ αὐτὸς καὶ αἱ δύο θυγα-
31 τέρες αὐτοῦ μετ' αὐτοῦ.¶ 31εἶπεν δὲ ἡ πρεσβυτέρα πρὸς τὴν νεωτέραν Ὁ πατὴρ ἡμῶν πρεσβύ- ¶ 𝔓
32 τερος, καὶ οὐδείς ἐστιν ἐπὶ τῆς γῆς ὃς εἰσελεύσεται πρὸς ἡμᾶς ὡς καθήκει πάσῃ τῇ γῇ· 32δεῦρο
οὖν ποτίσωμεν τὸν πατέρα ἡμῶν οἶνον καὶ κοιμηθῶμεν §μετ' αὐτοῦ, καὶ ἐξαναστήσωμεν ἐκ τοῦ § $U_4$

27 *ορθρισεν* E | 28 *ανεβεννεν* E | *καμεινου* A | 29 *πολις* (1°) E* (*πολεις* E$^{a}$) | *εμνησμη* E* (*εμνησθη* E$^{a}$) | 30 *θυγατεραις* (2°) E* (*θυγατερες* E$^{a}$) | 31 *νεωτερα* A

(*D*)E(L)M($U_4$)a–jl–y$c_2$𝔄𝔅(𝔏$^{r}$)𝔈(𝔓)

om *του* 1° m | *σωθηναι*] + *σε* qu | om *ου—εκει* 2° 𝔈 | *δυνησωμεθα* n | *ποιησαι*] pr *του* Dmy Chr-ed: om g | *εως—ελθειν*] *donec saluaberis* 𝔅$^{lw}$: *donec tu intres* 𝔏𝔓 | *του* 2°] *ου* *D* | *σε ελθειν* Ag$c_2$ Cyr-cod] *ελθειν σε* bfoxy: *εισελθειν σε* ilnqrtuw Just Chr Thdt: *σε εισελθειν* EM rell Cyr-ed: *εισελθης* D | ⟨*δια*] *ου γαρ* 18⟩ | *επωνομασεν* A] *εκληθη* h𝔅(uid)𝔈T-A: *εκαλεσεν* DEM rell 𝔄𝔓 Just Cyr: *uocaui* 𝔏 | *της πολεως*] *του τοπου* np: om d | *εκεινης*] *εκεινου* np: om Dachlmoqtux𝔅𝔏 Phil-arm Just | *σηγωρ*] *σιγωρ* bdglpquw: *ζωωρ* Jos Phil-arm

**23** om totum comma cm𝔈 | *εξηλθεν*] ⟨*εισηλθεν* 16⟩: *ανετειλεν* Eus Cyr ½ | *της γης* Phil-cod | *λωτ εισηλθεν*] *intrauit Lot* 𝔏 | om *εισηλθεν* i* | *σηγωρ*] pr *την* Cyr-ed ½: *σιγωρ* bdglpquw: *Sygor* 𝔏: *σοερ* Phil-codd

**24** *κυριος εβρεξεν*] *εβρεξεν κυριος* 𝔈𝔏𝔓 Just ⅙ Eus ⅚ Ath ⅔ Chr Cyr ⅘ Thdt T-A ⅓ Iren Nov Tyc: *εβρεξεν ο κυριος* Eus ⅙ | *κυριος*] pr *ο* Just ⅔: + *ο θς* Efr(+ ras 6) codd-ap-A-Z | *επι*] *εις* Just ⅙ | *σωδομων* n | om *και γομορρα* Just ⅔ Eus ⅔ Cyr ⅘ | *γομορρα*] *γομορα* s: *Gomoram* 𝔏 | *πυρ και θειον* x𝔈𝔓 Just ½ Eus ⅙ Cyr-hier-ed Cyr ⅘ Thdt T-A ⅓ Iren Nov | om *θειον και* Eus ⅙ T-A ⅔ | *παρα κυριου*] post *ουρανου* ⟨78⟩ Cyp Spec: om d Phil-arm 𝔈$^{p}$ | *εκ του*] *εξ* b: *απ* n

**25** om totum comma L | *κατεστρεψεν*] + *κς ο θς* u$^{b}$ | *τας πολεις*] pr *πασας* ejs(mg) Or-gr | *ταυτας*] *αυτας* ht: *αυτων* Cyr: *πασας* *D*E: om 𝔅$^{lw}$ | *εν αις—λωτ* A] om *D*$^{sil}$(D$^{uid}$)EM omn 𝔄𝔅𝔈𝔏𝔓 Just Or-gr Chr A-Z | *πασαν περιοικον*] *habitationes quae ibi* 𝔅$^{lw}$: *circumiacentia earum* 𝔈 | *περιοικον* Aly] *την περιχωρον* a–egjops(mg)w𝔄𝔅$^{p}$𝔏 Or-gr A-Z: pr *την* DEMs(txt) rell Just Chr | *πολεσιν*] + *et omnes habitationes illas* 𝔅$^{p}$ | ⟨om *και* 4° 31.83⟩ | *παντα τα ανατελλοντα*] *παν ανατελλον* dgp Chr: om *παντα* abcmowx$c_2$𝔈𝔏𝔓: ⟨om *τα ανατελλοντα* 83⟩: om *τα* ir | om *εκ της γης* E | *εκ*] *επι* bn

**26** *επεβλεψεν*] *ενεβλεψεν* n: *conuersa est* 𝔄 | *αυτου*] *του λωτ* df(om *του*)gpt𝔄𝔅𝔈𝔓: om E Chr | *οπισω*] + *αυτου* a*(uid): + *αυτης* a$^{b}$fmx

**27** *ωρθρισεν—πρωι*] *mane autem uigilauit Abraham* 𝔏 | *ωρθρισεν*] *ορθρισας* fir𝔄 | om *δε* l*m | *αβρααμ*] post *πρωι* m | *το*] *τω* bcehjmquy$c_2$ | om *τον* o | *ιστηκει*] *εστηκεν* m: + *εκει* Eh | *εναντι* bdgpw | *κυριου*] *του θυ* ⟨20⟩ Chr

**28** om *και* 1° f𝔅$^{p}$ | *προσωπον* 1°] pr *παν* qu: om n | om *σοδομων—προσωπον* 2° r* Chr | *σωδομα* n | *γομορρας*] *γομορρα* n: *γομορρων* bw: *Gomorum* 𝔏 | *προσωπον* 2°—*περιχ.*] *omnia circumiacentia eius* 𝔈(om *omnia* 𝔈$^{p}$) | *προσωπον* 2°] pr *παν* acmox$c_2$𝔄 | *της γης* 1°] pr *πασης* EMefijrs(mg): *totius* 𝔏: om blw Chr: + *εκεινης* ej | *γης της περιχωρου*] *περιχωρου γης* n: om *της* f: + *σοδομων* Chr: + *illius* 𝔅$^{p}$: + *omnis illius* 𝔅$^{lw}$ | om *και* 5° n𝔈$^{cp}$ | *ανεβαινεν*] *κανεβενεν* t: om bw | *φλοξ της γης*] *απο της γης φλοξ* fir: *καπνος γης* t | *της γης* 2°] pr *εκ* Ma–dghnopsv–$c_2$𝔅$^{p}$𝔈 Just Chr: *a terra* 𝔏: om 𝔅$^{lw}$ | *ωσει*] pr *και* c: *ως η* En: *ως* bmw | *ατμις*] + *καπνου* m | ⟨*καμινου*] *καπνου* 31.71⟩

**29** *εν τω εκτριψαι*] *post ....* 𝔏 | *κυριον* 1°] pr *τον* o: *τον θν* abcfimrw$c_2$𝔓 Tyc: om E𝔈$^{fp}$ | *πασας*] post *πολεις* 1° g: om 𝔈$^{p}$ Chr | *τας πολεις* 1°] *urbes has* 𝔄-ed | *της περιοικου*] *της περιχωρου* Mefj: *terrae illius* 𝔓: *habitationum* 𝔅: *et omnia circumiacentia eius* 𝔈 | *εμνησθη*] pr *και* j𝔅$^{lw}$𝔈: + *δε* bw | *ο θεος*] *κς* ej | *του*] *τω* n | *εξαπεστειλεν*] + *ο θς* f | om *εν τω* 2°—*λωτ* 2° L | *καταστρεψαι*] *εκτριψαι* e𝔈(uid) | *κυριον* 2°] + *τον θν* E Tyc: om bfw | om *τας πολεις* 2° dp𝔈$^{cf}$ | om *λωτ* 2° 𝔈

**30** *και εξηλθεν* ALy] *εξηλθε δε* bw: *ανεβη δε* D(+*D*)EM rell 𝔅𝔈𝔓 Chr Cyr | *εκ*] *εν* Edo: *εις* qu Chr-ed | *σηγωρ* 1°] *σιγωρ* bglnquw: *σεγωρ* L | om *και* 2°—*ορει* 𝔅$^{p}$ | *ορει*] + *αυτος* EMbd–lp–w$c_2$𝔅𝔈$^{cf}$ Cyr | om *δυο* 1° w | *μετ αυτου* 1°] *εν τω ορει* d | om *εφοβηθη—αυτου* 4° *D*(D$^{uid}$)Le*f | *εφοβηθη*] *εφοβηθησαν* ce$^{b}$jlnqtuv𝔅$^{lw}$ Chr Cyr-ed: *εφοβειτο* m Cyr-cod | *κατοικησαι*] *οικησαι* Edgipr Chr: ⟨*συνοικησαι* 20⟩ | *εν* 2°] *εις* $c_2$: om d | *σηγωρ* 2°] *σιγωρ* bdglquw | om *και* 4° c | *ωκησεν*] *ωκησαν* l Cyr: *κατωκησεν* bcw: *ωκοδομησεν* E | om *δυο* 2° e$^{b}$j | om *μετ αυτου* 2° mt𝔈

**31** *η—νεωτεραν*] *iunior ad seniorem* 𝔈$^{fp}$ | *ο πατηρ*] pr *ecce* 𝔈 | *ημων*] *υμων* g | *ουθεις* m | om *επι της γης* 𝔈 | *επι*] *εκ* y | om *της* e | *ελευσεται* c | *ημας*] *υμας* g | om *ως—γη* L | *καθηκε* dp

**32** *δευρο*] pr *και* c | *ουν* ALy] *και* *D*$^{sil}$EM rell 𝔄-codd Phil-arm Or-lat Chr ½: ⟨*δη* 79⟩: om 𝔄-ed𝔅𝔈 Chr ½ Iren | *ημων* 1°] *υμων* l | *και* 2°] *ut* Iren-ed | *εξαναστησομεν* Mg | *σπερμα εκ του πατρος ημων* 𝔈(om *εκ* 𝔈$^{p}$) Chr | *εκ*] om m: + *του σπερματος* c

Α πατρὸς ἡμῶν σπέρμα. ³³ἐπότισαν δὲ τὸν πατέρα αὐτῶν οἶνον ἐν τῇ νυκτὶ ταύτῃ, καὶ εἰσελθοῦσα 33
ἡ πρεσβυτέρα ἐκοιμήθη μετὰ τοῦ πατρὸς αὐτῆς τὴν νύκτα ἐκείνην· καὶ οὐκ ᾔδει ἐν τῷ κοιμηθῆναι
αὐτὴν καὶ ἀναστῆναι. ³⁴ἐγένετο δὲ τῇ ἐπαύριον καὶ εἶπεν ἡ πρεσβυτέρα πρὸς τὴν νεωτέραν 34
Ἰδοὺ ἐκοιμήθην ἐχθὲς μετὰ τοῦ πατρὸς ἡμῶν· ποτίσωμεν αὐτὸν οἶνον καὶ τὴν νύκτα ταύτην, καὶ
εἰσελθοῦσα κοιμήθητι μετ᾽ αὐτοῦ, καὶ ἐξαναστήσωμεν ἐκ τοῦ πατρὸς ἡμῶν σπέρμα. ³⁵ἐπότισαν 35·
¶ L δὲ καὶ ἐν τῇ νυκτὶ ἐκείνῃ τὸν πατέρα αὐτῶν οἶνον, καὶ εἰσελθοῦσα ἡ νεωτέρα ἐκοιμήθη μετὰ τοῦ
πατρὸς αὐτῆς·¶ καὶ οὐκ ᾔδει ἐν τῷ κοιμηθῆναι αὐτὴν καὶ ἀναστῆναι. ³⁶καὶ συνέλαβον αἱ δύο 36
θυγατέρες Λὼτ ἐκ τοῦ πατρὸς αὐτῶν. ³⁷καὶ ἔτεκεν ἡ πρεσβυτέρα υἱόν, καὶ ἐκάλεσεν τὸ ὄνομα 37
αὐτοῦ Μωὰβ λέγουσα Ἐκ τοῦ πατρός μου· οὗτος πατὴρ Μωαβιτῶν ἕως τῆς σήμερον ἡμέρας.
³⁸ἔτεκεν δὲ καὶ ἡ νεωτέρα υἱόν, καὶ ἐκάλεσεν τὸ ὄνομα αὐτοῦ Ἀμμάν, ὁ υἱὸς τοῦ γένους μου· 38
οὗτος πατὴρ Ἀμμανιτῶν ἕως τῆς σήμερον ἡμέρας.

¹Καὶ ἐκίνησεν ἐκεῖθεν Ἀβραὰμ εἰς γῆν πρὸς λίβα, καὶ ᾤκησεν ἀνὰ μέσον Καδὴς καὶ ἀνὰ 1   XX
§ 2 μέσον Σούρ· καὶ παρῴκησεν ᵇἐν Γεράροις. ²εἶπεν δὲ Ἀβραὰμ περὶ Σάρρας τῆς γυναικὸς αὐτοῦ ὅτι 2
Ἀδελφή μού ἐστιν· ἐφοβήθη γὰρ εἰπεῖν ὅτι Γυνή μού ἐστιν, μή ποτε ἀποκτείνωσιν αὐτὸν οἱ
ἄνδρες τῆς πόλεως δι᾽ αὐτήν. ἀπέστειλεν δὲ Ἀβιμέλεχ βασιλεὺς Γεράρων καὶ ἔλαβεν τὴν
Σάρραν. ³καὶ εἰσῆλθεν ὁ θεὸς πρὸς Ἀβιμέλεχ ἐν ὕπνῳ τὴν νύκτα, καὶ εἶπεν αὐτῷ Ἰδοὺ σὺ 3
¶ D ἀποθνήσκεις περὶ τῆς γυναικὸς ἧς ἔλαβες· αὕτη δέ ἐστιν συνῳκηκυῖα ἀνδρί.¶ ⁴Ἀβιμέλεχ δὲ οὐχ 4
ἥψατο αὐτῆς, καὶ εἶπεν Κύριε, ἔθνος ἀγνοοῦν καὶ δίκαιον ἀπολεῖς; ⁵οὐκ αὐτός μοι εἶπεν Ἀδελφή 5

35 αυτων Eᵇ] αυτον E*     αυτον E*        XX 1 εκινησεν AE

(D)E(L)MU₄a–jl–yc₂𝔄𝔅𝔈(𝔖)

33 εποτισαν δε] και εποτισαν ⟨77⟩ 𝔖-ap-Barh | εαυτων ax |
εν 1°—ταυτη] pr et 𝔈 | om L | εν 1°] εστι w: om c₂ | ταυτη]
εκεινη U₄([εκειⁱ𝔳η]a–dfgimoprstvwxc₂𝔄𝔅 | και 1°—εκεινην] om
w: om και 𝔈ᶜᵖ | om αυτης U₄(uid) | την νυκτα εκεινην] την
νυκτι εκεινη b(pr εν)dp: om DLlqu Chr 𝔈ᶜ | om και 2°—ανα-
στηναι L | ηδει] ιδεν n: εγνω D: sciuit Lot Iren | εν τω μετα
το n | αυτην] αυτον bmnw: [εκεινην 77] | και 3°] η εν τω εξ:
⟨om 107⟩ | αναστηναι] +αυτην αcx
34 εγενετο δε] και d | τη] pr εν bejw: [μετα την 31] | om
και 1° d𝔅 | ⟨ειπεν⟩ post πρεσβυτερα 16] | προς την νεωτεραν
τη νεωτερα LU₄(efijr | ιδου] +εγω dgp | [εκοιμ. εχθες] χθες
εκοιμηθην 79] | εχθες] χθες Lb–eg–npqrx: εγω χθες f𝔄: εχειν
wᵇ: om U₄*(uid) | μετα—ημων 1°] cum patre meo 𝔄𝔅𝔩ʷ | om
ποτισωμεν—και 3° L | ποτισωμεν] +ουν Chr | om και 2° n |
την νυκτα ταυτην]εν τη νυκτι ταυτη bw𝔄𝔅: ⟨τη νυκτι ταυτη 25*⟩ |
om και 3° m𝔅ᵖ | εισελθουσα] om 𝔈: +την νυκτα ταυτην c₂ |
αυτου] +και συ L | εξαναστησωμεν gi(ygi] | σπερμα εκ του
πατρος ημων E𝔄𝔅
35 om εποτισαν—ουον L | και 1°—αυτων] τον πρα αυτων
και τη νυκτι εκεινη f | om και 1° bciw | om εν 1° d Chr | εισελ-
θουσα] ελθουσα n: om L | ν—αυτης] pr και bw: εκοιμηθη μετ
αυτου η νεωτερα L | μετα—αυτης] μετ αυτου την νυκτα εκεινην
f: +την νυκτα εκεινην U₄(τη[ν νυκτα εκ]ε[ινην])giᵃᵇpstvc₂: +την
νυκτι εκεινη d | ηδει] εγνω D | αυτην] αυτον bw: om U₄(uid) |
αναστηναι] (pr εν τω 16): +αυτην αcx
36 και—λωτ] post αυτων bw: om Chr | λωτ] post αυτων fir
37 om υιον Chr | και εκαλεσεν] εκαλεσεν δε ir³ⁱ] om τo U₄
(uid) | om ονομα U₄(uid) | μου] om c₂ | αυτου ejx: +εκεινο
αυτου g | πατηρ] pr o o | om εως—ημερας Chr | εως] μεχρι Or–gr𝔩
38 om totum comma u |³ετεκεν—νεωτερα] και η νεωτερα δε
ετεκεν acmn(om δε)oxc₂: om και (14.16.130)𝔅ᵖ: om η e | om
υιον n Chr | αυτου] αυτω Chr | αμμαν] αμαρ cd: αμμων c₂:
Amon 𝔄-codd: +λεγουσα Md–gijpry𝔄𝔈 Chr | om o—υιου
𝔅ᵖ | o υιος Af]om o D𝑎ⁱˡMU₄ rell Chr: υιον E | om του U₄bw |

μου] (+λεγουσα 83): + ᵇἧιϲ 𝔅ᵖⁱ | αμμανιτων c | om εως—ημερας
Chr | σημερον ημερας] ημερας ταυτης U₄
XX 1 και εκιν.][εκινη]σεν δε U₄ | αβρααμ εκειθεν bsvw𝔈ᵖ |
εις—λιβα] προς λιβα εις γην iᵃ: ⟨εις λιβα 128⟩: et iuit uersus
terram septentrionis 𝔈ᶜᵈ: et iuit uersus 𝔈ᶜ | εις γην] εις την
mc₂: εις γην f: προς γην c: om bw Or-lat(uid) | προς] εις
c: εισ E | λιβαν dfw | και ωκησεν ανα μεσον 𝔈ᵖ | ανα
μεσον 1°—ταρωκ.] om f: om ανα μεσον καδης και q | καδης
dm | γεραροις dpw
2 αβραμ D | σαρας m | om οτι 1° DEU₄(uid)acehl-oquxy
𝔈𝔖 Chr | εφοβηθη—αυτην] sub ÷ 𝔖: om U₄ᵃ*cdgoprxc₂𝔄𝔈 |
εφοβηθη] εφοβηθη y: εφοβειτω ν | om οτι 2° DEMaᵇhmnstvy |
αποκτεινωσιν ν: om αυτον sᵃ | της πολεωι] του πολεως ha |
αβιμελεχ] +και ελαβεν αυτην ουτος m g | βασιλευι] pr o ⟨10⟩
Chr ½ | γεραρων] γα|γαρων 𝔈ᶜ: γεραρων eᵖ(uid) | εις ελαβεν]
(του λαβειν 20): λαβειν Chr ½ | σαρραν] σαρρα U₄*fn: σαραν m
3 εισηλθεν] ηλθεν acmoxc₂𝔄𝔖 Eus | αμιβε[λεχ] U₄ | εν
υπνω] ενυπνιω εζ: εν ερυπνιω εζ: in uisione U₄; in somnio
bwc₂ Chr: +αυτον dgp | αυτω] sub ÷ 𝔖: om DEMU₄(uid)
abdeij(txt)moprs(txt)vwxc₂𝔄 Phil-arm Eus Chr: +in somnio
𝔈ᶜ | νυ—αυτω] post αποθνησκεις bw𝔈ᶜᵈ: om Edp𝔄𝔈ᵖ Chr ½ | η]ει η
c₂ | ⟨ελαβεϲ⟩ εχεις 71⟩ | αυτη—ανδρι] quod mulier nupta est 𝔄
4 αβιμελεχ] κυριε] pr Abimelech Phil-arm: αμβελεχ m𝔈 |
+o θ̄ϲ ej | ⟨αγνοουν—απολεις⟩ αγνοων ειμι 71⟩ | δικαιον και
αγνοουν jsv Chr ½ | αγνοουν και] sub — 𝔖 | αγνοοιν] gᵃ |
αγνοουν] om Thdt ½ | om αυτα λ | απολεσεις c₂: απολεσεις λ: αποκτενεις
Thdt: ουκ αποκτενεις bw
5 ουκ αυτος] om 71): om αυτος 𝔈 | μοι 1°] post ειπεν 1°
acmoxc₂𝔄𝔖: om j𝔅ᵖᵖ | αδελφη] pr οτι Eefirt Chr Thdt | om
και 1°—εστιν 1° c*c₂ | μοι 2°] post ειπεν 2° c*x𝔄 | αδελφοι
μου εστιν] pr οτι Eefgimr Chr Thdt: soror eius ego 𝔈 | εν καθ.
καρδ.] pr et ego 𝔈 | εν—εστιν] ⟨εκ καθαρας καρδιας 107⟩ | και 1°—
χειρων] om Thdt ½: om εν bcejow𝔅 | δικαιοσυνη c | χειρων]
κρινεω c: om f | τουτο] pr τo ρημα Thdt

XX 2 περι—αυτον] aʹ προς σαρραν γυνα.κα αυτου M

μού ἐστιν; καὶ αὕτη μοι εἶπεν Ἀδελφός μού ἐστιν· ἐν καθαρᾷ καρδίᾳ καὶ ἐν δικαιοσύνῃ χειρῶν A
6 ἐποίησα τοῦτο. ⁶εἶπεν δὲ αὐτῷ ὁ θεὸς καθ᾽ ὕπνον Κἀγὼ ἔγνων ὅτι ἐν καθαρᾷ καρδίᾳ ἐποίησας
τοῦτο, καὶ ἐφεισάμην ἐγώ σου τοῦ μὴ ἁμαρτεῖν σε εἰς ἐμέ· ἕνεκεν τούτου οὐκ ἀφῆκά σε ἅψασθαι
7 αὐτῆς. ⁷νῦν δὲ ἀπόδος τὴν γυναῖκα τῷ ἀνθρώπῳ, ὅτι προφήτης ἐστίν, καὶ προσεύξεται περὶ σοῦ
8 καὶ ζήσῃ· εἰ δὲ μὴ ἀποδίδως, γνῶθι ὅτι ἀποθανῇ σὺ καὶ πάντα τὰ σά. ⁸καὶ ὤρθρισεν Ἀβιμέλεχ
τὸ πρωὶ καὶ ἐκάλεσεν πάντας τοὺς παῖδας αὐτοῦ, καὶ ἐλάλησεν πάντα τὰ ῥήματα ταῦτα εἰς τὰ
9 ὦτα αὐτῶν· ἐφοβήθησαν δὲ πάντες οἱ ἄνθρωποι σφόδρα. ⁹καὶ ἐκάλεσεν Ἀβιμέλεχ τὸν Ἀβραὰμ
καὶ εἶπεν αὐτῷ Τί τοῦτο ἐποίησας ἡμῖν; μή τι ἡμάρτομεν εἰς σέ, ὅτι ἐπήγαγες ἐπ᾽ ἐμὲ καὶ
10 ἐπὶ τὴν βασιλείαν μου ἁμαρτίαν μεγάλην; ἔργον ὃ οὐδεὶς ποιήσει πεποίηκάς μοι. ¹⁰εἶπεν δὲ
11 Ἀβιμέλεχ τῷ Ἀβραάμ Τί ἐνιδὼν ἐποίησας τοῦτο; ¹¹εἶπεν δὲ Ἀβραάμ Εἶπα γάρ Ἄρα οὐκ ἔστιν
12 θεοσέβεια ἐν τῷ τόπῳ τούτῳ, ἐμέ τε/ἀποκτενοῦσιν ἕνεκεν τῆς γυναικός¶ μου. ¹²καὶ γὰρ ἀληθῶς ¶ U₄
13 ἀδελφή μού ἐστιν ἐκ πατρός, ἀλλ᾽ οὐκ ἐκ μητρός· ἐγενήθη δέ μοι¶ εἰς γυναῖκα. ¹³ἐγένετο δὲ ¶ 𝔖
ἡνίκα ἐξήγαγέν με ὁ θεὸς ἐκ τοῦ οἴκου τοῦ πατρός μου καὶ εἶπα αὐτῇ Ταύτην τὴν δικαιοσύνην
ποίησον ἐπ᾽ ἐμέ· εἰς πάντα τόπον οὗ ἐὰν εἰσέλθωμεν ἐκεῖ εἰπὸν ἐμὲ ὅτι Ἀδελφός μού ἐστιν.
14 ¹⁴ἔλαβεν δὲ Ἀβιμέλεχ χίλια δίδραχμα, πρόβατα καὶ μόσχους καὶ παῖδας καὶ παιδίσκας, καὶ
15 ἔδωκεν τῷ ¹ʼἈβραάμ¹, καὶ ἀπέδωκεν¶ αὐτῷ Σάρραν τὴν γυναῖκα αὐτοῦ. ¹⁵καὶ εἶπεν Ἀβιμέλεχ ¶ E
16 τῷ Ἀβραάμ Ἰδοὺ ἡ γῆ μου ἐναντίον¶ σου· οὗ ἐάν σοι ἀρέσκῃ κατοίκει. ¹⁶τῇ δὲ Σάρρᾳ εἶπεν ¶ i

---

| | |
|---|---|
| 6 ἐφησαμην E | 7 ξησει E | γνωθη E |
| 12 εμητρος A* (εκ μητρος A¹) | 13 στι] οτ E |
| | 14 αβραμ A |

(E)M(U₄)a–h(i)jl–yc₂𝔄𝔅𝔈(𝔖)

---

**6** αυτω] post ο θεος fg: om dw | καθ υπνον] καθ υπνου d: καθ υπνους qu: *in uisione* 𝔄: *in somnio* 𝔅𝔈ʰ𝔖: om εο𝔈ᶜ | παγω] και γε εγω afm: και γε εγω dgp: εγω 𝔄 | εγνωκα g | καρδια καθαρα (καιρα Eᵃ)E | εποιησα Aᵃ(εποιησας A¹)bs | και] *propter hoc* 𝔅 | εφεισαμην] εφοθησαμην s | εγω σου] σου εγω egjsvx: σε εγω p: ε[αγω] σου U₄: om Chr ½: om εγω bdw𝔅𝔈 Chr ½ | om του—εμε n | om του cl | om μη fgᵖ Chr ½ | αμαρτειν σε] αμαρτανειν σε U₄bdfgp: om σε e Thdt: αμαρτανειν c₂: αμαρτησαι bw Chr ½ | ενεκα l | om σε 2° 𝔄-codd | αψασθαι] pr του b | αυτη] ταυτη e

**7** νυν εj | δε 1°] ουν n | τω ανθρωπω την γυναικα 𝔈 Phil-codd-omn | τω ανθρ.] του ανδρ n𝔄(+ει) : *uiro eius* 𝔄 | οτι 1°] sub ⸓ 𝔖 | εστιν] + ο αβρααμ v(mg) | om και ξησῃ Phil-arm | ξησῃ] (ξησεις 108): γνωση c | αποδιδως] αποδως bet: αποδιδοσγι f | γνωθι] γνωσει y: om Chr ½ | om οτι αποθανη 𝔈ᶠᵖ | οτι 2°] (τρυ 107): om dp Chr ½ | αποθανη] pr *mortem* 𝔅ᶜ: αποθνησκεις n𝔄(uid) | συ](pr και 16): +τε Chr ½ | σα] κατα σε c

**8** αβιμελεχ | το] τω abcfgijmqʷuwyc₂ | om ταυτας Chr | ταυτα] pr κατα bw: om 𝔈 | om ταυτα Chr ½ | εφοβ. δε] και εφοβηθησαν e: + *Dominum* 𝔈 | om παντες h | οι ανθρωποι] οι ανθρωπ U₄([οι α]νθρετ)bdpqs(mg)tuw: om ανθρετ τον x̄ν efijr: om g: + τον θ̄ν c₂: + *domus eius* 𝔈

**9** αβιμελεχ ο: [αμ]ειβελεχ U₄ | om ταυτας Chr | ηγαγες 𝔈 | ημιν] μοι bw | om l Chr | ημαρτομεν o: ημαρτον bw Chr ½ | επηγαγες] εποιησας bw | και] + et populum πειση 𝔅ᶠᵖ | om και 3° w | om επι 𝔈 | ουδεις] ου θελεις bw | ποιησει] πεποιηκεν bnw | πεποιηκας] εποιησας ir Chr | μοι] ημιν n𝔅ᶠᵖ Chr

**10** ειπεν—αβρααμ] om dnp: om αβιμελεχ τω cᵉ | αβιμελεχ] αβιμελεκ o: [α]μειβελεχ U₄ | om τω αβρααμ g | ενιδων] ενδων m: (εννοων 32) | εποιησας] (πεποιηκας 25): + εν f(μ ex corr fᵇ)ir

**6** τουτο] pr τι ρημα acmox𝔄𝔖(sub ⸓) Thdt: το ρημα c₂: + *nobis* 𝔅ʷ

**11** om ειπεν δε αβρααμ m | ⟨om ειτα γαρ 74⟩ | ειπα] ειπον f | αρα] μηποτε acdfgimo–rs(txt)tuvxyᵇᵗc₂𝔄𝔖 Chr Thdt | θεοσεβεια] + 𝔇 *Dei* 𝔖 | f̄ de Eej𝔈 | αποκτεινουσιν U₄(uid)m | ενεκα mw | γυναικος] pr τοιαυτης f: y....U₄

**12** και γαρ] *sed* 𝔄 | αληθως] post εστιν h: post πατρος f: om cg𝔍c₂𝔈ᶠᵖ Chr | μου] μοι Clem | πατρος] pr πατρος l: αλλ] et 𝔈 | ουκ] ου και m | ⟨om εκ 2° 31⟩ | εγενηθη fsu | εις] pr και fioru Clem

**13** εγενετο δε ηνικα] om s: om δε E | om με l | ο θεος] pr π̄ρ fi: κ̄ν d Chr ½ | om του 2° Chr ½ | om και p𝔅𝔈 Chr | ειπα] pr εγω 𝔄: om dgp | ποιησον A] ποιησητς g: ποιησης EM rell 𝔄𝔅 Chr | εν εμε] *mecum* 𝔄𝔅 | εν] αν fᵇ: εις bejns(mg)w: μετ m | εμε 1°] εμοι f | om εκ—εμε 2° w | τοπον] pr τον ⟨om εαν 25⟩ | ειπον] ειπε aᵇdg](mg)ps(mg)r Chr: + δε r: + ras (7) i | εμε 2°] pr εν fr: με x: περι εμου ej: om ⟨20⟩ 𝔅𝔈 Chr | εμε] pr οντος 32: αδελφη f

**14** αβιμελεχ oᵉ | διδραχμα] διδραγμα bcghimnqstᵘuwc₂: +αργυριου fir𝔅𝔈 | om προβατα—παιδισκας 31 | προβατα και μοσχους] pr και bdfilnprw𝔅ᵖ𝔈 Chr: *et boues et oues* 𝔅 | om και 1°—παιδισκας g | om και 1° Mdehjpqtuy𝔄𝔅 | om και 4°—παισι τω wx | απεδωκεν] αποδεδωκεν Chr: εδωκεν m𝔄𝔅: ⟨δεδωκεν 32⟩ | αυτω] αυτα c | σαρραν] pr και ⟨71⟩ Chr½: σαρραν τη: σαρρα w

**15** αβιμελεχ] pr o t: αβιμελεκ o: om d | τω αβρααμ αυτω d | η γη μου] sup ras lⁿ: om μου y𝔅: η γη σου w: η γωνη σου dgjpstvxc₂: ⟨η γωνη 31⟩ | εναντιον] ε.... i | σου] +εστιν Mcdfghlnp–v𝔅ᵖ Chr | ου—κατοικει] om Chr | om ου ct | αι fmoqruyc₂ᵍᶠ αρεσκη] αρεστον η g | κατοικησον l

**16** τη δε] και τη bdw | σαρα m | δεδωκα] δεδωκα δωδεκα fᵇ | χιλια

---

**5** εν καθ. καρδ.] αʹ εν αθωοτητι σʹ απλοτητι M: αʹ θ̄ εν απλοτητι και εν αθωοτητι ν: αʹ συν απλοτητι σʹ συν αγαθ𝔅 c₂: αʹ *in bonitate* σʹ *in simplicitate* 𝔅

**10** τι—τουτο] αʹ τι ειδες οτι εποιησας συν (συ js) το ρημα τουτο σʹ τι ιδων εποιησας το πραγμα τουτο σʹ τι ενιδων εποιησας το ρημα τουτο θʹ τι εωρακας οτι εποιησας τον λογον τουτον jsv

**13** ειπον—εστι] σʹ ερεις περι εμου οτι αδελφος μου εστι j(sine nom)s: γρ. ειπον με οτι αδελφος μου εστιν ερεις περι εμου αδελφος μου εστιν ειπον εμε αδελφος μου εστιν v

A Ἰδοὺ δέδωκα χίλια δίδραχμα τῷ ἀδελφῷ σου· ταῦτα ἔσται σοι εἰς τιμὴν τοῦ προσώπου σου καὶ
πάσαις ταῖς μετὰ σοῦ· καὶ πάντα ἀλήθευσον. ¹⁷προσηύξατο δὲ Ἀβραὰμ πρὸς τὸν θεόν, καὶ 17
¶ x ἰάσατο ὁ θεὸς τὸν Ἀβιμέλεχ καὶ τὴν γυναῖκα αὐτοῦ καὶ τὰς παιδίσκας¶ αὐτοῦ, καὶ ἔτεκον. ¹⁸ὅτι 18
συνέκλεισεν Κύριος ἔξωθεν πᾶσαν μήτραν ἐν τῷ οἴκῳ τοῦ Ἀβιμέλεχ ἕνεκεν Σάρρας τῆς γυναικὸς
Ἀβραάμ.

§ d₂    ¹¹Καὶ Κύριος ἐπεσκέψατο τὴν Σάρραν, καθὰ εἶπεν· καὶ ἐποίησεν Κύριος τῇ Σάρρᾳ καθὰ 1 XXI
ἐλάλησεν. ²καὶ συλλαβοῦσα ἔτεκεν Σάρρα τῷ Ἀβραὰμ υἱὸν εἰς τὸ γῆρας, εἰς τὸν καιρὸν καθὰ 2
ἐλάλησεν αὐτῷ Κύριος. ³καὶ ἐκάλεσεν Ἀβραὰμ τὸ ὄνομα τοῦ υἱοῦ αὐτοῦ τοῦ γενομένου αὐτῷ, ὃν 3
§ D ἔτεκεν αὐτῷ Σάρρα, Ἰσαάκ· ⁴περιέτεμεν δὲ Ἀβραὰμ τὸν Ἰσαὰκ τῇ ὀγδόῃ ἡμέρᾳ, καθὰ ἐνετείλατο 4
αὐτῷ ὁ θεός. ⁵Ἀβραὰμ δὲ ἦν ἑκατὸν ἐτῶν, ἡνίκα ἐγένετο αὐτῷ Ἰσαὰκ ὁ υἱὸς αὐτοῦ. ⁶εἶπεν δὲ 5
Σάρρα Γέλωτά μοι ἐποίησεν Κύριος· ὃς γὰρ ἐὰν ἀκούσῃ συγχαρεῖταί μοι. ⁷καὶ εἶπεν Τίς ἀναγ- 7
γελεῖ τῷ Ἀβραὰμ ὅτι θηλάζει παιδίον Σάρρα; ὅτι ἔτεκον υἱὸν ἐν τῷ γήρει μου. ⁸Καὶ 8
ηὐξήθη τὸ παιδίον καὶ ἀπεγαλακτίσθη· καὶ ἐποίησεν Ἀβραὰμ δοχὴν μεγάλην ᾗ ἡμέρᾳ ἀπεγα-
¶ d₂ λακτίσθη Ἰσαὰκ ὁ υἱὸς αὐτοῦ.¶ ⁹ἰδοῦσα δὲ Σάρρα τὸν υἱὸν Ἁγὰρ τῆς Αἰγυπτίας, ὃς ἐγένετο τῷ 9
Ἀβραάμ, παίζοντα μετὰ Ἰσαὰκ τοῦ υἱοῦ ἑαυτῆς, ¹⁰καὶ εἶπεν τῷ Ἀβραάμ Ἔκβαλε τὴν παιδίσκην 10
ταύτην καὶ τὸν υἱὸν αὐτῆς· οὐ γὰρ μὴ κληρονομήσει ὁ υἱὸς τῆς παιδίσκης μετὰ τοῦ υἱοῦ μου

---

XXI 3 ετεκε A(uid)         6 συγχαρειτε D

(D)Ma-hjl-w(x)yc₂(d₂)𝕬𝕭𝕰

—σου 1°] τω αδ. σου χιλια διδραγμα bw𝕰 | διδραχμα] διδραγμα
cglmqs*uc₂: διδραγματα n: argenti Phil-arm: + argenti 𝕭 |
αδελφω] αδρι ͜ ] (om ταυτα 25) | εσται] post σοι Mbglw:
⟨εστω 14.16⟩: ͗εστωσαν m | om σοι m⟩| om και 1°—σου 3°
Chr | πασαι ταις] εις πασας ταις n: om πασαις 𝕭 | σου 3°] σε
f | ⟨και 2°⟩ κατα 32⟩ | ταντα] semper 𝕭

17 προσηυξ. δε] και προσηυξατο m Chr: ηυξατο δε s | αβρααμ]
pr o m: αβραμ s | προ τον θεον] τω θ͞ω g | και 1°—τον 2°]
περι dp | o θεος] ⟨post αβιμελεχ 14⟩: om n 𝕬𝕭𝕻 | αβιμελεκ o |
αυτου 1°] + και τους παιδας m | τας παιδισκας] pr πασας bw:
τας και.... x: τους παιδας c | αυτου 2°] + σαρρας m +
και παντα τα κτηνη αυτου b(αυτων)w: + και ολον τον οικον αυτου
dghptc₂𝕭 | ετικτον fht𝕬 Chr     ₒ⸍ᵗ

18 συνεκλεισεν A Or-lat ½(uid) Chr ½] pr συνκλειων M˙omn
𝕬𝕭𝕰 Phil-arm Or-lat Chr ½ | κυριος] o θ͞ς bejw𝕭 Phil-arm:
om ⟨128⟩ Chr ½ | εξωθεν] om ejmo Phil-arm: +αυτου g | μη-
τραν] pr την qtu | του] τω Mlrv: om bdhmpqtu | αβιμελεκ o |
om ετεκεν—αβρααμ s* | σαρρας] σαραι m: om Phil-arm |
⟨αβρααμ⟩ pr τω 76⟩

XXI 1 κυριος 1°] pr o m: + o θ͞ς efjrd₂ | om την c₂ | σαρραν]
σαρρα 1: σαρα m | καθα 1°] + και gp | om και 1°—ελαλησεν n |
κυριος 2°] o θ͞ς e Hil: om Chr: + o θ͞ς ajd₂ | τη σαρρα] την
σαρρα os: την σαρα m: την σαρραν b: εἰ 𝕯𝕻𝕰 | om καθα
ελαλησεν 𝕰 | ⟨καθα 2°⟩ καθως 25⟩

2 om και 1°—ελαλησεν c₂ | ετεκεν σαρρα] σαρρα ετεκεν efjr
(pr η)svd₂𝕰ᶜᶠ | σαρρα] σαρα m: om 𝕮 | εις το γηρας] εν γηρει
qu | εις το γηρας] εν γηρει c: in senectute sua et Hil: om
εις τον καιρον dd₂ | καθα] καθ ον f | αυτω] αυτη g | κυριος] pr
o mn: + o θ͞ς ad-gjprstd₂: Deus 𝕬: om 𝕰

3 om totum comma d₂ | om αβρααμ bfw Chr | om το
ονομα m | τω 1°—σαρρα] αυτω m: om αυτω 𝕭𝕭𝕰 | om το
μενου αυτω] om p𝕬𝕭𝕰 Chr: om του mw | γενομενου] γεννο-
μενου cfˢ: γεννωμενου hᵇ| αυτω 1°] αυτου a*yⁿ | αυτω σαρρα]
σαρα αυτω m: om αυτω frᵏᵇ⁾ʷ

4 περιετεμεν δε] και περιετεμεν d | αβρααμ τον ισαακ] pr
αυτον l: αυτον αβρααμ f: αυτον dd₂ | τον ισαακ] ισαακ τον υιον

   

αυτου e: + υιον αυτου DMacc₂𝕬𝕭𝕰: τον υιον αυτου mo: puerum
Or-lat | τη ογδοη ημερα] τη ημ. τη ογδ. D(+ D^{ull})bhtwyd₂ Chr:
⟨εν τη ημ. τη ογδ. 32⟩ | ενετειλατο] ελαλησεν dp: ελαλησε κ͞ς g |
om αυτω t𝕭 Chr ⟨o θεος⟩ pr κ͞ς acefjprsᵃ’d₂𝕬: κ͞τ bdsᵛvw Chr:
+ Abrahami 𝕭⟩ʷ

5 αβρααμ δε ην] pr και m: και αβρααμ ην D^{ull}(..αβρααμ D)
bhlqtuwd₂𝕭𝕻: και ην αβρααμ acos₂: om δε ⟨31.68⟩ 𝕭^{lw}: ην
αβρααμ Cyr½ | ην] η D | εκατον ετων] ετων εκατον D⟨ετ[ατον]⟩
b-gjnpsvw Chr: ρε' ετων c₂ | ηνικα] οτε Ath Cyr | εγενετο
αυτω] pr αν h: αυτω εγενετο ac: γεγονεν αυτω bw: εγεννηθη
αυτω m𝕭: om o υιος αυτου 𝕭 Thd-syr

6 σαρα m | εποιησεν μοι D(uid)hl-ovc₂𝕬𝕭 Phil½ | κυριος]
o Mfst Phil½ Chr: +o θ͞ς ejd₂: Deus 𝕬𝕭^{lw} | om γαρ ejf |
εαν At] om dprsy: αν DM rell | συγχαρειται] ου χαρειεται
Phil-cod ½

7 om τω 1° ej Phil | οτι 1°—σαρρα] post μου dgpstvc₂ |
θηλαζει] post παιδιον ln | παιδιον] post σαρρα ⟨77⟩ 𝕰ᶜᶠ | σαρα
m | ετεκεν c₂𝕰 | υιον] παιδιον a: om c₂𝕰 | om τω 2° dgpsv
Chr | μου] eius 𝕰

8 ηυξανθη n | παιδαριον d₂ | απεγαλακτισθη 1°] + o υιος
αυτου Chr | om και 3°—απεγαλακτισθη 2° g𝕭𝕻 | om αβρααμ
c₂ | η ημερα] εν ημερα η c₂: pr εν aco | ισαακ—αυτου] o υ͞ς
αυτου ισαακ qu: υ͞ς αυτου ο ισαακ bl(pr o): om ισαακ Chr: om
αυτου ισαακ 𝕭

9 σαρα m | αγαρ] +της παιδισκης Just | om οι—αβρααμ
gn𝕰 | παιζοντα] post ισαακ h*: ⟨οτι παιζει 32⟩ | εαυτης]
του υιου αυτης του ισαακ f | ισαακ] +ουτος δε ην o ισμαηλ ος
εγενετο τω αβρααμ g | om του υιου εαυτης g | εαυτης A]
αυτου d𝕭^{ll*}: αυτης D^{ll}(αυ...D)M rell Just Chr Cyr

10 om και 1° Md-gj-qstuc₂𝕭𝕰ᶜᶠ Just | ειπεν] +Sara 𝕰 |
τω] του g | ειπεν τω ταυτην befjloqruw𝕰 Paul Or-lat Chr½ Thdt
Tract | τον υιον] τω υιω d | om μη D(contra D^{ll})Mdglmnpqu
Just Clem | κληρονομηση bcefhjrtwc₂ Chr Cyr cod ½ Thdt | της
παιδισκης Ahwy𝕬𝕰 Paul Clem Or-lat Chr½ Thdt Vulg] + ταυ-
της D^{ll}(...της D)M rell 𝕭 Just Chr½ Cyr

---

16 χιλια διδρ.] α' χιλιαδα αργυριου M
XXI 6 γελωτα] ευφροσυνην χαραν M          8 δοχην μεγαλην] ποτον μεγαν M

11 Ἰσαάκ. ¹¹σκληρὸν δὲ ἐφάνη τὸ ῥῆμα σφόδρα ἐναντίον Ἀβραὰμ περὶ τοῦ υἱοῦ αὐτοῦ Ἰσμαήλ. Α
12 ¹²εἶπεν δὲ ὁ θεὸς τῷ Ἀβραάμ Μὴ σκληρὸν ἔστω τὸ ῥῆμα ἐναντίον σου περὶ τοῦ παιδίου καὶ περὶ
τῆς παιδίσκης· πάντα ὅσα ἐὰν εἴπῃ σοι Σάρρα, ἄκουε τῆς φωνῆς αὐτῆς· ὅτι ἐν Ἰσαὰκ κληθήσεταί
13 σοι σπέρμα. /¹³καὶ τὸν υἱὸν δὲ τῆς παιδίσκης ταύτης, εἰς ἔθνος μέγα ποιήσω αὐτόν, ὅτι σπέρμα
14 σόν ἐστιν. ¹⁴ἀνέστη δὲ Ἀβραὰμ τὸ πρωί, καὶ ἔλαβεν ἄρτους καὶ ἀσκὸν ὕδατος καὶ ἔδωκεν ₰ ℭ
Ἁγάρ, καὶ ἐπέθηκεν ἐπὶ τὸν ὦμον καὶ τὸ παιδίον, καὶ ἀπέστειλεν αὐτήν. ἀπελθοῦσα δὲ ἐπλανᾶτο
15 τὴν ἔρημον, κατὰ τὸ φρέαρ τοῦ ὅρκου. ¹⁵ἐξέλειπεν δὲ τὸ ὕδωρ ἐκ τοῦ ἀσκοῦ, καὶ ἔρριψεν τὸ
16 παιδίον ὑποκάτω μιᾶς ἐλάτης· ¹⁶ἀπελθοῦσα δὲ ἐκάθητο ἀπέναντι αὐτοῦ μακρόθεν, ὡσεὶ τόξου
βολήν· εἶπεν γάρ Οὐ μὴ ἴδω τὸν θάνατον τοῦ παιδίου μου. καὶ ἐκάθητο ἀπέναντι αὐτοῦ μακρόθεν·
17 ἀναβοῆσαν δὲ τὸ παιδίον ἔκλαυσεν. ¹⁷εἰσήκουσεν δὲ ὁ θεὸς τῆς φωνῆς τοῦ παιδίου ἐκ τοῦ τόπου
οὗ ἦν, καὶ ἐκάλεσεν ἄγγελος θεοῦ τὴν Ἁγὰρ ἐκ τοῦ οὐρανοῦ καὶ εἶπεν αὐτῇ Τί ἐστιν, Ἁγάρ; μὴ
18 φοβοῦ· ἐπακήκοεν γὰρ ὁ θεὸς τῆς φωνῆς τοῦ παιδίου σου ἐκ τοῦ τόπου οὗ ἐστίν. ¹⁸ἀνάστηθι καὶ
19 λάβε τὸ παιδίον, καὶ κράτησον τῇ χειρί σου αὐτό· εἰς γὰρ ἔθνος μέγα ποιήσω αὐτόν. ¹⁹καὶ
ἀνέῳξεν ὁ θεὸς τοὺς ὀφθαλμοὺς αὐτῆς, καὶ ἴδεν φρέαρ ὕδατος ζῶντος· καὶ ἐπλησεν
20 τὸν ἀσκὸν ὕδατος καὶ ἐπότισεν τὸ παιδίον. ²⁰καὶ ἦν ὁ θεὸς μετὰ τοῦ παιδίου, καὶ ηὐξήθη· καὶ
21 κατῴκησεν ἐν τῇ ἐρήμῳ· ἐγένετο δὲ τοξότης. ²¹καὶ κατῴκησεν ἐν τῇ ἐρήμῳ τῇ Φαράν·¶ καὶ ¶ ℭ
ἔλαβεν αὐτῷ ἡ μήτηρ γυναῖκα ἐκ γῆς Αἰγύπτου.

14 αναστη D        17 πεδιου (2°) A

DMa-hjl-wyc₂𝔅𝔅(ℭᶜ)𝔈

11 εφανη] factum est 𝔅 | ρημα] +τουτο n𝔈 | om σφοδρα
c₂𝔅𝔅ᵖ Chr | (om εναντιον αβρααμ 79) | αβρααμ] pr τω g | om
περι—ισμαηλ 𝔅ᵖ | του υιου αυτου] post ισμαηλ n𝔅ˡʷ | Ισμαηλ
Abrwy] om Dᵘⁱˡ(Dᵘⁱᵈ)M rell 𝔅ℭ Just Chr Cyr
12 om δε 𝔅ˡʷ | τω] προς fr: om oᵉt | εστω] εσται dps |
το ρημα] post σου Chr: om Dᵘⁱˡabcmnoquwy𝔄𝔈 Just: +τουτο
fr | παιδιου] παιδος dgp: +hμιιιᵃ 𝔅ˡʷ | om περι 2° Dcdgmpq
uc₂𝔅 Chr | παιδισκης] +hμιιιᵃ 𝔅 | οσα—σοι 1°] αν οσα ειποι
Phil-codd-omn | εαν] αν bd–hjlmᵃoprs | (om ειπη 77) | σαρρα
m | ακουε] ακουσον dgpt Chr: ακουσης ej | κληθησεται] (κληρο-
νομηθησεται 78): uocabo 𝔅ᵖ | om σοι 2° c
13 δε] τε rᵃ: om gn | τουτου Chr | ταυτης] αυτης p: om
abcmnw𝔄𝔈 Chr | εις—αυτον] faciam in gentem magnam 𝔅 |
εθνος] post μεγα n | (om αυτον 128) | σοι εστιν] εστιν σον D:
σου εστιν Cyr-ed
14 ανεστη] ανεβη f | το 1°] τω abcfgmoqᵃuvy Chr | (αρτους]
αρτον 25) | (om εδωκεν—και 5° 18) | αγαρ] pr τη bw: εἰ Tract |
επεθηκεν] εθηκεν fr: dedit 𝔄-codd: om Phil-cod | επι—παιδιον]
το παιδιον επι των ωμων αυτη bw(των ωμων) | τον ωμον] των
ωμων nrᵃ: +αυτης Macdhᵇoprstv𝔄𝔅ℭ: των ωμων αυτης efjmc₂
Chr Tract | τον ομον αυτης g | om και 5° 𝔄 Tract | απεστειλεν]
(εξαπεστειλεν 32): απελωσεν hm | επλανατο] επλανηθη p𝔈:
Agar errauit Tract | την ερημον] pr εις M: pr κατα bwc₂ Chr:
ω τη ερημω f | om κατα—ορκου Chr Tract
15 εξελειπεν] εξελειπεν abd–gjlmpqtwc₂𝔄𝔅ℭ𝔈 Cyr Tract:
εξελειψεν y | εκ] ακο dgprvy: om bmw | υποκ. μιας ελατης] sub
arbore Tract: om μιας 𝔅ᵖ
16 απελθ. δε] και απελθ. Da–dfgmoprstvwc₂𝔅ℭ | εκαθητο
1°] εκαθισεν dp: sedit 𝔄-ed | (εκαθητο απεναντι 128) | μακρο-
τερον A] μακροθεν DM omn Cyr: om ⟨71⟩ Chr | ωσει] ωs ο |
τοξου] post βολην moc₂ | βολη s | om ου c₂ | om μου m Phil |
om και—μακροθεν Chr | εκαθητο 2°—παιδιον 𝔈 | εκαθητο 2°
Ac₂𝔄ᵉ] εκαθισεν Dᵘⁱⁱ(...θισεν D)M rell Cyr | om αυτου 2° bw |

μακροθεν Ay] om Dᵘⁱⁱ(Dᵘⁱᵈ)M rell 𝔄𝔅ℭ Cyr | αναβοησαν δε]
και αναβοησαν s(-σαι uid) Chr: om δε ⟨16⟩ 𝔄𝔅ˡᶜ𝔈: αναβοησεν
δε D(...οησεν) efjm: (εβοησε δε 25) | εκλαυσεν] pr και Defjm
17 εισηκ. δε] εισηκουσεν n: επηκουσε δε bw | ο θεος 1°]
pr Dominus Hil: Dominus Tract: om ο | της φωνης 1°] post
παιδιου 1° m: την φωνην c: om bw | παιδιου 1°] παιδος f | om
εκ του τοπου 1° Hil | ην] ην εστιν n | αγγελος θεου] pr ο 1: Deus
𝔄-ed | θεου] pr του Dahlnos-vc₂ Chr Cyr: pr κ̅υ̅ του q: κ̅υ̅
bcfmrw Nov Tract | την αγαρ] post ουρανου m | om μη φοβου
s | επακηκοεν—θεος 2°] exaudiui enim Nov | ανακηκοε c | om
γαρ 𝔅 | ο θεος 2°] Dominus Tract | της φωνης 2°] την φωνην
r | (παιδιου 2° παιδος 79) | σου] om bhw𝔅ℭ𝔈ᵖ Cyr-cod Nov
Hil Tract: +και εκαλεσεν c₂ εκ του τοπου 2°] εν τω τοπω e |
εστιν 2°] ην rᵃc₂𝔅 Nov: +και εκαλεσεν εκ του τοπου ου εστιν g
18 αναστηθι] pr και d | +νυν 107) | om και 1° DMa–egj
l-qsuvwc₂𝔄(uid)𝔅 Chr Nov | παιδιον] +σου dglnpt 𝔄 | τη—
αυτον επι τη χειρι σου dgpsv𝔄(om σου)𝔅ℭ: +την χειρος αυτου
bcw Chr Hil: om Nov | αυτο] αυτον n°: αυτου m | om εις—
αυτον m | εις γαρ εθνος] +εθνος e | ποιησω dgp | αυτον] αυτο Dᵘⁱⁱ
Ma–fhjnoq–wc₂ Chr-ed Cyr-cod
19 ηνοιξεν m | ο θεος] Dominus Tract: om Chr | αυτης]
Agar 𝔈 | (om ζωντος 74) | και 3°—υδατος 20) om g: om και
επορευθη c₂ | επλησεν] επληρωσε ej | υδατος 1°] pr του Dry:
pr εκ του bw Chr: +ζωντος dhpt: de puteo Nov | παι-
διον] +αυτη bw
20 om και 2°—ερημω e | ηυξανθη n | om και 3°—ερημω
𝔄ℭ | ερημω] +φαραν gjt: +φαραδ b: +χαρραν dp: (+χαραν
107): +τη φαραν rc₂: +τη φαρραν f: +τη φαρα ο | εγενετο—
(21) ερημω] om mw: (om εγενετο δε τοξοτης 76) | εγενετο δε]
και εγενετο dfgprc₂
21 om και 1°—φαραν dfgoprc₂ | τη ερημω] monte 𝔅 | om
τη 2° bcejw | φαραν n𝔅 | αυτω] αυτον g: αυτον c₂ | μητηρ]
+αυτου a–dfgl-prtwc₂𝔅 | γης] της abdehlmnptwc₂·

14 το φρεαρ τον ορκου] σ´ βηρσαβεε Mjs(sinc nom js)

A    <sup>22</sup>Ἐγένετο δὲ ἐν τῷ καιρῷ ἐκείνῳ καὶ εἶπεν Ἀβιμέλεχ καὶ Ὀχοζὰθ ὁ νυμφαγωγὸς αὐτοῦ καὶ 22
Φικὸλ ὁ ἀρχιστράτηγος.τῆς δυνάμεως αὐτοῦ πρὸς Ἀβραὰμ λέγων Ὁ θεὸς μετὰ σοῦ ἐν πᾶσιν οἷς
ἐὰν ποιῇς. <sup>23</sup>νῦν οὖν ὅμοσόν μοι τὸν.θεόν, μὴ ἀδικήσειν με μηδὲ τὸ σπέρμα μου μηδὲ τὸ ὄνομά 23
μου· ἀλλὰ κατὰ τὴν δικαιοσύνην ἣν ἐποίησα μετὰ σοῦ ποιήσεις μετ' ἐμοῦ, καὶ τῇ γῇ ᾗ σὺ
παρῴκησας ἐν αὐτῇ. <sup>24</sup>καὶ εἶπεν Ἀβραάμ Ἐγὼ ὁμοῦμαι. <sup>25</sup>καὶ ἤλεγξεν Ἀβραὰμ τὸν Ἀβιμέλεχ 24
περὶ τῶν φρεάτων τοῦ ὕδατος ὧν ἀφείλαντο οἱ παῖδες τοῦ Ἀβιμέλεχ. <sup>26</sup>καὶ εἶπεν.αὐτῷ Ἀβιμέλεχ 26
Οὐκ ἔγνων τίς ἐποίησεν τὸ πρᾶγμα τοῦτο· οὐδὲ σύ μοι ἀπήγγειλας, οὐδὲ ἐγὼ ἤκουσα ἀλλὰ
σήμερον. <sup>27</sup>καὶ ἔλαβεν Ἀβραὰμ πρόβατα καὶ μόσχους καὶ ἔδωκεν τῷ Ἀβιμέλεχ· καὶ διέθετο 27
ἀμφότεροι διαθήκην. <sup>28</sup>καὶ ἔστησεν Ἀβραὰμ ἑπτὰ ἀμνάδας προβάτων μόνας. <sup>29</sup>καὶ εἶπεν 29
Ἀβιμέλεχ τῷ Ἀβραάμ Τί εἰσιν αἱ ἑπτὰ ἀμνάδες τῶν προβάτων τούτων ἃς ἔστησας μόνας; <sup>30</sup>καὶ 30
εἶπεν Ἀβραὰμ ὅτι Τὰς ἑπτὰ ἀμνάδας ταύτας λήμψῃ παρ' ἐμοῦ, ἵνα ὦσιν εἰς μαρτύριον ὅτι ἐγὼ
ὤρυξα τὸ φρέαρ τοῦτο. <sup>31</sup>διὰ τοῦτο ἐπωνόμασεν τὸ ὄνομα τοῦ τόπου ἐκείνου Φρέαρ ὁρκισμοῦ, 31
§ i ὅτι ἐκεῖ ὤμοσαν ἀμφότεροι. <sup>32</sup>καὶ διέθεντο διαθήκην ἐν τῷ φρέατι τοῦ ὅρκου. ἀνέστη δὲ 32
Ἀβιμέλεχ καὶ Ὀχοζὰθ ὁ νυμφαγωγὸς αὐτοῦ καὶ Φικὸλ ὁ ἀρχιστράτηγος τῆς δυνάμεως αὐτοῦ,
§ Δ₂ καὶ ἐπέστρεψαν εἰς τὴν γῆν ⁱ τῶν Φυλιστίειμ. <sup>33</sup>καὶ ἐφύτευσεν Ἀβραὰμ ἄρουραν ἐπὶ τῷ φρέατι 33
τοῦ ὅρκου, καὶ ἐπεκαλέσατο ἐκεῖ τὸ ὄνομα Κυρίου, Θεὸς αἰώνιος. <sup>34</sup>παρῴκησεν δὲ Ἀβραὰμ ἐν τῇ 34
γῇ τῶν Φυλιστίειμ ἡμέρας πολλάς.

§ d₂𝕮𝕭    <sup>1</sup>Καὶ ἐγένετο μετὰ τὰ ῥήματα ταῦτα ὁ θεὸς ἐπείραζεν τὸν Ἀβραάμ· καὶ εἶπεν πρὸς αὐτόν 1 XXII
§ x ¹ Ἀβραάμ Ἀβραάμ. ὁ δὲ εἶπεν Ἰδοὺ ἐγώ. <sup>2</sup>καὶ εἶπεν Λάβε τὸν υἱόν σου τὸν ἀγαπητὸν ὃν 2

23 αδικισιν A        25 ηλλεξεν A (ε 1° sup ras A')

DM(Δ₂)a–h(i)jl–w(x)yc₂(d₂)𝕬𝕭(𝕮ᶜ)𝕰(𝕭)

22 εγεν. δε] pr και f(uid): και εγεν. abcgmopsv(txt)wc₂:
om bc D: και d | εν τω καιρω εκεινω] εν τη ημερα εκεινη n: in
illis diebus 𝕰 | om και 1° dgp𝕬–ed𝕭𝕰 | ⟨αβιμελεχ⟩ pr ο r8) |
και 2°—αυτου 1°] sub ÷ M | οχοξαθ] οχοξατ g: οχοξαθ bw:
χοξατ dp: ⟨γοξαθ 71: οχοαξαθ 14.16.25.130⟩ | φικολ] φιχολ
bdgh*mno²¹pq⁴¹rt–wy*: φιχωλ c𝕬: φιχοσ s: φιλοχ Maſh𝕭'ο*
(uid)q⁴(uid)*c₂: φιλωχ l: φιλολ e: φιλ j: Pichol 𝕭ⁱʷ |
⟨στρατηγου 14⟩ | om της bg | εαν] αν fj*ory | ποιησησ n

23 om ουν sv𝕬(uid)𝕭ⁱʷ | μοι] μοι t | τον θεον] του c₂ (υ ex
corr c₂*) | αδικησειν] αδικησαι ο: αδικησαι w: αδικησον l: αδι-
κησον e*(uid): αδικησεις dns | om μηδε 1°—μου 1° t | μηδε
2°—μου 1°] om M: neque quod tecum 𝕰: om μου d: δικαιο-
συνην] +μου lnqtuv | ποιησεις] ποιησεων gc₂ | (η] pr εν 32) |
om συ bc*w𝕬𝕰 | παρωκησας] παρωκισα n𝕰ᵖ: παροικεισ t

25 om αβιμελεχ] ευm 𝕰: om τον ej | ωη] ωη dp | αφει-
λαντο] αφειλοντο Mdqtu: obturauerunt 𝕭ⁱʷ | om τον 2° bgly |
αβιμελεχ 2°] βιμελεχ w*

26 om και—αβιμελεχ fg | om αυτω Ddh𝕰ᵖ | αβιμελεχ]
αβιμελεχ n*: om bw | εγνω bow | εποιησεν] +σοι Mcejlqsuv:
εν r*(pr εποιη n*) | om n* | πραγμα] ρημα bw | απηγγ.]
απηγγειλασ μοι acmoc₂𝕬: μου ax. g: αε αx. t | αλλα Abgwy]
ει μη n: αλλ η Dᵘⁱᴹ rell

27 προβατα και μοσχους] boues et oues 𝕬𝕰 | om τω bw |
⟨om και 4° 31⟩ | διεθετο] εθετο s: ⟨συνεθετο 31⟩: διεθετο w |
αμφοτερα g

28 αμναδασ] αμναδων d: om n | om προβατων g | om
μονας ej

29 om totum comma m | αβμ. τω αβρ.] αβρ. τω αβμ. ο:
τω αβρ. αβμ. s ⟨om τω s*⟩ | τω] προς ej | εισιν] εστιν dgpt |
τουτων] om Dbgrw: bis scr s ⟨om as εστησας μονας 25⟩ |
εστησα ο | μονας] pr κατα l: coram me 𝕭ᵖ

30 αβρααμ] om abcmowc₂𝕬: pr τω f | om ταυτας bfgmw |
om παρ εμου 𝕬: ινα] οτι r | ωσιν] +μοι DᵘⁱMbd–lnp–y
𝕬𝕭𝕰 | μαρτυριον] ⟨μαρτυρια 18⟩: +μου a: +μοι moc₂

31 επωνομασεν] επωνομασθη fr𝕭ᵖ(uid): ωνομασεν c₂: nomi-
nauerunt 𝕰 | ορκισμου] ορκου d Thdt: Bersabee 𝕬-codd | οτι
—⟨32⟩ αυτου 1°] sub ÷ M | αμφοτεροι] pr οι s

32 διεθετο] εθετο f: διεθετο j: εθετο acei*jmoc₂: εθηκαν
bw : +εκει ej: +αμφοτεροι y | εν] επι a–dgi*mopwc₂𝕭 | τω
φρεατι] τω φρεα ι*: το φρεαρ bgl: +εκει s(mg) | om τον fv |
ορκου] ορκισμου a–df–im–prtwyc₂: +εκεινου s | οχοξαθ] οχοξατ
g: χοξαθ n: χοξατ dp | om ο 1°—φικολ d | φικολ A] φιχωλ
c𝕬: φιλοχ Mſh𝕭'ʏ*: φιλωχ lc₂: φιχολ +βω ⟨om φιλο 18.79⟩:
ο φιχορ b: φιχωλ Dhⁱ*y*(uid) rell 𝕭ᵖ: Pichol 𝕭ⁱʷ |
⟨ο αρχ. ο στρατηγοσ 14.18: om ο 16.79⟩ | της δυναμεως] post
αυτου 2° n : om της e | επεστρ.] υπεστρεψαν M : απεστρεψαν
fi*r: επεστρεψεν svc₂ | om την sv | των] του f: της e: την n:
om g] | φυλιστιειμ] dgilmp : φιλωλιστιειμ

33 εφυτευσεν] επεισεν δυο M(mg) | om αβρααμ n | επι] εν
Dh : ⟨παρα 20⟩ | τω φρεατι] του φρεατος dp : το φρεαρ f ⟨20⟩ |
ορκου] ορκισμου Dg | επεκαλεσατο c | om εκει d Phil | το
ονομα κυριου] post αιωνιος f: επι τω ονοματι κυ y | κυριου] κυριος
ο Phil-codd-omn ½ | θεου αιωνιος 𝕬-codd Phil-codd-omn ½ |
θεος] ο θσ οι 1 | αιωνιος] αιωνος fˢs

34 om δε l | αβραμ r* | εν τη γη] επι της γη w : εις την γην
bn | των] του n: om gl | φυλιστιειμ dfgilmnp𝕭ᵖ

XXII 1 om και 1° ⟨128⟩ | ⟨εγενετο⟩ +εκει επι τω ονοματι
κυ 31⟩ | τα ρηματα ταυτα] hos dies 𝕰 | ο θεος] pr και g𝕭 Chr½:
post επειραξεν ce𝕬𝕰 Or-lat Chr½ Cyp: ⟨om 18⟩ | προς αυτον]
αυτω bnwy Cyr ½ | αβρααμ 2°]...αμ x ⟨om αβρααμ 3° 𝕮𝕰ᶜᵖ
Phil-cod | om ο δε] και bdfgps(txt)vwyd₂𝕮(uid)𝕰𝕭

2 αγαπητον] +κυ m: +αυτω 𝕬𝕰 Chr ½: +Dominus ei Surge

31 φρεαρ ορκισμου] σ' βηρσαβεε Mjs(sine nom js)        32 φυλιστιειμ] αλλοφυλων c₂
33 αρουραν] α' δενδρωνα σ' φυτειαν Mjs(δενδρωμμα)ν(δενδρωμα)        XXII 1 επειραξεν] σ' εδοξασεν Mjs(sine nom)v
2 τον αγαπητον] α' τον μονογενη Mjsv(om τον Mv): α' τον μοναχον c₂: σ' τον μονον σου Mjsvc₂(om τον Msv)

ἠγάπησας, τὸν Ἰσαάκ, καὶ πορεύθητι εἰς τὴν γῆν τὴν ὑψηλήν, καὶ ἀνένεγκον αὐτὸν ἐκεῖ εἰς A
3 ὁλοκάρπωσιν ἐφ' ἓν τῶν ὀρέων ὧν ἄν σοι εἴπω. ³ἀναστὰς δὲ Ἀβραὰμ τὸ πρωὶ ἐπέσαξεν τὴν
ὄνον αὐτοῦ· παρέλαβεν δὲ μεθ' ἑαυτοῦ δύο παῖδας καὶ Ἰσαὰκ τὸν υἱὸν αὐτοῦ, καὶ σχίσας ξύλα
εἰς ὁλοκάρπωσιν ἀναστὰς ἐπορεύθη. καὶ ἦλθεν ἐπὶ τὸν τόπον ὃν εἶπεν αὐτῷ ὁ θεὸς ⁽⁴⁾ τῇ ἡμέρᾳ τῇ
4/5 τρίτῃ. ⁴καὶ ἀναβλέψας Ἀβραὰμ τοῖς ὀφθαλμοῖς ἴδεν τὸν τόπον μακρόθεν· ⁵καὶ εἶπεν Ἀβραὰμ
τοῖς παισὶν αὐτοῦ¶ Καθίσατε αὐτοῦ μετὰ τῆς ὄνου, ἐγὼ δὲ καὶ τὸ παιδίον διελευσόμεθα ἕως ὧδε· ¶ $\Delta_2$
6 καὶ προσκυνήσαντες ἀναστρέψωμεν πρὸς ὑμᾶς. ⁶ἔλαβεν δὲ Ἀβραὰμ τὰ ξύλα τῆς ὁλοκαρπώσεως
καὶ ἐπέθηκεν Ἰσαὰκ τῷ υἱῷ αὐτοῦ· ἔλαβεν δὲ καὶ τὸ πῦρ μετὰ χεῖρα καὶ τὴν μάχαιραν, καὶ
7 ἐπορεύθησαν οἱ δύο ἅμα. ⁷καὶ εἶπεν Ἰσαὰκ πρὸς Ἀβραὰμ τὸν πατέρα αὐτοῦ εἴπας Πάτερ· ὁ δὲ
εἶπεν Τί ἐστιν, τέκνον; λέγων Ἰδοὺ τὸ πῦρ καὶ τὰ ξύλα· ποῦ ἔστιν τὸ πρόβατον τὸ εἰς ὁλοκάρ-
8 πωσιν; ⁸εἶπεν δὲ Ἀβραάμ Ὁ θεὸς ὄψεται ἑαυτῷ πρόβατον εἰς ὁλοκάρπωσιν, τέκνον. πορευθέντες
9 δὲ ἀμφότεροι ἅμα ⁹ἦλθον ἐπὶ τὸν τόπον ὃν εἶπεν αὐτῷ ὁ θεός. καὶ ᾠκοδόμησεν ἐκεῖ Ἀβραὰμ
θυσιαστήριον καὶ ἐπέθηκεν τὰ ξύλα· καὶ συμποδίσας Ἰσαὰκ τὸν υἱὸν αὐτοῦ ἐπέθηκεν αὐτὸν
10 ἐπὶ τὸ θυσιαστήριον ἐπάνω τῶν ξύλων. ¹⁰καὶ ἐξέτεινεν Ἀβραὰμ τὴν χεῖρα αὐτοῦ λαβεῖν τὴν
11 μάχαιραν, σφάξαι τὸν υἱὸν αὐτοῦ. ¹¹καὶ ἐκάλεσεν αὐτὸν ἄγγελος Κυρίου ἐκ τοῦ οὐρανοῦ καὶ
12 εἶπεν αὐτῷ Ἀβραὰμ Ἀβραάμ. †ὁ δὲ εἶπεν† Ἰδοὺ ἐγώ. ¹²καὶ εἶπεν Μὴ ἐπιβάλῃς τὴν χεῖρά σου

XXII 2 *ανενεγκαι D* | *εφ εν*] *επι εν D*   5 *καθεισατε* A   11 om *ο δε ειπεν* A

*D*M($\Delta_2$)a–jl–y$c_2d_2$𝔄𝔅ℭ$^c$𝔈𝔓

ℭ | om *υιον σου τον* x* | *τον* 2°—*ηγαπησας*] post *ισαακ* 𝔓 | *τον αγαπητον*] *illum unicum* Cyp (om *illum* codd) | *ηγαπ.*] *diligis* Or-lat: + *δι εμε* f | *πορευθ.*] pr *offeres mihi eum* Or-lat: *πορευθεις* ej | ⟨*εις* 1°] *επι* 108⟩ | om *και* 3° ej𝔅$^{lw}$ | *ανενεγκον* AMnrw] *ενεγκε* p: *ανενεγκε* *D*(-*γκαι*)$\Delta_2$ rell Chr Cyr: *impones* Cyp | *αυτον*] pr *μοι* n$c_2$ Chr ⅓ | *εκει*] pr *mihi* 𝔅ℭ: *ad me* 𝔈$^{fp}$: om *D*Mbdefjlps(txt)vw$d_2$ Chr ⅓ Cyr ½ ed ½ Cyp: + *mihi* 𝔓 | om *εις* 2° ⟨108⟩ Or-lat Cyp | *ολοκαρπ.*] *ολοκαρπωμα* x Cyr ⅓: *ολοκαυτωσιν* D(+*D*) Jos-uid Chr ⅔ Cyr-cod ⅓: *hostiam* Cyp | *εφ εν*] *in uno* Cyp | *εφ*] *υφ* ejn: ⟨*εις* 78⟩ | *ων*] *de quo* Cyp: ⟨om 128⟩ | *αν*] *εαν* D$\Delta_2$ahiot$^{a?}$vw | *ειπω*] *δειξω* bg Chr ⅓ Cyr ⅓

3 om *αβρααμ* D Cyr | *το*] *τω* abfgij*(uid)m*$c_2$ Chr Cyr ⅓: om Cyr ⅓ | *επεσαξεν*] *εισαξεν* s: ⟨*εσαξε* 32⟩ | *αυτου* 1°] *εαυτου* m | *παρελαβεν δε*] pr *και* x: *και παρελαβεν* *D*(contra D$^{uid}$)f Cyr ⅓: ⟨om *δε* 77⟩: + *και* m | *μεθ εαυτου*] post *παιδας* acmox$c_2$ (*μετ αυτου* mx) 𝔅: *μετ αυτου* e | *σχισας*] post *ξυλα* r: *sumpsit* ℭ | *και ηλθεν*] ⟨*και ανηλθεν* 32⟩: om mℭ𝔈$^p$ | *επι*] pr *statim* 𝔈$^{fp}$: *εις* bdgoptw$d_2$ Phil ¾ Clem Cyr ⅓ | *ον*] *ου* *D* | *τη ημερα τη τριτη*] pr *et* 𝔄: *τη τριτη ημερα* Clem: *post tres dies uenit in illum locum* ℭ

4 om totum comma 𝔈 | om *και* 𝔄 | ⟨*αναβλεψαμενος* 73⟩ | *τοις*—*ιδεν*] *ειδε τοις οφθαλμοις αυτου* Cyr ½ | *τοις οφθαλμοις*] om Clem Or-lat: + *αυτου* a–egjm–pstvwx$c_2d_2$𝔄(sub ※)𝔅ℭ Phil-codd Chr | *μακροθεν*] pr *απο* bw

5 om *αβρααμ* fℭ Or-lat Chr Cyr ⅓ | *παισιν*] *παιδαριοις* n | om *αυτου* 1° 𝔈$^f$ | *καθισατε*—*ονου*] *uos sedete* Or-lat ⅓ | om *αυτου* 2° g | *παιδιον* A Chr ⅓ Cyr-ed ⅓] *παιδαριον* D(+*D*$^{sil}$)M omn Or-gr Chr ⅓ Cyr ⅔ cod ⅓ | *διελευσομεθα*] *διοδευσωμεθα* r: *διοδευσωμεν* i$^a$: *ελευσομεθα* $c_2$ | om *εως ωδε* ℭ Or-lat ⅓ | *αναστρεψωμεν προς υμας*] *προς υμας αναστρεψομεν* s$d_2$: *προς υμας αποστρεψομεν* i: *προς υμας υποστρεψομεν* f | *αναστρεψωμεν*] post *υμας* dp: *αναστρεψομεν* Mae$^{a?}$mou–x𝔅𝔈 Cyr: *αναστρεφομεν* l: ⟨*επαναστρεψομεν* 32⟩: *υποστρεψομεν* Or-gr Chr ⅓: *ανακαμψομεν* ⟨20⟩ Chr ⅓ | *προς υμας*] *εκειθεν* D: om $c_2$ Chr ⅓ | *ημας* o*

6 om *αβρααμ* s Cyr ⅓ | *τα ξυλα*] om n: om *τα* c | *ολοκαρπωσεως*] *ολοκαυπωσεως* M: *ολοκαυτωσεως* D(+*D*) Chr-ed | *ελαβεν* 2°—*πυρ*] *και το πυρ ελαβε* d | *και* 2°—*μαχαιραν*] *in manum gladium et ignem* 𝔄 (*ignem et gladium* codd) | *μετα χειρα και το πυρ* D(+*D*$^{sil}$) | om *και* 2° Machi*l–qtuvx$c_2$𝔅ℭ Chr Cyr ⅓ | *το*—*χειρα*] *μετα χειρα το πυρ* Mahtv$c_2$: *μετα χειρας το πυρ* ci*lmoqux Chr Cyr ½ | *μετα χειρα*] *in manibus suis* Or-lat | ⟨*μετα*] *παρα* 128(txt)⟩ | *χειρας* bdfnprw$d_2$ | *αμα*] + *uenerunt ad locum quem Deus dixit ei* ℭ

7 *και ειπεν* Any] *ειπεν δε* DM rell 𝔅 Chr | om *ισαακ προς* s(txt) | om *προς*—*αυτου* 𝔈$^{fp}$ | *αβρααμ*] *αβραμ* $d_2$(⅓): om bwℭ | ⟨om *τον πατερα αυτου* 25⟩ | om *ειπας*—*λεγων* ℭ | *ειπας* AMbi*(uid)v(txt)] *ειπων* a*c: *ειπον* a$^b$o: om Di$^{a?}$v(mg) rell 𝔄𝔅𝔈 Or-lat Chr | *τεκνον*] post *λεγων* h | *λεγων*] pr *ειπεν δε* ej: ⟨pr *ειπε τι* 18⟩: pr *respondit autem Isaac* 𝔅$^{lw}$: *και ειπεν* fi$^b$lnr𝔓: *ειπεν δε* bdgpwxy$^a$$d_2$: *λεγει αυτω* q: ⟨*ειδε ειπε* 71⟩: *et is dicit* 𝔄: *dixit* 𝔅$^p$: om m$c_2$ | *τα ξυλα και το πυρ* r𝔈 Chr ¾ | *τα ξυλα*] pr *ecce* 𝔄: + *et culter* ℭ | om *εστιν* 2° Phil | *προβατον*] *προσωπον* s | om *το* 3° 𝔖-ap-Barh Cyr | *ολοκαρπωσιν*] pr *την* Mahioqrt–x$c_2$𝔅 Chr: *ολοκαυτωσιν* *D*dv$^{mg}$ (pr *την*)

8 *ειπεν δε αβρααμ*] *et is dicit* 𝔄 | ⟨*ειπεν δε*] *ειδε ειπεν* 71⟩ | om *αβρααμ* y | *οψεται εαυτω*] *mittet nobis* ℭ | *εαυτω*] *αυτω* nps$^{a?}$: om s* | *προβατον εις ολοκαρπωσιν*] post *τεκνον* q | *ολοκαρπωσιν*] pr *την* w Phil-cod | *αμφοτεροι*] post *αμα* g: om bw𝔈 | om *αμα* ⟨108⟩ Or-lat Chr Cyr

9 *ηλθεν* e | *επι* 1°] *εις* Cyr | *ον*—*θεος*] om ℭ: om *ον ειπεν* x*: om *ο* d | *εκει*] post *αβρααμ* acejmo Cyr ½(*εκεισε*): om bdprsw$d_2$ℭ𝔓 | om *αβρααμ* *D* | *θυσιαστηριον* 1°] pr *το* ilq–vx𝔅$^{lw}$: + *τω* $\overline{κω}$ bfℭ𝔈$^p$ | om *επεθηκεν αυτον* y | *αυτον*] *ligna* 𝔅$^p$: om g Chr-ed Cyr ½ | *επι το θυσιαστηριον*] post *ξυλων* g

10 *αβρααμ*] post *αυτου* 1° m𝔅𝔈 | *την χειρα αυτου*] om e: om *αυτου* 𝔄 | *λαβειν την μαχαιραν*] pr *του* rw: om j: om *την* p | *λαβων* Cyr-ed ½ | *σφαξαι*] pr *του* n Cyr ½: + *ισαακ* 𝔅ℭ

11 *αυτον*—*ουρανου*] *Dominus Deus Abraham* 𝔈(om *Deus* 𝔈$^c$) | om *κυριου* jm | om *εκ του ουρανου* Cyr | *εκ του*] *εξ* m | *και ειπεν*] *λεγων* ejℭ Phil | om *αυτω* *D*$^{sil}$lmqsuv𝔄𝔅ℭ Phil Or-lat Chr Cyr Spec | om *αβρααμ* 2° ⟨25⟩ 𝔈$^p$ | *ο δε*] *και* ejℭ(uid)𝔈𝔓 Chr | *ειπεν* 2°] + *ei* 𝔄

12 *και ειπεν*] *ειπεν δε* dgp$d_2$: om l: *dixit autem angelus Domini ei* ℭ: + *illi* 𝔈 Spec | *χειρα*] *μαχαιραν* s | *παιδαριον*]

A ἐπὶ τὸ παιδάριον, μηδὲ ποιήσῃς αὐτῷ μηδέν· νῦν γὰρ ἔγνων ὅτι φοβῇ τὸν θεὸν σύ, καὶ οὐκ ἐφείσω
τοῦ υἱοῦ σου τοῦ ἀγαπητοῦ δι' ἐμέ. [13]καὶ ἀναβλέψας Ἀβραὰμ τοῖς ὀφθαλμοῖς αὐτοῦ ἴδεν, καὶ 13
ἰδοὺ κριὸς εἷς κατεχόμενος ἐν φυτῷ σαβὲκ τῶν κεράτων. καὶ ἐπορεύθη Ἀβραὰμ καὶ ἔλαβεν τὸν
κριόν, καὶ ἀνήνεγκεν αὐτὸν εἰς ὁλοκάρπωσιν ἀντὶ Ἰσαὰκ τοῦ υἱοῦ αὐτοῦ. [14]καὶ ἐκάλεσεν Ἀβραὰμ 14
§ L τὸ ὄνομα τοῦ τόπου ἐκείνου Κύριος ἴδεν· ἵνα εἴπωσιν σήμερον Ἐν τῷ ὄρει Κύριος ὤφθη. ⸢[15]καὶ 15
ἐκάλεσεν ἄγγελος Κυρίου τὸν Ἀβραὰμ δεύτερον ἐκ τοῦ οὐρανοῦ [(16)] λέγων [16]Κατ' ἐμαυτοῦ ὤμοσα, 16
λέγει Κύριος, οὗ εἵνεκεν ἐποίησας τὸ ῥῆμα τοῦτο καὶ οὐκ ἐφείσω τοῦ υἱοῦ σου τοῦ ἀγαπητοῦ δι'
ἐμέ, [17]εἰ μὴν εὐλογῶν εὐλογήσω σε, καὶ πληθύνων πληθυνῶ τὸ σπέρμα σου ὡς τοὺς ἀστέρας τοῦ 17
οὐρανοῦ καὶ ὡς τὴν ἄμμον τὴν παρὰ τὸ χεῖλος τῆς θαλάσσης· | καὶ κληρονομήσει τὸ σπέρμα σου
¶ D τὰς πόλεις τῶν ὑπεναντίων. [18]καὶ ἐνευλογηθήσονται ἐν τῷ σπέρματι¶ σου πάντα τὰ ἔθνη, ἀνθ' 18
¶ d$_2$ ὧν ὑπήκουσας τῆς ἐμῆς φωνῆς.¶ [19]ἀπεστράφη δὲ Ἀβραὰμ πρὸς τοὺς παῖδας αὐτοῦ, καὶ ἀνα- 19
¶ ℭ$^c$ στάντες ἐπορεύθησαν ἐπὶ τὸ φρέαρ τοῦ ὅρκου·¶ καὶ κατῴκησεν Ἀβραὰμ ἐπὶ τῷ φρέατι τοῦ ὅρκου.¶
¶ L𝔏 [20]Ἐγένετο δὲ μετὰ τὰ ῥήματα ταῦτα καὶ ἀνηγγέλη τῷ Ἀβραὰμ λέγοντες Ἰδοὺ τέτοκεν 20
Μελχὰ καὶ αὐτὴ υἱοὺς Ναχὼρ τῷ ἀδελφῷ σου, [21]τὸν Ὦξ πρωτότοκον καὶ τὸν Βαὺξ ἀδελφὸν 21
§ D αὐτοῦ καὶ τὸν Καμουὴλ πατέρα Σύρων ⸢[22]καὶ τὸν Χάσζαδ καὶ τὸν Ἀζαῦ καὶ τὸν Φαλδὰς καὶ 22
τὸν Ἰελδὰφ καὶ τὸν Βαθουήλ. [23]καὶ Βαθουὴλ ἐγέννησεν τὴν Ῥεβέκκαν. ὀκτὼ οὗτοι υἱοὶ οὓς 23

16 εφισω D

(*D*L)Ma–jl–yc$_2$(d$_2$)𝔄𝔅(ℭ$^c$)𝔈(𝔏)

+σου b | μηδε] και μη t: *et ne* Hil | ποιης s | αυτο jnw | μηδεν] μηθεν bdeptd$_2$: *malum* ℭ: +κακον m | om νυν ℭ | φοβη] pr *diligis me et* ℭ | τον θεον] post συ Dbd–gjnpsvwxd$_2$ 𝔄𝔅$^{lw}$ Thdt: pr *Dominum* Hil½: *Dominum* Spec | συ] sup ras o$^a$: σου h Cyp Hil: om mℭ Chr½ Spec | om του υιου σου m | om του 2° w

**13** αβρααμ 1°—αυτου 1°] ⟨τοις οφθ. αυτου αβρααμ 108⟩: τοις οφθ. αβρααμ dpd$_2$(½): om αβρααμ gy Chr: om τοις οφθ. αυτου 𝔈: om αυτου Chr | ⟨om ιδεν 31⟩ | και 2°—κατεχομενος] *arietem apprehensum* ℭ | εις 1°] τις Cyr-ed: om Or-lat | εν—κερατων] των κερ. εν φυτω σαβεκ dfgjnpc$_2$d$_2$𝔈 Phil-ed Or-lat Chr: των κερ. αυτου εν φυτω σαβεκ x: om σαβεκ των κερατων ℭ | των κερατων] pr εκ el: pr απο m: om Phil-cod: +αυτου acmo𝔅 | om και επορευθη αβρααμ ℭ | απηνεγκεν dp | om εις 2° agxc$_2$ Or-lat | om αυτου 2° r

**14** om αβρααμ ac$_2$ | το—εκεινου] *locum illum* ℭ: om εκεινου d | κυριος ιδεν] *uisio Domini* 𝔈$^{cp}$: *domus Dei, quoniam Deus uidit me in eo* ℭ | om ιδεν—κυριος 2° 𝔅$^p$ | οιδεν dm | ορει] +τουτω fn𝔄𝔅ℭ | κυριος 2°] *Domini* 𝔈$^{cf}$: *Deus* ℭ | ωφθη] *uidit* 𝔈: +*mihi* 𝔅$^p$

**15** αγγελος κυριου] κ̅ς̅ dp: +*Dei* 𝔅$^{lw}$ | τον αβρααμ] post δευτερον d: *eum* ℭ | δευτερον] εκ δευτερου fi$^a$r | ⟨om εκ του ουρανου 16⟩

**16** εινεκα L | ⟨om και ουκ—εμε 71⟩ | om δι εμε qu

**17** ει μην] η μην a$^b$b–ejlmptvwxy$^a$(η ex υ uid)d$_2$ Phil Chr Cyr Thdt A-Z T-A: *nunc igitur* ℭ: *nisi* 𝔏 Hil | om ευλογων Cyr | το σπερμα σου 1°] pr σε και h𝔈$^p$: pr *tibi* 𝔈$^{cf}$: pr *te ualde et multiplicabo* ℭ: σε 𝔅$^p$ Heb T-A | τους αστερας] τα αστρα bnstw Cyr Thdt½ T-A | ουρανου] +τω πληθει 𝔄 Or-lat⅔ Cyr⅔ Thdt⅔ | om ως 2° b𝔅$^p$ | την 2°—θαλασσης] της γης T-A | το χειλος της θαλ.] *mare* ℭ: +*innumerabilis* Or-lat⅓ | κληρονομησει] *haereditare faciam* ℭ | των υπεναντιων] +*tuorum* 𝔅: +*suorum* 𝔄

**18** ενευλογ.—σου] εν τω σπ. σου ενευλογηθησονται Thdt¼: εν τω σπ. σου ευλογηθησονται Acta Thdt¼: εν τω σπ. σου ευλογηθησεται Thdt¾: *in semine tuo benedicentur* de-P-C Tract | ενευλογ.] ευλογηθησονται x Chr⅙: ⟨ενευλογηθησεται 108⟩ | εν—σου] *in te* 𝔅$^p$ Tyc | σπερματι] σπερ... D | παντα τα εθνη Aℭ Or-lat Chr⅙ Tract] +της γης LM omn 𝔄𝔅𝔈𝔏 Eus Chr⅚ Thdt de-P-C Tyc: πασαι αι πατριαι της γης Acta | επηκουσας cdnr*? | post υπηκουσας ras (14) b

**19** απεστραφη] επεστραφη xc$_2$$^a$: επεστρεψεν aco: υπεστρεψε m | om αυτου L | επορευθησαν Amy] +αμα LM rell 𝔄𝔅𝔈𝔏: +*simul et uenerunt* ℭ | om και 2°—ορκου 2° ejquw𝔅𝔈 | επι 2°—ορκου 2°] εκεισε p | επι 2°] εν l | τω φρεατι] το φρεαρ abcghioyc$_2$

**20** om μετα w | ανηγγειλον fm | λεγοντες] λεγοντων dgp: ⟨λεγοντι 78⟩: λεγον M: *quod* 𝔄 | om ιδου 𝔈 | μελχα] μελχω p: ⟨μεχα 18⟩ | om και αυτη 𝔈 | υιους] υιου qu: υιον lm | ναχωρ] post σου f: pr τω cdegmtc$_2$: ⟨ενναχωρ 71⟩: μελχωρ qu

**21** om τον 1° lnquy* | ωξ] ωζ dp𝔅$^l$ Or-gr: ους x: βιξ n: *Och* 𝔄: *Obs* Anon$^2$ | πρωτοτοκον] +αυτου acmoxc$_2$𝔄𝔅$^{lw}$ | om και 1°—αυτου c | om τον 2° sv | βαυξ] βαυζ p𝔅$^l$ Or-gr Anon$^2$: βαυ ⟨73⟩ 𝔄: βαζ m: ζαβ d: καυξ e: φαυξ ln | καμουηλ] καμαουηλ c(uid): καμουηχ qu: καμοηρ s: σαμουηλ p: *Gamuel* 𝔅 Anon$^2$ | συρον f

**22** om και 1° p | χασζαδ] χασαδ D(+*D*)h*lqux𝔄-ed𝔅$^{lw}$: χαζαδ cosv𝔄-codd Or-gr: χαζαθ agh$^{a?}$imnrtc$_2$𝔅$^p$: χαζδα M: χαζαναθ bw: ⟨χασβαδ 18⟩: χαραθ e: χοζατ dp: γαζαθ f(ζ ex corr f$^a$): *Canasat* Anon$^2$ | om και 2° p | ⟨τον αζαυ] του αυτου 79⟩ | αζαυ] αζαβ m: αζαν fc$_2$(txt): αξαυ j: αυζαυ t: ζαυ M: ναζαυ ah$^b$: χαζαν o: *Asau* 𝔄-codd 𝔅$^{lw}$: *Bathuel* Anon$^2$ | om και 3° p | φαλδας] φαλδαλ D$^{*uid}$(φαλδας D$^{1?}$): φαλδα pqu: ⟨φαλδαμ 71⟩: φαλδακ Or-gr: φαλδες ach$^{b?}$: φαλαας m: δαλφας b | και τον ιελδαφ] om D: om και p | ιελδαφ] ιελδαβ fstvc$_2$(mg): ιελδαθ bw: ιελδαμ i: ιεδλαφ Or-gr: ιεδαφ a: ιεδδαφ x: ιελαφ e: ιελαμ dp: ⟨ιελλαβ 108⟩: ελδαφ lmqu: ελαφ gj: *Ieldaf* 𝔄: *Allaph* 𝔅$^{lw}$: *Asan* Anon$^2$ | om και 5° p | βαθουηλ] βουηλ n: *Indul* Anon$^2$: ⟨+και τον αξαυ 108⟩

**23** και βαθουηλ] βαθουηλ δε acmoxc$_2$𝔅$^p$: και μαθουηλ d | ρεβεκαν dfgm | om οκτω ⟨71⟩ 𝔈$^{fp}$ | ουτοι] post υιοι d | υιοι] pr οι n | μελχω fp | om τω 1° p | ναωρ Phil-codd

12 νυν γαρ εγνων] ο εβρ νυν εδειξας c$_2$ | αγαπητου] σ' μονογενους M
13 κατεχομενος—κερατων] σ' κρατουμενος εν δικτυω τοις κερασιν αυτου M | εν—κερατων] α' εν συχνεωνι εν κερασιν αυτου M

24 ἔτεκεν Μελχὰ τῷ Ναχὼρ τῷ ἀδελφῷ Ἀβραάμ. 24καὶ ἡ παλλακὴ αὐτοῦ ᾗ ὄνομα Ῥεηρά, ἔτεκεν Α
καὶ αὐτὴ τὸν Τάβεκ καὶ τὸν Τάαμ καὶ τὸν Τόχος καὶ τὸν Μωχά.

XXIII ¦ 1Ἐγένετο δὲ ἡ ζωὴ Σάρρας ἔτη ἑκατὸν εἴκοσι ἑπτά. 2καὶ ἀπέθανεν Σάρρα ἐν πόλει Ἀρβόκ,
ἥ ἐστιν ἐν τῷ κοιλώματι· αὕτη ἐστὶν Χεβρὼν ἐν γῇ Χανάαν. ἦλθεν δὲ Ἀβραὰμ κόψασθαι
3 Σάρραν καὶ πενθῆσαι. 3καὶ ἀνέστη Ἀβραὰμ ἀπὸ τοῦ νεκροῦ αὐτοῦ· καὶ εἶπεν Ἀβραὰμ τοῖς
4 υἱοῖς Χὲτ λέγων 4Πάροικος καὶ παρεπίδημος ἐγώ εἰμι μεθ' ὑμῶν· δότε οὖν μοι κτῆσιν τάφου μεθ'
5 ὑμῶν, καὶ θάψω τὸν νεκρόν μου ἐκεῖ. 5ἀπεκρίθησαν δὲ οἱ υἱοὶ Χὲτ πρὸς Ἀβραὰμ λέγοντες
6 6Μή, κύριε· ἄκουσον δὲ ἡμῶν. βασιλεὺς παρὰ θεοῦ σὺ εἶ ἐν ἡμῖν· ἐν τοῖς ἐκλεκτοῖς μνημείοις
ἡμῶν θάψον τὸν νεκρόν σου· οὐδεὶς γὰρ ἡμῶν τὸ μνημεῖον αὐτοῦ κωλύσει ἀπὸ σοῦ, τοῦ θάψαι
7 τὸν νεκρόν σου ἐκεῖ. 7ἀναστὰς δὲ Ἀβραὰμ προσεκύνησεν τῷ λαῷ τῆς γῆς, τοῖς υἱοῖς Χέτ. 8καὶ
ἐλάλησεν πρὸς αὐτοὺς Ἀβραὰμ λέγων Εἰ ἔχετε τῇ ψυχῇ ὑμῶν ὥστε θάψαι τὸν νεκρόν μου ἀπὸ
9 προσώπου μου, ἀκούσατέ μου καὶ λαλήσατε περὶ ἐμοῦ Ἐφρὼν τῷ τοῦ Σάαρ. 9καὶ δότω μοι τὸ
σπήλαιον τὸ διπλοῦν ὅ ἐστιν αὐτῷ, τὸ ὂν ἐν μέριδι τοῦ ἀγροῦ αὐτοῦ· ἀργυρίου τοῦ ἀξίου δότε
10 αὐτὸ ἐν ὑμῖν εἰς κτῆσιν μνημείου. 10Ἐφρὼν δὲ ἐκάθητο ἐν μέσῳ τῶν υἱῶν Χέτ· ἀποκριθεὶς δὲ
Ἐφρὼν ὁ Χετταῖος πρὸς Ἀβραὰμ εἶπεν, ἀκουόντων τῶν υἱῶν Χὲτ καὶ πάντων τῶν εἰσπορευομένων

XXIII 9 μεριδει Α    10 εμμεσω Α

DMa–jl–yc₂𝔄𝔅𝔈

24 om totum comma bw | παλλακις qu | om η ονομα 𝔈 |
ρεηρα A] ρημα i*𝔄-ed: ρεκμα h²: ρευμα n: γεγμα fr: ρεημα
DMh*i* rell 𝔄-codd 𝔅ᵖ: (ρειμα 71.79): ρεεμα 𝔅ⁱᵛ Or-gr:
ρουμα Phil Jos: Regma Anon* | ρεημα 𝔄 | τον τααμ και τον ταβεκ
𝔈 | τον τααμ και τον ταβεκ D(+D) | om τον ταβεκ και Or-gr
(uid) | ταβεκ] ταβε x: ταβαηκ l: βαεκ e: βααικ gj: ⟨βααι 14.
16.77.128.130⟩: γαακ f: ταακ i*: τααδ dop: γααμ iᵃ¹ʳ: Guam
Anon⁰ | om και 3⁰ p | τααμ] τααδ tc₂: γααμ αχ𝔄: ταβεκ dfiop:
ταβαιχ r: (ταβελ 108) | ⟨ταβεκ τον ταβεκ 16⟩:
+ και τον ταβεχ egj: ⟨+ και τον ταμεχ 18.79.128⟩: + και τον
γαμααμ o: om και 4⁰ p | τοχος] τοχις egj Or-gr: τοχονς q:
τοιχως dp: ⟨τυχος 20⟩: χος f: ⟨χος 25.71.73⟩: θαας x: Thochos
Anon² | ⟨μωχα⟩ μοχα aclt: μωχαγ egj Or-gr: ⟨μοχαγ 73.77.78.
79: μωχαμ 128: μωχας 16⟩: μοχας n Anon²: ⟨μωχας o: ⟨χωμα
108⟩

XXIII 1 εγενετο δε] bis scr w: om δε s: +και n | σαρας
m | ετη—εππα] εππα και εικοσι και εκατον ετη s: om] post
εππα achntc₂𝔅: om lovx | εικοσι] +και l | εππα] +ετη ζωης
σαρρας Dlo(er̅ω̅)vx(ζωη vx)   ʳ 𝔥¹ 𐡶
2 om και 1⁰—σαρρα 1 | σαρρα] σαρα m: om gx* | om εν 1⁰
x* | πολει] pr τη btw𝔅 | αρβοκ] αρβων adegjlnp: αρβεκ c:
αρβηκ f: Iarbok 𝔅ᵖ: Erbok 𝔅ⁱᵛ | η—κοιλωματι] sub + M: om
η εστιν c𝔄 | χεβρων] χεβωρ q | γη] pr τη ac–gijm–ryc₂ | σαρ-
ραν] σαραν m: σαρρα q: ⟨post πενθησαι 25⟩ | πενθησαι] + αυτην
acfc₂
3 αβρααμ 1⁰] post νεκρον e | om απο—υιοις g | των νεκρων
m | om αυτου bemoc₂ Phil-arm | αβρααμ 2⁰ Ay] om DM rell
𝔄𝔅𝔈 | χετ] pr του D(+Dᵈⁱˡ)e–lnqrtwxc₂: του χε u | om λεγων
bw𝔈
4 παροικος] + εν την Clem | σαρας παρεπ.] post νεκρον Thdt |
ειμι εγω Phil | μεθ 1⁰] μεσον ο𝔄 | υμων 1⁰] ημων e*(uid)l |
δοτε—υμων 2⁰] om fc₂ | ουν] post μοι y: om 𝔅ᵖ Thdt | ταφου]
ταφην p: om b | μεθ υμων 2⁰] μεθ ημων lo: om Phil-arm | εκει
A] αφ υμων s(txt)v: απ εμου DMs(mg) rell 𝔅 Phil-arm Thdt:
om 𝔄𝔈

XXIII 6 ακουσον δε ημων] a' ακουσον ημων κ̅ε̅ sv

5 om δε g𝔅ⁱʷ | om οι Mbdlquc₂ | χετ] pr του DMbhtw
Chr | ⟨om προ̅ αβρααμ 76⟩ | αβρααμ] pr του mox
6 om μη κυριε αcoxc₂𝔄 | δε] θ̅ ̅ l: om αcmoxc₂𝔄𝔅ⁱʷ𝔈 |
ημων 1⁰] ημ̅ν̅ ̅ ̅κ̅ε̅ ̅ acmox𝔄: + ε̅̅ε̅ ̅ c: παρα—ει̅ ̅ σ̅υ̅ παρα
θεου Thdt: συ ει ̅ σ̅.̅ θ̅.̅ r | θεου] κ̅υ̅ qu₂ | ̅ ̅συ ει Arxy Chr ⳨] om
ει aᵃdp: ει συ DMaᵃ¹ rell Phil-gr Chr⳨ ⳨om συ ⟨31⟩ 𝔄 Phil-arm
εν ημιν ει Clem | ελεγκτοις l(uid) | μνημειοις ημων] ημων εν
μνημειοις b(om e)w | μνημασιν l | ⟨om ημων 2⁰ 76.78⟩ | om
το μνημειον—σου 1⁰] prohibet a te monumentum 𝔄 | το—κωλυ-
σει] om 𝔄-ed | ουδεις egjsv | om γαρ fᵘ𝔅ᵖ | το—σου 1⁰—cod
το μνημειον—σου 2⁰] prohibet a te monumentum 𝔄 | το—κωλυ-
σει] om 𝔄-ed | ουδεις egjsv | om γαρ fᵘ𝔅ᵖ | το—σου 1⁰—cod
D(om ov)be–hiᵃjlqs–w (κωλυσει fh: om μη iᵃ¹) Chr | ⟨μνημειον⟩
μνημα 79) | ⟨om απο σου 25.107.128⟩ | om του θαψαι—εκει 𝔄 |
του θαψαι] τον ψαφον D | σου 3⁰] + απο σου d | εκει]
+ απο σου iᵃ¹t: om lx
7 om προσεκυνησεν—(8) αβρααμ w | τω λαω] pr Domino
cl 𝔅ᵖ | om τηι γηι hm𝔈 | χετ] pr του Dbfilqsuv
8 om και 1⁰—λεγων g | om αβρααμ dpc₂ | ⟨τη ψυχη⟩ pr
εν 32) | υμων] ημων 𝔄 | gim | ωστε] του n | θαψαι] θαψω g |
om αυτο 1⁰ emqsuxx | om απο—και 2⁰ 𝔈 | προσωπου] pr του x |
om εκει 2⁰ DMa²¹ rell 𝔄-cod | λαλησατε] ασαται l | om περι εμου 𝔄-cod
ευφρων b | om του cf | σααρ] σκαρ p
9 om και 𝔈ᶜ | δοτω] δοτε badlp𝔈ᵖ | om ο εστιν αυτω
f𝔄𝔅𝔈𝔖-ap-Barh(uid) | το αυτου] το ον to αυτου pr εν
sv: αυτου acdilmoprtwxc₂ | το ον] (pr εν 16.130): om ar: om
om jnᵃ | om εν 2⁰—(10) εκαθητο m | εν το̅υ̅ ο 1⁰ g | μεριδι Ay]
μερι D(μερει Dᵈⁱˡ): μερει M rell⳨ ⳨(τω μερει 20)₄ | αργυριου] pr
του r: αργυριον f | δοτε Α𝔈] δοτω DM omⁿ 𝔄𝔅 Phil | εν
υμιν—μνημειου] et emam id a uobis 𝔄 | εν υμιν] εν ημιν κτησιν
e: om p | υμιν] ημιν aflo: εμοι b | εις κτησιν] εν κτισει bw |
μνημειου] του εν Dl
10 om δε 1⁰ c₂𝔈ᵖ | εν μεσω] εις μεσον r | χετ 1⁰] pr του r |
αποκριθεις δε] και αποκριθεις p: om δε d | om εφρων ο χετταιος
p | προσ αβρ. ειπεν] ειπε προσ αβρ. p: ειπε προσ αυτον e: προσ
αυτον ειπε gj | των 1⁰—πολιν] pr παντων jsvc₄: παντων n |
χετ 2⁰] pr του | om των 3⁰ b | om εις x | πολιν] ⟨πυλην

9 εν υμιν] a' εν μεσω υμων M

55

A εἰς τὴν πόλιν, λέγων ¹¹Παρ' ἐμοὶ γενοῦ, κύριε, καὶ ἄκουσόν μου. τὸν ἀγρὸν καὶ τὸ σπήλαιον τὸ 11
ἐν αὐτῷ σοὶ δίδωμι· ἐναντίον τῶν πολιτῶν μου δέδωκά σοι· θάψον τὸν νεκρόν σου. ¹²καὶ 12
προσεκύνησεν Ἀβραὰμ ἐναντίον τοῦ λαοῦ τῆς γῆς· ¹³καὶ εἶπεν τῷ Ἐφρὼν εἰς τὰ ὦτα ἐναντίον 13
παντὸς τοῦ λαοῦ τῆς γῆς Ἐπειδὴ πρὸς ἐμοῦ εἶ, ἄκουσόν μου· τὸ ἀργύριον τοῦ ἀγροῦ λάβε παρ'
ἐμοῦ, καὶ θάψω τὸν νεκρόν μου ἐκεῖ. ¹⁴ἀπεκρίθη δὲ Ἐφρὼν τῷ Ἀβραὰμ λέγων ¹⁵Οὐχί, κύριε, 15
ἀκήκοα γάρ· τετρακοσίων διδράχμων ἀργυρίου· ἀνὰ μέσον ἐμοῦ καὶ σοῦ τί ἂν εἴη τοῦτο; σὺ δὲ
τὸν νεκρόν σου θάψον. ¹⁶καὶ ἤκουσεν Ἀβραὰμ τῷ Ἐφρών· καὶ ἀπεκατέστησεν Ἀβραὰμ τῷ 16
Ἐφρὼν τὸ ἀργύριον ὃ ἐλάλησεν εἰς τὰ ὦτα τῶν υἱῶν Χέτ, τετρακόσια δίδραχμα ἀργυρίου δοκίμου
ἐνπόροις. ¹⁷καὶ ἔστη ὁ ἀγρὸς Ἐφρών, ὃς ἦν ἐν τῷ διπλῷ σπηλαίῳ, ὅς ἐστιν κατὰ πρόσωπον 17
Μαμβρή, ὁ ἀγρὸς καὶ τὸ σπήλαιον ὃ ἦν αὐτῷ, καὶ πᾶν δένδρον ὃ ἦν ἐν τῷ ἀγρῷ, ὅ ἐστιν ἐν τοῖς
ὁρίοις αὐτοῦ κύκλῳ, ¹⁸τῷ Ἀβραὰμ εἰς κτῆσιν ἐναντίον τῶν υἱῶν Χὲτ καὶ πάντων τῶν εἰσπορευο- 18
μένων εἰς τὴν πόλιν. ¹⁹μετὰ ταῦτα ἔθαψεν Ἀβραὰμ Σάρραν τὴν γυναῖκα αὐτοῦ ἐν τῷ σπηλαίῳ 19
§ S τοῦ ἀγροῦ τῷ διπλῷ, ὅ ἐστιν ἀπέναντι Μαμβρή· ¹αὕτη ἐστὶν Χεβρὼν ἐν τῇ γῇ Χανάαν. ²⁰καὶ 20
ἐκυρώθη ὁ ἀγρὸς καὶ τὸ σπήλαιον ὃ ἦν αὐτῷ τῷ Ἀβραὰμ εἰς κτῆσιν τάφου παρὰ τῶν υἱῶν Χέτ.

§ L   ¹¹Καὶ Ἀβραὰμ ἦν πρεσβύτερος προβεβηκὼς ἡμερῶν, καὶ Κύριος εὐλόγησεν τὸν Ἀβραὰμ ₁ XXIV
κατὰ πάντα. ²καὶ εἶπεν Ἀβραὰμ τῷ παιδὶ αὐτοῦ, τῷ πρεσβυτέρῳ τῆς οἰκίας αὐτοῦ, τῷ ἄρχοντι 2

---

15 om αργυριον A* (hab A^amg)       16 εμποροις D^sil       18 και παντων τῶ sup ras (5) A¹

D(L)M(S)a–jl–yc₂𝕬𝕭𝕰

32): πυλην της πολεως αυτου acmoxc₂𝕬 | λεγων] λεγω l: om 𝕭

11 εμοι] εμου dgjn³ps |γινου b | κυριε] +μου l𝕭 | και ακου-
σον] ακουσον δε n | μου 1°] ημων n | τον 1°] +γαρ f | αγρον]
+δεδωκα σοι acmos(mg)vxc₂𝕬: +δεδωκα dp | το εν αυτω] το
αυτο c: om | σοι διδωμι] dabo tibi 𝕬 | εναντιον dps(txt)tv |
των Anpy] pr παντων D^silM rell 𝕬𝕭𝕰 | μου 2°] και 2° | δεδωκα
σοι] pr ecce 𝕰^cf: pr et ecce 𝕰^p: om n | θαψον] και θαψαι 𝕴:
sepelire 𝕬-ed
12 αβρ.] post εναντιον qu | του λαου] pr παντος (76) 𝕬𝕰 |
τη(ς) γη(ς)] om 𝕰 + υιοις του χετταιου n: +και τοις υιοις του χετ y³⁷
13 και 1°—λεγων] λεγων d: om sw | και ειπεν] ειπεν δε q:
+Abraham 𝕭 | om τω r* | εις τα—γης] dunt audiunt omnes 𝕰 |
om εναντιον DMmquxy𝕬𝕭 | παντος] post λαου i*: om D^silMabc₁^(??)
egi³¹j-oqruxc₂𝕬𝕭 | (της γης του λαου 128) | γης] +λεγων ac
moxc₂𝕬 | om επειδη—ειπεν h | επειδη] επει δε tc₂*(uid) | προς]
προ n | μου 1°] +εε f | το αργυριον] pr διδωμι acο: pr δεδωκα
mx: pr dabo tibi 𝕬: ⟨το γαρ αργ. 79⟩ | του αγρου ⟨του λαου
79⟩: terrae 𝕭^p | θαψον Ad𝕰^p] θαψω D^silM rell 𝕬𝕭𝕰^cf | om
μου υ° 𝕭𝕰 | om εκει n𝕰^p
14 om τω αβρααμ d | λεγων] +αυτω acfmoxc₂𝕬
15 ουχι] ουδα D | κυριε] +μου acmoxc₂𝕬𝕭 | om γαρ f𝕴 |
τετρακοσιων] pr γη Mcfgjmxy³¹ 𝕾-ap-Barh: pr οτι a𝕭^p: pr
ιδου η γη o: pr quod terra 𝕬𝕭^w: τετρακοσια i³r | διδραχμων]
διδραγμων bcgj-nw: δραχμων dp: διδραχμα r: διδραγμα τ:
σταταηρων M(mg): ⟨δηραμων 16⟩ | αργυριου] om A*𝕰: +αλλα
bw | ανα μεσον—σου 1°] pr και e: post τουτο bw: ανα μεσον
σου και ανα μεσον εμου x | σου 1°] pr ανα μεσον Dacdfimoptc₂
𝕬(uid) | ⟨τι⟩ η 83⟩ | αν ειη] αν ει n: αν επι m: εστιν i*𝕬𝕭 |
τουτο] +Domine mi 𝕭^p | om δε m | θαψον τον νεκρον σου
⟨77⟩ 𝕬𝕰
16 ηκουσαν c* | τω 1° Am*] τον g: του DMm³¹ rell |
εφρων 1°] εφραιμ p: εφραιμ p: om και 2°—εφρων 2° dgp |
απεκατεστ.] απεστειλεν M(mg)acoc₂𝕬 | om αβρααμ 2° 𝕬-ed |
εφρων 2°] εφρωμ m | χετ] pr του egjs | τετρακοσια] p' n: XL

Anon¹ | διδραγμα bcgjmnoqrwc₂ | δοκιμου f | ⟨ενποροις⟩ τρα-
πεζιταις 32⟩
17 εστη] εστι np: εστιν quc₂: erat 𝕭 | εφρων] εφραιμ p |
om ος 1°—αγρος 2° 𝕰 | ην 1°] est 𝕬𝕭 | διπλω σπηλαιω] σπη-
λαιω τω διπλω bdprsvw | om εν αυτω 2° o | Dbcdmnpw |
⟨κατα προσωπον⟩ εναντιον 32⟩ | κατα] εις s | μαμβρη o] μαμβρης
m | μαμβρη] μαμβρη n: Mamre 𝕭^p | εν αυτω 𝕬 | om αυτω—
ην εν αυτοις w | ην 2°] est 𝕬𝕭^p | om αυτω—ην 3° dps | αυτω
A] pr εκ r: pr μετ n: pr εν DM rell 𝕬𝕭 | ⟨om παν 31.68.83⟩ |
ην 3°] est 𝕬-ed | εν τω αγρω—κυκλω] in εο 𝕰 | το 2°—εστιν 2°]
αυτω και n | ο εστιν] pr και παν fi³r: οτ εστιν tw: οτι εστιν b:
om 𝕬: ⟨om ο 128⟩: +παν i*] + τοις οριοις] pr πασιν D(+D)
Machlmoqs–vxc₂𝕬𝕭: pr πασαις i*
18 τω] ο εκυρωθη fir: pr facta sunt 𝕭: pr fuit 𝕰: του
a–d | εναντιον] εν αυτων n | χετ] pr του baw: om και—χετ n:
𝕬 | om παντων 𝕬 | ⟨om των 1° 18⟩ | πολιν] πυλην της πολεως
αυτου acfmoxc₂𝕬
19 μετα] pr και egj: et 𝕬𝕰: +δε bw | σαραν m | om
την γυναικα αυτου 𝕭^p | εν 1°—εστιν 1°] εκεισε p | του—διπλω]
τω αγρω του διπλω n: om αυτου 𝕰 Anon¹ | μαμβρη] μαβρη
g* | ο εστιν—χανααν] quam emit ab Efron 𝕰 | μαμβρη] μαβρη
p: Mamre 𝕭^p | om τη DMbdhmsvwy
20 om totum comma 𝕰 | ⟨επεκυρωθη 32⟩ | αγροι] +και
possessio Anon¹ | ο ην] το blw: om ην ι: quod est 𝕬 | αυτω A]
pr εν D^silMS omn 𝕬𝕭 Anon¹ | χετ] pr του bdlnpsvwx
XXIV 1 ην] post πρεσβυτερος Chr♯: om sv | προβεβηκως]
pr και t𝕬 Chr♯ | ημερων] ημεραις xy: om Phil | om και 2°—
παντα L | κυριος] ο θ̄ς ι: ηυλογησεν h | ⟨om κατα παντα
79⟩
2 om αβρααμ L Chr | om τω παιδι αυτου n | αυτου 1°]
αυτω d: om m | της οικιας αυτου] om 𝕰: om αυτου bw | om
τω 3°—αυτου 3° ς | αυτου 2°] Lbdfiprw Phil-arm
Chr: om 𝕰^p | αυτου 3°] υπαρχοντων αυτω gj | ⟨θει⟩ υποθει 32⟩ |
υπο τον μηρον] super manum 𝕰 | υπο⟩ επι de*(uid)fiprs Chr♯
Cyr♯ Thdt | των μηρων d(τον)fp | μου] +υπο την οσφυν μου L

11 παρ εμοι—κυριε] α' ουχι κυριε μου M: πλην εαν σοι οφελον ακουσης μου c₂
17 εστη] α' εκυρωθη ιωρισθη εδοθη κατα...τειαν M

56

3 πάντων τῶν αὐτοῦ Θὲς τὴν χεῖρά σου ὑπὸ τὸν μηρόν μου, ³καὶ ἐξορκίσω σε Κύριον τὸν θεὸν τοῦ A
οὐρανοῦ καὶ τῆς γῆς, ἵνα μὴ λάβῃς γυναῖκα τῷ υἱῷ μου Ἰσαὰκ ἀπὸ τῶν θυγατέρων τῶν Χαναναίων,
4 μεθ'/ὧν ἐγὼ οἰκῶ μετ' αὐτῶν· ⁴ἀλλὰ εἰς τὴν γῆν μου οὗ ἐγενόμην πορεύσῃ¶ καὶ εἰς τὴν φυλήν μου, ¶ S
5 καὶ λήμψῃ γυναῖκα τῷ υἱῷ μου Ἰσαὰκ ἐκεῖθεν. ⁵εἶπεν δὲ πρὸς αὐτὸν ὁ παῖς Μή ποτε οὐ βούλεται
ἡ γυνὴ πορευθῆναι μετ' ἐμοῦ ὀπίσω εἰς τὴν γῆν ταύτην· ἀποστρέψω τὸν υἱόν σου §εἰς τὴν γῆν § S
6 ὅθεν ἐξῆλθες ἐκεῖθεν; ⁶εἶπεν δὲ πρὸς αὐτὸν Ἀβραάμ Πρόσεχε σεαυτῷ μὴ ἀποστρέψῃς τὸν υἱόν
7 μου ἐκεῖ· ⁷Κύριος ὁ θεὸς τοῦ οὐρανοῦ καὶ ὁ θεὸς τῆς γῆς, ὃς ἔλαβέν με ἐκ τοῦ οἴκου τοῦ πατρός
μου καὶ ἐκ τῆς γῆς ἧς ἐγενήθην, ὃς ἐλάλησέν μοι καὶ ὤμοσέν¶ μοι λέγων Σοὶ δώσω τὴν γῆν ¶ *D*
ταύτην καὶ τῷ σπέρματί σου· αὐτὸς ἀποστελεῖ τὸν ἄγγελον αὐτοῦ ἔμπροσθέν σου, καὶ λήμψῃ
8 γυναῖκα τῷ υἱῷ μου Ἰσαὰκ ἐκεῖθεν. ⁸ἐὰν δὲ/μὴ θέλῃ ἡ γυνὴ πορευθῆναι μετὰ σοῦ εἰς τὴν
γῆν ταύτην, καθαρὸς ἔσῃ ἀπὸ τοῦ ὅρκου τούτου· μόνον τὸν υἱόν μου μὴ ἀποστρέψῃς
9 ἐκεῖ.¶ ⁹Καὶ ἔθηκεν ὁ παῖς τὴν χεῖρα αὐτοῦ ὑπὸ τὸν μηρὸν Ἀβραὰμ τοῦ κυρίου αὐτοῦ, ¶ S]
10 καὶ ὤμοσεν αὐτῷ περὶ τοῦ §ῥήματος τούτου. ¹⁰καὶ ἔλαβεν ὁ παῖς δέκα καμήλους ἀπὸ τῶν § S
καμήλων τοῦ κυρίου αὐτοῦ καὶ ἀπὸ πάντων τῶν ἀγαθῶν τοῦ κυρίου αὐτοῦ μεθ' ἑαυτοῦ, καὶ
11 ἀναστὰς ἐπορεύθη εἰς τὴν Μεσοποταμίαν εἰς τὴν πόλιν Ναχώρ. ¹¹καὶ ἐκοίμησεν τὰς καμήλους
ἔξω τῆς πόλεως παρὰ τὸ φρέαρ τοῦ ὕδατος¶ τὸ πρὸς ὀψέ, ἡνίκα ἐκπορεύονται αἱ ὑδρευόμεναι. ¶ L
12 ¹²καὶ εἶπεν Κύριε ὁ θεὸς τοῦ κυρίου Ἀβραάμ, εὐόδωσον ἐναντίον ἐμοῦ σήμερον καὶ ποίησον ἔλεος

XXIV 2 post των ras 3—4 litt A    3 εξορκισω $A^{*uid}$] εξορκιω $A^{1?a?}$S
9 αβρααμ] om A*(hab $A^{a\,mg}$)    11 εκοιμισεν S

(*D*L)M(S)a–jl–y$c_2$𝔄𝔅𝔈

3 εξορκισω] εξορκιζω my Phil-arm: εξορκωσω $a^{a?}$(uid): εξορκιω a*(uid): ορκιω d Cyr ½: ορκιζω Thdt | om σε $a^{a?}$ | om κυριον 𝔈 Cyr ½ | της γης Aflc$_2$𝔈 Chr ⅔ Thdt T-A] pr τον θν̄ $D^{sil}$LMS rell 𝔄𝔅 Phil-arm Eus Chr ⅓ Cyr | λαβη o* | τω υιω μου] post ισαακ bw: ⟨om τω 14⟩ | ισαακ] ⟨pr τω 14.16.77⟩: ισακ L | απο] εκ bw | om των 2° Chr ⅔ | χαναναιων] χανααν m𝔈 | μεθ—αυτων] *in quibus ego habito* 𝔄𝔅: om L | εγω] post οικω l𝔈: om dm | οικω] κατοικω nt Chr ⅔: om b | μετ αυτων A T-A] μετ αυτοις n: εν αυταις h: εν αυτοις D(+$D^{sil}$)M$S^{c\,a\,mg}$ rell Chr ⅔ Cyr Thdt: om S*

4 αλλα] αλλ η $D^{uid}$($D^{sil}$)Macdeghjlpqs–vx$c_2$ | την 1°—εγενομην] ⟨τον οικον του πρ̄ς μου 71⟩: om μου Cyr-ed: om ου εγενομην L | ου] ην p | εγενομην] pr εγω bw: εγεννηθην D(+$D^{sil}$) Chr: ⟨+εν αυτη 32⟩ | πορευση] πορε..S | και 1°—μου 2°] om L𝔈: +και εις τον οικον τον πρ̄ς μου dp | φυλην] φυλακην f | γυναικα] post ισαακ l | ισαακ] ισακ L: om Chr ⅔

5—8 om L

5 δε] ουν t | προς αυτον] post παις bfiw𝔅 | μηποτε ου βουλεται] *quod si noluerit* Or-lat | μη ποτε ου] pr αν δε f: εαν μη bd Chr: εαν ουν μη ptw | βουλεται] βουληται abehijnoqrtuw–$c_2$ Chr ½: βουληθη dp Chr ½: βουλη g | η γυνη] post πορευθηναι x: om n | πορευθηναι] ⟨συμπορευθηναι 32⟩: ελθειν D(+*D*) | om οπισω—ταυτην Chr | οπισω] ⟨post ταυτην 73⟩: om bgow 𝔄𝔈 | αποστρεψω] pr και j: ⟨pr και ει 73⟩: pr και αποστρεφων eg: pr μη αποστρεφων acmox$c_2$𝔄 | om εις 2°—εξηλθες d | γην 2°] +ταυτην cn: +ras (12) g | ⟨οθεν] pr και 18⟩ | εξηλθεν irs | om εκειθεν n Chr ½

6 om δε m | προς αυτον αβρααμ] *Abraham ad puerum suum* $𝔈^{fp}$ | προς αυτον] post αβρααμ bw𝔅: om 𝔄 | προσεχε σεαυτω] προσχες εαυτω v | σεαυτον c | om τον—(7) γης 1° $c_2$ | εκειθεν l

7 κυριος] και s: ⟨κε̄ 18⟩ | om ο θεος 2° df𝔈 Chr ⅔ | om και 2° bm | om της 2° t* | om ης $c_2$* | εγενηθην AShr*$c_2$ Chr ½] εγενομην ny: εγεννηθη ct*: εγεννηθην $D^{sil}$M$r^{a}t^{a?}$ rell 𝔄𝔅𝔈 Eus Chr ½ | ος 2°] pr και m | om ελαλησεν μοι και 𝔈 | om μοι 1° dp | και 3°—λεγων] ⟨om 31⟩: om και ωμοσεν μοι w$c_2$ Chr ½ | ωμοσεν] pr ος acfi–moqruvx: pr ος ελαλησεν μοι και ος s | σοι] τω σπερματι σου Sacmox$c_2$𝔄 | και 4°—σου 1°] om Sacmox$c_2$𝔄: ⟨om και 18⟩: ⟨+μετα σου 32⟩ | om αυτος—(8) ταυτην m | αποστελει] αποστελλει f(uid)l: εξαποστελει c | εμπροσθεν] προ προσωπου Ath Thdt | σου 2°] +και ευοδωσει την οδον σου fir Chr ½ (και κατευοδ.) | ⟨λημψη] ληψομαι 71⟩ | γυναικα] post μου 2° bn | ⟨τω υιω—εκειθεν] εκειθεν τω υιω μου 16⟩ | τω υιω μου] post ισαακ Ath ½ Thdt ½ | om ισαακ MSabcegjlnoqsu–x$c_2$𝔈 Chr

8 εαν] ει qu | om δε d | om θελη η r* | ⟨θελη] θελησει 14⟩ | ⟨η γυνη] post πορευθηναι 79⟩ | μετα σου] post ταυτην eg | εση] ει συ dp: *esto tu* 𝔄: *tu* 𝔈 | ορκου] οικου μου b: +μου cw𝔅 | om τουτου 𝔅 | om μου g | ⟨εκειθεν 79⟩

9 εθηκεν] επεθηκεν L*: ⟨υπεθηκεν 32⟩ | ο παις—αυτου 1°] ⟨την χειρα ο παις 16⟩: *manum suam puer* 𝔈 | παις] +*Abraam* 𝔄 | ⟨om αυτου 1° 25⟩ | υπο τον μηρον] *super manum* 𝔈 | υπο] επι acdnp | των μηρων cdp | om αβρααμ του κυριου dp | αβρααμ] ⟨post αυτου 2° 73⟩: om A*𝔄-ed | περι] επι l

10 om δεκα x* | αυτου 1°] +και επορευθη ax𝔄 | και 2°—εαυτου] om L: om και—αυτου f: om των—αυτου $c_2$ | απο 2°—εαυτου] *omnia bona domini sui secum cepit* 𝔈: om απο bnw | αγαθων] +των p | αυτου 2°] εαυτου a*(uid) | μεθ εαυτου] μετ αυτου Mhnsv: +και επορευθη c | εαυτου και αναστας] ε, s euan in S | επορευετο sv | om εις 1° f | om την 1° bw | εις 2°—ναχωρ] om L: om την b | αχωρ lm

11 και—καμηλους] bis scr s | εκοιμισαν L | τας] τους n | om της—φρεαρ n | παρα] περι d | το 2°] του l: ⟨και 31⟩ | ηνικα] +δε dp | εκπορευονται] κ int lin $m^{a}$: εκπορευοντο o: επορευοντο fn$c_2$: εξεπορευοντο acx𝔄 Phil-arm

12 om και 1° dp | κυριε] κς̄ ln* | του κυριου 1° Ai] om j𝔈: +μου MS rell 𝔄𝔅 Chr Thdt | αβρααμ 1°] pr του jr | εμου] μου g–nqux | ευοδωσον—αβρααμ 2°] bis scr s: om 𝔈 | ⟨μετα] εναντιον 71⟩ | ⟨om του 2° 79⟩ | αβρααμ 2°] αβραμ o*

XXIV 4 και 1°—μου 2°] α' και εις τον οικον του πρ̄ς μου s    11 εκοιμησεν] α' εγονατισεν Mj(sine nom)s

A μετὰ τοῦ κυρίου μου Ἀβραάμ. ¹³ἰδοὺ ἐγὼ ἔστηκα ἐπὶ τῆς πηγῆς τοῦ ὕδατος, αἱ δὲ θυγατέρες 13
τῶν οἰκούντων τὴν πόλιν ἐκπορεύονται ἀντλῆσαι ὕδωρ· ¹⁴καὶ ἔσται ἡ παρθένος ᾗ ἂν ἐγὼ εἴπω 14
¶ S Ἐπίκλινον τὴν ὑδρίαν σου ἵνα πίω, καὶ εἴπῃ μοι Πίε σύ, καὶ τὰς καμήλους¶ σου ποτιῶ ἕως
ἂν παύσωνται πίνουσαι, ταύτην ἡτοίμασας τῷ παιδί σου Ἰσαάκ· καὶ ἐν τούτῳ γνώσομαι ὅτι
§ D ἐποίησας ἔλεος τῷ κυρίῳ μου Ἀβραάμ. ¹⁵καὶ ἐγένετο πρὸ τοῦ συντελέσαι αὐτὸν λαλοῦντα ἐν 15
§ L τῇ διανοίᾳ, ⁵καὶ ἰδοὺ Ῥεβέκκα ⁵ἐξεπορεύετο, ἡ τεχθεῖσα Βαθουήλ, υἱῷ Μέλχας τῆς γυναικὸς
§ Δ₂ Ναχώρ, ἀδελφοῦ δὲ Ἀβραάμ, ἔχουσα τὴν ὑδρίαν ἐπὶ τῶν ὤμων αὐτῆς. ¹⁶ἡ δὲ παρθένος 16
ἦν καλὴ τῇ ὄψει σφόδρα· παρθένος ἦν, ἀνὴρ οὐκ ἔγνω αὐτήν. καταβᾶσα δὲ ἐπὶ τὴν πηγὴν
§ S ἔπλησεν τὴν ὑδρίαν αὐτῆς, καὶ ἀνέβη. ¹⁷ἐπέδραμεν δὲ ὁ παῖς εἰς συνάντησιν αὐτῆς ⁵καὶ 17
εἶπεν Πότισόν με μικρὸν ὕδωρ ἐκ τῆς ὑδρίας σου. ¹⁸ἡ δὲ εἶπεν Πίε, κύριε· καὶ ἔσπευσεν καὶ 18
καθεῖλεν τὴν ὑδρίαν ἐπὶ τὸν βραχίονα αὐτῆς καὶ ἐπότισεν αὐτὸν ⁽¹⁹⁾ἕως ἐπαύσατο πίνων. ¹⁹καὶ 19
¶ S εἶπεν Καὶ ταῖς καμήλοις σου ὑδρεύσομαι ἕως ἂν¶ πᾶσαι πίωσιν. ²⁰καὶ ἔσπευσεν καὶ ἐξεκένωσεν 20
τὴν ὑδρίαν ἐπὶ τὸ ποτιστήριον, καὶ ἔδραμεν ἐπὶ τὸ φρέαρ ἀντλῆσαι ὕδωρ, καὶ ὑδρεύσατο πάσαις
¶ L ταῖς καμήλοις.¶ ²¹ὁ δὲ ἄνθρωπος κατεμάνθανεν αὐτήν, καὶ παρεσιώπα τοῦ γνῶναι ἡ εὐόδωκεν 21
§ L Κύριος τὴν ὁδὸν αὐτοῦ ἢ οὔ. ²²ἐγένετο δὲ ἡνίκα ἐπαύσαντο πᾶσαι αἱ κάμηλοι⁵ πίνουσαι, 22
¶ D / Δ₂ ἔλαβεν ὁ ἄνθρωπος ἐνώτια χρυσᾶ ἀνὰ ⁵δραχμὴν⁵ ὁλκῆς καὶ δύο ψέλια ἐπὶ τὰς χεῖρας¶ αὐτῆς·
§ Δ₂ δέκα χρυσῶν ὁλκὴ αὐτῶν. ²³καὶ ἐπηρώτησεν ⁵αὐτὴν καὶ εἶπεν⁵Θυγάτηρ τίνος εἶ· ἀνάγγειλόν μοι· 23

---

14 ἐπικλεινον S | πινουσαι A | τουτω] του A    15 αυτον sup ras A¹    16 πηγην] post π ras (1) A
18 καθιλεν D    21 οδωκεν κς την sup ras A¹    22 δραχμης A

---

(DL)M(SΔ₂)a–jl–yc₂𝔄𝔅𝔈

**13** om εγω b𝔈 Chr½ | εστηκας l | επι] sup ras (4) aᵃ |
της πηγης] την πηγην ir: της γης pw | om δε ds | θυγατερες]
+των αρων bw | ενοικουντων dip | την πολιν] της πολεως n:
om Chr½: +ταυτην fiᵃʳ | (εκπορευονται εκπορευονται 73:
εξερχονται 128) | αντλησαι] υδρευσασθαι M(mg)j(mg)c₂(txt):
υδρευεσθαι l
**14** αν εαν t | ειπω εγω c₂𝔈 | (ειπω] +αυτη 20.32) |
επικλινον] +μοι Sac–gimoprtc₂ Chr⅓ Thdt⅓ | πιω] pr εγω egj |
ειπη] ειπεν b: (αποκριθη 71) | om μοι—πιω 2° 𝔅ᵖ | μοι] om
Sᵃ(hab Sᶜᵃ)aceghjlmosvxc₂𝔅ᵇ Chr¼ Cyr: +μιχω 𝔈 | συ] pr
και (25) Chr½: κυριε Thdt⅓: om M.Sabceghilmoqtuwxc₂𝔄𝔅ᵇ
Chr⅓ Cyr (om συ 2° r | εως—πινουσαι) suh÷M | και—πι-
νουσαι] παυσονται f: +πασαι Chr | πινουσαι] πινω e: πιεν
Thdt⅓ | (ητοιμασαν 18) | ετοιμασαι πεποιηκας egj | τω κυριω]
μετα του bdegpwy Chr⅓ Thdt⅓ | μου] +παιδι σου ir
**15** προ του] πριν η Chr⅓: (om προ 108) | συντελεσαι] post
αυτον Dacfimorsvyc₂ | αυτον] post λαλουντα Σ⅓ | εν τη δια-
νοια] (εν αυτω 79): om Chr: +αυτου lqu𝔄𝔅𝔅 Phil–arm (om και
1° 𝔅ᵖ Chr | om ιδου 𝔈ᵖ Phil–arm Cyr | ρεβ. εξεπορευετο |
εξεπορευετο ρεβεκκα o | ρεβεκα dgm | ιψω] pr τω Ldfipt Chr:
υιος b | μελχας] μελχα st: μελχω p | αχωρ l | αδελφου] pr του
bw | om δε abclmowc₂ | εχουσαν b | επι των ωμων] super
humerum 𝔈 | των ωμων] τον ωμον dhiˢ¹(uid)lrˣxˢ¹: του ωμου e |
om αυτης LMbdinprwy Chr
**16** (η δε] και η 73) | παρθενος 2°—αυτην] om L: om παρθ.
ην l: om παρθ. η | αηηρ] pr και m𝔈 | εγνω] εγνωκως m | καταβ.
—καταβασα] sub÷M (om δε Mᵐᵍ) | καταβας bw | om επι m |
πηγην] +του υδατος fr | επλ.] επληρωσεν fi | om αυτης DLMΔ₂
bd–lnpqrs(txt)t–w 𝔄–cod Phil Chr | επι τηυ υδριαν 𝔅ᵖ Chr
**17—18** cod S supersunt fragmm tantum leuissima
**17** επεδραμεν] εδραμεν bw Chr: προσεδραμε Phil | δε] om
Lᵛc₂: (+αυτην 30) | ο παις] mir 𝔈 | om εις συναντησιν αυτης
𝔈 | αυτης] αυτη bwc₂ Phil | ειπεν] +αυτη bw𝔅𝔈 | ποτισον]

+δη t | με] μοι n: +δη Phil | om υδωρ egjl Chr | (εκ της
υδριας) εις την υδριαν 128) | om συ 𝔅
**18** η δε] και y | κυριε] +μου acfj(mg)ms(mg)xc₂𝔅ᵖ | εσπευ-
σεν και] σπευσασα Phil–gr–arm½ | και καθειλεν] καθελειν acdm
oprxc₂ Phil–arm½ | υδριαν] +αυτης txc₂𝔅: +εαυτης amo |
αυτης] εαυτης aoc₂: om m𝔅ᵖ | om εως—πινων L | εως] +ου
Db: om ου w: +δη
**19** om και ειπεν m | ταις καμηλοις] τοις καμηλοις fi: τας
καμηλους cmqt(τais) | (υδρευσομαι] pr ποτιω και 83) | ου] ου L:
(om 73) | (πασαι πιωσιν] παυσωνται πινουσαι 32) | πιωωσιν x
**20** εσπευσεν και] σπευσασα Phil–gr | (εκενωσε 128) | υδριαν]
+εαυτης fhmˣ₂𝔅: +εαυτης acmˣ²c₂ | επι 1° Abctwy Chr] εις
DᵘⁱⁱLMΔ₂ rell 𝔄𝔈 Phil | ποτηριον dgjpquw Chr½ | επι 2°—υδωρ]
επι L: om 𝔈 | (επι το φρεαρ] επι το ποτηριον και κατα το φρεαρ
εδραμεν 71) | επι 2° Afimnr Chr] pr παλιν bw: επι εις o: pr
επι DMΔ₂ rell 𝔄𝔅 Chr½ | υδωρ Acegjy] om DMΔ₂ rell 𝔄 Chr |
om και υδρευσατο 𝔅ᵖ | (υδρευσατο] υδρευσατο c₂ᵃ: υδρευσασα
Chr½: υδρευεσθαι Chr½ | (πασας τας καμηλους 108) | πασαις]
post καμηλοις 𝔅ᵖ | καμηλοις] om αcmοxc₂𝔄 Chr |
**21** (om του γνωναι 15) | η 1° ADn] οm DᵘⁱⁱMΔ₂ rell 𝔄𝔅𝔈
Or–gr Chr Thdt | ευοδωσεν D(+D)Mfgmosy Chr₅(αυτου) αυτην
l | om ου η 𝔈
**22** εγενετο δε ηνικα] ηρικα δε dn𝔈(uid) | επαυσατο tᵃ | om
πασαι Dd𝔈 | καμηλαι d | τινοντες s | ελαβεν] επ ε 𝔄 | εωτια
pr δυο bw Phil–uid | ανα—ψελια] om f: om ανα—ολκης L |
δραχμην] δραγμην bcmw: δραχμων dp(–μον): διδραχμην l:
διδραχμην inr: διδραχμων e(–μον)g: (διδραχμην 14.16.25.128.
130) | ολκης] ολκην Phil: +και εθηκεν εις τα ωτα αυτης dp
(om δυο ⟨71⟩ 𝔈 Phil uid | ψελια) | ψελια—(επι περι 30) |
της χειρος c₂ | δεκα—αυτων] om L: +και εδωκεν αυτα επι τας
χειρας αυτης h | ολκη] ολκην m
**23** ⟨αυτην 18⟩ | και ειπεν] om c₂: +αυτη firᴱ | τινος
θυγατηρ Chr | om ει 1° Chr½ | om αναγγειλον μοι Chr½ |

---

14 ἡτοίμασας] α´ ἤλεγξας M: σ´ ἀπεδείξας Mj(sine nom)sc₂      17 ποτισον με] α´ βροχθισον με Mjs(sine nom js)

58

24 εἰ ἔστιν παρὰ τῷ πατρί σου τόπος ἡμῖν καταλῦσαι; 24καὶ εἶπεν αὐτῷ Θυγάτηρ Βαθουὴλ εἰμι A
25 ἐγὼ τοῦ Μέλχας, ὃν ἔτεκεν 1τῷ1 Ναχώρ. 25καὶ εἶπεν 1αὐτῷ Καὶ ἄχυρα καὶ χόρτασμα πολὺ παρ' § S
26 ἡμῖν, καὶ τόπος τοῦ καταλῦσαι. 26καὶ εὐδοκήσας ὁ ἄνθρωπος προσεκύνησεν Κυρίῳ (27) καὶ εἶπεν
27 27Εὐλογητὸς Κύριος ὁ θεὸς τοῦ κυρίου μου Ἀβραάμ, ὃς οὐκ ἐγκατέλειπεν τὴν¶ δικαιοσύνην καὶ ¶ S
   τὴν ἀλήθειαν ἀπὸ τοῦ κυρίου μου· ἐμὲ εὐόδωκεν Κύριος εἰς οἶκον τοῦ ἀδελφοῦ τοῦ κυρίου μου.
28 28καὶ 1δραμοῦσα ἡ παῖς ἀπήγγειλεν εἰς τὸν οἶκον τῆς μητρὸς αὐτῆς κατὰ τὰ ῥήματα ταῦτα. § U4
29 29τῇ δὲ Ῥεβέκκα ἀδελφὸς ἦν ᾧ ὄνομα Λαβάν· καὶ ἔδραμεν Λαβὰν πρὸς τὸν ἄνθρωπον ἔξω ἐπὶ
30 τὴν πηγήν. 30καὶ ἐγένετο ἡνίκα ἴδεν τὰ ἐνώτια καὶ τὰ ψέλια ἐπὶ τὰς χεῖρας τῆς ἀδελφῆς αὐτοῦ,
   καὶ ὅτε ἤκουσεν τὰ ῥήματα Ῥεβέκκας τῆς ἀδελφῆς αὐτοῦ¶ λεγούσης Οὕτως 1λελάληκέν μοι ὁ ¶ Δ2
   ἄνθρωπος, καὶ ἦλθεν πρὸς τὸν 1ἄνθρωπον, ἑστηκότος αὐτοῦ ἐπὶ τῶν καμήλων ἐπὶ τῆς πηγῆς· § S
31 31καὶ εἶπεν αὐτῷ Δεῦρο 1εἴσελθε, εὐλογητὸς Κύριος· ἵνα τί ἕστηκας ἔξω; ἐγὼ δὲ ἡτοίμασα τὴν § Δ2
32 οἰκίαν καὶ τόπον ταῖς καμήλοις.¶ 32εἰσῆλθεν δὲ ὁ ἄνθρωπος εἰς τὴν οἰκίαν, καὶ 1ἀπέσαξεν1 τὰς § L
   καμήλους· καὶ ἔδωκεν ἄχυρα καὶ χορτάσματα ταῖς καμήλοις, καὶ ὕδωρ τοῖς ποσὶν αὐτοῦ καὶ τοῖς
33 ποσὶν τῶν ἀνδρῶν τῶν μετ' αὐτοῦ, 33καὶ παρέθηκεν1 αὐτοῖς ἄρτους φαγεῖν. καὶ εἶπεν Οὐ μὴ ¶ U4
34 φάγω ἕως τοῦ λαλῆσαί¶ με τὰ ῥήματά μου. καὶ εἶπαν Λάλησον. 34καὶ εἶπεν 1Παῖς Ἀβραὰμ ¶ S
                                                                                     § U4

24 τω] αντω A          28 om τα A* (suprascr A2?)          32 επεσαξεν A

(DL)M(SU4Δ2)a–jl–yc2ABE

[two-column apparatus]

απαγγειλον acoqtu | (μοι) ημιν 25) | ει 2°] pr και bdpwx Chr¶:
και t: om h | εσται f | παρα–σου] post τοποs dΞ: in domo
tua Ξ | (om τοπος 14) | ημιν) υμιν w: om Chr¶: + του y
24 και] η δε Δ2y | om αντω dlpΞ? | om θυγατηρ–(25)
αντω c2 | ειμι βαθουηλ Chr¶ | τω (τ–ναχωρ] quae nata sum ego Melchae
εγω Mbmwy Chr¶ | του–ναχωρ] quae nata sum ego Melchae
uxori Nachor Ξ? | του μελχαs] του μελχα Lsty²¶: τηι μελχω
p(του p?): υιον μελχαs Ξ(uid) Chr¶: om Ξcf | ον ετεκεν] ω
ετεκεν h: οs ετεκεν Chr¶: οι ετεχθη cΞ | τω] αντω A Chr:
om fn
25—27 cod S supersunt fragmm tantum leuissima
25 και ειπεν αντω] om mntΞ: om ειπεν dp | om και 2°
bdwB | χορτασμα–ημιν] χορτασματα παρ ημιν πολλα t | χορ-
τασμα πολυ AΞ(uid)] χορτασματα πολλα LM
S(uid)Δ2 rell Chr: om πολυ Ξ | τοποs] + ωδε Chr¶: + camelis tuis
Ξ | om του LMS*(hab Sc-a)acdhm–qs–vc2 | καταλυσεωs Lm
26, 27 om L
26 κυριω AMh*ilsv] + τω θω fr: pr τω Δ2hb rell Chr Thdt |
ειπεν] + αυτη dp
27 ευλογητοs–μου 2° 77) | om μου 1° c | αβραμ t |
ουκ εγκατελειπεν] ουκ εκκατελειπεν oa(εκατ. oa): ουκ εγκατε-
λιπεν aefgjlqtuxyc2ABE Phil-arm Chr Thdt: ουκ εγκατελειπεν w:
ου κατελιπεν S(uid): ου κατελιπε dp: ου κατελιπεν b: om ουκ
m | δικαιοσυνην AΔ2hlquy Chr | σου bw: +αυτου M rell ABE
Thdt | (την αληθειαν] το ελεος 32) + αυτου acfImoxc2ABE Phil-
arm Chr: τον ελεον αυτου Thdt | μου 2°] +αβρααμ bd–gijlpr
s(uid)w | om εμε–μου 3° mc2 | εμε p] και pr και adptxABE: εμαι
h Thdt | (εμε δε 32) | +τε bw Thdt¶: +autem B | ευοδωσ-
κεν] pr ω οδω Δ2cqs–v: ευοδωσεν Mglo: εν οδω ευοδωσεν ax: εν
οδω ηγαγε dp Thdt¶ | om του 3° jsv | του 4° σου u | μου 3°] +αβρααμ
bfirtw Thdt¶ | om του 3° jsv | του 4° σου u | μου 3°] +αβρααμ
Ξ Chr¶: +αβρααμ λαβειν γυναικα τω υιω αυτου bew(om αβρααμ
ew): (+λαβειν γυναικα του υιον μου 108)
28 απηγγειλεν–αυτη] in domum narrauit matri suae
Phil-arm | απηγγειλεν LΔ2bdfilprtw | εις–μητροs] τη αδ- y:
εις sup ras (6) da | om οικον L | τηι μητρος] pr του τηs και L:
του πρs hΞ-codd | om τα A*U4*

29 αδελφος] post ην bmwΞ: αδελφη n* | om ω L*mqu |
om και εδρ. λαβ. Δ2 | λαβαν 2°] λαβα w: om Ln: +επι του
τοπου acoc2 | προι του ανθρωπον] post εξω acoc2 Chr¶: post
πηγην dpsv | om επι–(30) ανθρωπον c2 | επι] προs p* | την
πηγην] την πηγην U4*: την γην Chr¶
30 om ουτως Ξ | και εγενετο] om ABE?b: om
εγενετο Ξc | επι ταs χειραs] εν ταιs χερσι egj: om επι 1°]
περι U4 | ταs χειραs] ταs δυο χειραs bw: τηs χειροs n | om τηs
1°–ρηματα Ξ | και 3°–λεγουσης] om b: om και–ρηματα f:
om ρηματα–αυτου 2°] αυτης d: (ταυτη 107) | τα ρηματα] post
ρεβεκκας g: om np | ρεβεκκαs] pr τηs n: post αυτου 2° irΞ:
om jpev | τηs αδελφηs αυτου] pr ρηματα g: om fn | λεγουσηs]
(λεγουσα οτι 30): λαλουσηs n | ουτωs] ουτοs mn: +δε qu | om
o mp | om και ηλθεν–(32) αυτου τ] om αυτου c2 | επι τ εστη-
κοτοs αυτου] εστηκον αυτον l | εστηκοτοs] εστηκοτα c2 | των
καμηλων] super camelos imoi ABE | επι 3°] om και p | πηγηs]
επι 3°] om και p | πηγην] γηs bfguw: (γηs τηs πηγηs του
υδατος 25)
31 κυριοs] Domini ABE Phil-arm· om U4*(κ.....U4b): +ο
θs fir | om ινα–εξω L | ινα] pr και bw | εγω δε ητοιμασα]
ecce parauimus Ξ | ητοιμασα DLMSU4ac*efi–no(+ras 1 lit)
p–vc2 Chr¶: οικιαν] +μου (108) ABE? | om και 2°–(32) οικιαν
g | τοπον] pr τον efpr | ταιs] τοιs n
32 om επι τ την οικιαν Ξ | απεσαξεν] επεσαξεν Ab: (απε-
ταξε 18) | εδωκεν] dederunt Ξ: attulerunt Ξ (+ει Ξf: +εις
Ξc) | om και καμηλοιs (107) Chr | ταιs] τοιs n | υδωρ] +ηψας-
θαι D(+Dsil)MSacegbjlmoqs–vxc2ABE Chr | om αυτου 1°–
ποσιν 1° p | και 5°] +υδωρ 2
33 αυτοιs] apposuerunt Ξ | αυτοιs] αυτουs bc: ει Ξ |
αρτουs] αρτον dfpc2 Chr-ed: (om 31) | (και ειπεν ου μη [φαγω
εωs του] λα.. S | και 1°] ο δε firΞ | ειπεν] +αυτοιs Ξ: (+αυτ
107) | φαγω] φαγη p: (γευσω 108) | λαλησαι] post με ht | om
με egj | μου] haec ABE? | ειπαν] ειπον cdmpc2: ειπεν Ddbefgiorw
34 ειπεν–(35) των] [παιs αβραμ] ειπ ειμι............)
U4 | ante ειμι ras (8) b | αβρααμ εγω ειμι] αβρ. ειμι εγω bfnw
Ξ Phil-arm· (εγω ειμι αβρ. 30): ειμι εγω του αβρ. dp

31 ευλογητοs κυριοs] το ευλογητοs ει κυριε ου πρ[ος] τον παιδα του αβρααμ ειπεν ο γουν αρ' φη)σιν ευλογημενοs κυριοs
σν' δε ευλογημενοs κ.. M                    32 απεσαξεν] απεστρωσεν M

A ἐγώ εἰμι. ³⁵Κύριος δὲ εὐλόγησεν τὸν κύριόν μου σφόδρα, καὶ ὑψώθη· καὶ ἔδωκεν αὐτῷ πρόβατα 35
καὶ μόσχους καὶ ἀργύριον καὶ χρυσίον, παῖδας καὶ παιδίσκας, καμήλους καὶ ὄνους. ³⁶καὶ ἔτεκεν 36
§ S Σάρρα ἡ γυνὴ τοῦ κυρίου μου υἱὸν ἕνα τῷ κυρίῳ μου μετὰ τὸ γηρᾶσαι αὐτόν· καὶ ἔδωκεν ⁸αὐτῷ
ὅσα ἦν αὐτῷ. ³⁷καὶ ὥρκισέν με ὁ|κύριός μου λέγων Οὐ λήμψῃ γυναῖκα τῷ υἱῷ μου ἀπὸ τῶν 37
¶ U₄ θυγατέρων τῶν Χαναναίων, ἐν οἷς⁶ ἐγὼ⁶ παροικῶ ἐν τῇ γῇ αὐτῶν· ³⁸ἀλλ' ἡ εἰς τὸν οἶκον τοῦ 38
¶ Δ₂
§ U₄ πατρός μου ⁸πορεύσῃ καὶ εἰς τὴν ⁸φυλήν μου, καὶ λήμψῃ γυναῖκα τῷ υἱῷ μου ἐκεῖθεν. ³⁹εἶπα δὲ 39
§ Δ₂ τῷ κυρίῳ μου Μή ποτε οὐ πορευθῇ ἡ γυνὴ μετ' ἐμοῦ. ⁴⁰καὶ εἶπέν μοι Κύριος ὁ θεός, ᾧ εὐηρέστησα 40
ἐναντίον αὐτοῦ, αὐτὸς ἐξαποστελεῖ τὸν ἄγγελον αὐτοῦ μετὰ σοῦ καὶ εὐοδώσει τὴν ὁδόν σου· καὶ
λήμψῃ γυναῖκα τῷ υἱῷ μου ἐκ τῆς|φυλῆς μου καὶ ἐκ τοῦ οἴκου τοῦ πατρός μου. ⁴¹τότε ἀθῷος ἔσῃ 41
¶ S ἐκ τῆς⁶ ἀρᾶς μου· ἡνίκα γὰρ ἐὰν ἔλθῃς εἰς τὴν φυλήν μου καὶ μὴ δῶσίν σοι, καὶ ἔσῃ ἀθῷος ἀπὸ
§ S τοῦ ⁸ὁρκισμοῦ μου. ⁴²καὶ ἐλθὼν σήμερον ἐπὶ τὴν πηγὴν εἶπα Κύριε ὁ θεὸς τοῦ κυρίου μου 42
Ἀβραάμ, εἰ σὺ εὐοδοῖς τὴν ὁδόν μου, ἣν νῦν ἐγὼ πορεύομαι ἐπ' αὐτήν· ⁴³ἰδοὺ ἐγὼ ἔστηκα ἐπὶ τὴν 43
πηγὴν τοῦ ὕδατος, καὶ αἱ θυγατέρες τῶν ἀνθρώπων τῆς πόλεως ἐξελεύσονται ὑδρεύσασθαι ὕδωρ,
καὶ ἔσται ἡ παρθένος ᾗ ἂν ἐγὼ εἴπω Πότισόν με μικρὸν ὕδωρ ἐκ τῆς ὑδρίας σου, ⁴⁴καὶ εἴπῃ μοι 44
¶ Δ₂ Πίε σύ, καὶ ταῖς καμήλοις σου ὑδρεύσομαι, αὕτη ἡ γυνὴ ἣν ἡτοίμασεν⁶ Κύριος τῷ ἑαυτοῦ θεράποντι
Ἰσαάκ· καὶ ἐν τούτῳ γνώσομαι ὅτι πεποίηκας ἔλεος τῷ κυρίῳ μου Ἀβραάμ. ⁴⁵καὶ ἐγένετο πρὸ 45

---

37 ωρκεισεν S | θυγατερων S      40 μετα σου και sup ras et in mg Aᵃ (om μετα σου Aᵃ*)
43 εστηκα] pr ras 3 ut uid litt Aᵃ | πολεως εξελ.] ₑ εξε sup ras Aᵃ | μεικρον S | υδρειας S

---

DM(SU₄Δ₂)a–jl–yc₂𝕬𝕭𝕰

35 κυριος δε] και κ̄ς̄ l : +ο θεος Chr ½ : ⟨+ευλογητος 25⟩ | om
δε Dg𝕰ᶜᶠ Chr½ | ευλογησεν] ευλογηκε n : [ε]υοδωσεν D | om
και υψωθη Chr ½ | εδωκεν] εγενετο dpsv(txt) : εγενοντο t | αυτω]
αυτου t | προβατα—καμηλους] προβατα και₍ μοσχους και αργυ-
ριον και π[αιδισκαι και κ]αμη[λο]υς U₄(uid) | προβατα και μοσ-
χους] boues et oues 𝕬𝕰 | ⟨om και 3° 18⟩ | μοσχους] μοσχοι dps
tv : boas egj | και 4° ΑΔ₂fy𝕬𝕭𝕰 Phil-arm Chr ½] om DM rell 𝕭
Chr ½ | χρυσιον και αργυριον DMbe–lqrtuw𝕬𝕭𝕰 Phil-arm Chr |
om παιδας και παιδισκας 𝕰ᶠᵖ | παιδας] και παιδισκας 𝕰ᶠᵖ Phil-
arm Chr ½ : παιδες dpt | παιδισκαι dpt | καμηλους και ονους] pt
και ⟨31⟩ 𝕭𝕰 Phil-arm Chr ½ : καμηλοι και ονοι d(om και)pt
36, 37 cod U₄ supersunt fragmm tantum leuissima
36 σαρρα] (pr η 16) : σαρα m | η—μου 1°] om 𝕰ᵖ : ⟨om η
14⟩ (το μου) αυτου (αυτου 31.128) : +αβρααμ fir𝕰ᶜᵈ | υιον]
post μου 2° x | om ενα DMΔ₂achlmoqsuvx𝕭 Phil-arm | τω κυριω
μου] om dn𝕰ᶜᵈ : +Abraham 𝕰ᵖ | αυτω] αυτην Deghjlsvx : τον
κ̄ν̄ ουd | οσα] pr ταντα DMSᶜ·ᵃU₄(uid)Δ₂e–lq–vx𝕬𝕭𝕰 Chr
37 ωρκισεν acoc₂ Chr ½ | γυναικα] post μου 2° m𝕰 (post
ισαακ 𝕰ᵖ) Chr ½ | μου 2°] +ισαακ sv(mg)𝕮𝕰ᵖ Chr ½ : +εκειθεν
f | εν οις] μεθ ων egj | εγω παροικω] (οικω εγω 79) : om εγω
𝕭ᵖ | παροικω] (κατοικω 76): οικω efgijr : +εν αυτοις και c | εν
τη γη αυτων] εν αυτοις h : om Chr : ⟨om τη 108⟩
38 om η bd–gh*ijmprw Chr ½ | τον οικον του πατρος]
terram 𝕭ᵖ | πορευση] [πο]ρευση U₄ : post μου 2° h : +μια n |
γυναικα] post μου 2° qtu | μου 3°] +ισαακ egjls(mg)v(mg) |
om εκειθεν U₄bw Chr
39 ειπα δε] ειπον δε dp : και ειπα h : et ego dixi 𝕬 : +εγω
efgijr | om τω κυριω μου eg | ου] om n : +μη dps(txt)w : om
μη v(txt) | πορευθη η γυνη] βουλεται η γυνη πορευθηναι y𝕭𝕰 |
πορευθη] πορευθησεται U₄gj(txt)s(mg): πορευσεται D(+Dˢⁱ)MS
Δ₂(uid)achiloqrtuxc₂ : πορευσεται fm | om η U₄(uid)
40 om μοι sv | κυριος] (κ̄ς̄ 30): om μοι h | ειπη] ειπε d | πιε συ
Δ₂hlmostvc₂𝕭*ʷ : +μου acfirx𝕬 | ω] o n | ευπρεστησα] ευηρε-
στησω dp: ηρεστησα c₂ | ευωτιον Sᵇ(εναντιον Sᶜ·ᵃᵐᵍ)no | αυτος]
+δε b𝕰ᶠᵖ | εξαποστελει Ay] αποστελλει fn : αποστελει DMSU₄

---

Δ₂ rell Chr͂ | μετα] εμπροσθεν ⟨77⟩ 𝕰 | ευοδωσει g | γυναικα]
post μου 1° ⟨79⟩ Chr | om τω υιω μου l | και 4°] η U₄𝕰
41 εκ Α] απο DˢⁱⁱMS(([a]πο)U₄Δ₂ omn Chr | αρας μου] αμαρ-
τιας c : om μου l : ⟨+απο του ορκισμου μου 32⟩ | γαρ εαν] δε εαν
egj : δε d𝕰 : om γαρ 𝕬 | εαν] αν a | om ελθης—και 1° 𝕰 |
εισελθης U₄ | φυλην μου Acdnjy] εμην φυλην DMU₄Δ₂ rell |
om μου 1° MU₄Δ₂ 3 f₁
a–egh*jlmoq–xc₂ : σοι δωσιν h*¹ : σοι δωσωσιν finy : ⟨σοι δωσουσι
76⟩ : om σοι 𝕬𝕭𝕰 | και 2° 𝕰] η U₄(uid)Δ₂ 3 f₁
qu | αθωοι 2°] +απο της αρας μου και l | ⟨om απο—μου 3° 32⟩ |
ορκισμου] ορισμου s : ορκου U₄m | μου 3°] σου bw : om αρ𝕰ᶜᵈ
42 ελθων σημερον] ηλις 𝕰 | ειπα] ε σημερ̣ο̣ν̣? hμc 𝕰 | ειπα δε Δ₂:
ειπον abdflpw | κυριε] κ̄ς̄ Δ₂ : om U₄* | om μου 1° c | συ] post
ευοδοις dp : om 𝕰𝕭 | ευοδοις] εαν 𝕭 Dbmpw𝕬𝕭𝕰 | εφη 1° : om
qu : om 𝕭𝕰 (+hodie) | om μου 2° Chr | ην] pr εφ h : ηι l : η U₄(uid)Δ₂ 3 f₁b
np : εν η bw | om νυν eg–jr Chr | πορευομαι fgirt | επ αυτην]
εις αυτην d–gijpr : εν αυτη bw : om Chr
43 om εγω 1° bw𝕰 | εστηκα] εφεστηκα U₄beghj(mg)lqs
(mg)tuv(mg)wy : (αφεστηκα 71.73(mg)) | την πηγην Ac] την
της uw : της πηγης DˢⁱⁱMSU₄Δ₂ rell (πη sup ras q) Chr : ⟨της
γης της πηγης 25⟩ | και αι αι DMU₄(uid)eghjlqs(mg)tuv(mg)
𝕭 Chr | των ανθρωπων] των πολεων t : om l⁸ | εξελευσονται]
εκπορευονται Sabcmowxc₂𝕭𝕰 | υδρευσασθαι] (pr του 128): αν-
τλησαι U₄(uid)bwx | η 1° μ̣ ην mny | αν] εαν U₄(uid)t | εγω 2°]
post ειπω nw𝕰ᵖ : om U₄* | εκ] απο bw
44—47 ualde mutila in U₄
44 και ειπη—πιε συ] om μοι h | ειπη] ειπε d | πιε συ
Abw]πιε και συ S : και σοι πιε o : και συ πιε DˢⁱⁱMΔ₂ rell Chr:
om συ 𝕭 | ταις καμηλοις] ταις καμηλων d : ται καμηλοις cg |
σου] σοι q | υδρευσομαι] +εως αν πασαι πιωσιν fir | ητοιμασας
g𝕰 Chr | κυριος] pr o i : om 𝕰 Chr | τω εαυτου—αβρααμ] sub
÷ M | εαυτου θεραποντι αυτου SU₄(uid)acdfimopst
vxc₂(εαυτου sv)𝕬 : θεραποντι σου 𝕰 Chr : om εαυτου n | ισαακ]
+Domine 𝕰 | εν τουτω] εκ τουτου o | εποιησας bhw Chr
45 προ του] πριν η D : πριν η και s(mg) : εν τω U₄ | συντε-

---

τοῦ συντελέσαι με λαλοῦντα ἐν τῇ διανοίᾳ μου, εὐθὺς Ῥεβέκκα ἐξεπορεύετο ἔχουσα τὴν ὑδρίαν A
46 ἐπὶ τῶν ὤμων, καὶ κατέβη ἐπὶ τὴν πηγὴν καὶ ὑδρεύσατο. εἶπα δὲ αὐτῇ Πότισόν με. 46καὶ
σπεύσασα καθεῖλεν τὴν ὑδρίαν ἐπὶ τὸν βραχίονα αὐτῆς ἀφ᾽ ¶ ἑαυτῆς καὶ εἶπεν Πίε σύ, καὶ τὰς ¶ S
47 καμήλους σου ποτιῶ· καὶ ἔπιον, καὶ τὰς καμήλους μου ἐπότισεν. 47καὶ ἠρώτησα αὐτὴν καὶ¶ εἶπα ¶ U₄
Τίνος θυγάτηρ εἶ; ἀνάγγειλόν μοι. ἡ δὲ ἔφη Θυγάτηρ Βαθουὴλ εἰμι ἐγὼ τοῦ υἱοῦ Ναχώρ, ὃν
48 ἔτεκεν αὐτῷ Μελχά. καὶ περιέθηκα αὐτῇ τὰ ἐνώτια καὶ τὰ ψέλια ἐπὶ τὰς χεῖρας αὐτῆς· 48καὶ
εὐδοκήσας προσεκύνησα Κυρίῳ, καὶ εὐλόγησα Κύριον τὸν θεὸν τοῦ κυρίου μου Ἀβραάμ, ὃς
εὐόδωσέν μοι ἐν ὁδῷ ἀληθείας, λαβεῖν τὴν θυγατέρα τοῦ ἀδελφοῦ τοῦ κυρίου μου τῷ υἱῷ αὐτοῦ.
49 49εἰ οὖν ποιεῖτε ὑμεῖς ἔλεος καὶ δικαιοσύνην πρὸς τὸν κύριόν μου, ἀπαγγείλατέ μοι, †εἰ δὲ μή,
50 ἀπαγγείλατέ μοι,† ἵνα ἐπιστρέψω εἰς δεξιὰν ἢ εἰς ἀριστεράν. 50ἀποκριθεὶς δὲ Λαβὰν καὶ
Βαθουὴλ εἶπαν Παρὰ Κυρίου ἐξῆλθεν τὸ πρόσταγμα τοῦτο· οὐ δυνησόμεθα οὖν σοι ἀντειπεῖν
51 κακὸν καλῷ. 51ἰδοὺ Ῥεβέκκα ἐνώπιόν σου, λαβὼν ἀπότρεχε· καὶ ἔστω γυνὴ τῷ υἱῷ τοῦ κυρίου
52 σου, καθὰ ἐλάλησεν Κύριος. 52ἐγένετο δὲ ἐν τῷ ἀκοῦσαι τὸν παῖδα τὸν Ἀβραὰμ τῶν ῥημάτων
53 τούτων, προσεκύνησεν ἐπὶ τὴν γὴν Κυρίῳ. 53καὶ ἐξενέγκας ὁ παῖς σκεύη ἀργυρᾶ καὶ χρυσᾶ καὶ
54 ἱματισμὸν ἔδωκεν Ῥεβέκκᾳ, καὶ δῶρα ἔδωκεν τῷ ἀδελφῷ αὐτῆς καὶ τῇ μητρὶ αὐτῆς. 54καὶ ἔφαγον
καὶ ἔπιον αὐτὸς καὶ οἱ ἄνδρες οἱ μετ᾽ αὐτοῦ ὄντες, καὶ ἐκοιμήθησαν. καὶ ἀναστὰς πρωὶ εἶπεν
55 §Ἐκπέμψατέ με ἵνα ἀπέλθω πρὸς τὸν κύριόν μου. 55εἶπαν δὲ οἱ ἀδελφοὶ αὐτῆς καὶ ἡ μήτηρ § E

45 υδρειαν S          46 υδριαν S | ται 1°] a sup ras A²          47 περιεθηκα] a sup ras (2) A²
48 ευωδωσεν D^ʷ         49 απαγγειλαται (1°) A | om ει δε—μοι 2° A
    50 αντιπειν A         54 εκπεμψαται A

D(E)M(SU₄)a-jl-yc₂𝔄𝔅𝔈

λεσαι] post με bd–gijprw | εν τη διανοια μου] om Chr: om εν Mb |          αριστερα Mbefgijlrwyaᵗ Chr: om εις mqu: αριστερα Dhn
μου AD^ʷlblquwy𝔄𝔅] om MSU₄(uid) rell | ευθυς] pr και ιδου          50 αποκριθεντες bw𝔄𝔈 | βαθουηλ και λαβαν D𝔈 | βαι-
bw: ευθυς ajv: και ιδου D: ιδου Chr: (πορευθη 71): +ecce 𝔅 |          θουηλ d | om ετ 1° m | προσταγμα]πραγμα bdj(mg)n*pquw𝔄𝔅: ρημα
την υδριαν εχουσα Chr | om επι των ωμων 𝔈 | των ωμων] τον          *(20) 𝔈 | ουν—ουν] ετ nos non possumus 𝔈 | ειπον αυτω
ωμον dhi*lp: +αυτης Sacfmoxc₂𝔄𝔅 Chr | om επι 2°—(46) εαυτης          Chr ½ | ουν] post σοι s: om bdpw𝔅^ʲʷ Phil–arm Chr ½ | σοι]
m | om επι 2°—υδρευσατο Chr | ειτα δε] και ειτα bw𝔅^ʲʷ |          post αντειπειν cfhir: om gj𝔄𝔈 Phil–arm Chr ½ | αντειπειν]
ειπον adp | με 2°] +μικρον υδωρ bfiprtw: +υδωρ μικρον d          ειπειν 31): dare 𝔅 | κακον καλω] κακω καλον m^{aⱼ}: καλον κακω
46 σπευσας bf | καθειλεν] καθηκε Chr-ed | υδριαν] +αυτης          dm*: κακον η καλον filq(καλω)r Chr ½: καλον η κακον 𝔈 Chr½:
Mht𝔅 Chr: (+ασο τον ωμων 32) | επι—αυτης] post εαυτης Mht          om n: om καλω Chr ½
𝔅: om D^ʷ(uid)cdegj(txt)np𝔄𝔈 Chr: om την υδριαν 2° βραχιονα DSab          51 ρεβεκκα] pr η c | om ενωπιον σου 𝔈 Chr½ | εναντιον
floqs(txt)uv(txt)wxc₂ | om αφ εαυτης 𝔈 Chr | αφ] αφ ac | εαυτης          Dbdfiprs(txt)vw | λαβων] +αυτην f | αποτρεχε] απελθε fir |
+μοι Chr: +μοι αφ εαυτης m | τιε] +και Chr | om και 2°—          εστω mnp Chr | τω υιω του κυριου] τω κυριω 𝔅 Chr ½ | του
ποτιω 𝔅: om σου d | om και 4°—εποτισεν 𝔅^ʲʷ | om τας 2°          υιου fimr𝔅^ᶜ | καθαπερ Chr ½ | κυριος] +o θϊ dpt
47 επηρωτησα Me–jqrtu | και ειτα] και ειπον d–gijopr:          52 τον 1°—αβρααμ 𝔅 | om αβρααμ n | τον 2° A
om 𝔅^ᵖ | θυγατηρ τινος D^ʷᶦMhlqs–vy | ει θυγατηρ acefgijmno          D(uid)Ma*vc₂] τω w: om x: του D^ʷᶦᵃ? rell | τουτων] αυτων
(θυγατερ)prxc₂ | om ει d | om αναγγειλον μοι Dacdhl–qs–v          a–cgjopqs(txt)u–xc₂𝔄: om 𝔅^ᵖ: (+και 18) | επι την γην] post
xc₂𝔅 | η δε] και n𝔅 | εφη] ειπεν bcdfhimnprstv(txt)wy | φα-          αυτων𝔅 | om επι την γην—αυτων (53: om 18) | κυριω Acjmuy
θουηλ n | εγω εμι y D^ʷᶦMacfhilmoq–vxc₂ | om ιδου          c₂] pr τω D(+D^ʷᶦ)M rell Chr Thdt: om 𝔅
bw | ναχωρ] (ναγωρ 32): αχωρ d | αυτω] αυτον fn: om 𝔅^ᵖ |          53 και εξενεγκας] και εξηνεγκε και χρυσα] χρυσα
μελχω p | περιεθηκα] επεθηκα j: dedi 𝔅 | om αυτη 𝔄 | ενωτια]          και αργυρα 𝔅^ᵖ Chr: aurea et uasa argentea 𝔄𝔈 | χρυσα] pr
+επι μικτηρας αυτης acu[επι] +τους]xc₂: +επι τα ωτα αυτης          σκευη Dacxc₂ | om και ιματισμον εδωκεν 𝔅^ᵖ | εδωκεν 1°] pr
m𝔄𝔈^ᶜ: +επι τον βραχιονα αυτης qu | om τα 2° c₂ | επι Achl          ρεβεκκα dg: ρεβεκκας m | (εδωκεν 2° δεδωκε 83) | τω αδελφω]
mny] επι fhir 𝔅^ᶜᶠ Chr | om τους αυτης 𝔅^ᶜᵈ | om] ως c:          τοις αδελφοις acoxc₂𝔄: patri 𝔈 | αυτης (+η 108) | και τη
οτι Chr | ευοδωσεν] οδηγησεν h | μοι AD^ᶦny Chr] non liquet          μητρι αυτης] om eg: om αυτης Mbdfilnprwx𝔄
cd: μ M rell | om εν οδω αληθειας Chr | λαβειν] pr του fir |          54 (και επιον] post οντες 107) | αυτος] pr και fiqru | οι 1°
του 2°] ουκ c | αυτου] +εις γυναικα f          —οντες] ουκ αυτου ανδρες t: om οι 𝔅^ᶦʷ: om οι 1° fsv |
49 om υμεις 𝔈 Chr | ελεον dp | om απαγγειλατε μοι 1°          ανδρες] post οντες f | οντες] εκει c₂: om n Chr | αναστας] +ο
Chr | ει δε—μοι 2° AD^ᵈᵐᵒᵖqx*: om απαγγ: om απαγγ. μοι beghjn          παις bw | επιον] pr τω abcfirwx(τω wx) Chr ½ | om ινα—ται
w𝔈 | απαγγειλατε 2°] απαγγειλητε χᵃ: αναγγειλατε fi | om          dpt | εκπεμψατε]…τε E | με] om f | ινα απελθω] post μου b:
μοι 1° Phil–arm | ινα] και Chr: om n𝔈 | επιστρεψω]υποστρεφω          (ινα απελθω 32): om n | προς] εις f
dp: επιστρεψη fir | εις 1°] pr η fir𝔈: om h | δεξιαν] pr της          55 ειπεν cdfimprᵗ | αδελφοι] frater 𝔈 | αυτης] post
δεξια DMbe–lnrwyaᵗ Chr | (η] και 108) | εις αριστεραν] εις          μητηρ E: om Chr | μητηρ] +αυτης acmoxc₂𝔅 | η παρθενος]

47 ενωτια] aʹ επι μιστηρας αυτης M          50 ου—καλω] ο συρος ου δυνησομεθα ειπειν η καλον η κακον jc₂

A Μεινάτω ἡ παρθένος μεθ' ἡμῶν ἡμέρας ὡσεὶ δέκα, καὶ μετὰ ταῦτα ἀπελεύσεται. ⁵⁶ὁ δὲ εἶπεν 56
πρὸς αὐτούς Μὴ κατέχετέ με, καὶ Κύριος εὐόδωσεν τὴν ὁδόν μου· ἐκπέμψατέ με ἵνα ἀπέλθω πρὸς
τὸν κύριόν μου. ⁵⁷οἱ δὲ εἶπαν Καλέσωμεν τὴν παῖδα καὶ ἐπερωτήσωμεν τὸ στόμα αὐτῆς. ⁵⁸καὶ 57/58
ἐκάλεσαν Ῥεβέκκαν καὶ εἶπαν αὐτῇ Πορεύσῃ μετὰ τοῦ ἀνθρώπου τούτου; καὶ εἶπεν Πορεύσομαι.
⁵⁹καὶ ἐξέπεμψαν Ῥεβέκκαν τὴν ἀδελφὴν αὐτῶν καὶ τὰ ὑπάρχοντα αὐτῆς, καὶ τὸν παῖδα τὸν 59
Ἀβραὰμ καὶ τοὺς μετ' αὐτοῦ. ⁶⁰καὶ εὐλόγησαν Ῥεβέκκαν τὴν ἀδελφὴν αὐτῶν καὶ εἶπαν αὐτῇ 60
Ἀδελφὴ ἡμῶν εἶ· γίνου εἰς χιλιάδας μυριάδων, καὶ κληρονομησάτω τὸ σπέρμα σου τὰς πόλεις
τῶν ὑπεναντίων. ⁶¹Ἀναστᾶσα δὲ Ῥεβέκκα καὶ αἱ ἅβραι αὐτῆς ἐπέβησαν ἐπὶ τὰς καμή- 61
λους, καὶ ἐπορεύθησαν μετὰ τοῦ ἀνθρώπου· καὶ ἀναλαβὼν ὁ παῖς τὴν Ῥεβέκκαν ἀπῆλθεν.
⁶²Ἰσαὰκ δὲ ἐπορεύετο διὰ τῆς ἐρήμου κατὰ τὸ φρέαρ τῆς ὁράσεως· αὐτὸς δὲ κατῴκει ἐν τῇ γῇ τῇ 62
πρὸς λίβα. ⁶³καὶ ἐξῆλθεν Ἰσαὰκ ἀδολεσχῆσαι εἰς τὸ πεδίον τὸ πρὸς δείλης, καὶ ἀναβλέψας τοῖς 63
ὀφθαλμοῖς ἴδεν καμήλους ἐρχομένας. ⁶⁴καὶ ἀναβλέψασα Ῥεβέκκα τοῖς ὀφθαλμοῖς ἴδεν τὸν 64
Ἰσαὰκ καὶ κατεπήδησεν ἀπὸ τῆς καμήλου, ⁶⁵καὶ εἶπεν τῷ παιδί Τίς ἐστιν ὁ ἄνθρωπος ἐκεῖνος ὁ 65
πορευόμενος ἐν τῷ πεδίῳ εἰς συνάντησιν ἡμῖν; εἶπεν δὲ ὁ παῖς Οὗτός ἐστιν ὁ κύριός μου· ἡ δὲ
λαβοῦσα τὸ θέριστρον περιεβάλετο. ⁶⁶καὶ διηγήσατο ὁ παῖς τῷ Ἰσαὰκ πάντα τὰ ῥήματα ἃ 66
ἐποίησεν. ⁶⁷εἰσῆλθεν δὲ Ἰσαὰκ εἰς τὸν οἶκον τῆς μητρὸς αὐτοῦ καὶ ἔλαβεν τὴν Ῥεβέκκαν, καὶ 67
¶ ω ἐγένετο αὐτοῦ γυνή, καὶ ἠγάπησεν αὐτήν· καὶ παρεκλήθη Ἰσαὰκ περὶ Σάρρας τῆς μητρὸς αὐτοῦ.¶

56 ευοδωσεν Dˢⁱˡ | 60 ηυλογγσαν E | χειλια(δας) D | και 3°—των ν rescr Aᵈ
61 αναστα Aᵉ (αναστασα Aˢ) | μετα του ανθρωπου] μετ αυτον Aᵘⁱᵈ (μετα του α[ῦτου] Aˢ) | 63 παιδιον A
64 ειδεν Dˢⁱˡ | 65 πεδιω] παιδιω A | 67 της μητρος ι°] την μ sup ras Aᵃ

DEMa–jl–yc₂𝕬𝕭𝕰

post ημων E | (μεθ ημων) ταρ ημιν 73) | ημερας ωσει] ωσει
ημερας r Chr ½: ημερας ως m: ως ημερας cfi: tanquam dies 𝕬:
om ημερας 𝕭𝕰 | μετα ταυτα] μετ αυτα D: μετα τουτο bsw | απε-
λευσεσθε dfps(txt)tv Chr
56 ο δε ειπεν] ειπεν δε fir: (om ειπεν 14) | om προς αυτους *
𝕭ᴾ | (αυτους) pr τουτ 18) | και οτι 𝕬 Thdt ½: om 𝕭𝕰: +γαρ
Eacgjmnos(mg)xyᵇc₂ | κυριος] pr ο fj: (ο θι ο θι 16): + enim
𝕭ᴾ | ευοδωσεν] ευοδωκεν f: ευοδωκεν h Thdt ½ | μου ι°] αυτου
εν εμοι qu | εκπεμψατε] απολυσατε (20) Chr ½ | απελθω s |
(προς] + αυτον 31)
57 οι δε ειπαν] ειπαν δε bnw: ειπον δε dp: et dicunt
fratres eius 𝕬 | ειπον cfimrᵗ: καλεσομεν cdgsv: επερωτη-
σωμεν ADty] ερωτησωμεν cgpv: ερωτησωμεν EM rell Chr |
αυτης το στομα qu
58 ρεβεκκαν] pr την a–dmoptwxc₂: pr την αδελφην αυτων
fir: ρεβεκκα η: την παιδα h: (το στομα ρεβεκκας 71): om
Chr: +την αδελφην αυτων ½ | ειπον cdfio*(uid)prsvrᵃⁱ | om
τουτου Chr | και 3° A𝕰] η δε D(+Dˢⁱˡ)EM omn 𝕬𝕭 Chr
59 ρεβεκκαν] pr την bw: ρεβεκκα n: την αδελφην
αυτων] pr και gᵉ: την αδελφην ex corr μᵃⁱ: om 𝕰 Chr ½ |
(αυτων 18) + και 2°—(60) αυτων ft | τα υπαρχοντα
pr ταυτα h | αυτης] αυτη m: +et nutricem eius 𝕬–codd 𝕰ᶜ |
τον 2° ADMlrᵉ] om d𝕭: τον του hs: τον Erᵃ rell Chr | αυτου]
αυτω cj: +ontas ilr
60 om και 1° w | την αδελφην αυτων] sub + M: om quх𝕬
Chr | αυτων cdfprᵃ(uid)t | αυτη] αυτην c₂ | om η και συ m: ει
συ fir: om 𝕬 | γενου (20) Chr | χιλιαδας μυριαδων] myriadas
𝕭ᴾ | χιλιας mn | κληρονομησατω] κληρονομησω w(uid): κληρο-
νομησει hl | υπεναντιων] εναντιων xᵉ: +iuorum 𝕬𝕭𝕰ᴾ
61 αναστασα δε] και αναστασα (78) Chr | ρεβεκκα] +απηλ-

θεν D(+D) | και αναλαβων] αναλαβων δε E | ο παις] uir 𝕰 |
απηλθεν] +εκειθεν ν(mg)
62 (ισαακ δε) ο δε ισαακ 20) | επορευετο] επορευθη fi: διε-
πορευετο q: (εξηει 20): om 𝕬–ed | om δια της ερημου m | κατα
—ορασεως] om c: om της ορασεως 𝕰 | αυτος δε κατωκει] et
fuerunt habitantes 𝕰: om αυτος δε 𝕬 | αυτο b | (om δε 2°
108) | εν] προς h𝕭ˡʷ(uid) | om γη s | τη 2°] της cs(uid): om
Eabdlmp𝕬(uid) | λιβα] λιβαν fl(uid)ms: septentrionem 𝕭ᴾ
63 και εξηλθεν] εξηλθε δε bw𝕭ᴾ | και το πεδιον] εν τω
πεδιω bw | το προς δειλης] προς το δειλινον l: om Chr ½ | το 2°]
τα ac: om Ebc₂ | προ g | τοις οφθαλμοις] om c: αυτον qu
𝕬𝕭 | καμηλους] pr τας (20) Chr: +decem 𝕬 𝕰 | ερχομενας] ερχο-
μενον n: (επαρερχομενας 20)
64 και 1°] ο δε 𝕭ᴾ | αναβλεψας bgjn | ρεβεκκα] post
οφθαλμοις fir𝕬𝕭: και αυτη p | om τοις οφθαλμοις o𝕰
65 και 1°] τω παιδιω d: (το παιδιον 107) | τις] τι dp |
om εστιν 1° Phil | om ο 1° m | εκεινος] ουτος Phil: om 𝕬(uid) |
προσπορευομενος st | om εν τω πεδιω E Phil | απαντησιν c₂ |
ημων Ebd–gijnp(uid)rc₂ Chr | om εστιν δε και ειπεν p | και
uir 𝕰: om p | om ουτος—(66) παις d | ουτος—μου] ο κυριος
μου ισαακ εστιν p | υιος 𝕭ᴾ | αυτου εν 2° bw Phil | μου]
+ Isaac 𝕭ˡʷ | om η δε—περιεβαλετο p | περιεβαλετο] περιε-
βαλλετο fgm Chr ½: (εκβαλετο 16)
66 και διηγησατο] εξηγησατο δε bw𝕭ᴾ και ο π εποιησεν] pr ταυτα egj
s(mg): οσα εποιησεν c: ταυτα E
67 om δε 𝕭ᴾ | της μητρος αυτου 1°] pr σαρρας achj(mg)
m(σαρας)os(mg)v(mg sub +)xc₂𝕬𝕭: +σαρρας t | ρεβεκκαν] ρε-
βεκκα dopt | γυναικα ns | om και 2°—γυνη n | αυτου 2°] αυτω
f𝕭 Or·lat Chr | om και ειπεν p | και 3° | και ηγαπησεν
αυτην 25) | om ισαακ 2° Chr ½ | σαρρας] σαρας m: om 𝕰 Cyr

59 τα υπαρχοντα] α' την τιθηνον M: α' την τιτθην jsvc₂(om την sv): σ' τροφον Mjs(sine nom)vc₂(pr την jc₂)
61 αι αβραι] α' παιδισκαι σ' κορασια Mjs(sine nom)v: παιδισκαι και κορασια c₂
63 αδολεσχησαι—πεδιον] α' ομιλησαι εν χωρα c₂: σ' λαλησαι εν τω αγρω jsc₂(sine nom js)
67 εισηλθεν—αυτου 1°] α' εισηγαγεν αυτην εις την σκηνην σαρρας της μρς αυτου c₂ | παρεκληθη] σ' παρηγορηθη Mv:
πασηγορησεν j(uid)s: α' παρηγορηθη c₂

62

XXV ⠿   ¹Προσθέμενος δὲ Ἀβραὰμ ἔλαβεν γυναῖκα ᾗ ὄνομα Χεττούρα. ²ἔτεκεν δὲ αὐτῷ τὸν Ζεβρὰν Α
3 καὶ τὸν Ἰεξὰν καὶ τὸν Μαδαὶμ καὶ τὸν Μαδιὰμ καὶ τὸν Ἰεσβὸκ καὶ τὸν Σωύε. ³Ἰεξὰν δὲ
ἐγέννησεν τὸν Σαβὰν καὶ τὸν Θαιμὰν καὶ τὸν Δαιδάν· υἱοὶ δὲ Δαιδὰν ἐγένοντο Ῥαγουὴλ καὶ
4 Ναβδεὴλ καὶ Ἀσουρὶμ καὶ Λατουσιεὶμ καὶ\Λοωμείμ· ⁴υἱοὶ δὲ Μαδιὰμ Γεφὰρ καὶ Ἄφερ καὶ
5 Ἑνὼχ καὶ Ἀβιρὰ καὶ Θεργαμά. οὗτοι πάντες ἦσαν υἱοὶ Χεττούρας. ⁵ἔδωκεν δὲ Ἀβραὰμ ⠿ 𝕮ᵐ
6 πάντα τὰ ὑπάρχοντα αὐτοῦ Ἰσαὰκ τῷ υἱῷ αὐτοῦ· ¹⁶καὶ τοῖς υἱοῖς τῶν παλλακῶν αὐτοῦ ἔδωκεν ⠿ w
Ἀβραὰμ δόματα, καὶ ἐξαπέστειλεν αὐτοὺς ἀπὸ Ἰσαὰκ τοῦ υἱοῦ αὐτοῦ ἔτι ζῶντος αὐτοῦ πρὸς
7 ἀνατολὰς εἰς γῆν ἀνατολῶν. ⁷ταῦτα δὲ τὰ ἔτη ἡμερῶν ζωῆς Ἀβραὰμ ὅσα ἔζησεν, ἑκατὸν ἑβδο-
8 μήκοντα πέντε ἔτη· ⁸καὶ ἐκλείπων ἀπέθανεν Ἀβραὰμ ἐν γήρει καλῷ πρεσβύτης καὶ πλήρης
9 ἡμερῶν, καὶ προσετέθη πρὸς τὸν λαὸν αὐτοῦ. ⁹καὶ ἔθαψαν αὐτὸν Ἰσαὰκ καὶ Ἰσμαὴλ οἱ δύο
υἱοὶ αὐτοῦ εἰς τὸ σπήλαιον τὸ διπλοῦν, εἰς τὸν ἀγρὸν Ἐφρὼν τοῦ Σάαρ τοῦ Χετταίου, ὅ ἐστιν

Α ἀπέναντι Μαμβρή, ¹⁰τὸν ἀγρὸν καὶ τὸ σπήλαιον ὃ ἐκτήσατο Ἀβραὰμ παρὰ τῶν υἱῶν Χέτ· ἐκεῖ 10
ἔθαψαν Ἀβραὰμ καὶ Σάρραν τὴν γυναῖκα αὐτοῦ. ¹¹ἐγένετο δὲ μετὰ τὸ ἀποθανεῖν Ἀβραὰμ 11
εὐλόγησεν ὁ θεὸς τὸν Ἰσαὰκ τὸν υἱὸν αὐτοῦ· καὶ κατῴκησεν Ἰσαὰκ παρὰ τὸ φρέαρ τῆς ὁρά-
¶ w𝕮ᵐ σεως.¶   ¹²Αὗται δὲ αἱ γενέσεις Ἰσμαὴλ τοῦ υἱοῦ Ἀβραάμ, ὃν ἔτεκεν Ἀγὰρ ἡ παιδίσκη 12
Σάρρας τῷ Ἀβραάμ. ¹³καὶ ταῦτα τὰ ὀνόματα τῶν υἱῶν Ἰσμαὴλ κατ᾽ ὄνομα τῶν γενεῶν αὐτοῦ· 13
πρωτότοκος Ἰσμαὴλ Ναβαιώθ, καὶ Κηδὰρ καὶ Ναβδεὴλ καὶ Μασσὰμ ¹⁴καὶ Μασμὰ καὶ Ἰδουμὰ 14
καὶ Μασσὴ ¹⁵καὶ Χοδδὰν καὶ Θαιμὰν καὶ Ἰετοὺρ καὶ Ναφὲς καὶ Κέδμα. ¹⁶οὗτοί εἰσιν οἱ υἱοὶ ¹⁶
Ἰσμαήλ, καὶ ταῦτα τὰ ὀνόματα αὐτῶν ἐν ταῖς σκηναῖς αὐτῶν καὶ ἐν ταῖς ἐπαύλεσιν αὐτῶν·
δώδεκα ἄρχοντες κατὰ ἔθνος αὐτῶν. ¹⁷καὶ ταῦτα τὰ ἔτη τῆς ζωῆς Ἰσμαήλ, ἑκατὸν τριάκοντα 17
ἑπτὰ ἔτη· καὶ ἐκλείπων ἀπέθανεν καὶ προσετέθη πρὸς τὸ γένος αὐτοῦ. ¹⁸κατῴκησεν δὲ ἀπὸ 18
Εὐειλὰτ ἕως Σουήλ, ἥ ἐστιν κατὰ πρόσωπον Αἰγύπτου ἕως ἐλθεῖν πρὸς Ἀσσυρίους· κατὰ
§ w πρόσωπον πάντων τῶν ἀδελφῶν αὐτοῦ κατῴκησεν. ‖¹⁹Καὶ αὗται αἱ γενέσεις Ἰσαὰκ τοῦ 19
§ Δ₃ υἱοῦ Ἀβραάμ· Ἀβραὰμ ἐγέννησεν ‖τὸν Ἰσαάκ. ²⁰ἦν δὲ Ἰσαὰκ ἐτῶν τεσσεράκοντα ὅτε ἔλαβεν 20
τὴν Ῥεβέκκαν θυγατέρα Βαθουὴλ τοῦ Σύρου ἐκ τῆς Μεσοποταμίας, ἀδελφὴν Λαβὰν τοῦ Σύρου,

11 ηυλογησεν E        16 ταισκηναις E        10 του συρου εκ της μεσοπο sup ras Aᵃ¹

DEM(Δ₃)ab(+δ)c–jl–v(w)xyc₂𝕬𝕭(𝕮ᵐ)𝕰

om o—(10) σπηλαιον p | o] os EMbd–gijnoqru–y | κατεναντι fi
mr | μαμβρη]μαμβρη oᵃ: μαμυβρι c | Mamre𝕭ᵖ: Mabre𝕮(uid)
10 του αγρου και] pr eis fm: των αγρων εις 1 | o] ον acgjos
vx | εκτησατο b | αβρααμ 1°] +και σαρραν την γυναικα αυτου
f | παρα των υιων χετ]om E: om παρα f | χετ] pr του DⁿⁱMb
ejopqs–vxc₂ | (om εκει—αυτου 83) | εκει] pr et 𝕰: και c | om
και σαρραν—(11) αυτου d | σαραν m
11 αβρααμ] pr τον p | o θεος τον] om a: om τον bchil–prt
wc₂ | o θεος] Dominus Or-lat | ισαακ 1°] ισαακ : + και σαρραν
c₂ | om τον 2° DⁿⁱEMegquy | αυτου] +και κατωκησεν ισαακ
τον ͞σν αυτου t° | om ισαακ 2° Or-lat
12—18 om b(δ = Holmes 108)w
12 om δε Et𝕭ᵖ | γενεσεις] γενεαι qu | ισμαηλ] post αβρααμ
1° n | om του egj | om υιου c | ον ετεκεν—αβρααμ 2°] bis scr
g | ον] οτε 1(οτι 1°uid) | ετεκεν] εγεννησεν rᵃ | αγαρ—αβρααμ]
ei Agar famula Sarae 𝕰 | αγαρ] + η αιγυπτια adcefgjmoxc₂𝕴 |
om η E | σαρρας] σαρρα dp: om m
13 ισμαηλ 1°] +και τα ονοματα των γενεων αυτου b | om
κατ—αυτου 𝕰 | κατ ονομα] κατα το ονομα dfpt: ε τα ονοματα
E: κατα τα ονοματα hir𝕬𝕭 | αυτου] αυτων fhiᵃrc₂𝕭: om o |
ισμαηλ 2°] αυτου p𝕰: +και ͞μασσαμ bᵃ) | μασσαμ]
ναβεωθ adoc₂ Anon²: ναβαωθ c: ναβαιων dp: αναβαιωθ l:
ναβαιωθ qu: ναβαιω n: ⟨ναβωθ 71⟩: ναβαιων m: ναιβεωρ E:
Anabeoth 𝕭ᵖ + Malelelet Anon² | +και μασσαμ 2° dj*p | κηδαρ]κιδαρ
jn: ναβεηλ c₂: Accedar Anon² | om και 3° dp | ναβδεηλ] ναβ-
δαιηλ Dy: β sup ras oᵃ: ναβεηλ am: ναβδεη n: αβδεηλ gqux
𝕬𝕭: αβδεηλοι Jos: αβδιηλ ej: ⟨αυδιηλ 79.128⟩: κηδαρ c₂:
Nabdel Anon² | και μασσαμ] om δᵃ: om και dfp | μασαμ
AMy Or-gr(uid)] μασ͞αμ lm: μασομ diᵖp: ⟨μασαμ
79: μασμαμ 14⟩: μασβαν hsv: μαβεαν t: μαββσαμ Equx𝕬:
μεμσαν r: μεμψαν fiᵃ: μασσαν D rell: Absan 𝕭: Aga Anon²
14 και 1°—(15) ναφες] μασση θεμαν ναφες μασμαν ιδουμα
χολδαμ ιετουρ dp: και μανασση και θαιμαν και ναφες και βασμαν
και ιδουμα και μασση και ιετουρ fi [μασση | μασμαν] | μασμα]
μασμαν DEadcghj*(uid)ortc₂ Or-gr Anon²: μασμαμ Mejᵃ: ⟨μασ-
σαμ 25⟩: μαεμαλ qu: βασμαμ και μασβαμ m: Asman 𝕭 | ιδου-
μα] ιδουμαν E: ιδουμ qu: ⟨ιδουμαρ 18⟩: ιδουνμα ο: δουμα Or-
gr: ⟨τον δουμα 31⟩ | μασση] μαση cl𝕬: + ιδουμα Dn
15 om και 1°—θαιμαν 𝕭ˡʷ | χοδδαν] χοδδαδ EMvx Or-gr:
χοδαδ acoc₂: χορδαδ e: χολδαδ δjlnt𝕬𝕭ᵖ: χαλδαδ g: χαλδα
D: χολδαδ r: χολλαδ qu: χοσδαλ m: χοαδ s: Chodan Anon² |
θαιμαν] θεμαν δcnor: θημαρ D(θημ..)Eeghqtu𝕭ᵖ: θημω j:
θαμαν s: θεμα x𝕬: οιμαν m: Themam Anon¹ | ιετουρ] ιεττουρ
DEs(mg)𝕭: ⟨ιετουζ 107⟩: θητουρ bgj: ⟨θετορ 83⟩: Iechur
Anon² | ναφες] ναφες ο: ναφεθ Dn: Aphes 𝕭ˡʷ:
Nafer Anon¹ | ⟨om και 5° 71⟩ | κεδμα] καιδμα n: ⟨κιδμα 32⟩:
κεδμαν Degjo: κεδεμ b: κεδεμ h: κελμα qu: Cedmar Anon²:
Ketma et Choldat 𝕭ˡʷ
16 om οι EMadeglpqrs(txt)uv | και ταυτα] secundum 𝕭 |
om αυτων 1° r | ⟨σκηναις⟩ αυλαις x: επαυλεσιν δ𝕭𝕴(uid) | om
αυτων 2° d | om και 2° p | επαυλεσιν] επαλξεσιν a: σκηναις δx
𝕬𝕭(uid) | αρχοντες] +corum 𝕬 | εθνος] εθνη qu | εθνος] ⟨pr το
107⟩: εθνη DⁿⁱEMadcqux𝕬𝕭: τα εθνη eghjlmos(mg)v(mg):
γενος n: ⟨παντα τα εθνη 83⟩
17 om τα r | om 1°] εθνη D: +ημερων Edeghjlptv(mg) |
om της DEhlnqs–v | ισμαηλ] +οσα εζησεν j(mg)s(mg)v(mg) |
εκατον—εππα] om εππα p: om εππα 𝕭ᵖ | om τα mᵖ | τριακοντα]
uiginti 𝕭 | εππα ετη] ⟨om 31⟩: om ετη fmn | εκλιπων Mcdfl
moptvᵃx𝕴 | προς] εις m𝕬 | το γενος] τους ͞πρας En
18 κατωκ. δε] και κατωκ. E: om δε n | ευειλατ] ευιλατ
EMδ–jnprtc₂𝕬(+ras 2 litt): εβιλατ l: ευιλατ mqu: ευιελα x:
ευιλα y 𝕬-ed On: Ebilath Anon²: Eula 𝕬-codd | σουηλ A]
σουρ DⁿⁱEM omn 𝕬𝕭 Or-gr On Anon² | κατα προσωπον αιγυπ-
του] in Ægypto 𝕰 | προς] εις r | ασσυριους] +εν εθνος] pr το: ασυ-
ριους floῃ̄: ασσυριας n: αρσυριους c: Assyriam Anon²: +αβρααμ
εγεννησε bᵃ | παντων] pr παντων του την αιγυπτου και απο προσ-
ωπου qu: post αυτου t | αδελφων] εχθρων ο | αυτου] αυτων bᵃ
19 και αυται] αυται δε DEMeghjqsuvx𝕭ᵖ Chr Cyr: om και
𝕭ˡʷ: ⟨+δε 30⟩ | om του eghj | om αβρααμ 2°—ισαακ 2° 𝕰 |
αβρααμ 2° om b: + δε n 𝕭ᵖ
20 ισααξ] ισσααξ Δ₃ | om f | ετων τεσσερακ.] τεσσερακ. ετων
DΔ₃(uid)acfloxc₂: +και ⟨ετων τεσσερακ. 18⟩: ⟨ετων τεσσερακ.
18⟩: +γυναικα m | την ρεβεκκαν] ρεβεκκαν την Chrἰ: om την
d Chrἰ: ⟨γυναικα 79: την ρεβεκκαν αυτου ρεβεκκα 71⟩ | ρεβεκκα
ms | ⟨om θυγατερα–υ 71⟩ | βαθουηλ] pr του m | συρου
1°] [μεσο]ποταμιου Δ₃ | εκ της—εαυτω] pr qui erat 𝕬: om E:
+ εσυριας acfgjoᵃ¹xc₂ | +Syriae 𝕬𝕭ᶜ Δ-ap-Barh | αδελ-
φην] αδελφ δ τε dpt Chr | λαβαν] λαβα 1 | του συρου 2°]
[του] μεσοποτα[μιτου] Δ₃: om Chr ⟨om εαυτω γυναικα 71⟩ |
εαυτω] pr cepit 𝕭 | αντω r | γυναικα] pr εις EΔ₃aceghjmoqs(mg)
tuxc₂ Chr

21 ἑαυτῷ γυναῖκα. [21]ἐδεῖτο δὲ Ἰσαὰκ Κυρίου περὶ Ῥεβέκκας τῆς γυναικὸς αὐτοῦ, ὅτι στεῖρα ἦν· A
22 ἐπήκουσεν δὲ αὐτοῦ ὁ θεός, καὶ ἔλαβεν ἐν γαστρὶ Ῥεβέκκα ἡ γυνὴ αὐτοῦ. [22]ἐσκίρτων δὲ¶ τὰ ¶ $\Delta_3$
παιδία ἐν αὐτῇ· εἶπεν δέ Εἰ οὕτως μοι μέλλει γίνεσθαι, ἵνα τί μοι τοῦτο; ἐπορεύθη δὲ
23 πυθέσθαι παρὰ Κυρίου. [23]καὶ εἶπεν Κύριος αὐτῇ

Δύο ἔθνη ἐν τῇ γαστρί σού εἰσιν,
καὶ δύο λαοὶ ἐκ τῆς κοιλίας σου διασταλήσονται·
καὶ λαὸς λαοῦ ὑπερέξει,
καὶ ὁ μείζων δουλεύσει τῷ ἐλάσσονι.

24 [24]καὶ ἐπληρώθησαν αἱ ἡμέραι τοῦ τεκεῖν αὐτήν· καὶ τῇδε ἦν δίδυμα ἐν τῇ γαστρὶ αὐτῆς.
25 [25]ἐξῆλθεν δὲ ὁ υἱὸς ὁ πρωτότοκος πυρράκης, ὅλος ὡσεὶ δορὰ δασύς· ἐπωνόμασεν δὲ τὸ ὄνομα
26 αὐτοῦ Ἠσαύ. [26]καὶ μετὰ τοῦτο ἐξῆλθεν ὁ ἀδελφὸς αὐτοῦ, καὶ ἡ χεὶρ αὐτοῦ ἐπειλημμένη τῆς
πτέρνης Ἠσαύ· καὶ ἐκάλεσεν τὸ ὄνομα αὐτοῦ Ἰακώβ. Ἰσαὰκ δὲ ἦν ἐτῶν ἑξήκοντα ὅτε ἐγέννη-
27 σεν αὐτοὺς Ῥεβέκκα. §[27]ηὐξήθησαν δὲ οἱ νεανίσκοι· καὶ ἦν Ἠσαὺ ἄνθρωπος εἰδὼς κυνηγεῖν, § L
28 ἄγροικος· Ἰακὼβ δὲ ἦν ἄνθρωπος ἄπλαστος, οἰκῶν οἰκίαν. [28]ἠγάπησεν δὲ Ἰσαὰκ τὸν Ἠσαύ,
29 ὅτι ἡ θήρα αὐτοῦ βρῶσις αὐτῷ· Ῥεβέκκα δὲ ἠγάπα τὸν Ἰακώβ. [29]Ἥψησεν δὲ Ἰακὼβ
30 ἕψεμα· ἦλθεν δὲ Ἠσαὺ ἐκ τοῦ πεδίου ἐκλείπων. [30]καὶ εἶπεν Ἠσαὺ τῷ Ἰακώβ Γεῦσόν με ἀπὸ
τοῦ ἑψέματος τοῦ πυρροῦ τούτου, ὅτι ἐκλείπω ἐγώ· διὰ τοῦτο ἐκλήθη τὸ ὄνομα αὐτοῦ Ἐδώμ.
31 32 [31]εἶπεν δὲ Ἰακὼβ τῷ Ἠσαύ Ἀπόδου μοι σήμερον τὰ πρωτοτοκεῖά σου ἐμοί. [32]εἶπεν δὲ

21 εδεετο $D^{sil}$ | εγγαστρι A 24 του] bis scr E 25 εποvομασεν E 26 επιλημμενη AE
27 αβλαστος A 29 παιδιου A 30 πυρου E | τουτο] το A 31 πρωτοτοκια A$D^{sil}$E

$D$E(L)M($\Delta_3$)a–jl–y$c_2$𝔄𝔅𝔈

**21** κυριου] κω̅ n: ⟨κν̅ 31⟩: om bcdfmw Barn Chr | ρεβεκκας] post αυτου 1° dfip: om $\Delta_3$ | αυτου 1°] + του κυ̅ bw | ⟨οτι στειρα ην] ητις στειρα 128⟩ | ην στειρα Ebw | επηκ. δε] και επηκ. Chr: και υπ[ηκου]σεν $\Delta_3$ | επηκουσεν] υπηκουσε dp: εισηκουσεν qs(mg) u | om δε 2° f𝔅$^{p(*)}$ | αυτου ο θεος] αυτου κ̣[ς̅] $\Delta_3$: κς̅ αυτου f | αυτου 2°] αυτω EMcegjl–os(mg)x | ελαβεν] post γαστρι y: συνελαβε bw | εν γαστρι] post ρεβεκκα bw: om $\Delta_3$ | ρεβεκκα—αυτου 3°] om n Or-lat: om η γυνη αυτου 𝔅$^p$ | ρεβεκκα] pr η t: ρεβεκα s

**22** εσκιρτουν $\Delta_3$ | παιδια] παιδαρια Chr-codd | ει—τουτο] bis scr $c_2$ | ουτως] *hoc* 𝔅 | μοι 1°] post μελλει v: om dp | μελει fm | γινεσθαι] γενεσθαι Emnqu Cyr ½: γενεσθαι παρα κυ̅ b | τουτο] το ζην Chr ½ | om δε 3° $a^{a?}c_2$ | πυθεσθαι] pr του l: πειθεσθαι dp: πιθεσθαι n: προθεσθαι $i^a$r | κυριου] + του θυ̅ fir 𝔈$^{fp}$

**23** κυριος] post αυτη l Or-lat 𝔄: + ο θς̅ fir𝔈$^{fp}$ | αυτη] προς αυτην Barn: om $c_2$ | δυο 1°] pr ιδου dfipt | εν—εισιν] *concepisti* 𝔅: om Cyr ⅓ | εν—σου 1°] post εισιν f Phil-arm 𝔄𝔈 | εισιν] εστιν acdim(uid)noprx$c_2$ Phil-gr-ed Chr: om Barn | om και δυο—ελασσονι $c_2$ | εκ της κοιλιας] εν τη κοιλια v Barn Chr | διασταλησονται] ⟨διαναστησονται 16⟩: om Barn | λαος λαου] pr ο Cyr ½: post υπερεξει Barn | υπερεξει] υπαρξει b | και 4°—ελασσονι] bis scr g | ⟨ο] το 18⟩

**24** ημεραι] + αυτης acmox$c_2$𝔄(uid)𝔅 Or-lat Phil-lat | om τηδε 𝔄𝔅𝔈 Or-lat | γαστρι] κοιλια $D^{sil}$EMabce–ij(mg)lmoqr s(mg)tuv(mg)wx$c_2$ Cyr

**25** om δε 1° x* | ο υιος] om Thdt: ⟨om ο 71.83⟩: + αυτης El𝔅𝔈 | πρωτοτοκος] πρωτος m Thdt | πυρρακης] πυρρακος c: πυρακιος bw: πυρρος Thdt | ολος] pr *et* Or-lat: ολως cd | ωσει] pr και bw Cyr ½ Phil-lat | δορα] om m: *flos rosae* 𝔈 | om δασυς 𝔈$^p$ | επωνομασεν] επεκαλεσε Cyr | om δε 2° dfgm𝔅

**26** τουτο] τουτον Mfi𝔈(uid): τουτων s: ταυτα $D$g Chr | εξηλθεν] + και m | ⟨om αυτου 1° 30⟩ | επειλ.] επιλελειμμενη g: επιλελισμενη n | ησαυ] αυτου e$c_2$: ⟨του αδελφου αυτου 71: + του αδ. αυτου 30⟩ | και εκαλεσεν] εκαλεσε δε l: και επωνομασε $j^{a?}$r 𝔅(uid) | ετων] post εξηκοντα acox$c_2$ | εγεννησεν A Chr ½] ετεκεν $D^{sil}$($D^{uid}$)EM omn 𝔅 Chr ½ Cyr | αυτους] αυτοις c: αυτω dp: *hos illi* 𝔅 | ρεβεκκα] pr η dp

**27** ηυξηθησαν] ηυξυνθησαν f: ηυξινθησαν n: ηυξησαν e | ανθρωπος ειδως] pr ο b: om dp: om ανθρωπος Phil | κυνηγειν] κυνηγος bdp | αγροικος—ην 2°] ο δε αγροικος ην Chr | om ην 2° $D^{sil}$ELMacdegj–npqs–vx$c_2$𝔄 Phil ¾ | ανθρωπος απλαστος] απλαστος αν̅ος dglp Phil ¼: om ανθρωπος no Phil ¾: ανηρ απλαστος Cyr ⅓ cod ½: απλαστος ανηρ Cyr ⅓ ed ½ | απλαστος] *non uagus* 𝔖-ap-Barh | οικιαν] εν οικια q(οικιαν q*) Cyr-ed ⅓

**28** ηγαπησεν δε] ηγαπα ο Cyr ½ | ισακ L | η θηρα] εθηρα L: om η sv | αυτου] αυτω L | βρωσις] pr *erat* Phil-arm: βρωσεις n: βρωσιν L: + *est* 𝔄-cod: + ην ⟨20⟩ 𝔄-ed Chr: ⟨εις βρωσιν ην 32⟩ | αυτω] αυτου $c_2$ Phil-arm: om L: + ην fir: *eius erat* 𝔅 | ρεβεκα g | om δε 2° ⟨130⟩ 𝔅$^w$ | ⟨ηγαπησε 31⟩ | om τον 2° m

**29** ιαακωβ t | εψεμα] + φακου bw | εκλειπων] εκλιπων Lf Chr: om 𝔈

**30** και ειπεν] ειπεν δε bw | om ησαυ $c_2$ | om τω h | ακωβ c | γευσον με] *gustemus* Phil-lat | με] μοι hjmn | απο] εκ bw | εψεματος] + σου bw𝔈: + *huius* 𝔅 | του πυρρου τουτου] om 𝔈: om του πυρρου Phil-lat Hil | ⟨πυρρου] πυρος 71⟩ | εκλιπω Lf | om εγω—εδωμ L | εγω A Cyr] om $D^{sil}$($D^{uid}$)EM omn 𝔄(uid)𝔅𝔈 Phil-arm-lat Hil

**31** αποδου] αποδος egjl$n^{a?}$t: αποδους E | om μοι Macfox$c_2$ 𝔈$^p$ Phil-lat Cyr-ed | om σημερον 𝔈 | σου] μου n: om Cyr-cod | om εμοι $D$($D^{uid}$)blw𝔄𝔅𝔈$^{cf}$ Phil-arm

**32** ειπεν δε] pr και v: και ειπεν EMeghjlqstu𝔅$^w$ Cyr: om

22 εσκιρτων] α' συνεθλασθησαν υιοι M: σ' διεπαλαιον Mjsv: α' και σ' *certantes* 𝔖-ap-Barh
23 υπερεξει] σ' υπερισχυσει Mjsv(sine nom js) 25 δασυς] σ' τετριχωμενος Mj(sine nom)sv
27 απλαστος] α' θ' απλους σ' αμωμος Mjsv$c_2$(om θ' j$c_2$: om σ' s)
29 εκλειπων] θ' πεινων M 30 εκλειπω] πεινω s 31 αποδου] α' πωλησον M

Α Ἡσαύ Ἰδοὺ ἐγὼ πορεύομαι τελευτᾶν, καὶ ἵνα τί μοι ταῦτα τὰ πρωτοτοκεῖα; ³³καὶ εἶπεν αὐτῷ 33
¶ γ Ἰακώβ Ὅμοσόν μοι σήμερον. καὶ ὤμοσεν αὐτῷ· ἀπέδοτο¶ δὲ Ἡσαὺ τὰ πρωτοτοκεῖα τῷ
Ἰακώβ. ³⁴Ἰακὼβ δὲ ἔδωκεν τῷ Ἡσαὺ ἄρτον καὶ ἔψεμα φακοῦ· καὶ ἔφαγεν καὶ ἔπιεν, καὶ 34
¶ L ἀναστὰς ᾤχετο· καὶ ἐφαύλισεν Ἡσαὺ τὰ πρωτοτοκεῖα.¶

XXVI   ¹Ἐγένετο δὲ λιμὸς ἐπὶ τῆς γῆς, χωρὶς τοῦ λιμοῦ τοῦ πρότερον ὃς ἐγενήθη ἐν τῷ χρόνῳ τοῦ 1
Ἀβραάμ· ἐπορεύθη δὲ Ἰσαὰκ πρὸς Ἀβιμέλεχ βασιλέα Φυλιστιεὶμ εἰς Γέραρα. ²ὤφθη δὲ αὐτῷ 2
Κύριος καὶ εἶπεν Μὴ καταβῇς εἰς Αἴγυπτον· κατοίκησον δὲ ἐν τῇ γῇ, ᾗ ἄν σοι εἴπω. ³καὶ παροί- 3
§ Δ₃ κει ἐν τῇ γῇ ¹ταύτῃ καὶ ἔσομαι μετὰ σοῦ καὶ εὐλογήσω σε· σοὶ γὰρ καὶ τῷ σπέρματί σου δώσω
πᾶσαν τὴν γῆν ταύτην, καὶ στήσω τὸν ὅρκον μου ὃν ὤμοσα Ἀβραὰμ τῷ πατρί σου. ⁴καὶ 4
¶ Δ₃ πληθυνῶ τὸ σπέρμα σου ὡς τοὺς ἀστέρας τοῦ οὐρανοῦ, καὶ δώσω τῷ σπέρματί σου πᾶσαν
τὴν γῆν ταύτην, καὶ ἐνευλογηθήσονται ἐν τῷ σπέρματί σου πάντα τὰ ἔθνη τῆς γῆς·¶ ⁵ἀνθ' ὧν 5
§ L ὑπήκουσεν Ἀβραὰμ ὁ πατήρ σου τῆς ἐμῆς φωνῆς, καὶ ἐφύλαξεν τὰ προστάγματά μου καὶ τὰς
ἐντολάς μου καὶ τὰ δικαιώματά μου καὶ τὰ νόμιμά μου. ⁴⁶καὶ κατῴκησεν Ἰσαὰκ ἐν Γεράροις. 6
⁷ἐπηρώτησαν δὲ οἱ ἄνδρες τοῦ τόπου περὶ Ῥεβέκκας τῆς γυναικὸς αὐτοῦ, καὶ εἶπεν ὅτι· Ἀδελφή 7
μού ἐστιν· ἐφοβήθη γὰρ εἰπεῖν ὅτι Γυνή μού ἐστιν, μή ποτε ἀποκτείνωσιν αὐτὸν οἱ ἄνδρες τοῦ
τόπου περὶ Ῥεβέκκας, ὅτι ὡραία τῇ ὄψει ἦν. ⁸ἐγένετο δὲ πολυχρόνιος ἐκεῖ· παρακύψας δὲ 8

---

32 πρωτοτοκια DE                 33 ωμοσον E | πρωτοτοκια DE
34 πρωτοτοκια D: πρωτοκια E          XXVI 3 πασαν την γην sup ras A¹

*DE*(L)M(Δ₃)a–jl–x(y)c₂𝕬𝕭𝕰

δε 𝕭ᵖ | ησαν] +τω ιακωβ Ll | om ιδου E | πορευομαι τελευταν] *morior* 𝕰 Hil | πορευομαι] πορευσομαι o: *pergam* Phil-lat | τελευτησαι *D* | om και L𝕭 | ταυτα] post πρωτοτοκεια firsv Phil-lat

33 om αυτω 1° m | σημερον] om h: +*te redditurum mihi primogenita tua* 𝕰 (om *tua* 𝕰ᵖ) | (απεδοτο δε] και απεδοτο 73) | απεδοτο] απε.... y | om δε egj | τα πρωτοτοκεια] post ιακωβ 2° ir𝕰 | +αυτου a–dlptwx𝕬𝕭ᵛ | τω ιακωβ𝕬𝕭ᵛ | τω ιακωβ] om bw: om τω E

34 om τω egj | και 2°—ωχετο] *et cepit et abiit et edit et bibit* 𝕰ᵖ | om και εφαγεν και επιεν L | απωχετο bw | om και 5°—πρωτοτοκεια 𝕰 | και εφαυλισεν] post ησαυ L: (+αυτα 30) | om ησαυ 2° g | (πρωτοτοκεια) +αυτου bw 𝕬-codd 𝕭ᵛ Phil-latᵖ Cyr-ed   ³\⁴

XXVI 1 εγεν. δε] και εγεν. f: om δε w | λοιμος n | λιμου] λοιμου n: om s | του 2°] το s | προτερον DEflno | εγενηθη A] εγενετο *D*ˢⁱlEM omn Chr | εν τω χρονω] εν τω καιρω egj: (επι τω καιρω 16.130: επι 77) | του 3°] τω DEMaᵃ(uid)eh*(uid) jloqs–w: om c₂ | ε . . εφορ. δε] και εφορ. bw: om δε m | ισαι m* | αβιμελεχ] αβιμελεχ ο: αβιμεχ t | (om βασιλεα 78) | φυλ. εις γεραρα] γεραρων εις φιλιστιειμ n | φιλιστιειμ dfilop | γεραρα] γεραρα ο*: γεγερα w: (γερρα 128)

2 κυριος] pr o bn: o θ͞ς EMl Chr: +o θ͞ς fir𝕰ᵖ | ειπεν] +ει 𝕭𝕰 Or-gr | (μη] μηκετι 71) | om δε 2° (79) 𝕭ᵛ | γη] om g: +ταυτην E*(ras E^ᵃᵃᵗ) | om η α—(3) γη egj | (om η—ειπω 14) | η 2°] ην Ex Phil-gr | εαν qu | εαν qu: om εαν Edf

3 om και 1°—ταυτη *D* | παροικησεις d | om ταυτη 𝕭ᵖ Phil-arm | και 2°] εγω γαρ Chr | εσομαι] ibo 𝕰 | (μετα] κατα 31) | om και ευλογησω σε 𝕭ᵛ | om και σπερματι 1° | τη σπορα Δ₃ | δωσω—σου 3°] bis scr (om πασαν) w | πασαν την γην] πασαν την γην 𝕭ᵖ Phil-arm | και εγω γαρ Chr | εσομαι] ibo 𝕰 | πασαν] post ταυτην dp: om Ehcefjn osvwc₂𝕰 Chr Tyc | ταυτην] ταυτας Δ₃: om qu | στησω]....ω Δ₃ | om μου Δ₃(uid) | om ον ωμοσα Eus | αβρααμ] pr τω qu: om Phil-arm-lat | σου 3°] +και τω σπερματι σου l

4 το σπερμα] το σπερματι w: την σπο[ραν] Δ₃ | (τους αστερας] τα αστρα 108) | δωσω] +σοι και degjptc₂ Phil-gr Tyc | τω σπερματι 1°] τη σπο[ρα] Δ₃ | om ταυτην—(3) γην egj | +και στησω τον ορκον μου ον ωμοσα αβρααμ τω πρ (om τω) g | ενευλογηθησονται Just | τω σπερματι 2°] [τ]η σπορα Δ₃: *nomine* Phil-latᵖ | om παντα Δ₃*(uid) | εθνη] περατα E

5 ανθων de*f Phil-gr-codd | αβρααμ] αβρααμ r: om Phil-arm-lat | o πατηρ σου egj𝕰 Or-gr | της εμης φωνης] της φωνης μου l: om Phil-arm-lat | τα προσταγματα] pr παντα blw: το προσταγμα f | τας εντολας dp Eus | και τας εντολας μου dp Eus: om egj𝕰 Or-gr Chr | τα δικαιωματα] pr παντα l: τους νομους Phil-codd | om ανω 3° d l: και τα νομιμα μου] και τας κρισεις Phil-codd: om (31) Phil-lat | τα νομιμα] pr παντα bw: τα νομηματα M: om ra d

6 (om totum comma 31) | και κατωκησεν AMln] κατωκησεν δε D(+𝕭ᵖ) L rell 𝕭 Chr: παρωκησεν δε E: [et] *habitauit peregrinatione* Phil-arm | ισαι L

7 επηρωτησαν] και επηρωτησαν bfirw: επηρωτησον δε t: om δε 𝕭ᵖ | om α—τοπου 1° 𝕰ᵖ | του τοπου 1°] της πολεως b | περι 1°] pr *Isaac* 𝕰 | ρεβεκκας 1°] pr της (31) Chr: post αυτου m | περι 1° 1° A] om *D*ˢⁱlELM omn 𝕬𝕰 Chr𝕰𝕰 | αδελφη—ποτε] *D*(uid)LMacdegj–qs–vxc₂ | γυνη] γυναικα dp | αποκτεινωσιν] (αποκτενωσιν 10): αποκτηνουσιν c* | om οι ανδρες 2°—(8) εκει L | των τοπου 2°] om τοκ sup ras iᵃ: την πολεως f | ρεβεκκας 2°] ρεβεκκας gs: +της γυναικος αυτου d–gijlprst𝕰𝕭ᵛ | ην ωραια τη οψει ην] τη οψει Edfiprsv𝕰𝕰ᵖ

8 πολυχρονιος εκει] εκει πολυχ. fir𝕬𝕭: (εκει πολυν χρονον 32) | παρακυψας δε] pr παρακυψας d*: και παρακ. qu | om δε 2° E | αβιμελεχ] αβιμελεχ L: om dop𝕰 | om ο A*aegjnc₂

---

34 εψεμα φακου] αποτριμμα φακης s | εφαυλισεν—πρωτοτ.] a' εξουδενωσεν ησαυ την πρωτοτοκιαν M | εφαυλισεν] σ' εξου-
δενωσεν v

Ἀβιμέλεχ ὁ βασιλεὺς Γεράρων διὰ τῆς θυρίδος ἴδεν τὸν Ἰσαὰκ παίζοντα μετὰ ʽΡεβέκκας τῆς A
9 γυναικὸς αὐτοῦ. ⁹ἐκάλεσεν δὲ Ἀβιμέλεχ τὸν Ἰσαὰκ καὶ εἶπεν αὐτῷ Ἄρα γε γυνή σού ἐστιν· τί
ὅτι εἶπας Ἀδελφή μού ἐστιν; εἶπεν δὲ αὐτῷ Ἰσαάκ Εἶπα γάρ Μή ποτε ʼἀποθάνωʼ δι' αὐτήν.
10 ¹⁰εἶπεν δὲ αὐτῷ Ἀβιμέλεχ Τί τοῦτο ἐποίησας ἡμῖν; μικροῦ ἐκοιμήθη τις τοῦ γένους μου μετὰ
11 τῆς γυναικός σου, καὶ ἐπήγαγες ἐφ' ἡμᾶς ἄγνοιαν. ¹¹συνέταξεν δὲ Ἀβιμέλεχ παντὶ τῷ λαῷ
αὐτοῦ λέγων Πᾶς ὁ ἁπτόμενος τοῦ ἀνθρώπου τούτου ἢ τῆς γυναικὸς αὐτοῦ θανάτου ἔνοχος ἔσται.¶ ¶ L
12 ¹²ἔσπειρεν δὲ Ἰσαὰκ ἐν τῇ γῇ ἐκείνῃ, καὶ εὗρεν ἐν τῷ ἐνιαυτῷ ἐκείνῳ ἑκατοστεύουσαν κριθήν·
13 εὐλόγησεν δὲ αὐτὸν Κύριος. ¹³καὶ ὑψώθη ὁ ἄνθρωπος, καὶ προβαίνων μείζων ἐγίνετο ἕως οὗ
14 μέγας ἐγίνετο σφόδρα· ¹⁴ἐγένετο δὲ ʼαὐτῷʼ κτήνη προβάτων καὶ κτήνη βοῶν καὶ γεώργια πολλά.
15 ἐζήλωσαν δὲ αὐτὸν οἱ Φυλιστιείμ· ¹⁵καὶ πάντα τὰ φρέατα ἃ ὤρυξαν οἱ παῖδες τοῦ πατρὸς αὐτοῦ
16 ἐν τῷ χρόνῳ τοῦ πατρὸς αὐτοῦ, ἐνέφραξαν αὐτὰ οἱ Φυλιστιείμ καὶ ἔπλησαν αὐτὰ γῆς. ¹⁶εἶπεν
17 δὲ Ἀβιμέλεχ πρὸς Ἰσαὰκ Ἄπελθε ἀφ' ἡμῶν, ὅτι δυνατώτερος ἡμῶν ἐγένου σφόδρα. ¹⁷καὶ
18 ἀπῆλθεν ἐκεῖθεν Ἰσαὰκ καὶ κατέλυσεν ἐν τῇ φάραγγι Γεράρων, καὶ κατῴκησεν ἐκεῖ. ¹⁸καὶ πάλιν
Ἰσαὰκ ὤρυξεν τὰ φρέατα τοῦ ὕδατος ἃ ὤρυξαν οἱ παῖδες Ἀβραὰμ τοῦ πατρὸς αὐτοῦ καὶ ἐνέ-
19 φραξαν αὐτὰ οἱ Φυλιστιείμ μετὰ τὸ ἀποθανεῖν Ἀβραὰμ τὸν πατέρα αὐτοῦ· καὶ ἐπωνόμασεν
20 αὐτοῖς ὀνόματα κατὰ τὰ ὀνόματα ἃ ὠνόμασεν Ἀβραὰμ ὁ πατὴρ αὐτοῦ. ¹⁹ὤρυξαν δὲ οἱ παῖδες
Ἰσαὰκ ἐν τῇ φάραγγι Γεράρων, καὶ εὗρον ἐκεῖ φρέαρ ὕδατος ζῶντος· ²⁰καὶ ἐμαχέσαντο οἱ ποιμένες
Γεράρων μετὰ τῶν ποιμένων Ἰσαάκ, φάσκοντες αὐτῶν εἶναι τὸ ὕδωρ· καὶ ἐκάλεσεν τὸ ὄνομα τοῦ

---

8 om ο Aᵃ(hab Aʼ) | παίζοντα E        9 αποθανω A        10 τουτο Eᵇ] του Eᵃ
11 θανατου ενοχος εσται sup ras circ 40 litt Aᵃ        12 ηυλογησεν DE        13 μειζων E
14 αυτω] αυτη A        18 επωνομασεν E        20 ποιμαινες, ποιμαινων A

---

*DE*(L)Ma–jl–xc₂𝕬𝕭𝕰

γεραρων] φυλιστιειμ acj(mg)mos(mg)xc₂𝕬: om Lbirw𝕰 | δια
της θυριδος] om egj: om της ο, om του L*filr | ισακ L |
⟨παιζοντα⟩ σινουσιαζοντα 32) | ρεβεκας g
9 εκαλεσεν δε] και εκαλ. f: om δε d | αβιμελεχ L | ⟨om του
31⟩ | ισακ 1°] ισακ L | om γε fm | εστιν 1°] εσται 𝕬 | και 1°] και
ινα τι 1: om τι L: om ου egj: et quare 𝕬: et 𝕰 | εικας] ειπες
m: ειπες οτι dp : + οτι ELegj𝕬 | om αυτω 2° Legjm𝕰 | ισακκ
2°] ισακ L: + προς αβιμελεχ m | ειπα] ειπον dilprᵃ: ειπω f |
om ποτε Dh | αυτην] αυτην n
10 om totum comma L | om αυτω Ecdegjp𝕰ᵖ | πεποιηκας
l | om ημιν Chr | εκοιμηθη] pr εαι c: post τις bw | του γενους
μου] pr εκ bw: om E | επηγαγες] + και DᵐˡMacegijmn(uid)oq–
vxc₂ Chr | εφ ημας] super me 𝕯ᵛ𝕰: ⟨+ αν 25⟩ | αγνοιαν]
αγνοια m: ⟨αμαρτιαν 20⟩
11 αβιμελεχ] rex 𝕰ᶜ: om 𝕰ᵖ | om παντι Chr | om αυτου
1° s | ⟨om λεγων 25⟩ | ο απτομενος] ο αψαμενος L(σψαμενος Lᵃ)
bnw | om η—αυτου 2° 𝕰 | η] και bdpw𝕭ᵛ | θανατω LMcqs–vx
12 εν τω—εκεινω] post κριθην Chr: om 𝕬: ⟨om εκεινω 18⟩ |
⟨κριθην⟩ pr την 25⟩ | δε 2°] γαρ Chr | κς αυτον l | κυριος] pr ο
Mcdegnp | om θεος Chr: + οι θτ fir𝕰ᵇ𝕡
13 ⟨om και 1°—ανθρωπος 25⟩ | υψωθη] ηυξηθη E | και 2°—
εγινετο 1°] et crescebat et crescebat 𝕰ᵖ: et creuit
𝕰ᶜ | και 2°] + επορευετο και α: + επορευετο cmoxc₂ | προσβαινων
x | μειζων] pr και cmoxc₂ | εγινετο 1°] εγενετο Ebd–jmnpqrtu |
om ews—εγινετο 2° dm Or–gr | ⟨ου⟩ + δε 31⟩ | ⟨μεγας⟩ μεγαλα
128⟩ | εγινετο 2° Ac] εγενετο DᵐˡEM rell 𝕬𝕭 Phil–arm–lat Or
Chr Thd–syr(uid) | σφοδρα] om m: + σφοδρα Or–gr–lat ½
14 κτηνη 1°—βοων] boues et oues Thd–syr: om προβατων
και κτηνη nsc₂: om κτηνη 2° 𝕰: om και d | και 2°] ικανα l |
⟨πολλα⟩ και πολλα 32⟩ | αυτου] αυτω cegj | φιλιστιειμ Mdfgiln
pquw𝕭

15 om και 1°—φυλιστιειμ g | om α hᵃ | ⟨παιδες⟩ + του
αβρααμ του ισακ m | του πατρος αυτου 1°] αβρααμ s(mg)𝕰:
om Chr: om του πατρος DEhi*lqu𝕬𝕭: ⟨+ αβρααμ 30⟩ | om
εν—αυτου 2° bfjm Phil–arm lat | χρονω] + αβρααμ acdopxc₂𝕬:
⟨+ της παροικιας 32⟩ | om αυτα 1° er𝕬 | om οι φυλιστιειμ b
Chr | φιλιστιειμ dfiln–quv𝕭 | επλησαν] ενεπλησαν afhinor
Chr: ⟨επληρωσαν 71⟩ | om αυτα 2° Chr
16 ⟨προς⟩ τω 25⟩ | ισακ n | ⟨απελθε⟩ εξελθε 32⟩ | om ημων
2° 𝕰ᵖ Phil–latᵛ | om σφοδρα Phil–latᶜ
17 ισακ εκειθεν Dblw | om ισακ c₄ Chr | κατελυσεν]
κατωκησεν E Chr: deuerterunt 𝕰ᵖ | om τη l | om και κατω-
κησεν E Chr | κατωκησεν] κατεσκηνωσεν qu
18 ωρυξεν] + εκει efgiᵃʲr | om τα 1° r | om του υδατος Or–
lat | αβρααμ 1°] post αυτου 1° (30.76) 𝕰: om c Chr | om και
ενεφραξαν—αυτου 2° D | ⟨εφραξαν 73 128⟩ om αυτα f | φυλι-
στιειμ] φιλιστιειμ u(uid): φιλιστιειμ Mbdfilnopv𝕭ⁱʷ | om
αβρααμ 2° h | om του πατερα αυτου n | ⟨om του 83⟩ | επωνο-
μασεν] επωνομασαν 79]: επεθηκεν Chr: posuit 𝕭 Or–lat ½ | επω-
νομασεν] επωνομασεν c₂ | om κατα τα ονοματα DdpΕ | κατα]
και qu | ωνομασεν hΕ(nominauerunt 𝕭ᵛ) | το ονομα—
εκεινου] το ον. αυτου n | επωνομασεν acioᵃstvx: posuerat Or–lat | + αυτοις dp𝕭–ed
𝕭𝕰: + αυτα (30) 𝕬–cod | αβρααμ 3°] ρααμ sup ras iᵃ: om
Ebdhlnpqs*t–w𝕭 Or–lat | om ο πατηρ αυτου 𝕰 | αυτου 3°]
+ ονοματα c₂
20 διεμαχεσαντο (32) Thdt(uid) | ισακ] pr του EMtv |
αυτων] αυτω ο | το υδωρ] puteum 𝕬–ed | εκαλεσεν] εκαλεσαν
bf*quwxc₂: επωνομασεν h𝕭(nominauerunt 𝕭ᵛ) | το ονομα—
εκεινου] το ον. αυτου n | επωνομασεν acioᵃstvx | ⟨φρεατα 16⟩ | ⟨φρεατος⟩ φρεατος bfw:

---

XXVI 10 αγνοιαν] αʼσʼ πλημμελημα M(sine nom)jsv        20 εμαχεσαντο] αʼ εδικασαντο Mjsv(sine nom js)

A φρέατος ἐκείνου Ἀδικία· ἠδίκησαν γὰρ αὐτόν. ²¹ἀπάρας δὲ Ἰσαὰκ ἐκεῖθεν ὤρυξεν φρέαρ ἕτερον· 21
ἐκρίνοντο δὲ καὶ περὶ ἐκείνου, καὶ ἐπωνόμασεν τὸ ὄνομα αὐτοῦ Ἐχθρία. ²²ἀπάρας δὲ ἐκεῖθεν 22
ὤρυξεν φρέαρ ἕτερον, καὶ οὐκ ἐμαχέσαντο περὶ αὐτοῦ· καὶ ἐπωνόμασεν τὸ ὄνομα αὐτοῦ Εὐρυχωρία,
λέγων Διότι νῦν ἐπλάτυνεν Κύριος ἡμῖν καὶ ηὔξησεν ἡμᾶς ἐπὶ τῆς γῆς. ²³ἀνέβη δὲ ἐκεῖθεν ἐπὶ 23
τὸ φρέαρ τοῦ ὅρκου. ²⁴καὶ ὤφθη αὐτῷ Κύριος ἐν τῇ νυκτὶ ἐκείνῃ, καὶ εἶπεν Ἐγώ εἰμι ὁ θεὸς 24
Ἀβραὰμ τοῦ πατρός σου· μὴ φοβοῦ· μετὰ σοῦ γάρ εἰμι, καὶ εὐλογήσω σε καὶ πληθυνῶ τὸ
σπέρμα σου διὰ Ἀβραὰμ τὸν πατέρα σου. ²⁵καὶ ᾠκοδόμησεν ἐκεῖ θυσιαστήριον καὶ ἐπεκαλέσατο 25
τὸ ὄνομα Κυρίου, καὶ ἔπηξεν ἐκεῖ τὴν σκηνὴν αὐτοῦ· ὤρυξαν δὲ ἐκεῖ οἱ παῖδες Ἰσαὰκ φρέαρ.
²⁶καὶ Ἀβιμέλεχ ἐπορεύθη πρὸς αὐτὸν ἀπὸ Γεράρων, καὶ Ὀχοζὰθ ὁ νυμφαγωγὸς αὐτοῦ καὶ Φικὸλ 26
ὁ ἀρχιστράτηγος τῆς δυνάμεως αὐτοῦ. ²⁷καὶ εἶπεν αὐτοῖς Ἰσαὰκ Ἵνα τί ἤλθατε πρὸς μέ; ὑμεῖς 27
δὲ ἐμισήσατέ με καὶ ἀπεστείλατέ με ἀφ᾽ ὑμῶν. ²⁸καὶ εἶπαν Ἰδόντες ἑωράκαμεν ὅτι ἦν Κύριος 28
μετὰ σοῦ, καὶ εἴπαμεν Γενέσθω ἀρὰ ἀνὰ μέσον ἡμῶν καὶ ἀνὰ μέσον σοῦ, καὶ διαθησόμεθα μετὰ
σοῦ διαθήκην ²⁹μὴ ποιήσειν μεθ᾽ ἡμῶν κακόν, καθότι ἡμεῖς σε οὐκ ἐβδελυξάμεθα, καὶ ὃν τρόπον 29
ἐχρήμεθά σοι καλῶς καὶ ἐξαπεστείλαμέν σε μετ᾽ εἰρήνης· καὶ νῦν σὺ εὐλογητὸς ὑπὸ Κυρίου.
³⁰καὶ ἐποίησεν αὐτοῖς δοχήν, καὶ ἔφαγον καὶ ἔπιον. ³¹καὶ ἀναστάντες τὸ πρωὶ ὤμοσαν ἄνθρωπος 30
31

21 εχθρια A     22 εμαχησαντο E     24 δια] δι E
27 εμεισησατε A     29 ποιησιν E | κακον A*(uid)] κακα A* | εκβδελυξαμεθα A

DEMa–jl–xc₂𝔄𝔅𝔈

+τοτου Chr-ed | om εκεινου DˢⁱˡEMac(uid)e–hjmnoqrsuvxc₂
𝔄𝔅 Or-lat Chr | αδικια] αδικιαν acoc₂: αδοκια g: φρεαρ αδικιας
𝔈ᶜᶠ | αυτον] + οι ποιμενες l
21 απαραντες m | ισαακ] post εκειθεν ilr𝔅𝔈: om Macfmn
oqs(txt)u–c₂𝔄 Chr | ωρυξαν m | om εκρινοντο—(22) ετερον Em
εκρινοντο] pr και n: εκρινον l | om και 1° i° | (εκεινου) τουτου
32) | επων, δε αcπoxc₂ | το ονομα αυτου] αυτο Chr |
αυτου] του τοπου εκεινου bf | εχθρια] εχθρα Ist Phil εχθραν Chr ↓
22 om δε l | ωρυξαν s | (και ουκ εμαχεσαντο] εκρινοντο δε
και 73) | και επων.] επων. δε dfipx | ευρυχωριαν cmx | ρυρ] κτ ac
c₂: om o | κυριος] pr o egj: post ημιν 𝔄𝔈: om acc₄: + o θϊ fi ˢⁱʳ |
ημιν] ημων f | του κτ c₂ | om επι της γης] των γην n: om την (spat 2 litt relict) g
23 ανεβη δε] et migrauit 𝔈: και επορευθη και ανεβη Eus |
εκειθεν] (pr εκει 18): ανωθεν Chr: om l Eus
24 αυτω] post κυριος Eus | κυριος] pr o θϊ fir: Angelus
Dei 𝔈ᵖ: + o θϊ egj𝔈ᶠ | ειπεν] + αυτω filr𝔅𝔈 | εγω] pr ecce 𝔈 |
o θεος] pr κτ c₂ | om αβρααμ 1° 𝔄𝔅ᵛᵖ Phil-lat | μη φοβου] post
ειμι 2° n | om γαρ 𝔅ᵛ𝔈 | ευλογησω] (ευλογηω 16): ηυλογηκα
DEMacdeghjopqs–vxc₂𝔅ᵛᵖ Phil-lat | om αβρααμ 2° Phil-lat |
τον πατερα] τω πρι cl | σου 4°] + μη φοβου μετα σου γαρ και
ευλογησω σε και πληθυνω το σπερμα σου δι αβρααμ τον πρα σου l
25 θυσιαστηριον] +τω κω Edfipst𝔈ᶜ: +κω lrc₂: +Domino
Deo suo 𝔈ᵖ | επεκαλεσατο] επεκαλεσετο c₂: (επεκαλεσαντο 18):
εκαλεσε c: επωνομασε dps(txt)v(txt): +εκει EirA–ed | το ονομα]
επι τω ονοματι 32) | κυριου] +του θϊ fir𝔈 |
εκει 2°] om m: εν τη φαραγγι γεραρων M(mg) | +εν τη
φαραγγι γεραρων l | ωρυξαν δε] και ωρυξαν Chr: om δε g | εκει
3°] post ισαακ x𝔄: post φρεαρ c | φρεαρ] pr εκει l: pr εν τη
φαραγγι γεραρων Edeghjpstvc₂ (om τη egj): +εν τη φαραγγι
γεραρων bw: (+εν φαραγγι γεραρων 32): +εν τω φρεατι γεραρων
fi ˢʳ
26 (om προς αυτον 25) | γεραρων] +ιρτε 𝔅ᵖ | οχοζαθ]
οχοζατ a: οχοζαδ l: χοζατ dp: οχοζαξ D | (αυτου 1°] +στομα
παντων 108) | om και φικολ—αυτου 2° f | φικολ AD𝔞ᵇ] φιχωλ
c𝔄: φιχοχ o: φιλοχ dpc₂: φιλοχοτ Jos: φιλωχ l: φιλολ u:

φιλ egj: o φιλωχ m: φιχολ EMa ᵇᵗ rell: Pichol 𝔅 | om o 2°
dc₂ | (στρατηγοτ 14) | om τηε δυναμεωτ c₂ Chr(uid)
27 om αυτοις s𝔈 | ισαακ] pr o e | ηλθετε Ma–ghᵇˡjq–uw
c₂ | ημεισ n | δε] δη l: γαρ (32) Or-lat 𝔄 | om με 2° om
ημεισ—απεστειλατε DˢⁱˡEMabcefgi–morwxc₂: ciecistis
Or-lat | om με 3° dgjᵛpc₂𝔄 Chr | ημων gl
28 και 1°] οι δε και c₂ | om σε oc₂ | εβδελυξαμεθα
bfilrw𝔈 | ιδοντεσ] +σε egjloqsuvxc₂ | εωρακαμεν] εωραμεν αοtx:
ορωαμεν lc₂(ωρ.): ειδομεν m | ην] post κυριοσ bciw: ει n: est Or-
lat: om dp Chr | κυριος] pr o cm: Deus 𝔈ᵖ | +Deus 𝔈ᶜᵈ |
om και 2°—σου 3° w | (και 2°—σου 3°] εικαμεν) ειπομεν acdm*(uid)otxc₂: ειπω-
μεν d Or-lat | σου 3°] ημιν b𝔈 | διαθησομεθα] διαθησο-
μεθα n: διαθωμεθα f: διαθωμεθα o: διαθησομαι E | διαθηκην]
μετα σου αcποxc₂ 𝔅 Chr
29 ποιησαι] ποιησει bw: ποιησε n: ποιησεισ fo: (ποιησησ
79): ποιη n | (μεθ] καθ 32) | κακον] pr μηδεν E: κακα Aˢ |
εβδελυξ. σε ημεισ bw | υμεισ l | σε ουκ εβδελυξ.] ουκ εβδελυξ.
om Chr: nihil peccauimus tibi 𝔄: om σε oc₂ | εβδελυξαμεθα
εβδελυξαμεθα m: εβδεωωραομεθα dp | εχρημεθα A] εχρησαμεθα
DˢⁱˡEM omn 𝔄𝔈(uid) Chr | και 2°] +nunc 𝔅ᵖ | σε 2°] σοι
εβδελυξ. m: εβδεωωραομεθα dp | εχρησαμεθα Α] εχρησαμεθα
σ ευλογητοσ] pr εση ej: σε ευλογημενοσ dpt Chr ↓: ευλογημενοσ
ου bw𝔈 Chr ↓: (ευλογημενοσ οτ εν 18): (εν ευλογητον οτ 25):
εση ευλογητοσ] om σου c₂ Phil-lat | κυριου] θϊ egj: +του θϊ
firs(mg)𝔈
30 (αυτοισ] αυτουσ 14.16.25.130) | δοχην] conuiuium mag-
num Or-lat: iuramentum 𝔈ᶠᵖ | και εφαγον] om dp: +και εκοιμη-
θησαν f
31 om και 1°—αυτον 1° dp | εξαναστάντεσ fi | το] τω Eˢ
(το Eᵃ)bcfgqrt*(uid)uc₂ Chr | ωμοσεν Ebefgijlrtwc₂𝔅 Chr | αν-
θρωποσ] αδοι m: εκαστοσ bjᵇw Chr | τω] προσ τον (20) Chr

20 αδικια—αυτον] α΄ συκοφαντιαν εσυκοφαντησαν γαρ αυτον jsv(sine nom js): om αυτον v) | αδικια] α΄ συκοφαντια σ΄ εσυκοφαν-
τησαν M     26 ο νυμφαγωγοσ] α΄ ο συνετεροσ M

τῷ πλησίον αὐτοῦ· καὶ ἐξαπέστειλεν αὐτοὺς Ἰσαάκ, καὶ ἀπῴχοντο ἀπ' αὐτοῦ μετὰ σωτηρίας. Α
32 ³²ἐγένετο δὲ ἐν τῇ ἡμέρᾳ ἐκείνῃ καὶ παραγενόμενοι οἱ παῖδες Ἰσαὰκ ἀπήγγειλαν αὐτῷ περὶ τοῦ
33 φρέατος οὗ ὤρυξαν, καὶ εἶπαν Οὐχ εὕρομεν ὕδωρ. ³³καὶ ἐκάλεσεν τὸ ὄνομα αὐτοῦ Ὅρκος· §διὰ § Ῠ
τοῦτο ἐκάλεσεν τὸ ὄνομα τῇ πόλει Φρέαρ ὅρκου, ἕως τῆς σήμερον ἡμέρας.

34     ³⁴Ἦν δὲ Ἡσαὺ ἐτῶν τεσσεράκοντα καὶ ἔλαβεν γυναῖκα Ἰουδίν, θυγατέρα Βεὴρ τοῦ Χετταίου,
35 καὶ τὴν Μασεμμάθ, θυγατέρα Αἰλὼμ τοῦ Εὐαίου. ³⁵καὶ ἦσαν ἐρίζουσαι τῷ Ἰσαὰκ καὶ τῇ
Ῥεβέκκα.

1     §¹Ἐγένετο δὲ μετὰ τὸ γηρᾶσαι ¹Ἰσαὰκ καὶ ἠμβλύνθησαν οἱ ὀφθαλμοὶ αὐτοῦ τοῦ ὁρᾶν, καὶ XXVII
ἐκάλεσεν Ἡσαὺ τὸν υἱὸν αὐτοῦ τὸν πρεσβύτερον καὶ εἶπεν αὐτῷ Τίέ μου.  καὶ εἶπεν αὐτῷ Ἰδοὺ §d₂
³ ἐγώ. ²καὶ εἶπεν Ἰδοὺ γεγήρακα, καὶ οὐ γινώσκω τὴν ἡμέραν τῆς τελευτῆς μου· ³νῦν οὖν λάβε
4 τὸ σκεῦος, τήν τε φαρέτραν καὶ τὸ τόξον, καὶ ἔξελθε εἰς τὸ πεδίον καὶ θήρευσόν μοι θήραν· ⁴καὶ
ποίησόν μοι ἐδέσματα ὡς φιλῶ ἐγώ, καὶ ἔνεγκόν μοι ἵνα φάγω· ὅπως εὐλογήσῃ σε ἡ ψυχή μου
5 πρὸ τοῦ ἀποθανεῖν με. ⁵Ῥεβέκκα δὲ ἤκουσεν λαλοῦντος Ἰσαὰκ πρὸς Ἡσαὺ τὸν υἱὸν αὐτοῦ·
6 ἐπορεύθη δὲ Ἡσαὺ εἰς τὸ πεδίον θηρεῦσαι θήραν τῷ πατρὶ αὐτοῦ. ⁶Ῥεβέκκα δὲ εἶπεν πρὸς

---

34 χεττγαιου E     35 αιριζουσαι A     XXVII 1 ισακ A
3 σκευος sup ras Aᵇ¹(ταξον A*ᵘⁱᵈ) | παιδιον AE     5 παιδιον A

---

DEMa–jl–xc₂(d₂)ԱᏴᏕᎬ(Ꮚʳ)

αυτου 1°] αυτων m: om bw | αυτους] αυτοις m | (απωχοντο]
απερχονται 79: +δε 32) | αι—σωτηριας] om m: om αχ αυτου
Ꮚ | αχ] μετ c₂ | (μετα σωτηριας] εν ειρηνη 20)

32 παραγενομενοι—αυτω] απηγγειλαν ισαακ οι παιδες αυτου
d | παραγενομενοι] παραγεναμενο En: παρεγενοντο fiᵃʳ | απηγ-
γειλαν] pr και fiᵃʳ | om αυτω m | (φρεατος] +του ορκου s | και
ειπαν] quod Ꮚ | ειπαν—υδωρ] non inuenerunt aquam in eo Ꮚ
(om non Ᏽᶜ) | ειπαν] ειπον dfptᵃʳ: +αυτω abmowxc₂: ειπον
αυτω c | om ουχ fᎯ-codd

33 (εκαλεσεν 1°] εκαλεσαν 79) | το ονομα αυτου ADn]
αυτω adflᵇpqu: αυτο EMᎯᵗ rell ԱᏴᏕᎬ Phil Chr: αυτον Cyr |
ορκος] ορκον Chr Cyr: (οικος 107): copia Ꮚ: Bersa-
bech Ᏽᶜ | εκαλεσεν 2°—πολει] nomen est ciuitatis illius Ꮚ |
εκαλεσεν το 2°] εκαλεσαν το τᎯ: εκληθη το ι*c₂: om acmoxᎯ:
om το DᵘᵢMeghjqsuv | om το 2°—πολει (τη πολει ονομα 79): τη
πολει (78) Ᏽ | τη πολει] +εκεινη bwc₂Ᏽ: του τοπου εκεινου dp |
φρεαρ ορκου] iuramentum Ᏽᶠᵖ: Bersabech Ᏽ | ορκου—fir] om
fir | της] την f | σημερον ημερας] ημ. της σημ. aco: om ημερας
f Cyr-ed

34 ην δε] pr et Ꮚ | ησαυ] ισαακ n | τεσσαρακ. ετων acdm
orsvxc₂Ꮚ | γυναικα] γυναικας dpxc₂: om Chr: +η ονομα svᏮ |
ιουδιν Adp] pr την bw Ch (ιουδειν₁): ιουδην mnc₂: ιουδηθ hlx:
Iudith Ꮚ Phil-lat: addaᵣ f: αδδαρ sup ras (6) iᵃ | θυγατερα 1°
ADᵘⁱbw Chr] pr την EM rell: om Ꮚ-cod | βεηρ] βαιηρ Megj:
βεηρει x: (βηρι 20): Beiher Ꮚ: βηρηρ dp: βεηα a: βεηλ orc₂
Ᏽᵇʳ: βαιηλ Ec Chr: (βεωτ 83(uid)): αιλων iᵃ¹: οτων) και bwᎯᎯ |
bw: (ελαμ 108): Heber Anonᵐ | του χετταιου] του ευαιου bw:
Caethei Ꮚ | om και 2°—ευαιου Ᏽᶠᵖ | om της c₂ | μασεμμαθ
AEhᵉrᵇ¹]μασεμμα g: (μασεμμαθ j(mg)rᵐwᎯ-codd:
μασεμαμ c: μασεμα (71) Ꮚ-ed: μασεμμα j(txt)m: μασεθαμ b:
βασεμμαθ Mcloqs–vc₂: βασεμαθ Ꮚᵖᵖ(ᵇ) Chr: Basemat Anonᵐ:
(βασεμμα 14.77): βασεμαθ m: Bassemat Ꮚ: βεσσεμαθ a:
βεσεμαθ hᵇᎯᵖ(ᵃ): βασεμαμαθ D(uid): Barhanath Phil-latᵃ:
Barhainath Phil-latᵃ: ασεμαθ dp: ελιβεμα fiᵃ | θυγατερα 2°]
pr την 71) | αιλωμ AEgjx] ελωμ er Chr: αιδωμ D: εδωμ r:

---

αιλων Ma*chstvc₂: ελων aᵇ¹dlmopquᏞ: Helon Anonᵐ: (ελαμ
79: εδων 16): βεωρ b: βαιωρ w: αια θυγατερα σεβεγυμ fiᵃʳ
(θυγατηρ) | του ευαιου] του σευαιου l: Euchei Ꮚ: του χετταιου
E(χετγ.)bwx: om του Dᵘⁱ

35 εριζουσαι] +heae duae Ꮚ | τη] την cm | ρεβεκκα: c

XXVII 1 μετα το] εν τω bw | ισαακ] pr τον adegjnpc₂d₂
Chr Cyr-ed | om και 1° blmwᏞ Thdt | ημβλυνθησαν] ημβλυ-
θησαν bw: ημβλινθησαν mo: ημβλυνστησαν D(ηβλ.)E(ηρβλ.)ilr |
αυτου οι οφθαλμοι d | του οραν] του μη οραν Ddmpw: et nihil
uidebat Ꮚ: (om 25: om του 107) | om και 2° ᎯᏴ | εκαλεσεν]
+ισαακ acegjmprᏴᶜ | ησαυ] post αυτον 2° d: om acegjlmpr |
πρεσβυτερον] πρωτοτοκον Cyr | om εγω 1° bwᏞ: om και αυτω
1° bwᏴⁱ | om μου—(2) ειπεν E | om μου bdhprtwd₂Ꮚ | om
και 4°—εγω giᏴᵛ(hab ωδε iᵃ) | (om και ειπεν αυτω 2° 14) | και
4°) ο δε fiᎯ-edᏞ | ειπεν αυτω 2° AᎯ] προς αυτον acoxc₂: om DᵘⁱM
rell ᎯᏴᵇᏞ Cyr | (om εγω 18)

2 και ειπεν] et is dicit ei Ꮚ: ειπεν δε αυτω dfiptd₂: +αυτω
DMehj–nqsuᏴⁱᏞᎯ | ιδου] pr ισαακ dfimptd₂Ꮚ: +εγω d–gij-
prstvd₂ᏴᏴⱽ Ath Chr Cyr-ed | om και 2° (31) Ᏽⁱ | γινωσκω]
οιδα Cyr-ed | (την—τελευτης] την τελευτην 30)

3 (ουν] +υε 37) | το σκευος A] (τα σκευη 32): om Phil-
latᵃ: +σου DᵘⁱEM omn ᎯᏴᏞ Phil-arm-latᵃ Chr Cyrᵖ | την—
τοξον] arcum et pharetram Ꮚ | om το 2°] σου q | τοξον]
+σου EᏴ | om και 2°—θηραν g | εξηλθεν s | (εις το πεδιον]
pr εις αγραν 32: εις θηραν 20) | θηρασον m

4 εγω φιλω svᏞ | om εγω Ꮚ Phil-arm-lat | ενεγκαν AEiᵃ¹r]
ηνεγκε c: ενεγκε DᵘⁱMiᵃ rell Chr Cyr | οπως) και bwᎯᏞ |
(ευλογηση σε] post μου 83) | ευλογησει DEbdimnprwᏞ | προ
του Am] πριν η bdiᵃ(uid)opwd₂ Chr: πριν DᵘⁱEMiᵃʳ rell
Cyr

5 ρεβεκα g | ηκουσεν] ηκουσε qu: (εξηκουσε 20): ut audi-
uit Ꮚ | λαλουντος ισαακ] ισαακ λαλουντος egjx: (ισαακ λαλουν-
τος αυτου 14) | om ησαυ 1° Ꮚ | (om δε 2° 108) | θηραν]
θηραμα g

6 ειπεν δε ρεβεκκα ᎯᎬ Chr | ρεβεκκα δε] και ρεβεκκα bw |
om δε g*: + ηκουσε λαλουντος ταυτα και d | (om προς 1° 18*) |

---

31 μετα σωτηριας] οι 乁 μετ ειρηνης M: εν ειρηνη s     32 ευρομεν] οι 乁 ευρομεν M
33 ορκος] α' πλησμονη M     35 εριζουσαι] ο συρ. ουκ εναρεστουσαι jc₂: ο συρ. και ο εβρ. παροργιζουσαι j
XXVII 1 ημβλινθησαν] α' [η]μαυρωθησαν ησθενησαν M

69

A †Ἰακώβ† τὸν υἱὸν αὐτῆς τὸν ἐλάσσω Ἴδε ἐγὼ ἤκουσα τοῦ πατρός σου λαλοῦντος πρὸς Ἠσαῦ τὸν
ἀδελφόν σου λέγοντος 7Ἔνεγκόν μοι θήραν καὶ ποίησόν μοι ἐδέσματα, ἵνα φαγὼν εὐλογήσω σε 7
¶ D ἐναντίον Κυρίου¶ πρὸ τοῦ ἀποθανεῖν με. 8νῦν οὖν, υἱέ, ἄκουσόν μου καθὰ ἐγὼ ἐντέλλομαί σοι· 8
9καὶ πορευθεὶς εἰς τὰ πρόβατα λάβε μοι ἐκεῖθεν δύο ἐρίφους ἁπαλοὺς καὶ καλούς, καὶ ποιήσω 9
αὐτοὺς ἐδέσματα τῷ πατρί σου ὡς φιλεῖ· 10καὶ εἰσοίσεις· τῷ πατρί σου καὶ φάγεται, ὅπως 10
εὐλογήσῃ σε ὁ πατήρ σου πρὸ τοῦ ἀποθανεῖν αὐτόν. 11εἶπεν δὲ Ἰακὼβ πρὸς Ῥεβέκκαν τὴν 11
μητέρα αὐτοῦ Ἔστιν Ἠσαῦ ὁ ἀδελφός μου ἀνὴρ δασύς, ἐγὼ δὲ ἀνὴρ λεῖος· 12μὴ ποτε ψηλαφήσῃ 12
με ὁ πατήρ μου, καὶ ἔσομαι ἐναντίον αὐτοῦ ὡς καταφρονῶν, καὶ ἐπάξω ἐπ᾽ ἐμαυτὸν κατάραν καὶ
οὐκ εὐλογίαν. 13εἶπεν δὲ αὐτῷ ἡ μήτηρ Ἐπ᾽ ἐμὲ ἡ κατάρα σου, τέκνον· μόνον ὑπάκουσον τῆς 13
φωνῆς μου, καὶ πορευθεὶς ἔνεγκαί μοι. 14πορευθεὶς δὲ ἔλαβεν καὶ ἤνεγκεν τῇ μητρί, καὶ ἐποίησεν 14
ἡ μήτηρ αὐτοῦ ἐδέσματα καθὰ ἐφίλει ὁ πατὴρ αὐτοῦ. 15καὶ λαβοῦσα Ῥεβέκκα τὴν στολὴν 15
§ k Ἠσαῦ τοῦ υἱοῦ αὐτῆς τοῦ πρεσβυτέρου †τὴν καλήν, ἣ ἦν παρ᾽ αὐτῇ ἐν τῷ οἴκῳ, καὶ ἐνέδυσεν
Ἰακὼβ τὸν υἱὸν αὐτῆς τὸν νεώτερον· 16καὶ τὰ δέρματα τῶν ἐρίφων περιέθηκεν ἐπὶ τοὺς βραχίονας 16
αὐτοῦ καὶ ἐπὶ τὰ γυμνὰ τοῦ τραχήλου αὐτοῦ· 17καὶ ἔδωκεν τὰ ἐδέσματα καὶ τοὺς ἄρτους οὓς 17
ἐποίησεν εἰς τὰς χεῖρας †Ἰακὼβ† τοῦ υἱοῦ αὐτῆς. 18καὶ εἰσήνεγκεν τῷ πατρὶ αὐτοῦ· εἶπεν δὲ 18
Πάτερ μου· ὁ δὲ εἶπεν Ἰδοὺ ἐγώ· ††τίς εἶ σύ, τέκνον; 19καὶ εἶπεν Ἰακὼβ ὁ υἱὸς αὐτοῦ τῷ πατρὶ 19

---

6 ιακωβ] ισαακ A     9 αιριφους A     11 λιοι AE     17 ιακωβ] ρεβεκκαι A     18 τις] pr ο δε ειπεν A

(D)EMa–j(k)l–xc₂d₂𝕬𝕭𝕰𝕷·

om ιακωβ Chr | υιον αυτης τον] bis scr w* | om αυτης E | τον
ελασσω] τω ελασσω g : τον νεωτερον bdfi*mps(txt)vwd₂: om
αοxc₂𝕬 Phil-arm-lat | ιδε] pr λεγουσα αcοxc₂𝕬: ηδε Mhqrsu:
ωδε l : ιδου cefgioc₂: om Phil-lat | om εγω Phil-arm-lat |
του—λαλουντος] λαλουντος του πρς σου bdfimnptd₂: λαλουντος
ισαακ του πρς σου w | ⟨λαλουντος⟩ λεγοντος 32⟩ | om ησαυ 𝕬 |
om τον αδελφον σου dpd₂ | τον 3°] bis scr m | αδελφον] pr και
Chr : ⟨και ειπεν 32⟩: om fn𝕰

7 ενεγκον] ενεγκε Mac–fhi*j–npv(?ex corr)xc₂d₂ Chr : θηρευ-
σον bw | ⟨om μοι 1° 16⟩ | om θηραν—μοι 2° n | εδεσμα r |
ιρα] και a–dmops(txt)v–d₂𝕭𝕷 | φαγων] φαγω και fi*𝕬𝕭𝕷jp :
om 𝕰 | ευλογησω σε] ευλογηση σε η ψυχη μου f | om ευλογησω
κυριου i* | ⟨ενωπιον 128⟩ | κυριου] +του θυ fi*r | om προ—με
bw | προ του] πριν h | με αποθανειν dfi*mpsvc₂d₂

8 υιε] τεκνον l : +μου cmqu𝕭𝕷 | ακουε Chr-ed | μου] μοι
E | καθα—σοι] της φωνης l | καθα] καθως w: και c | σοι εγω
εντελλομαι Chr : om εγω w𝕭𝕰 | εντελλομαι σοι Aac(εντελω-
μαι)moxc₂𝕬 | σοι εντελλομαι EMf*(εντελωμαι f*) rell 𝕷(uid)

9 και 1°—(11) εγω δε] ualde mutila in 𝕷 | εις τα προβατα]
in agrum A | om μα g | om εκειθεν 𝕰 | εριφους] +caprarum
Phil-arm | απαλους και καλους] bono[s et tene]ros 𝕷 | απαλους]
primogenitos 𝕰c : om 𝕰c : +τε egj | και καλους] om 1 : om
και 𝕭𝕰 | ποιησω] ποιησον 𝕰p : fac cito Phil-lat : +γω m |
om αυτους blmw | om ως—(10) σου 1° dmpc₂

10 οπως ευλογηση] et benedicet 𝕷 | ευλογησει Eabdinpqr
uw | ο πατηρ σου] η ψυχη αυτου f : om 𝕭*𝕰 | αυτον αποθανειν
svw | αυτον] om bdmpd₂

11 om προς—αυτου d | ρεβεκκαν] ρεβεκκα d₂ : om Chr |
εστιν] ecce 𝕰 Phil-arm: om l | om ησαυ—ο 1° Phil-arm: om
om bdempwd₂ | ανηρ 1°] α̅ν̅ρ̅ E | om ανηρ 2° egj𝕬 Phil-
lat

12 μη ποτε] pr et 𝕰 : +ουν w | ψηλαφησει dnprsv | om

μου di*pqsuvd₂ Phil-lat Chr | επαξω] εισενεγκω l : adducat Phil-
lat | επ εμαυτον] επ εμαυτο c₂̣^? om εν bdtw : εμαυτω ei*lmnp
Chr : επ αυτον Ef*s : ⟨επ αυτον 79⟩

13 ειπεν—(15) αυτη 1°] ualde mutila in 𝕷 | αυτω] post
μητηρ m : om cf | η μητηρ] αυτου n : +αυτου acfi*oprxc₂𝕬𝕭𝕷
(uid) | η καταρα σου] maledictio ista 𝕬 Phil-lat* : om σου Phil-
arm | υπακουσον] Ebfl-qstxd₂ Thdt : ακουσον d | της
φωνης] post μου lqu : om b𝕰 | ενεγκαι AEhlnoc₂] ενεγκον i*r:
ενεγκε Mi* rell Chr | μοι] +ησαυ s

14 πορευθεις] δε a]biit Iacob 𝕷 : ⟨om δε 83⟩ | τη μητρι]
⟨την μρα 14.130*⟩: +αυτου Mac–gi–ptxc₂d₂𝕬𝕭𝕷(uid) Chr |
εποιη c | om η μητηρ—(15) αυτου 1°—και 2° egj | επι 1°] περι
bdfimprsvwd₂ Chr | εδεσματα d₂* | ιακωβ—αυτης] αυτου E

15 ρεβεκκα] pr η ⟨2Ø⟩ Chr : +και 𝕷 | om ησαυ o𝕬
Chr | αυτης 1°] αυτου dp | παρ αυτη] τα bis scr s : παρ αυτης
ci*(uid)n : om 𝕭 | αυτη 1° του οικω] ⟨εν τη οικια 73⟩: om 𝕰 : +eius
𝕭 | om και 2° EMbd–ij*¹kln–qtuwd₂𝕬𝕭 | om 𝕰 : ενεδυσεν]
+αυτην bwT–A (αυτον coI) | om ιακωβ c | τω υιω αυτης τω
νεωτερω l

16 εριφων] αιγων M(mg) : +των αιγων ackxc₂ | περιεθηκεν]
εθηκεν egj : ligauit 𝕭 | om επι 1°—και 2° egj | επι 1°] περι
bdfimprsvwd₂ Chr : ceruicem 𝕷 : +τα γυμνα του τραχηλου]
nudam ceruicem 𝕭 : ceruicem 𝕭 Phil-arm

17 εδωκεν] ενεγκεν s | εδεσματα—αρτους και τα εδεσ-
ματα 𝕭* | om εδεσματα d₂* | ιακωβ—αυτης] αυτου E

18 ηνεγκεν fv | ειπεν δε] και ειπεν bdfi*(om και i*¹)mpwd₂ :
+ad patrem suum 𝕷 | μου Aacfoxc₂𝕬𝕭] om EM rell Cyr |
om ο δε—ιδου d₂* | ο δε ειπεν] και ειπεν i*¹: et dixit ei pater
𝕰 | ιδου εγω] om ιδου εγω ib*¹nr | και ειπεν A: pr και
ειπεν hm𝕬: pr et dixit Isac 𝕷: quid est 𝕭

19 και ειπεν] ειπε δε n | ο υιος αυτου A] om EM om m𝕭
𝕰𝕷 Chr Cyr | τω πατρι] om 𝕰 : και ειπεν αυτω hikqrtu𝕬

6 ιδε—λεγοντοι] α´ ιδου ηκουσα του πρς σου λαλουντος προς ησαυ τον αδελφον σου τω λεγειν σ´ ηκουσα του πρς σου λαλουντος
προς ησαυ τον αδελφον σου λεγοντος θ´ ιδου εγω ηκουσα του πρς σου λαλουντος προς ησαυ τον αδελφον σου λεγοντα v | ιδε] α´θ´
ιδου s

12 καταφρονων] α´ καταμωκωμενος σ´ καταπαιζων Mc₂ : ο συμμαχος το καταφρονων αντι του καταπαιζων ο δε ακυλας κατα-
μωκωμενος j

15 την στολην] α´ τα ιματια M      16 γυμνα] α´σ´ λεια M

αὐτοῦ Ἐγὼ Ἠσαὺ ὁ πρωτότοκός σου, ἐποίησα καθὰ ἐλάλησάς μοι· ἀναστὰς κάθισον καὶ φάγε Α
20 τῆς θήρας μου, ὅπως εὐλογήσῃ με ἡ ψυχή σου. ²⁰εἶπεν δὲ Ἰσαὰκ τῷ υἱῷ αὐτοῦ Τί τοῦτο ὃ ταχὺ
21 εὖρες, ὦ τέκνον; ὁ δὲ εἶπεν Ὅ παρέδωκεν Κύριος ὁ θεὸς ἐναντίον μου. ²¹εἶπεν δὲ Ἰσαὰκ τῷ
22 Ἰακὼβ Ἔγγισόν μοι καὶ ψηλαφήσω σε, τέκνον, εἰ σὺ εἶ ὁ υἱός μου Ἠσαὺ ἢ οὔ. ²²ἤγγισεν δὲ
23 Ἰακὼβ πρὸς Ἰσαὰκ τὸν πατέρα αὐτοῦ, καὶ ἐψηλάφησεν αὐτόν· καὶ εἶπεν Ἡ φωνὴ φωνὴ Ἰακώβ,
23 αἱ δὲ χεῖρες χεῖρες Ἠσαύ. ²³καὶ οὐκ ἐπέγνω αὐτόν· ἦσαν γὰρ αἱ χεῖρες αὐτοῦ ὡς αἱ χεῖρες
24 Ἠσαῦ τοῦ ἀδελφοῦ αὐτοῦ δασεῖαι· καὶ ηὐλόγησεν αὐτόν. ²⁴καὶ εἶπεν Σὺ εἶ ὁ υἱός μου Ἠσαύ;
25 ὁ δὲ εἶπεν Ἐγώ. ²⁵καὶ εἶπεν Προσάγαγέ μοι καὶ φάγομαι ἀπὸ τῆς θήρας σου, τέκνον, ὅπως
εὐλογήσῃ σε ἡ ψυχή μου. καὶ προσήνεγκεν αὐτῷ, καὶ ἔφαγεν· ⁸καὶ εἰσήνεγκεν αὐτῷ οἶνον, καὶ ⸆ D
²⁶ἔπιεν. ²⁶καὶ εἶπεν αὐτῷ Ἰσαὰκ ὁ πατὴρ αὐτοῦ Ἔγγισόν μοι καὶ φίλησόν με, τέκνον. ²⁷καὶ
ἐγγίσας ἐφίλησεν αὐτόν· καὶ ὠσφράνθη τὴν ὀσμὴν τῶν ἱματίων αὐτοῦ, καὶ ηὐλόγησεν αὐτὸν καὶ
εἶπεν

      Ἰδοὺ ὀσμὴ τοῦ υἱοῦ μου
         ὡς ὀσμὴ ἀγροῦ πλήρους ὃν ηὐλόγησεν Κύριος.
28      ²⁸καὶ δῴη σοι ὁ θεὸς ἀπὸ τῆς δρόσου τοῦ οὐρανοῦ ἄνωθεν,
         καὶ ἀπὸ τῆς πιότητος τῆς γῆς,
         καὶ πλῆθος σίτου καὶ οἴνου.
29      ²⁹καὶ δουλευσάτωσάν σοι ἔθνη,
         καὶ προσκυνήσουσίν σοι ἄρχοντες·

---

19 μου] μ sup ras A'     22 ηγγεισεν Α | εψηλαφησεν] ψψλ sup ras (4) A'
23 χειρες 2°] χειραις Α | ησαυ] sup ras (6) Aᵃ   26 εγγεισον Α   27 ευλογησεν Eι

(D)EMa–xc₂d₂𝕬𝕭𝕰𝕷ʲ

Cyr | εγω] om a : +ειμι cfln𝕬𝕭𝕰𝕷 Phil-arm-lat' Chr Thdt |
πρωτοτοκος σου] υιοι σου ο πρωτοτοκοs Chr : +υιοs fn Or-gr |
εποιησα] post μοι Cyr (πεποιηκα cod) : πεποιηκα EMabceghjlo
q–xc₂ : (και πεποιηκα 32) : πεποιηκα σοι (20) Chr | καθωs bw |
ελαλησαs] post μοι c : λελαληκαs bw Chr : ενετειλω 1 | μοι] με
m | αναστas καθισον] αναστηθι T-A | αναστas] +δε r | om
και 2° x𝕭𝕰𝕷 | της θηρας μου] pr ατο n𝕭 T-A : pr εκ (20) Chr :
om dmpd₂ | οτωs] ινα T-A : +ibi 𝕷 | ευλογησει dinprsv

20 om τω νιω αυτου (107) Chr | του νιον E | ο 1°] (ω 71 :
ωs 32) : οτι EεfgilnΒ Phil-gr-codд ½ Chr : om a Phil-gr-cod ½ |
ταχυ ευρεs] εταχυναs ln |ταχυ] tam cito 𝕷 Phil-lat | om o mns
𝕬𝕭𝕰 Phil-gr ½ | (ο δε ειπεν] ειπεν δε 73) | ο δε] και Ediᵃmps(txt)
vd₂: qui 𝕷 | ο 3°] (οτι 61): sicut 𝕬 | παρεδωκεν] +οιν 1𝕰 |
om κυριοs f𝕭ᵇ Or-gr | ο θεοs] om Phil-gr-codд½-arm-lat : +σου
EMabeghⁱjknoqs–xc₂𝕰𝕷 Phil-gr-codд½ Or-gr Chr | εναντιων
μου] in manus meas Phil-arm | εναντιον b | εψω Eabiᵃowd₃ⁱᵇ

21 om τω ιακωβ α' Chr | μοι] με b : om 𝕬 Phil-lat 𝕷 |
ψηλαφησω n : και φιλησω n : ut palpem 𝕷 | με r] +εγω 1°] π
no | om ει 2° bflm | ο νιοs μου] post ησαυ l : om 𝕰 | (ησαυ]
pr ο 31) | om η ου fiᵃʳ Phil-lat

22 (ηγγισεν δε] και ηγγισεν 32: om δε 31) | ισαακ] ησαυ
bᵃ | om και εψηλαφησεν αυτον 𝕰ᵇᵖ (περιεψηλαφησεν 32) |
(αυτον] αυτω 79) | ειπεν] +Isaac 𝕰ᵇᵖ | η Ahoquv| και t :
+μεν EM rell 𝕬𝕭𝕰𝕷 Phil-lat Or-gr Chr Cyr Hil | om φωνη 2°
mpsᵃ | χειρεs δε qu | χειρεs 2°] (pr ωs 32): χειραs f : om mp𝕭
23 εγνω c | ησαυ γαρ] et erant autem 𝕷 | γαρ] δε c | αυτου
1°] ησαυ nr | om του αδελφου αυτου𝕰 | om χειρεs 2° 𝕭 Phil-
arm | om ησαυ nr | om του αδελφου αδελφου] εκπρωτισεν k | αυτον 2°]
+Isaac 𝕰

24 συ] pr ει diprtd₂ Phil-lat Chr: post ει m | (ει] +δε 61) |

om ο δε—εγω 𝕰 | ο δε] και c𝕭ᵃᶜ𝕷: om 𝕰ᵇ | ειπεν 2°] re-
spondit ei 𝕷 | εγω] +ειμι (30) 𝕬𝕭𝕷

25 και ειπεν] (ειπε δε ισαακ 25: om 18) | και 1°] ο δε c |
ειπεν] +ει 𝕰𝕷: (+εγγισον μοι 30) | και φαγομαι] και φαγωμαι
cnq : post σου 𝕷 : και φαγω d : om 𝕰 | ομ ατο M | om της
l | οτωs—μου] ut benedicam tibi fili mi 𝕭ʷ | οτωs A] και dmn
pd₂: ινα EM rell Chr | +edam et 𝕰ᶜ | ευλογησει dmnprd₂ |
acdfiklmorsvxc₂ | αυτω και εφαγεν] τω πατρι τα εδεσματα Chr |
αυτω 1°] αυτον cm: (αυτο 107) | om και εφαγεν—αυτω 2° g |
και εφαγεν] (προσηνεγκεν 79): εισηγαγεν r | αυτω 2°] αυτον p :
om Chr

26 om και 1° om ισαακ—αυτου Chr | ισαακ] post αυτου
bw | ο πατηρ αυτου] τω νιω αυτου d: om E𝕰 | μοι] με f: om
𝕬𝕰 | και φιλησον με] post τεκνον E | φιλησον] φιλησω egj :
(ψηλαφησω 71) | με] om bdmnpsw: se ej | om bdmnpsw 25)

27 ωσφρανθω t | την οσμην f Or-gr Cyr-ed | om και ηυλο-
γησεν αυτον n𝕰 | ειπεν] +των ιματιων 𝕰ᵇᵖ | αγρου πλ...
𝕭 T-A | om ωs 𝕰ᵇᵖ | αγρου πληρους] πληρης αγρου m | πλ-
ρουs] πληρηs D(+D)Edinoprwc₂ᵃ(uid) T-A : πληρεις kx | κυριος]
pr ο Or-gr ⅓: Deus Phil-lat 𝕷

28 και 1°] om l Iren: et dixit ei 𝕷 | δωσει brw 𝕭 Phil-latᵃ |
Chr ½ | ο θεοs] pr εἰ en Phil-arm: κ̄s fⁱᵃ*m Or-lat Cyr Chr½
T-A Hil½ | κ̄θ̄ l | ατο 1°] εκ Chr½ | ανωθεν Aefgijr𝕷 T-A
Hil½] om DEM rell 𝕬𝕭𝕰 Phil Or Chr Cyr Iren Cyp Hil½
Vulg | ατο 2° εκ Chr½ | om ατο της γηs—ανωθεν c₂ |
om και 3° bw 𝕷 Phil-latᵃ Cyr Iren Cyp Hil Vulg | πληθουs ld₂ |
και οινου] uini et olei in domo tua Tract : uini et olei 𝕷 Cyp

29 δουλευσατωσαν] seruient Phil-lat Cyp Hil | εθνη] populi
𝕭ᵇ⁽ᵐᵍ⁾ | προσκυνησουσιν 1°] προσηγησουσι d: προσκυνηγατωσαρ
DEeghjlqtu𝕬𝕭𝕰(uid)𝕷 Chr Cyr Iren-ed | σοι 2°] σε dmnp |

---

27 αγρου] α' χωραs Μ : ο συρος αρουρηs c₂

A

καὶ γίνου κύριος τοῦ ἀδελφοῦ σου,
καὶ προσκυνήσουσίν σε οἱ υἱοὶ τοῦ πατρός σου.
ὁ καταρώμενός σε ἐπικατάρατος,
ὁ δὲ εὐλογῶν σε εὐλογημένος.

30 Καὶ ἐγένετο μετὰ τὸ παύσασθαι Ἰσαὰκ εὐλογοῦντα τὸν Ἰακὼβ τὸν υἱὸν αὐτοῦ, καὶ ἐγένετο 30
ὡς ἐξῆλθεν Ἰακὼβ ἀπὸ προσώπου Ἰσαὰκ τοῦ πατρὸς αὐτοῦ, καὶ Ἠσαὺ ὁ ἀδελφὸς αὐτοῦ ἦλθεν
ἀπὸ τῆς θήρας αὐτοῦ. 31 καὶ ἐποίησεν καὶ αὐτὸς ἐδέσματα καὶ προσήνεγκεν τῷ πατρὶ αὐτοῦ· καὶ 31
εἶπεν τῷ πατρὶ αὐτοῦ Ἀναστήτω ὁ πατήρ μου καὶ φαγέτω τῆς θήρας τοῦ υἱοῦ αὐτοῦ, ὅπως
εὐλογήσει με ἡ ψυχή σου. 32 καὶ εἶπεν αὐτῷ Ἰσαὰκ ὁ πατὴρ αὐτοῦ Τίς εἶ σύ; ὁ δὲ εἶπεν Ἐγώ 32
‡ U₄ εἰμι ὁ ‡υἱός σου ὁ πρωτότοκος Ἠσαύ. 33 ἐξέστη δὲ Ἰσαὰκ ἔκστασιν μεγάλην σφόδρα καὶ εἶπεν 33
¶ U₄ Τίς οὖν ὁ θηρεύσας μοι θήραν καὶ εἰσενέγκας¶ μοι, καὶ ἔφαγον ἀπὸ πάντων πρὸ τοῦ σε εἰσελθεῖν,
καὶ ηὐλόγησα αὐτόν; καὶ εὐλογημένος ἔστω. 34 ἐγένετο δὲ ἡνίκα ἤκουσεν Ἠσαὺ τὰ ῥήματα Ἰσαὰκ 34
τοῦ πατρὸς αὐτοῦ, ἀνεβόησεν Ἠσαὺ φωνὴν μεγάλην καὶ πικρὰν σφόδρα, καὶ εἶπεν Εὐλόγησον δὴ
κάμέ, πάτερ. 35 εἶπεν δὲ αὐτῷ Ἐλθὼν ὁ ἀδελφός σου μετὰ δόλου ἔλαβεν τὴν εὐλογίαν σου. 35
36 καὶ εἶπεν Δικαίως ἐκλήθη τὸ ὄνομα αὐτοῦ Ἰακώβ· ἐπτέρνικεν γάρ με ἤδη δεύτερον τοῦτο· τά 36
τε πρωτοτοκεῖά μου εἴληφεν, καὶ νῦν εἴληφεν τὴν εὐλογίαν μου. καὶ εἶπεν Ἠσαὺ τῷ πατρὶ

---

31 ευλογησει] η sup ras Aᵃ     33 εισηνεγκας A | τατων D | ευλογησα Dˢⁱⁱ
34 σφοδραν D | πατερ] πⁱⁱ (ε sup ras Aᵃ)A     36 πρωτοτοκια DˢⁱⁱE

DEM(U₄)a–xc₂d₂𝕬𝕭𝕮𝕰𝕷

αρχοντες] bis scr 1: +και βασιλεις m | γινου κυριος] dominus
eris Tract | γινου] γυη g: eris Cyp | του αδελφου] των αδελφων
Cyr-ed‡ Vulg: fratri 𝕬 | προσκυνησουσιν 2°] προσκυνησατωσαν
𝕰(uid) Chr ‡ | σε 1° Aacdhpsv] σου DˢⁱⁱEM rell Chr Cyr T-A |
om οι b–egiᵃkᵃpc₂d₂ T-A | ο 1°—ευλογημενος] qui benedicit
tibi benedictus sit et qui maledicet tibi maledictus 𝕰(+sit 𝕰ᶜᵖ) |
ο 1°] pr και 𝕷 T-A Cyp Hil | επικαραρατος] pr erit Cyp:
+εσται n𝔄𝕷 Phil-lat Iren Hil | ο δε] και ο ln𝕷S-ap-Barh
Phil-lat Cyr-ed‡ T-A Iren Hil | om σε 2° i𝕷-arm Cyp-
cod | ευλογημενος] pr erit Cyp-codd: ευλογητος c₂: +erit 𝕷
Iren Cyp-ed Hil
30 ισαακ 1°] pr τον egjmp Chr | ευλογων p | om τον
ιακωβ ds | τον 1° ADMcflpq] om E rell Chr | τον 2°—
ιακωβ 2°] μετα το εξελθειν p | om τον 2° Dl | και εγενετο 2°]
om f: om και εγεν. 𝕬: om εγεν. ωι 𝕷 | ωι] οσον Eacdeg*:
hᵃ(uid)jknqsuvc₂ Phil-gr: οτε hᵇ(uid): +αν td₂ | om ιακωβ 2°
Chr | om προσωπου m | ισαακ του πατρος] Esau filii 𝕭⁽ᵃ⁾:
om p: om ισαακ (30) Phil-arm-lat | om αυτου 2° Phil-arm-lat |
om και 3° x Phil-arm-lat | ησαυ] pr αδ𝕭ˡⁱ Chr | ο αδελφος
αυτου] om 𝔇ˢⁱⁱMbdeghiᵃj–mpqs–wd₂𝔄𝕭𝕮𝕰𝕷 Chr
31 om αυτου 1° Lh Phil-arm-lat | τω πατρι αυτου 2°] om
bdefiᵃˡmnprwd₂𝕰𝕷 Chr: om αυτου DˢⁱⁱEMghiᵃjklqs–v | om
μου s | φαγεται p | της θηρας ADEMklqrsuv Chr] pr απο rell |
του υιου αυτου] filii tui 𝕭ᵃ | οπως ευλογησει] et benedicat |
ευλογησει Aacdnpr] ευλογηση DEM rell Chr | σου] eius 𝕭ˡᵖ
32 om και m | ισαακ—αυτου] om 𝕰ˡᵖ: Isaac 𝕰ᶜ | ισαακ]
post αυτου f | πατηρ] om b(spat 3 litt relict) | συ τις ει T-A‡ |
συ] +τεκτον T-A‡ | ο δε ειπεν] respondit ει 𝕷: et dixit ει
Esau 𝕷 | ει—ησαυ] ησαυ ο πρωτοτοκος T-A | ο υιος—πρω-
τοτοκος] post ησαυ 𝕷: ⟨ο πρωτοτοκος σου ο υ͞ι 78⟩: ο πρωτ. υ͞ι
σου c: ο πρωτ. σου υ͞ι egjmr | υιοι—(33) εισενεγκας] ualde
mutila in U₄
33 εκστασει μεγαλη fiᵃ⁺𝕷(uid) | σφοδρα] pr εωι ac: om w
Phil-gr | om ειπεν m | τις ουν] pr και t: ⟨τι ουν 18⟩: τις ην m

   33 εξέστη] α'σ' εξεπλαγη Mj(sine nom)v

και τις εστιν dpd₂: ⟨τις εστιν 31⟩: ille autem quis erat 𝕬 (est
codd) | ο—μοι 2°] qui apportauit mihi quod uenatus erat 𝕰 | ο
θηρευσας] ο θηρας b: uenatus est 𝕭𝕷 | μοι 1°] μι 1: om m |
εισενεγκας] εισενεγκων dmpd₂: εισηνεγκε fn𝕭:
intulit 𝕷 | μοι 2°] om mw𝕷-ed𝕭ˡᵖ: +θηραν E | om και 3°
cdp𝕭ˡᵖ | om απο—εισελθειν 𝕰 | απο παντων] et ab omnibus
aepulis 𝕷 | προ—εισελθειν] priusquam tu uenires 𝕬𝕷 Phil-lat
(antequam) | σε εισελθειν Aknr] εισελθειν σε qu: ελθειν σε
dfmpsvd₂: σε ελθειν DEM rell Phil-gr Chr | και ηυλογησα] pr
και εφαγον m: και ευλογηκα c₂ Chr | και 5°—εστω] ut bene-
dictus sit 𝕷 | και 5°] bis scr f | εστω] εσται bfl–owxd₂𝕭 Phil-
gr‡ codd‡–lat Chr | codd‡
34 ηικα] ωι DE | τα ρηματα ησαν egj | ισαακ—αυτου]
ταυτα m | ισαακ του πατρος αυτου c: om Efnt𝕭ˡᵖ𝕰 | ανεβοησεν] pr
και Eaiᵃknortxc₂𝕷: και εβοησε bw: om g | ησαυ 2° A] om
DˢⁱⁱEM omn 𝕬𝕭𝕰𝕷 Phil-arm-lat | φωνην—πικραν] φωνη με-
γαλη και πικρα Efilnr𝕷 Phil-lat: φωνη μεγαλην dp | και πικραν
σφοδρα] σφοδρα και πικραν (2α) Chr: om g*: om σφοδρα d |
και ειπεν] +τω αυτου Dacegi*jkloxc₂𝕭ˡᵖ | om ευλογη-
σον—(36) ειπεν 1° b
35 ειπεν δε] και ειπεν egj: dixit igitur 𝕭ˡᵖ: et respondit 𝕷 |
αυτω] +dі[cens] 𝕷 | ελθων] post σου 1° 𝕷: ελθων ειληφεν
mn | om σου 2° x
36 και 1°] et is 𝕷 | ειπεν 1°] +ησαυ dfhkmptd₂𝕭𝕰 Chr |
επεκληθη dptd₂Chr Thdt‡ | επτερνισεν DE(-νης-)efgjort Chr-ed‡
Cyr [γαρ] post με E Phil-gr Thdt‡: ⟨om 108⟩ | με] και οι: om 𝕷 |
ηδη—τουτο] τουτο ηδη δευτερον Cyr: et ecce iterum hodie 𝕷: iam
bis 𝕷: bis iam Phil-lat* | ηδη] ecce Phil-arm: om 𝕭 | om τουτο
bw Phil-gr | τα τε] τοτε T-A Phil-gr: +γαρ f𝕷: om σου 1° v
Phil-lat | ειληφεν 1°] ειληφει Chr | νυν] pr ecce 𝕰ᶜⁱ: om Thdt* |
+ιδου (37) 𝕭 | ειληφεν 2°] ελαβε bw Cyr Thdt‡: post μου 2° f
𝕰: om Thdt‡ | την ευλογιαν] pr και ck𝕭(uid) | om ευλογιαν 2° Phil-
lat* | και ειπεν 2°] ειπεν δε iᵃ¹(uid)r𝕭 | ησαυ—αυτου 2°] ει Esau
𝕷 | pr μητι acoxc₂𝕬 | υτελευσιν qu] υτελευτου M(mg)c₂
Chr: υτελειου Deg: υτελειωω Ed: υτεληφθη n: υτελειω υτελειω

   35 μετα δολου] α' δι ενεδρας Mjsv(om δι js) σ' εν επιθεσει Mjsv 𝕾-ap-Barh

72

37 αὐτοῦ Οὐχ ὑπελείπου μοι εὐλογίαν, πάτερ;. [37]ἀποκριθεὶς δὲ Ἰσαὰκ εἶπεν τῷ Ἠσαύ Εἰ κύριον A
αὐτὸν ἐποίησά σου, καὶ πάντας τοὺς ἀδελφοὺς αὐτοῦ ἐποίησα αὐτοῦ οἰκέτας, σίτῳ καὶ οἴνῳ
38 ἐστήρισα αὐτόν· σοὶ δὲ τί ποιήσω, τέκνον; [38]εἶπεν δὲ Ἠσαὺ πρὸς Ἰσαὰκ τὸν πατέρα αὐτοῦ
39 Μὴ εὐλογία μία σοί ἐστιν, πάτερ; εὐλόγησον δὴ κἀμέ, πάτερ. [39]ἀποκριθεὶς δὲ Ἰσαὰκ ὁ πατὴρ
αὐτοῦ εἶπεν αὐτῷ

Ἰδοὺ ἀπὸ τῆς πιότητος τῆς γῆς ἔσται ἡ κατοίκησίς σου,
καὶ ἀπὸ τῆς δρόσου τοῦ οὐρανοῦ ἄνωθεν·
40 [40]καὶ ἐπὶ τῇ μαχαίρῃ σου ζήσῃ,
καὶ τῷ ἀδελφῷ σου δουλεύσεις.
ἔσται δὲ ἡνίκα ἐὰν καθέλῃς
καὶ §ἐκλύσεις τὸν ζυγὸν αὐτοῦ ἀπὸ τοῦ τραχήλου σου. § $U_4$

41 [41]Καὶ ἐνεκότει Ἠσαὺ τῷ Ἰακὼβ περὶ τῆς εὐλογίας ἧς εὐλόγησεν αὐτὸν ὁ πατὴρ αὐτοῦ·¶ ¶ $U_4d_2$
εἶπεν δὲ Ἠσαὺ ἐν τῇ διανοίᾳ αὐτοῦ Ἐγγισάτωσαν αἱ ἡμέραι τοῦ πένθους τοῦ πατρός μου, ἵνα
42 ἀποκτείνω Ἰακὼβ τὸν ἀδελφόν μου. [42]ἀπηγγέλη δὲ Ῥεβέκκᾳ τὰ ῥήματα Ἠσαὺ τοῦ υἱοῦ αὐτῆς
τοῦ πρεσβυτέρου· καὶ πέμψασα ἐκάλεσεν Ἰακὼβ τὸν υἱὸν αὐτῆς τὸν νεώτερον καὶ εἶπεν αὐτῷ
43 Ἰδοὺ Ἠσαὺ ὁ ἀδελφός σου ἀπειλεῖ σοι τοῦ ἀποκτεῖναί σε. [43]νῦν οὖν, τέκνον, ἄκουσόν μου τῆς
φωνῆς, καὶ ἀναστὰς ἀπόδραθι εἰς τὴν Μεσοποταμίαν πρὸς Λαβὰν τὸν ἀδελφόν μου εἰς Χαρράν·

36 υπελειπω A 37 αυτου 2°] ου sup ras $A^a$ 40 δουλευσης E
41 ηυλογησεν *D*E | αυτου 2°] υ 2° sup ras $A^a$ | αποκτινω E

*D*EM($U_4$)a–x$c_2$($d_2$)𝕬𝕭𝕰𝕷$^r$

b$j^b$w: υπολελειπται f: υπελειπω AM(txt)$j^*$ rell: *reliquisti* 𝕬𝕭𝕰 𝕷: *dereliquisti* Phil-lat: *mansit* Phil-arm | μοι] σοι fn: +*etiam mihi* 𝕭 | ευλογια bfnw Phil-arm | om πατερ Phil-arm-lat$^1$

**37** om δε 1° $c_2$𝕭$^w$ | ισαακ] +ο π̄ηρ αυτου n | ειπεν] pr και ⟨18⟩ 𝕷 | τω ησαυ] αυτω ⟨30⟩ Chr: αυτω ησαυ $w^*$: om n | ει] η o: ιδου Ath: om k𝕰 | κυριον—σου] *dn̄m tuum feci eum* 𝕷 Phil-arm | εποιησα 1°] πεποιηκα Mkqu | σου] σοι n𝕬𝕭(uid) Phil-lat | αυτου 1°] σου f𝕬-ed: om dp | εποιησα 2°] πεποιηκα $D^{sil}$Eaceghjkoqs(-κας)tuvx$c_2$: om bw Chr | αυτου 2°] αυτω f𝕬 𝕭(uid) Hil: αυτους g: om bw Phil-arm-lat Chr | σιτω και οινω] *areis et arboribus* Phil-arm | εστηρισα] εστερησα bn: εστηριξα $D^{sil}$d Chr: εστερεωσα l: ⟨ετηρισα 130: ετηρησα 16⟩: ουχ υστερησα m | αυτον 2°] αυτω m | om δε 2° 𝕬 Phil-lat

**38** om προς—αυτου d | ισαακ A*D*Mfhilnr𝕰] om E rell 𝕬𝕭𝕷 Or-gr Chr | μια] post σοι Phil-gr: om m: +μονη *D*($D^{uid}$) | σοι] post εστιν Ex𝕬𝕷 Phil-arm-lat Cyr (εσται ed): μοι m | εσται Phil-gr-codd-omn | ⟨om πατερ 1° 37·73⟩ | ευλογησον δη καμε] om 𝕰: om δη 𝕬 Phil | πατερ 2° A] om Cyr-ed: π̄ερ κατανυχθεντος δε ισαακ m: π̄ερ κατανυχθεντος δε ισαακ ανεβοησεν φωνην ησαυ και εκλαυσεν D(+$D^{sil}$)EM rell 𝕬𝕭𝕷 Phil-arm-lat Or-gr Chr [om π̄ερ deptx$c_2d_2$ Phil-arm-lat | κατανυχθ. δε] και κατανυχθ. l𝕭: κατανυγεντος δε n: om δε $g^*$: *cunctan......em* 𝕷 | ισαακ] pr του e: ισαυ $E^{a?}$ | φωνην] φωνη bcntvw$d_2$ Phil-lat$^2$ Or-gr Chr: *uocem suam* 𝕬: φωνη μεγαλη Efilqrsu𝕭$^w$𝕷 Phil-arm-lat$^1$: om $c_2$𝕭$^{lp}$ | om ησαυ E]: *et tum clamauit Esau et fleuit* 𝕰

**39** αποκριθεις—αυτω] *et dixit Isaac* 𝕰 | αποκρ. δε ισαακ] om m: om ισαακ 𝕷 | om ο πατηρ αυτου d𝕭 | om ιδου 𝕰$^p$ | απο 1°—ανωθεν] *a rore caeli desuper et a rore terrae* (+*subtus* 𝕰$^p$) *sit uictus tuus* 𝕰 | απο της πιοτητος] *a potu* 𝕷 | om εσται $fi^{a?}$ | της 3°] του c

**40** om και 1° egj | om τη Phil | om σου 1° Phil-lat | δε] om $r^*$: *ergo* Phil-lat | αν a–gjmpw$d_2$ | καθελης] αθε sup ras a: θελης Eqw𝕰(+*te submitte ei* 𝕰$^p$): ⟨και θελης 71⟩ | και εκλυσεις] ⟨εληυσης 71⟩: om Thdt Hil | om και 3° 𝕰$^{cf}$ | εκλυσεις—(41) αυτου 1°] ualde mutila in $U_4$ | εκλυσεις Afkmn Phil-lat$^1$ Chr] ελκυσης bl: εκλυσης $D^{sil}$EM rell 𝕷 Phil-gr-lat$^2$ Cyr | τον ζυγον αυτου] *iugum tuum* 𝕭$^w$ Phil-lat$^2$: om αυτου dp$c_2$ Phil-gr-arm 𝕰$^p$ | om του Cyr ½

**41** και ενεκοτει ησαυ] *te submitte* 𝕰$^{fp}$ | ενεκοτει] *minatus est autem* 𝕷 | τω ιακωβ] ⟨τω αδελφω αυτου ιακωβ 76⟩: *fratri suo* 𝕷: om τω egjm | περι—ης] *propter benedictiones quas* 𝕬-ed | ης] ην m | αυτον] ⟨pr ισαακ 37⟩: ισαακ m: om b𝕰$^p$: +ισαακ degjp$d_2$ | αυτου 1°] +αυτον m | ειπεν δε] και ειπεν l | αυτου 2°] sub ※ M𝕬: om Eegjksv Phil-arm-lat$^2$ Chr Cyr | εγγισουσι Chr ½ | του πενθους] του παθους dj(mg)ps(mg) Phil-gr-codd Hipp-ap-Hier: *mortis* 𝕭𝕷: om Thdt ½ | του πατρος] εν τη διανοια f | ινα αποκτεινω] ινα αποκτενω $i^*$o: και αποκτενω f𝕷 Phil-arm Hipp-ap-Hier Chr-ed ½: και ανελω Chr ½ codd ½: και τοτε φονευσω Chr ½ | ιακωβ 2°] post μου 2° l(pr τον)𝕷: om Chr ½ Thdt ½

**42** απηγγελη] απηγγελθη Cyr: απηγγειλεν Ekmnp | ρεβεκκα] pr η k: pr τη $c_2$ Cyr: ρεβεκα $s^*$: om m | τα ρηματα] pr κατα n | ησαυ 1°] post αυτης 1° r: om ⟨73⟩ 𝕰𝕷 | υιου] αδελφου $b^*$ | αυτης 1°] αυτου $m^*$ | om του 2°—αυτης 2° g | εκαλεσεν] *nuntiauit* 𝕭$^{lp}$ | ιακωβ] post νεωτερον 𝕬: post αυτης 2° fi: om Edejmp Chr | αυτης 2°] +τον ιακωβ dp | om ιδου e𝕰$^p$ | αδελφος σου] υιος μου m | απειλει] απειλειται Ebirw: *irascitur* 𝕭 | om σοι 𝕬 Phil-codd-omn ½ Or-lat | om του 3° Phil Chr | αποκτειναι] θανατωσαι n | σε] σοι bp

**43** om τεκνον Chr | μου 1°] μοι $t^*$(uid): post φωνης acmox$c_2$ 𝕬𝕷 Phil ½ | αναστας] αποστας Phil-gr-codd ½: ⟨om 76⟩ | αποδραθι] αποδρα mo: αποδρασον c: πορευθητι $fi^a$r𝕬(uid)𝕭: *proficiscere* 𝕷 | εις την Μεσοποταμιαν] om Eacmos(txt)v(txt)x$c_2$ Phil Or-lat Chr: om την Mdp | λαβαν] post μου 2° Chr | εις χαρραν] εις χαραν cfglsw Phil-lat$^1$: *in Charra* 𝕷

37 σοι—τεκνον] σοι προς ταυτα τι ποιησω υιε μου M | σοι] προς ταυτα j: προστασσει s
40 εσται—αυτου] σ′ εσται δε οταν καμφθης εκλυσεις τον ζυγον αυτου M | εσται—καθελης] εσται δε εαν καμφθης α′ και εσται καθα καταβιβασεις jsv(om α′ js) 42 απειλει σοι] διανοειται κατα σου js

A ⁴⁴καὶ οἴκησον μετ᾽ αὐτοῦ ἡμέρας τινάς, ⁴⁵ἕως τοῦ ἀποστρέψαι τὸν θυμὸν καὶ τὴν ὀργὴν τοῦ ⁴⁴/⁴⁵
ἀδελφοῦ σου ἀπὸ σοῦ, καὶ ἐπιλάθηται ἃ πεποίηκας αὐτῷ, καὶ ἀποστείλασα μεταπέμψομαί σε
ἐκεῖθεν· μή ποτε ἀτεκνωθῶ ἀπὸ τῶν δύο ὑμῶν ἐν ἡμέρᾳ μιᾷ.

⁴⁶Εἶπεν δὲ Ῥεβέκκα πρὸς Ἰσαάκ Προσώχθικα τῇ ζωῇ μου διὰ τὰς θυγατέρας τῶν υἱῶν 46
Χέτ· εἰ λήμψεται Ἰακὼβ γυναῖκα ἀπὸ τῶν θυγατέρων τῆς γῆς ταύτης, ἵνα τί μοι ζῆν; ¹προσ- 1 XXVIII
καλεσάμενος δὲ Ἰσαὰκ τὸν Ἰακὼβ εὐλόγησεν αὐτόν, καὶ ἐνετείλατο αὐτῷ λέγων Οὐ λήμψῃ
γυναῖκα ἐκ τῶν θυγατέρων Χανάαν· ²ἀναστὰς ἀπόδραθι εἰς τὴν Μεσοποταμίαν Συρίας εἰς τὸν 2
οἶκον Βαθουὴλ τοῦ πατρὸς τῆς μητρός σου, καὶ λάβε σεαυτῷ ἐκεῖθεν γυναῖκα ἐκ τῶν θυγατέρων
Λαβὰν τοῦ ἀδελφοῦ τῆς μητρός σου. ³ὁ δὲ θεός μου εὐλογήσαι σε καὶ αὐξήσαι σε καὶ πληθύναι 3
σε, καὶ ἔσῃ εἰς συναγωγὰς ἐθνῶν· ⁴καὶ δῴη σοι τὴν εὐλογίαν Ἀβραὰμ τοῦ πατρός σου, σοὶ καὶ 4
§ 𝕮ᵐ τῷ σπέρματί σου μετὰ σέ, κληρονομῆσαι τὴν γῆν τῆς παροικήσεώς σου, ἣν δέδωκεν ὁ θεὸς τῷ
Ἀβραάμ. ⁵καὶ ἀπέστειλεν Ἰσαὰκ τὸν Ἰακώβ, καὶ ἐπορεύθη εἰς τὴν Μεσοποταμίαν πρὸς Λαβὰν 5
τὸν υἱὸν Βαθουὴλ τοῦ Σύρου, ἀδελφὸν δὲ Ῥεβέκκας τῆς μητρὸς Ἰακὼβ καὶ Ἡσαύ. ⁶Ἴδεν δὲ 6
Ἡσαὺ ὅτι εὐλόγησεν Ἰσαὰκ τὸν Ἰακὼβ καὶ ἀπῴχετο εἰς τὴν Μεσοποταμίαν Συρίας λαβεῖν
ἑαυτῷ γυναῖκα, ἐν τῷ εὐλογεῖν αὐτόν, καὶ ἐνετείλατο αὐτῷ λέγων Οὐ λήμψῃ γυναῖκα ἀπὸ τῶν
θυγατέρων Χανάαν· ⁷καὶ ἤκουσεν Ἰακὼβ τοῦ πατρὸς καὶ τῆς μητρὸς ἑαυτοῦ, καὶ ἐπορεύθη εἰς 7
τὴν Μεσοποταμίαν. ⁸καὶ ἴδεν Ἡσαὺ ὅτι πονηραί εἰσιν αἱ θυγατέρες Χανάαν ἐναντίον Ἰσαὰκ 8

---

46 προσοχθεικα A      XXVIII 1 ηυλογησεν E      6 ηυλογησεν DE | απωχετο E

DEMa-xc₂𝕬𝕭(𝕮ᵐ)𝕰𝕷ˢ

---

**44** οικησον μετ αυτου] ποιησον εκει Phil-codd ½ : om μετ αυτου 𝔼ᵖ | τινας] πολλας x𝕬

**45** του αποστρεψαι] οτου αποστρεψω Phil-cod ½ | του 1°] ου n | om τον θυμον και 𝔼 Phil-cod ½ | Or-lat | om σου em 𝔼 Phil ½ Cyr | επιλαθηται] επιλαθεσθαι c : επιλαθεσθαι f | α] pr παντα 𝕭¹ᵇ : om | αυτω] αυτον aᵇ(uid) | om αποστειλασα 𝕭 | μεταπεμψομαι Ecfnr | ποτε] κωτε (32) Chr ½ | ατεκνωθω] απο-τεκνωθω D(ατο...ω, sed ατεκνωθω D)bdfpw : post α ras (1) o : κενωθω E : +και ιτ ] απο 1°] εκ τ Chr½ ed ½ | ημων De*gi | εν ημερα μια] εν μια ημερα f1𝕷] εις ημεραν μιαν E : om b𝕭³ᵛ

**46** om προς ισαακ m*] προς] τω Ef | προσωχθικα] προσωχ-θισα D Maeghl(θεισα)ilr*tc₂ Chr Cyr-cod· προσωχθησα Ecfkno r°: destinaui 𝕷 | τη ζωη] τη ψυχη 𝕷 Thdt | των υιων χετ] Heth Phil-lat· Chettaeorum Phil-arm : των χαναναιων Thdt : Chanaan 𝔼 | χετ] των χετταιων fir : om s(spat relict) | ει] +autem 𝕭𝕷 | λημψεται] λαμβανει bw | γυναικα] γυναικας cv : ωδε d : om E : +ωδε p | απο των θυγ.] pr απο των υιων χετ τοιαυτας o : pr απο των θυγατερων χετ τοιαυτας acmx : pr α ✠ filiabus Chr 𝕷 : om των θυγ. Phil-lat | της γης ταυτης] αυτων f : Chettaeorum Phil-arm | ινα] pr et 𝕬-codd | ζην] pr το bw Chr Cyr-ed

**XXVIII 1** δε] +ιακωβ rᵃ | τον] τω c | ιακωβ] +filium suum 𝔼ᵗᵇ | αυτον] τον ιακωβ b | αυτω] αυτον m : om Ed | γυναικα] θυγατερα m | εκ] απο DEacdfhioprx Chr | θυγατερων] υιων x : om m : +της γης ταυτης c | χαναααν] των χαναναιων bcw𝕬𝕷(uid)𝔼𝕷 Chr· +εις γυναικα m

**2** αναστας] pr αλλ (20) Chr : sed 𝕬𝕷 : +δε t | αποδραθι] αποδρα f : πορευου (20) Chr : uade 𝕬𝕭𝕷 | om συριας D¹¹EM beghjlqs-w𝕭𝔼𝕷 Phil Chr Cyr | βαθουηλ] Phil-gr-codd ½ | om Chr | του πατρος] ad fratrem 𝔼ᵖ: om του bw Phil½ cod ½ | σεαυτω] post εκειθεν k𝕬𝕷 D¹¹-gr½ : σεαυτον 𝔼 | εκειθεν] post γυναικα cht Cyr : om Ebfw𝔼 Phil-arm-lat | εκ] pr και 18) | om λαβαν Chr | om του 2° Phil ½ | σου 1°] +et accipe tibi inde uxorem 𝕷

**3** ευλογησαι] ευλογησει l𝕭 : αυξησαι r : eat (ibit 𝔼ᶠ) tecum et augeat (augebit 𝔼ᶠ) 𝔼 | σε 1°] +τεκνον b | om και αυξησαι σε bowc₂𝕭 | αυξησαι] αυξησει l : αυξανησαι n : ευλογησαι r𝔼ᶜ : benedicet 𝔼ᶠ: πληθυναι E | om και πληθυναι σε M | πληθυναι] πληθυνει 𝕵𝕭𝔼 Ath : αυξησαι E | εση] sit 𝔼ᶠ | συναγωγας] συναγωγην (79) Chr : αγωγας fm

**4** δωη] dedit bcw𝕭𝔼ᶠ | om την 1° b | αβρααμ—σου 1° Α𝔼 Cyr-ed] του πρς μου αβρααμ c𝔼: του πρς αβρααμ dp: αβρααμ του πρς μου D¹¹EM rell 𝕬𝕭 Ath Chr Cyr-cod | om σου 1° 𝕭𝕷 | κληρονομησαι] + ac acx𝕬 | om της παροικησεως σου 𝔼 | (παροικεσιας 20) | δεδωκεν A] εδωκεν D¹¹EM omn 𝕭hr Cyr | ο θεος] pr κτ Ef : om 𝔼

**5** ιακωβ] +filium suum 𝕷 | om και επορευθη 𝔼 | και 1°] +μεσοποταμιαν] +συριας Eacdhi*j(mg)k-ps(mg)txc₂𝕬𝕭𝔼 | om προ—(6) συριας d | προς] pr ut acciperet 𝔼ᵖ | om τον 2° bnw | om του συρου 𝔼 | om αδελφον—εσαυ e | αδελφου Mgk𝕬-codd | om δε Eabcghj knqu-c₂ | ρεβεκκας g | ησαυ—ησαυ 𝔼 | της] και m | ιακωβ 2°] μεσοχωβ fp | om ησαυ E

**6** ιδεν] ιδων fips(txt)vc₂𝕬𝕭𝔼 : (ειπεν 71.73) | (om δε 76) | ισαακ] pater eius 𝔼: om w | om του nw | om και 1° c₂ | απω-χετο] pr αναστας ιακωβ dkptc₂ j(mg)ls(mg): pr γυναικα 𝕷 : απο+ras (4) b | εις—γυναικα 1°] εκειθεν egj | και 1°] bis scr m | συριας] pr την bw | εαυτω] αυτω Dm : om 𝕷 | εκειθεν] +μεσοποταμιαν +εκειθεν D(...θεν)Ebiqtuw𝕭𝕮𝔼: pr εκειθεν M rell 𝕬𝕷 | om εν—γυναικα 2° c₂ | om αυτον 𝔼ᵖ | pr και Mdfhilpst𝕬 | ευλογειν] ευλογησαι c : om 𝕷 | εν—θυγατερων] θυγατερα n | γυναικα 1°] +tibi 𝕭𝕮 : +inde 𝔼ᵖ | απο] απο την 𝕷 | εκειθεν] των χαναναιων D¹¹Α(uid)𝕭¹ᵖ𝕷: των χαναναιων σαυτω γυναικα n

**7** om totum comma p | και 1°] eo quod 𝕷 | ηκουσεν] εισηκουσεν Phil-codd | ιακωβ] +του Phil-gr-codd | om του πατρος] +αυτου DEimr𝕭𝕮𝕷 | Phil-lat: αυτου A] om r Phil-lat: αυτου των χαναναιων+μεσοποταμιαν Abnw𝕭𝕮𝕰𝕷 Phil] +συριας D¹¹EM rell 𝕬𝕷: (+ της συριας 32)

**8** om ιδεν] (ιδων δε 31): uidens Phil-lat: et ubi uidit 𝔼 | et tunc postquam uidit 𝕷: και γνους j(mg)s(mg) | χαναααν] των χαναναιων n𝕬(uid)𝕭¹ᵖ𝕷 | (εναντιον) απο προσωπου 71) | ισαακ] post αυτον E°(ησαακ Eᵃˡ) | αυτου] sup ras (2) iᵃ

46 προσωχθικα] α' εσιχανα σ' ενεκακησα js(om σ')v

9 τοῦ πατρὸς αὐτοῦ, ⁹καὶ ἐπορεύθη Ἠσαὺ πρὸς Ἰσμαήλ, καὶ ἔλαβεν τὴν Μαελὲθ θυγατέρα A
Ἰσμαὴλ τοῦ υἱοῦ Ἀβραάμ, ἀδελφὴν Ναβαιώθ, πρὸς ταῖς γυναιξὶν αὐτοῦ γυναῖκα.
10 11 §¹⁰Καὶ ἐξῆλθεν Ἰακὼβ ἀπὸ τοῦ φρέατος τοῦ ὅρκου, καὶ ἐπορεύθη εἰς Χαρράν. ¹¹καὶ ἀπήν- § d₂
τησεν τόπῳ καὶ ἐκοιμήθη ἐκεῖ· ἔδυ γὰρ ὁ ἥλιος· καὶ ἔλαβεν ἀπὸ τῶν λίθων τοῦ τόπου καὶ
12 ἐπέθηκεν πρὸς κεφαλῆς αὐτοῦ, καὶ ἐκοιμήθη ἐν τῷ τόπῳ ἐκείνῳ. ¹²καὶ ἐνυπνιάσθη· καὶ ἰδοὺ
κλίμαξ ἐστηριγμένη ἐν τῇ γῇ, ἧς ἡ κεφαλὴ ἀφικνεῖτο εἰς τὸν οὐρανόν, καὶ οἱ ἄγγελοι τοῦ θεοῦ
13 ἀνέβαινον καὶ κατέβαινον ἐπ' αὐτῆς. ¹³ὁ δὲ κύριος ἐπεστήρικτο ἐπ' αὐτῆς καὶ εἶπεν Ἐγὼ ὁ θεὸς
Ἀβραὰμ τοῦ πατρός σου καὶ ὁ θεὸς Ἰσαάκ· μὴ φοβοῦ· ἡ γῆ ἐφ' ἧς σὺ καθεύδεις ἐπ' αὐτῆς, σοὶ
14 δώσω αὐτὴν καὶ τῷ σπέρματί σου. ¹⁴καὶ ἔσται τὸ σπέρμα σου ὡς ἡ ἄμμος τῆς θαλάσσης, καὶ
πλατυνθήσεται ἐπὶ θάλασσαν καὶ ἐπὶ λίβα καὶ ἐπὶ βορρᾶν καὶ ἐπ' ἀνατολάς·¶ καὶ ἐνευλογη- ¶ D
15 θήσονται ἐν σοὶ πᾶσαι αἱ φυλαὶ τῆς γῆς καὶ ἐν τῷ σπέρματί σου. ¹⁵καὶ ἰδοὺ ἐγὼ μετὰ σοῦ,
διαφυλάσσων σε ἐν τῇ ὁδῷ πάσῃ οὗ ἐὰν πορευθῇς, καὶ ἀποστρέψω σε εἰς τὴν γῆν ταύτην· ὅτι
16 οὐ μή σε ἐγκαταλείπω ἕως τοῦ ποιῆσαί με πάντα ὅσα ἐλάλησά σοι. §¹⁶καὶ ἐξηγέρθη Ἰακὼβ § D
17 ἀπὸ τοῦ ὕπνου αὐτοῦ καὶ εἶπεν ὅτι Ἔστιν Κύριος ἐν τῷ τόπῳ τούτῳ, ἐγὼ δὲ οὐκ ᾔδειν. ¹⁷καὶ

12 ηνυπνιασθη *D*E | [αφι]κνι[το] D(uid): αφηκνειτο E    13 σοι] συ E | τω] το E    14 λιβαν A    16 ιδειν E

(*D*)EMa–xc₂(d₂)𝔄𝔅ℭᵐ𝔈𝔏ʳ

**9** om και 1° p𝔅𝔈ᶜ𝔏 Phil-lat | om ησαυ Ep𝔈𝔏 | μαελεθ] βαελεθ l: μεελεθ r: μαελε m: *Maelleth* ℭ: *Paleth* 𝔅ʷ: *Malaleel* 𝔏: *Malelelet* Anon²: *Melchol* Phil-lat: ⟨μαελφε 78⟩: μασεμαθ f(-εμ)iᵃ: μασεματ dp: βασεμαθην Jos | αδελφην ναβαιωθ] *fratris Nachor* 𝔈 | αδελφην] + δε dfikpt | ναβαιωθ] αβαιωθ m: ναβεωθ abfinoqrtuw: ναβαιοθ c: ναβαιωτ dp | αυτου] εαυτου dnp | γυναικα] pr αυτω acfhikmorx𝔄𝔅ℭ𝔈(uid)𝔏

**10** και εξηλθεν] εξηλθε δε l𝔅: *surrexit* ℭ | om ιακωβ x* | om του 1° Phil-codd | του ορκου] *aquae* 𝔈ᵖ: om του Phil-codd | και επορευθη] *uti iret* 𝔏 | χαραν cek*lsw

**11** om και 1°—τοπω 𝔈ᵖ | απηντησεν τοπω] *peruenit in quendam locum* 𝔏 | απηντησεν] υπηντησεν d Phil½ codd½: κατηντησεν i* | τοπω] pr εν τω lt Phil-codd½: pr εν iᵃ? Phil-codd½: pr τω e: εις τοπον m: + τινι ο T-A | om και εκοιμηθη εκει Phil½ ed½ | εκοιμηθη 1°] ηυλισθη Phil-codd½: *mansit* 𝔏 | εδυ γαρ] εδυ δε M: οτι εισηλθεν Phil-codd½ | ο ηλιος] om 𝔏: + *et pernoctauit* 𝔈ᵖ | ελαβεν] + λιθον egjls(mg)𝔅ℭ𝔏: + λιθον ενα T-A | om απο—τοπου 1 T-A | του τοπου] των τοπων Cyr-cod: *loci illius* 𝔅ℭ𝔏: om Eus½ | επεθηκεν A] εθηκεν *D*ˢⁱˡEM omn Phil Just Eus Chr Cyr T-A: ⟨υπεθηκε 20⟩: *posuit* 𝔄𝔈𝔏 | κεφαλην fhᵇos Phil-cod½ Chr-ed½ | αυτου] + και αφηπνωσε l | εν τω] ν τ ex κει rᵃ | om εκεινω E Chr

**12** ενυπνιασθη] + ιακωβ Phil-codd½ | ιδου—εστηριγμενη] *uidebat* (*dixit Video* 𝔈ᵖ) *scalam auream* 𝔈 | εστηριγμενη] pr ην ⟨20⟩ Chr: εστιριχθη n: μεγαλη εστηρικτο T-A: *confirmata erat* 𝔏 | εν τη γη] επι την γην l𝔅ʷℭ(uid): εις την γην Phil-codd½ Eus½ T-A: om Phil½ codd½ | om η Eus-cod½ | κεφαλη] + αυτου ⟨20⟩ 𝔄-ed | αφικνειται Cyr-ed | om ει Phil-cod½ | ανεβαινον και κατεβαινον] αναβαινοντες και καταβαινοντες E: om και κατεβαινον w Chr½ | αυτης] αυτη Daghjlquvᵇ? Phil-cod½ T-A: αυτην b–ei*kpwxd₂ Eus Cyr: + και ιδου κλιμαξ εστηριγμενη εν τη γη Phil-codd

**13** ο δε] και ο Phil-codd½: και Phil-codd½ | ⟨κυριος] θ̅ς̅ ⟨37(½)⟩ | επεστηρικτο] εστηρικτο t Just Chr½: εστηλωται Phil-codd½ | αυτης 1°] αυτη m Phil-cod: αυτην h Just | και ειπεν] ειπεν δε k: ο δε ειπεν Just: + *ei* 𝔈 | εγω] + ειμι be–hi*jlnt𝔄𝔅ᵒᵗᵇℭ𝔈𝔏 Phil½ Just Chr½ Cyr½ | ο θεος 1°] pr κ̅ς̅ aciᵇkmorstwxc₂ 𝔄ℭ𝔈 Phil½ Just Eus: *D̅n̅s* 𝔏: om ο Phil-codd½ | αβρααμ] post σου 1° bw | του πατρος σου] pr *pater* 𝔏: post ισαακ Megj 𝔈 Chr½: om του Phil-codd½: om σου Phil-codd½ | ο θεος 2°] om Just Chr½: om ο Phil-codd½ | ⟨ισαακ] + και ο θ̅ς̅ ιακωβ 37(½)⟩ | η γη] pr *quia* 𝔏: την γην 𝔄 Phil-codd: και γαρ την γην Chr | ης] η Mdempv Phil-codd Chr: ην blw Eus½ | καθευδεις E𝔄 | επ αυτης 2°] επ αυτην di*lp Eus½: om 𝔄𝔈𝔏 Phil Chr | om αυτην Phil-codd | om και 3°—σου 2° 𝔈ᵖ | σου 2°] + μετα σε i*n𝔅: + *in aeternum* ℭ-txt

**14** εσται] *multiplicabitur* ℭ-txt | ως η] ωσει Eflnwd₂ Cyr-ed | η—θαλασσης] τα αστρα του ουν̅ο̅υ̅ dp | η αμμος] χους Phil-codd½ | θαλασσης A𝔈ᶜᵖ𝔏 Eus½ Chr Cyr-ed] γης DEM rell 𝔄𝔅ℭ𝔈ᶠ Phil Just Eus½ Cyr-codd | πλατυνθησεται] πληθυνθησεται r Phil-codd½: πληθυνθησονται Phil-codd½: *replebitur* 𝔏: *crescet semen tuum et replebitur* 𝔈 | om επι θαλασσαν και 𝔈ᵖ | επι 1°] εις l Just: προς ⟨20⟩ Chr | ⟨θαλασσαν] pr την 37(½)⟩ | om επι 2° a–dfhi*k*mopqtuw–d₂𝔅ℭ(uid)𝔏 Phil Just Eus Chr Cyr-ed | λιβα] νοτον Just: ⟨βορραν 18⟩: ανατολας ac moxc₂𝔄 Eus | om και επι βορραν n Cyr-cod | om επι 3° dfi* pd₂𝔅ℭ(uid)𝔈𝔏 Phil Just Chr Cyr-ed | βορραν] βορρα *D*Mio: ⟨λιβα 18⟩ | om επ aci*omxc₂𝔅ℭ(uid)𝔏 Phil Just Eus Chr | ανατολας] λιβα acmoxc₂𝔄 Eus | ευλογηθησονται Phil-cod½ Just½ | εν σοι] om Phil-cod½: om εν Phil-codd½ | πασαι—γης] post σου 2° pᵃ?x: παντα τα εθνη f | φυλαι] συγγενειαι Phil-codd½ | om και 7° f | om εν 2° Phil-codd-omn Eus-cod | σου 2°] om i(uid): + και εσται το σπερμα σου ως η αμμος της γης Phil-cod

**15** om και 1° h𝔅 | ιδου εγω] εγω ιδου E𝔄: εγω ιδου ειμι qu: *ecce ero* 𝔅ʷ: *ego ibo* 𝔈(om *ego* 𝔈ᵖ): + ειμι aimoxc₂𝔅ᵖℭ Eus Chr½ | μετα σου διαφυλασσων] διαφυλασσω Phil-codd | μετα σου] + ειμι 𝔄𝔏 Chr½ | διαφυλασσων] και διαφυλαξω 𝔅𝔈 Chr½ | εν—παση] *in omni uia tua* 𝔄𝔈 | om τη ⟨37(½)⟩ Just | οδω] γη b: *uia tua* 𝔅ᵖ | om παση Chr½ Cyr½ | om ου 1°—ταυτην i | ου 1°] η Phil Just Chr½ | εαν πορευθης] επορευθης p | αν Mquvxc₂ | πορευθης] πορευση bn Chr½: πορευη Chr½ | και 2°—ταυτην] bis scr b | επιστρεψω Phil-codd½ | om σε 2° fqu | οτι] και 𝔅ʷ𝔈 Chr | σε 3°] pr σε ανω ουδ ου μη f | εγκαταλιπω b*egjkqstuw–d₂ Phil Just Clem-ed Eus-cod Chr Cyr | του] ου l Eus-cod | με] μοι d₂: om dp: + *tibi* 𝔈 | om παντα Clem | οσα] α Phil-codd | ⟨om σοι 79⟩

**16** και εξηγερθη] εξηγερθη δε l𝔅 | απο A*D*di*mnox Eus Chr] εκ EMiᵇ rell Just Cyr | om αυτου 𝔅 | om οτι—(17) ειπεν g | om οτι 𝔄𝔈 | εστιν] post κυριος 𝔄𝔈𝔏: εστη w | κυριος] θ̅ς̅ l Cyr½

XXVIII 12 η—ουρανον] η αρχη ηπτετο του ουν̅ο̅υ̅ js    16 οτι] α' αρα σ' οντως (οντος M*)Msv

Α ἐφοβήθη καὶ εἶπεν Ὡς φοβερὸς ὁ τόπος οὗτος· οὐκ ἔστιν τοῦτο ἀλλ᾽ ἢ οἶκος θεοῦ, καὶ αὕτη
¶ d₂ ἡ πύλη τοῦ οὐρανοῦ.¶ ¹⁸καὶ ἀνέστη Ἰακὼβ τὸ πρωὶ καὶ ἔλαβεν τὸν λίθον ὃν ἔθηκεν ἐκεῖ πρὸς 18
κεφαλῆς αὐτοῦ καὶ ἔστησεν αὐτὸν στήλην, καὶ ἐπέχεεν ἔλαιον ἐπὶ τὸ ἄκρον αὐτῆς. ¹⁹καὶ ἐκά- 19
λεσεν Ἰακὼβ τὸ ὄνομα τοῦ τόπου ἐκείνου Οἶκος θεοῦ· καὶ Οὐλαμμαὺς ἦν ὄνομα τῇ πόλει τὸ
πρότερον. ²⁰καὶ ηὔξατο Ἰακὼβ εὐχὴν λέγων Ἐὰν ᾖ Κύριος ὁ θεὸς μετ᾽ ἐμοῦ καὶ διαφυλάξῃ με 20
ἐν τῇ ὁδῷ ταύτῃ ᾗ ἐγὼ πορεύομαι καὶ δῷ μοι ἄρτον φαγεῖν καὶ ἱμάτιον περιβαλέσθαι, ²¹καὶ 21
ἀποστρέψῃ με μετὰ σωτηρίας εἰς τὸν οἶκον τοῦ πατρός μου, καὶ ἔσται μοι Κύριος εἰς θεόν, ²²καὶ 22
ὁ λίθος οὗτος, ὃν ἔστησα στήλην, ἔσται μοι οἶκος θεοῦ· καὶ πάντων ὧν ἐάν μοι δῷς, δεκάτην
ἀποδεκατώσω αὐτά σοι.

¹Καὶ ἐξάρας Ἰακὼβ τοὺς πόδας ἐπορεύθη εἰς γῆν ἀνατολῶν πρὸς Λαβὰν τὸν υἱὸν Βαθουὴλ 1 XXIX
τοῦ Σύρου, ἀδελφὸν δὲ Ῥεβέκκας μητρὸς Ἰακὼβ καὶ Ἡσαῦ. ²καὶ ὁρᾷ, καὶ ἰδοὺ φρέαρ ἐν τῷ 2
πεδίῳ. ἦσαν δὲ ἐκεῖ τρία ποίμνια προβάτων ἀναπαυόμενα ἐπ᾽ αὐτό· ἐκ γὰρ τοῦ φρέατος
ἐκείνου ἐπότιζον τὰ ποίμνια· λίθος δὲ ἦν μέγας ἐπὶ τῷ στόματι τοῦ φρέατος. ³καὶ συνήγοντο 3
ἐκεῖ πάντα τὰ ποίμνια, καὶ ἀπεκύλιον τὸν λίθον ἀπὸ τοῦ στόματος τοῦ φρέατος, καὶ ἐπότιζον τὰ
πρόβατα, καὶ ἀπεκαθίσταν τὸν λίθον ἐπὶ τὸ στόμα τοῦ φρέατος εἰς τὸν τόπον αὐτοῦ. ⁴εἶπεν δὲ 4
αὐτοῖς Ἰακώβ Ἀδελφοί, πόθεν ἐστὲ ὑμεῖς; οἱ δὲ εἶπαν Ἐκ Χαρράν ἐσμεν. ⁵εἶπεν δὲ αὐτοῖς 5

18 [ελ]εον D     20 φα[γ]ιν D(uid)       22 αποδεκατωσαι A
XXIX 2 παιδιω A     4 εσται A | εκ] εχ A

DEMa‑xc₂(d₂)𝕬𝕭𝕮ᵐ𝕰𝕷

17 και 1°—ειπεν] bis scr b | εφοβηθην mt | ο τοπος ουτος]
uisio haec 𝕬‑codd | τουτο] locus hic 𝕮 | om η 1° fhn | θεου]
pr του clx Chr½ | om η 2° g
18 om και 1°—πρω 25) | και ανεστη] surrexit autem 𝕮𝕷 |
om το πρω Chr | το 1°] τω bcfghjnqrtᵘuc₂ Just | ον] o n |
εθηκεν AEr𝕬(uid)𝕰(uid)𝕷] επεθηκεν dep : υπεθηκεν DᵗᵗM rell
Just Eus Cyr Thdt : ειχε Chr | εκει] sibi 𝕷 : om Efiᵃ·ⁿr𝕮𝕰
Eus Chr | προς] επι της m | κεφαλης] κεφαλην bw Chr : (την
κεφαλην 20) | (αυτου 79) | ελαιον] pr το Just | το 2°]
τον q | αυτης] αυτον diᵉpt Just
19 om ιακωβ Ebquw 𝕰𝕷 Cyr‑ed | om εκεινου Just | ωκον]
οικον m : nomen 𝕷 | ουλαμμαυς A] ουλαμαους a : λαμμαους b :
ουαλαμ egj(txt) : ουλαους o w : ουλαμλους‡ j(mg)c₂ᵇ : ουλαμμαους
DEᵃMc₂ᵃ rell Just On : (ουλαμμαους‡ 20) : ουλαμμαους (74) 𝕭 :
ουλαββανους Eᵃˡ : (ου λαμβανουσιν 71) : Ulanmaus 𝕷 : Oula‑
mous 𝕮 : Ulmaus 𝕬‑ed : Aulomaus 𝕷‑codd : Luxa 𝕬‑codd |
η ] η εστ 𝕭 | πολει ] +εκεινη c𝕷 | om προτερον c₂𝕷
20 ηυξατο] ευχηκατο c₂ : uocauit 𝕷 : +εκει h | ιακωβ] pr
o ε | ευχην] +τω κω dfp | (om και 14.18) | η 1°] ην c : (τε
18) | (om κυριος ο θεος 18) | ο θεος] Deus meus 𝕷 Or‑lat : om
Eegj 𝕰ᶜᵖ | (om και 2° 16.83) | διαφυλαξη διαφυλαξει dklnptc₂ :
φυλαξη bw Chr | om εγω f𝕰 | πορευομαι] πορευσομαι 𝕷 : +εν
αυτη DMegjjnr | (om και 3°—περιβαλεσθαι 16) | δω] post απο
Thdt : δωη EMbcfhilmnrstvw Or‑gr½ Chr 𝕬½ : εισ 𝕷 : +εν
(δωσει 130ᵇ) | ιματιον] pr dederit mihi 𝕷 | περιβαλεσθαι] περι‑
βαλλεσθαι E | ενδυσασθαι 𝕷
21 αποστρεψη—μου] αποκαταστησει με μετ ειρηνης Thdt |
αποστρεψη—σωτηριας] μετα σωας αποστρεψη με E(‑ψει)fir |
(αποστρεψη με] αποστρεψαιμε 108) | και αποστρεψει
dknpc₂ : επιστρεψη j(mg)s(mg)t : επιστρεψει l | om με dp | om
μετα σωτηριας 𝕰ᵖ | μοι] post κυριος Dacehjkmoqs‑vxc₂ Phil
Or‑gr Chr : om g𝕷 Spec
22 om ουτος 𝕬(uid) Thdt Spec | εστησα] εστηλα t : +εγω
c | om στηλην 𝕰 Thdt Spec | οικος θυ εσται μοι fi | om μοι

1° l | οικος] εις οικον Thdt | εαν] αν Edmp | δως] pr Domine
Or‑lat : δω 〈31〉 𝕰ᶠᵖ : dederit Dominus Spec : dederit Dñs Di
𝕷 | δεκατην—σοι] dabo tibi decimas 𝕬 | δεκατην] +απο παντων
l | αποδεκατωσω] αποδεκατωσω‡ | +σοι iᵃ | αυτα] post σοι Or‑gr½
Thdt : αυτας fj : αυτω p : ex illa 𝕷 Spec : om l Phil Or‑lat |
om σοι dp
XXIX 1 τους ποδας] pedem 𝕷 : +αυτου acmoxc₂𝕬𝕭𝕮 |
επορευθη] et abiit 𝕷 : ire 𝕷 | γην] pr την m𝕭 | λαβαν] +ras
(6) b | om ον cfht | τον υιον E : εκ bw | βαιθουηλ d | αδελ‑
φον o | om δε Eabckov—c₂ | ρεβεκκας g* | μητρος] pr της DE
Mafiᵃ¹jlrsvc₂ | (ιακωβ και ησαυ) αυτου 31)
2 και ορα] et uidit 𝕷 : uidit 𝕮 : om dp | ησαν δε] και
ησαν n Cyr‑ed : om δε 𝕭ᵒ : τρια) δυο egj | επι το αυτο A] υπ
αυτου l : επ αυτω DᵗᵗM rell 𝕬𝕭𝕮𝕷 Cyr : om E | εκ—
εκεινου] et e puteo illo 𝕷 | γαρ] autem 𝕷 : om f | εποτιζοντο
E𝕷 | ποιμνια 2°] προβατα hns(mg)v(mg)𝕬𝕭ᵃ𝕮 | om λιθος—
(3) ποιμνια dp | om δε 2° r𝕷 | ησαν] post μεγας f𝕬 : +εις egj :
+εκει n | τω στοματι] το στομα f : του στοματος Dhi | φρεατος
2°] +του στοματος
3 συνηγαγοντο El | τα ποιμνια παντα εκει l | παντα τα
ποιμνια] παντες οι ποιμενες ir𝕭𝕮𝕰𝕷 | om παντα c : +και οι
ποιμενες bfhktw | και 1°] ουκ egj | απεκυλιον dp(+και)c₂ : om τ ω
Or‑gr | om απο f | om του 1° w | φρεατος 1°] +εκεινου d :
και συνηγοντο Or‑gr | τα προβατα] δια παντα m : τα ποιμνια
r | απεκαθιστον] pr παλιν bw𝕷(uid) : αποκαθιστον Eabckpqtu
wxc₂ : απεκαθιστον fn | τον λιθον 2°] cum 𝕷 | επι—φρεατος 2°]
post αυτου 2° | εις—το στομα] το στομα] τ εις στομα DMbclw :
του στοματος dinprsv | στομα του φρεατος] του φρεατος στοματι
f | om εις—αυτου 𝕷 | om και 3° c
4 om δε 1° r𝕭ᵖ | αυτοι ιακωβ] (ιακωβ αυτοις 30.31): προς
αυτους ιακωβ eg : ιακωβ προς αυτου j | ποθεν αδελφοι p | ημεις
g | (om οι δε ειπαν 77) | εκ χαρραν] + και οι | χαρραν]
ρ 1° ex corr : χαραν df°lsᵃ : χαρρας E | om εσμεν bhw𝕭
5 ειπεν δε] ο δε ειπεν Cyr‑ed | αυτοις] +ιακωβ E | om

19 οικος θεου] α´ βαιθηλ Mjs(sine nom) : σ´ λουζ js | ουλαμμαυς—πολει] α´ προτερον λουζ ονομα τη πολει εβρ. ουλα
λουζ σεμ αειρ | ουλαμμαυς] α´ σ´ λουζα M
21 μετα σωτηριας] α´ σ´ εν ειρηνη Mjs(sine nom js)
22 δεκατην—σοι] α´ δεκατη αποδεκατωσω αυτο σοι ν : σ´ δεκατην δεκατωσω σοι θ´ δεκατην αυτα αποδεκατωσω js(sine nom)ν

76

6 Γινώσκετε Λαβὰν τὸν υἱὸν Ναχώρ; οἱ δὲ εἶπαν Γινώσκομεν. ⁶εἶπεν δὲ αὐτοῖς Ὑγιαίνει; οἱ δὲ Λ
εἶπαν Ὑγιαίνει. ἔτι αὐτοῦ λαλοῦντος καὶ ἰδοὺ Ῥαχὴλ ἡ θυγάτηρ αὐτοῦ ἤρχετο μετὰ τῶν προ-
7 βάτων τοῦ πατρὸς αὐτῆς· αὐτὴ γὰρ ἔβοσκεν τὰ πρόβατα τοῦ πατρὸς αὐτῆς. ⁷καὶ εἶπεν Ἰακὼβ
Ἔτι ἐστὶν ἡμέρα πολλή, οὔπω ὥρα συναχθῆναι τὰ κτήνη· ποτίσαντες τὰ πρόβατα ἀπελθόντες
8 βόσκετε. ⁸οἱ δὲ εἶπαν Οὐ δυνησόμεθα ἕως τοῦ συναχθῆναι πάντας τοὺς ποιμένας, καὶ ἀποκυ-
9 λίσωσι τὸν λίθον ἀπὸ τοῦ στόματος τοῦ φρέατος, καὶ ποτιοῦμεν τὰ πρόβατα. ⁹ἔτι αὐτοῦ
λαλοῦντος αὐτοῖς καὶ Ῥαχὴλ ἡ θυγάτηρ Λαβὰν ἤρχετο μετὰ τῶν προβάτων τοῦ πατρὸς αὐτῆς·
10 αὐτὴ γὰρ ἔβοσκεν τὰ πρόβατα τοῦ πατρὸς αὐτῆς. ¹⁰ἐγένετο δὲ ὡς ἴδεν Ἰακὼβ τὴν Ῥαχὴλ
θυγατέρα⁋ Λαβὰν ἀδελφοῦ τῆς μητρὸς αὐτοῦ, καὶ προσελθὼν Ἰακὼβ ἀπεκύλισεν τὸν λίθον ἀπὸ ⁋ D
τοῦ στόματος τοῦ φρέατος, καὶ ἐπότισεν τὰ πρόβατα Λαβὰν τοῦ ἀδελφοῦ τῆς μητρὸς αὐτοῦ.
11 ¹¹καὶ ἐφίλησεν Ἰακὼβ τὴν Ῥαχήλ, καὶ βοήσας τῇ φωνῇ αὐτοῦ ἔκλαυσεν. ¹²καὶ ἀνήγγειλεν τῇ
12 Ῥαχὴλ ὅτι ἀδελφὸς τοῦ πατρὸς αὐτῆς ἐστίν, καὶ ὅτι υἱὸς Ῥεβέκκας ἐστίν· ⁸καὶ δραμοῦσα § D
13 ἀπήγγειλεν τῷ πατρὶ αὐτῆς⁋ κατὰ τὰ ῥήματα ταῦτα. ¹³καὶ ἐγένετο ὡς ἤκουσεν Λαβὰν τὸ ὄνομα ⁋ D
Ἰακὼβ τοῦ υἱοῦ τῆς ἀδελφῆς αὐτοῦ, ἔδραμεν εἰς συνάντησιν αὐτοῦ, καὶ περιλαβὼν αὐτὸν ἐφί-
λησεν, καὶ εἰσήγαγεν αὐτὸν εἰς τὸν οἶκον αὐτοῦ· καὶ διηγήσατο τῷ Λαβὰν πάντας τοὺς λόγους
14 τούτους. ¹⁴καὶ εἶπεν αὐτῷ Λαβὰν Ἐκ τῶν ὀστῶν μου καὶ ἐκ τῆς σαρκός μου εἶ σύ· καὶ ἦν μετ'
15 αὐτοῦ ⁸μῆνα ἡμερῶν. ¹⁵εἶπεν δὲ Λαβὰν τῷ Ἰακὼβ Ὅτι γὰρ ἀδελφός μου εἶ, οὐ δουλεύσεις μοι § D
16 δωρεάν· ἀπάγγειλόν μοι τίς ὁ μισθός σού ἐστιν. ¹⁶τῷ δὲ Λαβὰν ἦσαν δύο θυγατέρες· ὄνομα τῇ

7 βοσκεται ΑΕ        8 αποκυλισωσιν DE          10 αδελφου 1°] φου sup ras (7 uel 8) A¹ᵇ¹ | απεκυλησεν Ε
                     13 υιου της sup ras A¹                                    14 οστεων Ε

(D)EMa-xc₂**𝔄𝔅𝔏ᵐ𝔈𝔏**

γινωσκετε—(6) αυτοις s | γινωσκετε] ει υγιαινει m | τον υιον] ο
υιος m | ραχωρ] νααχωρ k: βαθοιηλ i° | ομ οι δε—(6) οι δε m |
ειπαν] ειπον cdfiprtc₂

6 ειπεν δε] ο δε ειπεν Cyr-ed | υγιαινει 1°] pr ει akx | om
οι—υγιαινει 2° gc₂ | ειπαν] ειπον cdfiprt | om ετι—αυτης 2°
w | ετι αυτου λαλουντος AEfilr] om Dᵃⁱ M rell 𝔄𝔈ᶜ𝔏 Cyr: et
dum ita colloquuntur 𝔈ᶠᵖ: +εις 𝔅 | και—προβατων] om D:
om και f𝔅𝔈𝔏ᶠᵖ | ραχηλ jlm | om η θυγατηρ αυτου 𝔈ᶠᵖ | αυτου
2°] Labae 𝔏 | om του πατρος αυτης 1° DᵃⁱᴵMaceghjkmnoqsuv𝔄
Cyr | αυτη—αυτης 2° A𝔈] om DᵃⁱᴵEM omn 𝔄𝔅𝔈𝔏 Cyr
7 ειπεν] +αυτοις bw𝔈𝔏 | om ιακωβ 𝔈𝔏 | εστιν ημερα
πολλη] superest de die multum 𝔏: est hora 𝔈: om 𝔈
pr και c₂: nec est 𝔏 | ωρα] pr εστιν egj𝔄𝔅: pr η m: om b |
συναχθηναι] pr του m: (+ραχηλ 32) | κτηνη] ποιμνια bw
ποτισαντες] ποτισατε Cyr-ed | +itaque 𝔏 | τα προβατα b
θοντες] (om 71): om τα προβατα 𝔅 | προβατα] κτηνη Ε |
απελθοντες] pr και 𝔄 Cyr-ed ½
8 οι δε ειπαν] οι δε ειπον cdfiprc₂: ειπαν δε D: om gm |
δυναμεθα bmw𝔈𝔏 | εως του συναχθ.] nisi conueniant 𝔈𝔏 |
του 1°] ου al | om και 1° l | αποκυλισωσι] αποκυλισουσι bemqu
w Cyr-ed: αποκυλισωμεν dp: αποκυλισομεν f: αποκυλισαι l |
απο] εκ k | του στοματος] τ. θυρας Ε: om bw | om του
φρεατος Ε | ποτισωμεν g | τα προβατα] αυτα Cyr-ed: om τα g
9 ετι—και] et dum ita colloquuntur 𝔈 | ετι] +autem 𝔅ᶠᵖ
και] acce 𝔄𝔅𝔈𝔏: +ιδου DᵃⁱᴵEbiᵏkrtw | ραχηλ blmnos | η θυγα-
τηρ λαβαν] om efgj𝔈: om η blmwc₂ | του πατρος αυτης 1°] pr
Laban 𝔄-codd: om p | om αυτη—αυτης 2° Er*𝔅*𝔈 | τα
προβατα Α-codd] αυτα n
10 την—αυτου 1°] αυτην p | την] post ραχηλ Or-gr: om
bw | ραχηλ] ραχιηλ lns: om g | θυγατερα] γαρ fi²¹: om ei*𝔄𝔅*𝔈𝔏
qu: om Ε | αδελφου 1°—αυτου 1°] pr του bilr Or-gr: om n |
της μητρος αυτου 1°] Rachel ex corr 𝔈: +και τα προβατα
λαβαν του αδελφου της μητρος αυτου Macfikoqs(mg)uvx𝔄(in)
🟌}𝔅 Or-gr [τα προβατα] τα ποιμνια f | om του Macfo] | om
και 1°—αυτου 2° 𝔈ᶜᶠ⁽*⁾ᵖ | και 1°] om mp𝔅ᵇᵖ𝔈ᶠ⁽ᵇ⁾ Or-gr: +τα

προβατα αυτου d𝔏: +τα προβατα n𝔈 | προσελθων] προσηλθεν
v𝔈ᶠ⁽ᵇ⁾ | ιακωβ 2°] αυτος Or-gr: om npv𝔅ᵛ𝔈ᶠ⁽ᵇ⁾ Cyr | απεκυ-
λισεν] pr και v: ανεκυλισε l | om του στοματος 𝔈ᶠ⁽ᵇ⁾ | τα—
αυτου 2°] ei omes eius 𝔈ᶠ⁽ᵇ⁾
11 κατεφιλησεν egjv | την] τη c |ραχηλ ls | και 2°—εκλαυ-
σεν] et fleuit cum uoce magna 𝔏 | αναβοησας fx
12 κατεφιλησεν] ανηγγειλεν bdeghi*jlnpqsuvw Cyr: ⟨ανηγ-
γειλα 20⟩: ελεγεν c | τη ραχηλ] pr ιακωβ acefgj-oxc₂𝔄: αυτη
ιακωβ Ε | την dp | ραχηλ 1°] αυτη Ε | om ι 2° | om η | οτι
1°] om | αδελφος] αδελφη m: αδελφη p: αδελφιδος l: αδελ-
φιδους xᵃⁱCyr-ed 𝔈: om rᵇ(uid) | om του πατρος Ε | αυτης
1°] αυτου bl | om αδελφος—(13)—ταυτα] (om 31): om
οτι 𝔅 | ρεβεκκας fgᵃ | εστιν 2°] +αδελφη του πᵣε αυτης d: om
𝔄 | και 3°] η δε Efiᵃ¹r | δραμουσα] +η και n𝔈𝔏: +Rachel
𝔈 | ανηγγειλεν] DEacfi*kmrx: ⟨om 76⟩ | κατα]
ταυτα n: om ⟨16.84⟩ 𝔈 | τα ρηματα] ρημα ο
13 και εγενετο Α] +δε m: εγενετο δε ΕΜ rell 𝔅𝔈𝔏 Cyr |
⟨om ιακωβ 30⟩ | υιου] +Rebeccae 𝔈 | εδραμεν] pr et 𝔏 | αυτου
2°] αυτω EMac*eghij*kloq-c₂𝔄 Cyr-cod | om και περιλ.—του-
τους ο | αυτου 1°] post εφιλησεν Ec₂𝔄: ⟨αυτω 108⟩ | εφιλησεν]
κατεφιλησεν egj | +αυτον acmnx𝔅𝔈 | om 2° En | και
διηγησατο] +ιακωβ v: dixit autem iterum Iacob 𝔅 ⟨om iterum
𝔅ᵇᵖ⟩ | τω] αυτω bw: om Edegjmx*c₂ | τουτους] αυτου bgw𝔏:
+ους ειπεν τη ραχηλ M(mg)
14 αυτω λαβαν] λαβαν προς ιακωβ f𝔈 | και 2°—μου 2°] post
συ 𝔏 [της σαρκος] ⟨τ⟩ων ⟨σαρκ⟩ων M(mg): των σαρκων j(mg)
mnos(mg)𝔄 Chr Cyr-ed | om και 2° αυτου 2° Cyr-ed ½ | μηνα ημερων]
dies el menses 𝔏: +κατα ταυτας τους λογους τουτους f
15 ειπεν δε] και ειπεν DEacdfmoprxc₂: om δε Cyr | om
τω m | οτι] pr μη j(mg) | γαρ] γε fiᵃ¹: om eiᵃ𝔅𝔅*𝔈𝔏 | αδελ-
φος μου] αδελφου l | ει] +συ dfmpt𝔄 Chr | δουλευσεις] laborabis
𝔅ᵇᵖ: δε f | om 1°] με c₂: ⟨μου 25⟩ | om απαγγειλον μοι 𝔈ᶠ |
απαγγειλον] αναγγειλον fnr: dic ergo 𝔏 | τις] τι bdp | σου
ο μισθος brw | εστιν] εσται r: ⟨om 31⟩
16 τω δε] pr και 𝔄: om δε 𝔅ᵇᵖ | ησαν] post θυγατερες bmw

77

Α μείζονι Λεία, καὶ ὄνομα τῇ νεωτέρᾳ ῾Ραχήλ. ¹⁷οἱ δὲ ὀφθαλμοὶ Λείας ἀσθενεῖς· ῾Ραχὴλ δὲ ἦν 17
καλὴ τῷ εἴδει καὶ ὡραία τῇ ὄψει. ¹⁸ἠγάπησεν δὲ ᾿Ιακὼβ τὴν ῾Ραχήλ, καὶ εἶπεν Δουλεύσω σοι 18
ἑπτὰ ἔτη περὶ ῾Ραχὴλ τῆς θυγατρός σου τῆς νεωτέρας. ¹⁹εἶπεν δὲ αὐτῷ Λαβάν Βέλτιον δοῦναί 19
¶ ℭᵐ με αὐτὴν σοὶ ἢ δοῦναί με αὐτὴν ἀνδρὶ ἑτέρῳ·¶ οἴκησον μετ᾽ ἐμοῦ. ⁴²⁰καὶ ἐδούλευσεν ᾿Ιακὼβ 20
§ ℭᵖ περὶ ῾Ραχὴλ ἑπτὰ ἔτη. ²¹εἶπεν δὲ ᾿Ιακὼβ τῷ Λαβάν ᾿Απόδος μοι τὴν γυναῖκά μου, πεπλήρωνται 21
γὰρ αἱ ἡμέραι μου, ὅπως εἰσέλθω πρὸς αὐτήν. ²²συνήγαγεν δὲ Λαβὰν πάντας τοὺς ἄνδρας 22
¶ ℭᵖ τοῦ τόπου καὶ ἐποίησεν γάμον.¶ ²³καὶ ἐγένετο ἑσπέρα, καὶ λαβὼν Λείαν τὴν θυγατέρα αὐτοῦ 23
εἰσήγαγεν αὐτὴν πρὸς ᾿Ιακώβ, καὶ εἰσῆλθεν πρὸς αὐτὴν ᾿Ιακώβ. ²⁴ἔδωκεν δὲ Λαβὰν Ζέλφαν 24
§ ℭᵖ Λείᾳ ⁸τῇ θυγατρὶ αὐτοῦ τὴν παιδίσκην αὐτοῦ αὐτῇ παιδίσκην. ²⁵ἐγένετο δὲ πρωί, καὶ ἰδοὺ ἦν 25
§ ℭᶜ Λεία· εἶπεν δὲ ᾿Ιακὼβ Λαβάν Τί τοῦτο ἐποίησάς μοι; οὐ ⁸περὶ ῾Ραχὴλ ἐδούλευσα σοί;¶ καὶ ἵνα
¶ ℭᵖ τί παρελογίσω με; ²⁶εἶπεν δὲ Λαβάν Οὐκ ἔστιν οὕτως ἐν τῷ τόπῳ ἡμῶν, δοῦναι τὴν νεωτέραν 26
πρὶν ἢ τὴν πρεσβυτέραν· ²⁷συντέλεσον οὖν τὰ ἕβδομα ταύτης, καὶ δώσω σοι καὶ ταύτην 27
τῆς ἐργασίας ἧς ἐργᾷ παρ᾽ ἐμοὶ ἔτι ἑπτὰ ἔτη ἕτερα. ²⁸ἐποίησεν δὲ ᾿Ιακὼβ οὕτως, καὶ ἀνεπλή- 28
ρωσεν τὰ ἕβδομα ταύτης· καὶ ἔδωκεν Λαβὰν ῾Ραχὴλ τὴν θυγατέρα αὐτοῦ αὐτῷ γυναῖκα.

16 λια ΑΕ       17 λιας Ε (fere ubique) | ιδει Α       25 ινα τι] ετι D | με] μαι Ε       26 η] ι Ε

XXIX 17 ασθενεις] αʹ σʹ απαλοι Μ       22 γαμον] αʹ σʹ ποτον js
25 παρελογισω με] αʹ επεθου μοι Μ: σʹ απηδρευσας με Μj(sine nom)s

²⁹ ²⁹ἔδωκεν δὲ Λάβαν ˙Ραχὴλ τῇ θυγατρὶ αὐτοῦ⁷ Βάλλαν τὴν παιδίσκην αὐτοῦ αὐτῇ παιδίσκην. Α

³⁰ ³⁰καὶ εἰσῆλθεν πρὸς ˙Ραχήλ· ἠγάπησεν δὲ ˙Ραχὴλ μᾶλλον ἢ Λείαν· καὶ ἐδούλευσεν αὐτῷ ἑπτὰ ⁷ D

³¹ ἔτη ἕτερα. ³¹Ἰδὼν δὲ Κύριος ὁ θεὸς ὅτι μισεῖται Λεία, ἤνοιξεν τὴν μήτραν αὐτῆς· ˙Ραχὴλ

³² δὲ ἦν στεῖρα. ³²καὶ συνέλαβεν Λεία καὶ ἔτεκεν υἱὸν τῷ Ἰακώβ· ἐκάλεσεν δὲ τὸ ὄνομα αὐτοῦ

³³ ˙Ρουβὴν λέγουσα Διότι εἰδέν μου Κύριος τὴν ταπείνωσιν· νῦν ἀγαπήσει με ὁ ἀνήρ μου. ³³καὶ

συνέλαβεν πάλιν Λεία καὶ ἔτεκεν υἱὸν δεύτερον τῷ Ἰακώβ, καὶ εἶπεν ὅτι Ἤκουσεν Κύριος ὅτι

³⁴ μισοῦμαι, καὶ προσέδωκέν μοι καὶ τοῦτον· καὶ ἐκάλεσεν τὸ ὄνομα αὐτοῦ Συμεών. §³⁴καὶ συνέ- § D

λαβεν ἔτι καὶ ἔτεκεν υἱόν, καὶ εἶπεν Ἐν τῷ νῦν καιρῷ πρὸς ἐμοῦ ἔσται ὁ ἀνήρ μου, τέτοκα γὰρ

³⁵ αὐτῷ τρεῖς υἱούς· διὰ τοῦτο ἐκλήθη τὸ ὄνομα αὐτοῦ Λευί. ³⁵καὶ συλλαβοῦσα ἔτι ἔτεκεν υἱόν,

καὶ εἶπεν Νῦν ἔτι ¹τοῦτο ἐξομολογήσομαι Κυρίῳ· διὰ τοῦτο ἐκάλεσεν τὸ ὄνομα αὐτοῦ Ἰουδά. § ℭ⁽ᵐ⁾

καὶ ἔστη τοῦ τίκτειν.

XXX 1 ¹¹Ἰδοῦσα δὲ ˙Ραχὴλ ὅτι οὐ τέτοκεν τῷ Ἰακώβ, καὶ ἐζήλωσεν ˙Ραχὴλ τὴν ἀδελφὴν αὐτῆς, καὶ

² εἶπεν τῷ Ἰακώβ Δός μοι τέκνα· εἰ δὲ μή, τελευτήσω ἐγώ. ²ἐθυμώθη δὲ Ἰακὼβ τῇ ˙Ραχὴλ καὶ

³ εἶπεν αὐτῇ Μὴ ἀντὶ τοῦ θεοῦ ἐγώ εἰμι, ὃς ἐστέρησέν σε καρπὸν κοιλίας; ³εἶπεν δὲ ˙Ραχὴλ τῷ

Ἰακώβ Ἰδοὺ ἡ παιδίσκη μου Βάλλα, εἴσελθε πρὸς αὐτήν· καὶ τέξεται ἐπὶ τῶν γονάτων μου,

⁴ ἵνα τεκνοποιήσωμαι κἀγὼ ἐξ αὐτῆς. ⁴καὶ ἔδωκεν αὐτῷ Βάλλαν τὴν παιδίσκην αὐτῆς αὐτῷ

31 μισειτε A     32 ιδεν E     33 μεισουμαι A

(D)EMa–xc₂𝕬𝕭ℭ⁽ᵐ⁾𝕰𝕷

29 om εδωκεν—αυτου 1° E | εδωκεν δε] και εδωκε fiℨᵇ Cyr-cod | +αυτη k | om λαβαν 𝔼 | ραχηλ] pr τη m : ραχιηλ l | τη θυγατρι αυτου] την θυγατερα αυτου bdw : om p𝔼 | βαλλαν] pr και E : βαλαν dlop : λαβαν g | om την παιδισκην αυτου 𝔼 | om αυτου αυτη παιδισκην qu | αυτη] (αυτην 16.130): om 𝔄𝕷

30 εισηλθεν] +ιακωβ dfp𝔼𝔏 | ραχηλ 1°] (pr αυτην 108) : ραχιηλ l : αυτην ιακωβ E | om δε l𝔼 | ραχηλ 2°] ραχιηλ l : εαμ 𝔼 | η λιαν μαλλον l | και 2°—ετερα] om Efp : om αυτω 𝔼ᵖ | εττα] pr adhuc 𝔏 : post ετη m : om l | ετερα] om g : +propter eam 𝔼

31 om δε 1° θεος abcmowxc₂𝕭𝔼𝔏 Phil | (μισειται λεια) μισει την λειαν 31(om την).71) | λειαν do⁎ | την μητραν] post αυτης Thdt | αυτη] +et concepit 𝔏 | ραχιηλ l

32 και 1°—ετεκεν] et repleto tempore peperit Lia 𝔏 | και συνελ.] συνελ. δε (78) 𝕭⁷ℭ | λιαν s | υιον τω ιακ.] τω ιακ. υω Eir : om τω ιακωβ 𝔼 | τω] τον ℭ | εκαλ. δε ekl.] εκαλ. brwℨ𝔼𝔏 : (om δε 30) | ρουβην] ρουβειν c₂ : ρουβιν tvx : ρουβημ k : ρουβειμ ep : ρουβιμ dfgijl | διοτι] οτι (20) Chr | μου 1°] post ταπεινωσιν bwℨℭ𝔏 | εδ̄εν μου f | om οτι 𝔄ᵇΙ︢r | ταπεινωσιν] +μου και εδωκε μοι υιον dp(om και): +και εδωκεν μοι ῡ EMeg–lqrtuvℨℭ : +φ̄ωκε μοι f | om νυν—με l⁎ | νυν] (ουν 71) : +ουν egjlqsuvℭℨᵇ𝕷 δε mℭ(uid) | αγαπ. με] με αγαπησει abc(·σαι c°)dfi⁎ᶜ¹kmoprwxc₂ : me diligit 𝔏

33 om παλιν (84) 𝕭⁷ | om λεια 𝔼ᵖ | τετοκεν l | υιον δευτερον] δευτερον υιον dℭ : post ιακωβ l | δευτερον] post ιακωβ egi : ετερον r𝕷 | οτι 1°] τι ℭ | τετοκεν l | υιον ̄κ̄ιο̄ς̄ εδ̄εν ν : +οθ fir | om και 4° 𝕭ᵍⁿ𝔼𝕷 | προσεδωκεν] προσεθηκεν Efinv : adauxit 𝔏 | om και 5° 𝔄𝔼 | και εκαλ.] εκαλ. δε Ea–dfikmprwxc₂

34 (om και 1°—καιρω 18) | συνελαβεν] συλλαβουσα Dacmo xc₂ | ετι] om Eaℨ𝔄-ed : +Lia 𝕭 | και ετεκεν] κεν i⁎ : και ετερον Chr-ed : om και Dacmoxc₂𝕭ᵇᵛ | υιον] +alium Iacob ℭ | εν τω νυν καιρω] hoc tempore 𝕭⁷ℭ : +προσεθικε μοι ο θ̄ και n | καιρω q | προς εμου εσται] προσκειται προς με E : revertetur ad me ℭ | προς] μετ m(txt) | εμου] εμε f | εσται] εστιν 𝕴(uid)

35 om ετι 1°] και f : om Eacdegjms : +Lia 𝕭 | υιον] +ετι f | ετι τουτο] τουτο tc₂ : in hoc 𝕭⁷ᵖ⁽ᵈⁱ⁾ : om tc₂ 1° | τουτο] om Edgpv | εξομολογησωμαι Ebgn | κυριω] pr τω Ddfimnp Chr : +τω θ̄ω̄ E𝕴ℭ | δια τουτο] et 𝕭𝔼 | om αυτου f | εκαλεσεν] ιουδαν Mabdegjpqs–wc₂ T·A : Iudas 𝕭ℭ | om και 3°—τικτειν 𝔼ᵇ | τεκειν b|w

τετοκα] ετεκον Eabdfikmoprwx : ετεκε cc₂ : om αυτω 𝔼ᵖ : υιους τρεις fir | δια τουτο] (pr και 79) : και 𝔼 Chr : +επιπι 𝔏 | εκληθη A] εκαλεσεν Dˢⁱˡ𝔼M omn 𝔄𝕭ℭ𝔼𝕷 Chr | αυτου] αυτω Chr | λευι Et

XXX 1 om ετι 1° (fgℨᵇ⁽⁎⁾) | ραχηλ 1°] ραχιηλ dˢⁱˡ | τετοκεν] τικτει mᶜℭᵇ : pareret filium uiro suo 𝔏 : +ῡ̄ i⁎τℭ | om και 1° Edfikrvℨ𝔄𝕭𝔼𝕷 Chr | ραχηλ 2°] pr λειαν ej : ραχιηλ dl : om Edfikrvℨ𝔄𝕭𝔼𝕷 Chr | την αδελφην] pr λειαν dfiklpsᵐᵛ⁽ˡᵉⁱᵃⁿ⁾v ℭ𝔼 : (η αδελφη 14.16.77.130) | αυτης] +Liam 𝔏 | om τω ιακωβ 1° E fir] pr η Eus | τεκνα] τεκνον Ehltwℨᵇ𝕷 | και τε ℭᶜ | μη] μηγε ot Thdt | τελευτησω εγω] αποθνησκω εγω Chr‡ : ego morior 𝔏 : om εγω ℭℨ : αποθανουμαι Chr‡ Thdt : morior 𝔏 : αποκτεινον με Eus

2 εθυμωθη δε] (και εθυμωθη 79) : θυμωθεις δε quv | om τη ραχηλ Dp | τη] την 𝕷 | ραχηλ 1°] ραχιηλ l : om τη ραχηλ D(+D) | om E | αντι του θεου] θεος Chr‡ | του ADn] om EM rell Phil Eus Chr‡ Thdt | θεου] θεω g : +σοι Eus Thdt | εμι εγω fn𝔄𝔼 Eus Thdt‡ | om ℭℨ Chr‡ | εστερησεν σε] sterilem fecit 𝕷 | σε] με g : om 𝔄 | καρπον] καρπω e Chr‡ : καρπου (32) Chr‡ | κοιλιας] +σου (10) 𝔄𝕭ℭ𝔼𝕷

3 ραχηλ τω ιακωβ] αυτω ραχηλ aℭ: αυτω dmp | ραχιηλ l | τω] προς cfikorxc₂ : om n | ιακωβ] +τω αδρι αυτης n | βαλλα] βαλα l: Ballam ℭᶜ : om dp | προς 1°] pr 79) | om ραχιηλ 2° c₂ | τεξεται] τεξομ o⁎ | ινα Aℭ | ραχι DˢⁱˡEM omn 𝔄𝕭ℭ𝔼𝕷 Cyr | τεκνοποιησωμαι Agnqrˢᵗ] τεκνοποιησομαι b : τεκνοποιησω fm | τεκνοποιησομαι DˢⁱˡEMiᶜ rell 𝕭𝕷 Cyr | καγω] και εγω Dakm owxc₂ : εγω i⁎ : om bℨᵇ𝕴𝕷

4 om αυτω 1° bewℨ | βαλλαν] βαλαν dlp : Bellam 𝕷 | om την παιδισκην αυτης 𝔼 | αυτης] αυτον m | αυτω γυναικα]

34 προς εμου εσται] α′ προσκειται προς με M(sine nom)s

79

Α γυναῖκα, καὶ εἰσῆλθεν πρὸς αὐτὴν Ἰακώβ· ⁵καὶ συνέλαβεν Βάλλα ἡ παιδίσκη Ῥαχὴλ καὶ 5
ἔτεκεν τῷ Ἰακὼβ υἱόν. ⁶καὶ εἶπεν Ῥαχήλ Ἔκρινέν μοι ὁ θεὸς καὶ ἐπήκουσεν τῆς φωνῆς μου καὶ 6
ἔδωκέν μοι υἱόν· διὰ τοῦτο ἐκάλεσεν τὸ ὄνομα αὐτοῦ Δάν. ⁷καὶ συνέλαβεν ἔτι Βάλλα ἡ παι- 7
δίσκη Ῥαχὴλ καὶ ἔτεκεν υἱὸν δεύτερον τῷ Ἰακώβ. ⁸καὶ εἶπεν Ῥαχήλ Συνεβάλετό μοι ὁ θεός, 8
καὶ συνανεστράφην τῇ ἀδελφῇ μου καὶ ἠδυνάσθην· καὶ ἐκάλεσεν τὸ ὄνομα αὐτοῦ Νεφθαλεί.
⁹Ἰδεν δὲ Λεία ὅτι ἔστη τοῦ τίκτειν, καὶ ἔλαβεν Ζέλφαν τὴν παιδίσκην αὐτῆς καὶ ἔδωκεν αὐτὴν 9
τῷ Ἰακὼβ γυναῖκα. ¹⁰εἰσῆλθεν δὲ πρὸς αὐτὴν Ἰακώβ· καὶ συνέλαβεν Ζέλφα ἡ παιδίσκη Λείας 10
¶ Ɛᶜ καὶ ἔτεκεν τῷ Ἰακὼβ υἱόν. ¹¹καὶ εἶπεν Λεία Ἐν τύχῃ· καὶ ἐπωνόμασεν τὸ ὄνομα αὐτοῦ Γάδ. 11
¹²καὶ συνέλαβεν ἔτι Ζέλφα ἡ παιδίσκη Λείας καὶ ἔτεκεν ἔτι τῷ Ἰακὼβ υἱὸν δεύτερον. ¹³καὶ 12
εἶπεν Λεία Μακαρία ἐγώ, ὅτι μακαρίζουσίν με πᾶσαι αἱ γυναῖκες· καὶ ἐκάλεσεν τὸ ὄνομα αὐτοῦ 13
Ἀσήρ. ¹⁴ἐπορεύθη δὲ Ῥουβὴν ἐν ἡμέραις θερισμοῦ πυρῶν καὶ εὗρεν μῆλα μανδραγόρου ἐν τῷ 14
ἀγρῷ, καὶ ἤνεγκεν αὐτὰ πρὸς Λείαν τὴν μητέρα αὐτοῦ· εἶπεν δὲ Ῥαχὴλ τῇ Λείᾳ Δός μοι τῶν
μανδραγορῶν τοῦ υἱοῦ σου. ¹⁵εἶπεν δὲ Λεία Οὐχ ἱκανόν σοι ὅτι ἔλαβες τὸν ἄνδρα μου; μὴ καὶ 15
τοὺς †μανδραγόρας† τοῦ υἱοῦ μου λήμψῃ; εἶπεν δὲ Ῥαχήλ Οὐχ οὕτως· κοιμηθήτω μετὰ σοῦ
τὴν νύκτα ταύτην ἀντὶ τῶν μανδραγορῶν τοῦ υἱοῦ σου. ¹⁶εἰσῆλθεν δὲ Ἰακὼβ ἐξ ἀγροῦ ἑσπέρας, 16

XXX 6 τουτο] του E      8 συνεαλετο A* (συνεβ. A¹)      9 ειδεν Dˢⁱˡ
11 τυχη] ιυχη A(uid) | επωνομασεν E* (επων. Eᵃ)      15 μανδραγορας] μανδραγορους A

DEMa–xc₂𝔄𝔅ℭ(c)ᴶˣᵉ𝔈𝔏ʳ

γυναικα αυτω n: in mulierem 𝕃 | om d: om αυτω msℨℭ |
και εισηλθεν] εισηλθεν δε Eabcefgijkmorwxc₂ℭᶜ𝕃 | προς αυτην
ιακωβ] ιακωβ προς αυτην nℭ𝔈: Iacob ad Ballam ancillam
suam 𝕃
5 συνελαβεν] συλλαβουσα a | βαλλα] βαλα dlp: βαλλαν bw |
om η παιδισκη ραχηλ 𝔈 | ραχηλ] ραχιηλ l: αυτην nc₂ | om
και 2°—(7) ετεκεν m | om και 2° a𝔅ⁱᵖ | τω ιακωβ] post υιον dps
𝔄𝔅ℭ𝔈𝕃: (om τω 18)
6 ραχηλ l | εκρινεν] κρισαι n | (μοι 1°] με 30) | ο θεος] pr
Dominus ℭ: κ̅ς E | επηκουσεν] υπηκουσε Chr: (εισηκουσε 25)
7 om ετι 𝔅ʷ | βαλλα—ραχηλ] post ετεκεν acoxc₂ | βαλλα]
βαλα dlp: Ballam 𝕃 | ραχηλ] αυτης l: (om 16) | υιον—ιακωβ]
om (16) Chr: om υιον ℭ
8 ραχηλ] ραχιηλ l: om Ebwℭ 𝔈 | συνεβαλετο μοι] adiuuit
me 𝔅: suscepit me 𝔅ℭ𝔈𝕃 | συνεβαλετο A²ʰ] συναντελαβετο
aegiptx Chr: συναντιλαβοντο d: συνελαβετο DEM rell: (αντε-
λαβετο 20) (om m) | με p: μου egjt Chr | ο θεος] pr Dominus
ℭ | και 2°] quod 𝔄 | συνανεστραφην] συναναστραφη g: συνε-
στραφην cdiᵃquv: συνεστραφη ms(mg): comparauit me 𝕃(com-
paruit 𝕃ᵂ) | και 3°] pr και εικον d | ηδυνηθην dfp | (και 4°]
δια τουτο 71) | νεφθαλει ADˢⁱˡrsx] νεφθαλιμ intℨ𝔅: Nephtalim
𝕃: νεφθαλειμ b: νεφθαλεμ E: νεφθαλειν k: νεφθαλειμ M rell
ℭ(Ephth- ℭᶜ) Chr
9 ιδεν] ιδουσα firℨ𝔅𝔈 Chr | (om δε 18) | εστη] εστι dpc₂*:
εστιν f | εστεστη bw | του τικτειν] pr του τεκειν n: του τεκειν
s(txt) | om και 1° f𝔄𝔅𝔈 | ζελφα] ζελφαν 𝕃 | αυτης] αυτην
αυτη f: om ℨ𝔈 | γυναικα] pr εις cℨ𝕃 Chr
10 om εισηλθεν—ιακωβ 1° DEabcl–oqs(txt)uwxc₂𝔄ℭ𝔈𝕃
Chr | εισηλθεν δε] και εισηλθεν fpr: om δε g(mg)𝔅ʷ | ιακωβ
προς αυτην d𝔅ⁱᵖ | ιακωβ 1°] pr ο gk: om p | και συνελαβεν]
συνελαβεν δε Ebdoswxc₂𝕃: και ετεκε ι ετεκε δε cm | om
ζελφα—λειας p | δελφα l | om η παιδισκη λειας 𝔈 | τω ιακωβ]
post ιακωβ 2° 𝔈: om acmo: +ετι g: +υιον δευτερον iᵖ | om
τω—(12) ετεκεν s | τω ιακωβ] post υιον 𝔄𝔅ℭ𝔈𝕃 | υιον] om iᵖ:
+δευτερον g

11–13 plurima periere in ℭᵐ

11 λια d | om ε—(13) λεια g | εν τυχη A(ιυχη uid)DˢⁱˡE
M(txt)lqu𝔅ℭ(uid)] ευτυχη r: εντετυχηκα cx: εντετυχηκα M(mg)
rell Thdt: τετυχηκα (20) Chr: impetraui 𝕃: ad me fortuna
mea 𝔅: felix fui ego etiam 𝔈 | το ονομα αυτου] αυτον n | δαδ m
12 συνελαβεν] ετεκε acmo | om ετι 1° DEMacefʰj–orx𝔄 |
δελφα l | om η παιδισκη λειας 𝔈 | om και ετεκεν acmo | om
ετι 2°] iterum 𝕃: (εν τω τικτειν 16): om Ebdfilnpqt–wc₂𝔄-ed
𝔈 | τω ιακωβ] post δευτερον acikmoxc₂𝔄𝔅: post υιον (16) 𝕃 |
υιον δευτερον] om 𝔈: om δευτερον 𝔅
13 εγω] pr ειμι f𝔄: +sum 𝕃: +Lia 𝔈ᵖ | οτι] et 𝔈 |
μακαριουσιν d–gjmpst𝔄𝔅 Phil Chr | πασαι AEfiᵃr] om DˢⁱˡMiᵇ
rell 𝔄𝔅ℭ𝔈𝕃𝔖-ap-Barh Phil Chr | om αι f | και εκαλεσεν] εκα-
λεσεν δε Ex | ασηρ] ασειρ qu: Asser 𝔅: +πλουντος Edpx𝔄-ed
𝔅: +ο εστιν πλουιτος fikr 𝔄-codd 𝔈: +quod est diues 𝕃
14 om δε 1° m𝔄𝔅(pr et 𝔅ʷ) | ρουβην] ρουβιν itx: ρουβημ c:
ρουβειμ ep Cyr-ed: ρουβιμ Edfgjlnq: ρουβι v | ημερα begjlmq
uvw | πυρων] pr των m | ευρον iᵖk | μανδραγορου] μανδραγο-
ρουτ M: μανδραγορων d–gijkpt𝔄 Chr | om και 2° iᵖk | ηνεγκεν]
ηνεγκαν f: ανηνεγκεν lt | προς—μητερα] τη μητρι Chr: om
λειαν 𝕃 | ειπεν δε] και ειπε Chr | ραχιηλ l | τη λεια] τη αδελφη
𝕃 | λειαν δε] pr και m: om bfikprstw: +τη αδελφη αυτης be–kpqr
s(mg και τη)t–w𝔄ℭ Cyr
15 multa periere in ℭ | εισεν δε λεια b | εισεν δε 1°]
και ειπεν dp𝕃 | λεια] λιαν d: +ad Rachel 𝕃 | om σοι jℨ | μη]
αλλα E: πυπς 𝕃 | και—μου 2°] post λημψη acmoxc₂𝔄 | τους]
τας dp | μανδραγορους] sed 𝕃: κοιμηθησεται f: +δη (20) Chr | μη
νυκτα ταυτην] τη νυκτι ταυτη d: (+ιακωβ 30) | σου 2°] +et
dedit ei 𝔈
16 εισηλθεν] ηλθεν no𝕃 | om δε eq | om εξ αγρου x | εψηλ-

XXX 11 εν τυχη] αʹ ηλθεν ευζωια σʹ ηλθεν γαδ M: ευζωνια ηλθεν ευζωνια ηλθεν γαρ s
15 ουτως] αʹ δια τουτο M

καὶ ἐξῆλθεν Λεία εἰς συνάντησιν αὐτῷ καὶ εἶπεν Πρὸς ἐμὲ εἰσελεύσῃ σήμερον· μεμίσθωμαι γάρ Λ
17 σε ἀντὶ τῶν μανδραγορῶν τοῦ υἱοῦ μου· καὶ ἐκοιμήθη μετ᾽ αὐτῆς τὴν νύκτα ἐκείνην. ¹⁷καὶ ἐπή-
18 κουσεν αὐτῆς ὁ θεός, καὶ συλλαβοῦσα ἔτεκεν τῷ Ἰακὼβ υἱὸν πέμπτον. ¹⁸καὶ εἶπεν Λεία Δέδωκέν
μοι ὁ θεὸς τὸν μισθόν μου ἀνθ᾽ ὧν ἔδωκα τὴν παιδίσκην μου τῷ ἀνδρί μου· καὶ ἐκάλεσεν τὸ ὄνομα
19 αὐτοῦ Ἰσσαχάρ, ὅ ἐστιν Μισθός. ¹⁹καὶ συνέλαβεν ἔτι Λεία καὶ ἔτεκεν υἱὸν ἕκτον τῷ Ἰακώβ.
20 ²⁰καὶ εἶπεν Λεία Δεδώρηται ὁ θεός μοι δῶρον καλόν· ἐν τῷ νῦν καιρῷ αἱρετιεῖ με ὁ ἀνήρ μου,
21 τέτοκα γὰρ αὐτῷ υἱοὺς ἕξ· καὶ ἐκάλεσεν τὸ ὄνομα αὐτοῦ Ζαβουλών. ²¹καὶ μετὰ τοῦτο ἔτεκεν
22 θυγατέρα, καὶ ἐκάλεσεν τὸ ὄνομα αὐτῆς Δείνα. καὶ ἔστη τοῦ τίκτειν. ²²ἐμνήσθη δὲ ὁ θεὸς
23 Ῥαχήλ· καὶ ἐπήκουσεν αὐτῆς ὁ θεός, καὶ ἀνέῳξεν αὐτῆς τὴν μήτραν· ²³καὶ συλλαβοῦσα ἔτεκεν
24 τῷ Ἰακὼβ υἱόν. εἶπεν δὲ Ῥαχήλ Ἀφεῖλεν ὁ θεός μου τὸ ὄνειδος· ²⁴καὶ ἐκάλεσεν τὸ ὄνομα αὐτοῦ
25 Ἰωσήφ λέγουσα Προσθέτω ὁ θεός μοι υἱὸν ἕτερον.     · ²⁵Ἐγένετο δὲ ὡς ἔτεκεν Ῥαχὴλ τὸν
Ἰωσήφ, εἶπεν Ἰακὼβ τῷ Λαβάν Ἀπόστειλόν με ἵνα ἀπέλθω εἰς τὸν τόπον μου καὶ εἰς τὴν γῆν
26 μου. ²⁶ἀπόδος μοι τὰς γυναῖκας καὶ τὰ παιδία, περὶ ὧν δεδούλευκά σοι, ἵνα ἀπέλθω· σὺ γὰρ
27 γινώσκεις τὴν δουλίαν ἣν δεδούλευκά σοι. ²⁷εἶπεν δὲ αὐτῷ Λαβάν Εἰ εὗρον χάριν ἐναντίον σου,
28 οἰωνισάμην ἄν· εὐλόγησεν γάρ με ὁ θεὸς τῇ σῇ εἰσόδῳ. ²⁸διάστειλον ¹τὸν μισθόν σου πρὸς μέ, § ℭ
29 καὶ δώσω σοι. ²⁹εἶπεν δὲ αὐτῷ Ἰακὼβ Σὺ γινώσκεις ἃ δεδούλευκά σοι,¶ καὶ ὅσα ἦν κτήνη σου ¶ ℭᵐ

19 λια A* (Λεια A¹)          20 αιρετιει] ερετ[ιει] D : αιρετισει E          22 ψευξεν DE
23 αφηλεν E          26 δουλειαν Dᵘˡ

DEMa-xc₂𝕭𝕵(ℭᶜᵐ)𝕰𝕃ʳ

θερ] ηλθε dp | αυτω] αυτου cᵃdfgnp𝕷 : ⟨αυτων 18⟩ | και ειπεν]
om w : +αυτω dp𝒞𝔼𝕷 | εμε] με Da-gijknopwxc₂ | ελευση
nv | om γαρ c | σε] σοι c : +σημερον m 𝔄-codd Chr | αντι]
απο 79) | και εκοιμηθη] εκοιμηθη δε Efir : om και 𝕷 | τη νυκτι
εκεινη dp
17 και επηκουσεν] επηκουσε δε m | εισηκουσεν is(mg) |
αυτη ο θεος A] ο θς τη λειας Efiᵃʰˡr : ο θς τη λια n : ο θς λειας
DᵘˡMiᵃ Chr : Dñs Liam 𝕷 : Dominus Deus eam
ℭ | om συλλαβουσα 𝕭ʷ | τετοκε c | τω ιακωβ] post πεμπτον
bw𝕭ℭ: om 𝔼 | om πεμπτον n
18—24 fere omnia periere in ℭ
18 δεδωκεν Abdpstw] εδωκεν DEM rell Chr | om μοι 𝕭
Macdeghm-rs(txt)tuvxc₂ | τον μισθον μου] mercedem magnam
𝕷 | μου 1°] om E | ων] ου DEMacdeghjmopqs-vc₂ Chr : ⟨ου
ουκ 107⟩ : +ου n | την—μου 3°] ei mandragoras filii mei 𝕷 :
om τω ανδρι μου m | εκαλεσεν] ωνομασε dp𝕭 | ισαχαρ dflmnp
𝕭𝕷 | ο εστιν μισθος] om acoc₂ : om ο εστιν 𝕭
19 om ετι c𝕰ᶠᵖ | εκτον] post ιακωβ 𝔼 : om E
20 δεδωρηται] iudicauit 𝔼 | ο θεος μοι] μοι ο θς DEMa-df
il-prstwxc₂𝕭𝔼𝕷 Chr: ⟨ο θς μου 78.83⟩ | δωρον] εργον 71) :
iudicium 𝕷 | αιρετιει] pr και m : diliget 𝔄𝕭𝔼𝕷(-git) | om
ο ανηρ μου g | τετοκα] ετεκον a–dikopwxc₂ : ετεκε fm(uid) :
αυτω υιους εξ] εκτον υιον m | εξ υιους abckwxc₂ | εξ] septem 𝕭ʷ
και εκαλεσεν] εκαλεσεν δε Eir | εξ] ζ υιους αβςληθ 𝕭ʷ : εκαλεσεν
—αυτου] το ονομα τον εκτου εκαλεσα(?) f
21 om και 1° c₂ | τουτο] haec 𝕭 | δειναν tv | και 3°—
τικτειν A𝕷] om DᵘˡEM omn 𝔄𝕭𝔼 Chr
22 om δε rᵃ | ραχηλ Abw Thdt] pr τη nr : της ραχηλ l :
pr την DᵘˡEM rell Chr Cyr | om και 1°—θεος 2° 𝔼 | επηκουσεν
Cyr-cod | αυτης 1°] post θεος 2° c : αυτη iκηφυν | ο θεος 2°]
pr Dñs 𝕷 : κυριος Cyr : om en Chr | ανεωξεν] +Dñs Ds 𝕷 |
την μητραν αυτης Dacfiklmoxc₂𝕭𝕷
23 συλλαβουσα] συνελαβε και ⟨10⟩ 𝔄(uid) Chr | τω ιακωβ]
post ωον a–dmpw𝔄𝕭𝔼: om τω Chr | εκαλεσεν] om 𝔼 και εμου 𝔼 |
ραχηλ] ραχηλ ln: om 𝔼 | αφειλεν] +αχ εμου 𝔼 Cyr-ed | ο θεος

θεος μου] μου ο θς bfikmsw Chr Thdt: μοι ο θς dp | μου το
ονειδος] το ονειδος μου clnv𝔄𝕷 : +μου ax
24 προσεθετω] προσθητω egj Thdt: προσεθετο bcdfiklprwc₂
Chr Cyr-ed: προσεθηκε n | ο θεος μοι] μοι ο θς Dᵉᵇᵈ–jlnprs
vw𝔄𝕷 Phil Chr Cyr Thdt: ο θς μου acᵃmc₂: mihi Dominus
Or-lat : om υιον dpw
25, 26 multa periere in ℭ
25 ⟨εγενετο—ιωσηφ⟩ τετοκε τοιψυν τον ιωσηφ ραχηλ 14⟩ |
ραχιηλ ln | τον 1°] το mv | ιακωβ] pr τω | om τω λαβαν c₂ |
⟨om ιϝα—μου 1° 79⟩ | om εις 2° 𝕭ᵇʷ
26 αποδος] pr 𝔄𝔼 | μοι ADEbfirv𝔄𝕷 Chr Cyr] μου m:
om M rell 𝔄 | τας γυναικας AE𝔄-ed Chr] +μου DᵘˡM omn
𝔄-codd 𝕭𝕷 Cyr: liberos meos 𝔼 | τα παιδια] om τα c₂: +μου
DᵘˡMbfiklw𝔄𝕭𝕷 Chr Cyr: uxores meas 𝔼 | δεδουλευκα 1°]
δεδουλευκας f: εδουλευκα o: εδουλευσα Equv | σοι 1°] σου n |
om σοι—μου 2° ef Chr | ινα απελθω] σ° 17) 𝔼 | ιϝα]
και bdpw | δουλιαζ] +μου gs | om ψψ g | δεδουλευκα σοι 2°]
εδουλευσα σοι E: feci tecum (+et 𝕭ᵖ) | quanta erant pecora tua
ibi mecum 𝕭
27 ειπεν—λαβαν] bis scr dᵃ | ευρον] ευρηκα l: ⟨εν 25⟩ |
οιωνισαμην—γαρ] auspicatus sum enim quia benedixit 𝕭(om
quia)𝕷 : quia noui quod benedixit ℭ | οιωνισαμην] οιωνισαμην
bw: ⟨ει οηϝαμην 107⟩ | om αν amosxc₂𝔄(uid) | γαρ] post με
v: om begjw | τη σῃ εισοδω] pr τη Dᵘˡd–gijprv Or-gr Chr:
επ ονοματι σου M(mg) : in pede tuo 𝔄: propter te 𝔼: +ad me
ℭ | εισοδω] οδω E
28 om totum comma dp | διαστειλον] pr και ειπεν Dacegj
mno(απιοστειλον)xc₂: pr και ειπεν αυτω firℭ: pr et dicit Laban
𝕭(om quia)𝕷 : quia noui quod benedixit ℭ | οιωνισαμην] οιωνισαμ
84) | om προς με 𝔼𝕷 | μος με D | om σοι EMabcegh–kmqrs
u–c₂𝔄 Chr
29 αυτω ιακωβ] ιακωβ αυτω Cyr-cod: ιακωβ τω λαβαν n:
om αυτω efgiᵃjmc₂𝕭𝕴𝕽𝕹 om συ os | α] οσα c₂𝔄(uid): quantum
𝕷: και E: την δουλειαν ην bw𝕭𝔼(uid)Cyr-cod | δεδουλευκα]
δεδωκα Chr-codd | κτηνη σου] pr τα dp: post εμου 𝕷: om σου a

20 αιρετιει με] αʹ συνοικησει μοι M          24 αʹ σʹ οʹ προσθετω ο θς s          28 διαστειλον] αʹ εκανομισον j : σʹ ορισον Mj

Α μετ᾽ ἐμοῦ. ³⁰μικρὰ γὰρ ἦν ὅσα ἦν ἐναντίον μου, καὶ ηὐξήθη εἰς πλῆθος· ⁸καὶ ηὐλόγησέν σε 30
§ L Κύριος ἐπὶ τῷ ποδί μου. νῦν οὖν πότε ποιήσω κἀγὼ ἐμαυτῷ οἶκον ; ³¹καὶ εἶπεν αὐτῷ Λαβάν 31
Τί σοι δώσω ; εἶπεν δὲ αὐτῷ Ἰακώβ Οὐ δώσεις μοι οὐθέν· ἐὰν ποιήσεις μοι τὸ ῥῆμα τοῦτο,
πάλιν ποιμανῶ τὰ πρόβατά σου καὶ φυλάξω. ³²παρελθάτω τὰ πρόβατά σου σήμερον, καὶ 32
διαχώρισον ἐκεῖθεν πᾶν πρόβατον φαιὸν ἐν τοῖς ἀρνάσιν καὶ πᾶν διάραντον καὶ λευκὸν ἐν ταῖς
αἰξίν· ἔσται μοι μισθός. ³³καὶ ἐπακούσεταί μοι ἡ δικαιοσύνη μου ἐν τῇ ἡμέρᾳ τῇ αὔριον, ὅτι 33
ἐστὶν ὁ μισθός μου ἐνώπιόν σου· πᾶν ὃ ἐὰν μὴ ᾖ ῥαντὸν καὶ διάλευκον ἐν ταῖς αἰξὶν καὶ φαιὸν ἐν
τοῖς ἀρνάσιν, κεκλεμμένον ἔσται παρ᾽ ἐμοί. ³⁴εἶπεν δὲ αὐτῷ Λαβάν Ἔστω κατὰ τὸ ῥῆμά σου. 34
³⁵καὶ διέστειλεν ἐν τῇ ἡμέρᾳ ἐκείνῃ τοὺς τράγους τοὺς ῥαντοὺς καὶ τοὺς διαλεύκους, καὶ πάσας 35
τὰς αἶγας τὰς ῥαντὰς καὶ τὰς διαλεύκους, καὶ πᾶν ὃ ἦν λευκὸν ἐν αὐτοῖς, καὶ πᾶν ὃ ἦν φαιὸν ἐν
¶ D τοῖς ἀρνάσιν, καὶ ἔδωκεν διὰ χειρὸς τῶν υἱῶν αὐτοῦ. ³⁶καὶ ἀπέστησεν ὁδὸν τριῶν ἡμερῶν ἀνὰ 36
¶ D μέσον αὐτῶν καὶ ἀνὰ μέσον Ἰακώβ· Ἰακὼβ δὲ ἐποίμαινεν⁸ τὰ πρόβατα Λαβὰν τὰ ὑπολειφθέντα.
³⁷ἔλαβεν δὲ αὐτῷ Ἰακὼβ ῥάβδον στυρακίνην χλωρὰν καὶ καρυίνην καὶ πλατάνου, καὶ ἐλέπισεν 37
αὐτὰς Ἰακὼβ λεπίσματα λευκά, περισύρων τὸ χλωρόν· ἐφαίνετο δὲ ἐπὶ ¹ταῖς⁸ ῥάβδοις τὸ λευκὸν

---

30 ευλογησεν E | ποδι] ποδει A : ποδιω E | καγω εμαυτω οικον sup ras circ 8 litt A¹¹
32 αιξαισιν E | μισθος] ς sup ras Aᵃ 33 αιξεσιν E 35 τραγους] γ sup ras Aᵃ
36 απεστησεν] α sup ras A¹ | επομενεν E 37 ταις] τοις A

(D)E(L)Ma–xc₂𝕬𝕭𝕮𝕰𝕷

30 om γαρ 𝕬 | om ην 1° e | οσα ην AEir] οσα σου ην hm :
οσα νπηρχον f: om k𝕬 Chr-codd: οσα σου ην DⁿⁱˡM rell 𝕭𝕮𝕷
Cyr : οσα σοι Chr-ed | om ην 1°] εμον DⁿⁱˡMacᵃghjklnoqs–vxc₂
(ηυξηθη 71) | ευλογησεν c₂ | σε] post κυριον ao : om lmn
| κυριος] ο θς Eir𝕭𝕮 Chr⅓ Cyr⅓ : + ο θς x𝕰 | εστι—μου
2°] in ingressu meo ad te 𝕭𝕮 | επι] επ 84) | επ᾽ εμαυτῶ—
ποιμανω l | καγω] και εγω Dadopxc₂ : εγω εγω f: om Li𝕭𝕯 Cyr⅓ | εμαυτω]
pr εις i : εμαυτον dk
31 αυτω λαβαν] λαβαν αυτω bw: om m | σοι δωσω] σοι δω
Adei¹jklpquv: ποιησω σοι E | ειπεν δε] και ειπεν Eachmnorxc₂
Cyr-ed | om και 2° egjkms Cyr-cod (om ου δωσεις μοι 25) |
ου] και dp | μοι 1°] με cs | ουθεν] ουδεν DEMacdfikmopxc₂ |
+ δε Chr | ποιησης] DⁿⁱˡEMaeh–lqrtuvxc₂ : εαν—εμοι] quod
το ρημα τουτο] uerbum meum 𝕷 | om παλιν c𝕰ᵖ⁽*⁾ | ποιμαινω
ox | προβατα] pecora 𝕭ⁱʷ | σου] +σημερον Cyr-ed : +σημερον
ταυτα f | om και 2°—(32) σου x* | om και διαφυλαξω Chr | και
2°] ita 𝕷 | φυλαττω n
32 παρελθατω ADEhᵃr] pr et 𝕷 : pr itaque 𝕷 : παρελθα–
τωσαν l : παρελθετω Mhᵇ¹xᵃ rell : και περιελθε L : (και περιελ–
θετω 71) | τα—σημερον] σημερον παντα τα προβατα σου 78) :
hodie omnes oues coram te 𝕬 : τα προβατα σου] pr παντα DⁿⁱˡEM
abchiᵃoqrt–wxᵃc₂𝕭𝕮𝕰𝕷 Cyr: post σημερον egjl | σου] iuxta
te 𝕰 : om + παντα L: + ταυτα s: + coram te 𝕭 | σημερον]
om Cyr-cod : + παντα fi* | om και 1° Cyr-ed | διαχωρισον]
διαχωρισω quv: διαχωρησονται E : (αναχωρισω 30) | παν προ–
βατον εκειθεν E | προβατον] post fir: om 𝕰ᵖ : +ποικιλον
και περκον 𝕬 Cyr-ed : +uarium aut fuscum ..omne pascens
𝕾-ap-Barh | φαιον—αιξιν] cuius album uellus (albus color 𝕰ᵖ)
eius et omne album (om et omne album 𝕰ᶜ et cuius uarius color
eius et genus eius 𝕰 | φαιον] pr 𝕷 | λευκον—(33) αιξιν] φαιον m |
διαραντον και λευκον A 𝕬-codd(uid)) maculosum in ouibus et
album 𝕬-ed: διαλευκον και ραντον x: διαλευκον και ραντον
ραντον x : διαλευκον και ραντον DⁿⁱˡELMi* rell 𝕭(uid)𝕮𝕷 Chr
Cyr | εν ταις αιξιν] (pr εν τοις αρνασι 83) : +et alba 𝕭
εσται] pr και D𝕭ᵇ𝕷 | μοι] εμοι aoc₂: om bjw: om
𝕬-ed | μισθος] pr ο Ldpstᵃ: +και εσται μοι qu
33 om και 1°—σου 𝕰] επακουσεται μου] uidebitur 𝕷: om
εμοι acox: μου Lbdeghjlnprtw Chr Cyr | τη 2°] ταυτη dpt𝕭ⁱʷ |

staαπριον qs(mg)uv | εστιν] post μου 2° fik: erit 𝕷: om 𝕭 |
ο μισθος μου] μοι ο μισθος p : om ο E | μου 2°] (σου 16): om a |
εναντιον ELors(mg) | σου] pr και L𝕰𝕷 | ο εαν—εμοι] quod
non est uarium et cuius non est album genus eius tibi sit (sit tibi
𝕰ᵖ) id 𝕰 | εαν] αν LMadegklnpr–vx⅓ om Dj | om μη ᾖ η 2°]
ην n | (διαλευκον και ραντον 76) | και 3° bw Cyr | και 3°] η
Cyr | φαιον] φαιον f: om g | τοις] ταις f | κεκλεμμενον] (pr και
79) : κεκλεισμενον d | om παρ (20) 𝕬 Chr | εμοι] εμον Cyr-cod
34 om αυτω En𝕰ᵖ] εσται D𝕮
35 διεστειλεν] +λαβαν L | om εν 1° m | om τους 3° hp
Chr Cyr | διαλευκους E | λευκους E | και 3°—διαλευκους 2°] 
post αυτοις i* 𝕬-codd: om dmp𝕭ᵖ | om πασας 𝕰 | om και
τας διαλευκους 𝕮 | τας 3°] om hlquv Cyr | και 5°—
αυτοις] post αρνασιν bw: om Ldp𝕰𝕷 | και 6°] εν Chr | αυτοις]
αυται kx: αυτω s | και 6°—αρνασιν] et cuius fuscus color eius
𝕰 | om παν 2° 𝕰] φαιον—εν bw | om και φαιον—εν 𝕷 | δια
χειρος] δια χειρον c: per manus 𝕷 | αυτου] +ποιμνιον κατα
μοας Lp𝕷 Cyr r)bdhkptv(ποιμαινουν)wc₂ : +ποικιλον και ραντον
και παν προβατον ποικιλον και ραντον fi[[ραντον]] περκον i*:
μελανον iᵃ]
36 απεστησεν] απεστησεν ik Phil(uid): απεστησεν m : διω–
ρισεν M(mg) | ημερων τριων cfinr𝕬 | ανα μεσον 1°] pr και qu |
αυτω] ιακωβ 𝕰 | ανα μεσον 1° E | αυτων E | ιακωβ δε] ο δε ιακωβ
εποιμενεν f*lxc₂ Chr | λαβαν] λαβα L : om m | απολειφθεντα m
37 ελαβεν δε] et accepit 𝕷 | αυτω] post ιακωβ 1° d : εαυτω
Mabegjkmstwxc₂ᵖ Or-gr Chr Cyr: om Li𝕬𝕮 : +uirgam 𝕷 |
ιακωβ ραβδον] om 𝕰ᵖ: om ιακωβ c | στυρακινην] λεπτοκαρ
i(mg) | om χλωραν Em | om και χλωραν 𝕷 : om δε qu𝕰ᵖ | το
λευκον] ε E Cyr-cod:
magnam 𝕷 | ελεπισεν 1°] επιλεπισεν l: εξελεπισεν Phil-cod:
ελεπτισεν p(uid) | om ιακωβ 2° p𝕷 | λεπισματα λευκα] uariae
purgaturam ducens albam 𝕷 | λεπτισματα p(uid) | λευκα]
χλωρα diᵃ¹ᵖ | περισυρων] pr και qu: περισυρας L : περισυρας
acdkopstvxc₂ Chr: και περισυρας m | χλωρον] λευκον a : το
επι των σκυταλων M(mg)acdklmopxc₂ [[το]] τοτε M(mg): om
mx] : + in uirgis 𝕬 (a uirgis codd) | εφαινετο—ποικιλον] sub ÷
M: om mc₂ | εφαινετο δε] και εφαινετο L𝕷: om δε qu𝕰ᵖ | το
λευκον επι ταις ραβδοις L | επι] εν Efir𝕬(uid)𝕭𝕮 | τας ραβδοις
dp | ταις] τοις Afis | το λευκον] το χλωρον E Cyr-cod: om
o* | ελεπισεν 2°] ελεπτισεν n | ποικιλον] ποικιλας L: uariae 𝕷

---

32 φαιον] ποικιλον js | λευκον] περκον js     35 ραντου] σ᾽ λευκοποδας js     37 καρυινην] α᾽ σ᾽ αμυγδαλινην M(μυγδ–)j(sine nom)

38 ὃ ἐλέπισεν ποικίλον.¶ ³⁸καὶ παρέθηκεν τὰς ῥάβδους ἃς ἐλέπισεν ἐν ταῖς ληνοῖς τῶν ποτιστηρίων A
τοῦ ὕδατος, ἵνα ὡς ἂν ἔλθωσιν τὰ πρόβατα πιεῖν, ἐνώπιον τῶν ῥάβδων καὶ ἐλθόντων αὐτῶν εἰς ¶ L
39 τὸ πιεῖν, ἐνκισσήσωσιν ⁽³⁹⁾τὰ πρόβατα εἰς τὰς ῥάβδους. ³⁹καὶ ἔτικτον τὰ πρόβατα διάλευκα
40 καὶ ποικίλα καὶ σποδοειδῆ ῥαντά. ⁴⁰τοὺς δὲ ἀμνοὺς διέστειλεν Ἰακώβ, καὶ ἔστησεν ἐναντίον
τῶν προβάτων κριὸν διάλευκον καὶ πᾶν ποικίλον ἐν τοῖς ἀμνοῖς· καὶ διεχώρισεν ἑαυτῷ ποίμνια
41 καθ᾽ ἑαυτόν, καὶ οὐκ ἔμιξεν αὐτὰ εἰς τὰ πρόβατα Λαβάν. ⁴¹ἐγένετο δὲ ἐν τῷ καιρῷ ᾧ ἐνεκίσσων
τὰ πρόβατα ἐν γαστρὶ λαμβάνοντα, ἔθηκεν Ἰακὼβ τὰς ῥάβδους ἐναντίον τῶν προβάτων ἐν ταῖς
42 ληνοῖς, τοῦ ἐνκισσῆσαι αὐτὰ κατὰ τὰς ῥάβδους· ⁴²ἡνίκα γὰρ ἔτεκον τὰ πρόβατα, οὐκ ἐτίθει·
43 ἐγένετο δὲ τὰ ἄσημα τοῦ Λαβάν, τὰ δὲ ἐπίσημα τοῦ Ἰακώβ. ⁴³καὶ ἐπλούτησεν ὁ ἄνθρωπος
σφόδρα σφόδρα· καὶ ἐγένετο αὐτῷ κτήνη πολλὰ καὶ βόες καὶ παῖδες καὶ παιδίσκαι καὶ κάμηλοι
καὶ ὄνοι.

XXXI 1    ¹Ἤκουσεν δὲ Ἰακὼβ τὰ ῥήματα τῶν υἱῶν Λαβὰν λεγόντων Εἴληφεν Ἰακὼβ πάντα τὰ τοῦ
2 πατρὸς ἡμῶν, καὶ ἐκ τῶν τοῦ πατρὸς ἡμῶν πεποίηκεν πᾶσαν τὴν δόξαν ταύτην. ²καὶ εἶδεν
3 Ἰακὼβ τὸ πρόσωπον Λαβάν, καὶ ἰδοὺ οὐκ ἦν πρὸς αὐτὸν ὡς ἐχθὲς καὶ τρίτην ἡμέραν. ¶³εἶπεν § d₂

38 ελεπεισεν E | αυτων] αυτον Eᵃ (ω suprascr Eᵃ) | εκκισσησωσιν E      39 σποδοειδη] δη suprascr Aᵗᵗᶜᵗ
41 εν 2°] ϝ sup ras Aᵃ | εγκισσησαι E      XXXI 1 πατρος 1°] ϝ rescr Aᵈ | εκ των sup ras Aᵃ
2 ειδεν] ειδ sup ras (6) Aᵃ: ιδεν E

E(L)Ma–xc₂(d₂)𝔄𝔅𝔠𝔈𝔏ℓ

38 om και 1° m | ται 1°—ελεπισεν] om 𝔈ᵖ: om ας ελε-
πισεν 𝔈ᶜⁱ | ελεπισεν n | εν—υδατος] in alueis aquaris in quibus
adaquabantur oues 𝔏 | om εν c₂ | ται] τοι bfmnpquvw Chr |
των ποτιστηριων] των ποτηριων ej(txt)w: του ποτιστηριου l | του
υδατος] ovium 𝔅ᵖ: om 𝔈: +ovium 𝔅ᵇⁱʷ | ελθωσιν] ελθη dp |
om τα προβατα 1° 𝔏 | πιειν 1°] πιεων egjn | om ενωπιον—
πιειν 2° c𝔄 | ενωπιον των ραβδων] coram eis essent uirgae 𝔈 | και
2°—ενκισσησωσιν] ενκισσησωσιν ελθοντων αυτων εις το πιειν
afkmoxc₂𝔄 [εκκισσ.] pr και f: εγκισσωσιν a: επκισσησουσιν m |
ελθοντων] +δε fm] | om και 2°—πιειν 2° 𝔈 | ελθοντων αυτων] ubi uenerunt oues 𝔈
deg–jln–x𝔏 Chr Cyr | ελθοντων αυτων] ubi uenerunt oues 𝔈
(om εις το 25) | πιειν 2°] πιεων dkp | εκκισσησωσιν] εγκισσω-
σωσι l: εγγισωσι d: ενεκισσων iᵉ: om c | τα προβατα 2°] pr
ενεκισσησεν km: pr και ενεκισσων f𝔄: pr και ενεκισσησεν aco
(–σαν) 2° c𝔄: pr τα προβατα εις τας ραβδους και ενεκισσων Mgj𝔅ⁱʷ
Chr: pr τα προβατα εις τας ραβδους και ελθοντων εις το πιειν
ενεκισσων 𝔈(uid)ʳˢᵗᵃᵗ⁺ᵐᵃ(om και): oues ad l(uirgas et ubi
uenerunt oues bibere conceperunt 𝔈: ad similitudinem uirgarumi
et ubi uenerunt et biberunt conceperunt 𝔈ᶜᵈ: om 𝔈ᵖ | ται 2°]
τους v

39 om και 1° 𝔈ᵖ | τα προβατα] om p: om τα Cyr-cod:
+τοικιλα E | διαλευκα—ραντα] subalba et maculosa et uaria 𝔄 |
διαλευκα] τα c: albas 𝔏 | om και ποικιλα 𝔅ᵖ | ποικιλα—
ραντα] coloris cinerei et uaria 𝔄

40 om τους δε] και τους h Chr: om δε Ej | εστησεν] εθηκεν a–do
ps(txt)twc₂𝔄 Cyr-cod | εναντιον—κριον] eas coram arietibus 𝔄 |
κριον] pr m c₂: +cᵗ 𝔏 | και—αμνοις] coloris fusci 𝔄 |
coloris albi 𝔈ᶜ: om 𝔈ᵖ | των ποικιλον] παμποικιλον efgj: om
των m | αμνοις] +λαβαν achᵇmxc₂: +του λαβαν o | εαυτω]
αυτω finorsc₂: αυτοι a: om 𝔈 | τοιμνιον ir(uid)x Chr | καθ
εαυτον] καθ εαυτην l: (κατα μονας 32): om 𝔅 | λαβαν] pr του
Cyr–ed

41 καιρω] +εκεινω dfhmnpt | ω] pr εν (25) Chr: ως mn:
ω αν dp: om fiᵃ(uid)ᵖ¶ ενεκισσησαν o: ενεκισσησε
acmτxc₂] εκισσησε d: εγγυσσησον p(γγυ ex corr) | προβατα]
+τα c₂ | εθηκεν] pr και f: εστησεν l(mg): +δε Eb | ενωπιον
ir | om εν ταις ληνοις Chr | ται] τοι bfmpw | ληνοις] ληνον
m | om του mc₂ | αυτα] αυτας m: (αυτω 25): oues 𝔅 | om
κατα w | (τας ραβδους 20)

42 ηνικα γαρ] et c𝔄ℓ | γαρ A] δε Eᵃ(uid)dkpt𝔅ᵖ𝔈:
δαν E𝔄M rell Chr Cyrᵖ om 𝔅ⁱʷ | ετεκον τα προβατα] coepissent
oues parere 𝔏 | ετεκον AEbhimrw] ετικτε dfkpt𝔄 Chr: ετεκεν
M rell Cyr | ουκ] ουκετι m | ετεθη iᵃ | εγενετο δε] και ην Or-
γ | τα ασημα—ιακωβ] omnia in quibus signum Iacob et in
quibus non signum Laban 𝔈 | του 1°] pr τα nᵃ: του El: om
m | τα δε επισημα] et notale 𝔏 | του 2°] τω El

43 επλουτησε] ο ανηρ fir: Iacob 𝔈 | σφοδρα 2°] σφοδρων
(20) Chr: om fhmnc₂𝔄 Cyr-ed‡ | εγενετο bhnpw Cyr-ed | om
αυτω m | βοες] boues post meubiscan k: om και εἴ oues 𝔅ᵖ |
και παιδες] παιδες τε Cyr‡: om και Mhjln–qtu𝔄–ed𝔈‡ | παιδι-
σκαι και παιδες acmx | om και 6°—ovoι Chr | om και 6° Mdeg ¾‡
hjln–qs–v𝔄 Cyr‡ | παιδες | ovoι] + ras (1) b | λαβαν] pr του
aqᵃu: pr του bcegj–oqᵃˡtwxc₂ | και ιδου] om ειδ 𝔅𝔈‡: om ιδου
f | προς αυτον] pr facies eius 𝔈: προσωπον αυτου j(mg)qs(mg)u:
το προσωπον αυτου Cyr‡: om Cyr-cod‡ | ως] ωσει qu: καθως
Cyr‡ | εχθες AEMaiors] χθες rell

38 ινα—ενκισσησωσιν] σ᾽ οπως ερχομενων των βοσκηματων πιειν αντικρυς ωσιν των βοσκηματων και εγκισσηση ελθοντα
πιειν M

41 εν τω—ραβδου 1°] σ᾽ ϝαντοτε οταν ενεκισσων τα βοσκηματα πρωιμα ετιθει ιακωβ τας ραβδους Msv [om σ᾽ sv | εκισσων
s | βοσκ. πρωιμα] προβατα s | ραβδονς] +τας χλωρας v] | εν γαστρι λαμβανοντα] α᾽ αρτι του πρωιμα καταδεδεμενος M(indice
ad (42) ετισημα posito)s(sine nom)

42 ηνικα—ετιθει] σ᾽ οποτε (αποτε js) δε ην οψιμα τα βοσκηματα ουκ ετιθει Mjsv(sine nom) | ηνικα γαρ ετεκον] α᾽ και εν
δευτερογονοις Mjs | ασημα] α᾽ οψιμα Mjs: σ᾽ δευτερογονα M(pr τα)js(sine nom)

Α δὲ Κύριος πρὸς Ἰακώβ Ἀποστρέφου εἰς τὴν γῆν τοῦ πατρός σου καὶ εἰς τὴν γενεάν σου, καὶ
ἔσομαι μετὰ σοῦ. ⁴ἀποστείλας δὲ Ἰακὼβ ἐκάλεσεν Ῥαχὴλ καὶ Λείαν εἰς τὸ πεδίον οὗ τὰ ποίμνια, 4
⁵καὶ εἶπεν αὐταῖς Ὁρῶ ἐγὼ τὸ πρόσωπον τοῦ πατρὸς ὑμῶν ὅτι οὐκ ἔστιν μετ' ἐμοῦ ὡς ἐχθὲς καὶ 5
τρίτην ἡμέραν· ὁ δὲ θεὸς τοῦ πατρός μου ἦν μετ' ἐμοῦ· ⁶καὶ αὐταὶ δὲ οἴδατε ὅτι ἐν πάσῃ ἰσχύι 6
μου δεδούλευκα τῷ πατρὶ ὑμῶν. ⁷ὁ δὲ πατὴρ ὑμῶν παρεκρούσατό με, καὶ ἤλλαξεν τὸν μισθόν 7
μου τῶν δέκα ἀμνῶν, καὶ οὐκ ἔδωκεν αὐτῷ ὁ θεὸς κακοποιῆσαί με. ⁸ἐὰν οὕτως εἴπῃ Τὰ ποικίλα 8
ἔσται σου μισθός, καὶ τέξεται πάντα τὰ πρόβατα ποικίλα· ἐὰν δὲ εἴπῃ Τὰ λευκὰ ἔσται σου
§ ℭᶜ μισθός, καὶ τέξεται πάντα τὰ πρόβατα ˢλευκά· ⁹καὶ ἀφείλατο ὁ θεὸς πάντα τὰ κτήνη τοῦ πατρὸς 9
ὑμῶν καὶ ἔδωκέν μοι αὐτά. ¹⁰καὶ ἐγένετο ἡνίκα ἐνεκίσσων τὰ πρόβατα, καὶ ἴδον ἐν τοῖς ὀφθαλ- 10
μοῖς ἐν τῷ ὕπνῳ, καὶ ἰδοὺ οἱ τράγοι καὶ οἱ κριοὶ ἀναβαίνοντες ἦσαν ἐπὶ τὰ πρόβατα καὶ τὰς
αἴγας διάλευκοι καὶ ποικίλοι καὶ σποδοειδεῖς ῥαντοί. ¹¹καὶ εἶπέν μοι ὁ ἄγγελος τοῦ θεοῦ καθ' 11
ὕπνον Ἰακώβ Ἰακώβ. ἐγὼ δὲ εἶπα Τί ἐστιν; ¹²καὶ εἶπεν Ἀνάβλεψον τοῖς ὀφθαλμοῖς σου, καὶ 12
§ D ἴδε τοὺς τράγους καὶ τοὺς κριοὺς ἀναβαίνοντας ˢἐπὶ τὰ πρόβατα καὶ τὰς αἴγας διαλεύκους καὶ
ποικίλους καὶ σποδοειδεῖς ῥαντούς· ἑώρακα γὰρ ὅσα σοι Λαβὰν ποιεῖ. ¹³ἐγώ εἰμι ὁ θεὸς ὁ ὀφθεὶς 13
¶ ℭᶜ σοι ἐν τῷ τόπῳ ᾧ ἤλειψάς μοι ἐκεῖ στήλην καὶ ηὔξω μοι ἐκεῖ εὐχήν. ¶ νῦν οὖν ἀνάστηθι καὶ

---

3 τοῦ πατρος] ου τ̄πι sup ras A¹     4 λιαν] A | παιδιον A     5 το] ο sup ras A¹
8 ποικιλα 2°] ποικειλα E     13 ηλειψας] ηλιψα A* (ι suprascr A¹): ηλιψας D | στειλην E

---

(D)EMa–xc₂d₂𝔄𝔅(ℭᵐ)𝔈𝔏

·3 κυριος] + ο θ̄ς fikrℭ𝔈ᵖ | αποστρεφε f(uid)i | om εις 1°
—και 1° m | την γην] τον οικον d₂ | σου 1°] + ras (18) s | εις
την γενεαν] ad gentem 𝔏 | om και 2°—σου 3° Evd₂

4 αποστειλας—εκαλεσεν] et uocauit Iacob 𝔏 | λειαν και
ραχηλ Ebdef(ραχηπ)gijkn(ραχιηλ)pqruvwd₂𝔄 | ραχιηλ
l | εις το πεδιον] e campo 𝔄ᵖ | τα ποιμνια] pr πν̄ Ebcfw𝔄–ed𝔏:
(το κοιμιον 16): τα προβατα f: +ποιμαινεν Chr | +pascebantur
ℭ: +erant 𝔄–codd: +ει erant 𝔅

5 αυτοις q | om εγω Phil | προσωπον] προβατα k* | υμων]
ημων Eb*gl | οτι] και ιδου l | μετ εμου 1° A] μετ εμε Edklpq
ruvw* Phil Cyr: προς εμε afind₂ Chr: προς εμου Mw* rell |
ad me 𝔏: om Ath | χθες b–hj–npwxd₂ | τριτην] pr ως Phil–
codd | ην] est 𝔅𝔏

6 om και αυται δε 𝔈 | om αυται—πασῃ m | om δε p𝔄(uid)
𝔅𝔏 | ισχυι AEbw] pr τῃ M rell Chr Cyr | εδουλευσα E |
ημων in

7 ο—υμων] bis scr 𝔏 | om et 𝔏 | παρεκρουσατο μου ̄ | bgiw* |
παρεκρουσατο με] inuidit mihi 𝔅 | παρεκρουσατο] παρελογισατο
El: spreuit 𝔏 | με και ηλλαξεν] om Cyr–codd | +των αμνων
μου m | om —μου m | των δεκα αμνων] των δεκα in decim
agnas ouium 𝔏: decies ℭᶜ | των] τον c: om c₂ Cyr–cod |
αμναδων Cyr | και 2°] αλλ f | ου δεδωκεν ο | αυτω ο θεος] om
𝔏: +του π̄ρι μου quv: +τον kmx

8 εαν 1°] pr et 𝔈ᵖ: +ουν ουc₂: +γαρ 𝔏 Chr | ουτως] ουτος
eflp: om 𝔄𝔅ℭ | ειπῃ 1°] ειποι g𝔄¹j: +mihi ℭ | τα ποικιλα
εσται] quia uariauerit 𝔏 | ποικιλα 1°] +σου 8 | εσται 1°] εστω
g: και 1° σοι σου] om egjnc₂𝔅ℭ | τα ποικιλα
τα προβατα 1° jᵃ¹ | ποικιλα 2°—προβατα 2°] bis scr l(om και): om
dp | δε] +ουτως acior xc₂ᵇ | τα λευκα] pr παντα j(mg)s(mg)𝔅ᵇ |
εσται 2°] εστω l (14.25.130): sit 𝔈: om εσται 2° σοι egjnc₂
𝔅ℭ Chr | μισθος 2°] ο μισθος σου m | om και 2° l𝔅ℭ

9 αφειλατο] αφειλετο Mefgh¹jbbxc₂d₂: αφελεν bw Cyr ½ |
om παντα Chr ¼ | κτηνη] κτημη τα d*: + κτηματα d*: om l |
ημων lq | δεδωκεν a | μοι] post αυτα 𝔏 | om αυτα 𝔄
10 om και 1°—ιδον 18] εγενετο] fiebat 𝔈: (εγενοντο 30) |
ηνικα ενεκισσων] postquam conceperant 𝔏 | ηνικα] οτε f | ενεκισ-

σων] εκισσων d Just: ενεκισσησε m | τα προβατα 1°] om 𝔅ᵖℭ:
+εν γαστρι λαμβανοντα EMbfhij(mg)rs(mg)tw𝔅 Just Cyr:
+in uirgas 𝔏 | και ιδον] uideham 𝔏 | ιδον—οφθαλμοις] τοις
οφθαλμοις μου ειδον αυτα acmoxc₂ | εν 1° A Or–gr] om EM
omn Phil Just Cyr (om ο 18): +μου fhlns(txt)td₂𝔄𝔅𝔏 |
Chr Cyr: +αυτα Eir Phil Just: +μου αυτα Mbegjkqs(uid)uv
w𝔅ℭ(uid) Or–gr | εν υπνω] in somnis 𝔏: in somnio 𝔄𝔅𝔈:
om τω Or–gr | οι 1°—κριοι] arietes et hirci 𝔈𝔏: om και 1° g |
αναβαινοντες ησαν] ανεβαινον Phil | (επιβαινοντες 20) | om πσαρ
boquvwc₂ Phil Just Cyr–cod | τα 2°—αιγας] τας αιγας και τα
προβατα 𝔈ᵖ Cyr–ed: om και τας αιγας c₂ | και τας ποικιλοι quv
| ῥαντοι] ῥαντα ℭ | ℭᶜ Chr

11 om μοι c | ο—θεου] angelus Deus 𝔈ʲ: Dominus Deus
𝔈ᵖ: Deus 𝔈ᶜ: (om ο 18) | του θεου] Domini Cyp: om Chr
𝔈ᵖ: in somnis 𝔏 Cyp: in uisione 𝔄ℭ𝔈: in uisione 𝔏 |
υπνον] υπνω p: υπνου n: υπνους Just | ιακωβ 2°] om acdhl–qs
–vxc₂𝔄𝔅𝔏 Phil Or–gr Eus Chr Cyr Vulg: +Iacob ℭᶜ: +
δε ειπα] et dixi Ecce ego 𝔈ᶜᵖ | εγω δε] et ego 𝔅 Nov: om 𝔅ᵒ:
om δε lm | ειπα] ειπον dfiprd₂ | εστιν] +εε̄ (37) Just

12 ειπεν] +μοι blw𝔄ℭ𝔈 Phil–codd | αναβλεψον] pr και
gᵃ: αναβλεψας dp: +και c₂ | om τοις—σου 2° dpℭ | om σου
Phil–codd | ιδε ho: iden nᵃ | (επιβαινοντας 20) | τα—
αιγας] capras et oues 𝔈ʲ: om τα προβατα και Thdt | om και
4°—και 5° 𝔅ᵖ | τας αιγας] pr επι 18𝔅𝔏 | διαλευκους] pr τας k:
uariatos albos Nov | και ποικιλους] om (31) 𝔈ᶜ: om και (128)
Chr | ῥαντους] pr et ℭ𝔈 Nov | εωρα l | om γαρ m𝔅ᵒ | οσα]
pr παντα Just 𝔅 | ποικιλα x Eus ½: post ποιει Eus ½ | ποιει]
ποιει] faciebat 𝔄–ed: fecerit 𝔏 Spec: fecit Nov

13 εγω] +δε egj𝔏 | +enim ℭᵐ | om ειμι 𝔏 Eus ½ | ο θεος]
pr π̄ς 𝔈 | ο θεος σοι] om Cyp–codd: +σου αυτω Thdt | om
ο οφθεις σοι] quem uidisti Cyp: ο ωφθη σοι n: +ωφθη σοι c
τω Αμ̄ς Just | ωφθη—σοι] DᵘˡEM rell Phil Or–gr Eus½
Chr½ Thdt | τοπω Αℭᵐℰᶜ Eus½ Chr½ Cyp–cod] +θ̄υ DᵘˡEM
omn 𝔄𝔅ℭ𝔈ᵖ𝔏 Phil Just Or–gr Eus½ Chr½ Thdt Cyp–ed
Nov Spec | ω An] ου DᵘˡEM rell Phil Just Or–gr Eus Chr
Thdt | ωμου 1° 𝔅ᵖ | om εν 2° 𝔅ᵖ: +εν r𝔄𝔅𝔏 Phil Chr½ Cyp½

XXXI 7 παρεκρουσατο με] α' σ' παρελογισατο με Mjs | των δεκα αμνων] α' δεκα αριθμοις σ' δεκακις αριθμω Mc₂: ελεγεν
δε ο εβραιος οτι δεκακις ηθετησεν τας συνθηκας προς τον ιακωβ ο λαβαν δια το τα γεννωμενα εκ σωματος του ιακωβ πλειστα
οσα υπαρχειν κακεινω εποφθαλμιαν αυτων οπερ εδηλωσαν αι δυο εκδοσεις M : ο συρος δεκακις c₂

14 ἄπελθε ἐκ τῆς γῆς ταύτης καὶ ἄπελθε εἰς τὴν γῆν τῆς γενέσεώς σου, καὶ ἔσομαι μετὰ σοῦ.  ¹⁴καὶ Α
ἀποκριθεῖσα Ῥαχὴλ καὶ Λεία εἶπαν αὐτῷ Μὴ ἔστιν ἡμῖν ἔτι μερὶς ἢ κληρονομία ἐν τῷ οἴκῳ τοῦ
15 πατρὸς ἡμῶν; ¹⁵οὐχ ὡς αἱ ⁵ἀλλότριαι λελογίσμεθα αὐτῷ; πέπρακεν γὰρ ἡμᾶς, καὶ κατέφαγεν § F
16 καταβρώσει τὸ ἀργύριον ἡμῶν.  ¹⁶πάντα τὸν πλοῦτον καὶ τὴν δόξαν ἣν ἀφείλατο ὁ θεὸς τοῦ πατρὸς
17 ἡμῶν, ἡμῖν ἔσται καὶ τοῖς τέκνοις ἡμῶν· νῦν οὖν ὅσα εἴρηκεν ὁ θεός σοι ποίει.¶         ¹⁷Ἀνα- ¶ d₂
18 στὰς δὲ Ἰακὼβ ἔλαβεν τὰς γυναῖκας καὶ τὰ παιδία αὐτοῦ ἐπὶ τὰς καμήλους·  ¹⁸καὶ ἀπήγαγεν
πάντα τὰ ὑπάρχοντα αὐτοῦ καὶ πᾶσαν τὴν ἀποσκευὴν αὐτοῦ, ἣν περιεποιήσατο ἐν τῇ Μεσοπο-
19 ταμίᾳ, καὶ πάντα τὰ αὐτοῦ, ἀπελθεῖν πρὸς Ἰσαὰκ τὸν πατέρα αὐτοῦ εἰς γῆν Χανάαν.  ¹⁹Λαβὰν
20 δὲ ᾤχετο κεῖραι τὰ πρόβατα αὐτοῦ· ἔκλεψεν δὲ Ῥαχὴλ τὰ εἴδωλα τοῦ πατρὸς αὐτῆς.  ²⁰ἔκρυψεν
21 δὲ Ἰακὼβ Λαβὰν τὸν Σύρον, τοῦ μὴ ἀναγγεῖλαι αὐτῷ ὅτι ἀποδιδράσκει·  ²¹καὶ ἀπέδρα αὐτὸς καὶ
22 πάντα τὰ αὐτοῦ, καὶ διέβη τὸν ποταμόν, καὶ ὥρμησεν εἰς τὸ ὄρος Γαλαάδ.          ²²Ἀνηγγέλη
23 δὲ Λαβὰν τῷ Σύρῳ τῇ τρίτῃ ἡμέρᾳ ὅτι ἀπέδρα Ἰακώβ·  ²³καὶ παραλαβὼν πάντας τοὺς ἀδελφοὺς
αὐτοῦ μεθ᾽ ἑαυτοῦ ἐδίωξεν ὀπίσω αὐτοῦ ὁδὸν ἡμερῶν ἑπτά, καὶ κατέλαβεν αὐτὸν ἐν τῷ ὄρει
24 Γαλαάδ.  ²⁴ἦλθεν δὲ ὁ θεὸς πρὸς Λαβὰν τὸν Σύρον καθ᾽ ὕπνον τὴν νύκτα καὶ εἶπεν αὐτῷ Φύλαξαι
25 σεαυτὸν μή ποτε λαλήσῃς μετὰ Ἰακὼβ πονηρά.  ²⁵καὶ κατέλαβεν Λαβὰν τὸν Ἰακώβ· 'Ἰακὼβ § L

15 ημων] ημ sup ras (3) Α¹          19 ιδωλα Α          24 φυλαξε Α

DE(FL)Ma-xc₂(d₂)𝕬𝕭𝕮-𝕰𝕷'

Vulg | om μοι 2° 𝕬 Just | εκει 1°] post ευχην gj𝕴𝕷 : om bdefi
nopwd₂𝕬𝕲 Phil Chr Thdt Cyp | αναστηθι και απελθε] εξελθε
και αναστηθι Just | και απελθε 1°—ταυτης] om dp𝕰 : om και
απελθε Phil-cod | απελθε 1° A] εξελθε DᵘⁱEM rell 𝕬𝕷 Phil-ed
Or-gr Chr : (εισελθε 18): proficiscere Nov | εκ—ταυτης] ex
loco hoc 𝕭 | γην] +σον e | (απελθε 2°) εισελθε 32 ) | γεντη-
σεως c Phil-codd Or-gr

14 αποκριθεισαι EMabceghjklhaorstvwxd₂𝕬𝕭𝕮𝕰𝕷 Cyr-cod |
ραχηλ και λεια] λεια και ραχηλ Ebd(λιαr)f(δεια)jkn(ραχιηλ)pr
vwd₂𝕮: om 𝕰 | ειπαν] ειπον Eb-gijlmoprxd₂𝕬¹ ειπε n | om
αυτω d | ημιν] post μερις Cyr-ed | ετι] post μερις 1: om Efn𝕮
Chr Cyr | η κληρονομια] κληρορομια bw | η] και 𝕬 Phil-codd-
omn‡: om c₂ | κληρος egj | τω οικω] τοις bw | ημων] υμων k

15 om αι c-fi°jprtv𝕭𝕮 Phil‡ ed‡ Chr | αλλοτριαι] ...αι
F(αι ras Fᵇ): αλλοτριαι Phil-codd-omn‡: (αλλοτριαι 71) | λελο-
γισμεθα αυτω] pr λογιισμεθα pr : videmur illi esse 𝕷 | ημας]
υμας p | κατεφαγεν] post καταβρωσει quv𝕬 Chr‡ | καταβρωσει]
(pr και 79): καταβρωσιν i: καταβρωμα d: om 𝕰 | το] pr ημας
και Chr‡ | ημων] υμων f°

16 παντα—δοξαν] pr και 𝕷 Chr: πας ο πλουτος και η δοξα
𝕬 Phil: et omnem gloriam 𝕰: et omnis gloria 𝕮ᶜ | και 1°]
ημων 1 | om την t | om ην—θεος 1° 𝕭ᵇ | αφειλετο Mal¹cefg
hᵇ¹jqs-vc₂d₂ | του πατρος] ο domo 𝕰ᵇ: των π̃ω e | ην—
ημων 2°] ημεις εξομεν και τα τεκνα ημων Chr‡: σοι εδωκε Chr‡ |
εστι m𝕰 | ημων 2°] ημιν t | νυν] pr et 𝕷 | om ουν v𝕬(uid) |
ειρηκεν o] pr σοι ην: post σοι bnquw𝕷 | ειρηκεν] κυριος
fir: +σοι nᵃ | ο θεος σοι] σοι ο θι σου 𝕷 : ο θι σου ov
Cyr-cod: o θι σου defprs(mg)td₂𝕮𝕷 Cyr: o θι σου ov

17 (δε) ουν 16) | τας 1°—παιδια] τα παιδια αυτου και τας
γυναικας acπωc₂(παιδωρια) | τας 1°] +δυο Fᵃ | γυναικας ADᵘⁱ
hj] +γυναικα EFM rell 𝕬𝕭𝕮𝕷 Cyr-ed | +και τα ανεβιβασεν
αυτας h | om αυτου Chr‡¹εκι] pr και ανεβιβασεν αυτα dfikpr
(αυτας dfp)𝕬𝕭𝕮𝕷 Chr(αυτον): et imposuit 𝕷 | (om τας 2° 20)

18 απηγαγεν] επηγαγε dm: om v | αυτου 1°] αυτω quv |
πασαν—αυτου 2°] sub ⸓ M: om πασαν p𝕰 Chr | om αυτου 2°
𝕮(uid) Chr | +επεποιησατο] εποιησεν Edfipqrs(txt)u: fecit 𝕬𝕭
𝕷: +κτησιν o: +κτησιν κτησεως αυτου ην περιωγιασατο M(mg)
acj(mg)kms(mg)xc₂(περιεποιησατο jᵐᵍˢᵐᵉc₂) | μεσοποταμια] +
συριας ackmos(mg)xc₂𝕬 | και 3°—αυτου 3°] om 𝕰 | om αυτου
3°—γαλααδ b | om ιακωβ 2°—γαλααδ

m | απελθειν] και απηλθε ⟨84⟩ 𝕮𝕰 Cyr | ισαακ] post αυτου 4°
𝕰: om f | om εις γην χανααν Chr | εις γην] εν γη (14.16.77.
78.130) Cyr | γην] pr την dpt 𝕭ᵇᵖ: την m

19 λαβαν δε ωχετο] bis scr i | ωχετο] επορευθη M(mg) |
εκλεψεν] εκαλυψεν Eᵃ(uid) | ραχιηλ ln

20 εκρυψεν δε ιακωβ] ιακωβ δε εκρυψεν Efℰ: ο δε ιακωβ
εκρυψε p | εκρυψεν] εκ...ψεν F(εκρυψεν Fᵇ): εκλεψεν Dnℵ |
ιακωβ 1°] λαβαν του συρον] την καρδιαν λαβαν του συρου Fᵃc
(τω συρω)m(τη καρδια)oxc₂(τον συρον)S-ap-Barh: cor Laban
soceri sui 𝕬: om p | συρρον e | om τον—αυτω f | τον] τω w:
το Phil-cod | om αυτω] αυτω pc₂ | αναγγειλαι p Phil‡ | om αυτω
οτι αποδιδρασκει 𝕷 | αυτω] λαβαν p | αποδιδρασκει] απεδιδρασκε
Cyr-ed: (διδρασκει 31): +αυτον Fᵇ

21 om και απεδρα a | αυτος] pr και c | παντα] post αυτου
Ebkqrsuvw Phil | και διεβη] pr και ανεστη Dcmnoxc₂𝕬: και
διεβησαν t | αυτου] το ορος 𝕰

22 om ανηγγελη—(23) γαλααδ g | τω συρω] τω συρρω e:
om Fᵇ¹ | τη τριτη ημερα] τη ημερα τη τριτη Dⁿᵇbcdkmopqu-c₂:
(ημερα τη τριτη 30): om 𝕰: om τη 128): om ημερα a | ιακωβ]
pr o el

23 παραλαβων] (+δε 14): +Laban 𝕰: +τους υιους αυτου
και bw | om παντας abcmowxc₂𝕬𝕷 | αδελφους] pueros 𝕭ᵃ:
μεθ εαυτου] post αυτου Fᵃ: μετ αυτου Mbhs(txt)tw Cyr-ed: simul
𝕷: om dmpc₂𝕰 | εδιωξεν] pr και f: κατεδιωξε Mbdpqrw.πᵃ(αυτον
2°) αυτον v: αυτων ⟨79⟩ 𝕰 | επτα ημερων ackmoc₂ | αυτον]
του Phil-cod | εος 𝕰(+in campo 𝕭ᵖ) | γαλααδ] pr τω DF
Mcejklnquvxc₂ Cyr-codd: γαλααδ n: (γαλαδ 128)

24 om δε g𝕷 | ο θεος] αγγελος quv: om b | om τον συρον
p | συρρον e | καθ υπνον] in somnio 𝕭𝕮𝕰: in visu 𝕬𝕷: om
Chr (repugn context) | υπνου p | την νυκτα] τη νυκτι d: om
no | φυλαξαι c₂ Cyr-cod‡ (pr σε 18): σεαυτου dgⁱ
(uid)p: om bw | μη ποτε λαλησης] pr ne facias et 𝕰: του μη
λαλησαι Cyr-ed | μη ποτε] μητε m: μη πω f Cyr‡ | λαλησης
—πονηρα] σκληρα λαλησης (-σας g) μετα ιακωβ egj | λαλησεις
bdhmopw | μετα ιακωβ] post πονηρα 𝕰𝕷: (προς αυτον 31.83) |
μετα] κατα (20) Cyr-ed‡ Thdt: προς Ebdpqrw Cyr-ed‡ |
ιακωβ] pr του (20) Cyr-ed‡ | πονηρα] πονηρον Chr‡: σκληρα DM
(mg)s(mg) Chr‡ Thdt

25 κατελαβεν λαβαν] κατελαβαν b | om ιακωβ 2°—γαλααδ

19 ειδωλα] α' μορφωματα Mjs(sine nom): α' similitudines S-ap-Barh: θεραφειμ Fᵇ: σ' θεραφειν MjsS-ap-Barh

Α δὲ ἔπηξεν τὴν σκηνὴν αὐτοῦ ἐν τῷ ὄρει· Λαβὰν δὲ ἔστησεν τοὺς ἀδελφοὺς αὐτοῦ ἐν τῷ ὄρει
Γαλαάδ. ²⁶εἶπεν δὲ Λαβὰν τῷ Ἰακὼβ Τί ἐποίησας; ²⁷ἵνα τί κρυβῇ ἀπέδρας, καὶ ἐκλοποφό- 26
ρησάς με, ²⁶καὶ ἀπήγαγες τὰς θυγατέρας μου ὡς αἰχμαλώτιδας μαχαίρᾳ; ²⁷καὶ εἰ ἀνήγγειλάς 27
μοι, ἐξαπέστειλα ἄν σε μετ' εὐφροσύνης καὶ μετὰ μουσικῶν, τυμπάνων καὶ κιθάρας. ²⁸οὐκ 28
ἠξιώθην καταφιλῆσαι τὰ παιδία μου καὶ τὰς θυγατέρας μου· νῦν δὲ ἀφρόνως ἔπραξας. ²⁹καὶ 29
νῦν ἰσχύει ἡ χείρ μου κακοποιῆσαί σε· ὁ δὲ θεὸς τοῦ πατρός σου ἐχθὲς εἶπεν πρὸς μὲ λέγων
Φύλαξαι σεαυτὸν μή ποτε λαλήσῃς μετὰ Ἰακὼβ πονηρά. ³⁰νῦν οὖν πεπόρευσαι· ἐπιθυμίᾳ γὰρ 30
ἐπεθύμησας εἰς τὸν οἶκον τοῦ πατρός σου ἀπελθεῖν· καὶ ἵνα τί ἔκλεψας τοὺς θεούς μου; ³¹ἀπο- 31
κριθεὶς δὲ Ἰακὼβ εἶπεν τῷ Λαβάν Εἶπα γάρ Μή ποτε ἀφέλῃς τὰς θυγατέρας σου ἀπ' ἐμοῦ καὶ
πάντα τὰ ἐμά. ³²καὶ εἶπεν αὐτῷ Ἰακὼβ Παρ' ᾧ ἐὰν εὕρῃς τοὺς θεούς σου, οὐ ζήσεται ἐναντίον 32
τῶν ἀδελφῶν ἡμῶν· ἐπίγνωθι τί ἐστιν τῶν σῶν παρ' ἐμοὶ καὶ λάβε. καὶ οὐκ ἐπέγνω παρ' αὐτῷ
§ 𝕮· οὐθέν· οὐκ ᾔδει δὲ Ἰακὼβ ὅτι Ῥαχὴλ ἡ γυνὴ αὐτοῦ ἔκλεψεν αὐτούς. ³³εἰσελθὼν δὲ Λαβὰν ἠρεύ- 33
νησεν εἰς τὸν οἶκον Λείας, καὶ οὐχ εὗρεν· καὶ ἐξελθὼν ἐκ τοῦ οἴκου Λείας, ἠρεύνησεν εἰς τὸν οἶκον

29 ισχιν ADEF | φυλαξαι] φυλαξε A: φυλαξα E*(-αι E¹ᵗ)    31 ιακωβ—λαβαν sup ras Aᵇ
32 των 1°] τ sup ras (3) Aᵇᵗ    33 ηραυνησεν A(bis)F*(1°)

DEFLMa-xc₂𝕬𝕭𝕮⁽ᶜ⁾ᵐ𝕰𝕴𝕷

c₂ | επηξεν] εστησε l | σκηνην] οδον της σκηνης qu: (οδον της
σκενη 31.68) | ορει 1°] +γαλααδ [hiᵃ(γαδααδ) r Cyr-cod (om
λαβαν 2°—ορει 1° g | λαβαν 2°] γαλααδ wᵃᵗ | αδελφους] οφθαλ-
μους L | γαλααδ] pr τω L: om Cyr-cod
26 ειχεν δε] και ειπεν Er Chr | τι 1°] pr ινα n | εποιησας]
pr τουτο (20) Chr½: feci 𝕰: +τουτο dfhiˣkprt𝕬𝕴 Chr½ | ινα
—απηγαγες] clam ut aufugeres me et furareris a me 𝕰 | και
pr και n𝕴: om (20) Chr½ | om τι 2° l | κρυβη απεδρας] απε-
δρας κρυφη bw | κρυβη] κρυφα DEFLMd-hiˀjlmoprs(txt)tv
Chr: κριφα ackxc₂: φοραδην sᵐᵉ(uid) | απεδρας] απεδρασ t:
απεδρασας n | εκλοποφορησας] εκλοποφορησας t: εκλοποφορησας
Los(txt)x: (ελεηλατησαι 20) | με] μοι ο: om L | εκ τη j° |
μαχαιρα] μαχαιρας n: και εκ μαχαιρα l: om L: +εις τι εκρυβης
του αποδραναι και εκλεψαι με ackmox(απεκρυβης)c₂(αποδραν)
27 ει] και nᵃ: om Lᵃ | ανηγγειλας] αναγγειλας d: απηγ-
γειλας Lr | (εξαπ. αν σε] εξαπεστειλαν σοι 30) | αν σε] σε αν
L: om αν ανᵃ fᵃ | μετ ευφροσυνης] in salute 𝕭ᵘ⁻ : +και
μετα τραγωδ Fᵇ | om και 2°—(28) εκραξας L | om και 2° h𝕴 |
om μετα h𝕴𝕮 | τυμπανων] pr και Fᵇᵃ⁻dhᵇoptc₂𝕭𝕮𝕰𝕴 Or-
gr Chr | ⟨κιθαρας] χορων 71⟩
28 ουκ ηξιωθην] pr και ackmoquvx𝕬𝕭𝕰 | ου κατηξιωθην
bw | καταφιλησαι] φιλησαι bw Chr: καταφιλησα Phil-cod | τας
θυγ. μου και τα παιδια μου E | om τα—και Chr ⟨τα παιδια]
post μου 1° | om μου 2° Phil | νυν δε] και nc₂
29 νυν] εσσε 𝕷 | om c₂𝕭 Chr | ισχυσει egj | κακοποιησαι]
pr του Dᵃcdlmoprtxc₂: pr και ε: κακωσαι s(txt) | σε] σοι d |
⟨δε⟩ post θεου 14⟩ | του πατρος σου] patris mei 𝕰: patrum
nostrorum 𝕰ᵖ | εχθες] post ειπεν d(χθες)𝕴: χθες Eᵃᵗbcef
hklmpwx: οψε Fᵇ: om n | om λεγων 𝕬-ed 𝕰 | φυλαξαι L
bwxc₂ | σεαυτον] σεαντω cᵃdps(txt)𝕴𝕭𝕬(uid) | λαλησης]
λαλησεις bchinoq: λαλησαι 𝕰 | μετα ιακωβ] post
τονηρα L𝕰 | μετα] ⟨κατα του 20⟩: προς Elr Chr | πονηρα]
σκληρα D
30 ουν] +ουν L | πεπορευσαι] pr ⟨πεπορευσο 71⟩:
πορευθη f: πορευει n: ibas 𝕷: πορευθεις πορευθητι Fᵇ: dece-
dens abis 𝕬 | επιθυμια γαρ] quia 𝕰: om egj | επιθυμιαν bkw |

εισ—σου Ahw] post απελθειν DEFLM rell 𝕬𝕭𝕮𝕰𝕴 Chr Cyr |
και Ai𝕭𝕴] om DEFLM rell 𝕭𝕮𝕴 Chr Cyr | τι] +ουν k𝕮 |
(uid) | τους] pr και n𝕮(uid)
31 απεκριθη bw | om δε 𝕴 | ⟨ειπεν ιακωβ 14⟩ | ειπεν] pr
και bw | τω] προς k | ⟨ειπα⟩ pr οτι εφοβηθην Fᵇ(om οτι)La
c(-θη)dejkopsxc₂𝕬𝕭-𝕴⁺𝕵 εστον dp: οτι εφοβηθην m𝕮 | om γαρ
𝕬𝕭(uid) | αφελη Labcd(-λει)qsuc₂ Chr | σου] μου rᵉ
32 και 1°—ημων] pr ετει γαρ επιγνωθι τι εστιν εμοι των σων
και λαβε και ουκ επεγνω παρ αυτω ουθεν m: post ουθεν DELbdfi
kprstw𝕭𝕮𝕰𝕴 | om και 1°—ιακωβ 1° Fᵇ𝕮 | και ειπεν] ειπεν
δε Er𝕭 | αυτω 1° A𝕭𝕮 | om DEFLM omn 𝕴𝕰𝕷 | παρ ω]
παρ ω qu: om αν acoxc₂ | αν bdmpqs-w: om acoxc₂ |
ευρης—σου] ευρεθωσιν οι θεοι σου bw𝕭ᵖ(uid): ευρεθωσιν Chr½:
ευρης] ουρης ⟨-33⟩ λειας: ευρησεις k: ευρησεις acmoxc₂ | om
σου 79) | ⟨ζησεται⟩ ninat 𝕴 Or-lat | εναντιον] pr et ecce 𝕴ᵖ:
pr et ecce audiam te 𝕰ᶜ: ⟨ενωπιον 128⟩: κατεναντιον D(+D):
κατεναντι ackmoxc₂ | αδελφων] οφθαλμων Fᵇ | ημων] υμων
m: eius 𝕭𝕮 | επιγνωθι] pr et nunc 𝕴: γνωθι a: ninte 𝕮-ed:
+ουν bw(bis scr ουν Fᵇ)𝕴 | παρ 1°—τι δ𝕴𝕴 Or-lat | Chr
om εστιν 𝕴 | των σων] post εμοι quv | om παρ εμοι 𝕮 | εμοι]
εμου ο: ημιν egj | και 3°—ουθεν] pr et intrauit Laban 𝕰ᵖ:
om 𝕮—⟨33⟩ λειας: om E | αυτω 2°] om E | αυτω 2° αυτον
iᵃns: αυτων p | ουθεν Ebdfiᵃᵗknprwx | δε και ⟨76.78⟩ 𝕭𝕴𝕮
𝕴 | om γαρ—⟨33⟩ λειας 2° dp | ραχιηλ lh | om η γυνη αυτου
𝕴 | εκλεψεν] εκρυψεν mo | om αυτους 𝕰
33 εισελθων] εισηλθεν n𝕴 | om λαβαν h | ηρευνησεν 1°—
λειας 1°] om εις και λειας και ηρευνησεν n𝕭(om εις) ηρευ-
νησεν m𝕮: om εις ELbkrw𝕮𝕴 Chr ⟨om λειας 1°—οικον 2° b |
λειας 1°] και λεια Dacmoxc₂𝕬𝕮: +scrutatus est domum Iacob
𝕮ᶜ | om και ουχ ευρεν 1° aceᵃmoxc₂𝕴 | και 2°—ευρεν 2°] om
Φ𝕴: om fln Chr | εξελθων—ηρευνησεν 2°] dixit de domum
Liae et scrutauit 𝕷: om Dacmoxc₂𝕬: om εξελθων—λειας Letv |
εξελθων] εξηλθεν FMg—kqsu | om εκ—λειας 2° 𝕴 | om λειας 2°
𝕴 | om και 2° FᵇLMdegijkpqruvw𝕮𝕮𝕴 ⟨ιακωβ⟩ λειας D(+D)

26 ινα—εκλοποφορησας] εις τι εκρυβης του αποδραναι και εκλεψαι με M
33 εις 1°—οικον 2°] εις την σκηνην του ιακωβ και εις την σκηνην Fᵇ | τω οικω] ταις σκηναις Fᵇ | εισηλθεν] pr και εξηλθεν
απο της σκηνης της λιας Fᵇ | τον οικον 3°] την σκηνην Fᵇ

86

Ἰακὼβ καὶ ἐν τῷ οἴκῳ τῶν δύο παιδισκῶν, καὶ οὐχ εὗρεν· εἰσῆλθεν δὲ καὶ εἰς τὸν οἶκον Ῥαχήλ. Α
34 ³⁴Ῥαχὴλ δὲ ἔλαβεν τὰ εἴδωλα καὶ ἐνέβαλεν αὐτὰ εἰς τὰ σάγματα τῆς καμήλου καὶ ἐπεκάθισεν
35 αὐτοῖς.¶ ³⁵καὶ εἶπεν τῷ πατρὶ αὐτῆς Μὴ βαρέως φέρε, κύριε· οὐ δύναμαι ἀναστῆναι ἐνώπιόν ¶ L
σου, ὅτι τὰ κατ᾽ ἐθισμὸν τῶν γυναικίων μού ἐστιν. ἠρεύνησεν δὲ Λαβὰν ἐν ὅλῳ τῷ οἴκῳ, καὶ οὐχ
36 εὗρεν τὰ εἴδωλα.¶ ³⁶ὠργίσθη δὲ Ἰακὼβ καὶ ἐμαχέσατο τῷ Λαβάν· ἀποκριθεὶς δὲ Ἰακὼβ εἶπεν ¶ D
37 τῷ Λαβάν Τί τὸ ἀδίκημά μου καὶ τί τὸ ἁμάρτημά μου, ὅτι κατεδίωξας ὀπίσω μου; ³⁷καὶ ὅτι
ἠρεύνησας¶ πάντα τὰ σκεύη τοῦ οἴκου μου, τί εὗρες ἀπὸ πάντων τῶν σκευῶν τοῦ οἴκου σου; θὲς ¶ F
ὧδε ἐναντίον τῶν ἀδελφῶν σου καὶ τῶν ἀδελφῶν μου, καὶ ἐλεγξάτωσαν ἀνὰ μέσον τῶν δύο ἡμῶν.
38 ¶³⁸ταῦτά μοι εἴκοσι ἔτη ἐγώ εἰμι μετὰ σοῦ· τὰ πρόβατά σου καὶ αἱ αἶγές σου οὐκ ἠτεκνώθησαν· § D
39 κριοὺς τῶν προβάτων σου οὐ κατέφαγον· ³⁹θηριάλωτον οὐκ ἀνενήνοχά σοι, ἐγὼ ἀπετίννυον ἀπ᾽
40 ἐμαυτοῦ, κλέμματα ἡμέρας καὶ κλέμματα τῆς νυκτός. ⁴⁰ἐγενόμην τῆς ἡμέρας συγκαιόμενος τῷ
41 καύσωνι καὶ παγετῷ τῆς νυκτός, καὶ ἀφίστατο ὁ ὕπνος μου ἀπὸ τῶν ὀφθαλμῶν μου. ⁴¹ταῦτά
μοι εἴκοσι ἔτη ἐγώ εἰμι ἐν τῇ οἰκίᾳ σου· ἐδούλευσά σοι δέκα καὶ τέσσερα ἔτη ἀντὶ τῶν δύο θυγα-
τέρων σου καὶ ἓξ ἔτη ἐν τοῖς προβάτοις σου, καὶ παρελογίσω¶ τὸν μισθόν μου δέκα ἀμνάσιν. ¶ D

34 επεκαθεισεν AF        35 δυναμε E*(-μαι E^a uid) | τα 1°] α sup ras A^b¹ | κατ] τ sup ras A^b¹ | ηραυτησεν F*
37 θέσω δὲ E             40 συνκαιομενοι E        41 τεσσαρα E | δυο θυγα sup ras (4) A^b¹ (om δυο A*uid)

(D)E(FL)Ma–xc₂𝔄𝔅𝔊𝔠ᵐ𝔈𝔏ᵛ

acmoxc₂𝔄𝔈ᶜ | και 3°] +ουχ ευρεν E: +ουχ ευρε και degijk        dpt | σου 2°] μου αcoxc₂𝔄 | των αδελφων 2°] pr εναντιον Eegj
prt𝔈ᵐ | εν τω οικω] εις τον οικον Dacmosxc₂: domum 𝔈ᵐ:        𝔈: om 𝔏: om των m | μου 2°] σου αcoxc₂𝔄 | εξελελεγχατωσαν
domos 𝔏: intrauit eis τον οικον e: explorauit (+et non inuenit    a | ανα μεσον] pr ενωπιον 1: ενωπιον c₂ | ημων] (υμων 16): om
𝔈ᶜ) et intrauit domum 𝔈 | (om δυο 16) | παιδισκων] +illius      n 𝔄-cod
𝔏: +ηρευνησεν F^adipt𝔄 | ουχ ευρεν 2°] om E: om και m𝔈ᶜ |      38 ταυτα–ητεκνωθησαν] uiginti anni mihi dum custodio
εισηλθεν δε] pr και εξηλθεν εκ του οικου λειας D(+D)acmoxc₂𝔄:   oues tuas et capras tuas et 𝔈 | ταυτα μοι] ecce 𝔈: om f: om
και εισηλθεν egj𝔅 | om και 5° Eacegjmc₂𝔄𝔅𝔈(uid)𝔏 | οικον       μοι 𝔅𝔅 | +ετι E*(ετη E^¹ᵃ†) | ετη] pr α o: +a dhp𝔈ᵛ† hodie
3°] post ραχηλ k: om F | ραχηλ 1                                𝔈 | om μου 𝔅𝔅 | ειμι] ημιν lc₂𝔅 | μετα] εν τη οικια 1: om
34 ραχηλ 1 | ελαβεν] εβαλε b* | τα ειδωλα] +patris sui         αι αbceh*no | αιγες]βοαι E: om σου 3° 𝔄-ed | ητεκνωθησαν]
𝔈ᵐ𝔈 | ενεβαλεν αντα] post καμηλον k | ενεβαλεν] εβαλεν fr:     generauerunt 𝔏 | κριους] agnos 𝔏 | ουκ εφαγον m
ενεκρυψε n: abscondit 𝔏 | αυτα (14) 𝔄 | τα σαγματα] τα         39 θηριαλωτον] θηριαλωτοι q*: (θηριαλωτοις 74): θηριο-
ταγματα w*: το σαγμα F^b¹: stratum 𝔏 | των καμηλων egj       βρωτον begjw(θηροββ– egj) | ανενηνοχα] ενενηνοχα c: ανενη-
Chr | αυτοις] pr εταγω f: εν αυτω (14) 𝔄 | τα σαγματα] τα      νοχα fi: ενηνοχα bdelpqruvwc₂ Chr Thdt: ανηνοχα n: ανενη-
διεγηλαφησεν λαβαν συν πασαν την σκηνην και ουχ ευρεν F^back   m | (σοι) σε 16: σοι 18) | εγω απετιννυον] nec abscondi 𝔏 |
moxc₂𝔄 [διεψ.] εψηλαφησεν c: ηρευνησεν F^b | συν πασαν την]   εγω] +δε τ𝔄𝔈ᶜ | αr Aacj(mg)oc₂] παρ D^sil EMj(txt) rell Chr
πασαν την ackc₂: την συμπασαν w: om συν F^b𝔄 | σκηνην]         Thdt | εμαυτου] εμαντω D Thdt: (εμου 73) | εμαυτου 2°]
σκεπην kmx] + et palpauit.... 𝔄-ap-Barh                       αρπαγματα της Thdt | ημερας και κλεμματα] om k: om κλεμ-
35 ραχηλ ειπεν] ειπεν δε 𝔏 | οργισθεις p | om και 1°           ματα Thdt | της Aj Thdt] om D^sil EM rell Chr
pr οτι i^b¹𝔈𝔏: οτι f | δυνησομαι bw | ενωπιον] εμπροσθεν f |     40 εγενομην–νυκτος] in rore pernoctabam 𝔈(pr et 𝔈ᵖ): om
τα 1°] το egjilnqs(uid)uv: om m𝔏 Cyr-ed | κατ] κατα το n       𝔈ᵐ | εγενομην] εγενομην DEMaot𝔄𝔏: εγω ημην Thdt(om
εθισμων c | γυναικων Dadkpquv𝔈𝔏 Phil Chr Cyr-ed | αυτου]      εγω†) | της ημερας] τη ημερα 1: om bw Chr 𝔈: και τωτε 𝔄 ημ
abdkn-rt-x𝔈𝔏 Phil Chr Cyr-ed: μων D | ηρευνησεν δε] και        Afhi*j(mg)ns(mg)] καυματι D^silEMi^a*j(txt)s(txt) rell 𝔅 Chr
ηρευνησεν D(+D^sil)acmoxc₂: om δε q𝔅* | λαβαν] +ενωπιον        Thdt | και 1°] της ημερας bw Chr | της ημερας 2° om 𝔅 Chr
αυτου bw | εν–οικω] om F^b¹: +αυτης Chr: +αυτου Cyr-ed:       νυκτος] obrigescens noctu 𝔏 | παγετω] pr τω b-fi*klpqs(txt)tuv
+eius 𝔏: +Rachel 𝔈 | οτι τα ειδωλα Chr                         c₂𝔅* Chr Thdt: παγετω DEa*hmors(mg)x: τω w | εφιστατο
36 (om ωργισθη–λαβαν 71) | οργισθεις p | om και 1°            p | om μου 1° Ea–gjkmowxc₂𝔄𝔅𝔈𝔏 Chr Thdt | αυτου
p𝔅* | om τω 1° cdkm | αποκριθεις–λαβαν 2°] και αποκριθεις     2°] αr εμον Chr‡ | απο] εκ Er: om j Thdt‡ | οφθαλμων]
ειπε προσ αυτον p: και ειπεν αυτω dfn𝔈 Chr(om αυτω): dicens    βλεφαρων m | μου 2° om Thdt‡
𝔏: om Em | αποκριθεις δε] και αποκριθεις bkt w§ | ιακωβ 2°]    41 ταυτα μοι] ecce 𝔈: om μοι 𝔅𝔅 | ετη 1°] +a do*p𝔈𝔏: +hodie
post ειπεν hk | (λαβαν 2°] +και ωργισθη εν αυτω 71) | και 2°]   𝔈 | εν τη οικια σου ειμι εγω D | εγω] post ειμι dp: om f𝔄𝔅𝔈
η 𝔄𝔅 Chr | om τι 2° d𝔅 | (om οτι–μου 3° 130)                Chr | ειμι] εγω Chr‡ | om fn𝔈𝔏: εγ ειμι Sw𝔄: +tecum 𝔅
37 om οτι E𝔄𝔅𝔈𝔈 | ηρευνησες] ηραυ...F*: ηρευνηκας            και 1° AE] om DM onm Chr | ετη 2°] +seruiui tibi 𝔈 |
E(ηραυν–)abckowxc₂ | του οικου μου 1°] om Eaf i*1k            δυο bdpw𝔄𝔅 | (θυγατερων) post μου 2° 77) | εξ ετη] εξετησ d
morxc₂𝔄𝔈 | ευρες] ευρηκας E | απο–σκευων] ex omnibus          ετ τοις προβατοις] in greges omium 𝔏 | εν 2°] εκ dpt𝔈(om
uasis tuis 𝔏: (om απο 18): om παντων c𝔈 | om του οικου 2°      128) | προβατοις E‡ παρελογισω] aestimasti 𝔏 | τον μισθον
bw𝔄 | του οικου μου 𝔄 | θες ωδε] nos pignore ob-             μου] pr παντα dpt‡ me in mercede 𝔏: om Chr‡ | δεκα αμνασιν]
stringamus 𝔈: om ωδε 𝔄 | εναντιον–μου 2°] coram fratribus      των δεκα αμναδων i^a¹j(mg)r(αμνων)s(mg)𝔄(uid)𝔅: decies 𝔈ᶜ |
nostris 𝔈 | ενωπιον a–dklmops(txt)twxc₂ | των 2°] pr παντων   αμνασιν] αμνας fi*: αμναδαρ dp Chr‡

41 και 3°–αμνασιν] σ′ και ηλλαξας (-ξαν j) τον μισθον μου δεκακις jc₂ | δεκα αμνασιν] α′ δεκακις αριθμον M: ε′ δεκα
αριθμοις jc₂

87

Α.⁴²εἰ μὴ ὁ θεὸς τοῦ πατρός μου Ἀβραὰμ καὶ ὁ φόβος Ἰσαὰκ ἦν μοι, νῦν ἂν κενόν με ἐξαπέστειλας· 42
τὴν ταπείνωσίν μου καὶ τὸν κόπον τῶν χειρῶν μου ἴδεν ὁ θεός, καὶ ἤλεγξέν σε χθές.   ⁴³ἀποκρι- 43
θεὶς δὲ Λαβὰν εἶπεν τῷ Ἰακώβ Αἱ θυγατέρες σου θυγατέρες μου, καὶ οἱ υἱοί σου υἱοί μου, καὶ
τὰ κτήνη σου κτήνη μου, καὶ πάντα ὅσα σὺ ὁρᾷς ἐμά ἐστιν· καὶ ταῖς θυγατράσιν μου τί ποιήσω
§ D ταύταις σήμερον ἢ τοῖς τέκνοις ˢαὐτῶν οἷς ἔτεκαν; ⁴⁴νῦν οὖν¶ δεῦρο διαθώμεθα διαθήκην ἐγὼ καὶ 44
¶ ℭᵐ σύ, καὶ ἔσται εἰς μαρτύριον ἀνὰ μέσον ἐμοῦ καὶ σοῦ. Ἴδε ὁ θεὸς μάρτυς ἀνὰ μέσον ἐμοῦ καὶ σοῦ.   ⁴⁵λαβὼν δὲ Ἰακὼβ λίθον ἔστησεν αὐτὸν 45
στήλην.   ⁴⁶εἶπεν δὲ Ἰακὼβ τοῖς ἀδελφοῖς αὐτοῦ Συλλέγετε λίθους.  καὶ συνέλεξαν λίθους, καὶ 46
ἐποίησαν βουνόν· καὶ ἔφαγον καὶ ἔπιον ἐκεῖ ἐπὶ τοῦ βουνοῦ.  ⁽⁴⁸⁾καὶ εἶπεν αὐτῷ Λαβάν (48 a)
Ὁ βουνὸς οὗτος μαρτυρεῖ ἀνὰ μέσον ἐμοῦ καὶ σοῦ σήμερον· ⁴⁷καὶ ἐκάλεσεν αὐτὸν Λαβάν 47
Βουνὸς μάρτυς, Ἰακὼβ δὲ ἐκάλεσεν αὐτὸν Βουνὸς μαρτυρεῖ.  ⁴⁸εἶπεν δὲ Λαβὰν τῷ Ἰακώβ 48 (51)
Ἰδοὺ ὁ βουνὸς οὗτος καὶ ἡ στήλη αὕτη ἣν ἔστησα ἀνὰ μέσον ἐμοῦ καὶ σοῦ·  ⁽⁵²⁾μαρτυρεῖ (52 a)
ὁ βουνὸς οὗτος, καὶ μαρτυρεῖ ἡ στήλη αὕτη·  ⁽⁴⁸⁾διὰ τοῦτο ἐκλήθη τὸ ὄνομα αὐτοῦ Βουνὸς (48 b)
μαρτυρεῖ, ⁴⁹καί Ἡ ὅρασις, ἣν εἶπεν Ἐφίδοι ὁ θεὸς ἀνὰ μέσον ἐμοῦ καὶ σοῦ, ὅτι ἀποστησόμεθα 49

---

43 θυγατρασιν] θυγατερες A   44 διαθωμεθα] θα sup ras (4 uel 5) A¹ | συ] σου A* (o ras A¹ʔᵃ¹)
48 εμου και σου] μου και σου sup ras Aᵇ

(D)EMa–xc₂𝕬𝕭𝕮ᶜ⁽ᵐⁱ⁾𝕰𝕷:

**42** α)] pr *et* 𝕬-ed 𝕷 | θεοτ 1°—ισαακ] φοβοτ του πατροτ μου Chr ‡: φοβοτ ισαακ του πατροτ Cyr | om μου 1° p | αβρααμ] pr ο θϊ amo: pr θϊ cxc₂: pr Deus 𝕬: +ην dp: +ην μετ εμου 𝕭 | και 1°—ισαακ] post μοι Ebegijkrw𝕰𝕷 | φοβοτ] θϊ aᵃ¹m | ισαακ] pr patris mei 𝕮ᶜ: post μοι 1 | ην μοι] ην μετ εμου 𝔄(uid) Chr‡: om dfp𝕭 | αν] συν dp | κενον με] pr ad : με κενον Efprs𝕷 Chr | εξαπεστειλας] ατεστειλα dp: (εξαπεστειλε 79) | την—και 2°] om m𝕰: (om μου 15) | τον κοπον] τον πονον abdejkop wxc₂: των πονων g | om ιδεν ο θεοτ E | οιδεν n | om ο 3° dp | ηλεγξεν] ηλλαξε e | εχθεσ EMaioqs–vc₂

**43** αποκριθειτ δε] και αποκριθει cdp | ειπεν] pr et 𝕷 | τω] αυτω n* | om σου 1° EMaᵃ¹ceghij(txt)lnoqrt–c₂𝕬𝕭𝕮𝕰𝕷 Phil Cyr-cod | om θυγατερεσ 2° Phil-codd | om σου 2° | om σι Ebgpqw Phil-cod Cyr-codd | om νιοι σου dn | σου 2°] μου p Cyr-cod: illarum 𝕷: om EMacghij(txt)loqrt–c₂𝕬𝕭𝕮𝕰 Phil | νιοι 2°] σι n | om Phil-codd | om σου p | σου 3°] μου p Cyr-cod: om EMa–eg–jlnoqrt–c₂𝕬𝕭𝕮𝕰 Phil | κτην p 2° Edn Phil-codd | μου 3°] σου p | παντα οσα] παντων ων m | om f | σου] σοι bn: om 𝕭𝕷 | ορασ] εχεισ v: +ολα E | ταιτ θυγατρασιν A(-τερεσ) | των θυγατερων EM omn 𝔄(uid)𝕭(uid)𝕮𝕰𝕷 Phil Chr Cyr | τι] pr et nunc 𝕬: +ergo 𝕰 | τοιησω] τοιησειτ dp: +εγω fiᵃ¹r | ταυταιτ] post σημερον t Cyr-cod: filiabus meis 𝕭 | om σημερον p | η] και fiᵃ¹nrs𝕰 Cyr | om αυτων | οιτ ετεκον] τοιτ τεχθειτιν Chr: om c₂ dp: +ego 𝔄

**44** διαθωμεθα διαθηκην] διαθηκην διαθησωμεθα E | διαθωμεθα] διαθωμεν bn: διαθωμαι qu | om διαθηκην 1 | εγω] +τε Chr Cyr-cod | ειτ μαρτυριαν] concordia 𝕰 | μαρτυριαν Cyr | om ανα μεσον 1° bmw | εμου 1°] +τε Chr ‡ | ειπεν—(45) στηλην] sub + M | εμου 2° bm𝕰 Cyr-cod | om ιδου sc₂ | ουθειτ] ουδειτ D(-διɛ)Mac–giᵃ¹jkprxc₂ : ενθειτ w: ⟨om 31⟩ | μεθ] μεσον dp𝕭(uid) | ᶠʷ*c₂°(uid) | om ιδε | ιδου ο DMacefgjorsv–c₂: ο δε dp𝕭 Chr: nisi 𝕷: om ιδε E

**45** om λιθον—(46) ιακωβ w | λιθον] αυτων 71: (στηλην λιθον 71) | om Chr | απεστησεν acnoxc₂ | αυτον] εαυτον c: ⟨αυτην 71⟩: om 𝕬𝕰𝕷 Chr | στηλην] pr εις E(ει)c₂: (om 71)

**46** ειπεν δε] και ειπεν n𝕷 | ιακωβ] λαβαν 𝕭 Cyr-cod: om ln𝕰 | συλλεγετε] συλλεξατε n: συναγαγετε dpv | λιθουτ 1°] +συν τον σωρον τουτον k | om και συνελεξαν λιθουσ t | συρε-

λεξαν] συνηγαγον dp | om λιθουτ 2° ⟨107⟩ 𝕷 | om και εποιησαν βουνον 𝕰ᶠᵖ | εποιησεν t Chr | και επιον] post βουνον b⟨επιον⟩w: om Dᵈⁱˡhi*l–oqsuv𝕰𝕷 Chr Cyr | om εκει Edglpv𝕭𝕰 Chr | του βοινου] του βουνου dfpt: +και εκαλεσεν αυτον λαβαν σωρευμα μαρτυριασ και ιακωβ εκαλεσεν αυτον σωροτ μαρτυσ acmox𝕰(αυτον bis) αυτον: pr σου | βουνοτ] βουνοσ mx: +και εκαλεσεν αυτον λαβαν βουνοσ τησ μαρτυριασ ιακωβ δε εκαλεσεν αυτο βουνοσ μαρτυσ f | και ειπεν αυτω δε b | μαρτυρων] οm c: μαρτυσ ο 𝕷-ed𝕰(uid): testis erit l: μαρτυρων dp: μαρτυρια 1 | om και σου qu | σημερον] pr και l: om Chr

**47** και—μαρτυρει] sub ∗ M: om f | και εκαλ.] εκαλ. δε Er | αυτον 1°] post λαβαν k: αυτω n*: nomen ciut 𝕭: om Cyr-cod | βουνοτ 1°] om p: ο egj𝕭: βουνοσ EL | μαρτυσ A] μαρτυριασ EMdhlmpt Cyr: ⟨μαρτυριον 107⟩: τησ μαρτυριασ Dᵈⁱ rell: testimonii 𝕬𝕭𝕮𝕰𝕷 | om ιακωβ—μαρτυρει mo | ιακωβ δε εκαλεσεν] et uocauit Iacob 𝕷 | ιακωβ 2°] om egi: και ιακωβ n: ο δε ιακωβ bw: om δε a | αυτον 2°] αυτο c: το ονομα αυτου E | βουνοτ μαρτυρει] congeriem testimonii 𝕷: sicut it 𝕰 | μαρτυρει A] μαρτυσ iᵃ: μαρτυσ DᵈⁱᴱMiᵃ¹ rell 𝕬𝕭𝕮𝕷-ap-Barh Cyr

**48** ειπεν—μαρτυρει 3°] sub ÷ Mv | λαβαν τω ιακωβ] αυτω τω ιακωβ λαβαν g | ιδου] (ιδε 84): om al 𝕬-ed | om ο 1°—και 1° 𝕰ᶠᵖ | om και 1°—αυτη M: pr o egj𝕭: om ην εστησα | lapis 𝕷 | αυτη 1°] (αυτου 128): om DᵈⁱˡEMbdeghjnpqrt–w | ην εστησα] ην εστησαν Eacdtim–pstvxc₂𝕮𝕷 (+in signo): om 1: +σημερον b: +testis 𝕰 | εστησα—στηλη 2° b | om μαρτυρει 1°—(49) σου p | om μαρτυρει 1°—αυτη 2° 𝕰 | μαρτυρει 1°] μαρτυρησει m𝕷: testimonium erit uebis Hil | ο 2°—αυτη 2°] om Hil: om ο βουνοσ ουτοσ m: om ουτοσ 𝕰 | (post μαρτυρει 2° 108): om ⟨14.16.18.73⟩ 𝔄 | μαρτυρει 2°] μαρτυσ egjn(uid): testimonium erit Hil: om i | αυτη 2°] +ην εστησα 108) | (om ιδε—μαρτυρει 3° 107) | εκληθη—αυτου) nominauerunt eum 𝕭 | εκληθη] uocauerunt 𝕷 | αυτου βουνοτ μαρτυρει | του τοπου bw: του τοπου εκεινου E𝕷: om DᵈⁱᴸMachkmoquvc₂ | μαρτυρει 3°] μαρτυριασ lm𝕭ᵇ𝕰𝕷: μαρτυριον E: μαρτυριον dϑ: qui testatur 𝕭ʷ: testis 𝕮

**49** και 1°] pr et dixit ei Laban 𝕰ᶜ | η ορασιτ] uisionem 𝕰ᶜᵖ | ειπεν] ειδεν Eborw𝕷: ειδεσ acx: ειδον Dᵈⁱ𝕮𝕰: +ο θϊ dktc₂ | εφιδοι Afh*in] επειδη b: επιδοι DᵈⁱᴱEMhᵇ rell | ⟨om ο 16⟩ | om απο g Chr | του b | ετερου] +αυτου f

88

50 ἕτερος ἀπὸ τοῦ ἑτέρου. ⁵⁰εἰ ταπεινώσεις τὰς θυγατέρας μου, εἰ λήμψη γυναῖκας ἐπὶ ταῖς A
51 b θυγατράσιν μου, ὅρα, οὐθεὶς μεθ' ἡμῶν ἐστίν. ⁵²ἐάν τε γὰρ ἐγὼ μὴ διαβῶ πρὸς σέ, μηδὲ σὺ
53 διαβῇς πρὸς μὲ τὸν βουνὸν τοῦτον καὶ τὴν στήλην ταύτην ἐπὶ κακίᾳ. ⁵³ὁ θεὸς Ἀβραὰμ καὶ
54 ὁ θεὸς Ναχὼρ κρινεῖ ἀνὰ μέσον ⁺ἡμῶν. ⁺⁵⁴καὶ ὤμοσεν Ἰακὼβ κατὰ τοῦ φόβου τοῦ πατρὸς § ℨ § G
   αὐτοῦ Ἰσαάκ. ⁽⁵⁴⁾καὶ ἔθυσεν Ἰακὼβ θυσίαν ἐν τῷ ὄρει· καὶ ἐκάλεσεν τοὺς ἀδελφοὺς αὐτοῦ,
(XXXII) (1) 55 καὶ ἔφαγον καὶ ἔπιον, καὶ ἐκοιμήθησαν ἐν τῷ ὄρει. ⁵⁵ἀναστὰς δὲ Λαβὰν τὸ πρωὶ κατε-
   φίλησεν τοὺς υἱοὺς αὐτοῦ καὶ τὰς θυγατέρας αὐτοῦ, καὶ εὐλόγησεν αὐτούς· καὶ ἀποστραφεὶς
XXXII (2) 1 Λαβὰν ἀπῆλθεν εἰς τὸν τόπον αὐτοῦ. ¹Καὶ Ἰακὼβ ἀπῆλθεν εἰς τὴν ἑαυτοῦ ὁδόν·
   ¹καὶ ἀναβλέψας τοῖς ὀφθαλμοῖς ἴδεν παρεμβολὴν θεοῦ παρεμβεβληκυῖαν, καὶ συνήντησαν § d₂
(3) 2 αὐτῷ οἱ ἄγγελοι τοῦ θεοῦ. ²εἶπεν δὲ Ἰακώβ, ἡνίκα ἴδεν αὐτούς, Παρεμβολὴ θεοῦ αὕτη· καὶ
   ἐκάλεσεν τὸ ὄνομα τοῦ τόπου ἐκείνου Παρεμβολαί.

(4) 3 ³Ἀπέστειλεν δὲ Ἰακὼβ ἀγγέλους πρὸς Ἡσαῦ τὸν ἀδελφὸν αὐτοῦ εἰς γῆν Σηεὶρ εἰς χώραν
(5) 4 Ἐδώμ, ⁴καὶ ἐνετείλατο αὐτοῖς λέγων Οὕτως ἐρεῖτε τῷ κυρίῳ μου Ἡσαύ Οὕτως λέγει ὁ παῖς
(6) 5 σου Ἰακώβ Μετὰ Λαβὰν παρῴκησα καὶ ἐχρόνισα ἕως τοῦ νῦν· ⁵καὶ ἐγένοντό μοι βόες καὶ
   ὄνοι καὶ πρόβατα καὶ ⁺παῖδες⁺ καὶ παιδίσκαι· καὶ ἀπέστειλα ἀναγγεῖλαι τῷ κυρίῳ μου Ἡσαύ,

55 ηυλογησεν E                          XXXII 2 ειδεν Dˢⁱˡ
4 ουτως 2°] ουτω A*(ₛ suprascr A²)          5 παιδες] βοες A

DE(G)Ma–xc₂(d₂)𝔄𝔅𝔈𝔠𝔈𝔏𝔯(𝔖)

**50** ταπεινωσεις] ταπεινωσης kqu: ⟨ταπεινωσαις 20⟩: αδι-
κησεις M(mg) | ει 2°] pr aut 𝕃: η hl𝔈: και j | λημψη] λαβης
Ee–jlnpqs–vw*(uid): λαβοις DMbdrw* Chr | γυναικας] γυναικα
lmoq–v𝔈: +alias 𝕃 | ετι]* προς Chr | ταις θυγατρασιν] τας
θυγατερας iˢ | ταις] τας dnp | ουδεις EMdfiˢ¹lprx | εστιν]
+ορων θῖ μαρτυς μεταξυ εμου και μεταξυ σου ackmϑxc₂𝔄𝔅*
[ορων] pr ο m: om c₂ | θῖ] pr ✠ 𝔄: pr ο ο | om μεταξυ 2°
c*m𝔅* | σου] +μαρτυς ο σωρος ουτος c]: +ο ορων θῖ μαρτυς....
Chr

**52** εαν τε γαρ] pr και ειπεν λαβαν τω ιακωβ ιδου ο σωρος
ουτος και ιδου η στηλη ην εστηςα μεταξυ εμου και μεταξυ σου
μαρτυς ο σωρος ουτος και μαρτυς η στηλη acknϑxc₂𝔄𝔅* [om ιδου
2° m𝔅* | ην—στηλη 2°] haec testatur 𝔅* | εστηςα] εστηςας
cc₂: statuimus 𝔄: ερυ]ηςα kmx(–poiṣ·) | εμου] σου km | σου]
εμου km | om ουτος 2° 𝔄(uid) | στηλη 2°] +αυτη km𝕃: pr και
ειπεν ιακωβ τω λαβαν αυτη αυτη μαρτυρει Chr | γαρ 𝔄 | τε γαρ]
γαρ τε d: ergo 𝕃: om γαρ t*𝔅 | εγω μη διαβω] διαβη εγω b:
om εγω c₂𝔈𝕃 | μη] (pr ει 18): om 𝔈𝕃 | προς σε] προς σου b¹:
acervum 𝕃 | +τον σωρον τουτον ac₂: +ο τον σωρον τουτον
cox: +εν τω σορω τουτω m | μηδε]μητε qu: uel 𝕃: et si 𝔈ᶜ |
om διαβης 𝕃 | om προς με (25) 𝕃 | εμε—ταυτην] con-
geries haec et hic lapis quem statuisti 𝕃 | om τουτον 𝔄(uid) |
om ταυτην dp | ⟨κακω 20⟩

**53** και—ναχωρ] post κρινει 𝕃 | om ο θεος 2° d | νααχωρ k |
κρινει](κρινη 108): κρινοι(20) Chr: κρινει DˢⁱˡEdpqrsux: iudicet
𝔈 | ημων] +θῖ πρς αυτων a(pr ο)kcc₂𝔅: +θῖ πρων αυτων mx𝔄:
+θῖ πρς ημων ο: ....αυτων G(sub ✠ uid)

**54** φοβου] θεου aᵇ | του 2°—ισαακ] post του ρας (5) j: ιςαακ
του πρς αυτου w𝔅𝔈: ιςαακ του πρς αυ b | ιςακ G | και εθυσεν]
εθυσεν δε Er | ιακωβ 2°] post θυσιαν dp: om bw Chr | θυσιαν]
post ορει 1° 1 | εν 1°] επι 𝔄b | (ορει 1°] +ει ειρην 107) |
εκαλεσε] επεκαλεσε j: +ιακωβ l | αυτου 2°] φαγειν αρτον f:
+φαγειν αρτον DM(mg)ims: +του φαγειν αρτον Gackoxc₂:
edere panem 𝔄𝕃 | εφαγον] +αρτον G(sub ✠)acmosxc₂𝔄𝔅:
επιον] +οινον s | ορει 2°] +εν ειρηνη dp

**55** το] τω acfhijoqc₂ Chr | τους—αυτου 2°] filias suas et
filios suos 𝔈: filias suas et filios earum 𝕃 | om τους—και 1°
𝕃–cod | om αυτου 1° Ebdpw | ⟨και αποστραφεις⟩ αποστραφεις
δε 77] αποστραφεις λαβαν απηλθεν] απηλθεν αποστραφεις
λαβαν Gacmoxc₂𝔄𝔖: αποστραφη λαβαν bw: ⟨επεστραφη λαβαν
108⟩: αποστραφη p τοπον] οικον 𝔅ⁱᵖ Chr | αυτου 3°] εαυτου
Gaoc₂: τον εαυτου s

**XXXII 1** και ιακωβ] ιακωβ δε d𝔈: ο δε ιακ. f | απηλθεν]
απηλθεν c₂: om n𝔅ᵖ | om εις bw𝔄 | την—οδον/ την
οδον εαυτου Dˢⁱˡ(Duid)aos: (την αυτου οδον 79): την οδον αυτου
EGbcdlmpwx𝔄: om εαυτου n𝔅ᵖ: την οδον c₂𝔈–cod
και 2°—παρεμβεβληκυιαν] sub — 𝔖 | και αναβλεψας] αναβλεψας
δε ιακωβ fiˢ¹r𝔈: +ιακωβ eghjkmtd₂𝔏 Or-lat Cyr | τοις οφθαλ-
μοις A] +αυτου ιακωβ n𝔖: +αυτου Efiˢ¹r: om DˢⁱˡGMiˢ rell
𝔄𝔅𝔏𝔖 Or-lat Chr Cyr | ιδεν] pr ιδου αυτος k | παρεμβ. θεου]
bis scr g: om θεου Cyr-ed | παρεμβεβληκυιαν] quae uenerat
super eum 𝔈 | om οι dfmp

**2** ηνικα ιδεν αυτους] om n Chr: om αυτους 𝔈 | παρεμβολη]
παρεμβολαι d | αυτη] αυται d | εκαλεσεν] +ιακωβ dp | εκεινου]
sub — G(uid): om Df Cyr | παρεμβολαι] παρεμβολη iˢmsv
Chr⅃(·ᵠ·)𝕃𝔖

**3** αγγελους A𝔈] pr εμπροσθεν αυτου Chr: εμπροσθεν bw:
+εμπροσθεν αυτου DˢⁱˡEGM rell 𝔄𝔅𝔈𝔏𝔖 Cyr ⟨om αδελφον
31⟩ | εις γην gm: εν γη G*(uid): εν τη Gᵇ¹ | σηειρ]
σηρ t: σηηρ g(σειηρ gᵃ¹): σειειρ σιηρ fl: σηρ n: σκειρ m |
om εις 2° fm

**4** αυτοις] ⟨αυτους 79⟩: αυτω t: om Chr | ⟨om μου 79⟩ |
ουτως 2°] ουτος ch: ταδε p: om nr | λεγει] dixit 𝕃 | εχρονισα]
+ibi 𝕃

**5** om και 1° f | εγενοντο] εγινοντο E: ⟨εγενετον 18⟩ | βοες—
προβατα] asini et cameli et boues 𝔈(+et oues 𝔈ᶜ) | και 2°—προ-
βατα] και προβ. και ονοι fi𝔄𝔅ᵖ: om και ονοι 𝔈: om και
προβατα n | om και 4° 𝔄 | αναγγειλαι] απαγγειλαι bcfhimrw
(post ηςαυ bw): αγγειλαι Cyr-ed: om Chr | ⟨om μου 79⟩ |
ηςαυ] sub — G(uid)𝔖: om Chr | ινα—σου 2°] ut inueniam

Α ἵνα εὕρῃ ὁ παῖς σου χάριν ἐναντίον σου. ⁶καὶ ἀνέστρεψαν οἱ ἄγγελοι πρὸς Ἰακὼβ λέγοντες 6 (7)
§ L "Ήλθομεν πρὸς τὸν ἀδελφόν σου Ἠσαύ, καὶ ἔρχεται εἰς συνάντησίν σοι, καὶ τετρακόσιοι
ἄνδρες μετ' αὐτοῦ. ⁷ἐφοβεῖτο δὲ Ἰακὼβ σφόδρα, καὶ ἠπορεῖτο· καὶ διεῖλεν τὸν λαὸν τὸν 7 (8)
μετ' αὐτοῦ καὶ τοὺς βόας καὶ τὰ πρόβατα εἰς δύο παρεμβολάς. ⁸καὶ εἶπεν Ἰακὼβ Ἐὰν ἔλθῃ 8 (9)
Ἠσαὺ εἰς παρεμβολὴν μίαν καὶ ἐκκόψῃ αὐτήν, ἔσται ἡ παρεμβολὴ ἡ δευτέρα εἰς τὸ σώζεσθαι.
⁹εἶπεν δὲ Ἰακὼβ Ὁ θεὸς τοῦ πατρός μου Ἀβραὰμ καὶ ὁ θεὸς τοῦ πατρός μου Ἰσαάκ, Κύριε 9 (10)
ὁ εἴπας μοι Ἀπότρεχε εἰς τὴν γῆν τῆς γενέσεώς σου, καὶ εὖ σε ποιήσω· ¹⁰ἱκανούσαί μοι ἀπὸ 10 (11)
πάσης δικαιοσύνης καὶ ἀπὸ πάσης ἀληθείας ἧς ἐποίησας τῷ παιδί σου· ἐν γὰρ τῇ ῥάβδῳ
¶ d₂ μου διέβην τὸν Ἰορδάνην τοῦτον,¶ νῦν δὲ γέγονα εἰς δύο παρεμβολάς. ¹¹ἐξελοῦ με ἐκ χειρὸς 11 (12)
τοῦ ἀδελφοῦ μου Ἠσαύ· ὅτι φοβοῦμαι ἐγὼ αὐτόν, μή ποτε ἐλθὼν πατάξῃ με καὶ μητέρα ἐπὶ
¶ S τέκνοις.¶ ¹²σὺ δὲ εἶπας Καλῶς εὖ σε ποιήσω, καὶ θήσω τὸ σπέρμα σου ὡς τὴν ἄμμον τῆς 12 (13)
θαλάσσης, ἣ οὐκ ἀριθμηθήσεται ἀπὸ τοῦ πλήθους. ¹³καὶ ἐκοιμήθη ἐκεῖ τὴν νύκτα ἐκείνην. 13 (14)
καὶ ἔλαβεν ὧν ἔφερεν δῶρα καὶ ἐξαπέστειλεν Ἠσαὺ τῷ ἀδελφῷ αὐτοῦ, ¹⁴αἶγας διακοσίας, 14 (15)
τράγους εἴκοσι, πρόβατα διακόσια, κριοὺς εἴκοσι, ¹⁵καμήλους θηλαζούσας καὶ τὰ παιδία αὐτῶν 15 (16)

---

11 με 1°] μαι ADE      12 ευ] θν D      14 διακοσια] a 2° sup ras A¹

---

DEG(L)Ma–xc₂(d₂)𝕬𝕭𝕮ᶜ𝕰𝕷ᵣ(𝕾)

gratiam ante te ego seruus tuus 𝕰: om ευρη [" | χαριν ο παις
σου Ed₂ | χαριν] post σου 2° Chr | σου 2°] +κε dp
6 και ανεστρεψαν AD^{dil}Mflnqu] και απεστρεψαν Lbdegijpv
wd₂ Cyr: και επεστρεψαν st: και υπεστρεψαν Gachkmoxc₂:
απεστρεψαν δε Er | προς ιακωβ λεγοντες] λεγ. προς ιακ. m:
dixerunt ad Iacob 𝕷 | προς 1°] περι f | ηλθομεν] απηλθομεν
Chr: fuimus 𝕷 | τον αδελφον σου] post ησαυ dpvd₂𝕬𝕭𝕰𝕷 |
om ησαυ Chr | ερχεται] pr ιδου αυτος ELMbd–hi²jlpqrtuw𝕭𝕮
𝕷 Cyr: pr ιδου D^{dil}k𝕰 | εις συναντησιν] post συ Cyr½ | σοι]
σου E*(σοι Eᵇ)Mbcᵃ'd–gi–npruxc₂d₂𝕾 Chr: om Cyr-ed½
7 εφοβειτο A𝕷] εφοβηθη D^{dil}EGLM omn 𝕬𝕭𝕰𝕾 Chr Cyr |
om δε 𝕷 | om σφοδρα 𝕬 Chr | και ηπορειτο] και διηπορειτο w
Chr: om 𝕷 | επιδιειλεν 𝕷 | ⟨τον 1°—αυτου⟩ λαον αυτου 16⟩ |
om τον 2° f | μετ αυτου] μεθ εαυτου 𝕷egjqu Cyr ⟨αυτου D^{dil}
qu⟩ | και τους βοας] pr και τους καμηλους 𝕷: post προβατα
Gacmoxc₂𝕭𝕰𝕷𝕾: +και τας καμηλους egj | τους] τας r | εις
δυο] pr και τας καμηλους EGM(mg)acmov(mg)xc₂𝕬𝕰𝕾[sub ⊹
Gᵛᵐᵉ | τους Gox] παρεμβολας] partes 𝕷
8 και ειπεν] ειπεν δε ELr | ιακωβ] sub ÷ G: om m Chr |
ελθη] εισελθη f: om l | om ησαυ Chr | παρεμβολην μιαν] μιαν
παρεμβ. Er: unam partem 𝕷: prima castra 𝕬 | εκκοψη]
εγκοψη E: εκκοψει c: κοψη td₂ Chr-ed: κοψει dnp: κομψη b:
abstulerit 𝕷 | εσται] pr και Gackmoptxc₂d₂*ᵃ𝕾 παρεμβ. η
δευτ.] pars alia 𝕷 | om η 2° ο | om αυτων 𝕾
9 om totum comma L | ειπεν δε] και ειπεν d₂ | om ο θεος
1° i* | του πατρος μου 1°] patrum meorum Deus 𝕰ᶜᶠ: +et Deus
𝕰ᵖ | αβρααμ—ισαακ] ⟨om 77⟩ | om αβρααμ—ισαακ: om και—
ισαακ 𝕰ᵖ: om και u𝕷: om ο—μου d: om του πατρος μου 𝕰ᶜᶠ |
ισαακ 𝕾 | κυριε] κε Gt Cyr-cod: και 𝕮: και θ̄ς μου f: κυριε η
DEMi*ms: σν ο θεος Chr: om dp𝕰ᶜ: +ο θ̄ς μου gi²ᵃ'r: ⚹̥
+ο θς ejkqu 𝕰 | ο] ειπας] ο ειπων bcdfhᵇⁱk–npw*ᵃˡxc₂d₂ Chr^{S⟨)⟩}
Cyr: om ο egj | ⟨om μοι 31⟩ | αποτρεχε] ανατρεχε E: απο-
στρεφε f: reuertere 𝕭𝕷 | σε ποιησω] ποιησω σε Cyr-cod: faciam
tibi 𝕬 | σε bdfi*ln
10 om totum comma L | ικανουσαι μοι απο] non sum
dignus 𝕬 | ικανουσαι μοι] ⟨ικανος ειμι 31.83⟩: benefaciat igitur
mihi et 𝕰 | ικανουσαι AGh*iᵃˡqrtuw]ικανουται DEMk𝕾 Cyr-

cod: ικανουσται ο: ικανωσον m: ικανουσθω hᵇⁱ* rell Chr Cyr-
ed: satis est 𝕷 | om και—αληθειας i° | om απο πασης 2° 𝕬𝕰
Chr | ης] ψ E: ⟨και 14.16.77.130⟩: +α ο | εποιησας] +mihi
𝕷 | τω παιδι σου] om Chr½ | μου] om 𝕷: +ταυτη dfh–lnpstc₂d₂
Chr½ Cyr-ed Thdt: +ταυτην bw: +ras (7) x | διεβην] διερβη
ft: διηλθον Chr½: ταρηλθον Thdt: ⟨επερασα 20⟩ | τουτον] τουτο
m: om lnsc₂d₂𝕭 Chr½ Cyr-ed | νυν δε] et nunc
ecce 𝕬: και ιδου νυν Chr | νυν D^{dil}Mb–hi²jlnp–w ⟩
11 om totum comma L | εξελου με] και dp 𝕬-codd: pr
συ νυν Chr½: pr et nunc 𝕬-ed: +κυριε 𝕷 Chr½ Cyr½ T-A |
του—ησαυ] τουτ ησαυ του αδελφου μου s 𝕰ᶜᶠ Cyr½ T-A: ησαυ εκ
χειρος του αδ. μου Chr½ | ησαυ] pr εκ χειρος Gabcloptwxc₂𝕭𝕮 ⟩
𝕾: om Chr½ | οτι] pr λεγων Chr½: pr ιν egj: ⟨ινα τι 73⟩:
om c | εγω] αυτον bw: om Ath Chr½ | εγω αυτον] αυτον εγω
Chr½ | παταξει npqu | με 2°] +patrem super filios 𝕷 | και]
sub + G(uid): om 𝕬 | μητερα AG*bsvwx𝕬𝕰𝕷𝕾 Cyr-ed] ρ̄α
m: ρ̄ας g(uid): μητερας DEGᵇⁱM rell 𝕭𝕮(uid) Cyr-cod:
⟨ρ̄α και μρ̄α 71*: ρ̄ατ και μρ̄ας 71ᵃʳ⟩ | επι] επ ιᵐ
12 om totum comma L | δε] +μοι fiᵃˡr | ειπας] +mihi
𝕭𝕰𝕷 | καλως] post ποιησω E: om bmsw𝕬𝕭𝕮𝕰𝕷 Chr | ευ
σε ποιησω] ου σωτισω c: om ευ Cyr-ed | και θησω 𝕾: om 𝕰fⁱⁿ𝕬 |
θησω] εσται n | το σπερμα σου] hunc 𝕰ᶠᵖ | θαλασσης] γηι ο |
η] και Cyr-ed | ουκ αριθμηθησεται] numerari non potest 𝕷 |
αριθμηθ.] αριθμησεται b*c: εξαριθμηθησεται Chr ½ Thdt(uid):
αναριθμησεται E | υπο Chr-ed | om του d | πληθους]
+αυτης ⟨128⟩𝕭𝕮
13 εκει] +ιακωβ L | ⟨τη νυκτι εκεινη 107⟩ | εκεινην] ταυτην
l | om εκει 2° l | ⟨ων—δωρα⟩ pr εξ Π: δωρα αφ ων εφερεν jᵃˡr:
dona quae ferebat 𝕷: εφερεν] ferebant 𝕷: εν χειρι αυτου
G(sub ⚹)acmo⟨εν τη χ.⟩quxc₂𝕬 | και εξαπεστειλεν] sub ÷ G:
post ησαυ m: και απεστειλεν l: om Liᵃˡ𝕰𝕷 | ησαυ] post
τω s | om τω αδελφω αυτου
14 διακοσιας] διακοσιους lt | τραγους] pr και ln𝕰: +σ' c₂*
| διακοσιας] iᵃˡ n | προβ. διακ.] om E | κριους εικοσι]
pr και ln𝕰: om c₂
15 θηλαζουσας—αυτων] cum pullis 𝕰(+earum)𝕷: foetas
cum pullis 𝕬 | αυτων] αυτου οᶜ | om βοας τεσσερακοντα bp

---

(17) 16 τριάκοντα, βόας τεσσεράκοντα, ταύρους δέκα, ὄνους εἴκοσι, πώλους δέκα. ¹⁶καὶ ἔδωκεν διὰ Α
χειρὸς τοῖς παισὶν αὐτοῦ, ποίμνιον κατὰ μόνας. εἶπεν δὲ τοῖς παισὶν αὐτοῦ Προπορεύεσθε
(18) 17 ἔμπροσθέν μου, καὶ διάστημα ποιεῖτε ἀνὰ μέσον ποίμνης καὶ ποίμνης. ¹⁷καὶ ἐνετείλατο τῷ
πρώτῳ λέγων Ἐάν σοι συναντήσῃ Ἡσαὺ ὁ ἀδελφός μου καὶ ἐρωτᾷ σε λέγων Τίνος εἶ; καὶ
(19) 18 ποῦ πορεύῃ; καὶ τίνος ταῦτα τὰ προπορευόμενά σου; ¹⁸καὶ ἐρεῖς Τοῦ παιδός σου Ἰακώβ·
(20) 19 δῶρα ἀπέσταλκεν τῷ κυρίῳ μου Ἡσαύ,¶ καὶ ἰδοὺ αὐτὸς ὀπίσω ἡμῶν. ¹⁹καὶ ἐνετείλατο τῷ ¶ L
πρώτῳ καὶ τῷ δευτέρῳ καὶ τῷ τρίτῳ καὶ πᾶσι τοῖς προπορευομένοις ὀπίσω τῶν ποιμνίων
(21) 20 τούτων λέγων Κατὰ τὸ ῥῆμα τοῦτο λαλήσατε τῷ ¹Ἡσαὺ¹ ἐν τῷ εὑρεῖν ὑμᾶς αὐτόν, ²⁰καὶ ἐρεῖτε
Ἰδοὺ ὁ παῖς σου Ἰακὼβ παραγίνεται ὀπίσω ἡμῶν. εἶπεν γάρ Ἐξιλάσομαι τὸ πρόσωπον
αὐτοῦ ἐν τοῖς δώροις τοῖς προπορευομένοις αὐτοῦ, καὶ μετὰ τοῦτο ὄψομαι τὸ πρόσωπον
(22) 21 αὐτοῦ· ἴσως γὰρ προσδέξεται τὸ πρόσωπόν μου. ²¹καὶ προεπορεύοντο τὰ δῶρα κατὰ πρόσ-
(23) 22 ωπον αὐτοῦ· αὐτὸς δὲ ἐκοιμήθη τὴν νύκτα ἐκείνην ἐν τῇ παρεμβολῇ. ¹²²Ἀναστὰς ¶ L
δὲ τὴν νύκτα ἐκείνην ἔλαβεν τὰς δύο γυναῖκας καὶ τὰς δύο παιδίσκας καὶ τὰ ἕνδεκα παιδία
(24) 23 αὐτοῦ, καὶ διέβη τὴν διάβασιν τοῦ Ἰαβόκ. ²³καὶ ἔλαβεν αὐτοὺς καὶ διέβη τὸν χειμάρρουν,
(25) 24 καὶ διεβίβασεν πάντα τὰ αὐτοῦ. ²⁴ὑπελείφθη δὲ Ἰακὼβ μόνος, καὶ ἐπάλαιεν μετ᾽ αὐτοῦ

15 πωλουι E        16 προπορευεσθαι E | ποιειται AE
19 ησαυ] σαου A*(η suprascr Aᵗ)     20 εξιλασομαι A [ προσδεξεται] ε 2° sup ras 2–3 litt Aᵃᵗ
22 παιδι[αιτου E        23 διεβηβασεν E

𝐷EG(L)Mₐ-xcₐ𝕬𝕭𝕮𝕰𝕷′

τεσσερακ.] triginta 𝕭ʷ | δεκα 1°] εκατον L: εικοσι bw𝕷 |
εικοσι] η′d | πωλουι ALfo𝕭𝕮𝕰] pr και DᵘⁱEGM rell 𝕬𝕰ᶜ𝕷
16 εδωκεν] +αυτα bw𝕭𝕰 | δια χειροι τοιι παιιιν] per
manus puerorum 𝕷: om δια χειροι c𝕭ʷ𝕰 | ποιμνιον–αυτου
1°] om g: om ποιμ. κατα μον. b | ποιμνιον] pr και ro f: pr ro
Liᵃᵗr: ποιμνια w: +εν ο | κατα] και ras f | ειπεν δε] και ειπεν
b𝕷: +ιακωβ L𝕮-cod | τοιι παιιιν αυτου 2°] εἰς 𝕰: om b:
+ ιακωβ cfiᵃᵗ | προπορευεσθε πορευεσθε Lbmw: ite 𝕷 | πορευεσθε
ποιησαται L: ποιησετε m | ποιμνηι 1°] pr τηι w | om και
ποιμνηι m
17 σοι] post συναντηση xℨ𝕭: σε cf | (απαντηση 32) | ησαυ]
post μου𝕭𝕰𝕷: om b | ερωτα] ερωτηση f]rstv: ερωτησει diᵃʰp |
om σε jv𝕬 | λεγων τινοι ει] om L: om Ησαυ λ | ei] hic 𝕰 |
και 3°] uel 𝕭ʷ𝕷 | om και τιυοι–σου L | ταυτα] post προ-
πορευομενα dpw𝕬ᵛⁱᵗα m: (προβατα 84): om h𝕷: +τα προ-
βατα και iᵃ | προευομενα b: +ρο iᵃᵗ post fin
18 om τω 1° DᵘⁱEGLMacefgijkm–ruvxcₐ𝕷] ερειι] ερει
s: om cᵃ: +ei 𝕮𝕰𝕷 | τω παιδι a | (σου) του 78) | δωρα απε-
σταλκεν] quae praemisit 𝕷 | απεσταλκεν] pr sunt quae 𝕰: pr quae
𝕰: απεσταλκα m: απεσταλε di: απεστειλε ns | μου] suo 𝕰-ed
𝕭𝕮𝕰𝕷: om Lh | om ηυαυ t | om ιδου 𝕬 | αυτοι 1° +ερχεται
f𝕭ʷ | ημων] υμων l: +uenit 𝕬 | +sequitur nos 𝕰: +est 𝕷
19 τω πρωτω και] sub +G: iterum 𝕰ᶜ | om τω 3° r | προ-
πορευομενοι] προ sub +G: πορευομενοι eflsw𝕷(uid) | om
οπιιω xᵒ | ποιμνιων] ποιμενων dp | τουτων] αυτων D: (τουτον
77): om dnp𝕭𝕭𝕰𝕰 | om τουτο 𝕮-cod | λαλησατε] λαλη-
σεται 107): dictis 𝕭𝕮𝕷: λεγων n | τω ησαυ] fratri meo Esau
𝕰 | τω 4° AGx] om DᵘⁱEM rell 𝕷 | ευρειν] ubicunque nos
inueneritis 𝕷: om εν c | ευρειν] post υμαι E | υμαι] post
αυτον f: ημαι ocₐᵃ: om M
20 ερειτε] +ei 𝕭ʷ𝕰-ed𝕰 | ιδου] (pr οτι 20): om a | om
ιακωβ bw Chr | παραγιναται] sub +G | οπιισθεν E | γαρ 1°]
autem 𝕷 | εξιλασομαι] εξιλεωομαι ciᵃᵗ | εξιλ(uid): forsitan placebo
𝕷: +ras (4) c | το προς. αυτον 1°] faciem tuam 𝕰 |
𝕷: +ras (4) c | το προς. αυτον 1°] faciem tuam
20 ιιωι γαρ προσδεξεται] εαν τωι εντραπη j
24 επαλαιεν–ανθρωποι] a′ εκονιετο ανηρ...M(sine nom)ν : a′ σ′ εκυλιετο ανηρ μετ αυτου jcₐ

m | εν τοιι–αυτου 3°] om dp: (om εν 73) | om τοιι 1° m |
δωροιι] +τουτοιι egj𝕭𝕰𝕷: +μου k | αυτου 2°] pr το προσωπον
m: εμπροσθεν μου l: ante me 𝕰: om begjwcₐ𝕭𝕷: om και
2°—μου m | τουτο] τουτου c | το προς. αυτου 2°] faciem tuam
𝕭ʷ𝕮-ed: om 𝕮-cod | om ιιωι—(21) αυτου Ebc | ιιωι—μου]
ut accipiat faciem meam in salute 𝕰 | ιιωι] hic 𝕭 | om γαρ 2°
acₐ𝕷 | προσδεχθηται an(–ειτ-) | το προσωπον 3°] post μου l
21 προετ.—αυτου] post haec misit dona 𝕰 | προετεπορευετο]
προεπορευαντο eᵃg: προεπορευετο D(+Dᵐⁱ)fimrc, Chrᵖ παρε-
πορευετο Gadopwx (ras 1 litt post ε 3°): antecedebant eum 𝕷 |
δωρα] +ειυσ 𝕷 | (κατα προσωπον) εμπροσθεν 77) | προσωπον]
pr το j | εκοιμηθη] εκοιμηθην(?) b: mansit 𝕷: +εκει dpt η την
νυκτα εκεινην] post παρεμβολη f𝕰: τη νυκτι εκεινη d | εν τη
παρεμβολη] in comitatu suo 𝕷
22 om δε g | την νυκτα εκεινην] τη νυκτι εκεινη dp Chr(pr
εν): την νυκτ h𝕷: om 𝕰 | +εν τη παρεμβολη s | ελαβεν] ε δε
f | γυναικαι] +αυτου Ln𝕮𝕷: και 1°—παιδισκαι] om iᵃ Chr:
+suas 𝕷 | παιδια αυτου] αυτου παιδια m: (παιδια αυτων 79) |
om την διαβ.—(23) διεβη p | την διαβασιν] riuum 𝕷: rivum 𝕰:
om της διαβ.—(23) διεβη p: om αυτου—om Eus: (αυτου 84): om 16) | ιαβοκ] ιαβωκ cin⁴𝕭ʷ Or-gr: ιαβοχ
Eus-cod: (ιαβωχ Just Eus-ed Chr: (ιαβωθ 83): ιαβω Cyr-cod ½:
ιαβωκ l: ιοβοκ 𝕬-ed: ιακωβ u: ιακωβ sᵃ′dfmn*s𝕬-codd𝕭ⁱᵖ𝕷
Cyr ¼ egj + codd ¼: (ιακωβ 84): ραβοκ cₐ*: ραβωκ egj: (ραβωχ
78: ραμωχ ¼): ιορδανου t
23 και ελαβεν—χειμαρρουν] και του χειμαρρου d: om L:
om ελαβεν—διεβη n | αυτουι] αυτα ciᵃᵗ | om και 2°—χειμαρ-
ρουν m Eus | διεβη] διεβιβασεν αυτας συν τοιι παιιιν αυτων c:
διεβιβασεν αυτου Gaoxcₐ𝕷 | om τον 2° το w | χειμαρρουν] ιορδανην
k | om και 3°— αυτου Chr | διεβιβασεν] διεβηβασεν n: om 𝕬 |
τα αυτου] ναια sua 𝕷 | εαυτου (128) Eus
24 υπελειφθη δε] απελειφθη δε (30) Cyr-cod ½(om δε): και
εμεινεν m: και απεμεινε Cyr ½ | μονοι ιακωβ g | επαλαισεν dlp𝕬
𝕰𝕷 Spec | μετ αυτου ανθρωποι Aegi𝕭 Clem Or-gr ¼ Eus ½ Cyr-
ed ½] αγγελοι μετ αυτου D(+Dᵐⁱ) Just-codd-omn Thdt(uid):

A ἄνθρωπος ἕως πρωί. [25]ἴδεν δὲ ὅτι οὐ δύναται πρὸς αὐτόν, καὶ ἥψατο τοῦ πλάτους τοῦ 25 (26)
μηροῦ αὐτοῦ, καὶ ἐνάρκησεν τὸ πλάτος τοῦ μηροῦ Ἰακὼβ ἐν τῷ παλαίειν αὐτὸν μετ' αὐτοῦ·
[26]καὶ εἶπεν αὐτῷ Ἀπόστειλόν με· ἀνέβη γὰρ ὁ ὄρθρος. ὁ δὲ εἶπεν Οὐ μή σε ἀποστείλω, ἐὰν 26 (27)
μὴ εὐλογήσῃς με. [27]εἶπεν δὲ αὐτῷ Τί τὸ ὄνομά σού ἐστιν; ὁ δὲ εἶπεν Ἰακώβ. [28]καὶ εἶπεν 27 28 (28) (29)
αὐτῷ Οὐ κληθήσεται ἔτι τὸ ὄνομά σου Ἰακώβ, ἀλλὰ Ἰσραὴλ τὸ ὄνομά σου ἔσται· ὅτι ἐνί-
σχυσας μετὰ θεοῦ, καὶ μετὰ ἀνθρώπων δυνατός. [29]ἠρώτησεν δὲ Ἰακὼβ καὶ εἶπεν Ἀνάγγειλόν 29 (30)
μοι τὸ ὄνομά σου. καὶ εἶπεν Ἵνα τί σὺ ἐρωτᾷς τὸ ὄνομά μου; καὶ ηὐλόγησεν αὐτὸν ἐκεῖ.
[30]καὶ ἐκάλεσεν Ἰακὼβ τὸ ὄνομα τοῦ τόπου ἐκείνου Εἶδος θεοῦ· ἴδον γὰρ θεὸν πρόσωπον 30 (31)
πρὸς πρόσωπον, καὶ ἐσώθη μου ἡ ψυχή. [31]ἀνέτειλεν δὲ αὐτῷ ὁ ἥλιος ἡνίκα παρῆλθεν τὸ 31 (32)
Εἶδος τοῦ θεοῦ· αὐτὸς δὲ ἐπέσκαζεν τῷ μηρῷ αὐτοῦ. [32]ἕνεκεν γὰρ τούτου οὐ μὴ φάγωσιν οἱ 32 (33)
υἱοὶ Ἰσραὴλ τὸ νεῦρον ὃ ἐνάρκησεν, ὅ ἐστιν ἐπὶ τοῦ πλάτους τοῦ μηροῦ Ἰακώβ, ἕως τῆς
¶ L ¶ D ἡμέρας ταύτης· ὅτι ἥψατο τοῦ πλάτους τοῦ μηροῦ Ἰακὼβ¶ τοῦ νεύρου, καὶ ἐνάρκησεν.¶
[1]Ἀναβλέψας δὲ Ἰακὼβ ἴδεν, καὶ ἰδοὺ Ἠσαὺ ὁ ἀδελφὸς αὐτοῦ ἐρχόμενος, αὐτὸς καὶ τετρα- 1 XXXIII

25 ειδε $D^{sil}$ 28 αλλ E 29 ευ[λογησεν] D 30 και 1°] αι sup ras 4 litt $A^a$ | ειδον $D^{sil}$
32 μηρου 1°—(xxxiii 1) μετ αυτου] in mg et sup ras (exc litt ρου ιακ 2°) $A^a$ XXXIII 1 ειδεν E

(D)EG(L)Ma–$xc_2$𝔄𝔅$ℭ^c$𝔈$𝔏^r$

αν̄ος μετ αυτου EGLM rell 𝔄𝔏 Just-ed Or-gr ½ Eus ½ Chr Cyr 5/8 cod ½ Nov: *angelus cum Iacob* Spec | om εως πρωι Chr | εως] μεχρι Clem

**25** ιδεν] ειπεν $tc_2$* | δε] +φησιν e | του 1°—ιακωβ] *neruum interdictum* 𝔈 | του πλατους] το πλατος gnp: ⟨om 128⟩ | του 1°] τουτου w | om αυτου 1°—μηρου 2° G Nov | το πλατος] pr *neruus super* 𝔅 | ιακωβ] pr αυτου g: pr του L: αυτου l | αυτου 2°] αυτον bt

**26** και ειπεν] ειπε δε ⟨84⟩ Cyr ½ | om αυτω ⟨84⟩ $𝔅^w$ | αποστειλον] εξαποστειλον Cyr-codd ½: απολυσον Chr Cyr ½ ed ½ | ⟨με 1°] μοι 79⟩ | om ο 1° Gi*k𝔅 | ο δε ειπεν] και ειπεν E: *et Iacob dixit* 𝔏 Spec: *et dixit ei* 𝔈: +*ei* $𝔅^{lp}$ | σε αποστειλω] αποστειλω σε f𝔄: σε απολυσω n Chr Cyr ½: σε ανω Cyr 2/7 | ευλογησης με A𝔄 Chr ½] με ευλογησης $D^{sil}$EGLM omn 𝔏 Just Or-gr Ath Eus Chr ½ Cyr Nov Spec

**27** ειπεν δε] *et is dixit* 𝔄: *et dixit* Nov | om αυτω egjm Nov | om τι—(28) αυτω f | το ονομα σου] post εστιν Nov: *tibi nomen* 𝔏 | om το Gabcoswx$c_2$ Eus ½ | σοι GMbkov–$c_2$ Eus ½ | om εστιν GLbkwxℭ𝔈 Or-gr Eus | ο δε ειπεν] ειπεν δε b: *et dixit ei* 𝔈: +*ei* 𝔄

**28** om και ειπεν αυτω n | και ειπεν] ειπεν δε GLa–dkmortw $xc_2$𝔏 Just Or-gr Eus Spec: ο δε ειπεν p | αυτω] sup ras $j^{a?}$: om q tuℭ-ed | ου—ιακωβ] ουκετι ιακωβ κληθ. το ον. σου Gackmo$c_2$ Or-lat Eus 3/10 | ου—σου 1°] ουκετι κληθ. το ον. σου x𝔄 Eus 7/10 Thdt: om ετι EL$𝔅^w$(uid)ℭ𝔏 Phil Just Eus 1/10 Spec: ου κληθ. σοι το ον. απο του νυν f: ου κληθησει n | αλλα] αλλ η DLMcdejquv Cyr-ed ½: om n | ισραηλ] pr εις Eus-cod 1/10 | το 2°—εσται A] εσται σου το ον. EG(sub ÷)aegkoqsuℭ(uid) Phil Cyr-cod ½: εσται ετι το ον. σου l: om Lm Or-lat: om το ον. σου $c_2$: εσται το ον. σου D(+$D^{sil}$)M rell 𝔄𝔈𝔏 Just Or-gr Eus Chr Cyr ½ ed ½ Thdt Nov Spec | om οτι—δυνατος b | ενισχυσας] ενισχυσε c: ισχυσας Phil ½ ed ½: ησκησας Phil-cod ½ | θεου] pr του Egow Just Eus 1/10 codd 1/10 Cyr-ed ½ | μετα ανθρωπων] μετα αν̄ου m: *inter homines* 𝔏 | δυνατος] pr εση $a^b$s Thdt ½: δυνατως Phil-cod ½: om 𝔈: +εση $D^{sil}$Edeflmop Just Eus ½ Chr ½ Thdt ½: +*esto* 𝔄: +ει n𝔅 Phil-cod ½ Chr ½ Nov: +*factus es* 𝔏 Or-lat: +*factus eris* Spec

**29** om ηρωτ. δε ιακωβ 𝔈 | ηρωτ. δε] επηρωτ. δε αυτον Cyr ½: +αυτον Lerℭ𝔏 Vulg | και ειπεν 1°] *dicens* ℭ-cod: om ℭ-ed: +*Iacob* $𝔈^c$ | απαγγειλον Meghjqu Cyr ½ | μοι] με l* | το ονομα 1°] pr τι Efilrw Clem: om το Cyr-ed ½ | σου] ⟨om 18⟩: +οτι ενισχυσας G*(sub ÷): +*quia inualui* ℭ: +εστι l | και 2°] ο δε 𝔏 Phil Spec | ειπεν 2°] +*ei* $𝔅^w$ℭ𝔈 | ινα τι] τι τουτο Thdt ½: +τουτο $D^{sil}$EGLMa–eghi*jkn–qs–wx$c_2$𝔏 Phil Just Clem Or-gr Eus Cyr 3/4 | συ] post ερωτας EMbcegi*jlqt–w Cyr 3/4: *tibi* 𝔈: om DGLadkmox$c_2$𝔄ℭ𝔏 Phil Just Clem Or-gr Eus Chr Cyr ½ Thdt Spec: +τουτο $fi^{a?}$r Cyr ¼ | μου] +και αυτο εστιν θαυμαστον Lcdfpxℭ[και αυτο] *id quod* ℭ-ed]𝔏 Cyr ½ Thdt ½ Spec: +και τουτο εστιν θαυμαστον $h^{a?}$km Thdt ½: +*quia mirabile est* $𝔈^c$ | και ηυλ.] ευλογησε δε ℭ-cod Cyr ½ | om εκει Chr

**30** εκαλεσεν ιακωβ] αναστας ιακωβ εκαλεσεν Eus ½ | ιακωβ] post εκεινου Eus ½: om Lbw Eus ½ Chr ½ Thdt | εκεινου] εκει j: om Eus ½ | ειδος θεου] pr *Phanuel* 𝔄-cod: θῡ ειδος b: +ειπων Eus ⅜: +λεγων Eus ½ | ⟨θεον—προσωπον 2°] θεου προσωπον 79⟩ | θεον] pr τον bw: θῡ $egi^a$ Cyr 1/10: *Dn̄m* 𝔏: om d | om προς προσωπον eg Cyr 1/10 | εσωθη] εσωθεν m: εχαρη Just ½ | μου η ψυχη] η ψυχη μου Gbcfmox Just Eus ⅜ Cyr-ed ½ cod ½: *anima mea* 𝔄𝔏 Or-lat Nov: +*et facies mea* 𝔈

**31** om δε 1° mℭ | αυτω] post ηλιος Phil Ath ½: om nqu𝔈 Or-gr Cyr ½ | om ο dm Phil-codd Eus ½ Cyr-ed ½ | παρηλθεν] +αυτον Cyr ½ | επεσκαζεν] επεσκιαζεν e*(uid) | om αυτου l𝔄 Cyr ½

**32** ενεκεν γαρ τουτου] *et propter hoc* 𝔈 | γαρ A] om $D^{sil}$EGLM omn 𝔄𝔅ℭ𝔏 Chr | τουτου] +ras (3) i | φαγωσιν] φαγονται D | om οι elquw Chr | ισραηλ] ⟨pr του 14⟩: ησαυ E: post νευρον l | εναρκησεν 1°] +*ei* 𝔏 | om ο εστιν $𝔅^w$ | του πλατους 1°] το πλατος bcehuw | ιακωβ 1° A] αυτου L𝔈𝔏: om $D^{sil}$EGM omn 𝔄𝔅ℭ Chr | om εως—μηρου 2° E | ημερας ταυτης] σημερον ημερας hr𝔏: om ταυτης G* | του 3°—εναρκησεν 2°] *neruum interdictum Iacob is neruus interdictus* 𝔈 | του πλατους 2°] post μηρου 2° k: om n: +του νευρου egj | ιακωβ 2°] pr ο $gj^{a?}$: αυτου l | om του νευρου egj𝔄𝔅𝔏 Chr | και] pr ο Chr: ο amostv$c_2$ℭ𝔏: ου bcdfi$^a$prw: ⟨ου και 83⟩ | εναρκησεν 2°] *obstupefecit neruum eius* 𝔄: +*neruus super illum* 𝔅: +*ei* 𝔏

XXXIII **1** ιακωβ 1°] +τοις οφθαλμοις αυτου G(sub ※)Mac ef(om αυτου)gjmosx$c_2$𝔄$𝔈^c$ | και ιδου] ο δε s: +ras (3) v: +ωδε d: ⟨+δε 30⟩ | ο αδελφος αυτου] sub ÷ G | ερχομενος] om Chr:

25 εναρκησεν—μηρου] α' ενεπαγη ταρσος μηρου αυτου $c_2$ 29 ινα τι] δια ποιαν αιτιαν Mj
30 ειδος θεου] α' προσωπον ισχυρου σ' φανουηλ M$jc_2$ 31 επεσκαζεν] επεχωλευεν επεκλινετο τω ποδι M: ενεκλινετο j
XXXIII 1 αναβλ.—αυτου 2°] σ' επαρας δε ιακωβ τους οφθαλμους αυτου ειδεν φανεντα ησαυ ερχομενον και μετ αυτου ν'

κόσμοι ἄνδρες μετ' αὐτοῦ· καὶ ἐπιδιεῖλεν Ἰακὼβ τὰ παιδία ἐπὶ Λείαν καὶ ἐπὶ Ῥαχὴλ καὶ τὰς Α
2 δύο παιδίσκας· ²καὶ ἐποίησεν τὰς δύο παιδίσκας καὶ τοὺς υἱοὺς αὐτῶν ἐν πρώτοις, καὶ Λείαν καὶ
3 τὰ παιδία αὐτῆς ὀπίσω, καὶ Ῥαχὴλ καὶ Ἰωσὴφ ἐσχάτους. ³αὐτὸς δὲ παρῆλθεν ἔμπροσθεν αὐτῶν·
4 καὶ προσεκύνησεν ἐπὶ τὴν γῆν ἑπτάκις ἕως τοῦ ἐγγίσαι τοῦ ἀδελφοῦ αὐτοῦ. ⁴καὶ προσέδραμεν
5 Ἡσαῦ εἰς συνάντησιν αὐτῷ, καὶ περιλαβὼν αὐτὸν ἐφίλησεν καὶ προσέπεσεν ἐπὶ τὸν τράχηλον
αὐτοῦ· καὶ ἔκλαυσαν ἀμφότεροι. ⁵καὶ ἀναβλέψας ἴδεν τὰς γυναῖκας καὶ τὰ παιδία, καὶ εἶπεν
6 Τί ταῦτά σοί ἐστιν; ὁ δὲ εἶπεν Τὰ παιδία οἷς ἠλέησεν ὁ θεὸς τὸν παῖδά σου. ⁶καὶ προσήγγισαν
7 αἱ παιδίσκαι καὶ τὰ παιδία αὐτῶν, καὶ προσεκύνησαν· ⁷καὶ προσήγγισεν Λεία καὶ τὰ τέκνα
αὐτῆς, καὶ προσεκύνησαν· καὶ μετὰ ταῦτα προσήγγισεν Ῥαχὴλ καὶ Ἰωσήφ, καὶ προσεκύνησαν.
8 ¹⁸καὶ εἶπεν Τί ταῦτά σοί ἐστιν, πᾶσαι αἱ παρεμβολαὶ αὗται αἷς ἀπήντηκα; ὁ δὲ εἶπεν Ἵνα εὕρῃ § D
9 ὁ παῖς σου χάριν ἐν ὀφθαλμοῖς σου, κύριε. ⁹εἶπεν δὲ Ἡσαύ Ἔστιν μοι πολλά, ἀδελφέ· ἔστω
10 σοι τὰ σά. ¹⁰εἶπεν δὲ Ἰακώβ Εἰ εὕρηκα χάριν ἐναντίον σου, δέξαι τὰ δῶρα διὰ τῶν ἐμῶν
χειρῶν· ἕνεκεν τούτου ἴδον τὸ πρόσωπόν σου ὡς ἄν τις ἴδοι πρόσωπον θεοῦ, καὶ εὐδοκήσεις με·
11 ¹¹λάβε τὰς εὐλογίας μου ἃς ἤνεγκά σοι, ὅτι ἠλέησέν με ὁ θεὸς καὶ ἔστιν μοι πάντα. καὶ ἐβιά-

6 προσηγγεισαν A          7 προσηγγεισεν A (bis)          10 ειδον D | ειδοι D(+D) | ευδοκησει AE

(D)EGMa–xc₂𝔄𝔅𝔆𝔈𝔏𝔙

+εις συναντησιν αυτου iᵃr | αυτοι A] om EGM omn 𝔄𝔅𝔆𝔈𝔏 Chr | τετρακοσιοι—αυτου 2°] pr οι E: μετ αυτου τετρ. ανδ. Gacmxc₂: μετ αυτου ανδ. τετρ. k𝔄: om ενι 2ᵒ Gackmno°xc₂ Chr | ιακωβ 2°] pr o g: sub ÷ G | om ενι 2° Gackmno°xc₂ 𝔆𝔏 Chr | ραχηλ dln | ρας] pr ενι Mhlstv𝔄(uid)𝔅𝔈𝔏

2 και 1°—παιδισκας] om fgkmntw𝔅𝔆 Chr : om και e | εσαιησεν] εθετο dp𝔆 Chr | υιοις] pr δυο E : υιων ef | αυτων] αυτου dp: om Ef: +εθετο n | εν πρωτοις] εμπροσθεν m: εν πρωτοις Chr-codd | και ραχηλ] ραχηλ δε bw | ραχηλ ln | ιωσηφ] pr τον ç Chr | εσχατους] εσχατος m : εν εσχατοις (20) Chr-ed

3 αυτος] Iacob 𝔈𝔙 | παρηλθεν A𝔄(uid) προσηλθεν r(uid)s : om 1: προηλθεν EGM rell 𝔏 Chr: ηλθεν 14.16.77.130) ⟨ενπαλιν⟩ +αυτον προσεκυνησεν ωι ενωπιον θῦ 14) | του εγγισαι ηγγισε Chr: om του bw: +αυτον kl: +Εσαυ 𝔆 | του αδελφου) τω αδελφω Ma—egh(rου h°)j—nptvwc₂ Chr : τον αδελφον f

4 προσεδραμεν] προσεδραμον iᵃr𝔈 : συνεδραμεν egj | om εις συναντησιν αυτω E-cod | αυτω] αυτου dilmnpc₂ Chr : fratri suo 𝔏 | και περιλαβων αυτον] και περιλαβων αυτον G: om 𝔅 | περιλαβων αυτον] amplexus est 𝔈: om αυτον b Chr | εφιλησεν] sub ÷ G: κατεφιλησεν f: +αυτον ln𝔅𝔆: +ras (4 uel 5) c | προσεπεσεν] ενεσεν bw: ⟨ενεσεσε 32: επεπεσεν 20): προσεδραμεν o | ενι] εις g | αυτου] +και κατεφιλησεν αυτον GM(mg)aciᵇk moqsuv(mg)xc₂𝔄𝔈: ⟨+και εφιλησεν.αυτον 20)

5 αναβλεψας] αναβλ. δε r 𝔆-ed: αναβλ. δε ησαυ Chr: +ησαυ bow𝔆-cod𝔈 | om και ειπεν—παιδια 2° gw | ταυτα σοι εστιν] sunt isti tibi 𝔏 | ο δε] και bdnpτv(mg) | τα παιδια 1°] liberi mei sunt 𝔄𝔅𝔈 | οις] pr ενι Phil-codd: a p: in quibus 𝔏 | ηλεησεν] ηλεησα c: ηθελησεν c₂: ελαησεν g: ⟨ευλογησεν 71): +και b | ο θεος] ας c | τον παιδα] τον δουλον Phil-cod: των δουλων Phil-codd

6 ⟨om τα 18) | παιδια A𝔏] τεκνα EGM omn (sup ras 6 litt x) Chr | και προσεκυνησαν] 𝔆-cod: +δι 𝔈𝔏

7 om και 1°—προσεκυνησαν 1° n | και 1°] +μετα ταυτα

gu* | προσηγγισεν 1°] προσηγγισαν mᵃoᵒ: ηγγισε bw | τεκνα] παιδια c | προσεκυνησαν 1°] se prostrauit 𝔈(+ei 𝔈ᵖ): +ei 𝔄 | (om μετα ταυτα 16.25) | ταυτα] ταυτηr 𝔈: τουτο bdkmnpwx 𝔏: ⟨τουτουι 71) | προσηγγισεν 2°] προσηγγισαν m | ιωσηφ και ραχηλ Gacmorsxc₂𝔄: ιωσηφ ln | om ραχηλ—προσεκυνησαν 2°] προσεκυνησεν ο𝔄(+ei 𝔈ᵖ): adorauerunt eum 𝔏: +ei 𝔄

8 ειπεν 1°] +ei 𝔅𝔈: +ησαυ fiᵃr: +ei Εσαυ 𝔆-cod | om ταυτα 𝔅𝔆 | σοι] post εστιν m: om w𝔄𝔆 | εστιν] εσται g* | om αι παρεμβολαι] omnia in comitatu 𝔏: om ⟨31.83⟩ 𝔈ᵖ | ⟨αι παρεμβ.] post αυται 31.83⟩ | αυται] ταυτα m: om Dᵘⁱᵈ (contra Dˢⁱⁱ)Ebkᵃquc₂𝔄𝔅𝔈ᵖ𝔏 | om αις απηντηκα 𝔈ᵖ | αις] ar bfkpw : om a | απηντηκα] απηντησα DGackmotxc₂: υπηντησα 𝔏 | ο δε ειπεν] et dixit Iacob 𝔏: et dixit Iacob Esau Quod feci tibi domine 𝔈 | ινα—σου 1°] pr quae misi tibi 𝔈: ut inueniam | ο παις σου] post χαριν Gacdkm–pxc₂: om o l | om χαριν l | εν οφθαλμοις σου A] ενωπιον σου D(+D)egj: εναντιον σου EGM rell Chr: ante te 𝔄𝔅𝔆𝔈𝔏 | om κυριε 𝔈𝔏 Chr

9 εστιν] εσται f | αδελφε] domine 𝔅ᵖ | τα σα] ταυτα g*

10 ειπεν δε] +ετι α D(+D)is𝔈 | ευρηκα] +μη δη G(sub ⟨⟩) acxc₂𝔈 | ευρηκα] ευρον Ga–dkm–prsv(txt)wxc₂ | ενωτιον dmn p | τα δωρα] +ταυτα efgj𝔅𝔆: haec munera Or-lat | dia] εν Chr: ⟨om 30.71⟩ | ⟨μου χειρων] χειρων μου (20) Chr | ενεκεν τουτου] quia sic 𝔏 | ενεκεr] ενεκα f(uid) | τουτου] τουτωr l: του g: ου τοῦ Or-lat : +ου nc₂* : (+ η 107) | ιδον] pr bis scr g | το προσωπον] post σου 2° Chr½ : +ras (6 uel 7) x | αr] δαr uaᵃ¹: ει dnpv Chr½ | ιδοι] ιδη lop Chr½ : ειδη d : ιδι t | ευδοκησεις 𝔄 | glorietur 𝔏 | ευδοκησεις] pr ει m𝔈: ει ευδοκηση t k: ευδοκηση iln: ευδοκησεις f: ευλογησεις bquwc₂

11 λαβε] pr και m : pr et 𝔄: ελαβε τουτων f: +και w | μου] σου gᵇl: has 𝔅: om Eafg* Chr : +ταυτας c | ηνεγκα] ενηνοχα dlnptv(txt) Chr | με] μοι b | εστιν] εσται c | μοι] +δι αυτου Chr-ed | ταυτα] πολλα ns: +ταυτα l | παρεβιασατο (32)

ανδρες θ' αναβλεψας δε ιακωβ τοις οφθαλμοις αυτου ειδεν και ιδου ησαν ερχομενος και μετ αυτου υ' ανδρες v | αναβλ.—ερχομενος j
σ' επαρας δε ιακωβ τους οφθαλμους αυτου ειδε φανεντα ησαν ερχομενοι j | αναβλ.—και 1°] α' και ηρεν ιακωβ οφθαλμους αυτου
και ειδεν και v | αναβλ.—ιακωβ (1°)] α' ηρεν ιακωβ οφθαλμους αυτου j
4 το και κατεφιλησεν αυτον οπερ εστιν εβραιστι ονεσσακη εν παντι εβραικω βιβλιω περιεστικται v
5 οις ηλεησεν] α' α εχαρισατο σ' α εδωρησατο Mj(uid)v
10 και ευδοκησεις με] α' ο' θ' και ευδοκησεις με v

Ἀ΄σατο αὐτόν, καὶ ἔλαβεν. ¹²καὶ εἶπεν Ἀπάραντες πορευθῶμεν ἐπ᾽ εὐθεῖαν. ¹³εἶπεν δὲ αὐτῷ Ὁ ¹³
κύριός μου γινώσκει ὅτι τὰ παιδία ἁπαλώτερα, καὶ τὰ πρόβατα καὶ αἱ βόες λοχεύονται ἐπ᾽ ἐμέ·
ἐὰν οὖν καταδιώξω αὐτοὺς ἡμέραν μίαν, ἀποθανοῦνται πάντα τὰ κτήνη. ¹⁴προελθάτω ὁ κύριός 14
μου ἔμπροσθεν τοῦ παιδός· ἐγὼ δὲ ἐνισχύσω ἐν τῇ ὁδῷ κατὰ σχολὴν τῆς πορεύσεως τῆς ἐναντίον
μου καὶ κατὰ πόδα τῶν παιδαρίων, ἕως τοῦ με ἐλθεῖν πρὸς τὸν κύριόν μου εἰς Σηείρ. ¹⁵εἶπεν δὲ 15
¶ Ἡσαύ Καταλείψω μετὰ σοῦ ἀπὸ τοῦ λαοῦ τοῦ μετ᾽ ἐμοῦ. ὁ δὲ εἶπεν Ἵνα τί τοῦτο; ἱκανὸν ὅτι
εὗρον χάριν ἐναντίον σου, κύριε. ¹⁶ἀπέστρεψεν δὲ Ἡσαὺ ἐν τῇ ἡμέρᾳ ἐκείνῃ εἰς τὴν ὁδὸν αὐτοῦ 16
εἰς Σηείρ. ¹⁷καὶ Ἰακὼβ ἀπαίρει εἰς Σκηνάς· καὶ ἐποίησεν αὑτῷ ἐκεῖ οἰκίας, καὶ τοῖς κτήνεσιν 17
αὐτοῦ ἐποίησεν σκηνάς· διὰ τοῦτο ἐκάλεσεν τὸ ὄνομα τοῦ τόπου ἐκείνου Σκηναί. ¹⁸Καὶ 18
ἦλθεν Ἰακὼβ εἰς Σαλὴμ πόλιν Σικίμων, ἥ ἐστιν ἐν γῇ Χανάαν, ὅτε ἦλθεν ἐκ τῆς Μεσοποταμίας
Συρίας· καὶ παρενέβαλεν κατὰ πρόσωπον τῆς πόλεως. ¹⁹καὶ ἐκτήσατο τὴν μερίδα τοῦ ἀγροῦ, 19
οὗ ἔστησεν ἐκεῖ τὴν σκηνὴν αὐτοῦ, παρὰ Ἐμμὼρ πατρὸς Συχὲμ ἑκατὸν ἀμνῶν· ²⁰καὶ ἔστησεν 20
ἐκεῖ θυσιαστήριον καὶ ἐπεκαλέσατο τὸν θεὸν Ἰσραήλ.

¹Ἐξῆλθεν δὲ Δείνα ἡ θυγάτηρ Λείας, ἣν ἔτεκεν τῷ Ἰακώβ, καταμαθεῖν τὰς θυγατέρας τῶν 1   XXXIV
¶ Μ ἐγχωρίων. ²καὶ ἴδεν αὐτὴν Συχὲμ ὁ υἱὸς Ἐμμὼρ ὁ Χορραῖος, ὁ ἄρχων τῆς γῆς· καὶ λαβὼν 2

---

DEG(M)a–xc₂𝕬𝕭𝕮𝕰(𝕷')

12 ειπεν] +ησαν fiᵇor 𝕮-cod𝕰𝕷: ⟨+αυτοις 71⟩ | απα-
ραντες m | πορευθωμεν ADbⁱrw] πορευσωμεθα Mfgjkmnpqsuc₂
Chr: πορευσομεθα EGadehiotvx: +και πορευσωμεθα c: +και
πορευσωμαι G(sub ✱)ax: +και πορευσωμενοι m: +et abeamus 𝕬 |
επ | εις D(contra Dᵈⁱⁱ)bsw | ευθειαν] ευθειας dfⁱⁿprc₂ᵢ ευθειαν m

13 αυτω] Iacob 𝕭ʷ: om 𝕭ᵛ: +ιακωβ foᵏ𝕭ᵃᵇ[ο κυριος μου]
post γινωσκει 𝕷 | γινωσκει (16.77.128) 𝕰 Chr𝕭 | τα παιδια]
post απαλωτερα bw𝕰: +μου fiᵃ¹krᶜ𝕰 | αι] bfmprvw Chr𝕭 |
λοχευονται] χωλευονται dfqu(χολ- df): κυουσιν n: factum dede-
runt 𝕷 | επ | εμε] εμοι n: παρ εμοι egj: om 𝕬 Chr𝕷 | εαν
ουν] αν ουν m: και εαν 𝕬𝕷 Chr𝕷: (om ουν 30) | καταδιωξω]
praecessero 𝕷 | αυτους] αντας egj: αυτα Madhᵇkm–qtuvxc₂
Chr𝕷 ed𝕷 | ημεραν μιαν] pr εις dnpτ: εν ημερα μια Chr𝕷:
⟨σημερον 30⟩: +δυο Mdfikprᶜ𝕰[ | αποθανουνται]+[επ] τη
οδω D | παντα τα κτηνη] om n: παντα 𝕰 Chr𝕷: om παντα 𝕭

14 προελθατω A*ᵗE] pr sed 𝕭: προσελθατω A*(-θατω)Gm
qsuwx: παρελθατω hᵃ: παρελθετω hᵇ¹: προελθετω DᵈⁱᵗM rell |
μου 1º] του παιδος m: om Gaxᵃ¹c₂ | του παιδος AGMhᵃqtu]
μου f: om m: +σου DEegijlrs𝕭ʷ: +αυτου hᵇ rell 𝕬𝕭𝕮𝕰(𝕷𝕭ᵛ)
Chr | ενισχυσω—παιδαριων] secundum uini et secundum otium
itineris ante me et secundum conualescentiam liberorum meorum
progrediar 𝕷 | ⟨ενισχυσω⟩ εαν ισχυση 78⟩ | κατα 1º—μου 2º]
leuiter iter faciens in conspectu meo 𝕷 | πορευσεως] εκπορευ-
σεως d: +κατε n*: +μου fiᵃr | om της 2º c | μου 2º] σου lm |
και——παιδαριων] et pede in pede cum pueris eo 𝕷: om dp | πο-δα
fkms Chr | παιδαριων] +μου fiⁿ𝕰[ᵇ·ᵛ·ᵒᵘ bw | του 1º] οτου
b: om p | με ελθειν] ελθειν με DᵈⁱEfiᵛqru–x Chr: om με adnp:
ελθω b | προς] εις mc₂ | om του n | κυριον] σκυρω degjn: σιπρ l:
σηιρ t: σηηρ o*: ιειρ f

15 δε 1º] αυτω n: +αυτω dp𝕮[ | καταλειψω] +δη k𝕬(uid):
+ετρο 𝕷 | μετα σου] tibi uiros 𝕷: om 𝕰 | απο του λαου] α
populo meo 𝕭ʷ | ⟨του λαου του⟩ των ανδρων των 71⟩ | του μετ

εμου] μου w | ⟨εμου⟩ εμε 14.16⟩ | ικανον] αρκετον c₂: +μοι 𝕭ʷ
𝕮: +nobis 𝕭ᵛ | ευρον] ευρηκα Efiᵃrs: ⟨ευρω 84⟩

16 ⟨υπεστρεψεν 32⟩ | ησαυ] post εκεινη Gacmoxc₂𝕬 | om εν
c₂ | om εκεινη 𝕭ᵛ𝕭 | om την c | σφειρ] σιειρ d–gjn: σηιρ t: σηρ t

17 και ιακωβ] ιακωβ δε r𝕰𝕮(uid): σκηνη 1º] σοκωτ pᵇ¹ |
αυτω εκει] εκει εαυτω mr | αυτω] εαυτω DᵈⁱEGMabdfikn–qstux
Chr Cyr: om εκει | εκει] post οικιας n: om Degjo𝕭𝕮-ed Chr
Cyr-ed] ⟨om οικιας—σκηνας 2º 30⟩ | οικιας] σκηνας v Chr |
αυτου] εαυτου Cyr | om εποιησεν σκηνας ο𝕰 Chr | εποιησεν 2º]
εποιησαν iᵃ: om 𝕭 | σκηνας 2º] οικιας v(mg): stationes 𝕬 |
εκαλεσεν] ωνομασεν c₂𝕭 | το—εκεινου] του τοπου 𝕰 Chr | εκεινου]
sub + G | εκαλεσεν] σκηναι σκηνας m𝕭

18 και ηλθεν] ηλθεν δε fiᵃr𝕮[ | ηλθεν 1º] εισηλθεν c | εις
σαλημ πολιν] in alteram ciuitatem Anonᵗ | σαλημ σαλειμ
dmn: ⟨σαλειμ 107⟩ | πολιν] pr την E: pr εις dp𝕰 | σικιμων]
σικιμω c₂(uid): σικημων dfn Chr-ed: συκιμων q Chr-codd
Cyr-ed] εικημων m | om εν n | γη] γη ᵗ εν εκεινη 𝕭 | αυτου] +γη iᵃ |
ηλθεν 2º] εισηλθεν Cyr-ed | om της 1º dhlnpτ | συριας] pr
της dhlnpτ: ⟨om 71⟩ | παρενεβαλεν] παρενεβαλλεν f(παρεβαλλεν
fᵛ): παρενεβαλον v: παρεβαλεν lnᵃ¹: παρελαβεν nᵃ¹r: induxit
Anonᵗ: peruenit 𝕬

19 εστησεν] εκτησεν c: εστιν n | om την 2º a | αυτου]
εαυτου Gakx: om cegj | εμμωρ] εμμορ im: εμωρ gn𝕮 Chr:
εμμωρος c₂ | πατρος] pr του hmtc₂ Chr: pr υιων k: filii 𝕮-cod
⟨om εκατον αμνων 25⟩ | αμνων] αμνωβ Gkx

20 εστησεν] ωκοδομησεν fiᵃrs𝕰𝕮[ | θυσιαστηριον] +Deo
Anonᵗ | επεκαλεσατο] ανεκαλεσατο m: +εκει (76.84)𝕰 | θεον]
sub + G ⟨uid)𝕰 | θεον] pr εν 𝕭 h | ισραηλ] pr του τ Chr𝕷

XXXIV 1 εξηλθεν—ιακωβ] bis scr c₂ | om δεινα b | om
τω gj | καταμαθειν] ιδειν (10) 𝕭𝕮𝕰 Chr

2 om εν 1º b Cyr-cod | εμμωρ] εμμορ m: εμωρ n𝕮 Chr:
εμμων bᵃ¹(εμων bᵛ) | χορραιος] χοορραιος M: χωρραιος h:

---

3 αὐτὴν ἐκοιμήθη μετ' αὐτῆς,⁷ καὶ ἐταπείνωσεν αὐτήν. ³καὶ προσέσχεν τῇ ψυχῇ Δείνας τῆς Α
θυγατρὸς Ἰακώβ, καὶ ἠγάπησεν τὴν παρθένον, καὶ ἐλάλησεν κατὰ τὴν διάνοιαν τῆς παρθένου ⁷ k
4 αὐτῇ. ⁴εἶπεν δὲ Συχὲμ πρὸς Ἐμμὼρ τὸν πατέρα αὐτοῦ λέγων Λάβε μοι τὴν παιδίσκην ταύτην
5 εἰς γυναῖκα. ⁵Ἰακὼβ δὲ ἤκουσεν ὅτι ἐμίανεν ὁ υἱὸς Ἐμμὼρ Δείναν τὴν θυγατέρα αὐτοῦ· οἱ δὲ
6 υἱοὶ αὐτοῦ ἦσαν μετὰ τῶν κτηνῶν αὐτοῦ ἐν τῷ πεδίῳ· παρεσιώπησεν δὲ Ἰακὼβ ἕως τοῦ ἐλθεῖν
7 αὐτούς. ⁶ἐξῆλθεν δὲ Ἐμμὼρ ὁ πατὴρ Συχὲμ πρὸς Ἰακὼβ λαλῆσαι αὐτῷ. ⁷οἱ δὲ υἱοὶ Ἰακὼβ
ἦλθον ἐκ τοῦ πεδίου· ὡς δὲ ἤκουσαν, κατενύχθησαν οἱ ἄνδρες, καὶ λυπηρὸν ἦν αὐτοῖς σφόδρα, ὅτι
ἄσχημον ἐποίησεν Συχὲμ ἐν Ἰσραήλ, κοιμηθεὶς μετὰ τῆς θυγατρὸς Ἰακώβ· καὶ οὐχ οὕτως ἔσται.
8 ⁸καὶ ἐλάλησεν αὐτοῖς Ἐμμὼρ λέγων Συχὲμ ὁ υἱός μου προείλατο τῇ ψυχῇ τὴν θυγατέρα ὑμῶν·
9 δότε οὖν αὐτὴν αὐτῷ γυναῖκα. ⁹ἐπιγαμβρεύσατε ἡμῖν· τὰς θυγατέρας ὑμῶν δότε ἡμῖν, καὶ τὰς
10 θυγατέρας ἡμῶν λάβετε τοῖς υἱοῖς ὑμῶν. ¹⁰καὶ ἐν ἡμῖν κατοικεῖτε, καὶ ἰδοὺ ἡ γῆ πλατεῖα
11 ἐναντίον ὑμῶν· κατοικεῖτε καὶ ἐμπορεύεσθε ἐπ' αὐτῆς καὶ ἐνκτᾶσθε ἐν αὐτῇ. ¹¹εἶπεν δὲ Συχὲμ
πρὸς τὸν πατέρα αὐτῆς καὶ πρὸς τοὺς ἀδελφοὺς αὐτῆς Εὕροιμι χάριν ἐναντίον ὑμῶν, καὶ ὃ ἐὰν
12 εἴπητε ἡμῖν δώσομεν. ¹²πληθύνατε τὴν φερνὴν σφόδρα, καὶ δώσω καθότι ἂν εἴπητέ μοι, καὶ
13 δώσετέ μοι τὴν παῖδα ταύτην εἰς γυναῖκα. ¹³ἀπεκρίθησαν δὲ οἱ υἱοὶ Ἰακὼβ τῷ Συχὲμ καὶ

---

5 παιδιω ΑΕ*(πεδ. Εᵇ)　　　7 παιδιου ΑΕ*(πεδ. Εᵃ)
10 πλατια Ε | εμπορευεσθαι Α | εκτασθε] εκτασθαι Α*(ν suprascr Aˀ); εγκτασθε Dˢⁱˡ(Dᵘⁱˡ)
12 ειπητε Α | δωσεται Α

---

DEGa-j(k)l-xc₂ｄｌＢＣ𝕰

χοραιος c₂ (χραιος c₂*ᵘⁱᵈ): χωραιος c₂(mg): χορρει m: χετταιος
dlnp: εναιος 𝕰ᶜ Cyr-ed [αρχων] αρ... Μ | λαβων αυτην 𝕰| ελαβεν
αυτην και η | αυτην] +και ετεκεν qu (εταπεινωσεν] εμιανεν 32)
3 [προσεσχεν] +συχεμ 128) | ψυχη] +αυτον ac𝔅(uid) |
om την θυγατρος ιακωβ p | ελαλησεν] +κατα—παρ-
θενου] post αυτη Chr [κατα] post διανοιαν 107) | om την 2°
c₂ | την παρθενου] eius 𝕰 | αυτη] αυτην Ε: αυτηι admp: om
foc₂ＡＢ𝕰
4 [προς εμμωρ τω⟩] ο υ̅ι̅ εμμωρ τον προς 31) | εμμωρ] εμμορ
m: εμορ g: Emōr 𝕰: αμμωρ Gf | om λεγων b𝕰 | om μοι l |
παιδισκην] παιδα Gabcmowxc₂
5 ιακωβ] ο και l | ιακωβ—αυτου] εκ του συχεμ εμμωρ]
pr συχεμ beghjltv(mg)w𝕭𝕮: sub ÷ G: post δειναν ac: post
αυτου 1° 𝕰| εμμωρ] εμμορ m: εμωρ xᵃ: Emor 𝕮| δειναν flqvᵃ|
υιοι] pr ει a| αυτου—αυτου 3°] om gj: om μετα—αυτου ε|
αυτου 3°] αυτων p𝕰ᵖ: om bmw𝕬𝕮𝕰| εν τω πεδιω] εις το
πεδιον egj | om δε 3° m | αυτους] +ex agro 𝕭ᵃ· +in agrum
𝕭𝕭ᵖ(uid)
6 εξηλθεν] εισηλθεν dnp(pr και): uenit 𝕰 | om δε dp𝕮-cod |
εμμωρ] εμμορ m: Emōr 𝕮: ερμων Ε | εμμωρ] +προς τω
λαλησαι τω ιακωβ 30) | om προς ιακωβ D | (αυτω] αυτων 130)
7 om οι 1°—ηλθον w | υιοι] pr οι f | ιακωβ 1°] om 𝕰 | (om
δε 2° 31) | κατενυχθησαν] post ανδρες 𝕰 | om οι ανδρες 𝕰 |
νυχησαν eghjqu Chrᵖ| om οι ανδρες 𝕰 | om σφοδρα dnp |
εποιησεν l Afir𝕭𝕮𝕰| post ισραηλ bdhnpstwxc₂ Chrᵖ|
om DEG rell 𝕬 | om εν mn | (ισραηλ] ιακωβ 71) | (κοιμη-
θησαι 16) | (ιακωβ 2°] σ̅η̅λ̅ 71) | και 2°] om acov: +ειπεν d(και
ειπων bis scr d*)np
8 εμμωρ αυτοις Gacefgijlm(εμμορ)oqs–vx | εμμωρ] εμωρ 𝕮
Chr: εμμωρ Ε: om 𝕰ᵖ: +pater Sichem 𝕭 | συχεμ] Emōr
𝕮-cod | om m | προειλατο] προειλετο d–gh²jnpqtuc₂: προσ-
ειλατο ms Chr-codd: προσειλετο c | τη ψυχη] την ψυχην bhᵇ:
+αυτου aceghᵇjnv(mg sub ÷)c₂𝕭𝕮| (τη θυγατρος 107) | om
ουν bw𝕮𝕰| γυναικα] pr ευ l
9 εμμωρ αυτοις Gac...
10 ημιν] υμιν 𝕰ˣ | κατοικειτε 1°] κατοικησατε f | om και 2°—
κατοικειτε 2° f f | om και 2° 𝕭ᵖ𝕮 | ιδου η γη] και η γη ιδου D(+Dˢⁱˡ)
EGabhilm(om j)oqs–c₂𝕬| η δε γη ιδου r | om εναντιον υμων
w | (εναντια 18) | om κατοικειτε 2°—(11) υμων g | κατοικειτε
2°] pr εν ημιν w: pr et 𝕬𝕰: και οικειτε Gacx | om και εμπο-
ρευεσθε 𝕰ᵖ | εν αυτη] επ αυτην h: επ αυτη n: (απ αυτης 25):
εν αυτη Ga-dimo(om c₂𝕰°)prtwxc₂𝕬: κτησασθε f | +παντες
f | om και 4°—αυτη fmnwc₂𝕬 | εκτασθε] εκτασθε Α*(-σθαι)Ε:
εγκτασασθε Gacⁱ²(uid)ov(txt)x: εκτησασθε d: κτησασθε pr Chr-ed:
εκτασθε: (εγκαταθθε 71: εγκαταθεσθε 71) | εν αυτη] επ αυτη
αυτην Ε: +et quidquid dicetis dabimus 𝕮
11 om ειπεν—αυτης 2° p | ειπεν δε] και ειπεν f | αυτης 1°]
αυτου fi* | om προς 2° dnc₂𝕭𝕮 | αυτης 2°] αυτου λεγων f:
+λεγων biᵃ¹r | om ευροιμι—δωσομεν 𝕰ᶜᵖ | ευροιμι] pr ει iᵃ¹r:
ει ευρον dfnp(pr και)𝕭 | υμων] ημων m | om ευροιμι—δωσομεν
m | αν d*mtux | εισοιτε u | ημιν Α] om DˢⁱⁱEG omn 𝕬𝕭𝕮𝕰
Chr | δωσομεν] δωσωμεν bchilmpvw: dabo 𝕭ⁱ
12 πληθυνατε—μοι 1°] libere uertit 𝕰: pr και iᵃ¹r | την
φερνην] post σφοδρα Gacmoxc₂𝕬 | om σφοδρα Chr | και δωσω]
pr και δομα G(sub ÷)acm(δομεν)xᵃ: και δομα δωσω oc₂: om f |
δωσω] ποιησω Ε: dabimus 𝕭ⁱ | καθοτι] καθο Ebcvwc₂: ητι
m | εαν Efhiaᵃ²r | δωσω] δωσομεν f: fp𝕭 | ο αν 16): (om f
16): om ΕＡＢ | δωσετε] δωσητε f: δοτε pw | om μοι 2° g | την
παιδα ταυτην] αυτην w | παιδισκην nrv(mg) | om εις γυναικα p
13 απεκριθησαν—μοι 1°] και απεκριθησαν dnp: και απεκρ. αυτοις
107): om δε Ε*(hab Eᵃᵗᵐᵍ)𝕭ᵖ𝕮 | om οι Ebceglc₂ | ιακωβ]

---

3 κατα την διανοιαν] α' επι καρδιαν σ' καταθυμια ν
7 κατενυχθησαν] α' διεκοπηθησαν ν | λυπηρον] α' σ' οργιλον ν | και 2°—εσται] σ' ο ουκ εδει γενεσθαι ν
12 την φερνην] σ' το εδνον ν

Α Ἐμμὼρ τῷ πατρὶ αὐτοῦ μετὰ δόλου, καὶ ἐλάλησαν αὐτοῖς, ὅτι ἐμίαναν Δείναν τὴν ἀδελφὴν
¶ x αὐτῶν. ¹⁴καὶ εἶπαν αὐτοῖς Συμεὼν καὶ Λευὶ οἱ ἀδελφοὶ Δείνας⁶ υἱοὶ δὲ Λείας Οὐ δυνησόμεθα 14
ποιῆσαι τοῦτο, δοῦναι τὴν ἀδελφὴν ἡμῶν ἀνθρώπῳ ὃς ἔχει ἀκροβυστίαν· ἔστιν γὰρ ὄνειδος ἡμῖν.
¹⁵ἐν τούτῳ ὁμοιωθησόμεθα ὑμῖν καὶ κατοικήσωμεν ἐν ὑμῖν, ἐὰν γένησθε ὡς ἡμεῖς καὶ ὑμεῖς ἐν τῷ 15
περιτμηθῆναι ὑμῶν πᾶν ἀρσενικόν· ¹⁶καὶ δώσομεν τὰς θυγατέρας ἡμῶν ὑμῖν, καὶ ἀπὸ τῶν θυγα- 16
τέρων ὑμῶν λημψόμεθα ¹ἡμῖν¹ γυναῖκας, καὶ οἰκήσομεν παρ' ὑμῖν, καὶ ἐσόμεθα ὡς γένος ἕν.
¹⁷ἐὰν δὲ μὴ εἰσακούσητε ἡμῶν τοῦ περιτέμνεσθαι, λαβόντες τὰς θυγατέρας ἡμῶν ἀπελευσόμεθα. 17
¹⁸καὶ ἤρεσαν οἱ λόγοι ἐναντίον Ἐμμὼρ καὶ ἐναντίον Συχὲμ τοῦ υἱοῦ Ἐμμώρ. ¹⁹καὶ οὐκ ἐχρό- 18
νισεν ὁ νεανίσκος τοῦ ποιῆσαι τὸ ῥῆμα τοῦτο· ἐνέκειτο γὰρ τῇ θυγατρὶ Ἰακώβ· αὐτὸς δὲ ἦν 19
ἐνδοξότατος πάντων τῶν ἐν τῷ οἴκῳ τοῦ πατρὸς αὐτοῦ. ²⁰ἦλθεν δὲ Ἐμμὼρ καὶ Συχὲμ ὁ υἱὸς 20
αὐτοῦ πρὸς τὴν πύλην τῆς πόλεως αὐτῶν, καὶ ἐλάλησαν πρὸς τοὺς ἄνδρας τῆς πόλεως αὐτῶν
λέγοντες ²¹Οἱ ἄνθρωποι οὗτοι εἰρηνικοί εἰσιν μεθ' ἡμῶν· οἰκείτωσαν ἐπὶ τῆς γῆς καὶ ἐμπορευέσ- 21
θωσαν αὐτήν, ἡ δὲ γῆ ἰδοὺ πλατεῖα ἐναντίον αὐτῶν· τὰς θυγατέρας αὐτῶν λημψόμεθα ἡμῖν
γυναῖκας, καὶ τὰς θυγατέρας ἡμῶν δώσομεν αὐτοῖς. ²²μόνον ἐν τούτῳ ὁμοιωθήσονται ἡμῖν οἱ 22
ἄνθρωποι τοῦ κατοικεῖν μεθ' ἡμῶν ὥστε εἶναι λαὸν ἕνα, ἐν τῷ περιτέμνεσθαι ἡμῶν πᾶν ἀρσενικόν,
καθὰ καὶ αὐτοὶ περιτέτμηνται. ²³καὶ τὰ κτήνη αὐτῶν καὶ τὰ ὑπάρχοντα καὶ τὰ τετράποδα 23

---

13 εμειαναν E     16 ημιν] υμιν A     21 οικητωσαν E | πλατια E | ληψομεθα E     22 περιτετεμηνηται A

---

DEGa–jl–w(x)c₂𝔄𝔅𝔏𝔗𝔈

+dicentes 𝕮 | (om τω 1°—αυτου 107) | εμμωρ] pr τω τ: τω
εμμορ m: | εμμορ p: εμωρ 𝕮 Chr: ερμ\] ω 𝕮 (om 25), | om
μετα—αυτων d | μετα δολου] post αυτοις v: om np.\] om και
ελαλησαν αυτοις 𝔈ᶜ | ελαλησεν fo Chr-codd | αυτοις] +μετα
το μαθειν np | ελαιαναν] εμιανεν l–o: εμολιναν ⟨20⟩ Chr | δειναν]
δεινα lmn: om egjx* Chr

14 και ειπαν] ειπεν δε r | ειπαν] ειπον acdfn\] ειπεν mp𝔅 |
αυτοις] αυτω l: om d𝔄 Chr | συμεων—λειας] sub + Gv | om
οι ghc₂ Chr | δειναs] δει... x: αυτη d | om υιοι δε λειας bdfgw𝔈 |
υιοι] pr οι DEGaceh–moqrsuvc₂𝔅𝕮 | ου δυνησομεθα b𝕮 |
ου δυνησομεθα] bis scr g | δυναμεθα d𝔄𝔅𝕮 | τουτο A] pr το
ρημα D(+D\ˢⁱˡ)EG omn 𝔄𝔅𝕮𝔈 Chr | τουτο] pr ποιησαι b:
31: om 76) | ημων] υμων l*: οι εχει ⟨οι ουκ εχει 71⟩: εχοντι
bw: +την a | εχει ακροβυστιαν] εστιν εν ακροβυστια p: εν
ακροβυστια εστιν fn | εστιν] εσται dnp | γαρ] +τουτο fi | ημιν]
υμιν l*: ημων hmo

15 εν τουτω] pr μονον begjv(mg)w𝔈: pr αλλ ⟨128⟩ 𝔄: εν
τω dnp | ομοιωθ.] ομοιωθησωμεθα Eh: ομοιωθηναι dnp | υμιν
1°] ημιν lᵇᵒ*: om dnp | και 1°—υμιν 2°] sub + Gv | κατοι-
κησωμεν] κατοικησομεν D\ˢⁱˡGac*lmq–v𝔅𝕮: οικησωμεν be:
οικησομεν g: οικειν dnp | εν υμιν] εν υμιν i*: μετ αυτου dnp |
om εαν—υμεις dnp𝔈 | γενησθε] γενησεσθε E: περιτεμνησθε
v(txt) | ως—υμεις) και υμεις ως ημεις fv(txt)𝔈: και υμεις sub +uid⟨𝔄⟩:
⟨υμεις ως ημεις 30⟩ | ως] καθως Gacmorv(mg)c₂: ωσπερ t: om
b | και υμεις] και ημεις lᵇ𝔅ᵇᵖ: sub +Gv(uid): om 𝕮 | περι-
τμηθηναι] περιτεμνεσθ...D(contra D\ˢⁱˡ) | περιτεμνεσθ] ημων d: υμιν
fin𝔈

16 δωσομεν bdhilnoqvw | ημων] υμων G*: υμιν 1°] pr εν
f: ημιν g: υμας e: ⟨και υμων 18⟩ | υμων] ημιν bᵇ⟨uid⟩: om d |
ληψομεθα ln | ημιν] υμιν Aaˣ | γυναικας] + αυτων fn | οικησο-
μεθα] οικησωμεν D(+D\ˢⁱˡ)EGacegi*jmqs–c₂𝔅𝕮𝔈 |
εσοικησομεν f⟨–υμιν⟩iaᵛˡᵗ | παρ] εν f𝔅 | υμιν] ημιν bi | εσο-
μεθα] εσωμεθα ln: γενωμεθα | ως] εις 1: om bw𝔈

17 om μη w* | εισακουσητε] ακουσητε mn: ⟨υπακουσητε
64(mg)⟩ | ημων 1°] υμων g: ⟨ημιν 73⟩ | του περιτεμνεσθαι] του
περιτεμεσθαι qu: του περιτεμεσθαι 𝕮: του περιτμηθηναι l:
και περιτεμεσθε b: om 𝕰 | την θυγατερα 𝕰ᶜ Chr | ημων 2°]
υμων dlᵇ | απελευσομεθα] πορευσομεθα bw

---

18 και ηρεσαν] και ηρεσεν ⟨18⟩ 𝔄-ed: ηρεσαν δε r𝕰 | εναν-
τιον 1°] ενωπιον v(txt): om 𝕮 | εμμωρ] 𝕰 εμμορ m: εμωρ p:
om και 2°—εμμωρ 2° j | om εναντιον 2° df𝕰 | συχεμ] pr του
eg | om του υιου εμμωρ d𝕰 | εμμωρ 2°] εμμορ m: Εmὸr 𝕮:
αυτου finop𝔅

19 ⟨εχρονισεν⟩ ημελλησεν 20) | om του 1° bprw | ⟨ποιησαι⟩
πληρωσαι 20) | om του 2° bprw | αυτη] αυτη δε m: και αυτη
... δε] γαρ ο: +enim 𝕮 | om ην dp | ενδοξοτατος] ενδοξοτατη
m: ενδοξος diᵃ]pr | παντων των] παρα παντας τουτ r: om ο |
αυτου] αυτων p

20 ηλθον n𝔄𝔈ᵈ⁰ | ημων] εμμωρ m: εμωρ g𝕮 | om ο υιος
αυτου 𝕰 | ο υιος αυτου] ημιν 𝔄 𝔅ᵇᵖ | αυτου 2°—αυτου 3°
gc₂ | ⟨και ελαλησαν⟩ λεγοντες 14⟩ | ελαλησαν Gf | om αυτων
2° dn𝔅ᵇᵖ | λεγοντες] λεγων r°: ⟨om 14⟩

21 ⟨om εισιν 71⟩| μεθ ημων] post οικειτωσαν m𝔅𝔈| οικει-
τωσαν] pr πμπς 𝔄: pr εἰ 𝕮: ⟨οικηγατωσαν 71⟩: om 𝔅ᵖ | επι
της γης] in urbe nostra 𝔅ᵖ | πορευνεσθωσαν j | επι αυτης
D(+D)bw𝔄𝔅: terram nostram 𝔅ᵖ | η δε γη] quod terra 𝕮:
⟨δε] post γη 78⟩ | ιδου] post πλατεια dp: om nc₂𝔄 | εναντιον]
εναντιων G⟨sub ※⟩acmo | ημιν] ημων n: om f𝔅ᵖ | ⟨om και
2°—αυτοις 107⟩ | +γυναικας dp

22 μονον εν τουτω] εν τουτω μονον 20): ⟨εν τουτω μονω 128⟩:
+assimilabimur eis et 𝕮 | ημιν] ημων l | ανθρωποι] om ουτοι
bfirsw𝔅 𝔍ᵛˡ κατοικειν⟩ οικειν Ga–dfim–prwc₂: ⟨κατοικησαι 32⟩ |
ενα] ημ𝔅 | περιτεμνεσθαι] +qu | ημων 1°—υμιν h: ημιν
dlp𝔄: ⟨ημας 30⟩ | αρσενικον] +καθα και αυτα και νικον cᶜ |
καθαπερ r | αυτοι fn | περιτετμ.] περιτεμνηται dhn: περι-
τεμνονται fmp𝔈⟨uid⟩: περιτεμνησαν v

23 κτηνη] υπαρχοντα Gacmoc₂𝔄 | αυτων 1°] +omnia 𝕮 |
om και τα υπαρχοντα 𝔄 | τα υπαρχοντα] τα τετραποδα
Ga(om τα)cmoc₂𝔄: τα τετραποδα DEeghjqsuv: τα τετραποδα
αυτων ltꝪ𝕰ᶜ | αυτων 2°—και 2°] om 𝔄 | om και 2° 𝕮 |
om 𝕮 | τα τετραποδα αυτων] pr παντα w: om τα aoc₂: om αυ-
των Gfimorc₂ | τα υπαρχοντα αυτων D(+D\ˢⁱˡ)Eeghjlqst⟨αυτους⟩
υν𝕰ᶜ | υπαρχοντα αυτων ⟨108⟩ 𝔅: | +και τα υπαρχοντα
αυτων A* | om ουχ—ημων 2° d | om ουχ f𝕮 | ημων 1°] ημιν
m | εστιν firᵍᵉ⟨uid⟩ | om μονον—ημων 2° Ꝫᵖ⁽ᵈⁱˡ⁾ | μονον εν
τουτω] +εν τουτω ⟨ μονον G | εν τουτω] post ομοιωθωμεν ac:

---

96

24 αὐτῶν οὐχ ἡμῶν ἔσται; μόνον ἐν τούτῳ ὁμοιωθῶμεν αὐτοῖς, καὶ οἰκήσουσιν μεθ᾽ ἡμῶν. ²⁴καὶ A
†εἰσήκουσαν† Ἐμμὼρ καὶ Συχὲμ τοῦ υἱοῦ αὐτοῦ πάντες οἱ ἐκπορευόμενοι τὴν πύλην τῆς πόλεως
25 αὐτῶν, καὶ περιετέμοντο τὴν σάρκα τῆς ἀκροβυστίας αὐτῶν πᾶς ἄρσην. ²⁵ἐγένετο δὲ ἐν τῇ ἡμέρᾳ
τῇ τρίτῃ ὅτε ἦσαν¶ ἐν τῷ πόνῳ, ἔλαβον οἱ δύο υἱοὶ Ἰακὼβ Συμεὼν καὶ Λευί, ἀδελφοὶ Δείνας, ¶ 𝕮ᶜ
ἕκαστος τὴν μάχαιραν αὐτοῦ, καὶ εἰσῆλθον εἰς τὴν πόλιν ἀσφαλῶς καὶ ἀπέκτειναν πᾶν ἀρσενικόν·
16 ²⁶τόν τε Ἐμμὼρ καὶ τὸν Συχὲμ τὸν υἱὸν αὐτοῦ ἀπέκτειναν ἐν στόματι μαχαίρας, καὶ ἔλαβον τὴν
27 Δεινὰ ἐκ τοῦ οἴκου τοῦ Συχέμ, καὶ ἐξῆλθον. ²⁷οἱ δὲ υἱοὶ Ἰακὼβ εἰσῆλθον ἐπὶ τοὺς τραυματίας,
28 καὶ διήρπασαν τὴν πόλιν, ἐν ᾗ ἐμίαναν Δείναν τὴν ἀδελφὴν αὐτῶν· ²⁸καὶ τὰ πρόβατα αὐτῶν
καὶ τοὺς βόας αὐτῶν καὶ τοὺς ὄνους αὐτῶν, ὅσα τε ἦν ἐν τῇ πόλει καὶ ὅσα ἦν ἐν τῷ πεδίῳ,
29 ἔλαβον. ²⁹καὶ πάντα τὰ σώματα αὐτῶν καὶ πᾶσαν τὴν ἀποσκευὴν αὐτῶν καὶ τὰς γυναῖκας
30 αὐτῶν ἠχμαλώτευσαν· καὶ διήρπασαν ὅσα τε ἦν ἐν τῇ πόλει καὶ ὅσα ἦν ἐν ταῖς οἰκίαις. ³⁰εἶπεν
δὲ Ἰακὼβ Συμεὼν καὶ Λευί Μισητόν με πεποιήκατε, ὥστε πονηρόν με εἶναι τοῖς κατοικοῦσιν τὴν
γῆν, ἔν τε τοῖς Χαναναίοις καὶ τοῖς Φερεζαίοις· ἐγὼ δὲ ὀλιγοστός εἰμι ἐν ἀριθμῷ, καὶ συναχθέντες
31 ἐπ᾽ ἐμὲ συγκόψουσίν με, καὶ ἐκτρίβομαι ἐγὼ καὶ ὁ οἶκός μου. ³¹οἱ δὲ εἶπαν Ἀλλ᾽ ὡσεὶ πόρνη
χρήσωνται τῇ ἀδελφῇ ἡμῶν;
XXXV 1        ¹¹Εἶπεν δὲ ὁ θεὸς πρὸς Ἰακώβ Ἀναστὰς ἀνάβηθι εἰς τὸν τόπον Βαιθήλ, καὶ οἴκει ἐκεῖ· καὶ ποί- ¶ L
ησον ἐκεῖ θυσιαστήριον τῷ θεῷ τῷ ὀφθέντι σοι ἐν τῷ ἀποδιδράσκειν σε ἀπὸ προσώπου Ἡσαὺ τοῦ

23 αυτων 2°] + και τα υπαρχοντα αυτων A*(om Aᵃ)        24 εισηκουσεν A        25 λευει D        26 μαχαιρης E
28 παιδιω A        29 ηχμαλωτευσαν E        30 μεισητον AD | φερεζεοις A | συνκοψουσιν DE

DEG(L)a-jl-wc₂𝕬𝕭(𝕮ᶜ)𝕾

τουτο 1: ει f: om moc₂ | ομοιωθωμεν] ομοιωθησομεθα D(+D):
(+ ημεις 16) [_ οικησουσιν μεθ ημων] οικησομεν μετ αυτων D |
οικησωσι f ᶠ[ μεθ ημων] εν ημιν acoᵃ𝕰ᶜᵈ: +et inter nos 𝕰ᵖ

24 και εισηκουσαν] εισηκουσαν δε fir𝕰 | εμμωρ] εμμορ cm:
εμμορ r | (om και 2° 31) | om του E | παντες] pr και (31) 𝕰ᵖ |
οι εκπορευομενοι] qui intrabant in 𝕰 | την πυλην] των πυλων
c₂: om d | om αυτων 1° m𝕰 | περιετεμοντο] περιετεμορτο
fgip: περιετεμον Ebw: + παντες m | την 2°—αυτων 2°] sub ÷
G | πας αρσην] πας αρσεν chᵃ*i: πασ αρσην Ggp: πας αρσεν
Edflnopst: (παν αρσενικον 71): παντα τα αρσενικα m: + παντες
εξερχομενοι πυλην πολεως αυτου G(sub ÷)acmoc₂𝕾[εξερχ.] pr
οι m | αυτων mo]

25 εγενετο δε] και εγενετο p: om δε e | om εν 1° hnᵃ¹o |
om τω E | εδωβ] λαβοντες bw Chr: om δυο Em | και] (pr
οι 31): om p* | ιακωβ] +οι δυο m | λευις E | αδελφοι] pr οι
Ga-ejmpstwc₂𝕭 | εκαστος] pr et ceperunt 𝕰ᶠᵖ | αυτων b | om
και 2° b Chr | εις την πολιν] post ασφαλως m | om παν 𝕰ᶠᵖ |
αρσενικον] + αυτων m𝕭ᵖ

26 τον τε] τοτε qu | εμμωρ] εμμορ m: εμμορ E | ερμων E |
τον 2° Af] om DᵛⁱⁱEG rell | τον υιον αυτου E | εν στοματι
μαχαιρας] (μαχαιρα 107): om 𝕰: om εν ιδ | (στοματι) pr τω
31) | μαχαιρας] ρομφαιας fir | δεινα] δειναν Dᵛⁱⁱ(Dᵘⁱᵈ)EGabce
g–loq–c₂: + sororem suam 𝕭𝕰 | εκ] pr et eduxerunt eam 𝕭 |
οικου] φυτου l | om του 1° Dcdeghj–p | om και εξηλθον 𝕰 |
αηηλθον egj

27 δε] om l: +λοιποι f | εισηλθον] pr και l | τουs] τας e |
διηρπασαι] (pr διηλθον και 16): αφηρπασαν qu: (υφηρπασαν
118): ηρπασαν cc₂ | εμιαναν] εμιανεν dp | δειναν] sub + G:
post αυτων dp: om fmnnosc₂

28 και 1°—αυτων 2°] boues et oues 𝕬(pr et codd): om m |
om αυτων 1° p | om και 2°—αυτων 2° w | om και 2° d | om
αυτων και 2° d | om και 3°—αυτων 3° 𝕭ᵖ | om αυτων 3° d |

29 om παντα 𝕰 | αυτων 1°] om df | +και πασαν την ιππον
αυτων D(+D) | και 2°—αυτων 2°] post αυτων 3° 𝕰: om i* |
om πασαν dc₂ | αυτων 2°] +ελαβον b | αυτων και i*w:
+omnes 𝕭ᵖ | ηχμαλ.] pr et 𝕭ᵖ: ηχμαλωτισαν i* | αφηρπασαν
qu | οσα τε] οσανερ p: om τε m | om οσα 1° | οσα ην] οσα τε
ην Ec: om d: om την 𝕰: (÷ εν τω πεδιω ελαβον και οσα ην i6)

30 συμεων] pr προς qu Cyr-ed | με i°] μοι s | τοις κατοι-
κουσιν] pr πασι G*(sub ÷)abdfim-pstvwc₂𝕬𝕭𝕰 Chr ½:
pr εν Chr½: om c | την γην] pr πασαν G*(sub ÷)aegjv(mg)𝕰:
πασι την γη c: +παρα εγω c₂ | om τε Ec | τοις 3°] pr εν bfinrtw
Chr Cyr-ed½: om dl | ειμι ολιγοστος Chr½ | ειμι] ειμην E | om
εν 2° i* | αριθμω] +βραχει v(mg) | εμε] εμοι m: +και d |
εκτριβομαι A] εκτριβησομαι DᵛⁱⁱEG omn 𝕬𝕭 Chr Cyr | εγω
2°] pr και 𝕬 Chr ½: +τε Chr½ | ο οικος] pr πας m

31 om δε] και dmnpw𝕬𝕭𝕰 | ειπον bcdfnoprc₂ | ωσει] ως
dfmt ᶠ[ πορνη] πορνην p: οι πορνοι m: αι πορναι d(uid) | χρη-
σωνται AD] εχρησαντο lv(txt)𝕭𝕰 Cyr-cod½: εχρησατο fiᵃ¹r:
κατακεχρηται Cyr-ed½ | ληψονται s: χρησονται EGi*v(mg) rell
Chr Cyr½ | την αδελφην dfp

XXXV 1 θεος] κυριος Cyr½ | om προς Legj] Eus | αναστας]
αναστηθι και m Hil⅓(uid) | αναβηθι] αναστηθι d: πορευθητι 𝕰
Cyr⅓ | τον τοπον] του οικον h: om G𝕭𝕰 | οικει] οικησον a |
ποιησον] ποιησεις i*: facies 𝕬 | εκει 1°—θεω 1° pr Ldnp𝕭 |
Eus | θυσιαστηριον] sacrificium Hil⅓ | τω θεω] τω κω E Chr:
κω L Cyr⅓ | οφθεντι] φανεντι w | om εν—σου c₂ | σε αποδι-
δρασκειν DELhilrst Chr Cyr½ | om σε bquw Cyr-cod⅓ | om
προσωπου L | ησαυ] post σου fi𝕰: om E Hil⅓ | om του αδελ-
φου σου Hil⅓

24 και 3°—αρσην] α΄ και περιετμηθησαν πας αρσην παντες εξερχομενοι πυλην πολεως αυτου σ΄ και περιετεμον παν αρσενικον
παντες οι προερχομενοι τη πολεως αυτου ο΄ και περιετεμοντο πας αρσην την σαρκα της ακροβυστιας αυτων ✠ παντες εξερχομενοι
πυλην πολεως αυτου θ΄ και περιετεμο πας αρσην παντες εξερχομενοι πυλην πολεως αυτου v

25 ασφαλως] πεποιθοτως j

A ἀδελφοῦ σου. ²εἶπεν δὲ Ἰακὼβ τῷ οἴκῳ αὐτοῦ καὶ πᾶσιν τοῖς μετ᾽ αὐτοῦ Ἄρατε τοὺς θεοὺς 2
τοὺς ἀλλοτρίους ἐκ μέσου ὑμῶν, καὶ καθαρίσασθε, καὶ ἀλλάξατε τὰς στολὰς ὑμῶν· ³καὶ ἀνα- 3
στάντες ἀναβῶμεν εἰς Βαιθήλ, καὶ ποιήσωμεν ἐκεῖ θυσιαστήριον τῷ θεῷ τῷ ἐπακούσαντί μοι ἐν
ἡμέρᾳ θλίψεως, ὃς ἦν μετ᾽ ἐμοῦ καὶ διέσωσέν με ἐν τῇ ὁδῷ ᾗ ἐπορευόμην. ⁴καὶ ἔδωκαν τῷ 4
§ y Ἰακὼβ τοὺς θεοὺς τοὺς §ἀλλοτρίους οἳ ἦσαν ἐν ταῖς χερσὶν αὐτῶν, καὶ τὰ ἐνώτια τὰ ἐν τοῖς ὠσὶν
§ 𝕮ᵐ αὐτῶν· καὶ §κατέκρυψεν αὐτὰ Ἰακὼβ ὑπὸ τὴν τερέβινθον τὴν ἐν Σικίμοις, καὶ ἀπώλεσεν αὐτὰ ἕως
¶ L τῆς σήμερον ἡμέρας.¶ ⁵καὶ ἐξῆρεν Ἰσραὴλ ἐκ Σικίμων· καὶ ἐγένετο φόβος θεοῦ ἐπὶ τὰς πόλεις 5
τὰς κύκλῳ αὐτῶν, καὶ οὐ κατεδίωξαν ὀπίσω τῶν υἱῶν Ἰσραήλ. ⁶ἦλθεν δὲ Ἰακὼβ εἰς Λοῦζα ἥ 6
ἐστιν ἐν γῇ Χανάαν, ἥ ἐστιν Βαιθήλ, αὐτὸς καὶ πᾶς ὁ λαὸς ὃς ἦν μετ᾽ αὐτοῦ. ⁷καὶ ᾠκοδόμησεν 7
ἐκεῖ θυσιαστήριον, καὶ ἐκάλεσεν τὸ ὄνομα τοῦ τόπου Βαιθήλ· ἐκεῖ γὰρ ἐπεφάνη αὐτῷ ὁ θεὸς ἐν τῷ
§ L ἀποδιδράσκειν αὐτὸν ἀπὸ προσώπου Ἡσαῦ τοῦ ἀδελφοῦ αὐτοῦ. ⁸ἀπέθανεν δὲ Δεββωρα ἡ 8
τροφὸς Ῥεβέκκας κατώτερον Βαιθὴλ ὑπὸ τὴν βάλανον· καὶ ἐκάλεσεν Ἰακὼβ τὸ ὄνομα αὐτῆς
¶ L Βάλανος πένθους.¶ ⁹Ὤφθη δὲ ὁ θεὸς Ἰακὼβ ἔτι ἐν Λούζᾳ, ὅτε παρεγένετο ἐκ Μεσοποτα- 9
μίας τῆς Συρίας, καὶ ηὐλόγησεν αὐτὸν ὁ θεός. ¹⁰καὶ εἶπεν αὐτῷ ὁ θεὸς Τὸ ὄνομά σου οὐ κληθή- 10
§ x σεται ἔτι Ἰακώβ, ἀλλ᾽ Ἰσραὴλ ἔσται τὸ ὄνομά σου. ¹¹εἶπεν δὲ αὐτῷ §ὁ θεὸς Ἐγὼ ὁ θεός σου, 11

---

XXXV 2 τασι Ε | καθαρισασθαι A      6 βεθηλ D      9 ευλογησεν Dᵘˡˡ(Dᵘⁱᵈ)
        10 ετι ιακωβ αλλ] sup ras Aᵃ

DEG(L)a–jl–w(xy)c₂𝕬𝕭(𝕮ᵐ)𝕰

2 τω οικω] τοις υιοις w | om και 1º 𝕰ᵖ | μετ αυτου] μεθ (?)
εαυτου D | αλλοτριους] + τους μεθ υμων D(+ Dˢⁱˡ)Ld–jnprt(ημων
dp)𝕬𝕭 Phil Cyr–ed⅓ | εκ μεσου] ανα μεσον f | υμων 1º] ημων
bdpr* : + τους μεθ υμων a | om και 2º—υμων 2º g Eus᷍ Cyr–
cod⅓ | καθαρισασθε] καθαρισθητε E : καθαρισθητε Lbquwc₂
Chr⅓ Cyr–ed⅓ : exuile uestes uestras 𝕰ᵖ (+et surgite ascen-
damus 𝕰ᵖ) | και αλλαξατε] και αλλαξασθε (20) Chr Cyr–cod⅓ :
et lauate 𝕰ᶜ: om oᵃ(uid) | υμων 2º] ημων blᵃ:

3 om ανασταντες o | αναβωμεν] απαρωμεν egj | ποιησωμεν
c₂ Eus⅓ | θυσιαστηριον] βωμον iᵃ | τω θεω] τω κω d Eus᷍ Chr:
κω E : +τω οφθεντι μοι εν τω αποδιδρασκειν με p | υπακουσαντι
D(+D)ac | και μοι] με cdhp: μου DⁿⁱˡGLesfgjntw Eus⅓ Chr Cyr⅓ |
και 3º—με] sub ÷ G | διεσωσεν] διεσωζεν Gamos : εσωσεν
Ednprv Eus᷍: εσωζεν c₂ | om τη m | οδω] +παση fiᵃr | η
 επορευομην] et transduxit me 𝕰ᵖ (pr et seruauit me 𝕰ᵖ): +και
η] ου t(txt) | επορευομην ADiᵃ𝕭 Cyr–cod⅓ : επορευθην EGiᵃ
rell 𝕬 Eus Chr Cyr⅓ ed⅓

4 om και 1º—αλλοτριους 𝕰ᵖ | τω] τον s: om afm Phil
Cyr–cod⅓ | τους θεους] omnes deos 𝕰ᶜ: om g | om τους 2º j
Cyr–ed⅓ | οι—αυτων 1º] et omne quod fuit apud uos 𝕰 (apud
eos 𝕰ᶜ) | om και 2º—αυτων 2º aegj | om τα 1º 31) | τα 2º—
αυτων 2º] quae in auribus uestris 𝕰ᵖ: om και 2º—αυτων 2º 𝕰 (apud
Efiᵃ* | κατεκρυψεν] κατεκρυψα D: εκρυψεν Lᵃ Eus On Chr:
εκρυψαν Lᵃ | om αυτα 1º G𝕰 | τερεμινθον GLir | om την
2º 𝕰 | σικιμοις] σηκιμοις Equ Chr: συκαμοις dfn (συκαμοις
71) | και—ημερας] sub ÷ Gv : +𝕬 𝕰 | απωλεσαν bw Cyr–
ed⅓ | εως—ημερας] εκει L | σημερον ημερας] ημερας ταυτης
Cyr–cod⅓ | ημερας c

5 εξηρεν] εξαρας iᵃ𝕮: εξηλθεν m | ισραηλ εκ σικιμων] sub
÷ G | σικιμων 1º] ιακωβ 𝕭ᵖ(uid)𝕰 | σικιμων 2º—σικιμων qu
Chr : σικημων bdfinp: σικιμοις t : +και επορευθη f: +επορευθη
iᵃr𝕮 | θεου] κυ dmnp Cyr | τας πολεις] pr πασας Chr⅓ | τας
κυκλω αυτων] αυτων τας κυκλω dnp: om 𝕰ᵖ | περικυκλω l
Chr⅓ | αυτων] αυτου ev𝕬: (om 107) | κατεδιωξεν c₂ᵃ

6 ηλθεν] απηλθε (20) Chr: ειπε g | om δε f | λουζα] λουζαν
dfhiᵃˡpr Chr: (λουβα 18) | η 1º—χανααν] om 𝕰ᵖ(uid): om η

εστιν bfir | (η 1º] ο 2º) | εστιν 1º] sub ÷ G | εν γη] εις γην
Just | η—βαιθηλ] om 𝕰 | βαιθηλ] pr εν n | om αυτος Chr | om πας Eus :
οм ηρ] ο acmo𝕮: Eus᷍ Chr: αυτου w: om G: om ηρ𝕶: +εκει n

7 ωκοδομησεν D | om εκει 1º 𝕶 | εκαλεσεν αυτον iᵃ τουτου]
οικου Eus : +εκεινου Ecdeghj–npt𝕭𝕮 Just | βαιθηλ] pr ισχυρος
G(sub ⊹)acmo𝕮(mg) | επεφανη] επεφανεν D: εφανη blw Just
Eus (post αυτω) | αυτω] αυτον d | αποδιδρασκειν αυτον] αυτον
αποδιδρασκειν Eegj: om αυτον Just: +αποδι[δρασκ]ειν D(contra
Dˢⁱˡ) | ησαυ] post αυτου fi Just: sub ÷ G: (om 71)

8 om δε gnyᵃ | δεββωρα] ρεββωρα E: δεββορα c: δεβωρα
Leghc𝕬: δεβωορα jquy: δεββορα bdflmnpw Just Chr | ο
m | ρεββεκκας AELiqruw𝕭ᵖ𝕮𝕰ᵖ] +και εταφη DG(sub ⊹)
rell 𝕶 (ρεββεκ fg*)𝕬𝕭–𝕮 Just On(uid) Chr | κατωτερον] κατω-
τερω D(contra D) Just : (κατω εις 128) | τω 2º—τas 2º | και—
βαλανοs] et uocauerunt eam Nemus 𝕮: om 𝕰ᵖ | ιακωβ] post
αυτης w: om GLamoc₂𝕬𝕮 | το ονομα αυτης] εαν 𝕶 | υπο την
βαλανον] τηs βαλανου l | αυτης] (pr του τοπου 16: του τοπου
71): του τοπου εκεινου f | βαλανος πενθους] βαλανοπενθον f |
βαλανος] βαλανον dp Just | πενθοι ln

9—15 om L

9 om δε θεος 1º b | ιακωβ] pr τω dlnpstw Just Eus Cyr |
om ετι εν λουζα 𝕰 | ετι] pr και Eus: οτι fiᵃ𝕭: om 𝕮: +οτι
𝕬(uid) Chr–ed | εν λουζα] sub ÷ G | εν] εις s: ετι dp | λουζα
hᵇ | παρεγενετο] +εκεισε qu | μεσοποταμιας] post της E : (om
της 30) | αυτω m | ο θεος 2º] sub ÷ G: om ο Just

10 om ο θεος Ddfhtc₂𝕮𝕰 Just | το ονομα σου
1º] post κληθησεται r𝕰: post ετι y : +ιακωβ DEGsaceghjlnoqtu
vc₂𝕬𝕭 Just | κληθησεται] uocaberis 𝕭 | ετι] post ιακωβ 21: om
(71) 𝕭ᵐ(uid)𝕰 | om ιακωβ ho Just | αλλ] pr η DGdefjv | om
εσεται—σου 2º 𝕰 | εσται] κληθησεται c₂ | σου 2º] +και εκαλεσεν
το ονομα ιηλ G(sub ⊹)acmoc₂𝕬

11 om ειπεν—θεος 1º m | ειπεν δε] και ειπεν fir | ο θεος 1º]
pr κυριος Eus᷍: om y𝕰 | om εγω ο θεος G* | εγω] pr εγω ειμι
θεος σος Phil: +ειμι b𝕭𝕭𝕮𝕰 | ο θεος 2º] pr Dominus 𝕰ᵖ: om m
Phil–codd–omn | σου 1º] om (16) 𝕮 Eus᷍: +ικανος G(sub ⊹)

---

XXXV 2 και καθαρισασθε] α´ σ´ θ´ και καθαρισθητε θ´ και καθαρισασθε v

αὐξάνου καὶ πληθύνου· καὶ ἔθνη καὶ συναγωγαὶ ἐθνῶν ἔσονται ἐκ σοῦ, καὶ βασιλεῖς ἐκ τῆς Α
12 ὀσφύος σου ἐξελεύσονται. ¹²καὶ τὴν γῆν ἣν δέδωκα Ἀβραὰμ καὶ Ἰσαάκ, σοὶ δέδωκα αὐτήν· καὶ
13 τῷ σπέρματί σου μετὰ σὲ δώσω τὴν γῆν ταύτην. ¹³ἀνέβη δὲ ὁ θεὸς ἀπ' αὐτοῦ ἐκ τοῦ τόπου οὗ
14 ἐλάλησεν μετ' αὐτοῦ. ¹⁴καὶ ἔστησεν Ἰακὼβ στήλην ἐν τῷ τόπῳ ᾧ ἐλάλησεν μετ' αὐτοῦ, στήλην
15 λιθίνην· καὶ ἔσπεισεν ἐπ' αὐτὴν σπονδήν, καὶ ἐπέχεεν ἐπ' αὐτὴν ἔλαιον. ¹⁵καὶ ἐκάλεσεν Ἰακὼβ
τὸ ὄνομα τοῦ τόπου, ἐν ᾧ ἐλάλησεν μετ' αὐτοῦ ἐκεῖ ὁ θεός, Βαιθήλ.

16  ‡(21) ¹⁶Ἀπάρας δὲ Ἰακὼβ ἐκ Βαιθὴλ ἔπηξεν τὴν σκηνὴν αὐτοῦ ἐπέκεινα τοῦ πύργου Γάδερ. § L
     (¹⁶)ἐγένετο δὲ ἡνίκα ἤγγισεν χαβράθα εἰς γῆν ἐλθεῖν Ἐφράθα, ἔτεκεν Ῥαχὴλ καὶ ἐδυστόκησεν ἐν
17 τῷ τοκετῷ. ¹⁷ἐγένετο δὲ ἐν τῷ σκληρῶς αὐτὴν τίκτειν εἶπεν αὐτῇ ἡ μαῖα Θάρσει, καὶ γὰρ οὗτός
18 ἐστιν υἱός. ¹⁸ἐγένετο δὲ ἐν τῷ ἀφιέναι αὐτὴν¶ τὴν ψυχήν, ἀπέθνησκεν γάρ, ἐκάλεσεν τὸ ὄνομα ¶ 𝕰ᵐ
19 αὐτοῦ Υἱὸς ὀδύνης μου· ὁ δὲ πατὴρ αὐτοῦ ἐκάλεσεν αὐτὸν Βενιαμείν. ¹⁹ἀπέθανεν δὲ Ῥαχὴλ, καὶ
20 ἐτάφη ἐν τῇ ὁδῷ Ἐφράθα· αὕτη ἐστὶν Βηθλεέμ. ²⁰καὶ ἔστησεν Ἰακὼβ στήλην ἐπὶ τοῦ μνημείου
21 αὐτῆς· αὕτη ἐστὶν στήλη μνημείου Ῥαχὴλ ἕως τῆς σήμερον ἡμέρας.¶ (22) ²¹ἐγένετο δὲ ἡνίκα ¶ L
κατῴκησεν Ἰσραὴλ ἐν τῇ γῇ ἐκείνῃ, ἐπορεύθη Ῥουβὴν καὶ ἐκοιμήθη μετὰ Βάλλας τῆς παλλακῆς
22 τοῦ πατρὸς αὐτοῦ· καὶ ἤκουσεν Ἰσραήλ, καὶ πονηρὸν ἐφάνη ἐναντίον αὐτοῦ.       ²²ᵃἮσαν

14 εσπισεν Ε | σπονδην Ε                16 ηγγεισεν Α | ετεχεν Ε
17 τικτην Εᵃ(τικτειν Εᵇ) | αυτη—θαρσει sup ras 10—12 litt Aᵃ          18 βενιαμιν Ε
21 επορευθη ε et εν sup ras (εν sup ras 2—3 litt) A¹

*DEG(L)a—jl—yc₂𝕬𝕭(𝕮ᵐ)𝕰*

amx𝕬: +ικαιως cc₂ | +ικαιουσθω ο | αυξανου] αυξανω σε c₂ | om και 1° e | πληθυνου] πληθυνθητω σε c₂ και 2° ΑΕγc₂𝕰 Chr] om DG rell 𝕰 Eus Cyr | εθνη—σου 2°] pr εις m Eus ½: *eris in nationes et synagogae nationum* 𝕮 | om εθνη 𝕭ᵛ | και συναγωγαι εθνων] om 𝕰ᵛ: om εθνων nc₂ | εσονται] post εκ σου ο Eus ½: εξελευσονται Eus ½: om z | βασιλευς n | τηs οσφυος σου] (σης οσφυος 84): σου l𝕰 | εξελευσονται] εξελευσεται n: εσονται s

12 δεδωκα 1°] (pr ωμοσα 71): post ισαακ Chr: εδωκα EG beoswxc₂ Cyr: ωμοσα j(mg) | αβρααμ] pr τω egj Chr | om και ισαακ g | ισαακ] pr τω ej: ισακ Gmᵃ: +τω 𝕭½ και 2° 𝕬(συ dp: ση fm): (pr και σοι εστει 31): om lv: om σοι 𝕬 δεδωκα αυτην] om dmo: om σοι (71)𝕰ᵖ | δεδωκα 2°] *dabo* 𝕬𝕰 | και τω—ταυτην] pr σοι εσται D(+Dˢⁱˡ)G(sub +)a—dfim—prstxc₂𝕬(συ dp: ση fm): (pr και σοι εσται 31): om lv: om σοι 𝕬 | om μετα σε m | om δωσω—ταυτην n | δωσω] *dedi* 𝕭ᵛ | την γην ταυτην] αυτην f: +σοι εσται h: (+εις τας γερεας αντων 31.83)

13 (om δε 31.83) | απ αυτον ο θ𝕱 Gaoxc₂𝕬 | om απ αυτον dfnp𝕰ᵖ | αυτον 2°] +*Deus* 𝕰ᵖ

14 και 1°—(16) δε 2°] sup ras jᵃ | και 1°—αυτου] bis scr x | εστησεν] +εκει c Cyr | στηλην 1°] pr την w: +λιθινην Chr | om εσ—στηλην 2° c | και 2°(pr εν 20): ου l | μετ αυτου] om στηλην m | στηλην λιθινην] om 𝕰 Chr: om στηλην—στηλην 20: εσπεισεν 31): εστησεν clo: ετεσεν dp: εποιησεν fn | αυτης Ddnp | σπονδην] *σπονδον* 18.31*): επ αυτην 2°] επ αυτης D(uid): om Chr

15 om ιακωβ egj𝕰 Chr | *τοπον*] +εκεινου cmnw | om εσ—θεος n𝕰 | μετ αυτου εκει] post εγιρ: om μετ αυτου m | εκει] post ο θεος diorw: om cfmquᵃ(uid)𝕭𝕮(uid) Chr Cyr-ed | ο θεος] om (14.79) Chr: +ιακωβ m

16 απαρας—γαδερ] sub +v | απαρας] απηρεν G(απηρεν—βαιθηλ sub +)ax𝕬 | om ιακωβ Gaciᵃmoxc₂𝕬𝕰𝕭 | om εκ βαιθηλ Chr | εφραθα] αδερ m: γαβερ Ε: *Gared* 𝕭ᵖ: *Gareth* 𝕭ᵂ: εγενετο δε] και εγενετο Grx | ηνικα] οτε Chr | ηγγισεν Lr | χαβραθα εις γην] *terrae Efrata* 𝕰ᵈ: om 𝕰ᵖ | χαβραθα] post εις 𝕬: χαβραθα qu: γαβραθα n: χαβαθα ey: om fiᵃ¹ Chr | εις γην]
 pr του] post ελθειν d—gjnp𝕮 Cyr: εις την G(uid): om b Chr | ελθειν] pr του Lbdnp Cyr: του εισελθειν Chr: *intrare in* 𝕬: om w | εφραθα] pr την b: pr εις Chr: ενφραθα f: οφραβα c₂ᵃ: εφρανθα g: εφρανθα 84) | ετεκεν ραχηλ και] η ραχηλ Chr ½ | ετικτε Cyr-ed | ραχηλ l | εδυστοκησεν] (pr εν τικτειν 108): pr τω τικτειν bdn(+αυτην)pv(txt) | επι τω τοκω Chr-ed ½: om bdnpv(txt): om εν L

17 εγενετο δε] και εγενετο dnp Chr ½ | om αυτην qu | ειπεν—αυτην] pr και hl𝕬: (om 18) | αυτη] post μαια f: αυτης c | om και m | om γαρ l | ουτος] *ita* 𝕰ᵖ: om 𝕮 | εστιν υιος Α] pr σου qc₂𝕰: om ινος εστιν b: pr σοι DⁿˡEGL rell 𝕮 Cyr ½ Cyr: εστι σοι υιος Chr ½: *erit tibi filius* 𝕭𝕰

18 εγενετο δε εν] εν δε p | εν τω] (αυτω 84): om g* | αφιεναι αυτην Ε: om αυτην djv𝕬: om απεθνησκεν γαρ n | εκαλεσεν 1°] pr και w𝕰ᵖ Chr ½: +δε Ε | om το—ονομα 1°] om ινος—αυτου c₂*: αυτου] pr σου qᵘᶦᵈ: +τ...ου ⊀ G¹: om DELbd—lnpqrtuvc₂𝕮 Cyr | αυτου] το ονομα αυτου bdps𝕰-codd𝕭ᵂ: βενιαμιν bdfᵃhnw*

19 ραχηλ] ραχιηλ ln: ραχηρ c | εταφη] post εφραβα t | om τη Eus | εφραβα] pr του ιπποδρομου ef(-μου)gijrv(mg)c₂*: εφραβ iᵃ: ενφραβα l(uid): (ευφραβα 79.107): εφθαρα j(mg): +του ιπποδρομου dnp | βηθλεεμ] (βηθλεμ 130): βηθλε[εμ] L: βαιθηλ f

20 μνημειον 1°] μνηματος deanp | αυτης] ραχηλ w: om l Chr | om αυτης—ραχηλ L | μνημειου 1°] (om 64): +ιακωβ bdfinprtw𝕰 | ραχηλ ln: αυτης y: +ras (13) w | (om τη 18) | σημερον ημερας] ημερας ταυτης Lbdinpr | ημερας] sub + G: ημερα cv

21 εγενετο] pr και απηρεν σ𝕳λ και επηξεν την σκηνην αυτου επεκεινα του πυργου γαδερ Gacmov(sub ✱)xc₂𝕬 [επηξεν την σκηνην] εξελιπεν σκεπην mc₂ | om αυτου cᵃ¹ | γαδερ] αδερ m: αδεβ acc₂𝕬 | απαρας 1°] pr *Jacob* 𝕭ᵇᵖ: post εκεινη Ε | εκιμηθη ραχηλ | +δε 𝕭ᵖᵉ | ρουβημ] ρουβιν xᵇ¹: ρουβην bhc₂: ρουβειμ emp: ρουβια dfgijlnqtᵘᶦᵈ)xᵃ | βαλας dopc₂ | παλλακης] παλλακιδος f: παιδισκης l | αυτου 1°] (om 64): +ιακωβ bdfinprtw𝕰 | ραφηλ 2°] ιακωβ iᵃ | και 3°—αυτου 2°] sub + Gv | εφανισεν αυτου] pr αυτω n | εν—αυτου] εναντιον Ga—dmoxc₂ Cyr

22 ησαν] *sunt* 𝕭𝕰 | om οι EGabdeghlrtc₂ Chr | ιακωβ] pr του Chr: (om 83)

Α δὲ οἱ υἱοὶ Ἰακὼβ δώδεκα· 23υἱοὶ Λείας πρωτότοκος Ἰακὼβ Ῥουβήν, Συμεών, Λευείς, Ἰούδας, 23
Ἰσσαχάρ, Ζαβουλών· 24υἱοὶ δὲ Ῥαχὴλ Ἰωσὴφ καὶ Βενιαμείν· 25υἱοὶ δὲ Βάλλας παιδίσκης 24-25
Ῥαχὴλ Δὰν καὶ Νεφθαλείμ· 26υἱοὶ δὲ Ζέλφας παιδίσκης Λείας Γὰδ καὶ Ἀσήρ· οὗτοι οἱ υἱοὶ 26
Ἰακώβ, οἳ ἐγένοντο αὐτῷ ἐν Μεσοποταμίᾳ τῆς Συρίας. 27Ἦλθεν δὲ Ἰακὼβ πρὸς Ἰσαὰκ 27
τὸν πατέρα αὐτοῦ εἰς Μαμβρή, εἰς πόλιν τοῦ πεδίου· αὕτη ἐστὶν Χεβρὼν ἐν γῇ Χανάαν, οὗ
§ L παρῴκησεν Ἀβραὰμ καὶ Ἰσαάκ. 28ἐγένοντο δὲ αἱ ἡμέραι Ἰσαὰκ ἃς ἔζησεν ἔτη ἑκατὸν ὀγδοή- 28
κοντα. 29καὶ ἐκλιπὼν ἀπέθανεν καὶ προσετέθη πρὸς τὸ γένος αὐτοῦ πρεσβύτερος καὶ πλήρης 29
¶ L ἡμερῶν· καὶ ἔθαψαν αὐτὸν Ἡσαῦ καὶ Ἰακὼβ οἱ υἱοὶ αὐτοῦ.¶

1Αὗται δὲ αἱ γενέσεις Ἡσαύ· αὐτός ἐστιν Ἐδώμ. 2Ἡσαῦ δὲ ἔλαβεν γυναῖκας ἑαυτῷ ἀπὸ XXXVI
§ 2 τῶν θυγατέρων τῶν Χαναναίων· τὴν Ἀδά, θυγατέρα Ἐλὼμ τοῦ Χετταίου, καὶ τὴν Ὀλιβεμά,
§ ᵱ θυγατέρα Ἀνὰ τοῦ υἱοῦ Σεβεγὼν τοῦ Εὐαίου, 3καὶ τὴν Βασεμμάθ, θυγατέρα Ἰσμαήλ, ἀδελφὴν 3
Ναβαιώθ. 4ἔτεκεν δὲ Ἀδὰ τῷ Ἡσαῦ τὸν Ἐλιφάς, καὶ Βασεμμὰθ ἔτεκεν τὸν Ῥαγουήλ, 5καὶ 4-5
Ὀλιβεμὰ ἔτεκεν τὸν Ἰεοὺς καὶ τὸν Ἰεγλὸμ καὶ τὸν Κόρε· οὗτοι υἱοὶ Ἡσαύ, οἳ ἐγένοντο αὐτῷ ἐν
γῇ Χανάαν. 6ἔλαβεν δὲ Ἡσαῦ τὰς γυναῖκας αὐτοῦ καὶ τοὺς υἱοὺς καὶ τὰς θυγατέρας καὶ πάντα 6

26 μεσοποταμιας E    27 παιδιον AD      XXXVI 1 αιδωμ D
2 ελω Aˢ(μ suprascr A¹) | χετγαιου E     4 βασεμμαθ] βασεμ' A

DEG(L)a–jl–yc₂𝕬𝕭𝕰(𝕷ʷ𝕾)

23 υιοι] +δε lt𝕭𝕰ᶠᵖ | ⟨πρωτοτοκος ιακωβ ρουβην⟩ ρουβην ο
πρωτοτοκοι ιακωβ 83⟩ | ιακωβ] εινι 𝕰: υιοι αυτου sup ras wᵃ:
om de | ρουβην] ρουβημ bhqc₂: ρουβειμ emp: ρουβιμ dgijlt:
ρουμμ f | συμεων] pr και btc₂𝕰 | λευεις Ayˢ] λευιτ E: λευει
DGvyᵃ¹: και λευι c₂𝕰: λευι rell 𝕬𝕭: Leuui Anonˢ | ιουδα
E Anonˢ | ισαχαρ dfilop𝕬𝕭 Anonˢ | ζαβουλων] pr και w𝕰:
om aˢ
24 om hic totum comma fir𝕬-ed𝕰ᶠᵖ | ραχηλ] ραχιηλ l:
+ uxoris Iacob 𝕭 | om και d | βενιαμειν m: βενιαμιν bgʰhnw
25 υιοι—νεφθαλειμ] post (26) ασηρ 𝕬-codd | om δε Ef |
βαλλας dpc₂ | om παιδισκης ραχηλ 𝕰ᶠᵖ | παιδισκη b | ραχιηλ l |
δαμ b | νεφθαλειμ] νεφθαλημ nquc₂: νεφθαλει Gosvx: νεφθαλιν
tᵃ¹: Nepthalym Anonˢ
26 om δε Efl | ⟨παιδισκηι⟩ pr τηι 73] γαθ m | ασηρ]
ασειρ h: ασυρ g: ασσηρ t𝕭ᵂ· + υιοι δε ραχηλ ιακωβ και βενιαμιν
fir𝕬𝕰ᵛ· οι 1° Abswc₂] om Dˡˡ EG rell Chr | om αι 2° c₂ |
om αυτω cd | ⟨εν μεσοποταμια⟩ εκ μεσοποταμιαι 78] | μεσοπο-
ταμια] pr τη nry Chr: μεσοποταμιας E: μεσω ποταμιαι s |
τηι συριαι] om Chr: om τηι acm
27 ισαακ τον πατερα] Esau fratrem 𝕭ᵖ(ˣˣᵗ) | ισαακ 1°] ισακ
G | αυτου] +ετι ζωντοι αυτου Dd–npstv𝕭: ⟨+ετι ζωντοι 30.84⟩ |
μαμβρη] pr τολιν d(μαυρη)fiᵃn(μαμβρη᷍ν)(μαβρη)rs𝕰: μαμβρηγ
c₂ | ειι 2°—πεδιου] quae in campo | ειι πολιν] εις πολει dnp: om
ειι Gacmoxc₂ | πολιν του πεδιου] το πεδιον f | πολιν] τοπον iᵛr:
⟨+ ραφαμ 71⟩ πεδιον] ισαακ om egj | ⟨om εστιν 78⟩ | χεβρων]
μαν E | εν γηι χανααν] sub + G | γη] pr τη DElquy | χαναaμ
c₂ | ου] ην m | παρωκησεν] habitauerunt 𝕬𝕰: + εκει xy | om
και ισαακ mn | ισαακ 2°] ισακ G
28 εγενετο n | om δε L | αι] pr πασαι Gacdfiᵃnprx𝕬 |
ισαακ] post εζησεν w: ισακ G | αι εζησεν] sub÷ G: om 𝕰 |
εζησεν] pr και u | om ετη E | ογδοηκοντα] πεντηκοντα dp
29 εκλειπων DˡˡEacfhioqruvwyc₂ Anonˢ: και εκλιπων ADEfmqsuy
𝕰] +ισαακ L: pr ισαακ G(✳ ισακ ✠) rell 𝕬𝕭 | το γενοι] τον
λαον L | πρεσβυτηι n Chr | εθαψεν p | ⟨ιακωβ και ησαν 84⟩ |
αι] pr και c₂ | ⟨υιοι⟩ αδελφοι 16⟩
XXXVI 1—43 om L
1 om δε bw𝕭ˡᵖ | ησαυ αυτοι εστιν] om m
2 γυναικαι] post εαυτω Dhy𝕰ᶜᶠ: pr ται Ga–dmnptvwx:
γυναικα fl | εαυτω] αυτω Eoqu: αυτου bdnptvw: om ⟨25⟩ 𝕰ᵖ |
των χαναναιων] χαναaν dnp𝕰: om των y | την 1°] ονοματι f |

αδα] αδαν dhiᵃ(αθαν iᵃ¹)nprtyc₂: δαν b: αδδα f𝕬-ed | ελωμ]
αιλωμ gy: αιλαμ bʰ: ελων EGbchᵃinqsuvx: 𝕬ʲ𝕰ᵛ[º]ʰˢ
𝕷: αλων dp: εδωμ m: αιδωμ D | om του 1º Gˢ | ολιβεμα A
Dˡˡcsvwy] ολιβεμαν gjn: ολιβεμαν Ee: Olibama 𝕬: ολιβαμαν
qux: ολιβαμαν ⟨2⟩· ολιβεμα 20⟩: ολιβεμα iᵃ(uid) Anonˢ: ελι-
βεμαν dt: E[li]d[παν] 𝕷: ελιβαμαν h: ελιειβαμαν o: ελιβεμαν
αιˢ¹(uid)𝕭ᵂ: ελιβαμαν lprc₂: αιλιβαμαν f: Elibam 𝕭ᵖ: ελιβα-
ρεβαμαμ m | ανα] αναν achᵇ(uid)qrtuc₂: ανναν m: Annei Anonˢ
εναν b: αιναν dhᵇnops: Ena 𝕭 | om του 2º p | σεβεγων] pr
του iᵛ: σεβαιγων gj: σεβαγων dp: σεβεγυο o: σεβεγω l: ⟨βεγων
31⟩
3 om και m | βασεμμαθ] βα sup ras iᵇ: μασειμμαθ D(βα..
D)hc₂: ⟨βεσεμμαθ 31⟩: βασεμαθ begrtᵐwy𝕬𝕭ʷ: [B]asem[ath]
𝕷: ⟨μασειμμαθ 71⟩: μασαιμαθ 79⟩: βασσεμμαθ j: βασειμαβα f:
βασεματ dno: βασεμμα mᵗ: βασεμα 𝕭ᵂ: βασσεμαθ m(σσε
mg uid): +και την μαελεθ qu | ισμαηλ] [I]sm[a]l 𝕷: Helon
Enixi Anonˢ | αδελφην] αδελφω 𝕰: +δε dp | ναβαιωθ]
ναβεωθ acflmtwc₂: Nab[oth]𝕷: αβαιωθ qu: αβεωθ g: ναβαιωρ
D: ναβαιωτ p: ναβαιωβπ n: ναβωτ d
4 αδα τω ησαυ] και αυτω αδα bdnp | αδα] ⟨πr τη 83⟩: αδαν c₂:
αδδα fiᵃ𝕭 | om τω ησαυ iᵇw𝕰𝕷(uid) | τω] τον c₂ᵃ | ελιφαι]
ελιφαζ Eabdehᵇimnpstwxc₂𝕷: ελιφαις G: ελιφαι c: ελισαφ
gj(sup ras) | om και 𝕭ᵖˢ | βασεμμαθ] μασεμμαθ Dhc₂: βασε-
μαθ blw𝕭𝕭ᵂ: [B]asemaβ[h]𝕷: βασσεμμαθ G: βασεμμαβ jy:
βεσεεμμαβ m: βασεμματ d: βασεμαρ p𝕭ᵂ: βασεμματ n: μασεμμαβ
E | ραγουηλ o
5 om και 1º m | ελιβεμα] και αυτω αδα bdnp | ολιβαμα abcmo(pr
o)x𝕰: ολειβαμα G: ελιβεμα iᵃ(uid)lt Anonˢ: ελιβαμα h: ελι-
βεμα d𝕷: ελιβεμα iᵇ(uid)prc₂𝕭: αιλιβαμα f | ιεουι] ιουι v:
ιειουι y: ιεουιν E: ιεουλ bdefinpti𝕭ᵂ Anonˢ: Ieus𝕷: ιεουιν
𝕷: ιεουλ o (o sup ras c) | ιεουλ c₂: ras ⟨2⟩ + γουηλ και
ιεγλομ iᵃ] ιεγλωμ λ sup ras iᵇ: ιεγλωμ egjmtwc₂: ιεγλουμ E:
ιεγαλαμ n: ιεγωμ dp: Icclom Anonˢ: εγλωμ d𝕭-ed: [Ieg]l[o]m
𝕷: ⟨ιεγλαμ 31⟩: ιεγλαμ l: και τον κορε] (pr και τον ραγουηλ
18⟩: om b | κορε] κοραι m: κορρε f: Correm Anonˢ: +ras ⟨3⟩
i | ιεουι] et [il]s[ι]l 𝕷, και τον κορε] pr και την bfmw𝕭: ⟨+εγενοντο 16⟩ |
σαυ b | ⟨om οι 71⟩ 2, om αυτω d | γη] pr τη s: την iᵇ: om d
6 ελαβεν] pr et 𝕾 | υιουι] +αυτου bdfhlmnprtwc₂𝕭 | και
ται θυγατεραι] om dp𝕰ᶠᵖ: +αυτου fn𝕬𝕭𝕷 | om και 3º—υπαρ-

τὰ σώματα τοῦ οἴκου αὐτοῦ καὶ πάντα τὰ ὑπάρχοντα καὶ τὰ κτήνη καὶ πάντα ὅσα ἐκτήσατο καὶ A
ὅσα περιεποιήσατο ἐν γῇ Χανάαν· καὶ ἐπορεύθη ἐκ γῆς Χανάαν ἀπὸ προσώπου Ἰακὼβ τοῦ
7 ἀδελφοῦ αὐτοῦ. ⁷ἦν γὰρ αὐτῶν τὰ ὑπάρχοντα¶ πολλὰ τοῦ οἰκεῖν ἅμα, καὶ ⁸οὐκ ἐδύνατο ἡ γῆ τῆς ¶𝕃ᵛ⫶𝕃ᵛ
8 παροικήσεως¶ αὐτῶν φέρειν αὐτοὺς ἀπὸ τοῦ πλήθους τῶν ὑπαρχόντων αὐτῶν. ⁸ᾤκησεν δὲ ¶𝕃ᵛ
9 Ἡσαῦ ἐν τῷ ὄρει Σηείρ· Ἡσαῦ αὐτός ἐστιν Ἐδώμ.¶ ⁹Αὗται δὲ αἱ γενέσεις Ἡσαῦ πατρὸς ¶w
10 Ἐδὼμ ἐν τῷ ὄρει Σηείρ. ¹⁰καὶ ταῦτα τὰ ὀνόματα τῶν υἱῶν Ἡσαῦ· Ἐλιφάς, υἱὸς Ἀδὰ γυναικὸς
11 Ἡσαύ, καὶ Ῥαγουήλ, υἱὸς Βασεμμὰθ γυναικὸς Ἡσαύ. ¹¹ἐγένοντο δὲ οἱ υἱοὶ Ἐλιφάς· Θαιμάν,
12 Ὠμάν, Σωφάρ, Γοθὸμ καὶ Κενέζ. ¹²Θαμνὰ δὲ ἦν παλλακὴ Ἐλιφὰς τοῦ υἱοῦ Ἡσαύ, καὶ ἔτεκεν
13 τῷ Ἐλιφὰς τὸν Ἀμαλήκ. οὗτοι οἱ υἱοὶ Ἀδὰ γυναικὸς Ἡσαύ. ¹³οὗτοι δὲ υἱοὶ Ῥαγουήλ· Νάχομ,
14 Ζάρε, Σομὲ καὶ Μοζέ· οὗτοι ἦσαν υἱοὶ Μασεμμὰθ γυναικὸς Ἡσαύ. ⁴¹⁴οὗτοι δὲ υἱοὶ Ἐλιβέμας ⫶𝕃ᵛ
θυγατρὸς Ἀνὰ τοῦ υἱοῦ Σεβεγών, γυναικὸς Ἡσαύ· ἔτεκεν δὲ τῷ Ἡσαῦ τὸν Ἰεὺς καὶ τὸν Ἰεγλὸμ
15 καὶ τὸν Κόρε. ¹⁵οὗτοι οἱ ἡγεμόνες υἱοῦ Ἡσαύ. υἱοὶ Ἐλιφὰς πρωτοτόκου Ἡσαύ· ἡγεμὼν

7 om πολλα Aᵘⁱᵈ (υπαρχοντα πολλ in mg et sup ras Aᵃ) | ἠδυνατο E     12 του] τω A

DEGa–jl–v(w)xyc₂𝕬𝕭𝕰(𝕃ᵛ)𝕾

χοντα f | om και 3°—αυτου 2° iᵃm | om του 1° wᵃ¹ | οικου]
bis scr wᵃ | παντα 2°—κτηνη] omnia pecora sua et omnia bona
𝕰ᶜ | υπαρχοντα] +αυτου cdegjlnptw𝕭𝕷: ⟨+αυτω 25⟩ | om
και τα κτηνη 𝕭ᵛ𝕻ᵇ | τα 3° Adp𝕬] pr παντα DEG rell 𝕭ᵛ𝕷𝕾 |
κτηνη] +αυτων acfo𝕭ᵛ | και 6°—εκτησατο] post χαναα 1° dnp
(om παντα οσα): om και ταυτα 𝕰: εκτησαντο
εκτησατο 1: εκεκτητο qu | om και οσα περιεποιησατο Ef𝕰
οσα 2°] pr παντα Dᵘⁱ⁰bdegijnprstx𝕷: om 1 | εν γη] εν τη h: εκ
γης o | om και 8°—χανααν 2° Gᵃ | και ετορευθη] ετορευθη δε
Gᵃacimorxc₂𝕾: om και b: +ησαν bi𝕰: om εκ γης χανααν f |
γης] pr τη bgᵇ¹: της gᵃ | χανααν 2°] χαναρ g | om ιακωβ E

7 αυτων 1°—πολλα] multae res eorum 𝕷: αυτων 1°] post
υπαρχοντα Ga–dfimoprxc₂: αυτω τᵃ | τα υπαρχοντα] post πολλα
egj𝕰 | του οικειν αμα] και του οικειν αμα ουκ ηδυνατο 𝕰: hab
και ουκ ηδυνατο yᵇ(mg) | και—αυτουʃ] και ουκ εχωρει αυτους η
γη της παροικησεωʃ αυτων f: om 𝕰 | παροικησεωʃ (παροικεσιας
20): περιοικησεων m | om αυτων 2° 𝕬𝕿 | αυτο] αμα τ | αυτων
3°] αυτω c: αυτοιʃ fimw: ⟨αυτους 16.130⟩: om Chr

8 ωκησεν δε] κατωκησεν δε hloqtu: και κατωκησεν E | σηειρ]
σιειρ defimn: σκειρ s: σειηρ h: σειηρ p: σιηρ lot: σηρ wᵗ | om
ησαυ 2°—(9) σηειρ cf | om ησαυ 2°—εδωμ p | ησαυ αυτος] ουτος
ησαυ τῇp w : αυτη m | ουτος egiᵃjr | om εστιν w | εδωμ] +κατωκει
δε ιακωβ εν τη γη ου παρωκησεν ο τῇρ αυτου εν γη χανααν b

9 om αυται—(43) εδωμ 2° w | om δε c₂𝕭(hab 𝕭ᵖ⁽ᵇˡ⁾) | πατρος
εδωμ] pr του Ebegjnpt: om d | εδωμ 1°—om εν—σηειρ n |
σηειρ] σιειρ deᵃ¹impc₂ᵛ: σκειρ s: σηρ t: σειηρ lo

10 om ταυτα τα] τα δε f | υιων] υιου eg | ησαυ 1°] +εισι
ταυτα f | om ελιφας—(15) ησαυ 2° 𝕭ᵖ | ελιφας υιος o:
ελιφας] Eacefhᵇ¹ptvxc₂𝕬: ελιφαζ Gᵗ: ελοφας m | υιοʃ 1°] pr ο
Eflm | αδα Atx] αδδας fiᵃ¹𝕿Aᵗ-ed: αδα DEGⁱᵃ rell | γυναικος
ησαυ 1°] om m | om ησαυ c₂ | και 2°—(15) ησαυ 1°] sup ras plur
litt h | και 2°—ησαυ 3°] om n: om και 𝕾 | ραβουηλ m | υιος
2°] pr o: om f | βασεμμαθ] μασεμμαθ oc₂: βασεμαθ bls⁽⁻ᵉᵈ𝕭ᵛ⁾ Or-lat: βασ-
σεμμαθ Egj: βασσεμαθ amt𝕭-codd: (μασεμμαθ 79): βασεμμας
y: βασεμαr dp𝕭ᵛ | om γυναικος ησαυ 2° y

11 om totum comma c₂ | εγενοντο δε]...nt aut[m] 𝕃ᵛ |
οι και A] post ελιφας D(+Dᵘⁱˡ) qu (om οι qu): om εφ EG omn
ελιφας] ελιφαζ acefhᵇ¹moptx𝕬 On: ελιφαʃ G: ελιφαξ E |
θαιμαν] θεμαν Eᵃ(αι suprascr Eᵇ)bmn: Themaris Anonᵃ | ωμαν]
ωμαρ Gabcfhᵃjᵃ¹nrx𝕬: ομαρ dmp: Omera Anonᵃ: om 𝕭⁽ᵖ⁾
Or-lat | σωφαρ] σοφαρ n: (σαφαρ 79): σομαρ p: Omar 𝕭ᵖ⁽ᵐ⁾:
om dp: +Nomades Anonᵃ | γοθομ] pr και x: γοθωμ egj:
Gotham 𝕬(-em codd): ꓖꓮꓳꓕꓳꓟ 𝕾: γιθημ m: γοθορ osᵗ:

χοθομ c: τοθομ l: τοθωμ h: ιοθομ f | om και Eadfimpr | κενεζ]
Cenes Or-lat: κενετ G(uid): ενεζ D: νεζ bn: +και αμαληκ
ουτοι υιοι αδα γυναικος ησαυ y

12 om totum comma c₂ | θαμνα] Thamnas Or-lat: θεμνα
fr: αμνα dp: Tham 𝕬: Tham Anonᵃ | om ꓑꓣ bd–jnpr𝕭 |
παλλακη] pr η Ebd–jnpr𝕭 | ελιφας 1°] ελιφαζ Eacefhᵇ¹m–ptx
𝕬 On: ελιφαʃ G: ελιφαξ ḏ: ελιεβας Phil-cod | om του—
ελιφας 2° m | του] (post υιου 79): om p | υιου] +αυτου του c |
και ετεκεν] και αυτη ετεκεν dnp Or-lat: ετεκεν δε Gacox𝕾: om
ετεκεν b | τω ελιφας] post αμαληκ Or-lat | ελιφας 2°] ελιφαζ
Eac–fhᵇᵇnoptx𝕬: ελιφαʃ G: ελιφαθ y | (om τον 31) | om ουτοι
—ησαυ 2° y | ουτοι p] pr et Or-lat: + δε Em | οι A] om Dᵘⁱᵈ(Dˢⁱˡ)
EG rell | αδα Aqux] αδδαs fiᵃ¹r𝕿: αδας DEGⁱᵃ rell: (δαr 84)

13 om totum comma c₂ | ουτοι δε] ουτοι p: om δε
Eacqux | ραχωθ em𝕬: ραχεθ bhltv𝕭ᵛ: Nachath 𝕭ᵇ: ναχοθ s:
ραχετ dnp: ναχετ r: ναχορ oᵃ: ναχωρ oᵇ: ναγωθ gj: μαχεθ i:
μεχεθ f | ζαρε] pr και x: και ζαρεθ ac: ζαρα Chr: ζορε dnp:
ζαρεs t | σομε] και σαμα m: σομαι b: σωμαι l: σομ t: σαμμα
Gacox: Amma 𝕬: βοσορ egj: (βοσωρ 32: βασορ 79) | μοζε]
μοζαι l: μεζα Gacmox𝕭 | ουτοι 2°] sup ras (13) iᵃ¹: +δε d |
ησαυ] om egj𝕭𝕾: om d | μασεμμαθ Aly] βασεμμαθ DGefgio
qstux²³ᵖ⁽ᵇ⁾: βασεμμαθ v: βασεμαθ h: (μασεμμαθ 79): βασεμμαθ
cvx𝕭𝕾ᵐᵗ𝕿²: βασεσμμαθ j: βασσεμμαθ x: μασσεμαθ E: βασσεμαθ
bm: βασεμματ p: βεσεματ d

14 om ουτοι—ησαυ 2° g | om ουτοι—ησαυ 1° y | ουτοι δε]
και ουτοι p: +ησαυ Ga–fijmnortxc₂𝕷𝕾 | om υιοι qu | ελι-
βεμας] ελιβαιμας h: ελιβαμας afiᵇoptc₂: ελειβαμας G: ελιβαμα
x𝕭: Elibamath 𝕷: ελιβεμας Dcjqsuv: ολιβαιμας e: Olibama
o: Ena 𝕭ᵇ: αιναν dnt: αιναν bp: Eman 𝕭ᵖ: om του p |
σεβεγων] pr του iᵃ: σεβαιγων j: Semegon 𝕭ᵖ: σεβεων p:
Seboin 𝕷: του ειναιου x | om ετεκεν—(15) ησαυ 1° d | ετεκεν δε
τω] sup ras iᵃ: και ετεκε τω npc₂: om τω cs | τον 1°] του g |
om ιευς και τον rᵃ | ιευs A] ιευι 𝕷: ιεουs DEGacgjmoqsux𝕬: ιεους y:
ιεουλ befilnrᵗvc₂𝕭𝕷 Anonᵃ: ιουλ fᵃ¹: ιεουδ h: ιεου p | om και
1° p | ιεγλομ] λ sup ras t: ιεγλωμ egj–np: Ieclom Anonᵃ
και τον κορε τω rᵃ | και 2° A] ιεουλ 𝕭-ed: ελιεβαμας Lᵛ: ιεουν y:
ιεουλ befilnrᵗvc₂𝕭𝕷 Anonᵃ: ιουλ fᵃ¹: ιεουδ h: ιεου p | om και
1° p | ιεγλομ] λ sup ras t: ιεγλωμ egj–np: Ieclom Anonᵃ
m: κωρε s: κορρε f: Correm Anonᵃ

15 ουτοι] pr et 𝕰ᶜ𝕾 Or-lat: +ησαυ om c | Aegj] om DE
G rell | υιου Ae] υιων Dac𝕭 Or-lat: υιοι EG rell 𝕭ᵛ𝕔𝕾 |
υιοι—ησαυ 2°] pr ελιφαζ (υιοι ελιφαξ d) πρωτοτοκοι ησαυ dp:
sub + 𝕾: om egj (ολικεμαις 25): εβαμαr m | om του p | υιοι—
ελιφας D(contra Dˢⁱˡ)adefm–pstvxc₂𝕬: ελιφαζ Gᵗ: ελιβας b |
πρωτοτοκου] πρωτοτοκος Emnsc₂: +υιου f Or-lat | ηγεμων

Α Θαιμάν, ἡγεμὼν Ὠμάρ, ἡγεμὼν Σωφάρ, ἡγεμὼν Κενέζ, ¹⁶ἡγεμὼν Κόρε, ἡγεμὼν Γοθά, ἡγεμὼν 16
'Αμαλήκ· οὗτοι ἡγεμόνες 'Ελιφὰς ἐν γῇ 'Ιδουμαίᾳ, οὗτοι υἱοὶ ''Αδας. ¹⁷καὶ οὗτοι υἱοὶ 'Ραγουὴλ 17
υἱοῦ 'Ησαύ· ἡγεμὼν Νάχοθ, ἡγεμὼν Ζάρε, ἡγεμὼν Μοζέ, ἡγεμὼν Σομέ· οὗτοι ἡγεμόνες 'Ραγουὴλ
ἐν γῇ 'Εδώμ, οὗτοι υἱοὶ Μασεμμὰθ γυναικὸς 'Ησαύ. ¹⁸οὗτοι δὲ υἱοὶ 'Ολιβέμας γυναικὸς 'Ησαύ· 18
¶ G ἡγεμὼν 'Ιεούλ, ἡγεμὼν 'Ιεγλόμ, ἡγεμὼν Κόρε· οὗτοι ἡγεμόνες 'Ελιβέμας.¶ ¹⁹οὗτοι δὲ υἱοὶ 'Ησαύ, 19
καὶ οὗτοι οἱ ἡγεμόνες αὐτῶν· οὗτοι εἰσιν οἱ ἡγεμόνες αὐτῶν, υἱοὶ 'Εδώμ. ²⁰Οὗτοι δὲ υἱοὶ 20
Σηεὶρ τοῦ Χορραίου τοῦ κατοικοῦντος τὴν γῆν· Λωτάν, Σωβάλ, Σεβεγών, 'Ανὰ ²¹καὶ Δησὼν καὶ 21
Σάαρ καὶ 'Ρεισών· οὗτοι οἱ ἡγεμόνες τοῦ Χορραίου τοῦ υἱοῦ Σηεὶρ ἐν τῇ γῇ 'Εδώμ. ²²ἐγένοντο δὲ 22
υἱοὶ Λωτὰν Χορρεὶ καὶ Αἱμάν· ἀδελφὴ δὲ Λωτὰν Θαμνά. ²³οὗτοι δὲ υἱοὶ Σωβάλ· Γωλὼν καὶ Μαν- 23

24 νάχαθ καὶ Γαιβήλ, Σὼφ καὶ Ὠμάν. ²⁴καὶ οὗτοι υἱοὶ Σεβεγών· Ἀιὲ καὶ Ὠνάν· οὗτός ἐστιν ὁ Α
Ὠνᾶς ὃς εὗρεν τὸν Ἰαμεὶν ἐν τῇ ἐρήμῳ, ὅτε ἔνεμεν⁷ τὰ ὑποζύγια Σεβεγὼν τοῦ πατρὸς αὐτοῦ. ¶ 𝔏·
²⁵ ²⁵οὗτοι δὲ υἱοὶ Ἀνά· Δησών· καὶ Ὀλιβεμὰ θυγάτηρ Ἀνά. ²⁶οὗτοι δὲ υἱοὶ Δησών· Ἀμαδὰ καὶ
27 Ἀσβὰν καὶ 'Ιεθρὰν καὶ Χαρράν. ²⁷οὗτοι δὲ υἱοὶ Σάαρ· Βαλαὰν καὶ Ζουκὰμ καὶ Ἰουκὰμ καὶ §k
²⁸ Οὐκάν. ²⁸οὗτοι δὲ υἱοὶ Ῥεισών· Ὡς καὶ Ἀράμ. ²⁹οὗτοι ἡγεμόνες Χορρεί· ἡγεμὼν Λωτάν,
30 ἡγεμὼν Σωβάλ, ἡγεμὼν Σεβεγών, ἡγεμὼν Ἀνά, ³⁰ἡγεμὼν Δησών, ἡγεμὼν Σάαρ, ἡγεμὼν Ῥεισών·
31 οὗτοι ἡγεμόνες Χορρεὶ ἐν ταῖς ἡγεμονίαις αὐτῶν ἐν γῇ Ἐδώμ. ³¹Καὶ οὗτοι οἱ βασιλεῖς οἱ
32 βασιλεύσαντες ἐν Ἐδὼμ πρὸ τοῦ βασιλεῦσαι βασιλέα ἐν Ἱερουσαλήμ. ³²καὶ ἐβασίλευσεν ἐν
33 Ἐδὼμ Βάλακ υἱὸς τοῦ Βεώρ, καὶ ὄνομα τῇ πόλει αὐτοῦ Δεννάβα. ³³ἀπέθανεν δὲ Βάλακ, καὶ
34 ἐβασίλευσεν ἀντ' αὐτοῦ Ἰωβὰδ υἱὸς Ζάρα ἐκ Βοσόρρας. ³⁴ἀπέθανεν δὲ Ἰωβάβ, καὶ ἐβασίλευσεν

31 αι 1°] η E

DEa–j(k)l–vxyc₂𝔄𝔅𝔈(𝔏·)𝔖

και 2° dp | γαιβηλ] γεβηλ a–dfijmnpr: γεμηλ l: γεβιηλ c₂:
γωβαλ x: γεβαλ 𝔒𝔄: γαιβη s: Geba Anon²: (γεδηλ 78): Ioël
𝔅ᵖ | σωφ] και σωφα fi: και σωφαρ 𝔒𝔄: και σωφαν D(+Dᵐˡ)r:
Sofa 𝔏: σωφαρ acqux𝔅ᵛ: σοφαρ mc₂: 𝔦𝔵𝔷𝔴𝔖: σωφαρ b
Anon²: σωφ E: σωμ s | ωμαν] ομαν m: ωμαμ D: ωμα egj|
ωναν aᵛcfhilnoprv(uid)xc₂𝔄𝔅ᵛ𝔖 Anon²: ωναν d: Onâ[m] 𝔏·|
ωνναν t: (ομναν 76: αιμαν 71)
24  om και 1°—ωναν Anon² | και ουτοι] ουτοι δε τ: om και
d𝔅ᵇ | om υιοι p | σεβεγων 1°] σεβαιγων g: (σεβαγων 18:
σεβεγνμ 76): ενεγων c: (βεγων 31) | αιε] αειε o: αιαι bnr:
εαι dp: αε e: Aea Anon²: ναιε E: αιδι t: Aeб 𝔏: ρακαι m |
ωναν] αναν m: ανα E𝔅ᵇ: εναν b: ιωναν c₂: ναναν a defiᵇnp:
ωναν s: Aunam et hi fili Sedegon 𝔏 | ωνας] ωναν c₂: ουτος
εστιν b | om ο DEbd–hiᵇˡjlmopqtu | ωνας] Aun[ας] 𝔏: αυας
fiᵃ·: αυνας v(mg)c₂: ρας m: αυα D(?): αυνα Thdt: ωναν D(?)g
kqtuv(txt)𝔄𝔅ᵛ: (ωνα 30): ωναν r | ιαμειν] ιαμην dnp:
Oman Anon² | τον ιαμειν] fontem 𝔄𝔖: Laminir Anon² | τον]
το f | ιαμειν AᴰᵐˡEcgjr] ιαμιν eh: ιαμειν Thdt: εαμειν aqsu:
εαμ bt𝔅: αιαμιν dnx: αιαμηρ p: αιμων v(txt): αμην m: ιαβιν
o: ιαμμειν x: (ιαμειμ 78): ελμειν fiv(mg)c₂ | ερημω] +Elas
Anon² | (οτε) οτι 30) | ενεμεν] ενεμε b | τα υποζυγια] oues 𝔅ᵖ|
σεβεγων 2°] εκ εκ corr nᵃ·¹: post αυτου r: σεβαιγων g: (σεβεγωμ
76): σεβεων m: σεβαν dp𝔅ᵛ | om αυτου Thdt
25—30 om 𝔈ᵇ
25 ανα 1°] αναν et: αναν nt: εναν bdpc₂: Aunam Anon²:
Anor Anon² | δησων] δεισων x: δισων egjlm: δεισων iᵇ: δαισων
abcfor: δεσων c₂ | om και d | ολιβεμα] ελιβαμα eh: ολι-
βαμα x𝔅ᵛ: δωσ̣μ c₂ | om και d | ολιβεμα 76): ολιβα
E: (ολιβαν 79): ελιβεμα iorv: αιλιβεμα fi: ελιβαμα adnp𝔅ᵛ:
ελιβεμαθ b: λιβαμα c₂: Elibathe Anon²: Euidathe Anon²|
θυγατερ ο | ανα 2°] αναν e: ενα c₂: εναν bdp: αιναν n: εναν bdp:
αμαν t
26 δησων] δεισων egjm: δισων iᵃ¹c₂: δαισων acfor: λιγων
iᵃ·: Aran Anon²(¼) | αμαδα] αμαδαι v: Amadan 𝔄: Emadan
Anon²: αμαλα dnp: αδαμ Ey: ωσμα l | om και 1° p | ασβαν]
ασφαν b: ωσβαν n: ασβα b𝔅ᵛ: ασβαμ c₂: 𝔦𝔴𝔷𝔖: 𝔦𝔵𝔷𝔴 𝔅ᵛ |
(ιεσθραν 32: ιεχθραν 71: ιεθραμ 78): χυθραν f: Thasra
Anon²: Tharram Anon²: | om και χαρραν 𝔅· | χαρραν] χαραν
dps·: Chorrâ Anon²: Corram Anon²: θαρα c₂
27 (υιοι) pr αι 130) | σααρ Ay] ασαρ E rell 𝔅: ασερ ακοχc₂𝔄:
ασσερ m: ασαρ E rell 𝔅 | Asam Anon²: Asan Anon²· | βαλααν
Aacy𝔅ᵇ| βαλακαν x(β ex corr uid): Ballan 𝔄: βαλαμ qtu
Anon²: βαλααν DᵐˡE rell: Ballaam 𝔅ᵛ: om και 1° dp | ζουκαμ]
(ζωκαμ 20): ζουκαν acklmoxc₂𝔄 Anon²: Zucâ Anon²: Zokan
𝔅ᵛ: σουκαμ qu: (ζαμαμ 31) | και ιωκαμ] om m𝔅ᵇ𝔅·𝔖: om

και dp𝔄 | ιουκαμ] ιεωυκαμ D: (ιυκαμ 20.32: υκκαμ 79):
ιουκαμ 𝔅ᵛ·: ισουκαμ: | ιωκαν ko: ιουκαν acx: ιωκαν c₂: ουκαν
qu: ιωναι i: ιωυκαν τ: ιωκαν f: Ozmican 𝔄: Iuscha Anon²:
Ioascan Anon² | και ουκαν] sub ÷ 𝔖: om biᵃ𝔅ᵇ | ουκαν]
ουκαμ d–hiᵇⁱnoprtvγ𝔄: ιωυκαμ qu: Iuschan Anon²: Iusca
Anon²: οβειν m
28 ουτοι δε] et hi 𝔖 | ρεισων] ρισων egjqrtuv: ρησων Ebln:
ερισων c₂: ρισσων dmp: εισ lmc₂: om E On: νει ir Anon |
αραμ] αραν D(?)acfikopx𝔄: αρων n: Arram Anon²: αρραν
D(?)bdmrs: Arranh Anon²
29 ουτοι—ηγεμων 1°] νει χορρη ουτοι ηγεμονες l | ουτοι]
+δε ad–gijnpqruv𝔅ᵛ𝔈c | ηγεμονες] (pr αι 18): pr υιοι f | χορρει]
χορρι Eghjqs–vc₂: χορρη e: (χορι 18): χωρι dp: χορρη b:
Chorraeorum 𝔖 | σωβαλ] σοβαλ dmpt: σαβαλ v: σωβαδ fiᵃ:
σωβαρ E: σαβλαμ c₂: σεβεγων l Thdt | σεβεγωμ | σεβαιγων gj:
σεβεγωμ c₂: σαβαλ l: ανα fi: δησων r | ηγεμων 4°] +ηγεμων
l | ανα] εια c₂: ωναν nt: εναν dp: Ania𝔅ᵇ: σερεγων
r: δησων fi
30 om ηγεμων 1° d | δησων] δεισων a: δισων egjl: δεσων
p𝔅ᵖ: δισσων m: δεσσων d: δησ̣ων c₂: δησων fi: αναν r | om
ηγεμων 2° dg | σααρ ADsy] ασερ ακχc₂𝔄: ασαρ dmp: ασα E:
ρισων r: om g: ασαρ rell 𝔅 | ηγεμων 3°] και d | ρεισων] ρισων
Eeghjmqtuv: ρησων bln𝔅ᵇ: ρεσσων dp: (ρησσων 20): ρισσων
ασαρ r | χορρει—αυτων] om d: om χορρει—ηγεμονιαις c₂ |
χορρει] pr τον x: χορρι 𝔄: om E On: νει χωρη e: χωρι q: χορη
p: (χωρι 78): Chorraeorum 𝔖 | γη] pr τη np | εδωμ] Seir 𝔈c
31 om και iᵃ𝔅ᵇ | αι βασιλεις] (om 30): om αι c₂ | βασι-
λευσαντες] βασιλευς m | βασιλευσαντες f | om εν 1° 𝔅ᵇ|
pr γγ Dacdh(+εⁱ hᵃ)km–qtuxc₂𝔄𝔖: om προ—(32) εδωμ m |
προ—ιερουσαλημ] antequam regnaret filii Israhel Anon² |
βασιλευται] γεθσεθαι γᵇ𝔅ᵖ: om f | om βασιλεα dp | ιερουσαλημ
Al] ιηλ DᵐˡE rell 𝔄𝔅𝔈𝔖
32 βασιλευσεν dnp | om εν c₂ | βαλακ fiᵃmqsu | om
υιοι—(33) βαλακ n𝔈ᵇ | (υιοι) pr ο 84) | om του bcdhlptc₂ |
βεωρ] βαιωρ begjprx: ζεωρ 𝔄 | +βασιλευι μωαβ
dp | δενναβα] δεινναβα j: Denineba Anon²: δεναβα fc₂𝔅ᵛ:
Dênaba 𝔅ᵖ: δαναβα On: δεσσαβα s: δεναβαλ l
33 om δε df | βαλακ] βαλαακ iᵃmqs: βαλεκ E: βαλ l |
om εβασιλευσεν n | om αντ αυτου g | om ιωβαδ—(34) αντου
dp | ιωβαδ A] ιωαβ m | Iobab Anon²(¼) | ιωβαβ—(34) αντου
79: ιωβαδ 128): ιωβαδ E: ιωβ α(mg) Chr Anon²(¼) |
ιωβαβ Dᵐˡa(txt)yᵃˡ(ιβαβ yᵛ) rell 𝔄𝔅 Thdt: +ουτος εστιν ο ιωβ
k(mg) Anon²(¼) | om ιωβαδ A] αδαβ E | ζαρα] Zare 𝔄: βαρακ
l | εκ βοσορρας] εκοσσορας aᵛ·: εβοσσορας aᵃˡ | βοσορρας] βοσορας
ειᵃ𝔅ᵛ Thdt: βεσορρας gjnquv𝔅ᵖ: βοσσωρας l: βορρορας m
34—39 om 𝔈ᵇ
34 ιωβαβ] ιωβαβ m: ιωβαβ lᵃ¹: ιωαβαμ lᵃ·: (ιωβαχ 31) |
om και—(37) σαλαμα yᵃ(hab yᵇ in mg) | om ασομ—(35) αντου

103

A ἀντ' αὐτοῦ Ἀσὸμ ἐκ γῆς Θεμάνων. ³⁵ἀπέθανεν δὲ Ἀσόμ, καὶ ἐβασίλευσεν ἀντ' αὐτοῦ Ἀδὰδ υἱὸς ₃₅
Βαράδ, ὁ ἐκκόψας Μαδιὰμ ἐν τῷ πεδίῳ Μωάβ· καὶ ὄνομα τῇ πόλει αὐτοῦ Γεθθάιμ. ³⁶ἀπέθανεν ₃₆
δὲ Ἀδάδ, καὶ ἐβασίλευσεν ἀντ' αὐτοῦ Σαλαμὰ ἐκ Μασέκκας. ³⁷ἀπέθανεν δὲ Σαλαμά, καὶ ἐβα- ₃₇
σίλευσεν ἀντ' αὐτοῦ Σαοὺλ ἐκ Ῥοωβὼθ τῆς παρὰ ποταμόν. ³⁸ἀπέθανεν δὲ Σαούλ, καὶ ἐβασί- ₃₈
λευσεν ἀντ' αὐτοῦ Βαλαεννὼν υἱὸς Ἀχοβώρ. ³⁹ἀπέθανεν δὲ Βαλαεννὼν υἱὸς Ἀχοβώρ, καὶ ₃₉
ἐβασίλευσεν ἀντ' αὐτοῦ Ἀρὰθ υἱὸς Βαράθ· καὶ ὄνομα τῇ πόλει αὐτοῦ Φόγωρ· ὄνομα δὲ τῇ
γυναικὶ αὐτοῦ Μετεβεήλ, θυγάτηρ Ματραεὶθ υἱοῦ Μεζοόβ. ⁴⁰ταῦτα τὰ ὀνόματα τῶν ἡγεμόνων ₄₀
Ἡσαῦ ἐν ταῖς φυλαῖς αὐτῶν κατὰ τόπον αὐτῶν, ἐν ταῖς χώραις αὐτῶν καὶ ἐν τοῖς ἔθνεσιν αὐτῶν·
ἡγεμὼν Θαμνά, ἡγεμὼν Γωλά, ἡγεμὼν Ἰεβέρ, ⁴¹ἡγεμὼν Ἐλιβεμᾶς, ἡγεμὼν Ἡλᾶς, ἡγεμὼν Φινές, ₄₁

---

35 ταιδιω A          37 ρωοβωθ A¹] ρωωθ A*
38 om υιοι—(39) βαλαεννων A*(hab A¹ᵐᵍ)
39 αχοβωρ] χοβωρ A* (a suprascr A¹) | θυγατηρ ματραειθ] ηρ μα sup ras (3) A¹ᵗ

---

DEa–νχυc₂𝕬𝕭𝕮𝕷𝕾

1° f | ασομ] ασωμ egilmquc₂𝕬-codd: ασσωμ j: Asor Anonˢ |
εκ γης](pr o 83) | in terra 𝕬-ed | γης Acdp] pr της Dˢⁱˡ rell |
θεμανων] θαιμανων Dᵈⁱˡaceghikᵃloq–x: Theman Anonˢ: θαιμαν
dp: Thamnaeorum 𝕬-ed

35 ασομ] ασωμ egilmquc₂: ασσωμ j: +εκ γης θαιμαν cᵃ:
+o εκ της γης θαιμανων quyᵇ (31) [om o yᵇ [om γης 31 ]
θεμαναν yᵇ] | αυτου 1°] +υιοι ξηρα εκ βογορρας απεθανεν δε
ιοβαι και εβασιλευσεν αντ αυτου p | αδαδ] αδαθ m: αδαρ dnp:
αδδα On–cod: αραδ f | βαραδ] βαραθ q: βαρακ tc₂ Anonˢ:
βαδαδ ox: βαλαδ a: Arad 𝕭ᵖ | (14.16.77] | εκκοψας]
ερκοψας n: παταξας iᵃ¹ | μαδιαμ] Madian Anonˢ | (τω πεδιω]
τη χωρα 20) | μωαβ E | γεθθαιμ] γεθθαειμ c: γεθθεμ ctx:
γετθαιμ dnp: Cetthem Anonˢ: γεθαιμ flo: γεθεμ amc₂𝕭𝕮 On–
ed: γεθεα On–cod: τεθθαιμ iᵃ

36 om δε g | αδαδ] αδαθ dnp: αδαμ E: αδα o: αδδα r:
αραδ f: αγαδ m | σαλαμα A] ⟨Syriac⟩ 𝕾: Salma Anonˢ:
σελεμα m: σαδαμα hᵇ: αδαμα E: σαμαλακ dpt: σαμαδα eghⁿj:
σαμαα bquyᵇ: ασμαα τ: σαμοακ n: σαμαλα D rell 𝕬𝕭 | εκ] pr
o dnp: om 𝕬 | μασεκκας] βασεκκας c₂: μασεκκα m(quₒm e uᵛ):
μεσεκκας v: μασρηκα(ς) On–ed: μαασρηκα(ς) On–cod: ⟨σαμε-
εκκας 71): Samaekka 𝕭(–kas 𝕭ᵖ): σεκας m: κας l

37 σαλαμα A] ⟨Syriac⟩ 𝕾: σαλμα E: σαδαμα hᵇ: σαμα-
λακ dnpt: σαμαδα hᵃ: σαμα bquyᵇ: ασμαα τ: μαλακ o:
σαμαδα εκ σαμαλα egj (16.18.73.77) [εκ] και 73 | μασεκκας
73.77: μασεκκα 16.18: μασσεκας ejj] σαμαλα D rell 𝕬𝕭 |
σαουλ] σαου m: σαμουηλ iᵇ | εκ ρωαβωθ] pr o κπι: ex Roboth
ciuitatem Anonˢ: de ciuitate Roboth Anonˢ | ρωαβωθ] ⟨ρωαβωθ
16): ρωαβωθ fi: ⟨ρωοβωθ 31): Roboth 𝕭ᵖ: Robôth 𝕭ʷ: ραβοθ
mc₂𝕬-codd: Raboth 𝕬-ed: ρωαβωτ n: ροβωθ dpr: ⟨ρωοβωθ 30.73.
77: ρωβωθ 79): ρωαβ gj: ρωοβωθ e: ρωοβωθ τ: ⟨ρωοβωθ 20):
ρωοωθ A*: ρογωθ l: θεβωρ E | ποταμον] ποταμων cᵃ: ποτ-
αμον Defilmp: Ballaenon 𝕭ᵃ: Balaenon 𝕭ᵇ: βαλαεννωρ Ey:
⟨βαλαεννων 71): Balennon Anonˢ: βαλεννων c: +ηγεμων λωταν k | ηγεμων
Anonˢ: ⟨βαλλαων 31) | αχοβωρ] αχωβωρ b: Ochobor 𝕬: αχωβωρ
m: χοβωρ Dty: σαχοβωρi: αχοβωθ o: Agnobor Anon

39 απεθανεν—αχοβωρ] om e: om δε gl | βαλαεννων υιοι
αχοβωρ] και αυτοι d | βαλαεννων] ⟨βαλλαεννων 64): βαλεννων
Dfilmp: Balaenon 𝕭ᵇ: Balaenon 𝕭ᵇ: βαλαεννωρ Ey:
⟨βαλεννων 71): βαλλενων bqu Anonˢ: ⟨βαλλαων 31) | υιοι
αχοβωρ] pr o a: om iᵃ¹nprs𝕭 | αχοβωρ] αχοβωρ o: Ochobor
𝕬: αχωβωρ m(ναχ– mᵃ): χοβωρ A*Dby: σαχοβωρ iᵇ | om
και 1° 𝕭 | αραθ AEbhmty𝕭ᵇ] αροθ s: αραδ Dⁱˡᵍ𝕭ᵛ Anonˢ:
αραμ l: αρραt n: αδαθ acikονχc₂𝕬 On: αδδαθ r: αρδαθ qu:

αδαλ dp: δραμ f | υιοι βαραθ] pr o o: sub ÷ 𝕾: om ⟨71)
Anonˢ | βαραθ Alty𝕭] βαρα s: βαραδ dp: βαραδ DᵈⁱˡE rell 𝕬
Anonˢ: ⟨Syriac⟩ 𝕾 | φογωρ] φωγωρ f: φογγωρ np: φογυ εκ𝕬:
𝕾 | φορωρ c₂: φωοι iᵇ(uid): ⟨φροαγωρ 84) | χοβωρ l:
⟨χεβωρ 71) | ονομα δε] και ονομα Ep𝕭: om δε b | μετεβεηλ]
Metebel Anonˢ: μετεβεηλ hqtuxc₂𝕬-ed𝕭ᵖ: Metabel Anonˢ:
ματαβεηλ n: Matabeel 𝕭ᵖ: μηγιταβεηλ o: ματεβεηλ a: ματε-
βουηλ dp: ⟨μεεβεηλ 31(uid): Mesabeel 𝕬-codd: ταβεηλ c:
βεβεηλ f | θυγατηρ mᵃ | ματραειθ A] ματραθ c: Maikraiith
𝕭: ματραιθ f: ματραι hᵇ: ματρη hᵇ¹: ματραθ ir Anonˢ:
Matrab Anonˢ: ματρα mo: μαραιθ E: ματεθ c₃𝕬-ed: Matethr
𝕬-codd: ματραθαδ dnp: ατραειθ q: ματραειθ l: ματραιθ Dˢⁱˡ
rell | υιου] υιοι o | μεζοοβ AEabvry] μεζοοι D: μαιζοοβ
ikquχ: μεζωοβ cgjm: μεζωβ h Anonˢ: Mesab Anonˢ: Masob
𝕬: Mezob 𝕭ᵇ: μεζοοφ dnp: ⟨μεζοωβ 76.84): μεζεωφ t: μεζοο-
φου c₂: μεζοοκ s: μαιζοολ f: μεζοι l: ⟨μεζεβωβ 79): μεζεβωοβ
e: ⟨μεζεβωβ 18): Ezob 𝕭ᵇ: δεζοοι o

40 ταυτα—ηγεμονων] pr και κχ𝕭: hi sunt duces 𝕭ᵇ | ονο-
ματα] σα.ματα b | των ηγεμονων] pr filiorum Esau et 𝕭 | ⟨των
υιων 25) | +ουτοι ηγεμονες του χορραιου του υιου σιειρ εν τη γη
εδωμ εγενοντο οι υιοι λωταν χορρι και αιμαν αδελφοι δε λωταν
in omni loco 𝕬 | τοπον] τοπων fgxᵃ: τοπους κ𝕭𝕬: προσωπον
D | αυτων 2°] +των τοις ονομασιν αυτων qu (31.128) ⟨om τοις
31.128) | om εν 2°—(43) αυτων E | om εν 2°—και moc₂ | εν
2°] pr και k | om και ac | om εν 3° l | εθνεσιν] ονομασιν mc₂ |
αυτων 4°] sub — 𝕾: +εν τοις ονομασιν αυτων ackx𝕬(pr και kx) |
ηγεμων θαμνα] om g: om ηγεμων | θαμνα] Thamana 𝕭:
θαιμαν efⁱij: θεμαr fᵇ Anonˢ: Elibamas dux Themna 𝕭ᵛ |
om ηγεμων 2° dl | γωλα] γολα dlp: γαλα 𝕭: Golla Anonˢ:
αλοια On–ed: αλλουθ On–cod: θαμρα egjr: θαμραν fi: λωιαν
amxc₂𝕬𝕾 | λωλαν o: ιωταν c: +ηγεμων λωταν k | ηγεμων
3°] om d: +ηγεμων l | ιεβερ A] ιεβεθ DⁱˡEbbqhqsuvy: ιαβερ
On | ιεθεθ aclot: ιεθαθ x: ιεθαλ k𝕭𝕭ᵛ: ιεθεα c₂: ⟨Syriac⟩ 𝕾:
Jepthe Anonˢ: ιεθοομ dp: ιεσλεθ m: Theth 𝕭ᵛ: θεμ ηγεμων
fir: θεμραν gj: φηνων e

41 ηγεμων—ηλας] om f𝕭ⁱˡ: om ηγεμων l | ελιβεμας]
ελιβαμας h: ελιβεμα n: ελιβαμας c₂𝕭ᵇ: ελιεβαμας D(uid):
ελιβαμαν dp: Elimas Anonˢ: Telimas Anonˢ: ολιβεμαν os:
ελιβαμας acm On–ap–hier: ολιβαμα kx: Olibamasa 𝕬: ιαγμα
gijr: γολα e | ηγεμων 2°] om d: +ηγεμων l | ηλας] ηλας
nptc₂: ηλιας d: ηλα acox𝕬: οιλα m: ηλαθ On: Alas
𝕭ᵇ: Malas 𝕭ᵇ: κερεξ fgijr: κεναξ e | om ηγεμων 3° dl | φινες
A] φινων Ebchlqtuvyc₂𝕬 On Anonˢ: Pynon Anonˢ: φεινων
Dadkpx: φηνων mn𝕭: φαινων o: φειλων s: ιεθερ egjr: ιεθεθ fi

---

⁴² ⁴²ἡγεμὼν Κενέζ, ἡγεμὼν Θαιμάν, ἡγεμὼν Μαζάρ, ⁴³ἡγεμὼν Μετοδιηλ, ἡγεμὼν Ζαφωεί· οὗτοι Α
⁴³ ἡγεμόνες Ἐδὼμ ἐν ταῖς κατῳκοδομημέναις ἐν τῇ γῇ τῆς κτήσεως αὐτῶν. οὗτος Ἡσαὺ πατὴρ
Ἐδώμ.

XXXVII ¹⁄₂  ¹¹Κατῴκει δὲ Ἰακὼβ ἐν τῇ γῇ οὗ παρῴκησεν ὁ πατὴρ αὐτοῦ, ἐν γῇ Χανάαν. ²αὗται δὲ αἱ § Lw
γενέσεις Ἰακώβ. Ἰωσὴφ δέκα ἑπτὰ ἐτῶν ἦν ποιμαίνων μετὰ τῶν ἀδελφῶν αὐτοῦ τὰ πρόβατα,
ὢν νέος, μετὰ τῶν υἱῶν Βάλλας καὶ μετὰ τῶν υἱῶν Ζέλφας τῶν γυναικῶν τοῦ πατρὸς αὐτοῦ·
3 κατήνεγκαν δὲ Ἰωσὴφ ψόγον πονηρὸν πρὸς Ἰσραὴλ τὸν πατέρα αὐτῶν.  ³Ἰακὼβ δὲ ἠγάπα τὸν
Ἰωσὴφ παρὰ πάντας τοὺς ⁴υἱοὺς αὐτοῦ, ὅτι υἱὸς γήρους ἦν αὐτῷ· ἐποίησεν δὲ αὐτῷ χιτῶνα § Δ₄
4 ποικίλον.  ⁴ἰδόντες δὲ οἱ ἀδελφοὶ αὐτοῦ ὅτι αὐτὸν ἐφίλει ὁ πατὴρ αὐτοῦ ἐκ πάντων τῶν υἱῶν ¶ ¶ Δ₄
5 αὐτοῦ, ἐμίσησαν αὐτόν, καὶ οὐκ ἐδύναντο λαλεῖν αὐτῷ οὐδὲν εἰρηνικόν. ⁵ἐνυπνιασθεὶς δὲ Ἰωσὴφ
6 ἐνύπνιον ἀπήγγειλεν αὐτὸ τοῖς ἀδελφοῖς αὐτοῦ, ⁶καὶ εἶπεν αὐτοῖς Ἀκούσατε τοῦ ἐνυπνίου τούτου
7 οὗ ἐνυπνιάσθην. ⁷ᾤμην ὑμᾶς δεσμεύειν δράγματα ἐν μέσῳ τῷ πεδίῳ· καὶ ⁸ἀνέστη τὸ ἐμὸν § L'

---

XXXVII 3 ηγατα] ηγα Α      4 ειδοντες Α | εμεισησαν D | ηδιναρτο DᵐᵉE
6 ηνυπνιασθην D      7 δραγματα 1°] δραχματα ADE | εμμεσω Α | παιδιω Α

DE(LΔ₄)a-v(w)xyc₂ⰁⰂⰃE(L')ⰄⰅ

---

42 ηγεμων 1°] +ηγεμων | | κενεζ] καιρεζ m: κενες bty: κενας On: κενεζης qu: *Genes* Anon°: *Ceneths* Anon²: μαζαρ ef giᵃ¹jr: μαζερ iᵃ | om ηγεμων θαιμαν c₂ | om ηγεμων 2° dl | θαιμαρ] θεμαρ Ebcdnp: θημαρ k: *Themma* Anon: ܡܐܙܪ Ѕ: ελιβεμας r: ελιβεμα e: ελειβεμα j: ελιβεναι fi: ελιβελα g | ηγεμαν 3°] om d: +ηγεμων l | μαζαρ] μαζερ q Anon¹: μασαρ On-cod(uid): μαβσαρ x On-ed: *Nazar* 𝔅ᵇ: *Azar* 𝔅ᵃ: μετεδιηλ r: μεγεδιηλ fgij: μαγεδιηλ r

43 om ηγεμων 1° dl | μετοδιηλ A] incert D: μεγοδιηλ y: μεγεδιηλ hqtuc₂: μαγεδιηλ abcklovx On Anon: *Magedei*/𝔅: *Negediel* 𝔅ᵇ: γεμεδιηλ n: εγεδιηλ d: ιγεδιηλ p: μαλελιηλ E: *Maliel* 𝔅ʷ: μαγαδιειθ m: μαγεδι s: ηλας r: ιλας egj: ηλα fi(uid) | ηγεμων 2° om df: +ηγεμων l | ζαφωει A] ζαφωει ς: ζαφωειμ gij On: ζαφοειμ m: ܙܦܘܥܝܡ Ѕ: ζαιφωειμ k: ζοφωειμ n: ζοφοειμ dp: ζαιφωειμ f: ζαφωει j: ζαφωειμ bt: ζαφοειν c₂: ζαφωειν DE rell: *Zaphain* 𝔅: *Zaboin* 𝔄: *Eram Fasoin* Anon (-son Anon°) | ηγεμονες] pr οι y𝔅 | εδωμ 1°] αυδωμ n | εν 1°] ταις πολεσι 7b) | κατωκοδομημεναις] κατωκοδομησασιν o: +αυτων y𝔅 | om εν 2° om τη n | ηγεμων] κτισεως bfhijmoxc₂*: κατωκησεως Ednp | ουτος] pr et 𝔄E: ουτοι f: αυτος egj: +ot | πατηρ] pr om: παρ p

XXXVII 1 κατωκει] κατωκησε egj𝔅𝔈: παρωκησε iᵃᵗ Chr | ου—χανααν] αυτου l | ου] η fmr: ην h(uid) | om ο πατηρ αυτου E

2 om δε 1° b𝔅ᵖ⁽ᵃ⁾) | ιωσηφ 1°] +δε fqu𝔅ʷ𝔈 | δεκα—ην] επτα και δεκα ετων ην Phil-codd: ετων δεκα επτα ην aosc₂: ετων επτα και δεκα ην c: ετων ην ιζ' m: ην ετων ιζ' f | εστα] pr και Equ Cyr½ | ετων] post ην r Cyr½ | ην ποιμαινων] εποιμενε n: γεγονως ποιμαινων ην Cyr-ed½: ην ποιμαινων μετα 1°—αυτου 1°] post προβατα 𝔏Ѕ: om w: om αυτου L Phil | προβατα] +του πρς αυτου Dbe-krsw𝔅𝔈: (+του πρς αυτων 79) | αι πρς reοι ων Cyr: om n | μετα 2°—ζελφας] pr μετα των υιων λιας και d(om και)ny: των υιοις βελλας και υιοις ζεαφας Phil-codd | βαλλας] βαλας dc₂*: λειαι βαλας p | om μετα των υιων 2° p om των 4° L Phil-codd | γυναικων] καλλακων v(mg) | om των Phil-ed | κατηνεγκαν] κατηνεγκεν Laᵃdf iᵃkmnptx𝔖 Cyr-ed½: (απηνεγκαν 20): επηνεγκαν Chr-ed½:

3 ιακωβ] ιπλ Dacxc₂𝔄Ѕ | ηγαπησεν L | υιους] .ιους Δ₄: αδελφους DEy | υιος γηρους] pr ο h: ..σοφων Δ₄ | ην αυτω] (εν αυτω 107): cins erat 𝔄𝔅 | εποιησεν δε]...εποιησεν Δ₄ | αυτω 2°] αυτω m

4 δε] om Δ₄d: +αυτον D(+D)L | om αυτου 1° LΔ₄(uid) Chr½ | αυτον 1°—αυτου 3°] ο πηρ αυτον περισσοτερον των αλλων φιλει p | αυτου 1°—πατηρ] ο πατηρ αυτον φιλει Chr½ Cyr | αυτου αυτου φιλει αυτον de | om αυτον e | εφιλει—αυτου 3°] ο πατηρ αυτου φιλει Chr½ | εφιλει ο πατηρ] φιλει ο πηρ abckmoyѕ: ο πηρ φιλει Dᵐᵉ(Dᵘⁱᵈ)ELe–jlnq–w(εφιλει iᵃr) Or-gr Chr½ | εφιλει] ηγα.. Δ₄: amat 𝔅 | αυτου 2° A𝔅 Chr½| αυτων Δ₄acmⰆᶜᶠ: om DᵐᵉEL rell 𝔄Ѕ Or-gr Chr½ Cyr | εκ—υιων] παρα παντας τους υιους h(uid)𝔅(uid): *cui super omnibus fratribus* 𝔈ᵖ | om των υιων αυτου 𝔈ᶜ | (αυτου 3° αυτον 79) | ⟨εμισησαν⟩ εζηλωσαν 71) | αυτου 2°] +οι αδελφοι Ldhlnp: +οι αδελφοι αυτου D(+D)bfikrstw𝔅𝔈ᵖ | ηδυναντο λαλειν αυτω Chr½ | λαλειν] post αυτω Lb(αυτο)efhikn | λαλησαι l: λαβειν m | αυτω] αυτον m* | ουδεν D(+D)Laklm oswc₂ | ειρηνικον] επιεικιον m

5 ενυπνιασθεις] ενυπνιασθεν n: ερυπνιασθη s | δε] ουν f | om αυτω 1° κατα s𝔅ʷ: απηγγειλεν l | αυτο] αυτω Eˢ(ο supra-scr Eᵇ)bfijn: om D(contra D)acegjkmqs–vxc₂𝔄Еѕ Chr | αυτο] +και προσεθηκαν ετι μισειν αυτον acmoxc₂𝔄Ѕ(sub ※) [ετι] του c₂ | αυτω 2°]

6 om αυτοις h | ακουσατε] ακουσα m: +δη ck: +μου (20) Chr-ed | του—ου] το ενυπνιον τουτο ο c₂ | om μου k𝔅: μου f: om dpy𝔄 | ου ενυπνιασθην] ου ενυπνιασαμην Lbdnpw: om Chr

7 ωμην—πεδιω] *ecce eramus in campo (medio campi* 𝔅ᵇ) *ligantes manipulos* 𝔅 | ωμην—δραγματα 1°] *uidebam manipulos uestros* 𝔈 | ωμη] οιωμη n: *uidebam* Ѕ: +εγω | υμας] ημας fikmn*x𝔄 Phil-ed Chr-codd Cyr-ed: om c₂ | δεσμευειν] post δραγματα 1° 𝔄𝔈: δεσμευιν c₂ | om μεσω Do𝔄 | του πεδιου Ecdfilmnprwc₂ | και ανεστη] ....rexit 𝔏: ανεστη δε Phil |

XXXVII 2 κατηνεγκαν—πονηρον] σ' *et ferebat Ioseph calumniam malam super eos* Ѕ | κατηνεγκαν] α' ο συροι και ο εβραιος κατηνεγκεν jc₂(om α'): α' κατηνεγκεν σ' και εφερεν v
3 ποικιλον] α' στραγαλωτον σ' χειριδωτον η καρπωτον v

A δράγμα καὶ ὠρθώθη· περιστραφέντα δὲ τὰ δράγματα ὑμῶν προσεκύνησαν τὸ ἐμὸν δράγμα. 8εἶπαν δὲ αὐτῷ οἱ ἀδελφοί Μὴ βασιλεύων βασιλεύσεις ἐφ' ἡμᾶς, ἢ κυριεύων κυριεύσεις ἡμῶν; 8 καὶ προσέθεντο ἔτι μισεῖν αὐτὸν ἔνεκεν τῶν ἐνυπνίων αὐτοῦ καὶ ἔνεκεν τῶν ῥημάτων αὐτοῦ. § Δ₄ 9Ἴδεν δὲ ἐνύπνιον ἕτερον, καὶ διηγήσατο αὐτὸ τῷ πατρὶ αὐτοῦ καὶ τοῖς ἀδελφοῖς αὐτοῦ, καὶ εἶπεν 9 ¶ Δ₄ Ἰδοὺ ἐνυπνιάσθην ἐνύπνιον ἕτερον· ὥσπερ ὁ ἥλιος καὶ ἡ σελήνη καὶ ἕνδεκα¶ ἀστέρες προσεκύνουν με. 10καὶ ἐπετίμησεν αὐτῷ ὁ πατὴρ αὐτοῦ καὶ εἶπεν Τί τὸ ἐνύπνιον τοῦτο ὃ ἐνυπνιάσθης; ἀρά 10 γε ἐλθόντες ἐλευσόμεθα ἐγώ τε καὶ ἡ μήτηρ σου καὶ οἱ ἀδελφοί σου προσκυνῆσαί σοι ἐπὶ τὴν γῆν; 11ἐζήλωσαν δὲ αὐτὸν οἱ ἀδελφοὶ αὐτοῦ· ὁ δὲ πατὴρ αὐτοῦ διετήρησεν τὸ ῥῆμα. 12Ἐπο- 11 ρεύθησαν δὲ οἱ ἀδελφοὶ αὐτοῦ βόσκειν τὰ πρόβατα τοῦ πατρὸς αὐτῶν εἰς Συχέμ. 13καὶ εἶπεν 13 Ἰσραὴλ πρὸς Ἰωσήφ Οὐχ οἱ ἀδελφοί σου ποιμαίνουσιν ἐν Συχέμ; δεῦρο ἀποστείλω σε πρὸς αὐτούς. εἶπεν δὲ αὐτῷ Ἰδοὺ ἐγώ. 14εἶπεν δὲ αὐτῷ Ἰσραὴλ Πορευθεὶς ἴδε εἰ ὑγιαίνουσιν οἱ 14 ἀδελφοί σου καὶ τὰ πρόβατα, καὶ ἀνάγγειλόν μοι. καὶ ἀπέστειλεν αὐτὸν ἐκ τῆς κοιλάδος τῆς Χεβρών· καὶ ἦλθεν εἰς Συχέμ. 15καὶ εὗρεν αὐτὸν ἄνθρωπος πλανώμενον ἐν τῷ πεδίῳ· ἠρώτησεν 15 δὲ αὐτὸν ὁ ἄνθρωπος λέγων Τί ζητεῖς; 16ὁ δὲ εἶπεν Τοὺς ἀδελφούς μου ζητῶ· ἀπάγγειλόν μοι 16 ποῦ βόσκουσιν. 17εἶπεν δὲ αὐτῷ ὁ ἄνθρωπος Ἀπήρκασιν ἐντεῦθεν· ἤκουσα γὰρ αὐτῶν λεγόντων 17

---

7 δραγμα 1°] δραχμα ADE | δραγματα 2°] δραγχματα A: δραχματα DE | δραγμα 2°] δραγχμα A: δραχμα D
9 ειδε[ν] D<sup>sil</sup>      10 επετειμησεν A
14 και 2°] ει A      15 πλανομενον E*(-ρωμ- E<sup>b</sup>) | παιδιω AE*(πεδ- E<sup>a</sup>)

---

DEL(Δ₄)a–yc₂𝔄𝔅𝔈𝔏𝔖

aπωρθωθη dfi<sup>a</sup>jlnprtw Chr | περιστραφεντα δε] και περιστραφεντα ackmopxc₂𝔏: om δε d𝔅<sup>b</sup> | δραγματα υμων] υμων δραγματα mr: υμετερα δραγματα Chr♣ | προσεκυνησεν b | το εμον δραγμα 2°] τω εμω δραγματι Cyr-ed

8 ειπον a–dfim–pc₂ | om και 1°( αι αδελφοι) om y𝔈: +αυτου D<sup>sil</sup>Eabce–hikmqrsuw𝔄𝔅𝔏𝔖 | om βασιλευων dp | βασιλευσης f–ikorsx<sup>a</sup>c₂ Phil–cod-unic Chr-ed | om εφ f<sup>*</sup>g<sup>*</sup>h | ημας] ημιν p<sup>*</sup>: ημων ahilmortx: ημιν Phil | κυριευσεις] κυριευσης f–ikkx<sup>a</sup> Phil-cod-unic Chr-ed: κυριευεις E | ημων] ημιν l: ημας f: εφ ημας c | προσεθετο n | ετι] pr το m𝔅𝔅 Phil: ⟨+το 18⟩ | ενεκεν 1°] ενεκα Phil | om των 1°—ενεκεν 2° m | του ενυπνιου p𝔈 | αυτου 1°] αυτων b | om και 2°—αυτου 2° Lf x𝔅-cod | ενεκεν 2°] ενεκα Phil | των 2°] pr ιωσηφ Chr | ρηματων] λογων E | αυτου 2°] τουτων m

9 ειπον a–dfgiwxc₂ | ενυπνιασθη Δ₄ | δε] +και d | ενυπνιον 1°] post ετερον 1° fikrw𝔄𝔏 | om και 1°—ετερον 2° p | διηγησατο απηγγειλεν w | αυτο] αυτω cdhn*y: om Ej𝔄 Phil | τω—και 2°] + patri suo 𝔏 + et 𝔙 𝔖: om Δ₄(uid)𝔅<sup>w</sup> | om αυτου 2° m𝔈 | αυτου 2°] om Cyr-cod: +et patri suo 𝔅<sup>w</sup> | om ιδου—ετερον 2° Phil | ενυπνιασθην Aefgjmy] pr ego 𝔅<sup>w</sup>: ενυπνιασθεις ενυπνιασμον i: ενυπνιασαμην D<sup>sil</sup>E rell Cyr(post ενυπνιον 2° l Cyr-cod): uidebam 𝔄: om L | ενυπνιον ετερον 2°] aliud somnium 𝔏 | ωσπερ] ωμπερ στι περ f: και ιδου Δ₄: et ita somnium eius 𝔈: +ecce 𝔅 | om o f<sup>*</sup> Phil-cod-unic♣ | om η Chr | ενδεκα] pr οι m: ε.....Δ₄: οι L Or-gr | με] μοι In Or-gr Chr

10 και 1°] pr και διηγησατο αυτο τω πρι αυτου και τοις αδελφοις αυτου acmxc₂𝔄(sub ※) | om αυτου Phil | ειπεν A𝔅𝔅<sup>b</sup> Phil] +αυτω k: +αυτω D<sup>sil</sup>EL rell 𝔅<sup>w</sup>𝔈𝔏𝔖 Chr Cyr | τουτο το ενυπνιον jv | τουτο] om c₂𝔄 Phil♣: +fili mi 𝔅 | om o 2° Phil♣ | ενυπνιασθης] ενυπνιασθεις c: +τεκνον fi<sup>a</sup>r | om ελθοντες p𝔈 Phil♣ Chr♣ | om τε fikms xc₂ Phil | om σου 1° Phil♣(om 2° Phil♣ Chr♣ | προσκυνησουσιν b | σοι] σε mpt Phil♣

11 om δε 1° g | αυτον] post αυτου 1° m: om Lr* Chr | om αι r° | om αυτου 1° Phil | om α—αυτου 2° y* | αυτου 2°] εστων 𝔅<sup>ip</sup>: om dfikm–pwc₂𝔄𝔏 Phil Chr | διετηρησεν E𝔄𝔅 Cyr: notauit sibi 𝔏

12 (om totum comma 31) | ⟨βοσκειν⟩ pr του 18⟩ | προβατα +αυτων v(mg) | om του πατρος 𝔅<sup>ip</sup> | εις] εις dp

13 ισραηλ προς ιωσηφ] προς ιωσηφ ο πηρ αυτου ε | προς 1°] τω οι | ουχ] ουχι deginpu Cyr-ed(+γαρ): ουκ ιδου 𝔅<sup>b</sup> Chr♣ Cyr-cod(+γαρ): ιδου Phil♣: om 𝔈<sup>b</sup> | om οι n | ποιμαινουσιν] προσεμενουσιν dp: βοσκουσιν 𝔏: om 𝔈 | εν] εις D<sup>sil</sup>ELabc e–kqrsuvyc₂ Chr | συχεμ Cyr-ed | δευρο] +και α: +ουν Phil♣ | αποστειλω] αποστελω deginpy Cyr-ed: αποστελλω f | ειπεν δε] o δε ειπεν Phil♣: και ειπεν ht Cyr: et respondit 𝔏 | ειπεν δε—(14) δε mw | αυτω] ιωσηφ df: om h𝔏 Phil♣: +ιωσηφ nop𝔅<sup>w</sup>

14 ειπεν δε] και ειπεν hk | αυτω] post αυτον m: om egj | ισραηλ] sub — ※: (ο πηρ 71): om c𝔈𝔏 Phil Chr | πορευθεις] +δη k | om ει cejw | σου] σοι t: om n | και 1°] ει A: om cd | om τα προβατα 𝔈 | αναγγειλον] απαγγειλον D<sup>sil</sup>dknopv(txt) x | μοι] +ρημα acmxc₂𝔄(uid)𝔖(sub ※): +το ρημα v(mg) | και αποστειλεν] απεστειλεν δε dp | χεβρων v: χεφρων p: χεμβρων j: χελβαν L | ηλθον c₂*: συχεμ] Sych 𝔏

15 αυτον 1°] post ανθρωπος 1° Phil-ed♣: αυτω f | εν τω πεδιω] εν τη οδω y Phil♣: τη οδω w | ηρωτησεν δε] και ηρωτησεν egj Phil♣: και επηρωτησεν v(mg)w: et interrogauit 𝔏: om de h | om ο ανθρωπος 𝔈 Phil♣ | om λεγων bwc₂𝔏 Phil | τι ζητεις] quid quaereret 𝔏

16 ο δε ειπεν] et dixit ei Ioseph 𝔈: +αυτοις Lir | τους—(17) δε] om f: om τους—ζητω 𝔈 | ζητω] pr εγω Phil♣ | απαγγειλον D(+D)La–dhikm–prsvwxc₂ Phil Chr | μοι] +δη k | βοσκουσιν] +fratres mei 𝔏

17 om δε Phil-cod♣ | αυτω] post ανθρωπος Phil-cod♣: om s | ⟨om ο 31⟩ | απηρκασιν] απηρασιν l: απηρασιν i*(uid)m: απηραν i<sup>a</sup> | ηκουσα γαρ] et audiui 𝔄𝔈(+autem) | γαρ] autem

---

7 περιστραφεντα δε] α' και ιδου εκεκλωσα σ' και ωσαει περιεκυκλωσαν ν
14 ει—προβατα] α'σ' την ειρηνην των αδελφων σου και την ειρηνην των βοσκηματων σου j(sine nom)ν𝔖[σου 2°] εστιν𝔛]: α' την ειρηνην των αδελφων σου και των βοσκηματων c₂

Πορευθῶμεν εἰς Δωθάειμ. καὶ ἐπορεύθη Ἰωσὴφ κατόπισθεν τῶν ἀδελφῶν αὐτοῦ, καὶ εὗρεν Α
18 ⸀αὐτοὺς⸀ εἰς Δωθάειμ. ¹⁸προῖδον δὲ αὐτὸν μακρόθεν πρὸ τοῦ ἐγγίσαι αὐτὸν πρὸς αὐτούς· καὶ
19 ἐπορεύοντο ἀποκτεῖναι αὐτόν. ¹⁹εἶπαν δὲ ἕκαστος⁑ πρὸς τὸν ἀδελφὸν αὐτοῦ Ἰδοὺ ὁ ἐνυπνια- ⁑ L
20 στὴς ἐκεῖνος ἔρχεται· ²⁰νῦν οὖν δεῦτε ἀποκτείνωμεν αὐτόν, καὶ ῥίψομεν αὐτὸν εἰς ἕνα τῶν λάκκων,
21 καὶ ἐροῦμεν Θηρίον πονηρὸν κατέφαγεν αὐτόν· καὶ ὀψόμεθα τί ἐστιν τὰ ἐνύπνια αὐτοῦ. ²¹ἀκού-
σας δὲ Ῥουβὴν ἐξείλατο αὐτὸν ἐκ τῶν χειρῶν αὐτῶν, καὶ εἶπεν Οὐ πατάξομεν αὐτὸν εἰς ψυχήν.
22 ²²εἶπεν δὲ αὐτοῖς Ῥουβήν Μὴ ἐκχέητε αἷμα· ἐμβάλετε δὲ αὐτὸν εἰς ἕνα τῶν λάκκων τῶν ἐν τῇ
ἐρήμῳ, χεῖρα δὲ μὴ ἐπενέγκητε αὐτῷ· ὅπως ἐξέληται αὐτὸν ἐκ τῶν χειρῶν καὶ ἀποδῷ
23 αὐτὸν τῷ πατρὶ αὐτοῦ. ²³ἐγένετο δὲ ἡνίκα ἦλθεν Ἰωσὴφ πρὸς τοὺς ἀδελφοὺς αὐτοῦ, ἐξέδυσαν
24 τὸν Ἰωσὴφ τὸν χιτῶνα τὸν ποικίλον τὸν περὶ αὐτόν, ²⁴καὶ λαβόντες αὐτὸν ἔρριψαν εἰς τὸν
25 λάκκον· ὁ δὲ λάκκος ἐκεῖνος ὕδωρ οὐκ εἶχεν. ²⁵ἐκάθισαν δὲ φαγεῖν ἄρτον· καὶ ἀναβλέψαντες
τοῖς ὀφθαλμοῖς ἴδον, καὶ ἰδοὺ ὁδοιπόροι Ἰσμαηλεῖται ἤρχοντο ἐκ Γαλαάδ, καὶ οἱ κάμηλοι αὐτῶν
26 ἔγεμον θυμιαμάτων καὶ ῥιτίνης καὶ στακτῆς· ἐπορεύοντο δὲ καταγαγεῖν εἰς Αἴγυπτον. ²⁶εἶπεν
δὲ Ἰούδας πρὸς τοὺς ἀδελφοὺς αὐτοῦ Τί χρήσιμον ἐὰν ἀποκτείνωμεν τὸν ἀδελφὸν ἡμῶν καὶ

---

17 αδελφων—αυτους] om και ευρεν αυτους Α*ᵘⁱᵈ(φων αυτου και in mg, ευρε sup ras Αᵇ, αυτου loco αυτους Α)
18 προειδον DE | αυτον 1°] αντω E          22 εκχεηται A | εξεληται D          23 χιτωνα E
25 εκαθεισαν A | ισμαηλιται Dᵈⁱˡ(Dᵘⁱᵈ)E          26 αδελφον E*(-ον Eᵃ)

---

*DE*(L)a-yc₂ 𝔄𝔅𝔈𝔏'𝔖

𝔏 | πορευθωμεν] πορευσωμεθα m: *ibimus* 𝔈 | δωθαειμ 1°]
δωθαιμ t: δωθαην n: δοθαειμ Lepwc₂: δοθαιμ Cyr: δοθαημ d:
δωθαειν k: δωθαιν Phil⅓: *Dothain* 𝔏: δωθασιμ qu: δωθαμα l:
δωθαειμ m: δομεθαειμ Chr-ed | om και 1°—δωθαειμ 2° E |
ιωσηφ] pr o f: +εις δωθαειμ k | κατοπισθεν] κατοπισω i: κατοπιν
Phil: οπισθεν egj: οπισω f | εις 2°] εν Labdfik-npqs-xc₂
𝔅(uid) Phil: om 𝔏 | δωθαειμ 2°] δωθαειν t: δοθαειμ Lepwc₂:
δοθαημ d: δωθαειν k: δωθαιν Phil: *Dothain* 𝔏: δωθασιμ qu⅓
δωθαειμ m
18 om totum comma d | προιδοντες fy𝔅 | δε] γαρ p: (om
31) | αυτον 1°] +*fratres* 𝔄𝔅(+*eius*) | μακροθεν] pr απο a |
om αυτον 2° *D*ELeghjlqsu | om αυτον Chr | om
και f𝔅 | επορευοντο A] επορευοντο eginops𝔄𝔅𝔈: επορευοντο
*D*(+*D*ᵈⁱˡ)EL rell 𝔏𝔖 Chr | αποκτειναι Aquy Chr⅓] pr
του *D*ᵈⁱˡEL rell Chr⅓
19 ειπαν] ειπον dnp: ειπεν abcfiklmorwc₂𝔅 Chr | (των
αδελφων αυτου] αλληλους 107) | αδελφον] πλησιον egj | ιδου]
ιδε Cyr⅓ | ενυπνιασθεις dfgp(-θη)qt | εκεινος] om m𝔄: +του w
20 om νυν w 𝔰𝔄𝔈 Chr⅓ | δευτε c₂ | αποκτεινωμεν bo |
ριψομεν Acᵃd] ριψωμεν DEcᵉ rell 𝔅𝔈𝔏 Chr Cyr | om αυτον
2° (31) | εις] εφ Cyr | των λακκων] λακκον 𝔦𝔏: +τουτων
l𝔅𝔈 | ερουμεν] ειπωμεν Chr⅓: *dicamus* 𝔈 | om πονηρον l |
(εφαγεν 14.16.130) | οψομεθα] οψωμεθα ai*ⁿlnty Chr⅓: *ιδωμεν*
Chr⅓: *uideamus* 𝔈: γνωσομεθα fiᵇ𝔅ᵇ | εστιν Ay𝔈(uid)] εσται
DE rell 𝔏𝔖 Chr Cyr: *facient* 𝔅
21 ρουβην] ρουβιμ tx*ᵃ⁷: ρουβημ hkq: ρουβειμ emp Chr Cyr-
ed: ρουβιμ dfgijln | εξειλατο] εξειλετο eghᵇjnqtuc₂: εξελετο c |
εκ των χειρων] (εκ της χειρος 107): εκ χειρος p: *e manu* 𝔈 |
και ειπεν] λεγων Cyr: om w | αποκτεινωμεν Cyr: om α |
bfghnvy𝔅ᵇ𝔏 Chr: παταξομεθα] *occideritis* 𝔈 | εις ψυχην] εν
ψυχη n
22 ειπεν—ρουβην] et 𝔈: om d Chr | αυτοις] αυτω p:
om n | ρουβην] ρουβιμ tx*ᵃ⁷: ρουβημ hkq: ρουβειμ emp Cyr-
ed: ρουβιμ fgijln | εκχεητε] εκχεετε cdfmpquw(-ται cdf) |
αιμα] om p: +*eius* 𝔅𝔏𝔈ᵈ | εμβαλετε δε] αλλα εμβαλε

---

λετε (128) Chr⅓ | εμβαλετε] εμβαλετο t: εμβαλατε dhᵇn:
εμβαλλετε fm Chr Cyr-ed: εμβαλλατε *D*(?) | om δε 2°
*D*ᵈⁱˡEdegjklnpqstuv(txt)xc₂𝔅𝔈𝔖 Chr⅓ | Cyr | ενα των λακκων
Ay] +τουτων *D*(?)bfirw𝔅ᵇᵖ𝔈 Cyr-ed: τον λακκον τουτον *D*(?)E
rell 𝔅ᵇ(om τουτον)𝔏𝔖 Chr Cyr-cod: *cisternam unam* 𝔄 |
των 2° AD(?)biry𝔅ᵇᵖ𝔈 Cyr-ed] om cfl-ow𝔄: τον *D*(?)E
rell 𝔅ᵇ𝔏𝔖 Chr Cyr-cod | om εν τη ερημω t | επενεγ-
κητε] ενεγκητε mp: ενεγκετε d: (ενεγκατε 107): *inferamus* 𝔅
οπως] (pr εξητε γαρ 31.83): pr ειπε δε ουτως Cyr-ed: pr *hoc
autem dixit* 𝔄: pr *et ita dicebat Robel* 𝔈: pr et 𝔈ᶠᵖ | εξεληται]
εξελεται Ebclnt: εξειλατο p | αυτον 2°] +*cupiuit* 𝔈ᶠ | εκ
των χειρων] e manu 𝔈 | και] ελεγεν δε ταυτα οτι k: +ειπεν
ταυτα οτις m | αυτου] αυτω dp𝔖: +*dicebat hoc* 𝔈
23 εγενετο δε ηνικα] ηνικα δε d | (προς a17 79): om ιωσηφ]
pr αυτον g: αυτον nv(mg)𝔈: om 𝔄: om των *D*ᵈⁱˡabdiᵇmowxc₂ |
χιτωνα τον ποικιλον] ποικιλον χιτωνα p | χιτωνα] +αυτου Dacfk
moxc₂𝔄𝔖(sub *) | τον περι αυτον] ab eo 𝔄: om fn Chr |
αυτου] αυτω d
24 om και λαβοντες c𝔅ᵇᵖ | αυτον ερριψαν] ερριψαν αυτον
c𝔅ᵇᵖ: om αυτον k: +αυτον lqtul𝔅ᵇ𝔖 | εκεινος Adnpy Cyr-
cod] om l: +κενος k: κενος D(+*D*ᵈⁱˡ)E rell 𝔅𝔏(+*erat*)𝔖 Clem
Cyr-ed: ην κενος (20) 𝔅𝔖 Chr: *nouus* 𝔈 | ειχεν] εχων kquw Chr
25 φαγειν] pr του Chr | αρτους v(mg)𝔏(uid) | και ανα-
βλεψαντες] αναβλεψαντες δε m | ιδον και] ορωσι και τ 𝔅ᵇᵖ:
om και 𝔄 | οδοιποροι—γαλααδ] *mercator aliquis ueniebat e
Galaad Ismaelites is* 𝔈ᶠᵖ | ισμαηλειται] ισμαλιται w: +εμποροι
dfiᵇ⁷npt Thdt(uid) | ηρχοντο] ηλθον ο | εκ fnc₂ | γαλααδ]
pr της γης 31: pr γης 20: γαλαδς 79) | οι Afioy] om g*: αι
DEgᵃ⁷ rell | (εγεμον 20) | om και 4° dp𝔄 | ριτ. και
στακ.] *styracis et resinae* 𝔄 | ριτινης] ρητινης *D*ᵈⁱˡabcefhilrstvwyc₂:
ρεστινης k: (ρηνιν 130ᵇ) | στακτης] στακτη E: (κιαγαρι 130ᵇ) |
επορευοντο] επορευετο c: επορευοντο ο | καταγαγειν] καταγειν
Eb: (απαγαγειν 18): *euntes* 𝔅ᵇᵖ(uid): *et descendebant* 𝔈
26 χρησιμον] (το κερδος 32: οτι 18) | αποκτεινωμεν bikm
x*¹ | om και—αυτου 2° f | κρυψομεν bdkmsx*¹c₂

---

18 επορευοντο] α´ σ´ εδολιευσαντο ·j(sine nom): α´ σ´ εδολιευοντο v          25 θυμιαματων] α´ στυρακος jv
26 τι χρησιμον] α´ πλεονεκτημα αλλοι δε τι κερδος j: α´ τι πλεονεκτημα σ´ τι κερδος vc₂: α´ σ´ *quid lucrum* 𝔖 | χρησιμον]
το πλεονεκτημα αλλοι δε το κερδος c

Α κρύψωμεν τὸ αἷμα αὐτοῦ; ²⁷δεῦτε ἀποδώμεθα αὐτὸν τοῖς Ἰσμαηλίταις τούτοις, αἱ δὲ χεῖρες ἡμῶν 27
§ Ἐ' μὴ ἔστωσαν ἐπ' αὐτόν, ὅτι ἀδελφὸς ἡμῶν καὶ σὰρξ ἡμῶν ἐστίν. ⁴ἤκουσαν δὲ οἱ ἀδελφοὶ αὐτοῦ.
²⁸καὶ παρεπορεύοντο οἱ ἄνθρωποι οἱ Μαδιηναῖοι οἱ ἔμποροι, καὶ ἐξείλκυσαν καὶ ἀνεβίβασαν τὸν 28
Ἰωσὴφ ἐκ τοῦ λάκκου· καὶ ἀπέδοντο τὸν Ἰωσὴφ τοῖς Ἰσμαηλίταις εἴκοσι χρυσῶν· καὶ κατή-
γαγον τὸν Ἰωσὴφ εἰς Αἴγυπτον. ²⁹ἀνέστρεψεν δὲ Ῥουβὴν ἐπὶ τὸν λάκκον, καὶ οὐχ ὁρᾷ τὸν 29
Ἰωσὴφ ἐν τῷ λάκκῳ· καὶ διέρρηξεν τὰ ἱμάτια αὐτοῦ. ³⁰καὶ ἀνέστρεψεν πρὸς τοὺς ἀδελφοὺς 30
¶ D αὐτοῦ καὶ εἶπεν Τὸ παιδάριον¶ οὐκ ἔστιν· ἐγὼ δὲ ποῦ πορεύομαι ἔτι; ³¹λαβόντες δὲ τὸν χιτῶνα 31
τοῦ Ἰωσὴφ ἔσφαξαν ἔριφον αἰγῶν καὶ ἐμόλυναν τὸν χιτῶνα αἵματι. ³²καὶ ἀπέστειλαν τὸν 32
χιτῶνα τὸν ποικίλον καὶ εἰσήνεγκαν τῷ πατρὶ αὐτῶν, καὶ εἶπαν Τοῦτον εὕρομεν· ἐπίγνωθι εἰ
¶ Ἐ' χιτὼν τοῦ υἱοῦ σού ἐστιν ἢ οὔ. ³³καὶ ἐπέγνω αὐτὸν καὶ εἶπεν Χιτὼν τοῦ υἱοῦ μού ἐστιν· θηρίον 33
πονηρὸν κατέφαγεν αὐτόν, θηρίον ἥρπασεν τὸν Ἰωσήφ. ³⁴διέρρηξεν δὲ Ἰακὼβ τὰ ἱμάτια αὐτοῦ, 34
§ Ἐ' καὶ ἐπέθετο σάκκον ἐπὶ τὴν ὀσφὺν αὐτοῦ, καὶ ἐπένθει τὸν υἱὸν αὐτοῦ ἡμέρας τινάς. ⁴³⁵συνήχ- 35
θησαν δὲ πάντες οἱ υἱοὶ αὐτοῦ καὶ αἱ θυγατέρες, καὶ ἦλθον παρακαλέσαι αὐτόν· καὶ οὐκ ἤθελεν
¶ Ἐ' παρακαλεῖσθαι, λέγων¶ ὅτι Καταβήσομαι πρὸς τὸν υἱόν μου πενθῶν εἰς ᾅδου· καὶ ἔκλαυσεν
αὐτὸν ὁ πατὴρ αὐτοῦ. ³⁶οἱ δὲ Μαδιηναῖοι ἀπέδοντο τὸν Ἰωσὴφ εἰς Αἴγυπτον τῷ Πετρεφῇ τῷ 36
σπάδοντι Φαραὼ ἀρχιμαγείρῳ.
¹Ἐγένετο δὲ ἐν τῷ καιρῷ ἐκείνῳ κατέβη Ἰούδας ἀπὸ τῶν ἀδελφῶν αὐτοῦ, καὶ ἀφίκετο ἕως 1 XXXVIII

32 εἰ] η Ε      34 επενθη Ε      36 αρχιμαγηρω Ε      XXXVIII 1 αφικετο Α

(D)Ea-yc₂𝕬𝕭𝕰𝕷ᵗ⁽ᵛ⁾𝕾

27 δευρο c₂ | αποδωμεθα] αποδωμεν di^a¹(-δομ-)ry: αποδω-
σωμεν m | αυτον 1°] Ioseph 𝕷 | om τουτοις 𝕬𝕭 | (επ αυτον)
επι τουτον 25) | αδελφος] pr ο Chr | om ημων 1° DbilrΒ𝕷 |
om και σαρξ ημων 𝕰ᵖ | ηκουσαν δε] (επηκουσαν δε 32): et
obaudierunt 𝕷ᵛ: ..adquieuerunt 𝕷ᵛ: +αυτου D𝕬𝕭𝕰𝕾

28 παρεπορευοντο] ηλθον m | (om εκ 1° 77) | ανθρωποι—
εμποροι] ισμαηλιται Ε𝕰( +uendiderunt eum ad eos 𝕰ᵖ) | μαδιη-
ναιοι] μαδιωνι b–egj(txt)lc₂𝕭: μαδηναιοι mpy: Madianei 𝕷ᵛ:
ισμαδιοι n: ισμαηλιται j(mg)v(mg)𝕷ᵛ | om οι 3° dhiᵃl p | εξειλ-
κυσαν] ειλκυσαν o: declinauerunt 𝕾: +fratres eius 𝕰𝕷 | και
ανεβιβασαν] et eiecerunt 𝕷ᵛ: om 𝕷ᵛ | τον ιωσηφ 1°] αυτον f𝕰
Chr | εκ] απο (20) Chr | και απεδοντο] και απεδοντο f: απε-
δοντο δε i | τον ιωσηφ 2°] αυτον fnp𝕷ᵛ Chr: +εις τον λακκον
u⁴ | (om τοις ισμαηλιταις 14) | εικοσι] τριακοντα uᵇ: decem 𝕰ᵖ |
χρυσων ar*(uid) | κατηγαγον] (ανηγαγον 71): duxerunt 𝕷ᵛ:
dederunt 𝕭ᵛ𝕷ᵛ | τον ιωσηφ 3°] αυτον h

29 ανεστρεψεν] ανεστρεψε m: (ανεδραμε 32) | ρουβην] ρουβι
x^a¹: ρουβημ hkq: ρουβειμ emp Chr Cyr-ed: ρουβιμ dfgijlnt*
(ρουβι t*) | επι τον λακκον] εν τω λακκω dmp | επι] εις oc₂ |
ορα] uidit 𝕭𝕷𝕾(txt): ευρεν bx𝕬𝕭𝕷𝕾(mg) | τον ιωσηφ] αυτον
d𝕰ᵖ | om εν τω λακκω 𝕰 Chr | διερρηξεν 𝕰

30 απεστρεψεν] απεστρεψεν dlmnpc₂: επεστρεψεν abcikoqr
sux Or-gr: υπεστρεψεν Df | om τους egj | om αυτου egj | παι-
διον k | εστιν] +εν τω λακκω Ebefgijkorw𝕭: +ibi 𝕬 | om του
l | πορευομαι] πορευσομαι abdejmoptvwc₂𝕭(uid)𝕭 Or-gr Chr
Cyr: πορευσωμαι cgn: πεπορευμαι i𝕰 | om ετι 𝕬𝕭𝕷

31 om δε s* | του] τω Ε: τον orv: om adc₂ | αιγων] αυτων
o* | (εμολυναν) εβαψαν 32) | χιτωνα 2°] +του ιωσηφ s | om
αιματι—(32) χιτωνα b | αιματι As] pr εν τω dfiᵃnprΒ(uid): pr
τω Ei* rell 𝕭 Chr

32 και 1°—ποικιλον] om Ε𝕰: om και—χιτωνα p | και
εισηνεγκαν] και εισηνεγκε dp: om fn | αυτων] αυτω c₂*: αυτου

dpw𝕰ᵖ⁽*⁾ | εισαν] εισαν Ecjmno: ειπε dp𝕰ᵖ | ευρομεν] ευρον
c²(ex corr): +εν τω πεδιω fiᵇr | ει] ο l: +ο tw | om εστιν bk |
om χιτων f

33 και επεγνω] επεγνω δε w | om αυτον 1° 𝕷ᵛ | (χιτων) pr
ο 16) | (πονηρον] pr το 83) | θηριον 2°] +πονηρον dkmnpt𝕭ᵛ |
τον ιωσηφ] αυτον mn

34 διερρηξεν δε] και διερρηξεν y𝕷 | ιακωβ] post αυτον 1°
fn𝕰: om 𝕬 Chr | επεθετο] επεθηκε dgp: περιεθετο (32) Chr-
codd½: περιεβαλλετο Chr-ed½ | om και 2°—αυτου 3° rc₂ | επεν-
θησεν f𝕰 | τον υιον αυτου] αυτον ad: eum 𝕷: +ιωσηφ m |
τινας A] πολλαις E omn 𝕬𝕭𝕰𝕷𝕾 Chr

35 παντες οι] οι παντες b: om Chr½: om παντες m𝕰: om
παντες—(νιοι)—α 𝕬(pr ⊕)𝕾(sub ⊕): filia 𝕷ᵛ: om αι y: +αυτου Efiᵃmrs𝕬𝕭
Chr½ | και ηλθον παρακαλεσαι] consolati sunt 𝕾: om και
ηλθον (71) 𝕷ᵛ Chr: om και l𝕭³ᵈ | (παρακαλεσαι) παρηγορησαι
20) | ηθελεν] ηθελον p: ηθελησεν xy𝕭𝕰𝕷ᵛ Chr½ | παρακαλεισθαι]
παρακαλεσαι w* : παρακαλεσασθαι w³: παρεκληθησαν ace
fgjkm(+αυτων)xy Chr𝕷 Cyr: om Chr½ | om λεγων m | om οτι
Chr½ | καταβησομαι] descendo Or-lat : προς—μου] post αιδου
o𝕭 | πενθων] post αιδου 𝕾: om b | εις εις b | αδην cdknpxc₂

36 μαδιηναιοι] μαδιωναιοι bcegj(txt)l𝕭: μαδηναιοι my: Madi-
anci 𝕷 : ισμαηλιται j(mg)nvc₂(mg)𝕰: ισμαηλιται εμποροι dp𝕾
(mg): +εμποροι t | (om τον ιωσηφ 25) | om εις αιγυπτον (16)
Phil Chr | om τω πετρεφη Phil | om τω 1° Eabcfi*kmoxc₂
Chr | πετρεφη A] (πεττεφρη 16): πεντεφρη fᵃ³lmnquy:
πεντεφρι dnp: πεντεφρι Ec*h*i° rell 𝕭𝕷 Jos Or-gr Chr:
Putaphre 𝕬 | σπαδοντι φαραω αρχιμαγειρω] αρχιμαγειρω τω
σπαδοντι φαραω c: αρχιμαγειρω του φαραω 𝕰 Chr | σπαδοντι]
επαδοντι dp: σπευδοντι l: σπαδωντι Ε: αδοντι n: ευνουχω
j(mg)c₂(mg) | φαραω] post αρχιμαγειρω 𝕬𝕭𝕾 | αρχιμαγειρω]
pr et 𝕾: pr τω np: τω αρχιμαγω d: αρχοντι μαγειρω egj

XXXVIII 1 εων] ως c₂ Cyr-codd: om 𝕬𝕭𝕰 Cyr-ed |

27 ηκουσαν] σ' επεισθησαν jv: α' επεισθησαν c₂
31 λαβοντες—ιωσηφ] α' και ελαβον τον χιτωνα ιωσηφ σ' λαβοντες τον χιτωνα τον ιωσηφ ο' λαβοντες δε τον χιτωνα τον
ιωσηφ θ' και ελαβον τον χιτωνα ιωσηφ v

2 πρὸς ἄνθρωπόν τινα Ὀδολλαμίτην ᾧ ὄνομα Εἰράς. ²καὶ ἴδεν ἐκεῖ Ἰούδας θυγατέρα ἀνθρώπου Α
3 Χαναναίου ᾗ ὄνομα Σαύα· καὶ ἔλαβεν αὐτὴν καὶ εἰσῆλθεν πρὸς αὐτήν. ³καὶ συλλαβοῦσα ἔτεκεν
4 υἱόν, καὶ ἐκάλεσεν τὸ ὄνομα αὐτοῦ Ἤρ. ⁴καὶ συλλαβοῦσα ἔτι ἔτεκεν υἱόν, καὶ ἐκάλεσεν τὸ ὄνομα
5 αὐτοῦ Αὐνάν. ⁵καὶ προσθεῖσα ἔτι ἔτεκεν υἱόν, καὶ ἐκάλεσεν τὸ ὄνομα αὐτοῦ Σηλώμ· αὕτη δὲ ἦν
6 ἐν Χασβὶ ἡνίκα ἔτεκεν αὐτούς. ⁶καὶ ἔλαβεν Ἰούδας γυναῖκα Ἤρ τῷ πρωτοτόκῳ αὐτοῦ, ᾗ ὄνομα § D𝕷·
7 Θαμάρ. ⁷ἐγένετο δὲ Ἤρ πρωτότοκος Ἰούδα πονηρὸς ἐναντίον Κυρίου, καὶ ἀπέκτεινεν αὐτὸν ὁ
8 θεός. ⁸εἶπεν δὲ Ἰούδας τῷ Αὐνάν Εἴσελθε πρὸς τὴν γυναῖκα τοῦ ἀδελφοῦ σου καὶ γάμβρευσαι
9 αὐτήν, καὶ ἀνάστησον σπέρμα τῷ ἀδελφῷ σου. ⁹γνοὺς δὲ Αὐνὰν ὅτι οὐκ αὐτῷ ἔσται τὸ σπέρμα,
ἐγίνετο, ὅταν εἰσήρχετο πρὸς τὴν γυναῖκα τοῦ ἀδελφοῦ αὐτοῦ, ἐξέχεεν ἐπὶ τὴν γῆν τοῦ μὴ δοῦναι
10 σπέρμα τῷ ἀδελφῷ αὐτοῦ. ¹⁰πονηρὸν δὲ ἐφάνη τὸ ῥῆμα ἐναντίον τοῦ θεοῦ ὅτι ἐποίησεν τοῦτο,
11 καὶ ἐθανάτωσεν καὶ τοῦτον. ¹¹εἶπεν δὲ Ἰούδας Θαμὰρ τῇ νύμφῃ αὐτοῦ Κάθου χήρα ἐν τῷ οἴκῳ
τοῦ πατρός σου⁷ ἕως μέγας γένηται Σηλὼμ ὁ υἱός μου· εἶπεν γάρ Μή ποτε ἀποθάνῃ καὶ οὗτος ⁷𝕷·
12 ὥσπερ οἱ ἀδελφοὶ αὐτοῦ. ἀπελθοῦσα δὲ Θαμὰρ ἐκάθητο ἐν τῷ οἴκῳ τοῦ πατρὸς αὐτῆς. ¹²ἐπλη-
θύνθησαν δὲ αἱ ἡμέραι καὶ ἀπέθανεν Σαύα ἡ γυνὴ Ἰούδα· καὶ παρακληθεὶς Ἰούδας ἀνέβη ἐπὶ
τοὺς κείροντας τὰ πρόβατα αὐτοῦ, αὐτὸς καὶ Εἰρὰς ὁ ποιμὴν αὐτοῦ ὁ Ὀδολλαμείτης, εἰς ⁷Θαμνά⁴.
13 ¹³καὶ ἀπηγγέλη Θαμὰρ τῇ νύμφῃ αὐτοῦ λέγοντες Ἰδοὺ ὁ πενθερός σου ἀνέβη εἰς Θαμνὰ κεῖραι

---

1 τινα οδολλαμιτην sup ras A* | ιρας E     9 εγεινετο D(+D)     11 ηρα A*(χηρα A')
12 ιουδας] ιουδα A*(ι suprascr A') | κιροντας E | ιρας E | οδολλαμιτης D^ul E | θαμνα A

                                                       (D)Ea-yc₂𝔞𝔟𝔠𝔢𝔩⁽ᵛ⁾𝔖

ανθρωπον] ανδρα Cyr-ed: om 𝔄𝔈 | τινα] τον m | οδολλαμιτην]
οδολλαβιτην d: οδολαμιτην egjquy𝔅 Cyr-ed: οδολλαμμειτην c₂τ
αωδολλαμιτην m | ηρας aim
  2 εκει ιουδας] ιουδας εκει e: om 𝔈 | ανθρωπου] post χανα-
ναιου Em | σαυα] ex corr iᵃ¹: σαβα dfn*p Cyr-ed: σαββα m:
Sauua 𝕷: σαυα e: σαια l | αυτην 1°] +sibi uxorem 𝔄 | om
και 3°—αυτην 2° 1 | (προς) ειϲ 20)
  3 (συλλαβουσα] +ετι 79) | om και 2°—(4) υιον nsβ𝕷* |
(το ονομα αυτον 83) | ηρ] ειρ p*
  4 συλλαβουσα ετι] παλιν συλλαβουσα m: iterum concepit et
𝕷: συλλαβ. παλιν f Cyr-ed: om ετι Ediᵃjpw | υιον] pr ετερον
d: +δευτερον E | om εκαλεσεν—(5) και 2° h* | αυναν] αναν c:
⟨αυναν 130⟩: Onam Or-lat: ⟨σηλωμ 18⟩
  5 προσθεισα ετι] iterum concipiens et 𝕷 | ετι] post ετεκεν
m: om begfis | om υιον και hᵇ(uid) | (υιον] +τρειτον 31:
+ετερον 83⟩ | σηλωμ] σιλωμ bflm On-cod: σηλωμ dkv: σιλωμ
np: σιλωαμ w: ⟨αυναν 18⟩ | αυτη] αυτος m | om δε E | χασβι]
χασβη d-giᵃ¹prwc₂: χασβε iᵃ: χασβε o(ει ex corr oᵃ): χαζβη m: ⟨γασβη 128⟩: χαβει a: χαβασβη
n | ηνικα ετεκεν] ηνικα δε ετικτεν c₂: ηνικεν k | αυτους] +ην ετ
χασβη c₂
  6 ιουδας] post γυναικα 𝕷ᵛ: om E | ηρ] pr filio suo 𝔈: ειρ
Phil: ερ p | om τω fᵉ | πρωτοτοκω αυτου] υιω αυτου τω πρωτο-
τοκω ⟨14.16.77.130⟩ 𝕷 | πρωτοτοκω] +υιω m | θαμαρ] θαμα n:
θαμαρ f: Chamar 𝕷ᵛ: Hamar 𝕷ᵛ
  7 ηρ] ειρ Phil: om c | πρωτοτοκος] pr ο degjknpst: ⟨+υιος
18⟩ | πονηρος] εφανη δε πονηρον c₂ | εναντιον] εναντι Ednpr
Phil⅓: εναντιον ackmoxc₂ | θεος] εςᵛ
  8 ⟨om δε 14⟩ | τω 1°] προς egj | αυναν] αναν b: αανναν n:
+filio eius 𝔈ᵛ | προς] εις d | om 1° l | γαμβρευσαι] γαμ-
βρευσον D(+D)myc₂: επιγαμβρευσαι bef(-βριοε)giᵃjnprstvx:
επιγαμβρευσον cd: nubes 𝕷ᵛ | αυτην] αυτη af: αυτω o | ανα-
στησεις l
  9 αυναν] Αυνον 𝕷ᵛ: ⟨αυνα 16.130⟩: αυναν Phil-codd⅓ | om
ουκ y | αυτω εσται] est ei 𝔄𝔈 | αυτω] αυτου bw𝕷ᵛ | om το n
Phil-codd⅓ | εγινετο] pr ετ 𝕷ᵛ: εγενετο a-dfik-prvxc₂𝔞𝔟𝕷𝔖

Or-gr: om 𝔈 Phil: +δε ciᵃ𝕷ᵛ | οταν] οτε rᵃ | εισηρχετο]
εισηλθεν abcfikmorvxc₂𝔞𝔩 Phil: εισεπορευετο hlt | την 1°] pr
αυτην m | γυναικα] post αυτου 1° m | om αυτου 1° (25) Phil |
εξεχεεν] εξεχει τουτο Phil: +το σπερμα (32) 𝔄𝔈ᶜ | ⟨om μη 25⟩ |
τω αδελφω] του αδελφου f | αυτου 2°] σου g
  10 πονηρον dnp𝔈 | το ρημα Aqu] om D^ul E rell 𝔄𝕷𝔖:
⟨τουτο 25⟩: et is 𝔈(om et 𝔈ᵇ) | εναντιον του θεου] ante D̄m
𝕷: in conspectu Domini 𝕷ᵛ: εναντιον dnopv | του θεου] pr κυ
dnp | οτι εποιησεν τουτο] opus quod fecit 𝔄: om t | και τουτον]
και αυτον w𝔄(uid): αυτον ο θϊ 𝕷ᵛ
  11 τη νυμφη αυτου] ⟨την νυμφην αυτου ·130⟩: om 𝔟ᵛ:
+μετα το αποθανειν τους δυο υιους αυτου D(+D)fiᵃr | καθου]
esto 𝕷ᵛ | εν τω οικω] + s: ⟨+ου 79⟩ | σηλωμ] filius meus
Selon 𝕷 | σηλωμ] σιλωμ bilnwc₂: σηλωμ dp: om m | μου] σου
f | ⟨εαυτου 18⟩: υιος μου] ⟨+υιος 71⟩ | γαρ] δε 𝔈: +ην ο διαεσα αυτου
31.83⟩ | om ποτε hᵇ | ουτοι] ουτως c | ωσπερ] καθως c: ως και
f: +και D^ul Ebdgiᵃ¹jklnopstvwxc₂ Cyr-cod | οι αδελφοι] frater
𝕷 | αντελθ.—καθ̄ου] fuit autem Thamar sedens 𝔈ᵇ | απελ-
θουσα m | om δε 2° g | εν 2°] επι m
  12 επληθυνθησαν] επληρωθησαν flo: επληρθησαν egj: re-
pleti sunt 𝔈𝕷 | om δε f | om αι np | σαυα] pr θυγατηρ ειρας
k: pr θυγατηρ ηρ m: pr θυγατηρ acx𝔄𝔖(sub ※): σαβα dfop:
σαυυα e: σαια l: Auua 𝕷 | om η np | ιουδας] pr ο ⟨+ανεβη⟩
iuit 𝔈 | επι—προβατα] in tonsuram ouium 𝔈 | επι] προς
Eegj𝕷(uid)𝔖 | om αυτου 1° n | om αυτος egj | και 3°] +κατεβη egh°j |
om αυτου 1° n | om αυτος egj | και 3°] +κατεβη egh°j |
ηρας bdlnp | om ο 2° ep | οδολλαμειτης] ωδολλαμιτης c:
οδολλαμιτης aempuy(uid)c₂𝔅: οδολλαμιτης p | om ο
οδολλατης d | θαμνα] θαμρα f: θαμναν o: θαμναι d: θαμα hᵇ¹:
θαμναθα l: ⟨+αρας τα προβατα αυτου 107⟩: +μετ αυτου eghᵇj:
⟨+μεθ αυτου 79.83⟩
  13 απηγγελη fiᵃr | τη νυμφη αυτου] sub ÷ ⅓ ⟨λεγοντες⟩ sub
÷ ⟨λεγοντες⟩ sub ÷ | ανεβη AEbegjvwy𝔟𝔩] απηβαιν n: ανα-
βαινει D^ul rell 𝔄𝔟ᵛ(uid)𝔈𝔖 Cyr | om εις θαμα Cyr-cod |
θαμνα] θαμναν h: θαμναθα l | om κειραι—(14) θαμνα f | αυτου
2°] ⟨+αυτος και ηρας ο ποιμην αυτου ο οδολλαμιτης εις θαμνα

---

Α τὰ πρόβατα αὐτοῦ. ¹⁴καὶ περιελομένη τὰ ἱμάτια τῆς χηρεύσεως ἀφ' ἑαυτῆς περιεβάλετο θερίστρῳ 14
καὶ ἐκαλλωπίσατο, καὶ ἐκάθισεν πρὸς ταῖς πύλαις Αἰνάν, ἥ ἐστιν ἐν παρόδῳ Θαμνά· ἶδεν γὰρ
ὅτι μέγας γέγονεν Σηλώμ ὁ υἱὸς αὐτοῦ, αὐτὸς δὲ οὐκ ἔδωκεν αὐτὴν αὐτῷ γυναῖκα. ¹⁵καὶ ἰδὼν 15
αὐτὴν Ἰούδας ἔδοξεν αὐτὴν πόρνην εἶναι· κατεκαλύψατο γὰρ τὸ πρόσωπον αὐτῆς, καὶ οὐκ
ἐπέγνω αὐτήν. ¹⁶ἐξέκλινεν δὲ πρὸς αὐτὴν τὴν ὁδὸν καὶ εἶπεν αὐτῇ Ἔασόν με εἰσελθεῖν πρὸς ⸆σέ⸆· 16
οὐ γὰρ ἔγνω ὅτι ἡ νύμφη αὐτοῦ ἐστιν. ἡ δὲ εἶπεν Τί μοι δώσεις ἐὰν εἰσέλθῃς πρός μέ; ¹⁷ὁ δὲ 17
εἶπεν Ἐγώ σοι ἀποστέλλω ἔριφον αἰγῶν ἐκ τῶν προβάτων. ἡ δὲ εἶπεν Ἐὰν δῷς ἀρραβῶνα ἕως
τοῦ ἀποστεῖλαί σε. ¹⁸ὁ δὲ εἶπεν Τίνα τὸν ἀρραβῶνά σοι δώσω; ἡ δὲ εἶπεν Τὸν δακτύλιόν σου 18
καὶ τὸν ὁρμίσκον καὶ τὴν ῥάβδον τὴν ἐν τῇ χειρί σου. καὶ ἔδωκεν αὐτῇ, καὶ εἰσῆλθεν πρὸς
αὐτήν· καὶ ἐν γαστρὶ ἔλαβεν ἐξ αὐτοῦ. ¹⁹καὶ ἀναστᾶσα ἀπῆλθεν, καὶ ⸆περιείλατο⸆ τὸ θέριστρον 19
ἀφ' ἑαυτῆς, καὶ ἐνεδύσατο τὰ ἱμάτια τῆς χηρεύσεως αὐτῆς⸆⸆. ²⁰ἀπέστειλεν δὲ Ἰούδας τὸν ἔριφον 20
ἐξ αἰγῶν ἐν χειρὶ τοῦ ποιμένος αὐτοῦ τοῦ Ὀδολλαμείτου, κομίσασθαι τὸν ἀρραβῶνα παρὰ τῆς
γυναικός· καὶ οὐχ εὗρεν αὐτήν. ²¹ἐπηρώτησεν δὲ τοὺς ἄνδρας τοὺς ἐπὶ τοῦ τόπου Ποῦ ἐστιν ἡ 21

14 εκαλλωπισατο E | εκαθεισαν A | ειδεν D     16 εξεκλεινεν A | σε] με A | δωσιτ E
17 αιριφον A | αρραβω| E     18 δοσω E | εγγαστρι A
19 αναστας A*(a suprascr A²) | περιελατο] περιεβαλετο A | θεριστρον E | χειρευσεως E | αυτης] +αφ εαυτης A
20 αιριφον A | ποιμαινος A | οδολλαμειτου] οδολλαμιτου D: οδολλαμητου E | κωμησασθαι E

DEa–yc₂ΑБΔЕΛ·Ϩ

107) : +αυτος και ειρας ο ποιμην αυτου degjp(ηρας dp): ⟨+αυτος
και ειρας 73-77⟩
    14 αφελομενη ir | τηι χηρευσεωι ⟨χηρειας 32⟩: +αυτηι
acdegijkmnorxc₂ΑБΔϨ Chr | αφ εαυτης] ⟨απ αυτης 128⟩: om
cdnr*(uid)Ε(uid) Chr | περιεβαλετο] (pr και 32): περιεβαλλετο
bdmo Cyt: ⟨περιεβαλε 20⟩: περιελαβετο g | θεριστρω Aach*k
vx Cyr-codd] pr τω i : τω θεριστρον Ebr*: αρκαδικτηρ r³:
θεριστρον D^uilhb rell Chr Cyr-ed | εκαλλωπισατο] εκαλλωπισεν
w*(uid): surrexit Ε^lp | και εκαθισεν] και εκπθητο Cyt: om
bw | προς ταις πυλαις] ad portam ΑБΔ | ταις πυλαις] της
πυλης v: τας πυλας bc: ταις θυραις mr | om αιναν—θαμνα
Chr | αιναν] εναν bdnoprw: αινεν i: αιμαν h*: αιμαν
αινα Cyr-cod: αιναε y: σαυαν s: μιαν l: Aman Ϩ: om
Ε | om η ουτω ΑΕ | εστιν] εστηκεν c | om εν cj ⟨θαμνα⟩
θαμναν abcmowЛ: θαμναθα ltª: θαμναθα t*(uid) | γεγονεν]
εγενετο bw | σηλωμ] pr o egj: post αυτου Cyr-ed: σιλωμ b*ᶠlm
n*wc₂: σηλωμ dp: σιλων n²l: om a υιος αυτου D^dilEa–di*km–
qsuwxc₂ΑБΔϨ Chr | εδωκεν] εδιδου fϨ: noluit dare Ε | αυτην
αυτω(?) αυτη m: αυτω αυτην acox Ϩ-codd | αυτω] αυτω d
    15 om ιδων i° sΕʳ | κατεκαλυψατο] (pr και 31): κατε–
καλυψε cd | αυτηs] εαυτης D: om i*Εʳ | και 2°—αυτην 3°]
sub ⟶: om m | εγνω fiyc₂
    16 εξεκλινεν] εξετειμεν r | ⟨δε 1°⟩ γαρ 128) | προς αυτην]
post οδον Ϩ: προς αυτη l | την οδον] om fЛ: + αυτην ⟨20⟩ Б |
αυτη] αυτηs o: om Α Phil | εισελθειν] ελθειν dfp: εισελθω c₂*:
συγγενεσθαι n | ου—εστιν Ε] ου γαρ εγνω και ουκ επεγνω
Ε: ου γαρ εγω sup ras i* n | Εbhilnrstw | νυμφη]
γεμβρη |lrb | om η δε—με 2° j | η δε ειπεν] et dixit ei Ϩ: om tv:
+ ei Б | μοι] post δωσεις Dackmoxc₂Б | εισελθης] ελθης n
    17 o δε] και 2° sup ras l: και dΑБ | ειπεν 1°] +ei ΑБϨ |
om εγω Б | σοι) post αποστελλω Α(mittam)ΕΔϨ | αποστελλω]
αποστελω c₂Б | εισελθης] εισελθη c₂

    αποστελω abd–gi*jlmpr*¹tv–yΑБЛ | αιγων] pr εξ m : de capris
Ϩ: τοιμνιων v(mg): om d ⟨om των 25⟩ | προβατων] προβατον
nc₂Л: +μου D^dilEbfhirstwΑ | η δε ειπεν] et dixit ei Ϩ: +ei
Бᵇᵖ | εαν δως] da mihi Ϩ | δως] (post εσ 78: δωσεις 79): +μοι
bБᵇᵖ | om εωs—δε Бᵇᵖ | εωs] ωs τ (του) ου m | αποστειλαι]
pr ελθειν και f | σε] σοι bd: + αυτω f
    18 o δε ειπεν] et dixit ei Ϩ: om g: +ei Бᵇᵖ | τωα] τι l |
τον αρραβωνα] post σοι o (om των r 1°) fl | σοι) post δωσω rv(txt)
| σε 1 | δωσω] δω Dckloquv(mg)x | η δε] και dpΑ–edϨ |
τον δακτυλιον] τω δακτυλιον gl: τω δακτυλιδιον f | σου 1°) εσι m |
om και 1° r | τον ορμισκον] torquem tuum Ϩ | om και εδωκεν
—αυτην 71) | ⟨ελαβεν⟩ συνελαβεν 20⟩ | om εξ αυτου Ϩ
    19 om και αναστασα απηλθεν ⟨71⟩ Ϩ-cod | αναστας A*Ei*
lostvc₂* Ϩ | απηλθεν] abiit homo Ϩ | περιελατο] περειλετο chbⱼ
mpqtuc₂: περιειλε g: αφειλατο ir: αφειλετο fn: illa abstulit Ϩ:
+ ornalium suum qui erat super eam et Б | το—αυτης] uesti–
menta sua Ϩ: om το jm | θεριστρον] +αυτης D^diiabcmoswxc₂
ΑБЅ | ενεδυσατο] ενεδυετο m: εδυσατο o | χηρευσεωs] χαι–
ρευσεωs i* | αυτης] αυτων f: αφ εαυτης E: om БЛ: +αφ
εαυτης A
    20 om δε w | om των 1°—αιγων o | των 1°] την d: om c |
εριφον εξ αιγων] post οδολλαμιτον c: om εξ αιγων Phil | εξ]
εκ των D: των dnptЛ | αιγων] pr τη n | αυτου των Phil: om
o: om αυτου Phil: ⟨om των 31.83⟩ | οδολλαμιτου] οδολλαμιτου
bh: οδολλαμιτου aegjimpuy Б(-λομ- Бᵇ) Phil-cod: δολαμιτου q:
οδολλαμιτου c₂
    21 om δε f | τουτ τ° acmnoxc₂ΑБΕΛϨ | εστι τ° A] om
acmoxc₂ΑБΕϨ: εκ DE rell Л Phil | του τοπου] loci illius Б |
του] pr και ειπεν αυτοιs D(+D)ackmosxc₂ΑϨ(sub ※): pr και
ειπε lϨᶜᵈ: om i* | εστιν] erat Ϩ | επηρωτησεν k | εν—οδου]

14 θεριστρω] σκαβαρισκον j: σ' σκαβαρικω v | αυτοs—γυναικα] α' και αυτη ουκ εδοθη αυτω' εις γυναικα σ' η δε ουκ εδοθη
αυτω εις γυναικα σ' θ' αυτος δε ουκ εδωκεν αυτω αυτην εις γυναικα v
    18 των 1°—ορμισκον] α' την σφραγιδα σου και στρεπτον σου j(sine nom)v: α' την σφραγιδα σου και τον στρεπτον (και των
στρεπτον sup ras) σου το ουϊσν c₂ | ορμισκον] σ' quod ad collum (=περι τραχηλον) Ϩ
    21 η πορνη] α' η ενδιηλλαγμενη jv

22 πόρνη ἡ γενομένη ἐν Αἰνὰν ἐπὶ τῆς ὁδοῦ; καὶ εἶπαν Οὐκ ἦν ἐνταῦθα πόρνη. ²²καὶ ἀπεστράφη Α
πρὸς Ἰούδαν καὶ εἶπεν Οὐχ εὗρον,⁷ καὶ οἱ ἄνθρωποι οἱ ἐκ τοῦ τόπου λέγουσιν μὴ εἶναι ἐνταῦθα ⁷ 𝕃
23 πόρνην. ²³εἶπεν δὲ Ἰούδας Ἐχέτω αὐτά, ἀλλὰ μή ποτε καταγελασθῶμεν· ἐγὼ μὲν ἀπέσταλκα
24 τὸν ἔριφον τοῦτον, σὺ δὲ οὐχ εὕρηκας. ²⁴ἐγένετο δὲ μετὰ τρίμηνον ἀπηγγέλη τῷ Ἰούδᾳ λέγοντες § Μ
Ἐκπεπόρνευκεν Θαμὰρ ἡ νύμφη σου, καὶ ἰδοὺ ἐν γαστρὶ ἔχει ἐκ πορνείας. εἶπεν δὲ Ἰούδας
25 Ἐξαγάγετε αὐτὴν καὶ κατακαυθήτω. ²⁵αὐτὴ δὲ ἀγομένη ἀπέστειλεν πρὸς τὸν πενθερὸν αὐτῆς
λέγουσα Ἐκ τοῦ ἀνθρώπου τίνος ταῦτά ἐστιν ἐγὼ ἐν γαστρὶ ἔχω· καὶ εἶπεν Ἐπίγνωθι τίνος ὁ
26 δακτύλιος καὶ ὁ ὁρμίσκος καὶ ἡ ῥάβδος αὕτη. ²⁶ἐπέγνω δὲ Ἰούδας καὶ εἶπεν Δεδικαίωται Θαμὰρ
ἢ ἐγώ, οὗ εἵνεκεν οὐκ ἔδωκα αὐτὴν Σηλὼμ τῷ υἱῷ μου· καὶ οὐ προσέθετο ἔτι τοῦ γνῶναι αὐτήν.
⁷⁸ ²⁷ἐγένετο δὲ ἡνίκα ἔτεκεν καὶ τῇδε ἦν δίδυμα ἐν τῇ κοιλίᾳ αὐτῆς. ²⁸ἐγένετο δὲ ἐν τῷ τίκτειν
αὐτὴν ὁ εἷς προεξήνεγκεν τὴν χεῖρα· λαβοῦσα δὲ ἡ μαῖα ἔδησεν ἐπὶ τὴν χεῖρα αὐτοῦ κόκκινον
29 λέγουσα Οὗτος ἐξελεύσεται πρότερος. ²⁹ὡς δὲ ἐπισυνήγαγεν τὴν χεῖρα, καὶ εὐθὺς ἐξῆλθεν ὁ
ἀδελφὸς αὐτοῦ. ἡ δὲ εἶπεν Τί διεκόπη διὰ σὲ φραγμός; καὶ ἐκάλεσεν τὸ ὄνομα αὐτοῦ Φάρες.
30 ³⁰καὶ μετὰ τοῦτο ἐξῆλθεν ὁ ἀδελφὸς αὐτοῦ, ἐφ' ᾧ ἦν ἐπὶ τὴν χεῖρα αὐτοῦ τὸ κόκκινον· καὶ ἐκά-
λεσεν τὸ ὄνομα αὐτοῦ Ζάρα.

XXXIX 1   ¹Ἰωσὴφ δὲ κατήχθη εἰς Αἴγυπτον· καὶ ἐκτήσατο αὐτὸν Πετεφρῆς ὁ εὐνοῦχος Φαραὼ ὁ
2 ἀρχιμάγειρος, ἀνὴρ Αἰγύπτιος, ἐκ χειρῶν Ἰσμαηλειτῶν, οἳ κατήγαγον αὐτὸν ἐκεῖ. ²καὶ ἦν

22 καταγελασθωμεν] με sup ras A' | αιριφον Α | ευρικας Ε        24 εγγαστρι Α | πορνιας Ε
25 εγγαστρι Α | επιγνωθη Ε        26 ου 2°] om A*(suprascr A°) | προσεθετω Ε
30 τουτο A*] ν suprascr A'        XXXIX 1 ισμαηλιτων Dˢⁱˡ

DE(M)a–yc₂𝕬𝕭𝕰(𝕷)𝕾

super uiam Enan 𝕭 | εν αιναν](sine nom) 𝕰 | αιναν]       c₂: σηλων jps: σιλων n | προεθετο m | om του Cyr
εναν bpw: αιμαν hᵇ': αυναν fm: μναν l | και] ος δε fir |     27 om totum comma at 𝕭 | om ηνικα—αυτης f | ετεκεν AbΕ]
ειταν] εισον cdfmnp: ειπεν o | ην] sup ras(3 uel 4)jᵇ: est     ετικεν DEM rell 𝕬𝕭𝕾 Eus Chr Cyr | και τηδε] om p𝕭: om
𝕭𝕰: ηλθεν d | πορνη] om f: +η επιλεγομενη qu                τηδε 𝕬𝕰 | om τη el | κοιλια A] γαστρα DEM rell Eus Chr Cyr
22 απεστραφη](απεστραφην 16): απεστραφη m: επεστραφη      28 εγενετο δε] και d: om δε p | προεξηνεγκεν] προσεξη-
Dι: (επεστρεψεν 30) | ιουδαν] ιουδα bmw | ανθρωποι—τοπου]   νεγκε u: (προεξηγαγε 14.16.130) | χειρα 1°] +αυτου Ebd–hjkl
εκ του τοπου αδοι f | ανθρωποι] ανδρες degjnp | om οι 2° bmw   nptw𝕬𝕭 Cyr | λαβουσα—αυτου] bis scr g | εδησεν] pr et 𝕾:
𝕬𝕭𝕰 | om εκ qu𝕬𝕭𝕰 | του τοπου]loci illius 𝕭ᵛ | ενταυθα       εδησαν w | επι—αυτου] post κοκκινον Ε𝕬𝕭(uid)𝕰 | κοκκινον]
AEahlrtv(mg)y] ωδε Dˢⁱˡᵛ(txt) rell Phil                       pr το egj | λεγουσα] +οτι fiᵃ'r | ουτος] αυτος (20) Chr | προ-
23 (ειπε δε] και ειπεν 73) | om αλλα Εᵖ | μη ποτε] μηκω       εξελευσεται t Eus | προτερον] πρωτος degjnpu Chr: πρωτον q
n: om ποτε m | καταγελασθωμεν] irridear 𝕭ᵖ: (καταγνω-       29 ως δε] ωδε g | (επισυνηγαγεν] επεισηγαγε 14.16.130) |
σθωμεν 20) | om εγω—ευρηκας f | εγω] pr α aᵇ: α εχω d:        χειρα] +αυτου m𝕭𝕾(uid) | om και 1° DMackmosxc₂𝕬𝕭𝕰𝕾
31): +γαρ Eacdnpt | απεσταλκα] απεστειλα ms | τουτον]        Eus Cyr | ευθυ] ευθεως bw: om Ε Chr | om και 2°—(30) εξηλθεν
caprarum 𝕭 | om m𝕬(uid)𝕰 | ευρηκας] ευρει dnp: +αυτην        Εᵖ | η δε και (16) 𝕭 | (τι διεκοπη] εκηθη εκοπη 16ᵇ) | διεκοπη]
(31) 𝕭                                                        διακοπτει d | (φραγμος] pr o 20) | om και 2°—φαρες m |
24 δε 1°] γαρ dp | απηγγελη] pr και h: απηγγελη DˢⁱᵛEa      (εκαλεσαν 107)
c(uid)ikm(αναγ–)οrxc₂: απαγγελλει p·: λεγουσι f: λεγουσι       30 om και 1° Cyr-ed | μετα τουτο] μετ αυτον lt | τουτο]
d | τω] του E: om Daciᵇkmoxc₂ | λεγοντες] λεγωντα m: om     τουτον A'EMfhquwy Chr: ταυτα (25) 𝕭ᵛ | ο αδελφος] pr και
d: (+οτι 31.83) | θαμαρ] post σου 𝕬 | ιδου] +και p | (om      d | εφ ω ην] εχων fiᵃ'r | ω] ου egjlmy | ην] ligatum est 𝕭: om
ειπεν δε ιουδας 16) | om δε 1° c₂ | και κατακαυθητω] ut com-   Eus | επι—κοκκινον] το κοκκ. επι της χειρα dnp: om το
buratur 𝕬-codd | κατακαυθ.] κατακαμφθητω dp: καυθητω l     Eus | επι] εν Eiᵃ' Cyr | την χειρα Act] τη χειρος dnp Chr: τη
25 αυτης δε αγομενης bilrw(αναγ– iᵃr) | εναγομενη απαγο-     χειρι Dˢⁱ𝕰M rell Cyr | κοκκινον] +και εκαλ. δε c | ζαρα] ζαραν s:
μενη Dfιs: om c₂ | om εκ του ανθρωπου f | τινος 1°] pr       ζαρε iᵃ'r: +τον δε ετερον φαρει mᵇ(mg)
ει p: ουτινοι M*efgjlmstyᵛ'c₂ Phil Chr Cyr-ed | ταυτα] haec    XXXIX 1 κατηρχθη qu | πετεφρη] πετεφρις b: Peta-
pignora 𝕰: (om 107) | εστιν] εισιν m | εγω] pr α aᵇ: α εχω d:   phres 𝕬: (πετεφρη 16): πετεφρης ειᵃmqu: πετεφρης dnp:
εξ εκεινου Phil: om εΕ | (εν γαστρι] post εχω 79) | om εχω d |  πετεφρη htꟗ: πεττεφρη iᵃ'(uid): πεντεφρη ly: om Chr | ο 1°—
om ειπεν a | επιγνωθι] +γαρ fiᵏr | τινος 1°] +εστιν fiᵃ'r       αρχιμαγειρος] ο αρχιμαγιτος φαραω sup ras pl litt Eᵇ(+post E*)
𝕭 | om ο δακτυλιος και Ε | δακτυλιος] ορμισκοτ fi | om ο 2° n |  Chr(–γειρ–) | φαραω] post αρχιμαγειρω 𝕰 | om ο 2° DMabce–
ορμισκος] δακτυλιος fi(δακτυλιοι iᵃ') | om αυτη 𝕬(uid)         hiᵃjlmosw–c₂ | om ανηρ αιγυπτιος Chr | ανηρ] ο | αιγυπτιοι
26 (επεγνω δε ιουδας] και επεγν. ιουδ. 14: om 71) | θαμαρ]     d | χειροι DˢⁱⁱEM rell Cyr | om ισμαηλειτων] pr των
αυτη dnp𝕬 Chr: om x*𝕭ᵛ | εινεκα f | ουκ εδωκα] ου δεδωκα     αcfiᵃ'orc₂𝕭) αιμαηλ λεγων Ε | om οι—(2) ανηρ f | (αι] +και
dhnstv Thdt: om εδωκεν f | σηλωμ] post μου 𝕾: σιλωμ blmw   14) | εκει] +in Aegyptum 𝕭ᵛ

22 απεστραφη] α' απεστρεψεν jv(sine nom) jv
23 μη ποτε καταγ.] α' σ' ne fiamus contempti 𝕾 | καταγελασθωμεν] α' σ' γενωμεθα εις εξουδενωσιν jv
25 πενθερον] εκυρον Μ: κυριον j: α' θ'(?) κυρον v | ο ορμισκος] σ' το περι τραχηλον Μ(–λιον) j(sine nom)v𝕾
29 τι—φραγμος] α' τι διεκοψας επι σε διακοπην j

A Κύριος μετὰ Ἰωσήφ, καὶ ἦν ἀνὴρ ἐπιτυγχάνων· καὶ ἐγένετο ἐν τῷ οἴκῳ παρὰ τῷ κυρίῳ τῷ
Αἰγυπτίῳ. ³ᾔδει δὲ ὁ κύριος αὐτοῦ ὅτι Κύριος μετ᾽ αὐτοῦ, καὶ ὅσα ἂν ποιῇ Κύριος εὐοδοῖ ἐν 3
ταῖς χερσὶν αὐτοῦ. ⁴καὶ εὗρεν Ἰωσὴφ χάριν ἐναντίον τοῦ κυρίου αὐτοῦ, εὐηρέστει δὲ αὐτῷ· καὶ 4
κατέστησεν αὐτὸν ἐπὶ τοῦ οἴκου αὐτοῦ, καὶ πάντα ὅσα ἦν αὐτῷ ἔδωκεν διὰ χειρὸς Ἰωσήφ. ⁵ἐγέ- 5
νετο δὲ μετὰ τὸ κατασταθῆναι αὐτὸν ἐπὶ τοῦ οἴκου αὐτοῦ καὶ ἐπὶ πάντα ὅσα ἦν αὐτῷ, καὶ ηὐλό-
γησεν Κύριος τὸν οἶκον τοῦ Αἰγυπτίου διὰ Ἰωσήφ· καὶ ἐγενήθη εὐλογία Κυρίου ἐπὶ πᾶσιν τοῖς
ὑπάρχουσιν αὐτῷ ἐν τῷ οἴκῳ καὶ ἐν τῷ ἀγρῷ. ⁶καὶ ἐπέστρεψεν πάντα ὅσα ἦν αὐτῷ εἰς χεῖρας 6
§ ℭ Ἰωσήφ, καὶ οὐκ ᾔδει τῶν καθ᾽ ἑαυτὸν οὐδὲν πλὴν τοῦ ἄρτου οὗ ᾔσθιεν αὐτός. καὶ ἦν Ἰωσὴφ
καλὸς τῷ εἴδει καὶ ὡραῖος τῇ ὄψει σφόδρα. ⁷καὶ ἐγένετο μετὰ τὰ ῥήματα ταῦτα καὶ ἐπέβαλεν ἡ 7
γυνὴ τοῦ κυρίου αὐτοῦ τοὺς ὀφθαλμοὺς αὐτῆς ἐπὶ Ἰωσήφ, καὶ εἶπεν Κοιμήθητι μετ᾽ ἐμοῦ. ⁸ὁ δὲ 8
οὐκ ἤθελεν, εἶπεν δὲ τῇ γυναικὶ τοῦ κυρίου αὐτοῦ Εἰ ὁ κύριός μου οὐ γινώσκει δι᾽ ἐμὲ οὐδὲν ἐν τῷ
οἴκῳ αὐτοῦ, καὶ πάντα ὅσα ἐστὶν αὐτῷ ἔδωκεν εἰς τὰς χεῖράς μου, ⁹καὶ οὐχ ὑπερέχει ἐν τῇ οἰκίᾳ 9
§ L αὐτοῦ οὐθὲν ἐμοῦ, οὐδὲ ὑπεξῄρηται ᾽ἀπ᾽ ἐμοῦ οὐδὲν πλὴν σοῦ, διὰ τὸ σὲ γυναῖκα αὐτοῦ εἶναι· καὶ
πῶς ποιήσω τὸ ῥῆμα τὸ πονηρὸν τοῦτο καὶ ἁμαρτήσομαι ἐναντίον τοῦ θεοῦ; ¹⁰ἡνίκα δὲ ἐλάλει 10

---

3 ποιει E      4 ευηρεστη E
5 ευλογη[σεν] D | om εγενηθη A*(hab A¹ᵐᵍ) | ευλογεια D | πασι DᵈᶦˡE
9 ουχ] ουκ E | υπεξηρηται] υπεξειρηται AE | υφεξηρηται D | τουτο] τουτον E

---

DE(L)Ma-yc₂𝕬𝕭(ℭᶜ)𝕰𝕾

2 μετα ιωσηφ] μετ αυτου l | εγενετο—αιγυπτιω] praepositus
(conuersus 𝕰ᵖ) est super domum domini sui 𝕰 | εγενοντο gᵍ |
παρα τω κυριω 𝕬: αυτου c₂: om τω E: +αυτου
D(+Dᵈᶦˡ)abckmoswx𝕭𝕾(sub ※) | τω αιγυπτιω] του αιγυπτιου
f: in Aegypto 𝕬

3 ηδει δε] ubi cognouit 𝕬: et ubi uidit 𝕰 | ηδει] pr ουκ
km: ειδεν il: ειπε f | κυριος 2°] pr την km𝕰: pr ο ef: ο θεος
Phil(uid): ⟨ο θῑ ην 107⟩: +ην bquw Chr: +εστι f𝕭 | om μετ
—κυριος 3° m | αυτου 2°] +εστι egj𝕬(uid) | om και—αυτου 3°
b | οσα] pr οτι ταυτα k | pr παντα achosxc₂𝕭𝕰𝕾 Chr: ο dnp |
αν ποιη] εποιει n | εαν DEdefᵍghiˢᵗjklo-ruwxy | ευοδοι ευοδων
m: ⟨κατευοδοι 25⟩ | εν—αυτου 3°] sub ※: om κν(txt) Thdt

4 ιωσηφ 1°] post χαριν bw: ιωσηφ 5 | εναντιον 2°] 
ενηρεστει δε αυτω m Chr | ενηρ. δε 𝕬: om m Chr: ευηρ. qu: quod gratus
erat 𝕬𝕰 | ενηρεστησεν Ddfgsc₂𝕭 | κατεστησεν] χαρεστησεν m:
εστησεν c₂ | του οικου] τω οικω egj: της οικιας Eacdhk-ptv
(txt)xc₂ | om αυτου 2° admnpv(txt)xc₂ | ⟨παντα⟩ pr επι 18⟩ |
αυτω 2°] pr εν egj : ⟨pr επι 107⟩: om c₂ : +επι του οικου αυτου
dnp | εδωκεν—⟨ς⟩ αυτου] bis scr n | δεδωκεν mpc₂ | δια χειρος⟩
per manus 𝕾 | δια] παρα iᵉ | ιωσηφ 2°] αυτου αχc₂𝕾(txt)

5 om το f𝕰 | κατασταθηναι] κατασθηναι c₂ : κατεστηναι
t: κατασταθηναι ⟨31.83.84⟩ 𝕭𝕾 | του οικου] του οικων dp | και
1°—αυτου 1°] om p𝕰: om και y | επι παντα] επι πασιν j(mg):
om επι m𝕭 | om και 2°—⟨6⟩ ιωσηφ 1° j𝕭 | και ηυλογησεν
κυριος] εις χειρας ιωσηφ g: om και fmoy𝕰 | κυριος] pr ο c₂ |
om του 2° dlp | εγενηθη] εγενετο fir | ⟨ευλογια⟩ pr η 79⟩ |
κυριου] pr παρα dp | επι 3° Anv(mg)𝕬 | εν DᵈᶦˡEMv(txt) rell
𝕭𝕾 | om πασιν bw | αυτω 2°] αυτου Diˢⁿc₂ | εν 1°] pr και
c₂ | οικω] +αυτου m𝕭 | αγρω] +αυτου Dabckoswc₂

6 επεστρεψεν DᵈᶦˡMacdfghjotuwˢᵗyc₂𝕭 Chr | αυτω] pr εν iᵉ |
εις χειρας] εις τας χειρας d𝕭: εις χειρα o Chr: in manum 𝕰 |
ιωσηφ 1°] +ειναι qu | τω—ουδεν] omne quodcumque erat in
domo sua 𝕬: om των καθ εαυτον Chr | καθ εαυτον Aw(-ων
wᵇ)y] καθ εαυτου b: κατ αυτον D(?)EMacfirv: καθ αυτον
Dᵈᶦˡ(?) rell | ουθεν iˢᵛ | ησθιεν—σφοδρα] mutila in ℭ | ησθιεν]

post αυτος amoxc₂𝕾 | om αυτος Dn𝕬𝕭𝕰 Chr | καλως q | om
σφοδρα Chr ½

7 και εγενετο] εγενετο δε m | om τα ρηματα Chr | om
ταυτα qu | om και 2° fmp𝕭𝕰 | επεβαλεν] επεβλεψεν dnp |
κυριου] αυ̅υ̅ c₂ | τους οφθαλμους] ⟨τοις οφθαλμοις 107⟩: οφθαλμον
Cyr-cod : om τους t | ιωσηφ] pr τον ⟨20.32⟩ Chr | ειπεν] +αυτω
fiᵃlmr(-τη rˢ uid)𝕬𝕭ℭ𝕰

8 ηθελησεν arx𝕬𝕭ℭ𝕰 Cyr-cod | τη—αυτου 1°] αυτη d𝕰 |
τη γυναικι] η γυνη Ep(τη) | αυτου 1°] sub ※ ⁝ ⁝ : ει] ιδου Chr ½ |
ου—ουδεν] δι εμε ουδεν γινωσκει Eus | δι εμε] post αυτου 2° h𝕬:
post αυτου dk(-θεν)np Thdt : om εμε Eus: +εμε EmE Chr ½ |
ουδεν] ουθεν Dikmorsc₂: om b | εν] pr των EMegjlmo𝕰 Eus-
ed Chr ⟨om και—αυτου 78⟩ | και αλλα ⟨31.83⟩ Chr | παντα
οσα] quod 𝕬 | om οσα εστιν αυτω 𝕬 | εστιν] pr η Efm: υπαρχη
c | αυτω] pr εν ⟨68⟩ Eus-ed] αυτου Thdt: εν τω οικω αυτου eg
| εδωκεν Mdfilpqstu Eus-ed Chr Cyr-cod Thdt | εις τας
χειρας] εν τη χειρι Chr ½ codd ½: in manum 𝕰: om τας l Chr-
ed ½ | μου 2°] αυτου egoin h

9 υπερεχει] υπαρχει DMbjqrsuw𝕰(uid) Thdt : +ουθεν a :
+ουθεν mx : +aliquid 𝕾 : +ουθεν των ο | αυτου 1° AEcy𝕰𝕾] 
αυτη nxᵃ(uid): ταυτα w: om pr 𝕭𝕰ᵖ: ταυτη DMxᵃ rell 𝕭𝕾
Chr Cyr Thdt | ουθεν—ουδεν] quod non fuit commissum mihi 𝕰 |
ουθεν] ουδεν egj: om abmopwxc₂𝕾 Thdt | αυτου 1°—ουδεν 2° |
εμοι οσα: om bopw Thdt | ουδε] +μη υπεξηρηται υπεξαιρεται
br(-ρητ-)w Chr ½ Thdt: απεξηρηται pc₂ | απ εμου ουδεν] ουθεν
εμου fir Thdt(-θεν) Chr ½ | απ εμου ουδεν dknpv: om g | ουδεν]
ουθεν Els | om δια—ειναι d | αυτου γυναικα t | ειναι αυτου f |
om και 2° Ec₂𝕭ᵖ | το ρημα—τουτο] uerbum hoc
malum et magnum 𝕬: malum hoc magnum 𝕾 (pr uerbum mg) |
om το ρημα d𝕰 Chr ½ | ρημα το πονηρον] πονηρον ρημα ο:
πονηρον ρημα το μεγα acxc₂ Eus: om το μεγα m | το πονηρον]
post τουτο fin και 3°—θεου] om 𝕰: om και Thdt | αμαρ-
τησομαι] αμαρτησω εσομαι Thdt | εναντιον] εναντι
fl : ενωπιον Chr½ Cyr-cod | θεου] κυ̅ m

10 ηνικα δε] εγενετο δε ηνικα a𝕾(om δε 𝕭ᵖ): και εγενετο

---

XXXIX 2 επιτυγχανων] α´ κατευθυνομενος σ´ ευοδουμενος Mjv(κατευοδ-)𝕾      7 επεβαλεν] α´ ηρεν M
9 ουδε υπεξηρηται] neque reliquit neque subtrahit siue subtractum (ﬡﬡﬡ) 𝕾 | το 2°—τουτο] α´ την κακιαν την μεγαλην
ταυτην M

Ἰωσὴφ ἡμέραν ἐξ ἡμέρας, καὶ οὐχ ὑπήκουεν αὐτῇ καθεύδειν μετ' αὐτῆς τοῦ συγγενέσθαι αὐτῇ. Α
11 ¹¹ἐγένετο δὲ τοιαύτη τις ἡμέρα· εἰσῆλθεν Ἰωσὴφ εἰς τὴν οἰκίαν τοῦ ποιεῖν τὰ ἔργα αὐτοῦ, καὶ
12 οὐθεὶς ἦν ἐν τῇ οἰκίᾳ ἔσω· ¹²καὶ ἐπεσπάσατο αὐτὸν τῶν ἱματίων αὐτοῦ λέγουσα Κοιμήθητι μετ'
13 ἐμοῦ· καὶ καταλείπων τὰ ἱμάτια αὐτοῦ ἔφυγεν καὶ ἐξῆλθεν ἔξω· ¹³καὶ ἐγένετο ὡς εἶδεν ὅτι
14 κατέλειπεν τὰ ἱμάτια αὐτοῦ ἐν ταῖς χερσὶν αὐτῆς καὶ ἔφυγεν καὶ ἐξῆλθεν ἔξω, ¹⁴καὶ ἐκάλεσεν
τοὺς ὄντας ἐν τῇ οἰκίᾳ καὶ εἶπεν αὐτοῖς λέγουσα Ἴδετε, εἰσήγαγεν ἡμῖν παῖδα Ἑβραῖον ἐμπαίζειν
15 ἡμῖν· εἰσῆλθεν πρός με λέγων Κοιμήθητι μετ' ἐμοῦ· καὶ ἐβόησα φωνῇ μεγάλῃ. ¹⁵ἐν δὲ τῷ
16 ἀκοῦσαι αὐτὸν ὅτι ὕψωσα τὴν φωνήν μου καὶ ἐβόησα, καταλείπων τὰ ἱμάτια αὐτοῦ παρ' ἐμοὶ
17 ἔφυγεν καὶ ἐξῆλθεν ἔξω. ¹⁶καὶ καταλιμπάνει τὰ ἱμάτια παρ' ἑαυτῇ ἕως ἦλθεν ὁ κύριος εἰς τὸν
οἶκον αὐτοῦ. ¹⁷καὶ ἐλάλησεν αὐτῷ κατὰ τὰ ῥήματα ταῦτα λέγουσα Εἰσῆλθεν πρός με ὁ παῖς ὁ
18 Ἑβραῖος, ὃν εἰσήγαγες πρὸς ἡμᾶς, ἐμπαῖξαί μοι, καὶ εἶπέν μοι Κοιμήθητι μετ' ἐμοῦ. ¹⁸ὡς δὲ ¶ ¶ L
19 ἤκουσεν ὅτι ὕψωσα τὴν φωνήν μου καὶ ἐβόησα, κατέλειπεν τὰ ἱμάτια αὐτοῦ παρ' ἐμοὶ καὶ ἔφυγεν¶
καὶ ἐξῆλθεν ἔξω. ¹⁹ἐγένετο δὲ ὡς ἤκουσεν ὁ κύριος τὰ ῥήματα τῆς γυναικὸς αὐτοῦ, ὅσα ἐλάλησεν
20 πρὸς αὐτὸν λέγουσα Οὕτως ἐποίησέν μοι ὁ παῖς σου, καὶ ἐθυμώθη ὀργῇ. ²⁰καὶ ἔλαβεν ὁ κύριος

---

10 ιωσηφ E*(ιωσηφ Eᵇ) | 13 ιδεν D | 14 ειδετε AD | εμπεξειν E
16 καταλειμπανει E | 17 εμπεξαι A | 18 φωνη E

DE(L)Ma–yc₂𝕬𝕭𝕮𝕰𝕾

---

ηυκα ckmoxc₂𝕬.𝕾(και εγενετο sub ✱): et 𝕰 | ελαλησε j |
ιωσηφ Aj] pr τω DELM rell Cyr: om Chr | ημερας] ημερα c |
om και egjᵭᵇ ὑπήκουσεν D(contra Dˢⁱˡ)LMacdegj–rtuxc₂𝕭
𝕮𝔼ᵖ Chr (και 1°] αυτην c: αυτην Eo Chr: om 𝔄 | καθευ-
δειν μετ αυτης] pr τω f: om n | καθευδειν] κοιμηθηναι p | μεθ
εαυτης E | om του συγγενεσθαι αυτη p𝕰 | του] και τ𝕰: περ¡με
𝔄 | αυτη 7°] αυτην o: αυτου d: om 𝔄

11 εγενηθη acdi*km–pxc₂ | om δε fknpqyc Cyr–cod | τοι-
αυτη τις ημερα] και των ημερων fp(pr ev): in uno die 𝕰 | τοιαυτη
τις] τις τοιαυτη km: τη αυτη a: ταυτη o | τις ημερα] ημερα τις
x: τηι ημερας dn(τις): τις ωρα iᵇ*r: om τις c₂: + τις c | ημερα]
+ ras (2) a | εισηλθεν] pr και befgjpwyc₂ Cyr–ed: ingressus 𝔄
(την οικιαν] τον οικον 79) | του Ay] om DELM rell Phil Cyr |
ποιησαι fiᵇr | ουθεις ac–gijkm–prxc₂ | om 𝔄 | post οικια 𝕾: om
Lk | εν Acfnyc₂𝕭𝔼 Cyr–cod] pr των DELM rell 𝕬𝕮𝕾 Cyr–
ed | τη οικια] τω οικω m

12 και επεσπασατο] κακεινη μηδενα ιδουσα αλλ η τον ιωσηφ
εκρατησεν m: om και Ldnp𝔄 | επεσπασατο–αυτου 1°] appre-
hendit uestes eius nudauit eum iis 𝕰 | εξεσπασατο c₂ | αυτου
αυτου gᵇ: αυτου fj: om 𝕬𝕮𝕰𝕾 | των ιματιων αυτου] uestem eius
𝕰: om E | αυτου 1° Amy𝕬𝕾] om DˢⁱˡLM rell Cyr | (κοιμηθητι
μετ εμου] κοιμηθησομαι μετα σου 108) | (om και 2°–εξω 83) |
και 2°] κακεινον m: ο δε (20.31) 𝔄(uid) | καταλειπων AEhkno
ry] καταλιπων DˢⁱˡLM rell 𝕭 Phil Cyr: καταλειπε (14.78) 𝕾(uid) |
αυτου 2°] sub ✱ 𝕾: om ELbdhkptvwyc₂ Phil | εφυγεν A]
pr εν ταις χερσιν αυτης και r𝔄: pr εν ταις χερσιν αυτης Dˢⁱˡ(Dᵘⁱᵈ)
ELM rell (om εν m)𝕭𝕮𝕰𝕾 Phil Cyr

13 και 1°–εξω] sub ÷ v.𝕾: om (71) Cyr–cod | και εγενετο]
εγενετο δε acdfikmnor⁴(sup ras)xc₂𝕾: om και (20) 𝔼ᵇ: om
εγενετο p𝕰 | κατελειπεν] pr reliquit eam et exiit et 𝔼ᶜ: pr exiit
et 𝔼ᶜˡ: κατελειπεν DLad–gijlpqstuxyc₂𝕬𝕭𝕮𝕰𝕾: καταλειπεν bw
Cyr–ed | om και 2°–εξω dnᵽ𝔄 | και εφυγεν] (om 16.77.130): om και
c | om και 2°–εξω dn𝔼 | και εφυγεν] (om 16.77.130): om και
bepw𝕭ᵖ Cyr–ed | και εξηλθεν εξω 𝔄] και εφυγεν (om 16.77.130): om και
14 και εκαλ.] εκαλ. δε k: om και Ddfkmnpqx𝕬𝕭𝔼 Cyr |
om οντας m Cyr–cod | (οικια) + ως ειδεν οτι κατελειπε τα ιματια
αυτου 71) | και ειπεν αυτοις] om 𝕮: om αυτοις 𝔄 | om λεγουσα

fmn𝕬𝕭𝔼 | ιδετε–ημιν 1°] quid adtulistis super me (om super
me 𝔼ᵇ) uidete quod fecit super me 𝕰 | ιδε mw | εισηγαγεν]
ηγαγεν a(ηγα sup ras aᵃ)cmoxc₂𝕾(txt) | om ημιν 1° 𝕮 Cyr–cod
| om παιδα | εμπαιζει j(mg)n | ημιν 2°] μοι k(mg)nc₂𝔼 | εισηλ-
θεν] pr και e: + γαρ k | om λεγων dnpᵭᵇ* | κοιμηθητι μετ
εμου] κοιμηθησομαι μετα σου bw | κοιμηθητι καθευδειν dnp |
(om και 3°–μεγαλη 71) | εβοησα] pr εγω 𝔄 | ⟨φωνη μεγαλη⟩
μεγαλη φωνη 84; φωνη μεγαλην 32)

15 om αυτον fm | (οτε 84) | om μου i* | om και εβοησα
y | om καταλειπων–εμοι L | καταλειπων] καταλιπων D(+Dˢⁱˡ)
Mabd–gijlmpqs–xc₂ Cyr: reliquit 𝕬𝕭𝕮𝕰𝕾 | εφυγεν] pr και
L𝕬𝔼𝕾 | om και εξηλθεν 𝕮𝔼

16 καταλιμπανει] καταλειπει dp: reliquit 𝔼ᵖ𝕾: posuit 𝔄
𝕭𝕮𝔼 | ιματια] + αυτου 𝕭ᵐᵍ𝔼(uid) | εαυτη] αυτη fnpc₂ |
εαυτη iᵖ°: αυτη d | εως] ως L: om δε m | εισηλθεν ⟨79⟩𝕭ᵐᶜ |
κυριος] + αυτου Edegjknpt𝕭𝕮𝔼(uid)𝕾(uid): + ιωσηφ D | εισ-
αυτου] εν τω οικω αυτου f: om egjᵭᵇ𝕮: om εις x* | ⟨αυτου
αυτης 84⟩

17 om και 1° m𝕭ᵭᵖ | αυτω] κατα–ταυτα r* |
ταυτα] αυτου i*(uid) | ο παις] puer meus Tract: om n: +σου
𝕭𝕮𝔼 | εισηγαγες] εισηνεγκας Chr𝕾: ηνεγκας m | om προς ημας
El | εμπαιξαι Lf] Chr𝕾 codd ½ : om 16.77.130: om ½ (om 16.77.130)
𝕭ᵭᵇ: ημιν 𝔼ᵖ Chr𝕾 | om και ειπεν μοι y* | om και ειπεν] ειπεν
δε: dixit enim Tract | om μοι 2° Lbcew | κοιμηθησομαι μετ
εμου Ac₂𝕭𝔼 Tract] κοιμηθησομαι μετα σου D(+Dˢⁱˡ)ELM rell
(–σωμαι ny)𝕮𝔼𝕾(και ειπεν–σου sub +): + ο et clamauit uoce
magna ∢ 𝕾

18 ηκουσεν] ηκουσα την φωνην n* | om μου efgj | κατε-
λειπεν] κατελιπεν DMad–gijlⁿqs–vxc₂𝕬𝕭𝕮𝕰𝕾: καταλειπον c:
καταλιπον Lbw | om και 2° αυτου Lhiᵈ*kquy | om και εξηλθεν 𝔼 |
om και εξηλθεν 𝔼 | om εξω bw

19 κυριος Af] + ιωσηφ D𝔄(Dᵘⁱᵈ)EM rell 𝕬𝕭𝕮𝔼(uid)𝕾 |
τα ρηματα] om n: + ταυτα dfp𝕮 | om τη γυναικος αυτου dp |
οσα–σου] om fp: om οσα–αυτου i𝔼ᵖ | λεγουσα] λεγουσης i:
+ η γυνη αυτου 𝕮 | λεγουσα] + και ουτως m | om και Efkmnp𝔄
𝕭ᵇ𝔼 | οργη] + αυτου k

20 και ελαβεν 𝕬𝕭𝕮] om f: και λαβων DEM rell 𝕾 | om

---

17 εμπαιξαι μοι] καταγνωναι μοι M
20 και 1°–ιωσηφ] α' και ελαβεν κ̄ῑ ιωσηφ αυτον σ' ελαβεν ο κ̄ῑ αυτου τον ιωσηφ ο' και λαβων ο κ̄ῑ ιωσηφ v

A Ἰωσὴφ καὶ ἐνέβαλεν αὐτὸν εἰς τὸ ὀχύρωμα, εἰς τὸν τόπον ἐν ᾧ οἱ δεσμῶται τοῦ βασιλέως κατέχονται ἐκεῖ ἐν τῷ ὀχυρώματι. ²¹καὶ ἦν Κύριος μετὰ Ἰωσὴφ καὶ κατέχεεν αὐτοῦ ἔλεος, καὶ 21 ἔδωκεν αὐτῷ χάριν ἐναντίον τοῦ ἀρχιδεσμοφύλακος. ²²καὶ ἔδωκεν ὁ ἀρχιδεσμοφύλαξ τὸ δεσμω- 22 τήριον διὰ χειρὸς Ἰωσὴφ καὶ πάντας τοὺς ἀπηγμένους ὅσοι ἐν τῷ δεσμωτηρίῳ, καὶ πάντα ὅσα ποιοῦσιν ἐκεῖ. ²³οὐκ ἦν ὁ ἀρχιδεσμοφύλαξ γινώσκων δι' αὐτὸν οὐθέν· πάντα γὰρ ἦν διὰ χειρὸς 23 Ἰωσήφ, διὰ τὸ τὸν κύριον μετ' αὐτοῦ εἶναι· καὶ ὅσα αὐτὸς ἐποίει, Κύριος εὐοδοῖ ἐν ταῖς χερσὶν αὐτοῦ.

¹Ἐγένετο δὲ μετὰ τὰ ῥήματα ταῦτα ἥμαρτεν ὁ ἀρχιοινοχόος τοῦ βασιλέως Αἰγύπτου καὶ ὁ 1 XL ἀρχισιτοποιὸς τῷ κυρίῳ αὐτῶν βασιλεῖ Αἰγύπτου. ²καὶ ὠργίσθη Φαραὼ ἐπὶ τοῖς δυσὶν εὐνούχοις 2 § Δ₅ αὐτοῦ, ἐπὶ τῷ ἀρχιοινοχόῳ καὶ ἐπὶ τῷ ἀρχισιτοποιῷ· ³καὶ ἔθετο αὐτοὺς ἐν ¹φυλακῇ παρὰ τῷ 3 ἀρχιδεσμοφύλακι εἰς τὸ δεσμωτήριον, εἰς τὸν τόπον οὗ Ἰωσὴφ ἀπῆκτο ἐκεῖ. ⁴καὶ συνέστησεν ὁ 4 ¶ Δ₅ ἀρχιδεσμώτης τῷ Ἰωσὴφ αὐτούς, καὶ παρέστη⁴ αὐτοῖς· ἦσαν δὲ ἡμέρας ἐν τῇ φυλακῇ. ⁵καὶ ἴδον 5 ἀμφότεροι ἐνύπνιον, ἑκάτερος ἐνύπνιον ἐν μιᾷ νυκτί, ὅρασις τοῦ ἐνυπνίου αὐτοῦ, ὁ ἀρχιοινοχόος καὶ ὁ ἀρχισιτοποιὸς οἳ ἦσαν τῷ βασιλεῖ Αἰγύπτου, οἱ ὄντες ἐν τῷ δεσμωτηρίῳ. ⁶εἰσῆλθεν δὲ 6

XL 3 αρχιδεσμοφυλακει A        5 ειδον D<sup>sil</sup>(D<sup>uid</sup>)

DEM(Δ₅)a–yc₂𝕬𝕭𝕮ᶜ𝕰𝕾

o κυριοι dpᛊ | ιωσηφ] pr τον dmp: αυτον (107) 𝕭ᵇ: +εκει 𝕭ʷᏆ | και 2° A f] om DEM rell 𝕬𝕾 | ενεβαλεν] ενεβαλλεν w: επεβαλεν l | (om αυτων 107) | (om το 20–79) | εις 2°—ω] pr και f: οτου 𝕾 Chr | εν ω) ου fi𝕬𝕾 | κατεχονται κατεχοντο w: κατεχονται Ef𝕬] κατερχονται d: erant 𝕭 | om εκει—οχυρωματι cfn Chr

21 ιωσηφ] +και ην ανηρ επιτυγχανων Thdt | αυτου] αυτω cklm Thdt | ελεος] ελεον Thdt: ελαιον dnp | χαριν αυτω εδωκεν c₂ | om εδωκεν αυτω Thdt | χαριν αυτω akx | om αρχιδεσμοφυλακος—(22) o g | δεσμοφυλακος Efln Thdt

22 και 1°—(23) ιωσηφ] libere uertit ᛊ | εδωκεν] κατεστησεν k | om o αρχιδεσμοφυλαξ (71) ᛊ | om τουτ n | απηγμενους] απαγομενους qu: καθειργμενους m: εγκεκλεισμενους D+D(-κλισ-) Ehlnrst: συνκεκλεισμενους f(συνεκλ- uid): clausios 𝕮𝕾(mg): iniectos 𝕭: om h | οσοι] οσα ο: om hi𝕭ʳkmrwc₂ᛊ | εκει] +αυτος ην ποιων Mabckmoswxc₂𝕬𝕾(sub ※)

23 ουκ] pr και ms𝕬𝕾 Chr | ην 1°] ηδει lr | αρχιδεσμοφυλαξ Any Chr] +εν τω δεσμωτηριω m 𝕰: +εν του δεσμωτηριου D(+D<sup>sil</sup>) EM rell 𝕬𝕾 | γινωσκων—ουθεν] φυλαξ f | δι αυτον] δι αυτων imp: om θεν f | ουθεν] ουθεν bdglmnpx: εος 𝕭 | om τω Dg° c₂ | om τον Mah°i°nopvxy | κυριον] κ̅̅ς̅ x | μετ αυτου] post ειναι f𝕬: (δι αυτου 30) | οσα] pr ταυτα l: om f: +αν egj | om αυτος d𝕭ᶜ𝕰 | ποιει (30) ᛑ | κυριοs] pr εις: post ευοδοι ᛑ: και 2°—o θ̅̅ς̅̅ fi(om και): και b | ευοδου Mabce–knqt–wc₂𝕬𝕾 Chr Thdt | +αυτου 2°] sub –– 𝕾: om ταις qru

XL 1 ημαρτεν] peccauerunt ᛊ | του βασιλεωs] post αιγυπτου 1° f: om του mc₂ | om o 2° n | κυριω] κ̅̅υ̅̅ m | αυτων] αυτω c₂°: αυτου m | βασιλει] pr τω Dacdnptx

2 οργισθειs c₂ | Φαραω] ο βασιλευs i°: om egjᛊ | om επι 1° Ddnp | om αυτου dnp𝕭 Phil | om επι 2°—αρχισιτοποιω] pr και c𝕰: om E𝕰 | επι 1°] om d𝕭ʷ: +τε npt | om επι 3° d𝕭

3 hoc comma libere uertit ᛊ | φυλακη] pr τη bcfi°lrtw𝕭 ...pa Δ₅ | om παρα τω αρχιδεσμοφυλακι bi°quw | τω αρχι.] του αρχιμαγειρου m | αρχι.] δεσμοφυλακι D(+D)Megjksv: αρχιμαγειρω Δ₅acdnpxc₂𝕬𝕭𝕾 Phil-codd-omn | εις το δεσμωτηριον] εν τω δεσμωτηριω f: om l𝕰(uid) | εν τω τοπον] om

fm: om τον n: +εν τω οχυρωματι dnp(pr τον) | ου] οτου D: εν ω f | ιωσηφ απηκτο εκει] pr ο bmwx: Ioseph erat 𝕬: ην ιωσηφ Ef𝕰] απηκτο n: απειρκτο m: ⟨απηνεχθη 108 mg): κατωκει l | εκει] om 𝕭: +εν τω οχυρωματι j(mg)

4 om totum comma 𝕰 | συνεστησεν] κατεστησεν m — αυτουs] αυτουs o αρχιδεσμωτηs ιωσηφ dnp: eos princeps-carnificum (= o αρχιμαγειρος) Ioseph 𝕬 | αρχιδεσμωτηs] αρχιδεσμοφυλαξ Mj(mg)v(mg)y𝕾(uid): +αυτω f | ην ιωσηφ αυτουs] αυτουs τω ιωσηφ Chr-ed: ιωσηφ αυτουs kmx: αυτουs ιωσηφ i°: προs ιωσηφ αυτουs f°: αυτουs προs ιωσηφ i°¹r: αυτοιs του ιωσηφ Chr-codd: (om αυτουs 30–107) | ιση φ g | αυτουs] +dedit eos in manum eius 𝕭 | και παρεστη αυτοιs] pr attendebat eos 𝕭ᵇ: (om αυτοιs 30) | και παρεστη αυτοιs m 𝕰: παρεστη E | αυτοιs] αυτουs 14.16.130) | δε] (γαρ εκει 16) | ησαν δε] ησαν dnp | ημεραs] ημεραι: +πολλαs 𝕭ᵇ: +πλειουs knv(mg): +πλειστουs dp | φυλακη] +πλειουs egj

5 αμφοτεροι ενυπνιον] ενυπνιον αμφοτεροι afimnorxc₂𝕬𝕰𝕾: αμφοτεροι ενυπνια (14.16.77.130) Chr¦: ενυπνια αμφοτεροι ck𝕰: ⟨ενυπνιον οι αμφοτεροι 30): om αμφοτεροι Edp | εκατεροs—αυτου] in una nocte unusquisque ex iii uiderunt somnium suum 𝕰 | om εκατεροs ενυπνιον bdhlpqsuw𝕭ᵇ Chr | εκατεροs] εκατερω i°: εκατεροι egj | εκαστοs mn | ενυπνιον 1°] om m: εκατεροs k: εius uidit 𝕭ᵇ | μια] post νυκτι acfimorxc₂𝕾 | νυκτι] φυλακ[η] D(contra D<sup>sil</sup>) | om οραειs—δεσμωτηριω dm | οραειs—αυτου] quod uidit in sominio suo 𝕰: om p Chr | οραειs] pr η δε qu: εν αι οραειεs bw | om του ενυπνιου fi°¹r | αυτου] αυτων bwy𝕭ᵇ: om Dacfi°¹koqruxc₂𝕬𝕾(uid) | ο 1°—αρχισιτοποιοs] ο τε αρχισιτοποιοs και ο αρχιοινοχοοs p: του αρχιοινοχοου και του αρχισιτοποιου D(+D<sup>sil</sup>)acfi°¹koqruxc₂𝕬𝕾[om των 2° qu | 𝕶⧫⧫⧫] (του αρχισιτοποιου και του αρχιοινοχοου 76) | ο 1°] +τε Chr | οινοχοοs bw | σιτοποιοs bw | om οι 1°—δεσμωτηριω p | οι 1°—βασιλει] regis 𝕭𝕰: om οι b | του 1° τω 𝕰 | om τω 2° | ⟨οντεs⟩ ανδρεs 31) | εν τω δεσμωτηριω] εν (επι 78) τοιs δεσμωτηριοιs egj (78): +ην αυτη qu

6 ηλθεν y | om δε g°qu | προs—ιωσηφ A𝕰] ιωσηφ τω

20 και 1°—οχυρωμα] a' εδωκεν αυτον προs οικον του δεσμωτηριου M | εις το οχυρωμα] εις το δεσμωτηριον M
22 απηγμενουs] εγκεκλεισμενουs Mjv: δεδεμενουs j
XL 3 απηκτο] a' δεδεμενοs Δ₅      4 συνεστησεν] σ' παρεθ[ε]το Δ₅ | παρεστη] a' ελειτουργει M: σ' ελιτουργει Δ₅
5 ο 1°—αρχισιτοποιοs] a' ο ποτιστηs και ο πεσσων M: a' ο ποτιστηs σου και ο παιs σου j(om σου 1°)ν

114

7 πρὸς αὐτοὺς τὸ πρωὶ Ἰωσήφ, καὶ ἴδεν αὐτοὺς καὶ ἦσαν ¹τεταραγμένοι. ⁷καὶ ἠρώτα τοὺς εὐνού- A
χους Φαραώ, οἳ ἦσαν μετ' αὐτοῦ ἐν τῇ φυλακῇ παρὰ τῷ κυρίῳ αὐτοῦ, λέγων Τί ὅτι τὰ πρόσωπα ⁸ Δ₅
8 ὑμῶν σκυθρωπὰ σήμερον; ⁊ ⁸οἱ δὲ εἶπαν αὐτῷ Ἐνύπνιον ἴδομεν, καὶ ὁ συγκρίνων αὐτὸ οὐκ ἔστιν. ⁊ Δ₅
9 εἶπεν δὲ αὐτοῖς Ἰωσήφ Οὐχὶ διὰ τοῦ θεοῦ ἡ διασάφησις αὐτῶν ἐστιν; διηγήσασθε οὖν μοι. ⁹καὶ
διηγήσατο ὁ ἀρχιοινοχόος τὸ ἐνύπνιον αὐτοῦ τῷ Ἰωσήφ⁊ καὶ εἶπεν Ἐν τῷ ὕπνῳ μου ἦν ἄμπελος ⁊ ς
10 ἐναντίον μου· ¹⁰ἐν δὲ τῇ ἀμπέλῳ τρεῖς πυθμένες, καὶ αὐτὴ θάλλουσα ἀνενηνοχυῖα βλαστούς·
11 πέπειροι οἱ βότρυες σταφυλῆς. ¹¹καὶ τὸ ποτήριον Φαραὼ ἐν τῇ χειρί μου· καὶ ἔλαβον τὴν
σταφυλὴν καὶ ἐξέθλιψα αὐτὴν εἰς τὸ ποτήριον, καὶ ἔδωκα τὸ ποτήριον εἰς τὰς χεῖρας Φαραώ.
12/13 ¹²καὶ εἶπεν αὐτῷ Ἰωσήφ Τοῦτο ¹ἡ σύγκρισις αὐτοῦ. οἱ τρεῖς πυθμένες τρεῖς ἡμέραι εἰσίν· ¹³ἔτι ⁊
τρεῖς ἡμέραι καὶ μνησθήσεται Φαραὼ τῆς ἀρχῆς σου καὶ ἀποκαταστήσει σε ἐπὶ τὴν ἀρχιοινοχοΐαν
σου, καὶ δώσεις τὸ ποτήριον Φαραὼ εἰς τὴν χεῖρα αὐτοῦ κατὰ τὴν ἀρχήν σου τὴν προτέραν, ὡς
14 ἦσθα οἰνοχοῶν. ¹⁴ἀλλὰ μνήσθητί μου διὰ σεαυτοῦ ὅταν εὖ σοι γένηται, καὶ ποιήσεις ἐν ἐμοὶ
15 ἔλεος, καὶ μνησθήσῃ περὶ ἐμοῦ Φαραώ, καὶ ἐξάξεις με ἐκ τοῦ ὀχυρώματος τούτου· ¹⁵ὅτι κλοπῇ ⁊ L
ἐκλάπην ἐκ γῆς Ἑβραίων· καὶ ὧδε οὐκ ἐποίησα οὐδέν, ἀλλ' ἐνέβαλόν με εἰς τὸν λάκκον τοῦτον.

A  ¹⁶καὶ ἴδεν ὁ ἀρχισιτοποιὸς ὅτι ὀρθῶς συνέκρινεν, καὶ εἶπεν τῷ Ἰωσήφ Κἀγὼ ἴδον ἐνύπνιον, καὶ 16
ᾤμην τρία κανᾶ χονδριτῶν αἴρειν ἐπὶ τῆς κεφαλῆς μου· ¹⁷ἐν δὲ τῷ κανῷ τῷ ἐπάνω ἀπὸ πάντων 17
τῶν γενημάτων ὧν ὁ βασιλεὺς Φαραὼ ἐσθίει, ἔργον σιτοποιοῦ· καὶ τὰ πετεινὰ τοῦ οὐρανοῦ
¶ ℒ κατήσθιεν αὐτὰ ἀπὸ τοῦ κανοῦ τοῦ ἐπάνω τῆς κεφαλῆς μου.¶ ¹⁸ἀποκριθεὶς δὲ Ἰωσὴφ εἶπεν αὐτῷ 18
Αὕτη ἡ σύγκρισις αὐτοῦ. τὰ τρία κανᾶ τρεῖς ἡμέραι εἰσίν· ¹⁹ἔτι τριῶν ἡμερῶν ἀφελεῖ Φαραὼ 19
τὴν κεφαλήν σου ἀπὸ σοῦ, καὶ κρεμάσει σε ἐπὶ ξύλου, καὶ φάγεται τὰ ὄρνεα τοῦ οὐρανοῦ τὰς
σάρκας σου ἀπὸ σοῦ. ²⁰ἐγένετο δὲ ἐν τῇ ἡμέρᾳ τῇ τρίτῃ ἡμέρα γενέσεως ἦν Φαραώ, καὶ ἐποίει 20
πότον πᾶσι τοῖς παισὶν αὐτοῦ· καὶ ἐμνήσθη τῆς ἀρχῆς τοῦ ἀρχιοινοχόου καὶ τῆς ἀρχῆς τοῦ
¶ ℒ ἀρχισιτοποιοῦ ἐν μέσῳ τῶν παίδων αὐτοῦ. ²¹καὶ ἀπεκατέστησεν¶ τὸν ἀρχιοινοχόον ἐπὶ τὴν 21
ἀρχὴν αὐτοῦ, καὶ ἔδωκεν τὸ ποτήριον εἰς τὴν χεῖρα Φαραώ· ²²τὸν δὲ ἀρχισιτοποιὸν ἐκρέμασεν, 22
καθὰ συνέκρινεν αὐτοῖς Ἰωσήφ. ²³οὐκ ἐμνήσθη δὲ ὁ ἀρχιοινοχόος τοῦ Ἰωσήφ, ἀλλὰ ἐπελάθετο 23
αὐτοῦ.

§ ℒʳ   ᵏ¹Ἐγένετο δὲ μετὰ δύο ἔτη ἡμερῶν Φαραὼ ἴδεν ἐνύπνιον. ᾤετο ἑστάναι ἐπὶ τοῦ ποταμοῦ· 1 XLI
¶ L  ²καὶ ἰδοὺ ὥσπερ ἐκ τοῦ ποταμοῦ¶ ἀνέβαινον ἑπτὰ βόες καλαὶ τῷ εἴδει καὶ ἐκλεκταὶ ταῖς σαρξίν, 2
καὶ ἐβόσκοντο ἐν τῷ ἄχει· ³ἄλλαι δὲ ἑπτὰ βόες ἀνέβαινον μετὰ ταύτας ἐκ τοῦ ποταμοῦ αἰσχραὶ 3
τῷ εἴδει καὶ λεπταὶ ταῖς σαρξίν, καὶ ἐνέμοντο αἱ βόες παρὰ τὸ χεῖλος τοῦ ποταμοῦ ἐν τῷ ἄχει·

---

16 ειδεν Dᵃⁱⁱ       18 συγκρισεις A | τρις A
20 om ημερα 2° A*(hab Aᶜᵐᵍ) | εποιου A | πασιν D | εμμεσω AE        23 αλλ DᵃⁱE
XLI 2 ανεβαινον] αναβαινον A: ανεβεννον E       3 ανεβενᵒ| E

---

DE(L)Ma–yc₂𝔄𝔅𝔈(𝕷ᵛʷ𝔖)

16 και ιδεν] et ubi uidit 𝔄(om et)𝔅ⁱᵛ𝔈 | συνεκρινεν] εκρινε
l | om και 2° (30) 𝔄𝔅𝔈ᶜᶠ | και εγω dfinr | ιδον] uidebam 𝔄 |
ενυπνιον και ωμην] ita in somnio meo uidebam 𝔈ᶜ: in somnio
meo 𝔈ᵖ | ενυπνιον] in somnio 𝔄𝔖: om f | om και 3° Dbdlnp
w𝔄-ed𝔅𝕷 | ωμην] ενομιζον M(mg): uidi ecce 𝔅 | κανα] κοφινας
ανα n | χονδριτων αιρειν] ha.. et olera 𝕷 | (χονδριτης 107) |
αιρειν] post μου n: tollebam 𝔅: αγειν με m: +με acoc₂: om
⟨14.16.77.130⟩ 𝔈 | την κεφαλην μ | της κεφαλης A | της] της c₂
17 εν—κανω] in quib canistris 𝕷 | επανω 1°] +της κεφαλης
μου ο | om ανω παντων fᵃ | των γενηματων A] om των y: των
γενων bde(om των)fgijknprtwc₂𝔈𝕷: των γενεων hᵇ: om DEL
Mhᵃ rell 𝔄𝔅𝔖 | ων] ω l(uid) | ο—εσθιει] edebat rex Pharao 𝔄:
edit Pharao rex Aegypti 𝔈 | βασιλευς] om b: (om o 84.128) |
φαραω βασιλευς m | φαραω] post εσθιει bw: om oy | εργον bw |
σιτοποιου] pistorum 𝔄 | του ουρανου] om 𝔈 | κατησθιεν
c₂𝔄𝔅𝔈𝕷𝔖 | +ras (23) c | κατησθιεν] κατησθιαν L: κατησθιον
defiᵃjnp | του επανω] του επι Ediᶜknp𝔅(uid): om bw
18 om και 1°] pr o a: ⟨+αυτων 71⟩ | αυτω] αυτοις s: om L |
αυτη—αυτου] (om 71.77): om αυτη c | κρισις w | om τα Ef
19 ετι] pr και c₂ | τριων ημερων] τρεις ημεραι κai m Chr:
+και Dᵘⁱbikrsw𝔅ᵐ𝕷 | αφελει] αφελειται D(-τε)biw: αφειλεται
f: αφαιρει Chr: αφαιρει l | φαραω] pr ο βασιλευς n: post
σου 1° r | om σου 1° g | κρεμασει σε] κρεμασειs c₂*: κρεμασ-
θειs r | (κρεμασθησεις 31): om σε d | ξυλου] pr του 31 | om
και 2°—σου 4° g | φαγονται E(pr παν Eᵃ)bfhirw | τα ορνεα]
post σου 3° m: τα πετεινα Eo: (om τα 128) | om του ουρανου
m | om σου 3° e | (σου 4°) | +αυτη η συγκρισι αυτου 77)
20 om εν 1° ego | ημερα 2°] punctis notauit pᵃⁱ: post
γενεσεως bw | γενεσεως] post ην k: γενεαs l | ην] post φαραω f:
om c₂𝔈 | και εποιει και εποιησεν Efhiᵃv(mg)xᵉ(uid)𝔅𝕷(uid) |
εποιησεν l𝔈: ποιων n | ποτον] τοτον f | παισιν] εν τω οικω l:
om t | om της αρχης 1° b | του αρχιοινοχοου] του οινοχοου

E(ονοχ-)d(om του)mnqu: eius qui a uen[is] 𝕷 | om της αρχης
2° Ed | σιτοποιου dqu | εν μεσω] ανα μεσον m | om αυτου 2° E𝔅
21 om και 1°—αυτου f | ⟨ετι⟩ εις 76⟩ | (om και 2°—φαραω
71.107) | om το n | (ποτηριον) + αυτου 30) | εις—φαραω] φαραω
επι χειρας c | τας χειρας efgjᵃ | φαραω] αυτου dp
22 σιτοποιον m | εκρεμασεν] +επι ξυλου E𝔄𝔈 | καθως fn |
συνεκρινεν] συνεταξεν Eiᵃ | αυτοις] αυτω L𝔄-codd 𝔈: om 𝔄-ed
23 om ουκ—ιωσηφ g | ουκ εμνησθη δε] (pr και 31): και ουκ
εμνησθη b | του] τω E | om αυτου 𝔈
XLI 1 μετα] τα s | om ετη n | om ημερων Lfm𝔈 | ειδεν
φαραω p𝔄𝔈 | ιδεν] post ενυπνιον m: ιδειν n | ωετο εσταναι]
ecce stabat 𝔅 | ωετο] ωστε dnp: ως m: ερωμενος M(mg) |
εσταναι] se esse 𝕷 | επι] in ripa 𝔄 (ad ripam codd): +του
χειλους fij(mg)rv(mg): ⟨+το χειλος 30⟩ | του ποταμου] τον
ποταμον m: +τω ειδει jᵐᵉ(uid)
2 εκ] επι Ecmqu: (απο 73) | καλοι f | τω ειδει] τη οψει
DM(mg)dfinprv(txt): (οψει 107) | εκλεκται f | ταις] των d |
εβοσκοντο] ενεμοντο Ebdnpw | εν] επι iᵃ | τω αχει] (τη οχθη
31.83): λιβαδι fiᵃⁱr: om γ
3 αλλαι—βοες 1°] και ιδου επτα βοες ετεραι E: et ecce aliae
septem boues 𝔄-codd | αλλοι f | βοες επτα bfiw | μετα ταυτας]
post ποταμου 1°: μετ αυτας bhklmw𝔄(uid)
𝔈(uid): οπισω αυτων E: om fiᵃⁱr | om εκ του ποταμου 𝔈ᶠᵖ
| εκ] απο m | αισχραι] αισχροι f: πονηραι E: +δε d | τω ειδει]
τη οραση ⟨ lepται ταιs⟩ λεπται c₂ | λεπται] λεπτοι f: λεπραι
d | σαρξιν] +οιας ουκ ειδον τοιαυτας εν ολη τη γη αιγυπτου
αισχροτερας 𝕷 | om αι βοες Edf | ⟨ενεμοντο⟩ εβοσκοντο
30) | αι βοες A] om ny𝔅ᵛ: παρα τας ⟨τους m⟩ βοαs DM rell
𝔄𝔅ⁱᵛ𝔈𝕷: παρα τας βοας τας καλαs τω ειδει και εκλεκται 2g) |
om παρα—(4) βοας egj | παρα—ποταμου 1°) secus ora fluminum
𝕷: ad riuum 𝔅ⁱᵖ | εν τω αχει Ay] om DM rell 𝔄𝔅𝔈𝕷

16 τρια κανα χονδριτων] αʹ τρεις κοφινοι γυρεισι Mcjvc₂𝔖(-νοιs cc₂)·
σʹ τρια κανα βαινα Mc(και pro σʹ)jvc₂ | κανα] κανισκια M
XLI 2 εκλεκται ταις σαρξιν] αʹ στερεωμα σαρκι σʹ ταχειαι σαρκι M:
αʹ στερεμμαι(-ιοι j) κρεατι(-εει j) σʹ και ταχειαι
σαρξιν j(sine nom)v | εν τω αχει] αʹ σʹ εν τω ελει Mc(om σʹ)j(sine nom)vc₂

4 ⁴καὶ ˡκατέφαγον αἱ ἑπτὰ βόες αἱ αἰσχραὶ καὶ λεπταὶ ταῖς σαρξὶν τὰς ἑπτὰ βόας τὰς καλὰς τῷ A
5 εἴδει καὶ τὰς ἐκλεκτάς.¶ ἠγέρθη δὲ Φαραώ. ⁵καὶ ἐνυπνιάσθη¶ τὸ δεύτερον. ˡκαὶ ἰδοὺ ἑπτὰ
6 στάχυες ἀνέβαινον ἐν πυθμένι ἑνί, ἐκλεκτοὶ καὶ καλοί· ⁶ἄλλοι δὲ¶ ἑπτὰ στάχυες λεπτοὶ καὶ ἀνε-
7 μόφθοροι ἀνεφύοντο μετ' αὐτούς· ⁷καὶ κατέπιον οἱ ἑπτὰ στάχυες οἱ λεπτοὶ καὶ ἀνεμόφθοροι τοὺς
8 ἑπτὰ στάχυας τοὺς ἐκλεκτοὺς καὶ τοὺς πλήρεις. ἠγέρθη δὲ Φαραώ, καὶ ἦν ἐνύπνιον. ⁸ἐγένετο
δὲ πρωὶ καὶ ἐταράχθη ἡ ψυχὴ αὐτοῦ, καὶ ἀποστείλας ἐκάλεσεν πάντας τοὺς ἐξηγητὰς Αἰγύπτου
καὶ πάντας τοὺς σοφοὺς αὐτῆς· καὶ διηγήσατο αὐτοῖς Φαραὼ τὸ ἐνύπνιον, καὶ οὐκ ἦν ὁ ἀπαγ-
9 γέλλων αὐτὸ τῷ Φαραώ. ⁹καὶ ἐλάλησεν ὁ ἀρχιοινοχόος πρὸς Φαραὼ λέγων Τὴν ἁμαρτίαν μου
10 ἀναμιμνήσκω σήμερον. ¹⁰Φαραὼ ὠργίσθη τοῖς παισὶν αὐτοῦ, καὶ ἔθετο ἡμᾶς ἐν φυλακῇ ἐν τῷ
11 οἴκῳ τοῦ ἀρχιδεσμοφύλακος, ἐμέ τε καὶ τὸν ἀρχισιτοποιόν· ¹¹καὶ ἴδομεν ἐνύπνιον ἐν νυκτὶ μιᾷ,
12 ἐγὼ καὶ αὐτός· ἕκαστος κατὰ τὸ αὐτοῦ ἐνύπνιον ἴδομεν. ¹²ἦν δὲ ἐκεῖ μεθ' ἡμῶν νεανίσκος παῖς
13 Ἑβραῖος τοῦ ἀρχιμαγείρου, καὶ διηγησάμεθα αὐτῷ, καὶ συνέκρινεν ἡμῖν. ¹³ἐγεννήθη δὲ καθὼς
συνέκρινεν ἡμῖν οὕτως καὶ συνέβη, ἐμέ τε ἀποκατασταθῆναι ἐπὶ τὴν ἀρχήν μου, ἐκεῖνον δὲ
14 κρεμασθῆναι. ¹⁴Ἀποστείλας δὲ Φαραὼ ἐκάλεσεν τὸν Ἰωσήφ, καὶ ˡἐξήγαγεν αὐτὸν ἐκ τοῦ

---

4 εσχραι ADE | ιδει A     5 ην[υ]πνιασ[θη] D | ανεβεννον E
7 ηγηρθη E     11 ιδομεν 1°] ειδομεν D | εκαστος Aᶜᵐᵍ | αυτου Aᶜ] αυτο Aᵃ | ιδομεν 2°] ειδομεν DE

DEMa-yc₂𝕬𝕭𝕰(𝕃ᵛᵐ)

---

4 κατεφαγον] ...erunt 𝕃ᵂ: εφαγον d: κατεπιον iᵃˡor | om αι 1°—σαρξιν df | om βοες ⟨25⟩ 𝕃ᵛ | αισχραι] +τω ειδει iᵃˡnpt 𝕭ᵇ𝕰[uid] | +τη ορασει Dacmxc₂ | +nisu 𝕬 | ταις σαρξιν] om v: om ταις qˢ | τας 1°] τους f: alias 𝕃ᵂ | om επτα 2° 𝕰𝕃ʸ | τας καλας] pr ras ⟨7⟩ t: pr τας πρωτας ⟨25⟩ 𝕭ᵂ: τους καλους f | ⟨om τω ειδει 25⟩ | om τας 3° D(contra Dᵐˡ)cdflc₂ | εκλεκτας (·τους f)] +ταις σαρξ rtc₂𝕭: +ταις σαρξι και ου διαθηλοι εγενοντο οτι εισηλθον εις τας κοιλιας αυτων EMd·gijknoprv(mg) (18.25.31.32.83) [ταις σαρξι] ταις θριξιν n: εισηλθον δε εις τας κοιλιας αυτων 25: om EMgiᵃjov(mg) 18.32(?) | ου διαθηλοι ιδου αθηλοι 31.83: om k | διαθηλοι fi | εγενετο f | οτι] ετι 18 | εισηλθον] pr ras 31: εισηλθοσαν k: om e 18]: +carnibus et ecce....uiam con...a...u... in ...uni intrauerunt in... 𝕃ᵂ

5 και 1°] pr και ννυωσεν ackmoxc₂𝕰ᶜ: pr et rursus dormiuit 𝕭ᵇ𝕃ᵇ[om ef] | ενυπνιασθη] uidit 𝕃 | om το 1 | om ανεβαινον—(6) σταχυες d | εν] εκ b | πυθμενι] (post ενι 32): βλαστω f | βλαστω f [ om ενι c₂ | εκλεκτοι και καλοι] bonae [et electae] 𝕃

6 αλλοι δε εππα] et ecce septem alii 𝕬𝕭(om alii 𝕭ᵇ) | αλλοι δε] και αλλοι ιο: και ιδου abcnpwxc₂𝕰: et m n... | 𝕃 | σταχυες επτα x | σταχυες] +ανεβαινον 1: om ανεφυοντο—(7) ανεμοφθοροι d | ανεφυοντο] pr και 0𝕭ᶜ: εφυοντο c₂ | μετ αυτους] μετα τουτους D(+D)

7 κατεφαγον] κατεπιον gj𝕬: κατεφαγον np: κατησθιον m | om οι επτα σταχυες 𝕬-codd | ανεμοφθοροι nqsuv𝕬-codd | ανεμοφθοροι oᵃ | τους 1°—πληρεις] om 𝕃ᵂ: om ους επτα σταχυας egj | εκλεκτους] pr καλους και iᵃˡr | ⟨om τους 3° 76⟩ | πληρεις] probatos 𝕭 | και ην ενυπνιον] εκ του νπνου m: om pc₂ | ην] pr ecce 𝕭ᵂ | υπνιον] +αυτω hᵇˡ

8 om εγενετο δε πρωι c₂ | πρωι] pr το n | ⟨και εταραχθη εταραχθη δε 107⟩ | ⟨αποστειλας⟩ ανασταs 71⟩ | om ψαντας 1° bwc₂𝕭 | αιγυπτου] pr τηι ⟨20⟩ Chr | σοφους] σοφιστας dnprv(txt)w | om αυτης 𝕭 | διηγησατο] +αυτο 1 | αυτοις] post φαραω 71 acox: om y𝕬 | om φαραω 1° 𝕭ˡᵖ | ενυπνιον] ενυπνια Dacefgijkmorsxc₂𝕬𝕭ˡᵖ Or-

9 εν τυθμενι] a' σ' εν καλαμω Mjᵘⁱᵈ(om a')v | εκλεκτοι] σ' πληρεις x
6 ανεμοφθοροι] a' εφθαρμενοι καυσωνι Mj(uid)v 𝕾-ap-Barh
8 εταραχθη] a' κατετυπη j(uid) | κατεφαγον j(uid) | εξηγητας κ.τ.λ.] ακυ λεγει κουφιαστας και μαγους σοφους c | εξηγητας] a' κρυφιαστας σ' μαγους j(uid)v | ο απαγγελλων] a' ο επιλυομενος j(uid)v
14 και 1°—οχυρωματος] σ' και δρομω ηγαγον αυτον εκ του λακκου a' κατετροχισαν αυτον απο του λακκου c₂ | εξηγαγον] δρομω ηγαγον Mjv

---

gr | απαγγελλων] απαγγελων Mceko: ⟨απαγγελω 31⟩: απαγγελλων dnp: απαγγελων l | αυτο] αυτω aᵉcdnpt: somnium 𝕬 | om τω φαραω fn

θ προς φαραω] post λεγων b: τω φαραω fs: om 𝕰ᵖ | ⟨τη αμαρτιαι 32⟩ | om μου bw

10 φαραω] post ωργισθη 𝕬 | ωργισθη] ην οργισθη w: +προς E | εθετο] εν | κ𝕰θα dnp | αρχιδεσμοφυλακος] in domo custodiae 𝕰 | φυλακη] pr τη dnopr(mg)𝕭 | ⟨om εν 2° 16⟩ | αρχιδεσμοφυλακος Afi⟨δεσμοφυλακος sup ras iᵇ⟩ry] αρχιμαγειρου d: αρχιμαγειρον DEM rell 𝕬𝕭

11 ενυπνιον 1°] pr εκαστερα D(+D) | pr εκατερος efgijrv(mg): ⟨pr εκατερος 76⟩: pr αμφοτεροι hos𝕬 + αμφοτερον EMdklnpqtu 𝕰ᶜˡ: +simul 𝕭ᵂ | εν νυκτι μια] εν μια νυκτι n: om 𝕰 | εγω] +τε D(+D)Ea-giᵇjknoprtwc₂: (+γε 73) | αυτοι] ο αρχισιτοποιος 108] και αυτος—ιδομεν 2° f | εκαστος] pr et 𝕬-ed: om Aᵃy | αυτου] post ενυπνιον 2° Dackm osxc₂𝕭: ην 2°] ηδη w | αυτου cgiᵇjrtv

12 ⟨om δε 31⟩ | εκει] post ημων k: om d𝕰 | νεανισκος] om c₂: +τις m | εβραιον ταις dnprv | εβραιος] +δουλος acegjmo sxc₂𝕬: om του gᵃ | διηγησαμεθα] αφηγησαμεθα qu: ⟨διηγησαμεθα 31⟩ | αυτω] +ενυπνιον egj: (+το ενυπνιον 25[om το 25*].73): +mieiones nostras 𝕭 | συνεκρινεν] ενεκρινεν dp: διεκρινεν o: om αυτω n | ημιν] +τα ενυπνια ημων ανηρ κατα το ενυπνιον αυτου επελυσεν acegjlmoxc₂𝕬[ανηρ] pr ⚹ 𝕬 | om το x | αυτου] +ημιν c₂]

13 εγεννηθη] εγεννηθη lᵃᵗ: εγενετο fiᵃr | ⟨om δε 1° 128⟩ | καθως] pr και u: κᵃθα dnp | συνεκρινεν] εκρινεν vᵃ: συνεταξε n | και ουτως m𝕰 | ⟨om εμε—κρεμασθηναι 31⟩ | τε] το n | κατασταθηναι bdk | ετι] εις Eac-gjnopt | αρχην] αρχιοινοχοιαν l: τιμην f | om μου Eachkmoqsuvxc₂𝕬 |

14 αποστειλας—αυτον 1°] et misit Pharaon et uocauerunt Ioseph et eduxerunt eum 𝕰ᶜˡ: et misit Pharaon et eduxerunt Ioseph 𝕭ᵂ | αποστειλας] απεστειλα m𝕭ᵇᵂ | εκαλεσεν] pr και m𝕭ᵂ | εξηγαγεν αυτον] eductus est 𝕃 | εξηγαγεν] εξηγαγον D(+D)EMacdhio—suvx𝕬𝕾-ap-Barh: εξηγον n: εξαγαγων f |

---

Α ὀχυρώματος· καὶ ἐξύρησαν αὐτὸν καὶ ἤλλαξαν τὴν στολὴν αὐτοῦ, καὶ ἦλθεν πρὸς Φαραώ. ¹⁵εἶπεν 15
δὲ Φαραὼ τῷ Ἰωσήφ Ἐνύπνιον ἑώρακα, καὶ ὁ συγκρίνων αὐτὸ οὐκ ἔστιν· ἐγὼ δὲ ἀκήκοα περὶ
σοῦ λεγόντων, ἀκούσαντά σε ἐνύπνια συγκρῖναι αὐτά. ¹⁶ἀποκριθεὶς δὲ Ἰωσὴφ τῷ Φαραὼ εἶπεν 16
Ἄνευ τοῦ θεοῦ οὐκ ἀποκριθήσεται τὸ σωτήριον Φαραώ. ¹⁷ἐλάλησεν δὲ Φαραὼ τῷ Ἰωσὴφ λέγων 17
Ἐν τῷ ὕπνῳ μου ᾤμην ἑστάναι ἐπὶ τὸ χεῖλος τοῦ ποταμοῦ· ¹⁸καὶ ὥσπερ ἐκ τοῦ ποταμοῦ ἀνέ- 18
βαινον ἑπτὰ βόες καλαὶ τῷ εἴδει καὶ ἐκλεκταὶ ταῖς σαρξίν, καὶ ἐνέμοντο ἐν τῷ ἄχει· ¹⁹καὶ ἰδοὺ 19
ἑπτὰ βόες ἕτεραι ἀνέβαινον ὀπίσω αὐτῶν ἐκ τοῦ ποταμοῦ πονηραὶ καὶ αἰσχραὶ τῷ εἴδει καὶ
λεπταὶ ταῖς σαρξίν, καὶ ἐνέμοντο ἐν τῷ ἄχει· οἵας οὐκ εἶδον τοιαύτας ἐν ὅλῃ Αἰγύπτῳ αἰσχρο-
τέρας· ²⁰καὶ κατέφαγον αἱ ἑπτὰ βόες αἱ αἰσχραὶ καὶ λεπταὶ τὰς ἑπτὰ βόας τὰς πρώτας τὰς 20
¶ Ľ· καλὰς καὶ ἐκλεκτάς, ²¹καὶ εἰσῆλθον εἰς τὰς κοιλίας αὐτῶν.¶ καὶ οὐ διάδηλοι ἐγένοντο ὅτι εἰσῆλ- 21
§ L θον εἰς τὰς κοιλίας αὐτῶν, ˩καὶ αἱ ὄψεις αὐτῶν αἰσχραὶ καθὰ καὶ τὴν ἀρχήν. ἐξεγερθεὶς δὲ
ἐκοιμήθην. ²²καὶ ἴδον πάλιν ἐν τῷ ὕπνῳ μου, καὶ ὥσπερ ἑπτὰ στάχυες ἀνέβαινον ἐν πυθμένι ἑνὶ 22
πλήρεις καὶ καλοί· ²³ἄλλοι δὲ ἑπτὰ στάχυες λεπτοὶ καὶ ἀνεμόφθοροι ἀνεφύοντο ἐχόμενοι αὐτῶν· 23
²⁴καὶ κατέπιον οἱ ἑπτὰ στάχυες οἱ λεπτοὶ καὶ ἀνεμόφθοροι τοὺς ἑπτὰ στάχυας τοὺς καλοὺς καὶ 24

---

15 εωρακα] εορα D(Dᵘⁱᵈ)     18 ανεβεννον E | ιδει A
19 ανεβεννον E | εσχραι A | και 4°—αχει] om A° (asterisc adscr Aᵃᵗᵐᵍ)     20 εσχραι E
21 κοιλιας 1°] κοιλιασαι D(contra Dˢⁱˡ) | αισχρα A     22 ειδον D

---

DE(L)Ma–yc₂𝕬𝕭𝕰(𝕷ᵛ)

om εκ bw | om εκ 2° f𝕷 | εξυρησαν] εξυρισαν aceilnr: εξυ-
ρησεν dp: εξυριμεν m | την στολην αυτου] (pr αυτον 79): αυτον στολην
iⁿ | ηλλαξε m | την στολην αυτου] (pr αυτον 79): αυτων στολην
f | εισηλθεν cl Chr | φαραω 2°] φαω d

15 τω] προς bfquw: προς τον Chr | εωρακα] ιδον s | συγ-
κρινας dp | αυτο Abdnpvwy𝕷] post εστιν DⁿⁱEM rell (αυτω gᵃ)
Chr | (εσται 107) | εγω δε αε.] ακηκοα δε p𝕰° Chr¹ | ακηκοα
ηκουσα fⁱᵗʳ | om ακουσαντα σε p | ακουσαντας fl | om σε l |
ενυπνια] somnium 𝕰 | συγκριναι] pr ουκ f: συγκρινων dnp Chr:
(διακριναι 71: συγκρινειν επιστ αμενω 107) | om αυτα np𝕬𝕰
16 τω φαραω] post ειπεν bdfinprvw𝕬𝕭𝕷 | om τω
m° | αποκριθησεται—φαραω 2°] potero interpretari id 𝕰 | το
σωτηριον] τω σωτηρι n: το ενυπνιον aᵇ | φαραω 2°] pr τω cknv:
pr του Chr
17 ελαλησεν] ειπε p | om τω ιωσηφ np | om λεγων p |
εν—μου] in uisione mea 𝕬𝕭 | υπνω] ενυπνιω dlp𝕰𝕷 | ωμην
εσταναι] ecce stabam 𝕭: somniaui quasi stabam 𝕷 | επι Ay𝕭ᵛ
Phil⁴ | περι dp: προς o: παρα DⁿⁱEM rell 𝕭ᵛᵖ Phil⁴ Or-gr:
iuxta 𝕷
18 και 1°] (om 31) | +ιδου d–gijknp | om ωσπερ egj𝕭 |
βοες επτα Phil | καλαι—σαρξιν] εκλεκται (–τοι dfp) ταις σαρξιν
και καλαι (–λοι f) τω ειδει a–dfikm–prwxc₂𝕬𝕰𝕷 Phil | καλοι
M | εν τω αχει (εν τη οχθη 31): iuxta ripam fluminis 𝕷 |
om εν c° | αγχει c
19 επτα βοες ετεραι] ετεραι επτα βοες bf(–ροι)iw𝕬𝕰(om επτα
𝕰ᶠᵖ)𝕷 Phil: ετεροι βοες επτα dnp | ετεροι af | αυτων] αυτου p |
πονηροι και αισχροι f | (πονηραι] +σφοδρα 128) | ειδει] σφοδρα
D(+D)ackmoskxc₂𝕬 | λεπται f | και 4°—αχει Aᵃᵗᵐᵍ] om Aᵗᵉᵗ
ται f | και 4°—αχει Aᵃᵗᵐᵍ om A°D(+Dⁿⁱ)EM omn 𝕬𝕭𝕰𝕷
Phil | οιας—τοιαυτας] tales quales numquam uidi 𝕷 | οιας]
οιετ m: οιους f: as Phil | τοιαυτας] τοιαυτερες m: om 𝕰 |
(αισχροτερας 107): om f | αιγυπτω A] pr τη mc₂ Phil: pr γη

Ddnpy𝕬𝕭𝕰: Aegyptio 𝕷: τη γη αιγυπτου Eefgjl: γη αιγυπ-
του M rell | αισχροτεραι] αισχροτερο f: om m
20 om επτα 1° 79] κατεφαγον] κατεπιεν fiⁱᵗ | αι 1°] αι f:
(om 83) | om επτα 1°—και 1° 𝕰 | επτα 1°] λεπται m: om ak
xc₂ Phil | αι εσχραι f | λεπται και αισχραι D(+D)acdiknprsxc₂
𝕬𝕷 Phil | om επτα και λεπται fm | om επτα βοες f | τας
πρωται] (post καλας 31.83): τους πρωτους f: om dnp𝕰𝕷 | τους
εκλεκτας] pingues et bonas 𝕭: om επτα εκλεκτας Ef | εκλεκτας]
pr τας Ddhikprty
21 εισηλθον] και ηλθον n: εισηλθον δε egj: om και (73)
𝕭ᵛᵖ𝕷 | τας κοιλιας 1°] uentrem 𝕬𝕭𝕰 | και 2°—αυτων 2°] et
non uidebantur 𝕷: ecce 𝕭ᵛᵖ(uid): om befⁱˡm 𝕭ᵛᵖ Phil-cod-unic | εγενετο k |
εισηλθον 2°] εισηλθοσαν dp | τας κοιλιας 2°] uentrem 𝕭ᵛ𝕰 | και
αι] αι δε f | αι οψεις αυτων] post αισχραι c₂ | αυτων αισχραι]
αισχραι και καθαby fⁱᵗ: καθ τ c₂ | αισχραι] αισχρα f | και την
Phil | εγερθεις bowc₂ | om δε (31) 𝕭ⁱ | εκοιμηθην] pr iterum
𝕬: + iterum adhuc 𝕭ᵛ + iterum 𝕰
22 παλιν] post μου n: τι αλλο a: om 𝕰 | εν τω υπνω] in
somnio 𝕬𝕭𝕰: εν τω ωⁱⁱᵖ(uid) y | om μου acegjmquvx𝕬𝕭𝕷 | και
2°] om 𝕰 | ωσπερ] ecce 𝕭ᵛᵖ(uid): + (ιδου 31.83) | om Phil | om
ανεβαινον—(23) σταχυες E | εν] εκ b | πληρεις] probati 𝕭 |
om και 3° dflmpy | καλοι] καλαι blqw: κακοι p(uid)
23 αλλοι] pr και m: ετεροι egj | σταχυες] +κατεφθαρμενοι
acmxc₂𝕬(pr ✠) | λεπται f | ανεμοφοροι L | ανεφυοντο εφυοντο
ELMhoquvc₂: απηρχοντο egj: ανεβησαν t: ανερχομενα εφυοντο
f | om εχομενοι αυτων c₂ | εχομενοι] (ερχομενοι 79): πλησιον
M(mg) | om αυτων Phil
24 om και 1° p | κατεπιον—ανεμοφθοροι] post πληρεις c₂ |
κατεπιον b | om αι επτα σταχυες 𝕰 | om αι 2°—ανεμοφθοροι
f | om λεπται b | ανεμοφθοροι] ανεμοφθαρι 1° | om τους επτα
σταχυας 𝕰ᶠᵖ Phil | τους 2°—πληρεις] plenos et bonos 𝕰 | om

---

16 ανευ του θεου] σ᾽ ουκ εγω αλλ ο θεος Mv𝕾-ap-Barh (+pacem, pro ⟨ᵃʳᵃᵇ⟩ leg ⟨ᵃʳᵃᵇ⟩) | το σωτηριον] την
ειρηνην Mv
18 εν τω αχει] εν τω ελει kc₂
22 εν πυθμενι ενι] α᾽ σ᾽ εκ καλαμω ενι Mcvc₂(sine nom cc₂)

118

25 τοὺς πλήρεις. εἶπα οὖν τοῖς ἐξηγηταῖς, καὶ οὐκ ἦν ὁ ἀπαγγέλλων μοι. ²⁵καὶ εἶπεν Ἰωσὴφ τῷ Α
26 Φαραώ Τὸ ἐνύπνιον Φαραὼ ἕν ἐστιν· ὅσα ὁ θεὸς ποιεῖ ἔδειξεν τῷ Φαραώ. ²⁶αἱ ἑπτὰ βόες αἱ
καλαὶ ἑπτὰ ἔτη ἐστίν, καὶ οἱ ἑπτὰ στάχυες οἱ καλοὶ ἑπτὰ ἔτη ἐστίν· τὸ ἐνύπνιον Φαραὼ ἕν ἐστιν.
27 ²⁷καὶ αἱ ἑπτὰ βόες αἱ λεπταὶ αἱ ἀναβαίνουσαι ὀπίσω αὐτῶν ἑπτὰ ἔτη ἐστίν, καὶ οἱ ἑπτὰ στάχυες
28 οἱ λεπτοὶ καὶ ἀνεμόφθοροι· ἔσονται ἑπτὰ ἔτη λιμοῦ. ²⁸τὸ δὲ ῥῆμα ὃ εἴρηκα Φαραώ· ὅσα ὁ θεὸς
29 ποιεῖ ἔδειξεν τῷ Φαραώ. ²⁹ἰδοὺ ἑπτὰ ἔτη ἔρχεται εὐθηνία πολλὴ ἐν πάσῃ γῇ Αἰγύπτῳ· ³⁰ἥξει
30
δὲ ἑπτὰ ἔτη λιμοῦ μετὰ ταῦτα, καὶ ἐπιλησθήσονται τῆς πλησμονῆς ἐν ὅλῃ τῇ γῇ Αἰγύπτῳ, καὶ
31 ἀναλώσει ὁ λιμὸς τὴν γῆν. ³¹καὶ οὐκ ἐπιγνωσθήσεται ἡ εὐθηνία ἐπὶ τῆς γῆς ἀπὸ τοῦ λιμοῦ τοῦ
32 ἐσομένου μετὰ ταῦτα, ἰσχυρὸς γὰρ ἔσται σφόδρα. ³²περὶ δὲ τοῦ δευτερῶσαι τὸ ἐνύπνιον Φαραὼ
33 δίς, ὅτι ἀληθὲς ἔσται τὸ ῥῆμα τὸ παρὰ τοῦ θεοῦ, καὶ ταχυνεῖ ὁ θεὸς¶ τοῦ ποιῆσαι αὐτό. ³³νῦν ¶ L
34 οὖν σκέψαι ἄνθρωπον φρόνιμον καὶ συνετόν, καὶ κατάστησον αὐτὸν ἐπὶ τῆς γῆς Αἰγύπτου· ³⁴καὶ
ποιησάτω Φαραὼ καὶ καταστησάτω τοπάρχας ἐπὶ τῆς γῆς, καὶ ἀποπεμπτωσάτωσαν πάντα τὰ
35 γενήματα τῆς γῆς Αἰγύπτου τῶν ἑπτὰ ἐτῶν τῆς εὐθηνίας, ³⁵καὶ συναγαγέτωσαν πάντα τὰ βρώ-
ματα τῶν ἑπτὰ ἐτῶν τῶν ἐρχομένων τῶν καλῶν τούτων· καὶ συναχθήτω ὁ σῖτος ὑπὸ χεῖρα
36 Φαραώ, βρώματα ἐν ταῖς πόλεσιν συναχθήτω. ³⁶καὶ ἔσται τὰ βρώματα πεφυλαγμένα τῇ
γῇ εἰς τὰ ἑπτὰ ἔτη τοῦ λιμοῦ †ἃ¹ ἔσονται ἐν γῇ Αἰγύπτῳ, καὶ οὐκ ἐκτριβήσεται ἡ γῆ ἐν τῷ

24 πληρηι D(contra Dsil)      27 ετη 1°] εστη A | εσωται Acmg      36 om a A

DE(L)Ma-yc₂ℨℭℰ

τουτ 3° D(contra Dsil)mnc₂ | πληρεις] probatos ℨ | ειτα ουν]
ειτον ουν Mdmnpv: et narravi 𝕬ℰ: ειτον δε L· + visionem
meam ℨ | τοις] pr ras (2) w: pr εν b: pr τασι dknp: ταιτ f |
εξηγηταις] + αιγυπτου fiᵃrℨℨ¹b | απαγγελλων] απαγγελιων dnt:
απαγγελομενος f: επαγγελλων s: επαγγελιων lp: απαγγελλων
Liᵇkx: απαγγελιον o | μοι] + αυτο fiᵃlrsℨℨ: (+ τουτο 31)
25 om τω φαραω 1° f Chr | om το—φαραω 3° e | om
φαραω 2° mc₂ | om εν—φαραω 3° f | ποιησει c₂ℨ | τω 1°] σοι
M: om g
26 αι 1°] οι f | αι καλαι] οι καλοι f | εστιν 1°] εισιν efgjko |
om και—εστιν 2° rc₂ | om οι καλοι k | εστιν 2°] εισι efgj |
το—εστιν 3°] pr και m: om Ep | εν] bis scr D: om d
27 αι 1°] οι f: om cᵃens | οι λεπται οι ανεβαινοντες f | αι
λεπται] bis scr g | post αυτων dnp: turpes et macrae 𝕬: om e:
+ και αι κακαι cxc₂ | om και—μαλαε km: + turpes et malae ℨ |
om αι 3° cᵇ | εστιν] εισι fj | om και 3° n | ανεμοφθοροι] pr οι
v: ετη fᵃ εστιν n: + εστα ετη εστιν D(+ D)EMbdef(εισι)g—jlp
sv(mg)wc₂ℨℰ | εσονται] (pr και 31.83): pr εξ ℰcᶠ: εσται mℨ
(uid): om Aᵇ: + δε en | om επτα 4° n | λιμου] λοιμον n:
λιμοs Eaegiᵇjkmov(txt)c₂ℨ
28 om ρημα—φαραω 1° p | ρημα] + μου dn | om o 1° n |
ειρηκας gn | φαραω 1°] om f: + λος est ℨ | om οσα—φαραω
2° m | ποιει o θ f̅ pℰ | ποιησει (31) ℨ | εδειξει] εδειξε f: εδα-
δειξει l | om τω φαραω n | τω] σοι δια ρηματος μου p: om egj
29 ιδου] pr [αι εστα] βοες αι καλαι L | ερχεται] post πολλη
E: ερχωται Ddnpt | om πολλη L | om τασῃ E | γη] pr τη
εfgjlo | αιγυπτου LMb—jm—quwx
30 εξει L | δε] +τω φαραω ιδου εστα ετη ερχεται ευθηνια
ηξει δε w | λιμου] λοιμου n: λιμος aefgjc₂ | om μετα ταυτα f |
επιλησθησονται Amsy] επιλησονται D(+Dsil)ELM rell | πλησ-
μονηs] πλησμοσυνης της εσομενης L: +της εσομενης Efilqrtuv
(mg)ℨ: +της γενομενης dhnp | εσομενης egj: εσομεναι 20: +μετα
ταυτα 73): +της μετα ταυτα εσομενης egj | om ολη Eℨ | τη
γη Aijj om quvℨ: om τη DELM rell | αιγυπτου Ldf—iᵃlnopc₂ |
λιμος] λοιμος n | (τῃ) pr ετι 16)

31 om και—γης E | ουκ επιγνωσθησεται (ουκ επιγνωσεται
25): επι[αι]σθησεται L | om επι της γης ℨ | επι] ετη o: om l |
om απο—ταυτα f | ατο] a facie 𝕬 | λοιμου n | του εσομενου]
bis scr L
32 om δε wℨ | του 1°] το gs | φαραω] (pr του 79): om
Lbw | δις οτι] διοτι Lf: om δις bwℨ(uid) | αληθεια y | εσται]
εστιν Eimquℨ-edℰ(uid) | om L | ρημα] ορμα iᵃⁱr | το παρα]
(τουτο παρα 71): του οραματος εκ f: om L: om το αciᵃ²lporc₂
ℨℨℰ | om του 2° bef | ταχυνει] pr οτι Chr: ου βραδυνει L |
του 3°] τουτο εfgm: (om 128) | αυτω c
33 ουν] om c₂: + ιδε xℨ | σκεψαι] σκεψατω φαραω ac₂ |
+ φαραω km: + ιδε xℨ | σκεψαι cx | συνετον και φρονιμον b | συνε-
τον] + Pharaoni 𝕬 | om καταστησον—(34) και 1° c₂ | κατα-
στησεις quℨ(uid) | επι] +ολης dfinoptxℰ | om της DEMabc
fhik—oqsu—x | om γης dpr
34 om και 1°—γης 1° mEᵖ | και 1°] pr ομοιωs f | om
ποιησατω—καταστησατω f | φαραω] post τοπαρχας ℨ | τοπαρ-
χας] (pr κατα τοπων 20): τοπαρχους cf: promptuaria ℰcᶠ | επι
της γης] επι την γην dp: om f | αποπεμπτωσατωσαν] απο-
πεμπετωσαν Ey: συναγετωσαν f: recondant ℰ: om ταντα
hiᵃxℨℨℨ-ap-Barh | γενηματα c₂ | της γης αιγυπτου] (post
ευθηνιας 73): om ℨℨ: om της c₂: om γης E om των
—ευθηνιας f | ετων] + της γης ευθηνιας ℨ | της 3°] bis
scr m
35 συναγαγετωσαν] συναγετωσαν iᵃⁱp: om f | βρωματα 1°]
γενηματα M(mg)j(mg)v(mg)c₂ | των 2°—τουτων] abundantiae
ℰ | των ερχομενων pr της ευθυνεας kℨ: post των | post
καλων Dalosxc₂ℨ | om των καλων k | om τουτων 𝕬(uid) | om
o h | χειρα] (pr την 20): χειρι n: χειρας l | βρωματα 2°] pr
και (20.83) ℨ | του 3°] συναχθητω 2° ADMbhlmwy]
φυλαχθητωσαν c: φυλαχθητω E rell 𝕬ℨℨ: et custodiatur ℨ
36 και 1°] εστω kntℰcᶠ(uid) | τα βρωματα] om egj: om τα
E: +τα bquvxℰ(uid) | τη γη] pr εν qu: της γη f | om ετη
eᵃ | λοιμον n | (α εσονται αι εσται 64: o εσται 73) | εν 1°]
ℨ: E: +τη aegjloc₂ | γη αιγυπτω] om γη αι xᵃ: γη αιγυπτου

24 τοις εξηγηταις] αʹ προς τους κρυφιαστας σʹ μαγους j(om αʹ)v | εξηγηταις] αʹ κρυφιασταις σʹ μαγους Mℨ-ap-Barh | θʹ
σοφισταις M      31 ισχυρος] αʹ βαρυς Mj(sine nom)v
32 αληθεσ—ρημα] αʹ ετοιμον το ρημα σʹ βεβαιος ο λογος Mj(sine nom)v      34 τοπαρχας] σʹ επισκοπους Mj(sine nom)v
36 κεφυλαγμενα] αʹ εις παραθηκην σʹ εις ενθηκην Mjv | εκτριβησεται] αʹ ολεθρευθησεται M

Α λιμῷ.      <sup>37</sup>Ἤρεσεν δὲ τὰ ῥήματα ἐναντίον Φαραὼ καὶ ἐναντίον πάντων τῶν παίδων αὐτοῦ· 37
<sup>38</sup>καὶ εἶπεν Φαραὼ πᾶσιν τοῖς παισὶν αὐτοῦ Μὴ εὑρήσομεν ἄνθρωπον τοιοῦτον, ὃς ἔχει πνεῦμα θεοῦ 38
ἐν αὐτῷ; <sup>39</sup>εἶπεν δὲ Φαραὼ τῷ Ἰωσήφ Ἐπειδὴ ἔδειξεν ὁ θεός σοι πάντα ταῦτα, οὐκ ἔστιν ἄνθρωπος 39
φρονιμώτερός σου καὶ συνετώτερος. <sup>40</sup>σὺ ἔσῃ ἐπὶ τῷ οἴκῳ μου, καὶ ἐπὶ τῷ στόματί σου ὑπακού- 40
¶ D σεται πᾶς ὁ λαός μου· πλὴν τὸν θρόνον ὑπερέξω σου ἐγώ. <sup>41</sup>εἶπεν δὲ Φαραὼ τῷ Ἰωσήφ Ἰδοὺ 41
§ ℭ<sup>m</sup> καθίστημί σε σήμερον ἐπὶ πάσης γῆς Αἰγύπτου. <sup>42</sup>καὶ περιελόμενος Φαραὼ τὸν δακτύλιον ἀπὸ 42
τῆς χειρὸς αὐτοῦ περιέθηκεν αὐτὸν ἐπὶ τὴν χεῖρα <sup>†</sup>Ἰωσήφ, καὶ ἐνέδυσεν αὐτὸν στολὴν βυσσίνην,
καὶ περιέθηκεν κλοιὸν χρυσοῦν περὶ τὸν τράχηλον αὐτοῦ· <sup>43</sup>καὶ ἀνεβίβασεν αὐτὸν ἐπὶ τὸ ἅρμα 43
τὸ δεύτερον τῶν αὐτοῦ, καὶ ἐκήρυξεν ἔμπροσθεν αὐτοῦ κῆρυξ· καὶ κατέστησεν αὐτὸν ἐφ' ὅλης τῆς
γῆς Αἰγύπτου. <sup>44</sup>εἶπεν δὲ Φαραὼ τῷ Ἰωσήφ Ἐγὼ Φαραώ· ἄνευ σοῦ οὐκ ἐξαρεῖ οὐθεὶς τὴν χεῖρα 44
αὐτοῦ ἐπὶ πάσῃ γῇ Αἰγύπτου. <sup>45</sup>καὶ ἐκάλεσεν Φαραὼ τὸ ὄνομα Ἰωσὴφ Ψονθομφανήχ· καὶ ἔδωκεν 45
¶ ℭ<sup>m</sup> D αὐτῷ τὴν Ἀσεννὲθ θυγατέρα Πετρεφῆ ἱερέως Ἡλίου πόλεως αὐτῷ εἰς γυναῖκα.¶    <sup>†46</sup>Ἰω- 46
σὴφ δὲ ἦν ἐτῶν τριάκοντα ὅτε ἔστη ἐναντίον Φαραὼ βασιλέως Αἰγύπτου. ἐξῆλθεν δὲ Ἰωσὴφ ἐκ

---

36 λειμω Α      39 συπετοτερος Ε      43 ανεβηβασεν Ε | αυτον 1°] αυτο Α<sup>a</sup>(ν suprascr A<sup>a†a†</sup>)
     44 σου] ξου Ε      45 το ονομα ιωσηφ Α<sup>a†mg</sup> | ηλιου] ιου Α<sup>a</sup>: ιλιου A<sup>1</sup>

---

(D)EMa–yc₂𝔄𝔅(ℭ<sup>m</sup>)𝔈

DEMace–lnosuwc₂ | om ουκ dp | τριβησεται cf<sup>a</sup> | εν τω λιμω]
(εκ του λιμου 31): απο του λιμου Εhtv(mg) | λοιμω n
37 ηρεσεν] ηρετισε l | τα ρηματα]om τα D<sup>a</sup>(suprascr D<sup>1?</sup>):
το ρημα Edeghjqu𝔅<sup>p</sup>: +ταυτα fi<sup>a†</sup>𝔈 | om εναντιον 1° h<sup>a</sup> |
φαραω—αυτου] του θῡ f: om φαραω και εναντιον m: om εναν-
τιον dp | παντων] παντος i<sup>a</sup>: om Dlpsyc₂ | ⟨παιδων⟩ θερα-
ποντων 64 mg)
38 om πασιν fi<sup>a†</sup> Hip Chr | μη] pr ου f: pr αρα Hip |
ευρησομεν] ευρησωμεν dfilnvy: ευρομεν Ε | ανθρωπον] post τοι-
ουτον Phil: ανδρα Hip | ος εχει ... ω εστιν Hip | θεου] θειον
Phil | εν αυτω] εν εαυτω Maehjqot–y𝔄 Phil-ed Or-gr Chr: εν
αυτον Hip
39 ειπεν δε φαραω] και ειπεν f Chr: om δε t<sup>a</sup> | σοι ο θῡ
Eb–gijmnptvwx𝔄 Chr | ταυτα παντα Efgimntc₂𝔄𝔈 | ουκ] pr
και c₂𝔈 | εστιν ανθρωπος] εχει αῖον m | φρονιμωτερος] φρονι-
μωτερον 2§) σου AmnΞ(uid) Chr: om f: post
συνετωτερος DEM rell 𝔄𝔅(uid) | και συνετωτερος] om m: +σου
n𝔈(uid): +ετι της γης f
40 συ] +ουν l Chr: +δε qu | ετι 1°] εν qu | του οικου
DMacdjl–ps | om ετι 2°—σου 1° 𝔅<sup>p</sup> | στοματι] ρηματι egj |
επακουσεται cs Chr | πας] πᾶις f | om μου 1° v𝔈 Chr | του θρονου
του θρονου] : in throno 𝔖-ap-Barh ⟨τον χρονον 84⟩: του θρονου
μου f: +μου i<sup>a†</sup>r𝔅(+solumi) | ετι 2°—σου 2°] post Α<sup>a</sup>: σοι f
41 ειπεν—καθιστημι] καθιστημι γαρ f | ⟨ειπεν—ιωσηφ⟩ και
107] | καθιστημι] constitui Α | σε] σοι d | σημερον] εχο 𝔈 |
πασης γης] πασαν γην Chr: om πασης 𝔄 | γης αιγυπτου] pr
της Ei–lrt: της αιγυπτου w: της χειρος της ημετερας f
42 om περιελομενος—αυτον 1° f | τον δακτυλιον] το δακτυ-
λιον bl: τον δακτυλον i<sup>a</sup>: την δακτυλιον s: +αυτου 𝔄 | om
απο oc₂ | om αυτου 1° d | αυτου 1°—περιεθηκεν 2°] και m |
αυτον 1°] ⟨αυτω 30⟩: δακτυλιον f | om αυτον 2° egijmn |
τω ιωσηφ την χειρα dp | ετι την χειρα] post ιωσηφ i: om
n | ιωσηφ] pr τω nv: om f | ενεδυσεν l | χρυσουν mn | περι—
αυτου 2°] super eum 𝔅 | περι] pr ac–gj–psxc₂

---

43 ⟨om αυτον 1° 25⟩ | δευτερον] δευτερω c: δευτερευον din
prtv(txt) Chr-ed: δευτερειον Phil | om των αυτου 𝔅 | των](το
18): om d<sup>a</sup>efi<sup>a</sup>lntv(txt)𝔄 Chr | αυτου 1°] ⟨εαυτου 18⟩: αυτων
fi<sup>a</sup> | εκηρυξεν egj𝔄 Or-gr | εμπροσθεν—κηρυξ] ο κηρυξ εμ-
προσθεν αυτου 𝔈 | κηρυξ] κηρυξι i<sup>a</sup> | om και 3°—αιγυπτου f | om
ολης 𝔄 | της γης adejnp Chr: om της EM rell
44 φαραω 1°] pr ras (1) r | τω] προς bow | εσφ g | εγω
φαραω] pr εσσε 𝔄: om ⟨107⟩ Chr | ουκ—εξαρει] ουκ εξαρει συν
σου f | ουκ εξαρει ουθεις] ουθεις εξαρη (-ρει codd) Chr | ουκ εξαρει]
bis scr c: ουκ εξαρει l | ουθεις] θει sup ras j<sup>a</sup>: ουθεις c<sup>a</sup>dfknpx:
ουθη m | αυτου ⟨om 73⟩: +και (η k) τον ποδα αυτου ackmoxc₂
| πασῃ γῃ] πασης γης efgiqu Chr-codd: πασης την γης j |
γῃ] pr τῃ Edt
45 και εκαλ.] εκαλ. δε j(mg) | φαραω] post ονομα j(mg):
φαω w<sup>a</sup>: om c | το ονομα ιωσηφ] om Α<sup>a</sup>: om το ονομα 𝔄-cod
| om ιωσηφ] ια abj<sup>mg</sup>(uid)mwxc₂: pr του 𝔄 | ψονθομφανηχ AMc
fhiqrtuv Or-gr] ψονθομφανης dp: ψονθωμφανηξ y𝔅<sup>b</sup>(ex corr
𝔅<sup>p</sup>): ψονθομφανηχ 𝔅<sup>a†</sup>: ψονοομφανχς Ε: ψομφομφανηχ egjo
wc₂: ψομφθομφανεχ Or-lat: ψομφθομ-
φανη x𝔄: ψομβοφανηχ ⟨32⟩ Chr-codd: ψομφομφανη Chr-ed:
⟨ψομφομφανης 79⟩: ψομφομφανηχ b: Psothomphanech ℭ: ψομ-
φομφαμμχ Thdt: ψονθονφανιηλ m: ψονθοφανη ο εστιν σπρ
κοσμου π: +η εστιν ευρωντια λεξις ερμηνευουσα η των κρυφιων
γνωστης k | ⟨om της 20⟩ | ασεννεθ] ασενεθ Eacegjk<sup>a†</sup>lmqu Phil
Or-gr: (ασηνεθ 31): Asaneth 𝔄: Asnēth ℭ: ασσενεθ bw: ασσυ-
νεθ n: ασενετ p: ασεννεκ On: ασενεκ d: ασεννας y: αθενεθ
γυναικα f | πετρεφη Ay] πετρεφι bn: πεντεφρη defilmn(-ρι)pqu
Phil-codd: πετεφρη EM rell 𝔄ℭ Phil-ed Or-gr On: πετρεφρη 𝔄: ψομ-
τεφρη t6): Petaphre 𝔄 | ηλιου] pr ων i<sup>a</sup>: ιλιου Α<sup>1</sup>ar<sup>a</sup>: Ōn 𝔅 |
om αυτω 2° fi𝔖-ap-Barh | om εις γυναικα f | εις Alo Chr] om
EM rell 𝔄𝔅 Phil-ed Or-gr | γυναικα] +αυτω f: γυναικι c | + et exiit Ioseph a facie Pharao 𝔄
46 τριακοντα ετων cfimoxc₂ Chr | om βασιλεως αιγυπτου
a Chr | om εξηλθεν—αιγυπτου 1° d | εκ] απο Dbcfilnpw Chr |

---

40 υπερεξω] μειζων εσομαι j      42 κλοιαν] α΄ σ΄ τον μανιακην Μj(sine nom)vc₂(om των jc₂)
43 κηρυξ] α΄ γονατιξειν(·ξει Μ)Μv: το εβραικον εστι αβρηχ M(indice ad (45) ψονθομφανηχ posito)
44 εξαρει] α΄ υψωσει M
45 ψονθομφανηχ] α΄ σαφαμφανη σ΄ σαφαθφανη jc₂: ο συρος ο ειδως τα κρυπτα cc₂: ο συρος σαφαθφανη εχει i: φιλων
(ο φιλων c) κρυπτων ευρετης(+η ουειροκριτης c)cc₂

120

47 προσώπου Φαραώ, καὶ διῆλθεν πᾶσαν γῆν Αἰγύπτου.  ⁴⁷καὶ ἐποίησεν ἡ γῆ ἐν τοῖς ἑπτὰ ἔτεσιν Α
48 τῆς εὐθηνίας δράγματα· ⁴⁸καὶ συνήγαγεν πάντα τὰ βρώματα τῶν ἑπτὰ ἐτῶν ἐν οἷς ἦν ἡ εὐθηνία
ἐν γῇ Αἰγύπτου, καὶ ἔθηκεν τὰ βρώματα ἐν ταῖς πόλεσιν· βρώματα τῶν πεδίων τῆς πόλεως
49 τῶν κύκλῳ αὐτῆς ᾿Ων ἔθηκεν ἐν αὐτῇ. ⁴⁹καὶ συνήγαγεν Ἰωσὴφ σῖτον ὡσεὶ τὴν ἄμμον τῆς
50 θαλάσσης πολὺν σφόδρα, ἕως οὐκ ἠδύνατο ἀριθμῆσαι, οὐ γὰρ ἦν ἀριθμός.¶  ⁵⁰τῷ δὲ Ἰωσὴφ ¶ D
ἐγένοντο υἱοὶ δύο πρὸ τοῦ ἐλθεῖν τὰ ἑπτὰ ἔτη τοῦ λιμοῦ, οὓς ἔτεκεν αὐτῷ Ἀσεννὲθ θυγάτηρ
51 Πετρεφῆ ἱερέως ᾿Ἡλίου᾿ πόλεως.  ⁵¹ἐκάλεσεν δὲ Ἰωσὴφ τὸ ὄνομα τοῦ πρωτοτόκου Μαννασσῆ
λέγων᾿Ὅτι ἐπιλαθέσθαι με ἐποίησεν ὁ θεὸς πάντων τῶν πόνων μου καὶ πάντων τῶν τοῦ πατρός
52 μου·  ⁵²τὸ δὲ ὄνομα τοῦ δευτέρου ἐκάλεσεν Ἐφράιμ, ῞Οτι ὕψωσέν με ὁ θεὸς ἐν γῇ ταπεινώσεως
53
54 μου.  ᵗ⁵³Παρῆλθον δὲ τὰ ἑπτὰ ἔτη τῆς εὐθηνίας ἃ ἐγένετο ἐν γῇ Αἰγύπτῳ, ⁵⁴καὶ § ℭᵐ
ἤρξαντο τὰ ἑπτὰ ἔτη τοῦ λιμοῦ ἔρχεσθαι, καθὰ εἶπεν Ἰωσήφ.  καὶ ἐγένετο λιμὸς ἐν πάσῃ τῇ
55 γῇ· ἐν δὲ πάσῃ γῇ Αἰγύπτου οὐκ ἦσαν ἄρτοι.  ⁵⁵καὶ ἐπείνασεν πᾶσα ἡ γῆ Αἰγύπτου, ἐκέκραξεν
δὲ πᾶς ὁ λαὸς πρὸς Φαραὼ περὶ ἄρτων· εἶπεν δὲ Φαραὼ πᾶσι τοῖς Αἰγυπτίοις Πορεύεσθε
56 πρὸς Ἰωσήφ, καὶ ὃ ἐὰν εἴπῃ ὑμῖν¶ ποιήσατε.  ᵗ⁵⁶καὶ ὁ λιμὸς ἦν ἐπὶ προσώπου πάσης τῆς ¶ ℭᵐ § D
57 γῆς· ἀνέῳξεν δὲ Ἰωσὴφ πάντας τοὺς σιτοβολῶνας, καὶ ἐπώλει πᾶσι τοῖς Αἰγυπτίοις.  ⁵⁷καὶ

A πᾶσαι αἱ χῶραι ἦλθον εἰς Αἴγυπτον ἀγοράζειν πρὸς Ἰωσήφ· ἐπεκράτησεν γὰρ ὁ λιμὸς ἐν πάσῃ
τῇ γῇ.

§ ℭᵐ ¹Ἰδὼν δὲ Ἰακὼβ ὅτι ἐστὶν πρᾶσις ἐν Αἰγύπτῳ εἶπεν τοῖς υἱοῖς αὐτοῦ Ἵνα τί ῥᾳθυμεῖτε; ₁ XLII
²ἰδοὺ ⁱἀκήκοα ὅτι ἐστὶν σῖτος ἐν Αἰγύπτῳ· κατάβητε ἐκεῖ καὶ πρίασθε ἡμῖν μικρὰ βρώματα, ἵνα ₂
ζῶμεν καὶ μὴ ἀποθάνωμεν. ³κατέβησαν δὲ οἱ ἀδελφοὶ Ἰωσὴφ οἱ δέκα πρίασθαι σῖτον ἐξ Αἰγύπ- ₃
του· ⁴τὸν δὲ Βενιαμεὶν τὸν ἀδελφὸν Ἰωσὴφ οὐκ ἀπέστειλεν μετὰ τῶν ἀδελφῶν αὐτοῦ· εἶπεν γὰρ ₄
¶ ℭᵐ Μή ποτε συμβῇ αὐτῷ μαλακία. ⁵ἦλθον δὲ οἱ υἱοὶ Ἰσραὴλ ἀγοράζειν¶ μετὰ τῶν ἐρχομένων· ἦν ₅
γὰρ ὁ λιμὸς ἐν γῇ Χανάαν. ⁶Ἰωσὴφ δὲ ἦν ἄρχων τῆς γῆς, οὗτος ἐπώλει παντὶ τῷ λαῷ τῆς γῆς· ₆
ἐλθόντες δὲ οἱ ἀδελφοὶ Ἰωσὴφ προσεκύνησαν αὐτῷ ἐπὶ πρόσωπον ἐπὶ τὴν γῆν. ⁷ἰδὼν δὲ Ἰωσὴφ ₇
τοὺς ἀδελφοὺς αὐτοῦ ἐπέγνω, καὶ ἠλλοτριοῦτο ἀπ' αὐτῶν καὶ ἐλάλησεν αὐτοῖς σκληρὰ καὶ εἶπεν
αὐτοῖς Πόθεν ἥκατε; οἱ δὲ εἶπαν Ἐκ γῆς Χανάαν ἀγοράσαι βρώματα. ⁸ἐπέγνω δὲ Ἰωσὴφ τοὺς ₈
ἀδελφοὺς αὐτοῦ, αὐτοὶ δὲ οὐκ ἐπέγνωσαν αὐτόν· ⁹καὶ ἐμνήσθη Ἰωσὴφ τῶν ἐνυπνίων ὧν ἴδεν ₉
αὐτός. καὶ εἶπεν αὐτοῖς Κατάσκοποί ἐστε, κατανοῆσαι τὰ ἴχνη τῆς χώρας ἥκατε. ¹⁰οἱ δὲ εἶπαν ₁₀
Οὐχί, κύριε· οἱ παῖδές σου ἤλθομεν πρίασασθαι βρώματα· ¹¹πάντες ἐσμὲν υἱοὶ ἑνὸς ἀνθρώπου· ₁₁
εἰρηνικοί ἐσμεν, οὐκ εἰσὶν οἱ παῖδές σου κατάσκοποι. ¹²εἶπεν δὲ αὐτοῖς Οὐχί, ἀλλὰ τὰ ἴχνη τῆς ₁₂
γῆς ἤλθατε ἰδεῖν. ¹³οἱ δὲ εἶπαν Δώδεκά ἐσμεν οἱ παῖδές σου ἀδελφοὶ ἐν γῇ Χανάαν· καὶ ἰδοὺ ὁ ₁₃

XLII ₁ πρασεις A | ραθυμειται D      3 πριασθε E
7 αυτων] αυτον E*(ω suprascr Eᵇ?)      9 ειδεν D(contra D)E | εσται AE*(εστε Eᵃ?) | ιχνει E

DEMa‐yc₂𝕬𝕭(ℭᵐ)𝕰

57 χωραι] +quae uicinae sunt Aegypto 𝕭ᵇ | ηλθον] εισηλ‐
θον egj | απηλθον r | προς ιωσηφ αγοραζειν εις αιγυπτον c | εις]
προς m | αγοραζειν] post ιωσηφ 𝕾-ap-Barh | +σιτον (10) 𝕰(+
propter famem 𝕰ᵖ) Chr | προς ιωσηφ] ab Ioseph 𝕬𝕭 | om Chr
om επεκρατησεν—γη k | επεκρατει 𝕬 Chr | γαρ] δε dlnps |
λοιμος n | εν—γη] επι πασαν την γην m𝕭
XLII 1 ιακωβ] (pr και 79): κωβ sup ras aᵃ | (om οτι—
αιγυπτω 15) | εστιν] post πρασις c₂: εσται l: om a | πρασις]
pr σιτου qu: triticum 𝕬-codd | +σιτου dknnpt𝕭 Or-lat Chr |
εν αιγυπτω] in terra Aegyptiorum 𝕬 | ειπεν] pr και v(mg):
+ιακωβ acegijstxc₂𝕭 | τοις υιοις] post τους υιους r: τοις
πασειν Chr | αδυμειτε w
2 ιδου] pr και ειπεν ackmxc₂ | ακηκοα] audio 𝕬 Or-lat |
εστιν] εστη c: om f | σιτος] pr βρωματα και b: (πρασις 71) |
αιγυπτω] pr γη d: γη αιγυπτου pt | εκει] igitur 𝕰: in Aegyp-
tum 𝕭ᵇ: om Chr | και πριασθε] πριασθαι Chr | πριασθε]
πριασασθε bdw | αγορασατε fiᵃʳ | ημιν] υμιν d: om f: +εκειθεν
acmoquc₂ | μικρα βρωματα] om 𝕰: +εκειθεν x | ·{ζωμεν}ˈησω-
μεν D(+Dᵃⁱ)bw | om και μη αποθανωμεν 𝕰ᵖ
3 δε] +in Aegyptum 𝕭ʷ | ιωσηφ] post δεκα f: (om 16) | οι
δεκα] om a Or-lat: om οι cmquv: +eius fratres 𝕭 | πριασθαι]
πριασασθαι bcdfio*(uid)pr(-σεσθαι rˣuid)w | et αιγυπτου] in
Aegyptum (s. in Aegypto) 𝕬-ed𝕭ᵇ
4 βενιαμιν bfgnowc₂ | απεστειλεν] +ιακωβ Daclmosxc₂
𝕬(pr ✠) | μετα—αυτου] μετ αυτων f: om αυτου 𝕬 | γαρ] δε ς |
συμβη] pr αυτω n | μαλακια] κινδυνος n: +εν τη οδω El𝕭ʷ
5 om totum comma y | δε] om f | om οι EMbdeghlpc₂ |
ισραηλ] pr του diᵃpν(mg): ιακωβ lo | αγοραζειν—ερχομενων]
ad Ioseph 𝕰 | αγοραζειν Abcmovwx𝕬] pr εις αιγυπτον DEM
rell 𝕭ℭ: +σιτον fiᵃ¹r𝕰 | o] pr και egj: om d | λιμος] λοιμος
n: + και dfiᵃ¹ptxc₂ | γη] pr γη 𝕰 2° f | dnop: τη ej | +omni 𝕰ᵖ
6 om ιωσηφ 1°—γης 2° f | αρχων] pr o Edhinpstw: +πασης
kr | om της 1° r | γης 1°] αιγυπτου egj𝕰 | ουτος] οτι w |
om ουτος cg | om τω λαω rˣ | om της γης 2° bdnw |
et is 𝕭ℭᶠ: ουτως cg | om τω λαω rˣ | om της γης 2° bdnw

XLII 4 μαλακια] α' συμπτωμα σ' κινδυνος M(om α')jv 𝕾-ap-Barh      7 ηλλοτριουτο] απεξενουτο M
9 κατασκοποι] α' εφοδευται Mjv 𝕾-ap-Barh | τα—χωρας] α' σ' τα κρυπτα της χωρας M | τα ιχνη] α' σ' τα κρυπτα jv(om α')
11 ειρηνικοι] α' ορθοι σ' απλοι Mjv

ελθοντες] ηλθον bmw | αδελφοι ιωσηφ] om ι𝕬 bw | (ιωσηφ 2°]
αυτου 16) | προσεκυνησαν] pr και bmw: adorabant 𝕬: cici-
derunt 𝕭 | αυτω q: om s𝕬𝕭 | om επι προσωπον df |
(επι 1°] εις 14.16.77.130) | προσωπον bw | om επι 2° bmw |
την γην] της γης abiᵃowxc₂: +adorauerunt 𝕬𝕭
7 επεγνω] +αυτους Dkl𝕭 | απηλλοτριουτο o | om αυτους
2° 𝕬 Chr | ηκατε] ηκετε dnpc₂: εστε f | ειπαν] ειπον acdfm—
pxc₂ | γης ¹°] pr Chr | χανααν] +ελθειν Chr
8 επεγνω—αυτου] (om 71): om δε m𝕭ᵖ | επεγνωσαν]
εγνωσαν Efmn | (αυτον] του ιωσηφ 71)
9 ενυπνιων] +αυτου EMeghjlnptv(mg)𝕬𝕭ʷ | ιδεν] ειπεν iˣ:
somniauit 𝕰 | om αυτος 𝕰 | om αυτοις d Chr | κατανοησαι]
pr και 𝕬ℭ Chr: και κατασκοπησαι d: κατασκοπησαι np: και
bw | (om τα 79) | χωρας] γης D(+D)Ecgiᵃj: πολεως v |
ηκατε] ηκετε nc₂: +ιδειν bw
10 οι δε ειπαν] et dixerunt ei 𝕰 | ειπαν] ειπον acdfmopxc₂:
ειπον προτ αυτον k | οιχι] ου egj | α 2°—ηλθομεν] αλλα ηλθο-
μεν οι παιδες σου f | ηλθομεν] ηλθαμεν γ: ηλθον iˣn𝕰 | πρια-
σασθαι Adfioq] πριασθαι DE(-σθε)M rell Chr
11 παντες] pr nos (+enim 𝕭ʷ)𝕭: pr et 𝕰: απαντες egj:
+γαρ qu | εσμεν nos] nos filii sumus 𝕭 | ενος] post ανθρω-
που a | ειρηνικοι εσμεν] pr ημεις υιοι ενος ανδρος εσμεν c: pr
ημεις εσμεν kx: pr ημεις mc₂: ημεις εσμεν ειρηνικοι v: ημεις
ειρηνικοι o: om | ουκ] pr et 𝕬𝕰 | εισιν] εσμεν a𝕭 | σου]
σοι t
12 om ειπεν δε αυτοις E | γης] χωρας ns𝕬-codd | ηλθατε]
ηλθετε Ma—egh𝕭jnpqtuwc₂: ηκατε v | ιδειν] μαθειν egj: cognos-
cere 𝕰
13 ειπαν] ειπον acdfnopc₂: +ei 𝕭𝕰 | δωδεκα] δεδωκα w |
εσμεν—αδελφοι] fratres sumus serui tui filii uiri unius 𝕬 |
εσμεν] ημεν k | οι παιδες σου] post αδελφοι 𝕭𝕰 | αδελφοι] post
χανααν f: om d: et fratres nos 𝕰(om et 𝕰ᵖ): +ημεις υιοι ενος
ανδρος mxc₂: +ημεις υιοι ενος ανδρος k: +ημεις ενος ανδρος υιοι cₒ:
+υιοι ενος ανδρος no | om εν γη χανααν Chr | γη] τη t: om

14 νεώτερος μετὰ τοῦ πατρὸς ἡμῶν σήμερον, ὁ δὲ ἕτερος οὐχ ὑπάρχει. ¹⁴εἶπεν δὲ αὐτοῖς Ἰωσήφ Α
15 Τοῦτό ἐστιν ὃ εἴρηκα ὑμῖν λέγων ⁸ὅτι κατάσκοποί ἐστε· ¹⁵ἐν τούτῳ φανεῖσθε· νὴ τὴν ὑγίαν §F
16 Φαραώ, οὐ μὴ ἐξέλθητε ἐντεῦθεν ἐὰν μὴ ὁ ἀδελφὸς ὑμῶν ὁ νεώτερος ἔλθῃ ὧδε. ¹⁶ἀποστείλατε ἐξ
ὑμῶν ἕνα, καὶ λάβετε τὸν ἀδελφὸν ὑμῶν· ὑμεῖς δὲ ἀπάχθητε ἕως τοῦ φανερὰ γενέσθαι τὰ ῥήματα
17 ὑμῶν, εἰ ἀληθεύετε ἢ οὔ· εἰ δὲ μή, νὴ τὴν ὑγίαν Φαραώ, εἰ μὴν κατάσκοποί ἐστε. ¹⁷καὶ ἔθετο
18 αὐτοὺς ἐν φυλακῇ ἡμέρας τρεῖς· ¹⁸εἶπεν δὲ αὐτοῖς τῇ ἡμέρᾳ τῇ τρίτῃ Τοῦτο ποιήσατε, καὶ
19 ζήσεσθε· τὸν θεὸν γὰρ ἐγὼ φοβοῦμαι. ¹⁹εἰ εἰρηνικοί ἐστε, ἀδελφὸς ὑμῶν εἷς κατασχεθήτω ἐν τῇ
20 φυλακῇ· αὐτοὶ δὲ βαδίσατε καὶ ἀπαγάγετε τὸν ἀγορασμὸν τῆς σιτοδοσίας ὑμῶν, ²⁰καὶ τὸν ἀδελφὸν
ὑμῶν τὸν νεώτερον καταγάγετε πρός μέ, καὶ πιστευθήσονται τὰ ῥήματα ὑμῶν· εἰ δὲ μή, ἀποθα-
21 νεῖσθε. ἐποίησαν δὲ οὕτως. ²¹καὶ εἶπεν ἕκαστος πρὸς τὸν ἀδελφὸν αὐτοῦ Ναί, ἐν ἁμαρτίᾳ γάρ L
ἐσμεν περὶ τοῦ ἀδελφοῦ ἡμῶν, ὅτι ὑπερίδομεν τὴν θλίψιν ⁸τῆς ψυχῆς αὐτοῦ ὅτε κατεδέετο ἡμῶν §
22 καὶ οὐκ εἰσηκούσαμεν αὐτοῦ·¶ ἕνεκεν τούτου ἐπῆλθεν ἐφ' ἡμᾶς ἡ θλίψις αὕτη. ²²ἀποκριθεὶς δὲ ¶F
Ῥουβὴν εἶπεν αὐτοῖς Οὐκ ἐλάλησα ὑμῖν λέγων Μὴ ἀδικήσητε τὸ παιδάριον; καὶ οὐκ εἰσηκού-
23 σατέ μου· καὶ ἰδοὺ τὸ αἷμα αὐτοῦ ἐκζητεῖται. ²³αὐτοὶ δὲ οὐκ ᾔδεισαν ὅτι ἀκούει Ἰωσήφ, ὁ γὰρ
24 ἑρμηνευτὴς ἀνὰ μέσον αὐτῶν ἦν·¶ ²⁴ἀποστραφεὶς δὲ ἀπ' αὐτῶν ἔκλαυσεν Ἰωσήφ. καὶ πάλιν ¶D

14 ο] το Α | εσται Α   15 υγιαν Ε   16 αληθευεται Ε | υγιαν] υγιαιαν υγιαιαν Ε: υγιαιαν Dᵘⁱᵈ
18 ζησεσθαι D   19 α(?)] η ΑΕ | αγορασμων Ε*   16 αληθευεται Ε | υγιαν] υγιαιαν υγιαιαν Ε: υγιαιαν Dᵘⁱᵈ   20 [απο]θανεισθαι D
21 υπερειδομεν DEF | την] τη Α²(ν suprascr Α¹⁺ᶜ?) | οτε Α¹] οτι Α°
22 αδικησηται Ε | εκζητειται] εκζιτειται Α° (εκζιτειται Α¹)

(D)E(FL)Ma-yc₂ЯВΣ

Ε | om και ²⁶ʲᵖ | ιδου] est unus Σ: om Α | νεωτερος] μικρο-
τερος h: +ημων μενει k: +ημων degi°jnp | μετα—ημων] apud
patrem suum Α | om σημερον Α | om i° | om σημερον (32) Σ Chr
14 αυτοις ιωσηφ] Ioseph fratribus suis Σ°: om αυτοις dp:
+λεγων f | τουτο] pr ου f | υμιν] ημιν d: om Α-ed | om λεγων
ΑΣ Chr | om οτι (76) Σᶜᶠ
15 εν] pr ετ ΑΣ | φανεισθε] φαινεισθε iᵃ¹r: φαινησθε d:
φαινεσθε fm: φανησεσθε Ε | νη] μα DEF°M(mg)bceghjklrstv
wyc₂ | εντευθεν] εκειθεν i° | εαν μη] ει μη γ: εως ου Chr | ο
1°—νεωτερος] post ελθη acdfikm-pxc₂Α | ημων ο | ωδε] προς
μΕ f
16 αποστειλατε—υμων 1°] pr πιπε Α²: om Σᶠᵖ | εξ υμων]
post ενα dnpvΑΣΒΣᶜ Chr: εξ ημων ο | λαβετε] λαβετω Fᵇ¹ack
loxc₂: αγαγετε t Chr: αγαγετω Fᶜ¹(uid)dnp: (απαγαγετε 76):
adducat ΑΣᶜ | αδελφος] post υμων 2° m | υμων 2°] ημων go°s:
(om 77) | (om υμεις δε απαχθητε 18) | δε 1°] και f | απαχθητε]
post α 2° ras (1) x: απαχθητε qu: επαχθητε m: απαχθηεθη-
σεσθαι ν: αποκλεισθητε Fᵇ: retinebunt uos Σ | του] ου Fᵇ¹a:
om Ee | φανερα] φα..ω e°(uid): φανερον k | τα ρηματα] το
ρημα k | ει 1°] η ο | om δε 2° i° | om μη n | νη] μα EM(mg)
hlrᵇs | ει μην AFMinxc₂] μα hyᵇ(ex corr): υμεις lm: λεγω
υμιν rᵇ(sup ras): om Ecfk𝔅(uid): η μην D rell: nisi Α
17 εθετο] εθηκεν b | φυλακη] pr τη d𝔅 Chr | τρεις ημερας
acmoxc₂
18 αυτοις] αυτους e: +ιωσηφ D(+D)Fᵇamosxc₂ΑΣΒᵖ
ημερα τη τριτη] τριτη ημερα cc₂ | τουτο] pr ιωσηφ c |
ποιησατε E(-ται)d | ζησεσθε] ζησασθε e: σωζεσθε Ε | γαρ θν
DEMflmtv Chr | om γαρ e° | εγω] εγω i°
19 om ει fn | αδελφος υμων εις] ενα αδελφον υμων n: unus
fratrum uestrorum 𝔅 | αδελφος] pr ο s: αδελφοι a | υμων εις]
εις εξ υμων αΑΣ | υμων 1°] ημων y° | εις] post κατασχεθητω D:

om s | κατασχεθητω] κατασχθητω mt: κατασχω n | (om εν 18) |
αυτοι] υμεις a | βαδισατε και] βαδιζετε και ο: βαδισαντες fi:
om Α | απαγαγετε] απαγετε s Chr: αγορασατε Ea
20 υμων 1°] ημων g | (om τον νεωτερον 31) | καταγαγετε
Α] (απαγαγετε 76): αγαγετε Dᵘⁱᵈ(-ται D)EFM omn ΑΣΣ Chr |
πιστευθησονται] πισθησονται r: πιστευθησεται Fᵇ¹acdfikm-psx
c₂ Chr | ετοισομεν o
21 και ειπεν] ειπεν δε fi | ειπεν] ειπαν Emorv(mg)x: ειπον
abcw: dicunt Α-codd: collocuti sunt Σ | αδελφον] πλησιον d |
(ναι και 71) | (εν] pr απ 83: om 31) | αμαρτια] αμαρτιαις
EFMabdeghlnptw Or Chr‡ Thdt: peccatis nostris 𝔅 | om γαρ
dceΑΣ Chr‡-ed‡ | ημων 1°] υμων m | υπεριδομεν] υπεριδαμεν
r: παρειδομεν bw | την—αυτου 2°] αυτου την θλιψιν Chr‡ |
om της ψυχης ιΣ | οτε] οτι A°L | (εδεετο 32) | ημων 2°] υμων
a*bᵇ¹ | (παρεκαλουμεν) ηκουσαμεν dfi*hm: pr ημων y | ενε-
κεν] +γαρ Chr‡: +ουν Chr‡ | εφ ημας] εφ ημιν m: ημας s:
ημιν Chr‡ | η θλιψις] pr πασα Edhiklnptl𝔅 Chr‡ Thdt
22 ρουβην] ρουβειμ E: ρουβιμ txᵃ¹: ρουβημ cᵇhkxᵃ Or-gr:
ρουβειμ emp Chr: ρουβια adfgijln | αυτοις] (προς αυτους 128):
+λεγων w | om και ουκ ελαλησα υμιν Σ | ελαλησα] ειπον Chr‡ |
υμιν] ημιν p | λεγων] εγω L | om biΣ Chr‡ | αδικησητε] αδι-
κησεται L: αδικηση τι m: om και 1°—μου egj | ακουσατε i*lot |
om και 2° fi𝔅ᶜᶠ | om το 2° Or-gr‡ | om αυτου f | εκζητειται]
εκζητειτε DEcp: ζητειτε g: εκδικειται e
23 (ηδεισαν] εγνωσαν 71) | ακουει] pr ουκ t | ιωσηφ] pr ο
w: om t | γαρ] δε L | ερμηνευσ DELcdfikmnpsxc₀ Chr(uid) |
αυτων] αμφοτερων dnp | ην] ησαν v
24 αποστραφεις] αποκριθεις d | απ αυτων εκλαυσεν] post
ιωσηφ aΑΣ | om απ αυτων 1° ls | εκλαυσεν] post ιωσηφ lmns
𝔅 | ιωσηφ] pr Lko*xc₂: pr ras (1) i | προσηλθεν] απηλθεν L:

15 φανεισθε] α' σ' δοκιμασθησεσθε Μjv | νη—φαραω] α' ʃη φαραω Μjv: ʃη ο φαραω Fᵇ
16 απαχθητε] α' σ' διεθησεσθε Μ(δοθ-)jv | νη—φαραω] ʃη ο φα[ραω] Fᵇ
21 ναι εν αμαρτια] α' και μαλιστα εν πλημμελια Μvc₂(om και Mv: +εσμεν c₂) | ναι] σ' και μαλα η οντως Μv

Α προσῆλθεν πρὸς αὐτοὺς καὶ εἶπεν αὐτοῖς· καὶ ἔλαβεν τὸν Συμεὼν ἀπ' αὐτῶν, καὶ ἔδησεν αὐτὸν
ἐναντίον αὐτῶν. <sup>25</sup>ἐνετείλατο δὲ Ἰωσὴφ ἐμπλῆσαι τὰ ἄγγια αὐτῶν σίτου, καὶ ἀποδοῦναι τὸ 25
¶ L ἀργύριον ἑκάστου¶ εἰς τὸν σάκκον αὐτοῦ, καὶ δοῦναι αὐτοῖς ἐπισιτισμὸν εἰς τὴν ὁδόν. καὶ ἐγενήθη
§ L αὐτοῖς οὕτως. <sup>26</sup>καὶ ἐπιθέντες τὸν σῖτον ἐπὶ τοὺς ὄνους αὐτῶν ἀπῆλθον ἐκεῖθεν. <sup>27</sup>λύσας δὲ ¹εἷς 26
27
τὸν μάρσιππον αὐτοῦ, δοῦναι χορτάσματα τοῖς ὄνοις αὐτοῦ οὗ κατέλυσαν, ἴδεν τὸν δεσμὸν τοῦ
ἀργυρίου αὐτοῦ, καὶ ἦν ἐπάνω τοῦ στόματος τοῦ μαρσίππου· <sup>28</sup>καὶ εἶπεν τοῖς ἀδελφοῖς αὐτοῦ 28
Ἀπεδόθη μοι τὸ ἀργύριον, καὶ ἰδοὺ τοῦτο ἐν τῷ μαρσίππῳ μου. καὶ ἐξέστη ἡ καρδία αὐτῶν, καὶ
§ F § D ¹ἐταράχθησαν πρὸς ¹ἀλλήλους λέγοντες Τί τοῦτο ἐποίησεν ὁ θεὸς ἡμῖν; <sup>29</sup>ἦλθον δὲ πρὸς Ἰακὼβ 29
τὸν πατέρα αὐτῶν εἰς γῆν Χανάαν, καὶ ἀπήγγειλαν αὐτῷ πάντα τὰ συμβεβηκότα αὐτοῖς λέγοντες
<sup>30</sup>Λελάληκεν ὁ ἄνθρωπος ὁ κύριος τῆς γῆς πρὸς ἡμᾶς σκληρά, καὶ ἔθετο ἡμᾶς ἐν φυλακῇ ὡς κατα- 30
¶ E § a₂ σκοπεύοντας τὴν γῆν.¶ ¹³¹εἴπαμεν δὲ αὐτῷ Εἰρηνικοί ἐσμεν, οὐκ ἐσμὲν κατάσκοποι· <sup>32</sup>δώδεκα 31
32
ἀδελφοί ἐσμεν, υἱοὶ τοῦ πατρὸς ἡμῶν· ὁ εἷς οὐχ ὑπάρχει, ὁ δὲ μικρότερος μετὰ τοῦ πατρὸς ἡμῶν
σήμερον εἰς γῆν Χανάαν. <sup>33</sup>εἶπεν δὲ ἡμῖν ὁ ἄνθρωπος ὁ κύριος τῆς γῆς Ἐν τούτῳ γνωσόμεθα ὅτι 33
εἰρηνικοί ἐστε· ἀδελφὸν ἕνα ἄφετε ὧδε μετ' ἐμοῦ, τὸν δὲ ἀγορασμὸν τῆς σιτοδοσίας ὑμῶν λα-
βόντες ἀπέλθατε· <sup>34</sup>καὶ ἀγάγετε πρὸς μὲ τὸν ἀδελφὸν ὑμῶν τὸν νεώτερον, καὶ γνώσομαι ὅτι οὐ 34

(*D*EFL)Ma–y(a₂)c₂𝔄𝔅𝔈

*reuersus est* 𝔅: om l | ⟨προς⟩ ελ 30) | και ειπεν αυτοις] om d:
⟨+καθως προτερον 14.16.77.130⟩: +*unus uestrum relinquetur*
*hic sicut dixi* (*dictum est* 𝔅") *uobis fratrem uestrum minorem*
*ducite uobiscum in hoc enim apparebitis quia uos pacifici uos*
*non exploratores* 𝔅 | τον συμεων] τον συμεωνα Chr: post αυτων
2° ackmoxc₂𝔄 | om αν αυτων 2° 𝔈 Chr | εδησεν] εδωκεν bw |
om αυτον 𝔄 | ⟨ενωπιον 128⟩ αυτων 3°] παντων Chr

25 om ιωσηφ t | πλησαι i* | ⟨om και 1° 31⟩ | το αργυριον
εκαστου] ⟨εκαστω το αργ. 30): εκαστω το αργ. bdfilnpw |
εκαστου] εκαστω Lncghjkorstxc₂ Chr: αυτων εκαστω quℰ | τον
σακκον] *es sacci* 𝔅ᵐᵍ⁽ᵖ⁾ | om αυτου bi*w | ⟨αυτοις 1°] αυτων 30⟩ |
επισιτισμον] +εις πλησμονην qu: ⟨+πλησμονην 31⟩ | ⟨εις την
οδον] εν τη οδω 76⟩ | και 3°—ουτως] om q: *et fecerunt omnia*
*sic* 𝔈 | εγενηθη] εγεννηθη l: εγενετο cdnp | om αυτοις 2° c𝔅

26 επιθεντες—αυτων] *ΐμνικτ ρωρδιίκωμ βκρωρωνλβρβκ*
*ξρη* (*?ii tollentes unusquisque asino*) 𝔄 | επιθεντες] επι-
θεντοι b: επιτιθεντες i* | τον—ονους] τοις οροις Chr | τον σιτον]
⟨τους σιτον 71.107⟩: +αυτων acmosxc₂ | επι] εις yc₂ | ονους]
ωμους dnp | απηλθον] *pr* και c | om εκειθεν f Or-lat Chr

27 λυσας] ελυσε a | εις] +εξ αυτων 𝔅 Chr | του μαρσιππου]
το αργυριον f | δουναι] *pr* τον Et: *pr* ωστε Chr: εισδουναι L |
χορτασματα] χορτασμα f: ⟨om 83⟩ | τοις ονοις] *iumento* 𝔈 |
αυτου 1°] αυτων Lfi*𝔈: om abmovwc₂ | ου κατελυσαν] ✳ *in*
*deuersorio* 𝔈: om r | ιδεν] *pr* και Labckowx𝔄-ed: om c₂ |
αυτου 3°] αυτων y | και] *quod* 𝔄 | επανω του στοματος] *in ore*
𝔄 | μαρσιππου] μαρσιππιου f: *sacci* im𝔅

28 αδελφοις] post αυτων f | απεδοθη—αργυριον] απεδοντο
αργυριον μου α | μοι το αργυριον] *argentum meum mihi* 𝔅 | μοι]
post αργυριον ksxc₂: om mo | αργυριον] +και Chr | ιδου τουτο
1° 𝔈 | καρδια διανοια egj𝔄(uid) | προς] εις Chr | τουτο 2°] +ο
aegjiltv(mg)𝔄 | ο θ͞ς εποιησεν D | ο θεος] post ημιν F⁶Lcdnpx
𝔄 Chr: om ε | ημιν] *om* f

29 ηλθον δε] *pr* και την επανω του στοματος του μαρσιππου d:
⟨και ηλθον 128⟩ | ⟨om εις γην χανααν 128⟩ | εις γην] εν γη

*D*(?)m: εις την γην ο | απηγγειλαν] απηγγειλον m: απηγ-
γειλαν F*νc₂ | τα συμβεβηκοτα Adhlp] οσα συμβεβηκε n: τα
συμβαντα *D*ᵘⁱˡEFLM rell

30 λελαληκεν] ελαληκεν s: +λε͞ l | ο 1°—γης] post ημας 1°
dn(om ο αδ.)pℰ | ο ανθρωπος] ο ανηρ F⁶ | εν φυλακη] εν
φυλακον af | κατασκοπευοντας] κατασκοπευσαται Lo: κατα-
σκοπουντας dnp | ⟨την γην] τη γη 18⟩

31 ειπαμεν] Fᵇacdkmnpxc₂ | ειρηνικοι] *pr* οτι ⟨20⟩ Chr |
εσμεν 1°] ⟨+οι παιδες σου 128⟩: +λε͞ k: +𝔄 𝔈𝔅

32 αδελφοι] post εσμεν acmosxc₂𝔈 Chr: om bw | υιοι—
ημων 1°] *pr* οι ba₂𝔄: om Chr: om υιοι a | του πατρος ημων 1°]
*patris unius* 𝔄-ed: *unius uiri* 𝔈: +ποτε a₂ | ο εις] *pr* και a₂ |
μικροτερος] *pr* και c₂ | αυτου 3°] αυτων y | μικρο-
τερος] μικρος F*Legi*jkmiquvx: ετερος y | μετα—ημων 2°] post
σημερον acfkmoxc₂𝔈 | ⟨αυτων 2°] +εστιν n: +υπαρχει a₂ |
om σημερον dnp a₂𝔈 Chr | om εις γην χανααν Chr | εις γην A]
εστιν εν γη ⟨τη⟩ i*fir: om c₂: εν γη *D*ᵘⁱˡ F(uid)LM rell 𝔄𝔅 |
χανααν] +εστιν y

33 ημιν] ⟨post ανθρωπος 31⟩: υμιν lᵃ¹: om bfw | ο 1°—γης]
om Chr: om ανθρωπος f | +προς ημας 14.16.77⟩ | *pr* οτι
n | τουτω] τουτο m–q | γνωσομεθα Aa] γνωσομαι υμιν m: γνω-
σομαι *D*ᵘⁱˡFLM rell 𝔄𝔅: *cognoscenini* 𝔈: φανεισθε ⟨20⟩ Chr |
οτι] ⟨14.16.130⟩: εις j | αδελφον ενα] *et unum e fratribus*
*uestris* 𝔈ᶜᶠ: *et unum e nobis* 𝔈ᴾ | αδελφον] *pr* εαν τον fna₂𝔄:
*D*Fᵇadfiᵃᵐ-ptx: ⟨+υμων 107⟩ | ενα] *pr* τον f: om n : +υμων
ενα c*: +εξ υμων a₂: +υμων cᵃ¹kqsuc₂𝔄: αφετε] post ωδε F⁶:
αφητε f𝔄(post μου): αφηετε υ: om ωδε sa₂ | τον—υμων]
*frumentum autem quod emistis domus uestrae* 𝔅 | σιτοδοσιας
Aafklnsa₂c₂𝔈] *pr* του ackow dp: σιτοδοτιας του ουκω x: +του
ουκω *D*ᵃᴸFLM rell 𝔄 | απελθετε F⁶Masfᵍᵃ¹hᵇjqtuwc₂

34 αγαγετε προς με] post νεωτερον 𝔄 | αναγαγετε r | προς
με] post νεωτερον *D*La–dfikm–pwxc₂: post υμων 1° 𝔈: om s
Chr | υμων 1°] ημων o* | τον νεωτερον] om 𝔈: +προς με F⁶:
+ωδε s | ⟨οτι ου] μη οτι 18⟩ | οτι 1°] *si* 𝔈ᴾ | ου κατασκοποι

κατάσκοποί ἐστε, ἀλλ' ὅτι εἰρηνικοί ἐστε· καὶ τὸν ἀδελφὸν ὑμῶν ἀποδώσω ὑμῖν, καὶ τῇ γῇ ἐμπο- A
35 ρεύεσθε. ³⁵ἐγένετο δὲ ἐν τῷ κατακενοῦν αὐτοὺς τοὺς σάκκους αὐτῶν, καὶ ἦν ἑκάστου ὁ δεσμὸς
τοῦ ἀργυρίου ἐν τῷ σάκκῳ αὐτῶν· καὶ ἴδον τοὺς δεσμοὺς τοῦ ἀργυρίου αὐτῶν αὐτοὶ καὶ ὁ πατὴρ
36 αὐτῶν, καὶ ἐφοβήθησαν. ³⁶εἶπεν δὲ αὐτοῖς Ἰακὼβ ὁ πατὴρ αὐτῶν ⁶'Ἐμὲ ἠτεκνώσατε· Ἰωσὴφ § ᴸ
37 οὐκ ἔστιν, Συμεὼν οὐκ ἔστιν, καὶ τὸν Βενιαμεὶν λήμψεσθε· ἐπ' ἐμὲ ἐγένετο πάντα ταῦτα. ³⁷εἶπεν
δὲ Ῥουβὴν τῷ πατρὶ αὐτοῦ λέγων Τοὺς δύο υἱούς μου ἀπόκτεινον, ἐὰν μὴ ἀγάγω αὐτὸν πρὸς σέ·
38 δὸς αὐτὸν εἰς τὴν χεῖρά μου, κἀγὼ ἀνάξω αὐτὸν πρὸς σέ. ³⁸ὁ δὲ εἶπεν Οὐ καταβήσεται ὁ υἱός
μου μεθ' ὑμῶν· ὅτι ὁ ἀδελφὸς αὐτοῦ ἀπέθανεν, καὶ αὐτὸς μόνος καταλέλειπται· καὶ συμβήσεται
αὐτὸν μαλακισθῆναι ἐν τῇ ὁδῷ ᾗ ἂν πορεύεσθε, καὶ κατάξετέ μου τὸ γῆρας μετὰ λύπης εἰς
ᾅδου.

XLIII ¹₂ ⁶¹'Ὁ δὲ λιμὸς ἐνίσχυσεν ἐπὶ τῆς γῆς. ¹²ἐγένετο δὲ ἡνίκα συνετέλεσαν καταφαγεῖν τὸν σῖτον § Ϛ § ℭᵐ
δὸν ἤνεγκαν ἐξ Αἰγύπτου, καὶ εἶπεν αὐτοῖς ὁ πατὴρ αὐτῶν Πάλιν πορευθέντες πρίασθε ἡμῖν μικρὰ
3 βρώματα. ³εἶπεν δὲ αὐτῷ Ἰούδας λέγων Διαμαρτυρίᾳ διαμεμαρτύρηται ἡμῖν ὁ ἄνθρωπος λέγων
4 Οὐκ ὄψεσθε τὸ πρόσωπόν μου ἐὰν μὴ ὁ ἀδελφὸς ὑμῶν ὁ νεώτερος καταβῇ πρὸς μέ. ⁴εἰ μὲν οὖν
5 ἀποστέλλεις τὸν ἀδελφὸν ἡμῶν μεθ' ἡμῶν, καταβησόμεθα καὶ ἀγοράσωμέν σοι βρώματα· ⁵εἰ δὲ

---

35 κατακαινουν A | ειδον D(+ Dˢⁱˡ)F        36 λημψεσθαι A
38 πορευεσθαι A | καταξεται D               XLIII 3 οψεσθαι A

DFLMa-yₙ₂c₂𝕬𝕭(ℭᵐ)𝕰(𝕷/𝕾)

εστε] ουκ εστε κατασκοποι bdnpw𝕬 Chr: ειρηνικοι εστε ⟨76⟩ 𝕰ᶜᶠ:
om ου Fᵃ(suprascr F') | αλλ—εστε 2°] και ουκ εστε κατασκοποι
⟨76⟩ 𝕰ᶜᶠ: om ma₂𝕰ᵖ | om οτι 2° bnw𝕬𝕭𝕭 | om εστε 2° n | τον
αδελφον υμων 2°] hunc quoque fratrem 𝕷 | αδελφον 2°] bis scr
L | om και 4°—εμπορευεσθε f | ⟨και 4°⟩ εν 31⟩ | τη γη] pr εν
Fᵇdnpt: την γην 2°: τιμη quyᵃᵗ: +υμων cn | εμπορευεσθε] εν-
πορευεσθαι c₂𝔙(uid): πορευεσθε d

35 αυτοις] post αυτων 1° m: om Dv | αυτων 1°] εαυτων
L | om και 1°—αυτων 2° e | om ην fm | ⟨εκαστου—αργυριου 1°⟩
το αργυριου 71⟩ | εκαστου] post δεσμος b: om w | αργυριου 1°]
+αιτου qu | ⟨σακκω⟩ μαρσιππω 71⟩ | αυτων 2°] αυτου adfmnpt
𝕭 | ιδον] ιδοντες bkwa₂𝕭𝕭: +τους σακκους και 16⟩ | om
αυτοι—αυτων 4° mc₂ | και εφοβηθησαν] om f: om και bkw𝕬
𝕭ᵛ: +ualde𝕲

36 om δε fo𝕭 | αυτοις] post αυτων m: προς αυτον bfw |
ιακωβ—αυτων] om f: om ο πατηρ αυτων 𝕰: ⟨+και ειπεν 71⟩ |
συμεων] pr et 𝕰 | βενιαμειν] βενιαμιν bgn²ow*(uid) Chr:
βενιαμιρ Chr-ed ½: +μου L | εν εμε] κατ εμου M(mg): επ
εμου l | εγενετο] εγενοντο cegjaₙ Phil-codd ½ Chr ½: γεγονε
Chr ½ | ταυτα ADMbkmvxy𝕰ᶜ𝕷 Phil-ed ½] post ταυτα FL
rell 𝕬𝕭𝕰ᵖ Phil ½-codd 𝕷 Chr

37 om δε f | ρουβην] ρουβειμ xᵃ¹aₙ: ρουβιν rᵃ: ρουβημ chk:
ρουβειμ enipxˣ Chr: ρουβημ adfgijlnt | αυτου] αυτων bquw |
om λεγων hiᵃm𝕰𝕷 Chr | om δυο y Or-lat ½ | υιους μου] μου
υιους fᵃ: υιους μ n: om μου fᵃ | αποκτεινον] αποκτεινορ b:
αποκτεινη m | αγαγω] αναγαγω egj | αυτον προς σε] προς σε
τον βενιαμιν d Or-lat: om αυτον f | δος—om absfqnw |
δος] +μοι k𝕰ᶜ𝕷 | τας χειρας iˣ𝕰-codd𝕭ᵖ Chr | καγω] και
εγω dip: και m | αναξω αυτον] αξω αυτον Dchir𝕬(uid) Chr:
αυτον αξω ej

38 om ο δε ειπεν f | ου καταβησεται] ουκ αναβησεται c₂𝕭ᵖ:
non ibit 𝕭ᵖ | καταλελειπται] +mihi ex uxore nisa 𝕭: +matri
suae 𝕷 | και 2°—μαλακισθηναι] ne infirmitas apprehendat eum
𝕭: ne contingat ei infirmitas 𝕷 | αυτον] post μαλακισθηναι
bdfinpw: αυτω alt𝕭(uid) | εν τη οδω] + ᾗ αν πορευεσθε f Chr ½] η] pr
εν Chr½: ου Fᵇ: υιε dp | αν] εαν FLMbdegijln(εν nᵃ)pqt-wa₂:
δ αν c₂ | πορευεσθε] πορευησθε DˢⁱˡFMabd(ras 1 lit post η)eghᵇ

35 ο δεσμος] ο κομβοτ Fᵇ | δεσμους] κομβουτ Fᵇ
38 μαλακισθηναι] αρρωστησαι M

iᵃjklo–suwa₂c₂ Chr½: πορευσησθε iᵃ²t: ibitis 𝕭𝕷 | om και 3°
do⁸p𝕰ᵖ | καταξετε] καταξητε Mfiᵇ: κατεξατε s: ηξετε gj:
⟨ηξει 20⟩ | μου 2°] sup ras rᵃ: post γηρας acegjkmoxzaₙc₂𝕬𝕷,
Chr ½: om το r | μετα λυπης] pr εί 𝕰ᵖ: μετ οδυνης ⟨16⟩ Chr ½ |
αδην a Chr ½

XLIII 1 ο δε λιμος]…autem 𝕾 | λοιμος n | ενισχυεν bfty
𝕬 | επι της γης] επ αυτοις f

2 εγενετο δε ηνικα] ηνικα δε p𝕰 | καταφαγειν] φαγειν cdno
pc₂: φαγηναι a: +τον αρτον και f | εξ αιγυπτου] e terra
Aegypti 𝕬(Aegyptiorum)ℭ | om και Lfin𝕭𝕭𝕷 | ο] pr ιακωβ
DF𝕭ᵘlfhilnptv(mg)𝕭 | αυτων] +ιακωβ k | παλιν πορευθεντες]
απελθοντες παλιν Chr: ite iterum 𝕰: om παλιν aₙ𝕭ᵖ | πορευ-
θεντες] πορευεσθε FᵃⁿMk: απελθοντες s | πριασθε] πριασθαι k:
πριασασθε bdfilo⁶(uid)prw: αγορασατε D(+D): κομφατε Chr |
ημιν] μιν cr: της της γης] om 𝕬 | μικρα] post βρωματα f: om aₙ | βρωματα]
+ne moriamur 𝕭ᵘ

3 αυτω] προς αυτον m: εις 𝕷 | ιουδας] ιου n: λεγων]
1° Dmn𝕰 Chr | διαμαρτυρια] μαρτυρια m: per testimonia 𝕷 |
διαμεμαρτυρηται] μεμαρτυρηται l: διεμαρτυρατο D(+D)Fᵇᵇbcdfiᵇ
km–prswxc₂ Chr | ημιν] μιν 𝕷: ο ανηρ Fᵇ: +ο κυριος e:
⟨+την γην 77⟩: ο κυριος της γης Mfgijkryaₙ(31(+αιγυπτου))
𝕰 | λεγων 2° pr ημιν k | ⟨+οτι 20⟩ | μου το προσωπον fi | εαν
—με] nisi aduenerit frater uester iunior uobiscum 𝕰ᶜᶠ: nisi
adtuleritis fratrem uestrum inniorem uobiscum 𝕰ᵖ | αδελφος—
νεωτερος] νεωτερος υμων αδελφος Chr | υμων] ημων g: ημιν f:
ευμων i | om εαν 2°—(4) ημων 1° w | ο νεωτερος] sub — 𝕾 |
καταβη προς με A] ελθη μεθ υμων 𝕰: ⟨μεθ υμων ελθη 31.83:
μεθ υμων ηκη 32⟩: uobiscum uenerit 𝕷: η μεθ υμων Lbnp(πρ)v:
η μεθ υμων μ DˢⁱˡFM rell (nₐ)𝕬𝕭𝕾 Chr

4, 5 om 𝕬

4 ει—(5) υμων] post ⟨7⟩ αυτου d | om ουν D | απο-
στελλεις] αποστελλης hkt: αποστελεις dn𝕭ℭ: αποστειλεις al |
ημων 1°] υμων l: +τον νεωτερον f𝕭ᵛ | om μεθ ημων Dm Chr |
καταβησομεθα και] αγορασωμεν] discendimus et emimus 𝕷 |
καταβησωμεθα hln | αγορασομεν DˢⁱˡMacefjkmqsuxyc₂𝕭 Chr |
σοι] ημιν m𝕭: om dnp𝕬 | βρωματα] paucas escas 𝕭ᵇ

37 αποκτεινον] θαρατωσεις Fᵇ
XLIII 2 σιτον] σιταρκισμον Fᵇ

A μὴ ἀποστέλλεις τὸν ἀδελφὸν¶ ἡμῶν μεθ᾽ ἡμῶν, οὐ πορευσόμεθα· ὁ γὰρ ἄνθρωπος εἶπεν ἡμῖν
¶ k λέγων Οὐκ ὄψεσθέ μου τὸ πρόσωπον ἐὰν μὴ ὁ ἀδελφὸς ὑμῶν ὁ νεώτερος μεθ᾽ ὑμῶν ᾖ. ⁶εἶπεν δὲ 6
Ἰσραὴλ Τί ἐκακοποιήσατέ μοι, ἀναγγείλαντες τῷ ἀνθρώπῳ εἰ ἔστιν ὑμῖν ἀδελφός; ⁷οἱ δὲ εἶπαν 7
Ἐρωτῶν ἐπηρώτησεν ἡμᾶς ὁ ἄνθρωπος καὶ τὴν γενεὰν ἡμῶν, λέγων Εἰ ἔτι ὁ πατὴρ ὑμῶν ζῇ; εἰ
ἔστιν ὑμῖν ἀδελφός; καὶ ἀπηγγείλαμεν αὐτῷ κατὰ τὴν ἐπερώτησιν αὐτοῦ. μὴ ᾔδειμεν εἰ ἐρεῖ
ἡμῖν Ἀγάγετε τὸν ἀδελφὸν ὑμῶν; ⁸εἶπεν δὲ Ἰούδας πρὸς Ἰσραὴλ τὸν πατέρα αὐτοῦ Ἀπόστειλον 8
τὸ παιδάριον μετ᾽ ἐμοῦ, καὶ ἀναστάντες πορευσόμεθα, ἵνα ζῶμεν καὶ μὴ ἀποθάνωμεν καὶ ἡμεῖς καὶ
σὺ καὶ ἡ ἀποσκευὴ ἡμῶν. ⁹ἐγὼ δὲ ἐκδέχομαι αὐτόν, ἐκ χειρός μου ζήτησον αὐτόν· ἐὰν μὴ ἀγάγω 9
αὐτὸν πρὸς σὲ καὶ στήσω αὐτὸν ἐναντίον σου, ἡμαρτηκὼς ἔσομαι πρὸς σὲ πάσας τὰς ἡμέρας.
¹⁰εἰ μὴ γὰρ ἐβραδύναμεν, ἤδη ἂν ὑπεστρέψαμεν δίς. ¹¹εἶπεν δὲ αὐτοῖς Ἰσραὴλ ὁ πατὴρ αὐτῶν ¹⁰ ¹¹
Εἰ οὕτως ἐστίν, τοῦτο ποιήσατε· λάβετε ἀπὸ τῶν καρπῶν τῆς γῆς ἐν τοῖς ἀγγίοις ὑμῶν, καὶ κατα-
γάγετε τῷ ἀνθρώπῳ δῶρα, τῆς ῥιτίνης καὶ τοῦ μέλιτος, θυμίαμα καὶ στακτὴν καὶ τερέμινθον καὶ
κάρυα. ¹²καὶ τὸ ἀργύριον δισσὸν λάβετε ἐν ταῖς χερσὶν ὑμῶν· τὸ ἀργύριον τὸ ἀποστραφὲν ἐν 12
¶ ℭᵐ τοῖς μαρσίπποις ὑμῶν ἀποστρέψατε μεθ᾽ ὑμῶν.¶ μή ποτε ἀγνόημά ἐστιν. ¹³καὶ τὸν ἀδελφὸν 13
ὑμῶν λάβετε, καὶ ἀναστάντες κατάβητε πρὸς τὸν ἄνθρωπον. ¹⁴ὁ δὲ θεός μου δῴη ὑμῖν χάριν 14

---

5 ὄψεσθαι A     6 μοι Aᶜᵐᵉ] om A*     7 ειδειμεν D     11 ισραηλ] om A* (𝔞λ Aᶜᵗᵐᵉ)

DFLMa-j(k)l-ya₂c₂𝕭𝕭(ℭᵐ)𝕰𝕷𝕾

5 αποστελλεις] αποστελληι hikr: αποστελεις l(-λης)op: *mittes* 𝕬-codd 𝕭ℭ: αποστειλη d | τον—ημων 2°] sub — M𝕾: om n Chr | αδελφον] a… k | ημων 1°] υμων l | om μεθ ημων p𝕷, om ο 1°—η d | ανθρωπος] ανηρ Fᵇ | λεγων ημιν 30) | om λεγων acmc₂ℭᶜʰʳ | ουκ] pr οτι (20) Chr | αδελφος—νεωτερος abcm–psvwxc₂𝕬𝕷: με t | μη] + η bn(ει)w | υμων 1°] ημων m | ο νεωτερος] sub — M(uid)v𝕾: om s | μεθ υμων η] η μεθ υμων Chr: ημων υμων c*m w* | η] ησ m: ⟨καταβη 32⟩: om bw
6 εκακοποιησατε μοι] με εκακοποιησατε Chr b | μοι Aᶜᵐᵉ] om A*Fᵇx: με DⁱⁱFᵇLM rell Chr | αναγγειλαντες] απαγγειλαντες DFMej Chr: απαγγελλοντει m: ⟨εξαγγειλαντες 32⟩ | ανθρωπω] ανδρι Fᵇ | ει] om Lbfstwa₂𝕬(uid)𝕭ℭ𝕰𝕷𝕾(mg) Chr ½: ⟨om 83.107⟩ | υμιν] pr εν egj: ημιν b(uid)cfw
7, 8 mutila in 𝕷
7 om ο—αδελφοσ Lj | οι δε ειπαν] ειπαν δε y: *et dixerunt* εἰ 𝕰 | ειπον Fᵃ]a–dmnpwc₂ | ⟨ερωτων—αδελφος⟩ αυτος ηρωτησεν ημας 14.16(ημας).77.130) | ερωτων] επερωτων o: om Chr | προστεγει lr | ημας] ημιν fm | ανθρωπος] ανηρ Fᵇ | και 1°—ημων] *quod gen(us) nostrum* 𝕷: om f Chr: om και a₂ Chr | την γενεαν] την συγγενειαν y: *interrogavit de genere* ℭ | ημων] υμων p: ⟨ημ 107⟩ | ετι 2°] om Chr | ει ετι] ει οτι n: ετι p | ημων] υμων bdilo*: ει 2°] pr και Fᵇbd npvw𝕬ℭ𝕰𝕷(uid)𝕾 Chr: pr η ⟨84⟩ 𝕭: ι* | υμιν] pr εν egj: ημιν bd | ημων και] απηγγειλαμεν απηγγειλαν L | om κατα—αυτου Chr | ερωτησιν acdn | αυτου A𝕾ℭ(uid)𝕷 | ταυτην D(+Dⁱⁱ)FLM omn 𝕭𝕾 | om μη—υμων 2° da₂ | ηδει-μεν] οιδαμεν f: ειδομεν s: ισητε g: ει 3°] οτι Fabcefgijmnrtw xyc₂𝕬(uid)𝕭ℭ𝕰𝕾 Chr: *qu*.. 𝕷: τι L: om p | ημιν] υμιν lp | αγαγετε] pr σοι cx: αγαγε h: αγαγετε c₂ | υμων 2°] ημων bot: +*ad me* 𝕭: +*parumm* ℭ
8 δε] +ταλω Chr | om ισραηλ 𝕰 Chr | ⟨μετ εμου⟩ μεθ ημων 14.16.77.130) | πορευσομεθα] πορευσωμεθα dgilnpya₂: πορευ-

θωμεν m: *eamus* 𝕰 | om ινα ζωμεν egj𝕭ᵇʷ | om και μη απο-θανωμεν | om και 𝕬 | και 5°—ημων n | η αποσκευη] pr πασα Fᵇᵇl: *liberi* 𝕰ᶜ | υμων c*s
9 om δε bcw𝕭 | εκδεχομαι] δεχομαι (20) Chr: εγγυωμαι n | εκ—αυτον 2°] εκδεχομαι σου Chr | εκ χειρος] *e manibus meis* 𝕬ℭ𝕾 | αναγαγω g | om προσ σε 1° dfℭ-ed𝕭ᵇˡ𝕾 Chr | om αυτον 4°𝕾 Chr | αναστω cdp | εναντιον] προσ σε 2°] in *patrem meum* 𝕭ᵇʷ: om 𝕬 | προσ 2° Ahmy] εις DFLM rell 𝕷𝕾 Or-lat Chr | om πασας m | ημερας] +τησ ζωης μου fi*τℭ
10—12 mutila in 𝕷
10 om totum comma m | ει μη γαρ] *et si non* 𝕰 | ει] +δε n₂ | om γαρ 𝕭 | εβραδυναμεν] εμελληψαμεν Phil-codd | ηδη] παλαι i*c₂: *ecce iam autem* 𝕾 | υπεστρεψαμεν] periit ν sed superest asp in Fᵇ: *et reverteremur* dop: αποστρεψαμεν Liᵃ: απεστρεψαμεν προσ σε bw | om δις Phil-codd-omn
11 αυτοις] ⟨post αυτου 118⟩: om 𝕬 | ⟨αυτων⟩ αυτου 128⟩ | ⟨εστιν⟩ εχει 73⟩ | τουτο] ουτω n | απο των καρπων] των καρπον b: *a fructu* 𝕬 | καταγαγετε] καταγετε Or-gr: ανα-γαγετε fiᵃᵗʳ: *portate* 𝕭 | της 2°] +τε Fᵇᵇl | αγγιοις] αγγειοις AFMdeg* jm–pa₂c₂] ρητινης DLgᵃˡ rell | ⟨om και 2° 31⟩ | στακτην και θυμιαμα Fᵇ] θυμιαμα] pr και fioℭ𝕰 | βερεακη jᵃ: λαδ[ανον] Fᵇ ⟨στειραχα 71⟩: +τε Lqu Or-gr | +στυρακα [ε στακτην] λαδανον iᵃ | om και 4° L | τερεμινθον ADiⁱⁱ𝕭oquv] τερμινθον F*: τερεβινθον FᵇᵇlLMⁱᵃⁱᵃᵗ rell 𝕭ℭ𝕰 | καρυον 71⟩
12 δισσο] διπλουν M(mg)o | εν ταις χερσιν] εισ τας χειρας abcmnwxc₂ | υμων 1°] ημων g | το 2°—⟨13⟩ λαβετε] pr και abc wc₂𝕾-codd𝕾: om το αργυριον n𝕭 | αποστρεψατε—⟨13⟩ υμων] om c: om αποστρεψατε μεθ υμων a₂ | αποστρεψατε] αποστρεψατε x: *sumetis* ℭ | μεθ L | υμων 2°] ημων dl
13 υμων] om L | *nobiscum* 𝕭 | om και αναστ  αντεσ κατα-βητε bw | ανθρωπον] ανδρα Fᵇᵐᵉ
14 δωη] ⟨δωσει 32⟩: δω ε Chr ⅓ ed ⅓: δωσει (20) 𝕭𝕰| ημιν

5 πορευσομεθα] καταβησομ[εν] Fᵇ     8 η αποσκευη] α′ σ′ τα νηπια Fᵇ(sine nom)M(om σ′ τα)𝕾
9 εκδεχομαι] αντιφωνουμαι Fᵇ: α′ σ′ εγγυωμαι M(om σ′)𝕾(α′ dubium)
11 θυμιαμα] α′ σ′ στυρακα M(sine σ′ et indice ad ρητινη posito) | καρυα] αμυγδαλα Fᵇ: εν τω ιουδ αμυγδαλα ι
12 εν τοις μαρσιπποις] εν τοις διβο… Fᵇ
14 ο—μου] ο δε ισχυροι ικανοι Fᵇ | αποστειλαι] σ′ *mittat nobiscum* 𝕾

ἐναντίον τοῦ ἀνθρώπου, καὶ ἀποστεῖλαι τὸν ἀδελφὸν ὑμῶν τὸν ἕνα καὶ τὸν Βενιαμείν· ἐγὼ μὲν Α
15 γὰρ καθὰ ἠτέκνωμαι ἠτέκνωμαι.          ¹⁵Λαβόντες δὲ οἱ ἄνδρες τὰ δῶρα ταῦτα, καὶ τὸ ἀργύριον
διπλοῦν ἔλαβον ἐν ταῖς χερσὶν αὐτῶν, καὶ τὸν Βενιαμείν· καὶ ἀναστάντες κατέβησαν εἰς Αἴγυπ-
16 τον, καὶ ἔστησαν ᵇἐναντίον Ἰωσήφ. ¹⁶ἴδεν δὲ Ἰωσὴφ αὐτοὺς καὶ τὸν Βενιαμεὶν τὸν ἀδελφὸν ᵇ b₂
αὐτοῦ τὸν ὁμομήτριον, καὶ ᵇἐνετείλατο τῷ ἐπὶ τῆς οἰκίας αὐτοῦ εἰσαγαγεῖν τοὺς ἀνθρώπους εἰς ᵇ 𝕮ᵐ
τὴν οἰκίαν Καὶ σφάξον θύματα καὶ ἑτοίμασον· μετ' ἐμοῦ γὰρ φάγονται οἱ ἄνθρωποι ἄρτους τὴν
17 μεσημβρίαν. ¹⁷ἐποίησεν δὲ ὁ ἄνθρωπος καθὰ εἶπεν Ἰωσήφ, καὶ εἰσήγαγεν τοὺς ἀνθρώπους εἰς
18 τὴν οἰκίαν Ἰωσήφ. ¹⁸ἰδόντες δὲ οἱ ἄνθρωποι ὅτι εἰσηνέχθησαν εἰς τὸν οἶκον Ἰωσὴφ εἶπαν Διὰ
τὸ ἀργύριον τὸ ἀποστραφὲν ἐν τοῖς μαρσίπποις ἡμῶν τὴν ἀρχὴν ἡμεῖς εἰσαγόμεθα, τοῦ συκο-
19 φαντῆσαι ἡμᾶς καὶ ἐπιθέσθαι ἡμῖν, τοῦ λαβεῖν ἡμᾶς εἰς παῖδας καὶ τοὺς ὄνους ἡμῶν. ¹⁹προσ-
ελθόντες δὲ πρὸς τὸν ἄνθρωπον τὸν ἐπὶ τοῦ οἴκου Ἰωσὴφ ἐλάλησαν αὐτῷ ἐν τῷ πυλῶνι τοῦ οἴκου
20 ²⁰λέγοντες Δεόμεθα, κύριε· κατέβημεν τὴν ἀρχὴν πρίασθαι βρώματα· ²¹καὶ ἐγένετο ἡνίκα
21 ἤλθομεν εἰς τὸ καταλῦσαι καὶ ἠνοίξαμεν τοὺς μαρσίππους ἡμῶν, καὶ τόδε τὸ ἀργύριον ἑκάστου ἐν
τῷ μαρσίππῳ αὐτοῦ. τὸ ἀργύριον ἡμῶν ἐν σταθμῷ ἀπεστρέψαμεν νῦν ἐν τοῖς μαρσίπποις ἡμῶν,

[apparatus omitted]

127

A  ²²καὶ ἀργύριον ἔτερον ἠνέγκαμεν μεθ᾽ ἑαυτῶν ἀγοράσαι βρώματα· ουκ οἴδαμεν τίς ἐνέβαλεν τὸ 22
¶ L ἀργύριον εἰς τοὺς μαρσίππους ἡμῶν.¶  ²³εἶπεν δὲ αὐτοῖς ὁ ἄνθρωπος "Ίλεως ὑμῖν, μὴ φοβεῖσθε· ὁ 23
θεὸς ὑμῶν καὶ ὁ θεὸς τῶν πατέρων ὑμῶν ἔδωκεν ὑμῖν θησαυροὺς ἐν τοῖς μαρσίπποις ὑμῶν· τὸ δὲ
ἀργύριον ὑμῶν εὐδοκιμοῦν ἀπέχω. καὶ ἐξήγαγεν πρὸς αὐτοὺς Συμεών· ²⁴καὶ ἤνεγκεν ὕδωρ νίψαι 24
τοὺς πόδας αὐτῶν, καὶ ἤνεγκεν χορτάσματα τοῖς ὄνοις αὐτῶν. ²⁵ἡτοίμασαν δὲ τὰ δῶρα ἕως τοῦ 25
ἐλθεῖν Ἰωσὴφ μεσημβρίᾳ· ἤκουσαν γὰρ ὅτι ἐκεῖ μέλλει ἀριστᾶν. ²⁶εἰσῆλθεν δὲ Ἰωσὴφ εἰς τὴν 26
§ d₂  οἰκίαν, καὶ ᵇπροσήνεγκαν αὐτῷ τὰ δῶρα ἃ εἶχον ἐν ταῖς χερσὶν αὐτῶν εἰς τὸν οἶκον, καὶ προσεκύ-
νησαν αὐτῷ ἐπὶ πρόσωπον ἐπὶ τὴν γῆν. ²⁷ἠρώτησεν δὲ αὐτούς Πῶς ἔχετε; καὶ εἶπεν αὐτοῖς Εἰ 27
¶ 𝕮ᵐ ὑγιαίνει ὁ πατὴρ ὑμῶν ὁ πρεσβύτερος ὃν εἴπατε; ἔτι ζῇ;¶ ²⁸οἱ δὲ εἶπαν Ὑγιαίνει ὁ παῖς σου ὁ 28
πατὴρ ἡμῶν, ἔτι ζῇ. καὶ εἶπεν Εὐλογητὸς ὁ ἄνθρωπος ἐκεῖνος τῷ θεῷ. καὶ κύψαντες προσεκύ-
νησαν. ²⁹ἀναβλέψας δὲ τοῖς ὀφθαλμοῖς Ἰωσὴφ ἴδεν Βενιαμὲν τὸν ἀδελφὸν αὐτοῦ τὸν ὁμομή- 29
τριον, καὶ εἶπεν αὐτοῖς Οὗτός ἐστιν ὁ ἀδελφὸς ὑμῶν ὁ νεώτερος, ὃν εἴπατε πρὸς μὲ ἀγαγεῖν; καὶ
εἶπεν Ὁ θεὸς ἐλεήσαι σε, τέκνον. ³⁰ἐταράχθη δὲ Ἰωσήφ, συνεστρέφετο γὰρ τὰ ἔντερα αὐτοῦ ἐπὶ 30

23 φοβεισθαι A      25 αρισταν] αν sup ras (5) Aᵃ
27 ζη sup ras Aᵃ      29 ειδεν F | νεωτεροs] νεω sup ras (4) Aᵃ

DF(L)Ma–jl–ya₂b₂c₂(d₂)𝕬𝕭(𝕮ᵐ)𝕰𝕷𝕾

22 και] pr και αυτο f: pr αλλα ο: om m | ετερον αργυριον
(𝕷(uid) | μεθ εαυτων] post βρωματα acxb₂c₂ | (μετ αυτων 31):
μεθ ημων fo: + εν χειρι ημων Fᵇ: om m | βρωματα] + ημιν m𝕭
ουκ] ου γαρ m𝕷: + ετι τ[ms(m) | ενεβαλεν] ενεβαλλε m: εβαλε m:
+ ημιν Fᵇʰlostv · (+ υμιν 30): +ημιν μετα χειρας qu | αργυριον
2°] +ημιν acmsx(υμ– xᵃ)b₂c₂𝕾: +ημιν egj𝕭ʳ | εν τοις μαρ-
σιπποιs cegj

23 ο ανθρωποs Abfiwy𝕭𝕮𝕰] om DᵘⁱFM rell 𝕬𝕷𝕾 Or-gr
Chr | ιλεωs υμιν] ειρηνη υμιν n: pax nobiscum 𝕬 | υμιν 1°]
ημιν dg | μη—υμιν 2°] om f: om μη φοβεισθε Fᵇ¹(hab Fᶜᵇ) |
φοβησθε e (+υμιν 1°) pr μεθ j: ημιν ο: om o θεοs 2° (18) 𝕬 |
των πατερων] του πατροs Chr-ed | υμων 2°] ημων eᵃ(uid)oᵃ |
εδωκεν] posuit 𝕬 | υμιν 2° pr μεθ j: εις τουs μαρσιππουs
ayh₂ | υμων 3°] ημων u | το δε] το γαρ 𝕷 Chr: και το qu: om
δε c₂ | υμων 4°] ημων qu | (απεχω ευδοκιμουν 83) | απεχω]
επεχω aᵃ(uid): κατεχω m | εξηγαγεν] εξηγεγκεν Fᵇ(+ο ανηρ
Fᵇᵗ(uid)) | om προς αυτους (30) Chr | συμεων A] τον συμεωνα
na₂c₂ Chr: pr των DᵘⁱFM rell Or-gr

24 και 1°] pr και εισηγαγεν ο ανηρ τουs ανδραs εις τον οικον
ιωσηφ acmx𝕭𝕾(sub ※)[εισηνεγκεν cx | ο ανηρ]ιωσηφ a | αν-
δραs] ανδρ m𝕬(uid) | εις τον οικον] ﮐﺸﺣ﮲ <ﺣﺶﺣﻛ﮳(=οικορδε
𝕾 | ιωσηφ]αυτον a] | ηνεγκεν 1°] ηνεγκαν DFᵃdhiᵃ1–qrᵃ(uid)
suvxa₂𝕭𝕷 Spec: (ηγαγεν 84): +ο ανηρ τουs ανδραs εις τον οικον
ιωσηφ ac...   Fᵇᵗᵐˢ | νιψαι] νιψασθαι abdv(mg)w: et lava-
uerunt 𝕭(om et) Spec | αυτων 1°] αυτω n: om 𝕷 Spec-ed | om
και 2°—αυτων 2° a | ηνεγκεν 2° Ar(e 2° ex corr rᵃ)] εδωκαν hiᵃ
mov𝕷: om DᵘⁱFMiaᵃ rell 𝕬𝕭𝕮𝕰𝕾 Chr (post χορτασματα)

25 ητοιμασαν δε] ητοιμασεν δε r: et ii parauerunt 𝕬 | (om
τα 18): (om του 31) | ελθειν] εισελθειν DFMilmoqrtuvxa₂𝕰ᶜᶠ
𝕷: (+εις την οικιαν 31: +εις 83) | ιωσηφ—(26) ιωσηφ] pr τον
bnw: om a | om μεσημβρια—(26) ιωσηφ b₂ | μεσημβρια AD]
μεσημβριαν FM rell | om ηκουσαν γαρ ο | γαρ] δε qu | μελλει
εκει n | αρισταν] αριστειν f: +cum illis 𝕭ʷ

26 την οικιαν] τον οικον ο | εισηνεγκαν dnpd₂ | αυτω 1°]
τω ιωσηφ f(mg): οι αδελφοι αυτου h: τω ιωσηφ οι αδελφοι αυτου
d₂: +τω ιωσηφ οι αδελφοι αυτου τα εγj | τα δωρα] τα δωρο 1°]
mutila in F | ειχον] ην 𝕭𝕮 | om αυτων amxb₂c₂𝕾 | εις τον
οικον] om no: +et ceciderunt super faciem suam super terram
𝕭(om et 𝕭ᵇ) | αυτω 2° 𝕭ᵇ] αυτον 𝕭: εν 1°—γην sub
÷: επι προσωπον αυτω ο: om 𝕭 | επι προσωπον] post γην et sub
÷: (om προσωπον 84): super faciem suam 𝕭𝕰: om 𝕷 Chr

27 om δε c | αυτουs] (αυτοις 77): Ioseph 𝕷: +ιωσηφ D:
+et dicit 𝕬 | om και ειπεν αυτοιs hy | om αυτοιs bw | om ει
DMabe–hjlnoqsuwa₂c₂d₂𝕭 | ημιν lo | πρεσβυτηs Fᵇ(·τ·s)Mbgj
lquwc₂ Chr | ειπατε] ειπα e: +προs με bw: +mihi 𝕰𝕷 | ετι]
(pr οτι 20): om bfow: om g | ζη Fᵃ¹Mdegj–npquxa₂c₂d₂𝕬
𝕭(uid)𝕮(uid)𝕰ʳᵖ𝕷𝕾

28 om οι δε ειπαν m | ειπαν] ειπον Fᵇⁿ–dfnpwb₂c₂d₂ | ο
παιs σου] post υγιαινει 𝕰𝕻 | υμων—(84) 𝕰: om fa₂d₂ᵃ Chr | και 1°—θεω] και αυτω λεγων sub — et
ευλογητοs—θεω] om | om Fᵇⁱ | ευλογημενοs M(mg)bdegh
iᵃjlnptv(mg)wa₂ | (εκεινοs ο αυτ 14) | θεω] κω τ | προσεκυνη-
σαν] +αυτω DᵘⁱMabcefgijmqrsuv(mg)wxb₂c₂𝕬𝕭𝕰𝕷𝕾(sub +):
+αυτον l

29 αναβλεψαs δε] και αναβλεψαs d | τοιs οφθαλμοιs ιωσηφ]
ιωσηφ του αδελφου υμων i: τοιs οφθαλμοιs] pr ιωσηφ g: post
ιωσηφ l: +αυτον ac–gijmn(τουs οφθαλμουs nᵃ)prxb₂𝕬𝕭𝕷𝕾 |
om ιωσηφ a–dfiᵃmnpwxb₂c₂d₂𝕬𝕭ᵖ𝕰𝕷𝕾 | βενιαμειν]βενιαμην b:
om aob₂ | ομομητριον] + αυτον f: om τον βενιαμειν abₗ: +και εξητει ελαυσαι
n | om και ειπεν αυτοιs e | αυτοιs A𝕰] om DᵘⁱFM omn 𝕬𝕭𝕷
𝕾 Chr | αυτω Dᵃᵉy] om FM rell Chr | ημων i | ον—θεοs]
mutila in F | προs με] mihi 𝕷 | αγαγειν] αναγαγειν n: om
𝕷𝕾: +και ειπαν ουτοs abₗ: +et dixerunt ei Ita 𝕰 | ειπεν 2°]
+αυτω ιωσηφ a₂𝕰 | ελεησαι] post σε os𝕷: ελεησει dnpva₂
(post σε)𝕭: ελεηση i: ευλογησαι l | om σε Fᵃm

30 συνεστρεφετο γαρ] και συνεστρεφετο fna₂d₂𝕭 | συνε-
στρεφετο] και συνεστρεφετο ο: ενδον dp: εγκατα bfmw:

23 ιλεωs υμιν] αᵃ σ᾽ ειρηνη υμιν Fʰ(sine nom)Mv𝕾 | ευδοκιμουν απεχω] ηλθε προs με Fᵇ: το εβραικον εστι[ν] βα ηλαι M
25 μελλει αρισταν] αᵃ σ᾽ edent panem 𝕾      27 ετι ζη] αᵃ ει ετι αυτον ζη σ᾽ ει ετι ζη v
29 τον ομομητριον] υιον μρτ αυτου Fᵇ
30 εταραχθη δε] και εταχυνεν Fᵇ | τα εντερα αυτου] αᵃ σ᾽ τα σπλαγχνα αυτου Fʰ(sine nom)Mc₂𝕾 (ﮐﺸﺣﻗﻛ﮴ ﺣﻛﺸ﮳
ﺣﻠﺳ﮳)

31 τῷ ἀδελφῷ αὐτοῦ, καὶ ἐζήτει κλαῦσαι· εἰσελθὼν δὲ εἰς τὸ ταμιεῖον ἔκλαυσεν ἐκεῖ. [31]καὶ νιψά- A
31 μενος τὸ πρόσωπον ἐξελθὼν ἐνεκρατεύσατο,¶ καὶ εἶπεν Παράθετε ἄρτους. [32]καὶ παρέθηκαν αὐτῷ ¶ d$_2$
μόνῳ, καὶ αὐτοῖς καθ' ἑαυτούς, καὶ τοῖς Αἰγυπτίοις τοῖς συνδειπνοῦσιν μετ' αὐτοῦ καθ' ἑαυτούς·
οὐ γὰρ ἐδύναντο οἱ Αἰγύπτιοι συνεσθίειν μετὰ τῶν Ἐβραίων ἄρτους, βδέλυγμα γάρ ἐστιν τοῖς
33 Αἰγυπτίοις πᾶς ποιμὴν προβάτων. [33]ἐκάθισαν δὲ ἐναντίον αὐτοῦ, ὁ πρωτότοκος κατὰ τὰ πρεσ-
βεῖα αὐτοῦ καὶ ὁ νεώτερος κατὰ τὴν νεότητα αὐτοῦ· ἐξίσταντο δὲ οἱ ἄνθρωποι ἕκαστος πρὸς τὸν
34 ἀδελφὸν αὐτοῦ. [34]ἦραν δὲ μερίδα παρ' αὐτοῦ πρὸς αὐτούς· ἐμεγαλύνθη δὲ ἡ μερὶς Βενιαμεὶν
παρὰ τὰς μερίδας πάντων πενταπλασίως πρὸς τὰς ἐκείνων. ἔπιον δὲ καὶ ἐμεθύσθησαν μετ'
αὐτοῦ.

XLIV 1 [1]Καὶ ἐνετείλατο Ἰωσὴφ τῷ ὄντι ἐπὶ τῆς οἰκίας αὐτοῦ λέγων Πλήσατε τοὺς μαρσίππους
τῶν ἀνθρώπων βρωμάτων ὅσα ἐὰν δύνωνται ἆραι, καὶ ἐμβάλατε ἑκάστου τὸ ἀργύριον ἐπὶ τοῦ
2 στόματος τοῦ μαρσίππου αὐτοῦ· [2]καὶ τὸ κόνδυ μου τὸ ἀργυροῦν ἐμβάλατε εἰς τὸν μάρσιππον τοῦ
3 νεωτέρου, καὶ τὴν τιμὴν τοῦ σίτου αὐτοῦ. ἐγενήθη δὲ κατὰ τὸ ῥῆμα Ἰωσὴφ καθὼς εἶπεν. [3]τὸ
4 πρωὶ διέφαυσεν καὶ οἱ ἄνθρωποι ἀπεστάλησαν, αὐτοὶ [k]καὶ οἱ ὄνοι αὐτῶν. [4]ἐξελθόντων δὲ αὐτῶν § k
τὴν πόλιν οὐκ ἀπέσχον μακράν, καὶ Ἰωσὴφ εἶπεν τῷ ἐπὶ τῆς οἰκίας αὐτοῦ λέγων Ἀναστὰς ἐπι-
δίωξον ὀπίσω τῶν ἀνθρώπων, καὶ καταλήμψῃ αὐτοὺς καὶ ἐρεῖς αὐτοῖς Τί ὅτι ἀνταπεδώκατέ μοι

30 και εζητει κλαυσαι] sup ras circ 34 litt A[a] | ταμει[ον] D 33 εκαθεισαν AF*
XLIV 1 οικειας A | εμβαλαται A 2 το αργυρουν] τοργυρουν A

*D*FMa-j(k)l-ya$_2$b$_2$c$_2$(d$_2$)𝔄𝔅𝔈𝔏[r]𝔖

σπλαγχνα egjntv(txt)yd$_2$ Chr | om επι—αυτου 2° y𝔈 | om δε 2° g | το ταμιειον] τομειον l: + αυτου bdw𝔅𝔏 | om εκει bfirw 𝔅𝔈𝔏

31 προσωπον] + αυτου F[b]degjmnptd$_2$𝔄𝔅𝔏 | εξελθων] εισελθων f Chr ½: εξηλθε και m𝔅[w]: om wd$_2$𝔏: ⟨+ εκειθεν 79⟩ | εκρατευσατο q* | παραθες p | αρτον F[b?]

32 παρεθηκεν p | και αυτοις] και αυτους b: κακεινοις Chr: *et posuerunt eis* 𝔅[lp] | om καθ εαυτους και 𝔅[w] | om και 3°—εαυτους 2° bfa$_2$ | και 3°] *posuerunt* 𝔅[lp] | ⟨om τοις 2° 83⟩ | δειπνουσιν ⟨18⟩ 𝔈[fp] | μετ αυτου] μετ αυτον l: αυτω egj: om ⟨25⟩ 𝔈[fp] | ⟨εαυτους 2°] αυτους 31⟩ | ου γαρ] ουδε γαρ Chr: και γαρ ου d | δυνανται d | συνεσθιειν] post εβραιων af(εσθιειν)b$_2$: ⟨εσθιειν 76⟩ | αρτους μετα των εβραιων ⟨30⟩ 𝔄𝔈 | αρτους] αυτους q: αρτον F[b?]: om 𝔏 Chr | εστιν] post αιγυπτιοις 2° fi: *erant* 𝔄: om l* | τοις αιγυπτιοις 2°] αυτοις D | πας ποιμην προβατων] συνεσθιειν μετα των εβραιων αρτους cn: om *D*[sil]FMahmqst uv(txt)wxb$_2$c$_2$𝔄𝔖 Chr

33 εκαθισεν *D*gi*ms𝔄𝔈𝔖 Chr | δε 1°] γαρ m: om l | εναντιον αυτου] post αυτου 2° *D* | ενωπιον dnp | πρωτοτοκος] πρωτος Chr | τα πρεσβεια] ⟨την πρεσβειαν 30⟩: om τα c$_2$ | δε 2°] *enim* 𝔏 | οι ανθρωποι] οι ανδρες F[b mg]a: om ⟨25⟩ 𝔈

34 ηρεν F[b]𝔅[p(b)] | μεριδα Aegjt] μεριδας D(+*D*[sil])FM rell 𝔄𝔅𝔏𝔖 Chr: *portionem suam* 𝔈 | παρ] pr ras 19 litt c | αυτους] εαυτους F[b]a–dhi*m–qu–xb$_2$c$_2$𝔄𝔏 | δε 2°] γαρ h | βενιαμειν] βενιαμην o: βενιαμειμ w𝔅[w] | ⟨παρα—αυτου 2°] παρ αυτων (uid) 31⟩ | παρα—εκεινων] *in quinquiplo prae illorum partes* 𝔏 | παντων] + αυτων F[b] | ⟨επταπλασιως 16⟩ | προς τας εκεινων] sub ÷ 𝔖: om amob$_2$c$_2$ | om επιον—αυτου 2° d | επιον δε] *et biberunt* 𝔏: om δε c$_2$ | om μετ αυτου n

XLIV 1 ιωσηφ] pr ο fqux; om mnc$_2$ | om οντι bw | πλησατε] πλησον F[b]𝔈 Chr | των ανθρωπων] pr αυτων f: + τουτων egj𝔅𝔈 | βρωματων] βρωματα c: σιτου egj𝔅𝔏(uid): om ⟨31⟩ 𝔈 | οσα] οσον ef(οσων f[a])gj𝔅𝔏 | εαν δυνωνται] *possunt* 𝔏 | αν c–gi jl–pstvxc$_2$ | δυνωνται αραι] αρωσι egj | δυνωνται] δυνανται adi[a] lnprsxa$_2$c$_2$ Chr: δυναται f: δυνηθωσιν bw | εμβαλατε A*D*h*y a$_2$] εμβαλλετε fmw: εμβαλεις egj: εμβαλετε FMh[b] rell: *inice* 𝔈 | εκαστου] post αργυριον acdm–pxb$_2$𝔄 | om το b$_2$ | επι—αυτου 2°] εις τον μαρσιππον αυτου Chr: *in saccis eorum* 𝔈 | το στομα m | του μαρσιππου] *saccorum* 𝔏 | αυτου 2° Afhltv(mg) 𝔄𝔅] αυτων a$_2$: om *D*[sil]FM rell 𝔏

2 το 1°] τον c | μου] post αργυρουν i*: om Chr | το 2°] τον c | εμβαλατε A*D*h*ya$_2$] εμβαλλετε fmw: εμβαλε dp𝔈 Chr: εμβαλεις egj: εμβαλετε FMh[b] rell | τον] το dgmp | μαρσιπιον m | om και 2°—αυτου c | om αυτου F | εγενηθη δε] εγενετο δε bw: *et fecit* 𝔈 | κατα—ειπεν] *sicut dixit* (*praecepit* 𝔈[p]) *ei Ioseph* 𝔈 | τα ρηματα o | ιωσηφ καθως ειπεν] pr του abw: *quod dixit Ioseph* 𝔅: του ιωσηφ f | ειπεν] προειπεν l: ⟨+ αυτοις 16⟩

3 το] pr και m: pr *et* 𝔄𝔈[cp]𝔏: τω cjh: + δε F[b]dnpt𝔅 | πρωι] + δε c$_2$ | διεφαυσεν] ⟨διεφαυσκε 32⟩: διεφωσκεν c$_2$: εφαυσεν M: εφωσεν n | ανθρωποι] ανδρες F[b mg]dnpv(txt) | απεσταλησαν] εξαπεσταλησαν FMeghjltva$_2$: ⟨εξεσταλησαν 76⟩ | ⟨om αυτοι—αυτων 83⟩ | αυτοι] pr οι a: om 𝔏 | ονοι] ανοι j | om αυτων s

4 εξελθοντων δε αυτων] pr *et* 𝔏: αυτ. δε εξελ. acmosxb$_2$c$_2$ 𝔖 | ⟨την] pr εις 25⟩ | ουκ] pr και f𝔄 | απεσχον] απειχον M: επεσχον m: απεχοντων f | om και 1° f𝔄𝔅 | ιωσηφ] pr ο f: post ειπεν aob$_2$𝔄𝔈𝔏 | om λεγων *D*[sil]F*M(txt)abcefgi–mors v(txt)wxb$_2$c$_2$𝔄𝔈𝔏𝔖 Chr | επιδιωξον] επιωξον w: διωξον b: ⟨καταδιωξον 25.32⟩ | οπισω των ανθρωπων] *post illos homines* 𝔖 | οπισω] οπισθε a: + αυτων c | των ανθρωπων] των ανδρων F[b mg]: αυτων ⟨18⟩ Chr: + τουτων cdnpv(mg)c$_2$𝔅[w]𝔈 | om και καταλημψη αυτους Chr | καταλημψη] ⟨pr ει 25⟩: καταμεμψη qu | αυτοις] αυτους bp*: om 𝔄-ed Chr | τι οτι] *quid* 𝔖 | απεδωκατε acdkm–pxb$_2$c$_2$ | μοι Aya$_2$𝔈] om *D*[sil]FM rell 𝔄𝔅𝔏𝔖

30 ταμιειον] κελλα[ριον] F[b]: κοιτωνα M
32 ου—εβραιων] οτι οι αιγυπτιοι εβδελυσσοντο συνεσθιειν τοις εβραιοις b$_2$
33 τα πρεσβεια] την πρωτοτοκιαν F[b]j XLIV 1 μαρσιππους] θυλα[κια] F[b]
2 κονδυ.. αργυρουν] ξεστ[ην] καυκ[ιον] αργ[υρουν] F[b] | κονδυ] α' σκυφος σ' φιαλην Mjv(σκυφον)c$_2$ 𝔖-ap-Barh: ποτηριον M

A πονηρὰ ἀντὶ καλῶν; ἵνα τί ἐκλέψατέ μου τὸ κόνδυ τὸ ἀργυροῦν; [5]οὐ τοῦτό ἐστιν ἐν ᾧ πίνει ὁ 5
κύριός μου; αὐτὸς δὲ οἰωνισμῷ οἰωνίζεται ἐν αὐτῷ· πονηρὰ συντετέλεσθε ἃ πεποιήκατε. [6]εὑρὼν 6
δὲ αὐτοὺς εἶπεν αὐτοῖς κατὰ τὰ ῥήματα ταῦτα. [7]οἱ δὲ εἶπον αὐτῷ Ἵνα τί λαλεῖ ὁ κύριος κατὰ τὰ 7
ῥήματα ταῦτα; μὴ γένοιτο τοῖς παισίν σου ποιῆσαι τὸ ῥῆμα τοῦτο. [8]εἰ τὸ μὲν ἀργύριον ὃ εὕρα- 8
μεν ἐν τοῖς μαρσίπποις ἡμῶν ἀπεστρέψαμεν πρὸς σὲ ἐκ γῆς Χανάαν, πῶς ἂν κλέψαιμεν ἐκ τοῦ
οἴκου τοῦ κυρίου σου ἀργύριον ἢ χρυσίον; [9]παρ' ᾧ ἂν εὑρεθῇ τὸ κόνδυ τῶν παίδων σου, ἀποθνη- 9
σκέτω· καὶ ἡμεῖς δὲ ἐσόμεθα παῖδες τῷ κυρίῳ ἡμῶν. [10]ὁ δὲ εἶπεν Καὶ νῦν ὡς λέγετε, οὕτως ἔσται· ὁ 10
ἄνθρωπος παρ' ᾧ ἂν εὑρεθῇ τὸ κόνδυ, αὐτὸς ἔσται μου παῖς, ὑμεῖς δὲ ἔσεσθε καθαροί. [11]καὶ ἔσπευ- 11
σαν καὶ καθεῖλαν ἕκαστος τὸν μάρσιππον αὐτοῦ ἐπὶ τὴν γῆν, καὶ ἤνοιξεν ἕκαστος τὸν μάρσιππον
αὐτοῦ. [12]ἠρεύνα δὲ ἀπὸ τοῦ πρεσβυτέρου ἀρξάμενος ἕως ἦλθεν ἐπὶ τὸν νεώτερον, καὶ εὗρεν τὸ 12
κόνδυ ἐν τῷ μαρσίππῳ τῷ Βενιαμείν. [13]καὶ διέρρηξαν τὰ ἱμάτια αὐτῶν, καὶ ἐπέθηκαν ἕκαστος 13
τὸν μάρσιππον αὐτοῦ ἐπὶ τὸν ὄνον αὐτοῦ, καὶ ἐπέστρεψαν εἰς τὴν πόλιν. [14]εἰσῆλθεν δὲ Ἰούδας 14
καὶ οἱ ἀδελφοὶ αὐτοῦ πρὸς Ἰωσήφ, ἔτι αὐτοῦ ὄντος ἐκεῖ· καὶ ἔπεσον ἐναντίον αὐτοῦ ἐπὶ τὴν γῆν.

---

5 συντετελεσθαι A      6 ταυτα—(7) τουτο] α οι δε—τουτο sup ras circ 110 litt Aᵃ
7 κυριος] κς F*(υριο suprascr F¹)      8 χρυσιν F*      10 εσεσθαι AD
       12 ηραυνα AF*      13 αυτων] αυτων|των F*

DFMa-ya₂b₂c₂𝕬𝕭𝕰𝕷𝕾

Chr | πονηρον l | καλων] ⟨καλου 107⟩: αγαθων ls | ινα—αργυ-
ρουν] sub ÷ 𝕾: om τι k | μου] μοι jl𝕷: με t: om Fa₂𝕬𝕭ᵇ|
⟨om το κονδυ 31⟩ | το 1° 2°] τον c

5 ου τουτο εστιν] ⟨εν τουτω εστιν 79⟩: om 𝕭𝕰 | εστιν] erat
𝕬: om D | εν ω] om | πινει] bibebat 𝕬 | ο κυριος μου] βασι-
λευς 𝕭ᵛ Hip | om αυτος—αυτω 𝕰 | δε] enim 𝕷 | om αυτος—ω
Chr | οιωνιζεται] diuinabatur 𝕰 | om εν 2°—πεποιηκατε f | ⟨εν
αυτω] εν αυτοις 79⟩ | εν 2°] εξ begj | παρ n | αυτω] εαυτω ka₂:
αυτη 0 | om πονηρα—πεποιηκατε c₂ | πονηρα] pr nunc 𝕬-ed:
pr et nunc 𝕬-codd: πονηρον c: +enim 𝕭ᵛ | συντετελεσθε
A(-σθαι)DFkqsux] συντετελεσται c(mg)dlmpvy𝕾 Chr: συντε-
λεσθαι n: συντετελεσατε aegj: συντελεσασθε M(txt) rell: con-
summantes 𝕷

6 om δε j | ⟨αυτους] +ο αδος 31.83⟩ om ⟨25⟩ 𝕬 |
τα] το c₂*

7 οι δε—ταυτα] om bg: om ειπον—ταυτα m | ειπαν D⁶ⁱˡF*
Mefh—lq—vxy | om αυτω εw | λαλει] λαλεις M𝕰: καλει s:
λεγει q | ο κυριος] post ταυτα f: +μου D⁶ᵇⁱ: +και συ n:
+noster nobiscum 𝕭 | om ταυτα 1° | γεγνεται p | τοις] pr ε |
ποιησαι—τουτο] ⟨κατα τα ρηματα ταυτα ποιησαι 16⟩: om ποιησαι
g | το ρημα τουτο] ⟨κατα τα ρηματα ταυτα 14.30⟩: om το ρημα
d | om Al𝕭𝕭ᵇ𝕰𝕷 | pr και D⁶ⁱˡFM rell 𝕬𝕭ᵇ𝕾 Chr

8 ει—αργυριον] quia si argentum 𝕬: si propter pecuniam
𝕷 | om το 1° | ⟨om μεν 76⟩ | αργυριον 1°] +και n | ⟨om 76⟩ |
ευραμεν Ahisya₂] ευρον f: ευρομεν D⁶ⁱˡFM rell | ημων] om egj:
+initio 𝕷 | απεστρεψαμεν—χανααν] pr και a: ⟨om 76⟩ |
προς σε] post χανααν m | σε] υμας D𝕬 | γης] της iˣ |
χανααν] χαναα F*w: χαναααν f | αν κλεψαιμεν] ergo furati
sumus 𝕷 | αν] pr F¹ᵇbcdikm—pvwxc₂𝕰𝕾 | κλεψαιμεν] κλεφ-
ψαμεν Fa₂| ⟨εκκλεψαιμεν 18⟩ | χρυσιον] η αργυριον η
χρυσιον] το αργυριον a₂: poculium argenteum uel aureum 𝕷

9 παρ] pr ο ανθρωπος 77): ⟨om et 𝕰ᶜ⟩ | ερ-
ευρεθη] ergo inuentum fuerit 𝕷 | αν] εαν D⁶Faeghjksvxa₂h₂:
om f | ευρεθη] ευρη begi*jquw𝕰: ⟨ευροις 83: ευρη 31⟩ | κονδυ]
+argenteum 𝕭 | των] pr απο f | παιδων] δουλων m | om και
fi𝕭𝕭 | om δε Fbnop𝕷 | εσομεθα] εσωμεθα cdn: simus 𝕰 |

4 το κονδυ] α′ scyphum (ﬡﬥﬡﬡﬡ) σ′ phialam 𝕾

παιδες] ⟨δουλοι 20⟩: post ημων abc(υμων)dfikm—pvwxb₂c₂𝕬𝕭𝕷𝕾 |
τω κυριω ημων] domino tuo 𝕰 | ημων] υμων |

10 om εσεται 𝕷 | om και (128) 𝕬𝕭 | om νυν k𝕬𝕭ᵇp |
ως—εσται 1°] sit sicut dicitis 𝕭𝕰 | λεγεται cf*inostw | εσται 1°]
εστε a₂ | ο ανθρωπος τα sup ras iᵃ | ο ανθρωπος] ο ανηρ Fᵇwᵃ:
om abfkmowxb₂c₂𝕬𝕰𝕷𝕾 Chr: om ο w | ανηρ D𝕬aeghjk
lnxa₂b₂: om s | ευρεθη] sub ÷ 𝕾 | κονδυ] +μου ab₂ | αυτος]
ουτος Chr: om abci*kmowxb₂c₂𝕬𝕰𝕷𝕾 | μου] μοι 𝕭ᵇ𝕾: om
𝕭ᵛ | παις] +μοι (20) Chr | εσεσθε καθαροι] απολυθησεσθε
Chr

11 εσπευσαν] σπευσαντες b𝕷(uid) | om και 2°—ην 𝕭ᵛ |
𝕭ᵛ | καθειλαν] καθειλον FᵇMdekn—qstuxc₂ | καθειλεν ab𝕭ᵇp |
εκαστος 1°—αυτου 1°] onus unusquisque 𝕬 | εκαστ—αυτου 2°] om
egjmna₂ | om και 3°—αυτου 1° | εκαστος 2°—αυτου 2°] om
et coeperunt aperire 𝕰 | ηνοιξεν] ηνοιξαν FMhloq—vxyc₂𝕬𝕾:
+αυτου 2° | om και 4°—αυτου p

12 ηρευνα δε] ηρευνησε δε bw𝕬: αρξαμενος δε f: et scruti-
nauit homo 𝕷: om 𝕰: om δε g | απο του πρεσβυτερου] post
αρξαμενος 𝕰 | αρξαμενος] ηρευνα f: om a₂𝕷: ηλθον bv:
om n𝕰 | επι] εις dp: om n | τον νεωτερον] τω νεω j: +συντε-
λεσας M(mg)ackmxb₂c₂𝕬𝕾(sub ✶) | ⟨και⟩ +εισετελεσας 31⟩ |
ευρεν] inuenerunt 𝕰 | το] τον ca₂ | τω 2° AFMgiqsvxy] om
cdc₂: του D⁶ⁱˡ rell (υ sup ras b₂𝕾) | βενιαμειν] βενιαμην o:
βενιαμηνρ n: βενιαμειν m

13 και διερρηξαν] διερρηξαν δε c₂: και διερρηξεν lrs | ιματια]
pr εκαστος f1: +εκαστος 1° om αυτων—μαρσιππον f | αυτων]
αυτου l: +εκαστος y | επεθηκεν i*kmy 𝕰 | εκαστος—αυτου 2°]
παλιν τους μαρσιππους αυτων Chr | τον μαρσ. αυτου] onus suum
𝕰 | om mx𝕷𝕾: om—εκει n | om τον 2° | τω d | επεστρεψαν]
υπεστρεψαν D(+D)dfhinopta₂: απεστρεψαν Fᵃc₂ | εις] επι c₂:
προς s

14 εισηλθεν δε] και εισελθων Chr | ιουδας] +εκει m | αυτου
1°] +εις την πολιν iᵃ | om προς ιωσηφ oc₂ | ιωσηφ] pr τον
Chr | om ετι—εκει n Chr | ετι αυτου] +αυτου 1° pr bciwx𝕾: om
dpt | αυτου 2°] post οντος ky: om fc₂ | om και 2° Chr | επεσον]
επεσαν acfikmorsxb₂: περιεπεσαν n: επεσεν y𝕬

5 οιωνισμω οιωνιζεται] μαντεια μαντευεται Fᵇ | αυτος—αυτω] το δε σαμαρειτικον και αυτος πειρασμω πειραζει εν αυτω c₂ |
πονηρα συντετελεσθε] κακα εποιησατε j      10 παις] δουλος Fᵇ      11 ηνοιξεν] ελυσαν M

15 ¹⁵εἶπεν δὲ αὐτοῖς Ἰωσήφ Τί τὸ πρᾶγμα τοῦτο ἐποιήσατε; οὐκ οἴδατε ὅτι οἰωνισμῷ οἰωνιεῖται Α
16 ἄνθρωπος οἷος ἐγώ; ¹⁶εἶπεν δὲ Ἰούδας Τί ἀντεροῦμεν τῷ κυρίῳ ἢ τί λαλήσωμεν ἢ τί δικαιω-
θῶμεν; ὁ δὲ θεὸς εὗρεν τὴν ἀδικίαν τῶν παίδων σου· ἰδού ἐσμεν οἰκέται τῷ κυρίῳ ἡμῶν, καὶ
17 ἡμεῖς καὶ παρ' ᾧ εὑρέθη τὸ κόνδυ. ¹⁷εἶπεν δὲ Ἰωσήφ Μή μοι γένοιτο ποιῆσαι τὸ ῥῆμα τοῦτο· ὁ
ἄνθρωπος παρ' ᾧ εὑρέθη τὸ κόνδυ, αὐτὸς ἔσται μου παῖς· ὑμεῖς δὲ ἀνάβητε μετὰ σωτηρίας πρὸς
18 τὸν πατέρα ὑμῶν. ¹⁸Ἐγγίσας δὲ αὐτῷ Ἰούδας εἶπεν Δέομαι, κύριε· λαλησάτω ὁ παῖς
19 σου ῥῆμα ἐναντίον σου, καὶ μὴ θυμωθῇς τῷ παιδί σου, ὅτι σὺ εἶ μετὰ Φαραώ. ¹⁹κύριε, σὺ ἠρώ-
20 τησας τοὺς παῖδάς σου λέγων Εἰ ἔχετε πατέρα ἢ ἀδελφόν; ²⁰καὶ εἴπαμεν τῷ κυρίῳ Ἔστιν ἡμῖν
πατὴρ πρεσβύτερος, καὶ παιδίον νεώτερον γήρως αὐτῷ, καὶ ὁ ἀδελφὸς αὐτοῦ ἀπέθανεν, αὐτὸς δὲ
21 μόνος ὑπελείφθη τῷ πατρὶ αὐτοῦ, ὁ δὲ πατὴρ αὐτὸν ἠγάπησεν. ²¹εἶπας δὲ τοῖς παισίν σου ὅτι
22 Καταγάγετε αὐτὸν πρός μέ, καὶ ἐπιμελοῦμαι αὐτοῦ. ²²καὶ εἴπαμεν τῷ κυρίῳ Οὐ δυνήσεται τὸ
23 παιδίον καταλιπεῖν τὸν πατέρα· ἐὰν δὲ καταλείπῃ τὸν πατέρα, ἀποθανεῖται. ²³σὺ δὲ εἶπας τοῖς
παισίν σου Ἐὰν μὴ καταβῇ ὁ ἀδελφὸς ὑμῶν ὁ νεώτερος μεθ' ὑμῶν, οὐ προσθήσεσθε ἔτι ἰδεῖν τὸ
24 πρόσωπόν μου. ²⁴ἐγένετο δὲ ἡνίκα ἀνέβημεν πρὸς τὸν παῖδά σου πατέρα δὲ ἡμῶν, ἀπηγγείλαμεν
25 αὐτῷ τὰ ῥήματα τοῦ κυρίου. ²⁵εἶπεν δὲ ἡμῖν ὁ πατὴρ ἡμῶν Βαδίσατε πάλιν, ἀγοράσατε ἡμῖν

15 οιωπιειτε A　　　16 πυρεθη D　　　19 om σου A*(aliq deesse indic A¹)　　　22 αποθανειτε A
23 προσθησεται A*ᵘⁱᵈ(-σεσθαι A¹) | ειδειν AF*　　　24 κυριου] κυρ sup ras (4) Aᵇ

DFMa-yₐbₐcₐ𝔄𝔅𝔈𝔏𝔙𝔖

15 ειπεν δε] και ειπεν hy𝔏 | om δε n | αυτοις] post ιωσηφ
s: αυτω w: +ουν n | ιωσηφ] pr ο ej | τι—τουτο] quid sunt res
quas 𝔄 | om το πραγμα 𝔈 Chr | τουτο] +ο Dᶜdehlmpta₂𝔅(uid)
𝔈 | εποιησατε—εγω] om f: om ουκ—εγω 𝔏 | εποιησατε] τε-
ποιηκατε n Chr: +υμιν l | οιδατε] ηδειτε cxcₐ𝔄-codd𝔈𝔏𝔖(txt) |
ηδηται o: ειδητε k: οιδειται n | (om οτι 31) | οιωνιειται—εγω]
οιωνιζομαι εν αυτω Chr | οιωνιειται] οιωνιζεται D(+D)deghjkp
qsu𝔄𝔅 Thdt: angurator non est 𝔏 | ανθρωποι] pr ο DᵘⁱˡFᶜM
bcdiklnq—xaₐbₐcₐ𝔅 Thdt‡: ανθρωπον g: ανηρ Fᵇ | οιοι] οι
dl: ει n

16 ερουμεν r | τω 1°—λαλησωμεν] η τι λαλησομεν τω κυριω
Chr | κυριω 1°] +ημων Fᵇmv𝔅𝔏 | τι 2°] om 𝔈 | παιδιον—γηρων]
λαλησομεν aegjkmpsxbₐˢ'cₐ𝔅 | δικαιολογωθωμεν k | δε 2°] bis scr f |
λαλησωμεν aegjkmpsxbₐˢ'cₐ𝔅 | δικαιολογωθωμεν k | ο δε ανηρ Fᵇᵐᵉ
quod Deus 𝔈 | δε 2°] post θεος qu: om (76) 𝔅ᵛ | θεος] κ̄ῑ i* |
ευρεν] ευρον 𝔄 | (αδικιαν) κακιαν 76) | των] αυτων w*(uid) |
ιδου] pr πιπε 𝔄: ου dp: et ecce uero 𝔈: +ημεις y | οικεται]
ικεται f: +σου m | τω κυριω 2°] om κ̄ῡ m | υμων k | και ημεις]
om y: om και b𝔅 | (om και 2° 16) | ευρεθη] pr ειν aₐ

17 ειπεν δε ιωσηφ] et is dicit 𝔄 | ειπεν δε] om x*: +iis
𝔅: +ei 𝔈ᵖ | om ιωσηφ mxcₐ𝔖 | μοι] post γενοιτο lx𝔄𝔅: om
οσcₐ | om το ρημα Chr | ο ανθρωπος] pr sed 𝔏: ο ανηρ Fᵇᵐᵉ
ευρεθη] pr εαν aₐ | του 2°] τον g | om αυτος m | εσται] εστω qu:
sit 𝔏 | μου] μοι kl𝔅𝔖 | παις 1*| αναβητε] αναβαινετε abₐ |
διαβητε m | ημων bᵈdᵈ(uid)g

18 εγγισας] εκιστας dp | αυτω] ω sup ras (2) rᵃ: post
ιουδας (83) 𝔈ᶜᶠ: om (14.16.77.130) 𝔈ᵖ | δεομαι] +σου Fᵇfiᵃ'l
nr𝔅 | ρημα] ρηματα Dfiᵃrw: om (31.83) Chr | (ενωπιον 76) |
σου 2°] +domine mi 𝔄 | om και m𝔄𝔈 | θυμωθης] οργισθης
bw | τω παιδι] seruis 𝔄 | om οτι—φαραω Chr | οτι] οτε egj:
om 𝔅ᵛ | η] εγj | μετα] σε 𝔈

19 κυριε συ] ιε συ sup ras x*: και συ m: (κυριε α 31): ο
κυριος μου Fᵇ: om ι᷄ε συ b₂ | ηρωτησας] pr ουκ a | τουτ
παιδας] τον παιδα c₂ | λεγων] λεγουσι w*¹(uid): (om 77) | om
ει 83) | om η αδελφον 𝔏

20 ειπαμεν Fᵇ'adkm—pxb₂c₂ | τω κυριω] +ημων ptaₐc₂𝔅𝔏:

+υμων d: om f | (εστιν) pr οτι 31.83) | ημιν] (post πατηρ 25):
+υμας a | πατηρ] (post πρεσβυτερ 18): om c | παιδιον—γηρων]
puer iunior filius senectutis 𝔄 | παιδιον] παιδαριον Dl: παιδα
n: filius 𝔖: +εν m | νεωτερον γηρως αυτω] quem genuit in
senectute sua 𝔅 | νεωτερον γηρως Aᵃ] νεωτερον γηρων DFMae
(-τερος)fghiˣ'jlmrvyaₐbₐ Chr: εκ γηρως νεωτερον iˢ rell (-τερος t)
νεωτερον αυτω yᵛ𝔄: αυτω 1° +0 mᵗ* | απεθανεν] απεθανον
pr non est 𝔅 | αυτος—υπελειφθη] υπελειφθη δε αυτος μονος
acmoxbₐcₐ𝔖 | om δε 1° f𝔅 | μονος] post υπελειφθη k | υπο-
λελειπται Chr | τω πατρι Abdlpw𝔖(mg)] τω μ̄ρ̄ι DFᵇᵈFM rell
𝔄𝔅𝔈𝔏𝔖(txt) Chr | πατηρ 2°] +αυτου acemxbₐcₐ𝔅𝔖: αυτω]
post ηγαπησεν acemoxbₐcₐ𝔖: (om 18)

21 ειπας δε] ειπες δε x: συ δε ειπας v: et tu dixisti nobis
𝔏 | οτι A] om DᵘⁱˡFM omn 𝔄𝔈𝔏𝔖 Chr | καταγαγετε] κατα-
γαγαι c] adducite 𝔏

22 ειπαμεν] ειπομεν knc₂: ειπα bw | τω κυριω] domine 𝔏:
+μου bw: +πατηρ a | παιδιον] DMa-dhiᵃl—pslvwxaₐbₐcₐ |
καταλιπειν] καταλειπειν Dchnraₐb₂ | πατερα 1°] +αυτου bdm
ptw𝔄𝔅 | om εαν—πατερα 2° hᵃ | δε] γαρ ncₐ | καταλειπη]
καταλειπει d: καταλιπη Mabefghᵇjkoˢpql—xbₐsᵗc₂: καταλιπης
s | πατερα 2°] +αυτου acmoxbₐcₐ𝔄𝔅𝔖(sub ⁂)

23 ειπας +nobis 𝔈ᵖ𝔏 | (om 2° 31) | καταβη] κατα-
λαβη f | υμων 1°] ημων h | om ο νεωτερος h Chr | προσθησεσθε]
προσθησεται A*ᵘⁱᵈ: προσθησετε p: προστιθεσθαι n | ετι] (post
ιδειν 77): om bkwxa₂𝔄𝔅𝔏𝔖(txt) Chr | μου το προσωπον c

24 εγενετο δε ηνικα] ηνικα δε p | ανεβημεν] ανεβησαν p* |
πατερα] pr και n: pr τον dp | αυτου—πατερα] +εν l | απηγ-
γειλαμεν scₐ | τα—κυριου] secundum uerba tua 𝔏 | τα ρηματα]
pr κατα abₐ: om bw: +σου Fᵇ | κυριου] +ημων τα ρηματα bw:
+ημων 𝔅𝔏𝔖 | ρηματα a] om Fᵇacfkxbₐcₐ𝔅𝔖(sub ⁂)

25 ημιν 1°] υμιν 𝔏: post ημων Chr: om bcdiᶠnwx𝔄𝔅𝔏𝔖
o] pr ο και συ dnpt𝔏 | βαδισατε παλιν | βαδισατε παλιν] (προευθεντες πα 74):
παλιν πορευθεντες dhj(mg)]ptv(mg): παλιν πορευεσθε a₂: βαδι-
σατε παλιν πορευθητε k: om παλιν m𝔅ᵛ | αγορασατε] pr και
bsw: (αγορασαι 18): πριασθε hj(mg)ln(-σθαι)v(mg)a₂: πρια-

15 ουκ—εγω] το δε σαμαρειτικον και γαρ εγνωτε οτι πειρασεται ομοιος εμοι cₐ | οιωνισμω κ.τ.λ.] το σαμ. ην και
αυτοι πειρασμω πειραξει εν αυτω j | οιοι εγω] αλλος ομοιος εμου Fᵇ
18 εναντιον σου] εν ωσι κυριου μου Fᵇ | οτι—φαραω] a' quia similis es (ܕܘܚ ܟܘܒܚܗ ܐܝܟ) sicut Pharao 𝔖
21 επιμελουμαι αυτου] θησω οφθαλμ[ον] επ αυτον Fᵇ

Α μικρὰ βρώματα. ²⁶ἡμεῖς δὲ εἴπαμεν Οὐ δυνησόμεθα καταβῆναι· ἀλλ᾽ εἰ μὲν ὁ ἀδελφὸς ἡμῶν ὁ 26
νεώτερος καταβαίνει μεθ᾽ ἡμῶν, καταβησόμεθα· οὐ γὰρ δυνησόμεθα ἰδεῖν τὸ πρόσωπον τοῦ
ἀνθρώπου, τοῦ ἀδελφοῦ τοῦ νεωτέρου μὴ ὄντος μεθ᾽ ἡμῶν. ²⁷εἶπεν δὲ ὁ παῖς σου ὁ πατὴρ ἡμῶν 27
πρὸς ἡμᾶς Ὑμεῖς γινώσκετε ὅτι δύο ἔτεκέν μοι ἡ γυνή· ²⁸καὶ ἐξῆλθεν ὁ εἷς ἀπ᾽ ἐμοῦ, καὶ εἴπατε 28
Θηριόβρωτος γέγονεν, καὶ οὐκ ἴδον αὐτὸν ἔτι. ²⁹ἐὰν οὖν λάβητε καὶ τοῦτον ἐκ προσώπου μου καὶ 29
συμβῇ αὐτῷ μαλακία ἐν τῇ ὁδῷ, καὶ κατάξετέ μου τὸ γῆρας μετὰ λύπης εἰς ᾅδου. ³⁰νῦν οὖν ἐὰν 30
εἰσπορεύομαι πρὸς τὸν παῖδά σου τὸν πατέρα δὲ ἡμῶν, καὶ τὸ παιδάριον μὴ ᾖ μεθ᾽ ἡμῶν, ἡ δὲ ψυχὴ
αὐτοῦ ἐκκρέμαται ἐκ τῆς τούτου ψυχῆς· ³¹καὶ ἔσται ἐν τῷ ἰδεῖν αὐτὸν μὴ ὂν τὸ παιδάριον μεθ᾽ 31
ἡμῶν, τελευτήσει, καὶ κατάξουσιν οἱ παῖδές σου τὸ γῆρας τοῦ παιδὸς σου πατρὸς δὲ ἡμῶν μετ᾽
ὀδύνης εἰς ᾅδου. ³²ὁ γὰρ παῖς σου ἐκδέδεκται τὸ παιδίον παρὰ τοῦ πατρὸς λέγων Ἐὰν μὴ ἀγάγω 32
αὐτὸν πρὸς σὲ καὶ στήσω αὐτὸν ἐναντίον σου, ἡμαρτηκὼς ἔσομαι πρὸς τὸν πατέρα πάσας τὰς
ἡμέρας. ³³νῦν οὖν παραμενῶ σοι παῖς ἀντὶ τοῦ παιδίου, οἰκέτης τοῦ κυρίου· τὸ δὲ παιδίον ἀνα- 33
βήτω μετὰ τῶν ἀδελφῶν. ³⁴πῶς γὰρ ἀναβήσομαι πρὸς τὸν πατέρα, τοῦ παιδίου μὴ ὄντος μεθ᾽ 34
ἡμῶν; ἵνα μὴ ἴδω τὰ κακὰ ἃ εὑρήσει τὸν πατέρα μου.

26 κατα|ταβαινει F*        28 ειδον F        31 εστε A

DFMa–ya₂b₂c₂𝕬𝕭𝕰𝕷𝕾

σασθε dpt | ημιν 2°] υμιν 1 | μικρα] post βρωματα mns: ετερα
qu: om ο

26 ειπαμεν] ειπομεν Fᵇ¹ackmnoxb₂c₂: +αυτω 𝕰 Chr: +patri
nostro 𝕭 | ου δυνησ. καταβηναι] pr αλλ m: om egj | δυνησο-
μεθα] possimus 𝕷 | καταβηναι] +εαν μη ο αδελφος ημων
καταβη μεθ ημων Chr: +nisi frater noster minor nobiscum 𝕭ʷ:
+sine fratre nostro 𝕷 | αλλ ει μεν] nisi 𝕷: (om μεν 71) | ο 1°—
καταβαινει] mittes fratrem nostrum minorem 𝕭ʷ | καταβαινει]
καταβη n: om f | η ημων 2°] υμων Fᵇp: +η f | καταβησομεθα]
pr et tunc 𝕬: καταβησωμεθα cl: om 𝕷𝕾 | (ου 2°) ουδε 71) |
δυνησομεθα γαρ l | ανθρωπου] ανδρος Fᵇᵐᵍ | αδελφου] +ημων
abnovwxb₂𝕬𝕭𝕷 | μεθ ημων 2°] προς ημας f

27 ο παις σου] post ημων qu: om f | ο πατηρ] πατηρ δε F |
om ημων f | om προς ημας afb₂𝕭ʷ Chr | ημας] υμας iᵛᵒ*(uid)
q*: +ημων b*: | υμεις] ημεις m*: +δε l 𝕷-codd | δυο] duos
filios 𝕭 | μοι] (μοι k: 16): μου k: om 𝕷 | γυνη] +μου DFᵇ
(+υιους Fᶜᵇ)acoxb₂c₂𝕬𝕷𝕾(sub ※): +uiour f

28 ο εις] post εμου a₂ | ειπατε] ειπα 𝕰: +μοι a𝕰 | θηριο-
βρωτος γεγονεν] bestia cepit eum et comedit eum 𝕭ʷ: θηριο-
βρωτος Acegi*jmx𝕰] οτι θηριαλωτος fs: pr οτι D*ᶦᶦᶦFMiᵃ rell 𝕬
𝕷𝕾(uid) Chr | (γεγονεν] εγενετο 31.83) | ετι (29) εαν sup ras 8
litt | ετι] ουκετι D: μεχρι νυν bcw: αχρι νυν iᵃs: αχρι του
νυν m: +αχρι και του νυν a: +αχρι νυν afiᵃkoxb₂c₂: +και νυν
FMva₂: +hucusque 𝕬𝕭𝕰𝕾

29 εαν ουν] και νυν ουν εαν Ddegnpt Chr (om και n Chr):
και νυν εαν hjl𝕷: om ουν k | λαβητε] post τουτον n𝕷 Chr |
om και 1° d | τουτον] αυτον d | εκ προσωπου μου] απ εμου
ν(txt): om Chr | προσωπου] pr του D*ᶦᶦᶦFMcdeghiᵃjlp–uν(mg)ʷ
a₂ | συμβησεται a₂ | αυτω μαλακια] αυτου μαλακισθηναι f | οδω]
+η σε πορευησθε Fdhj(mg)lnptv(mg)a₂(–εσθε lⁱ)𝕭(uid) |
(+ου εαν πορευησθε 71) | και 3°] pr του f: om Mbci*klmopxa₂c₂
𝕬𝕭𝕰𝕷𝕾 Chr | καταξετε] καταξεται bln: καταξητε Dj: κατα-
ταξετε w: και|καταβησεται f | μου] +μου f𝕬𝕷 | μετα
λυπης] post αδου s | εις αδου] εις αδην w: (om 71)

30 ουν] δε m𝕭 | (om εαν 25) | εισπορευομαι] εισπορευωμαι
DᵐᶦᶦᶦFᵃaquxb₂c₂: εισπορευσωμαι Mi: εισπορευσομαι cn: (εκπο-
ρευομαι 16.25.73.77.130): εκπορευσομαι egj: πορευομαι dhpta₂:
(πορευωμαι 84): πορευσομαι l: ituo 𝕰: εισπορευομεθα f: εισπο-
ρευθωμεν Fᵇ(uid): inuerimus 𝕬𝕰 | πατερα] pr τον a | om και—

ημων 2° x* | παιδαριον] παιδιον FMaefgijklmnqrsuvb₂c₂ | η 1°]
ειναι f | ημων 2°] υμων f: +morietur 𝕷 | om η δε—(31) ημων
1° f | δε 2°] eiut 𝕰𝕷: post ψυχη g: αυτου] sub ⸓ ※ 𝕾: εκκρε-
μαται] pr συνδεδεμ..... δεται και c | εκ] απο ackmxb₂c₂: om
ο | τουτου] post ψυχη abwb₂: om 𝕭 | ψυχης] +pueri 𝕭

31 και 1°—αυτον] si uiderit nos 𝕭 +nos 𝕭ʷ | εν—παιδ-
αριον] cum non uiderit puerum 𝕬𝕷 | μη ον] post παιδαριον n |
παιδιον FMbeg–koqruwxyc₂ (om και 𝕬 Chr: και καταξουσιν]
καταταξουσιν tᵇ: ταξουσι fi: καταξεται a₂ | οι παιδες] του παιδος
a₂ | om σου 1° F*b | του—ημων 2°] του πρς αυτων n: patris
nostri serui tui 𝕷: (om 107): om του ημων 2° a₂ | om δε 2°
Chr | μετ οδυνης] μετα λυπης abfirwb₂ Chr: om t

32 γαρ] εγω γαρ m𝕭 | (εκδεδεκται—πατρος] post
λεγων 107) | εκδεδεκται] (pr ο πατηρ ημων 31.83): εκδεχεται
F*(εκδεδεκται Fᶦᵐᵍ)k: εκδεδεγμαι 𝕰 Chr-codd: εκδεξαμην m:
(ενεγυησατο 71) | το παιδιον παρα] (om 76): om το παιδιον g |
παιδαριον Fbdlnpsva₂ Chr | παρα—λεγων] (γαρ εμου εισαγτον
αυτω 31.83): om d | παρα του πατρος] εκ του παιδιον του δου:
a patre suo 𝕬𝕭: (+σου 79) | εαν] pr και d | αγαγω] διαγω iᵃ |
αυτον 1°] αυτο dl Chr: αυτω n | προς σε—αυτον 1°] bis scr c:
om bw | σε] αυτον a₂: om ω Chr | και στησω αυτον] om και
sub ⸓ 𝕾 | αυτον 1°] αυτο 1: om d𝕭 | εναντιον Mabcegjkmos
wxyb₂c₂ | εναντιον ns | προς τον πατερα] παρα τον πατερα
σου Chr: super te pater 𝕰ᶜ: pater 𝕭ᵖ: (om 16.76) | τον 2°]
εις F*Mbchik–np–xb₂c₂𝕷𝕾 | τον πατερα] pr σε (64) 𝕰ᶜl: σε
hsa₂c₂: +μου F𝕭𝕭 | ημερας] +τας Chr

33 παραμενω] παραμεινω bw: ero 𝕰 | σοι παις] παις σοι m:
σου παις k: του σου cx(pr x₂)𝕰𝕷𝕾: om q | παις] pr και a:
κ: +σου iᵃ | παιδιου] παιδαριον Fᵇ¹: παιδος n Chr: +τουτου
κ | οικετης του κυριου] et habitabo apud te domine 𝕰(+mi 𝕰ᵖ):
om Fᵇ¹a₂ | τον κυριου] dño 𝕭: +μου Fᵇacfimn⁵oxb₂c₂𝕬𝕭𝕾
(sub ※) | (om δε 25) | παιδιον] παιδαριον ls Chr | αναβατω
ν(mg) | παιδιον] παιδαριον Fᵇ (+μου ν 31)

34 αναβησομαι] pr αν d: αναβησομαι cn: αναβησομεν Chr |
προς] ιδειν d | τον πατερα] patrem meum 𝕬-ed𝕭𝕾 | του] τουτ-
του m | παιδιου] παιδαριου (20) Chr: νεωτερου κ: +του νεω-
τερου Fᵇ(ras Fᶜ)dn(παιδος uid)pt | μεθ ημων] mecum 𝕭 | om
ινα—μου f | om μη 2° dp | ιδω] ειδω F(uid)bx: post κακα d

25 μικρα] ολιγα Fᵇ        29 μαλακια] συμπτωσις Fᵇ
M(συνθ-)jv𝕾: συνδεδεμενη δεδεται c₂ | ψυχης] οψεως Mjv
32 εκδεδεκται] εγγυησατο Fᵇ: σ´ ενεγυησατο M | προς τον πατερα] α´ εις τον πρα μου σ´ θ´ σ´ εις τον πρα ν

30 εκκρεμαται] α´ συνδεδεμενη Mjv𝕾: σ´ ερδεδεται
31 οδυνη] α´ λυπη Mν(om α´)

132

XLV 1    ¹¹Καὶ οὐκ ἠδύνατο Ἰωσὴφ ἀνέχεσθαι πάντων τῶν παρεστηκότων αὐτῷ, ἀλλ' εἶπεν Ἐξαπο- A
στείλατε πάντας ἀπ' ἐμοῦ· καὶ οὐ παριστήκει οὐδεὶς ἔτι τῷ Ἰωσὴφ ἡνίκα ἀνεγνωρίζετο Ἰωσὴφ ᠄ d₂
2 τοῖς ἀδελφοῖς αὐτοῦ. ²καὶ ἀφῆκεν φωνὴν μετὰ κλαυθμοῦ· ἤκουσαν δὲ πάντες οἱ Αἰγύπτιοι, καὶ
3 ἀκουστὸν ἐγένετο εἰς τὸν οἶκον Φαραώ. ³εἶπεν δὲ Ἰωσὴφ πρὸς τοὺς ἀδελφοὺς αὐτοῦ Ἐγώ εἰμι
Ἰωσὴφ ὁ ἀδελφὸς ὑμῶν, ὃν ἀπέδοσθε εἰς Αἴγυπτον· ἔτι ὁ πατήρ μου ζῇ; καὶ οὐκ ἐδύναντο οἱ
4 ἀδελφοὶ ἀποκριθῆναι αὐτῷ· ἐταράχθησαν γάρ. ⁴καὶ εἶπεν Ἐγώ εἰμι Ἰωσὴφ ὁ ἀδελφὸς ὑμῶν, ὃν
5 ἀπέδοσθε εἰς Αἴγυπτον. ⁵νῦν οὖν μὴ λυπεῖσθε μηδὲ σκληρὸν ὑμῖν φανήτω ὅτι ἀπέδοσθέ με ὧδε·
6 εἰς γὰρ ζωὴν ἀπέστειλέν με ὁ θεὸς ἔμπροσθεν ὑμῶν. ⁶τοῦτο γὰρ δεύτερον ἔτος λιμὸς ἐπὶ τῆς
7 γῆς, καὶ ἔτι λοιπὰ πέντε ἔτη ἐν οἷς οὐκ ἔσται ἀροτρίασις οὐδὲ ἄμητος· ⁷ἀπέστειλεν γάρ με ὁ θεὸς
ἔμπροσθεν ὑμῶν, ὑπολείπεσθαι ὑμῶν κατάλειμμα ἐπὶ τῆς γῆς, καὶ ἐκθρέψαι ὑμῶν κατάλειψιν
8 μεγάλην. ⁸νῦν οὖν οὐχ ὑμεῖς με ἀπεστάλκατε ὧδε, ἀλλ' ὁ θεός· καὶ ἐποίησέν με ὡς πατέρα
9 Φαραὼ καὶ κύριον παντὸς τοῦ οἴκου αὐτοῦ καὶ ἄρχοντα πάσης γῆς Αἰγύπτου. ⁹σπεύσαντες οὖν
ἀνάβητε πρὸς τὸν πατέρα μου καὶ εἴπατε αὐτῷ Τάδε λέγει ὁ υἱός σου Ἰωσήφ Ἐποίησέν με ὁ
10 θεὸς κύριον πάσης γῆς Αἰγύπτου· κατάβηθι οὖν πρὸς μὲ καὶ μὴ μείνῃς· ¹⁰καὶ κατοικήσεις ἐν γῇ
Γέσεμ Ἀραβίας καὶ ἔσῃ ἐγγύς μου σὺ καὶ οἱ υἱοί σου καὶ οἱ υἱοὶ τῶν υἱῶν σου, τὰ πρόβατά σου
11 καὶ αἱ βόες σου καὶ ὅσα σοὶ ἐκεῖ· ¹¹καὶ ἐκθρέψω σε ἐκεῖ, ἔτι γὰρ πέντε ἔτη λιμός· ἵνα μὴ

XLV 1 παρεστηκει F    2 κλαθμου A    3 ο 1°—γαρ] sup ras circ 80 litt Aᵇ¹ | ηδιναυτο F
5 λυπεισθαι A    7 καταλιψιν AF*    8 αλλα DᵛⁱF    10 αραβειας F*

DFMa—ya₄b₂c₂(d₂)𝕬𝕭𝕰𝕷·𝕾

XLV 1 ιωσηφ 1°] pr o f | ανεχεσθαι] αναχεσθαι D(sed
...σχεσθαι D): ανασχεσθαι m: εχεσθαι j | παντων] pr εναντιον
m𝕭(uid) | om των d | αυτω] ο: αυτον b: +ubi reve-
latus est Ioseph fratribus suis 𝕾(mg) | αλλ] και f | εξαπο-
στειλατε] εξαπεστειλετε hᵇ: εξαπεστειλατε d: dimitte 𝕷 | παν-
τας] παντες d: παντα b | om αχ εμου dp | ου—ιωσηφ 2°] nemo
stetit circa Ioseph 𝕷 | παριστηκει] παρεστηκει x: παρεστη-
κεσαν m | ουδεις] ουθεις (post ιωσηφ 2° 30): ουδεις bwa₂d₂ | ετι] εσ
o: επι F*: om bnwd₂𝕭𝕾 | τω ιωσηφ] αυτω ackoxb₂c₂𝕾𝕾(txt):
αυτου m | εγνωριζετο bdg | ιωσηφ 3° Aacmoxa₂b₂c₂𝕾] om
DᵛⁱⁱFM rell 𝕬𝕭𝕰𝕷 | αυτου] +το δευτερου b | +το δευτερου d

2 om και 1° d | μετα] μεγαλην F*(hab μετα int lin Fᵇ)v
𝕰ᶜ(uid) | παντες] post αιγυπτιοι k: om acnoxb₂c₂d₂𝕬𝕷𝕾 |
εις τον οικον] τω a₂

3 ⟨ειπεν δε⟩ και ειπεν jb] προς τουτ αδελφουτ] τοιτ αδελ-
φοιτ F | ιωσηφ 2°] pr o m | ιωσηφ ο 2° Α] om DᵛⁱⁱFM
omn 𝕬𝕭𝕷𝕾 Chr: om ον—αιγυπτον 𝕰 | οιδναυτο n | αδελφοι
AF*Mkqruv(txt)w] +αυτου 𝕰Fᵇv(mg) rell 𝕬𝕭𝕰𝕷(sub ⁕)
Chr | ⟨απταραχθηναι 16.77⟩ ⟨om αυτω 76⟩ | γαρ] +απο
προσωπου αυτον ack(αυτων)mo(αυτου°)xb₂c₂𝕾𝕾(sub ⁕)

4 και A] pr ειπεν δε ιωσηφ προς τουτ αδελφους αυτου εγγι-
σατε προς με και ηγγισαν DᵛⁱⁱFM omn ⟨76⟩ 𝕬𝕭𝕰𝕷𝕾 [ειπεν δε]
και ειπεν 76 | ηγγισατε] εγγισατε 76: εγγισε η x | προς με] μοι m: om 𝕭𝕾 |
ηγγισαν] ηγγεισαν F: +αυτω bw: +προς FM(mg)dhlnpt
va₂𝕭𝕰] pr ....εγγισατε προς με.... Chr | ιωσηφ] +eis 𝕷:
+eis Ioseph 𝕰 | om εγω ειμι ιωσηφ m | αδελ] ημων θ: ιωσηφ j | ιωσηφ]
post υμων s𝕰 Chr⅓: om l | υμων] ημων dgn: +ιωσηφ εγω ειμι
m | eis αιγυπτον απεδοσθε F

5 νυν ουν] και νιν Thdt⅓ | λυπεισθε] ⟨λυπηθητε 84⟩ |
φοβεισθε Chr⅓ Thdt ⅓ | υμιν] ημιν g: post φανητω bw𝕭 |
φανητω] φανη h: ⟨φαινεσ—ωδε 84⟩ om Thdt ⅓: om
ωδε nd₂ | απεστειλεν] post με 2° l Chr⅓: απεσταλκεν aiᵇb₂
Thdt: εξαπεστειλε Chr⅓ | υμων] +υπολειπεσθε ημων κατα-
λειμμα επι τητ γητ a₂: +ινα διατραφη λαοτ πολυτ Thdt⅓: +του
διαθρεψαι λαον πολυν Thdt⅓

6 τουτο] om και a₂ | λιμοι] ⟨post γητ 14⟩: pr o w: λοιμοι n:

XLV 1 ανεχεσθαι] α´ σ´ sustinere ⟨ ⟩ 𝕾    5 ⟨ψη⟩] α´ ζωωσιν σ´ σωτηριαν Mjv
6 αμητοτ] α´ θερισμοτ Fᵇ(sine nom)M    7 και—μεγαλην] α´ και του ⟨ζωωσαι υμιν εις αναιωσμον μεγαν M𝕾(om εις)

λιμου j(mg)lv(mg): λιμων m: est famis 𝕬𝕭𝕷𝕾: +εστιν o:
⟨+εσται 37⟩ | om και d₂ᵃ𝕭 | ετι λοικα επιλοιπα ab₂ | ετι] ι
ex corr iᵃ¹: ετη bp | λοιπον Chr | πεντε] post ετη | ετη] om
h: +λιμου v(mg); +εσυνι 𝕷 | εσται Mfhⁱᵃlmqrua₂

7 απεστειλεν γαρ με] et me misit 𝕰𝕰 | απεσταλκεν i*° | υπο-
λειπεσθαι—υμων] om 𝕰°: om υπολειπεσθαι—και a₂ | υπο-
λειπεσθαι] pr ωστε Chr⅓: υπολιπεσθαι fix: απολειπεσθαι bkw |
υμων 2°] υμιν DFᵇc—giᵃ¹jlmnpqrtuv(txt)c₂d₂𝕬𝕭𝕷𝕾 Chr | om
επι τηт γηт γαρ—μεγαλην° a₂ | και—μεγαλην] om και lc₂ | υμων
3°] υμιν bgwc₂𝕭: υμας fi*rₐ𝕰ᶜᶠ | om καταλειψιν μεγαλην n₂𝕰ᶜᶠ

8 ⟨υμεις 14.16.77.130⟩ | με 1°] post απεσταλκατε eko
vxa₂⟨30(μοι)⟩𝕾: om | απεσταλκατε ι ωδε] λος 𝕷: om 𝕰 | η
Aaciorvxb₂c₂𝕾] om DᵛⁱⁱFM rell Or-gr Chr | om και 1° egj | om
θεos | om πασης 77⟩ | γης] pr της fm𝕭: ητ i* Chr: om c𝕭

9 om σπευσαντες—αιγυπτου l | ουν 1°] ⟨δη 32⟩: om bw𝕭° |
μου] ιωσηφ b₂ | ⟨ιωσηφ ο 37⟩ | ο θεος] Dⁿ̃ı 𝕷 |
κυριον D | γης] pr της i*kprt𝕭: της Fᵇl*iᵃ¹q*u: om ⟨77⟩ 𝕷 |
ουν 2°] om d₂𝕭*𝕷: +το ταχοτ M(mg)fikrs𝕰 | om μη D |
μεινηт] ει sup ras b₂ᵃ¹: μενη b: αναμεινη ⟨20.84⟩ Chr

10 κατοικησειτ] κατοικηφον F: οικησειτ nd₂ | γη] pr της s |
γεσεμ] γεσσεμ i: γετεμ a₂: ⟨γεσεεμ 14.130: γεσεαμ 84: γεσεεμ
16⟩ | αραβιαι] sub + M: ⟨pr της 32: αρραβιατ 16.130⟩: αραβια
ciᵃ(uid)nosv(txt)xd₂𝕾(sub ⁒): αρραβια dp: in Arabia 𝕬 (in
Araboth codd): om iᵃ¹ Chr | om συ g | om συ 1° beld₂ | σου
1°] +και αι γυναικεσ των υιων σου n: +και ο οικοт σου v(mg) |
om αι 2° d*elnd₂ | σου 2°] +και οι οικοτ σου M(mg)j(mg) |
τα] pr και Fᵇacfi*k—ca—d₂𝕰𝕷𝕾 | om και σου 3° nd₂ Chr |
om και 5°—σου 4° ab₂ | αι] οι DᵛⁱⁱFbd—kpqrt—wc₂d₂ Chr | om
σου 4° d₂ Chr | σου] pr παντα c₂: ⟨+και 84⟩: om A] pr
εστιν h: εστιν DᵛⁱⁱFM rell 𝕬𝕭𝕰𝕷𝕾 Chr: ⟨εσται 71: om 73⟩

11 εκθρεψω] εκθρεψατε α: θρεψω be: διαθρεψω dnpvd₂ |
σε] μοσ 𝕾-codd: om a | om εκει Chr | ετι] ex corr iᵃ¹: ετη
fpᵃ Phil | πεντε] pr επι 𝕰: post ετη 𝕰 | ετη] post λιμοτ c: ⟨ετι
107⟩: om f Phil | λιμος] λοιμος n: famis 𝕾: est famis 𝕬𝕭:
erit famis 𝕷: ⟨+εσται επι της γητ 31.83⟩: +εσται dhnptxyd₂:
+εστιν o: +επι τητ γητ f | ινα] pr και di*ptd₂: και a | εκτρβη

Α ἐκτριβῆς σὺ καὶ οἱ υἱοί σου καὶ πάντα τὰ ὑπάρχοντά σου. ¹²ἰδοὺ οἱ ὀφθαλμοὶ ὑμῶν βλέπουσιν 12
καὶ οἱ ὀφθαλμοὶ Βενιαμεὶν τοῦ ἀδελφοῦ μου ὅτι τὸ στόμα μου τὸ λαλοῦν πρὸς ὑμᾶς. ¹³ἀπαγγεί- 13
λατε οὖν τῷ πατρί μου πᾶσαν τὴν δόξαν μου τὴν ἐν Αἰγύπτῳ καὶ ὅσα ἴδετε, καὶ ταχύναντες
καταγάγετε τὸν πατέρα μου ὧδε. ¹⁴καὶ ἐπιπεσὼν ἐπὶ τὸν τράχηλον Βενιαμεὶν τοῦ ἀδελφοῦ 14
αὐτοῦ ἐπέπεσεν ἐπ᾽ αὐτῷ, καὶ Βενιαμεὶν ἔκλαυσεν ἐπὶ τῷ τραχήλῳ αὐτοῦ. ¹⁵καὶ καταφιλήσας 15
πάντας τοὺς ἀδελφοὺς αὐτοῦ ἔκλαυσεν ἐπ᾽ αὐτοῖς, καὶ μετὰ ταῦτα ἐλάλησαν οἱ ἀδελφοὶ αὐτοῦ
πρὸς αὐτόν.       ¹⁶Καὶ διεβοήθη ἡ φωνὴ εἰς τὸν οἶκον Φαραὼ λέγοντες ῞Ηκασιν οἱ ἀδελφοὶ 16
¶ d₂ Ἰωσήφ· ἐχάρη δὲ Φαραὼ καὶ ἡ θεραπεία αὐτοῦ.¶ ¹⁷εἶπεν δὲ Φαραὼ πρὸς Ἰωσὴφ Εἰπὸν τοῖς 17
ἀδελφοῖς σου Τοῦτο ποιήσατε· γεμίσατε τὰ πόρια ὑμῶν καὶ ἀπέλθατε εἰς γῆν Χανάαν, ¹⁸καὶ 18
παραλαβόντες τὸν πατέρα ὑμῶν καὶ τὰ ὑπάρχοντα ᾽ὑμῶν᾽ ἥκετε πρὸς μέ· καὶ δώσω ὑμῖν πάντων
τῶν ἀγαθῶν Αἰγύπτου, καὶ φάγεσθε τὸν μυελὸν τῆς γῆς. ¹⁹σὺ δὲ ἔντειλαι ταῦτα, λαβεῖν αὐτοῖς 19
ἁμάξας ἐκ γῆς Αἰγύπτου τοῖς παιδίοις ὑμῶν καὶ ταῖς γυναιξίν, καὶ ἀναλαβόντες τὸν πατέρα ὑμῶν
παραγίνεσθε· ²⁰καὶ μὴ φείσησθε τοῖς ὀφθαλμοῖς ὑμῶν τῶν σκευῶν, τὰ γὰρ πάντα ἀγαθὰ Αἰ- 20
γύπτου ὑμῖν ἔσται. ²¹ἐποίησαν δὲ οὕτως οἱ υἱοὶ Ἰσραήλ· ἔδωκεν δὲ Ἰωσὴφ αὐτοῖς ἁμάξας κατὰ 21
τὰ εἰρημένα ὑπὸ Φαραὼ τοῦ βασιλέως, καὶ ἔδωκεν αὐτοῖς ἐπισιτισμὸν εἰς τὴν ὁδόν· ²²καὶ πᾶσιν 22

17 πορεια DF       18 υμων 2°] ημων A | φαγεσθαι A
19 εντειλε D | παραγινεσθε] παραγεινεσθε D: παραγεινεσθαι A       20 φισηοθε F*

DFMa–ya₂b₂c₂(d₂)𝔄𝔅𝔈𝔏'𝔖

f | om και 2°—σου 1° 𝔈 | om οι belnwd₂ | σου 1°] +και ο
οικοσ σου dhlnopt𝔅 | σου 2°] σοι eᵇ(uid)lmnqud₂𝔖(uid)
12 ιδου] pr και a𝔈 | οι οφθαλμοι 1°] ο αδελφοσ μου m |
om υμων—οφθαλμοι 2° e | βενιαμειν] post μου 1° acgo(-μην)x
b₂c₂𝔅 | βενιαμειμ nd₂*: βενιαμειμ w | om του αδελφου μου m
| μου 1°] σου f: +uident 𝔄 | οτι—υμαs] om b: om οτι m: om το
1° nyd₂: om μου ey: +ταυτα dhpt
13 απαγγειλατε d₂ | om σου 𝔅 Chr | τασα] pr συν x: συμ-
πασαν k: om c₂ | δοξαν] τιμην D: εξουσιαν m: honorem 𝔏 |
οσα] pr παντα x | ιδετε] ιδατε c: (οιδατε 31(-ετε).76.83): uidetis
𝔄-ed𝔏 | (ταχυναντες] στευναντες 32) | τον πατερα μου] post
ωδε v: αυτον Chr | ωδε] προς με f: om (30) Chr
14 επιπεσων] επι πεσων o: (+ιωσηφ 76) | βενιαμειν 1°] pr
τον r Chr: post αυτου 1° x: βενιαμειν no: βενιαμειμ w | om
του—βενιαμειν 1° ce | om του αδελφου αυτου w Chr | αυτου 1°]
+materni 𝔅ᵛ | επεπεσεν A] εκλαυσεν D𝔰ⁱⁱFM rell 𝔄𝔅𝔈𝔏𝔖
Chr | om επ—εκλαυσεν c₂ | επ εκλαυσθαι 𝔏: επ αυτου j: επ αυτον n:
τικρων m: om axb₂𝔄𝔖 Chr | om και 2°—αυτου 2° 𝔅 |
εκλαυσε και βενιαμειν m | βενιαμειν 2°] βενιαμην fᵇno: βενια-
μειμ w
15 om και 1°—αυτοις f | καταφιλησας] κατεφιλησε Chr
oom παντας b𝔅ᵛ | εκλαυσεν] pr ras (3) o: pr και (20) Chr |
αυτοις] αυτους Fᵇ¹bc(uid)egjlv(mg)d₂ | ελαλησαι] λελαληκασιν
qu: +προς αυτον bc | om αυτοις 2° iᵗ*w | om προς αυτον c
16 η φωνη] post φαραω 1° m: (η φημη 32) | +αυτων l | εις]
επι bw | φαραω 1°] φαρωι f | om λεγοντεσ—φαραω 2° w | λε-
γοντες] (λεγονταs 32): dicentis 𝔏: (om 16): om egj | η θερα-
πεια] pr πασα Fbw𝔈: (οι παιδεs 20): | αυτου] +πασα t
17 ειπεν δε και ειπε egj | προs] τω fhiᵃᵗ | ειπατε km |
σου] αυτου Chr-ed: οτι comb₂ | om τουτο ποιησατε m𝔈 |
πορια] φορια bnwc₂ Chr: φορτια dpt: πυρεια Cyr-ed: onera
𝔄𝔖 | υμων] +σιτου Fᵈⁱᵐˣ(sed abrasum)bdfhi(partim ext lin)n
b₂(uid)oprtwy𝔅ᵂ𝔏𝔖 Chr | και] εκ lin i | και απελθατε Meghbj

nᵈqt-wc₂ | om εις γην χανααν Chr | γην] pr την m: την iᵗ*
18 αναλαβοντες Chr | υμων 1°] (υμιν 18): om hw Phil |
om και 2°—υμων 2° e Chr | ρα] pr ταυτα dnpt𝔖 | om υπαρ-
χοντα n | ηκετε] ηκατε bcdfilptwya₂: αγετε Chr-codd | om
των αb₂ | αιγυπτου] pr της kx: (της γης 25) | των μυελων
Phil-codd-omn | om της Phil-codd-omn | της γης] Aegypti 𝔅
19 om δε] et 𝔄 | (εντειλον 16) | ταυτα λαβειν] post αυτοις
𝔖 | λαβειν αυτοις accipiant sibi 𝔏: dabis capere 𝔄 | αυτοις]
αυτους abdegiᵗjkmptyb₂ Chr Cyr-ed: αυτοις n: αμαξας] post
αιγυπτου acdmorpxb₂(αμαξας b₂*)𝔄𝔖: αμαξαν f: om t | εκ γης
αιγυπτου] ex Aegypto 𝔏: om c₂ Chr | γης] της ra₂ | τοιs] pr
εν b₂ | παιδισκοις c₂ | υμων] ημων nᵉ: om t 𝔄 Chr |
ταις γυναιξιν] uxoribus suis 𝔈𝔏: +υμων D𝔰ⁱⁱ𝔄𝔅 | υμων 2°]
ημων e: eorum 𝔅ᵛ | παραγινεσθε] παραγενεσθε adpty: ad-
ducite 𝔄: adducant eum 𝔈
20 και—σκευων] om dp | μη—οφθαλμοις] τοις οφθ. υμων
μη φεισασθαι c₂ | μη—οφθαλμοις] ne parcant oculi 𝔄 | οφθαλ-
μοις αοx(σεσθε)b₂c₂𝔖: μη φεισησθε gᵃ: μη φοβεισθαι n | om
τοις οφθαλμοις m | των σκευων A] των uestrorum υμων bw:
om των σκευων st: +uestrorum 𝔅𝔅: των σκευων υμων D𝔰ⁱⁱFM
rell (ημων iᵗ*)𝔏𝔖 Or-gr Chr Cyr | ταυτα γαρ ra Chr | ταυτα]
post αγαθα acmoxb₂c₂𝔄𝔖: om τα fa₂ | om αγαθα b₂ | αι-
γυπτου] αι-ed𝔏 | υμιν] ημιν l: υμων k𝔄-codd Or-gr
21 om δ-dgl | εδωκεν δε] και εδωκεν abcfimowxb₂c₂𝔄𝔖 |
ιωσ. αυτ. αμαξας AFMegjimqru] pr αυτοις d: αυτοις αμ. ιωσ.
fi𝔅ᵈ*: om αυτοις c₂: αυτοις ιωσ. αμ. D rell 𝔄𝔏𝔖 | κατα ra]
κατα τα c₂ | διεδωσεν f: διεδισκοισ f₂, om εντολαs dpt: κατα τα ειρη-
μενον f: quod dictum est 𝔏(om est 𝔏*) | υπο] περι a:
αυτω m: om t | του βασιλεωσ AMcrwxya₂ Chr] sub — b: om
Damb₂c₂: om του b: βασιλεωσ αιγυπτου Fjlostv: +αιγυπτου
rell 𝔅𝔈𝔏 | (om εδωκεν αυτοις 71) | αυτοις 2°] αυτους 16):
αυτω d: om c₂ | εις την οδον] εν τη οδω p: εις τον οικον a
22 πασιν] +μεν Chr | εδωκεν 1°] bis scr l: +εις ανδρα

11 εκτριβῃs] a' αναλωθῃs M | και 2°—σου 1°] και ο οικοσ σου FᵇM
16 διεβοηθη] ηκουσθη Fᵇ | η θεραπεια] a' δουλοι M
17 τα πορια υμων] a' σ' iumenia uestra (ܒܥܝܪܟܘܢ ܕܝܠܟܘܢ) 𝔖 | τα πορια] τα θυλακ[ια] Fᵗ: τα υπο[ζυγια Fᵇ
18 τον μυελον] a το στεαρ Fᵇ(sine nom)M(om το)       21 επισιτισμον] δαπανην Fᵇ

ἔδωκεν δισσὰς στολάς, καὶ τῷ Βενιαμεὶν ἔδωκεν τριακοσίους χρυσοῦς καὶ πέντε ἀλλασσούσας A
23 στολάς· ²³καὶ τῷ πατρὶ αὐτοῦ ἀπέστειλεν κατὰ τὰ αὐτά, καὶ δέκα ὄνους αἴροντας ἀπὸ πάντων τῶν
24 ἀγαθῶν Αἰγύπτου, ᵗᵗκαὶ δέκα ἡμιόνους αἰρούσας ἄρτους τῷ πατρὶ αὐτοῦ εἰς ὁδόν. ²⁴ἐξαπέστειλεν
25 δὲ τοὺς ἀδελφοὺς αὐτοῦ καὶ ἐπορεύθησαν· καὶ εἶπεν αὐτοῖς Μὴ ὀργίζεσθε ἐν τῇ ὁδῷ. ²⁵καὶ ἀνέ-
26 βησαν ἐξ Αἰγύπτου, ˙καὶ ἦλθον εἰς γῆν Χανάαν πρὸς Ἰακὼβ τὸν πατέρα αὐτῶν, ²⁶καὶ ἀνήγγειλαν
αὐτῷ λέγοντες ὅτι Ὁ υἱός σου Ἰωσὴφ ζῇ, καὶ οὗτος ἄρχει πάσης τῆς γῆς Αἰγύπτου. καὶ ἐξέστη
27 ἡ διάνοια Ἰακώβ, οὐ γὰρ ἐπίστευσεν αὐτοῖς. ²⁷ἐλάλησαν᾽ δὲ αὐτῷ πάντα τὰ ῥηθέντα ὑπὸ
Ἰωσὴφ ὅσα εἶπεν αὐτοῖς· ἰδὼν δὲ τὰς ἀμάξας ἃς ἀπέστειλεν Ἰωσὴφ ὥστε ἀναλαβεῖν αὐτόν,
28 ἀνεζωπύρησεν τὸ πνεῦμα Ἰακὼβ τοῦ πατρὸς αὐτῶν. ²⁸εἶπεν δὲ Ἰσραὴλ Μέγα μοί ἐστιν εἰ ἔτι
ὁ υἱός μου Ἰωσὴφ ζῇ· πορευθεὶς ὄψομαι αὐτὸν πρὸ τοῦ ἀποθανεῖν με.

XLVI 1  ᵗ¹Ἀπάρας δὲ Ἰσραήλ, αὐτὸς καὶ πάντα τὰ αὐτοῦ, ἦλθον ἐπὶ τὸ φρέαρ τοῦ ὅρκου, καὶ ἔθυσεν § d₂
2 ἐκεῖ θυσίαν τῷ θεῷ τοῦ πατρὸς αὐτοῦ Ἰσαάκ. ²εἶπεν δὲ ὁ θεὸς Ἰσραὴλ ἐν ὁράματι τῆς νυκτὸς
3 εἴπας Ἰακὼβ Ἰακώβ. ὁ δὲ εἶπεν Τί ἐστιν; ³λέγων Ἐγώ εἰμι ὁ θεὸς τῶν πατέρων σου· μὴ

2₃ και 2°—απο sup ras A² | αιγυπτου] +αιροντας A    24 οργιζεσθαι A    27 ελαλησεν A | ανεζωπυρισεν AF

DFMa–ya₂b₂c₂(d₃)𝔞𝔅𝔈𝔏𝔖

Fᵇᵐᵍ | om δισσας Fᵇ¹ | στολας 1°] +ιματιων Fᵇ | και τω A] τω
δε DⁱⁱˡFM omn 𝔅𝔈ᶜˡ𝔏𝔖 Chr | βενιαμειν] βενιαμην no: βενια-
μειμ w | om εδωκεν 2° n | τριακοσιους] διακοσιους c₂𝔈'𝔖(mg):
quingentos 𝔈·codd | αλλασσουσας An] εξαλλασσουσας DⁱⁱˡF(uid)
M rell Chr: om 𝔏

23 και 1°—απεστειλεν mutila in F | απεστειλεν] post και
2° 𝔈ᶜ: εξαπεστειλα egj: (om 31.83) | κατα τα αντα] αι int lin
iᵃᵗ: κατα ταυτα bfw𝔅𝔖(uid): ομοιως Chr: om τα rᵃ: αιροντας]
αιρουσας fir | απο παντων] απ παντων (76) 𝔖(txt)
Chr | αιγυπτου] pr εκ γης m | (om δεκα 2° 76) αιροντας
αιρουσας v(mg) Chr | αρτους] αρτον εις τροφην m: +και τροφην
acoovxb₂c₂𝔄(pr ※)𝔖(sub ※) | τω πατρι αυτου 2°] post οδον bfik
nsvw𝔏 (om αυτου bw) | αυτου 2° αυτων t | εις οδον] om m:
(om εις 30) | οδον] pr την Mdfinpt Chr
24 (εξαπ. δε) και εξαπ. 107) | δε] ιωσηφ d: om c: +ιωσηφ
FᵇM(mg)egbhjklnoptv(mg)𝔅𝔏 | (τοις αδελφοις 128) | om αυτου
w | om και επορευθησαν 𝔄 | om παντων (76) 𝔖(txt) | απο παντων
ιωσηφ oɗ𝔈 Or-lat ½ | σου] αυτου 16] pr o Chr | ουτος
ουτος Aeg] αυτοτ DⁱⁱˡFMy(uid) rell 𝔄(uid)𝔅𝔈𝔏𝔖 Or-lat cm:
om Phil | om πασης h | (τη γη Aefhoy) om mqru Phil-codd:
om γην iwᵃa₂ Chr-ed: om την DⁱⁱˡFMwᵃ rell Phil-ed Chr-
codd (εξαιρετη 14) | η AFᵃMⁱ(hiorsvy𝔈𝔏] τη DⁱⁱˡFᵇ rell
𝔄𝔅𝔖 Phil Chr | διανοια—(27) δε 1°] mutila in F | ιακωβ] pr
o qu: eius 𝔈𝔏: om amxc₂𝔖 Phil | εκιστευεν Mcklmv𝔄𝔅 |
αυτους gⁿ*(uid)
27 om ελαλησαν—αυτοις eg | ελαλησεν Abpᵃ | om αυτω
afn | ταντα] pr αυτω x: συμπαντα k: (κατα τα ρηματα 76) |
τα—αυτοις] quae dixit Ioseph 𝔄: uerba quae Ioseph dixit eis
et ut uidit Iacob omnia uerba quae Ioseph dixit eis 𝔏 |
ρηθεντα] pr ρηματα ταυτα τα iᵃ: pr ρηματα τα qua₂: ρηματα

dptyꟿ(uid): (ρηματα τα λαληθεντα 128): +αυτοις D𝔈 | (υπο—
αυτοις) οσα ειπεν αυτοις ιωσηφ 71) | υπο] παρα 𝔅(uid) Chr: om
dpty | ιωσηφ 1°] pr τον (20) Chr: ιωσηφ l | οσα ειπεν αυτοις]
pr και fc₂𝔈 Chr : om n | οσα] a D | ιδων δε] και ιδων (71) 𝔏 |
τας αμαξας] Iacob omnia uehicula 𝔏 | ωστε αναλαβειν αυτον]
ut adducerent eum 𝔏: om 𝔈: om ωστε a₂ | αναλαβειν] (λαβειν
14.76): αναγαγειν o | αυτον] αυτους d: +ras (6—7) o | ανεζω-
πυρησεν] pr et 𝔈': ανεζωοπυρησε fiᵃᵗr(-ισεν): reaccendit Or-lat |
τω πνευματι fs | ιακωβ—αυτων] om f: om του πατρος αυτων
(71) Or-lat | του πατρος] o πηρ s | αυτων] αυτου πᵃ
28 ειπεν δε] και ειπεν fya₂ Or-lat | ισραηλ] ιακωβ hta₂𝔈:
om f Chr | μεγα] μεγαλα Chr: μερος Phil-cod | μοι post εστιν
𝔄𝔈𝔖 | om εi cf | ετι] οτι cm: om Or-lat⅓ | ιωσηφ o υιος
μου Dⁱⁱˡ(Dⁱⁱˡ)FMacdegjklopqs–va₂b₂𝔅ᵃ𝔈𝔖 Or-lat⅓ Chr | ο υιος
μου α₂ | πορευθεις] +ιταμε b₂ mp: +itaque 𝔏 | οψομαι n | με
αποθανειν abcfinowb₂c₂
XLVI 1 (απαρας ετερας 31: απαστας 64) | (ισραηλ) ιακωβ
Fᵇh | αυτοσ—αυτου 1°) pr και c: ipse cum omnibus suis 𝔏:
cum omni supellectile sua 𝔈: om αυτος και m | αυτος] sup ras
a₂: om beginwyb₂ Phil-codd | ηλθον Afiᵃᵗkrb₂𝔈] ηλθεν Dⁱⁱˡ
FMiᵃ rell 𝔄𝔅𝔈ᶜᵖ𝔏𝔖 Phil | ετι] εсι egj | εθυσεν] pr ενθυ a₂:
εθυσαν rᵃ: (εθυσιασε 31) | εκει A] om DⁱⁱˡFM omn 𝔄𝔅𝔈𝔏𝔖
Phil Chr | θυσιας] θυσιας Fᵇ: uictimas 𝔏: (om 31) | τω—
πατρος] patri 𝔅ᵃ
2 δε 1°] +ei 𝔈ᶠᵛ | ισραηλ] pr τω Fᵇbdgjnptwyd₂𝔈ᶜ(uid)
Chr: pr προς DMakosvxb₂c₂𝔄(uid)𝔖: ad Istrahel 𝔏: τω
ιακωβ m | εν οραματι] post νυκτος m: om της DFMchilmox*
b₂ | αυτας] ειπεν iqu: και ειπεν Fᵇ: λεγων Dbknxyd₂: om
ad–ghᵇˡjmpa₂𝔅ᵇᶜ𝔈 Chr | ιακωβ 2°] sup ras 𝔅ᵃ: om c₂ | ειπεν
τι εστιν] quis es 𝔄: ιδου εγω Fᵇⁱᵉᵃ₂
3 λεγων] (pr ο δε ειπε 16): και λεγει k: και ειπε Fᵇdnpt
y𝔏: ειπεν δε x: dixit 𝔅(+ autem ei 𝔅ᵃ): και λεγει αυτω f:
ο δε λεγει αυτω q: και ειπεν αυτω D(+Dⁱⁱˡ)d₂: et dixit ei 𝔈:
om a₂ Chr | om ειμι F* | των πατερων] του πρς f𝔈' | κατα-
βηναι] pr του kv(mg)

22 αλλασσουσας] διαφορους ο συρος πεντε ζυγας στολων c₂
23 ημιονους] οναδας Fᵇ | αρτους] σιτον και αρτους και τροφην Fᵇ
24 μη—οδω] αʹ ne tumultuemini in uia 𝔖 | μη οργιζεσθε Mv | μη κλονεισθε Mv: σʹ μη μαχεσθε M
25 εξεστη] αʹ εξηπψεν Mv𝔖: σʹ ελειποψυχησεν M𝔖: σʹ ελιποθυμησεν v
27 ανεζωπυρησεν] ανεζησεν Fᵇ        XLVI 1 το—ορκου] σʹ Bersabee (ܒܪܫܒܥ) 𝔖
3 ο θεος] ισχυρος Fᵇ

A φοβοῦ καταβῆναι εἰς Αἴγυπτον, εἰς γὰρ ἔθνος μέγα ποιήσω σε ἐκεῖ· ⁴καὶ ἐγὼ καταβήσομαι·μετὰ 4
σοῦ εἰς Αἴγυπτον, καὶ ἐγὼ ἀναβιβάσω σε εἰς τέλος· καὶ Ἰωσὴφ ἐπιβαλεῖ τὰς χεῖρας ⁺⁺ἐπὶ τοὺς
ὀφθαλμούς σου. ⁵ἀνέστη δὲ Ἰακὼβ ἀπὸ τοῦ φρέατος τοῦ ὅρκου, καὶ ἀνέλαβον οἱ υἱοὶ Ἰσραὴλ 5
τὸν πατέρα αὐτῶν καὶ τὴν ἀποσκευὴν καὶ τὰς γυναῖκας αὐτῶν ἐπὶ τὰς ἁμάξας ὃς ἀπέστειλεν
¶ F Ἰωσὴφ ἆραι αὐτόν· ⁶καὶ ἀναλαβόντες τὰ ὑπάρχοντα αὐτῶν καὶ πᾶσαν τὴν κτῆσιν⁷ ἣν ἐκτή- 6
σαντο ἐκ γῆς Χανάαν, καὶ εἰσῆλθεν Ἰακὼβ εἰς Αἴγυπτον, καὶ πᾶν τὸ σπέρμα αὐτοῦ μετ᾽ αὐτοῦ,
⁷υἱοὶ καὶ οἱ υἱοὶ τῶν υἱῶν αὐτοῦ μετ᾽ αὐτοῦ, θυγατέρες καὶ θυγατέρες τῶν υἱῶν αὐτοῦ μετ᾽ αὐτοῦ· 7
¶ d₂ καὶ πᾶν τὸ σπέρμα αὐτοῦ ἤγαγεν εἰς Αἴγυπτον.¶

⁸Ταῦτα δὲ τὰ ὀνόματα τῶν υἱῶν Ἰσραὴλ τῶν εἰσελθόντων εἰς Αἴγυπτον. Ἰακὼβ καὶ οἱ 8
υἱοὶ αὐτοῦ· πρωτότοκος Ἰακὼβ Ρουβήν. ⁹υἱοὶ δὲ Ρουβήν· Ἐνὼχ καὶ Φαλλούδ, Ἀσρὼν καὶ 9
Χαρμί. ¹⁰υἱοὶ δὲ Συμεών· Ἰεμουὴλ καὶ Ἰαμεὶν καὶ Ἀωδ καὶ Ἰαχεὶμ καὶ Σάαρ καὶ Σαμουὴλ υἱὸς 10
τῆς Χανανίτιδος, ¹¹υἱοὶ δὲ Λευί· Γηρσών, Καὰθ καὶ Μεραρεί. ¹²υἱοὶ δὲ Ἰούδα· Ἢρ καὶ Αὐνὰν ¹¹

---

XLVI 4 χειρας] +σου A      10 αχειμ A* (ι suprascr A¹)      11 λευει D | μεραρι Dᵘⁱˡ

D(F)Ma–ya₂b₂c₂(d₂)𝔄𝔅𝔈𝔏𝔖

4 και εγω 1°] καγω ackmosxb₂c₂: om και nd₂𝔄𝔏 Chr½ |
om εγω Or-lat Chr½ | καταβησομαι cn | om μετα σου b | om
εις αιγυπτον Chr½ | om και 2°–τελος f | και εγω 2°] καγω ack
osb₂c₂ Chr: om εγω ! Phil | αναβιβασω σε] πορευθησομαι μετα
σου εις αιγυπτον και εγω πορευθησομαι d: πορευθησομαι pt: ero
tecum 𝔈 | αναβιβασω] αναβιβασει DF*Mbvw: perducam 𝔏 | om
σε x | om και 3° dp | ιωσηφ] +filius tuus 𝔏 | om επιβαλει
τας χειρας v(txt) | επιβαλει] επιβαλειται m: mittit
𝔏 | τας χειρας] manum 𝔏 | +σου A: +αυτου Ma–d(αυτου c)
hk–qtuxb₂c₂𝔄𝔅𝔖(sub *) Or-lat Chr ½

5 ανεστη] ανεστην m: αναβη k | ανελαβον] ανελαβοντο v(mg):
accipientes 𝔏 | +αυτον p | om οι ef*hl Or-gr | ισραηλ–αυτων
1°] αυτον p | ιακωβ] pr ιακωβ iklnswd₂𝔄𝔅𝔏: ιακωβ be–hjm
𝔅ᵇ: +ιακωβ Fᵇᵐacdtxc₂𝔄𝔅𝔖(pro NEM leg M₅𝔖(Israel mg)
αυτων 1°] εαυτων ej: (+ιακωβ 84) | την αποσκευην] supellectilem
suam secum 𝔈 | +αυτων f𝔅𝔏(+omnem 𝔅ᵐ) | om και 3°–
αυτων 2° 𝔅ᵐ | τας γυναικας] (τα υπαρχοντα 76): pecora 𝔈ᵖ |
επι] pr imposuerunt ea 𝔅ᵐ: pr et imposuerunt 𝔏 | om f: +και τα
acb₂c₂𝔖(txt) | αραι αυτον] αραι αυτους (128) 𝔈: om f: +και τα
κτησιν αυτων και κατεθσαν εις αιγυπτον egj

6 αναλαβοντες] ανελαβον FMrya₂ | ανελαβοσαν v(mg): ανε–
λαβεν a₂ | αυτων] και την αποσκευην αυτων πασαν p | πασαν–
ην] omnia quae 𝔅 | πασαν την κτησιν] την κτησιν αυτων πασαν
p | om πασαν | κτησιν] κτη.. F: αποσκευην bl(+αυτων)w:
+αυτων degjnstd₂𝔖 Chr | εκτησατο dw | om εκ γης χαρααν
egj | εκ γης Adp] ιγη DᵘⁱˡM rell 𝔄𝔅𝔅𝔏 | χαρααν]
+profecti sunt 𝔏 | om και 3° Dᵘⁱˡd–moqstuxb₂c₂𝔄𝔅𝔖 | εισηλ–
θεν Acᵃ¹gi*jmvwya₂b₂𝔈𝔏 Or-gr] ηλθον fps Chr: εισηλθον Dᵘⁱˡ
Mcᵇ(uid)tᵉⁱ rell 𝔄𝔅𝔖 | ιακωβ Aya₂𝔈] post αιγυπτον DᵘⁱˡM
rell 𝔄𝔅𝔈𝔏𝔖(mg) Or-gr | αυτου 3°] αυτων mr | μετ αυτου
2° Ahya₂b₂𝔅𝔈ᶜᵈ] om DᵘⁱˡM rell 𝔄𝔅ᵇ𝔈𝔏𝔖 Or-gr(uid) | om
και 3°–αιγυπτον 𝔈 | om παν b₂ | om αυτου 5°–(8) οναματα

7 υιοι 1°–υιων 1°] οι υιοι a | υιοι 1°] pr οι DMckmovc₂𝔅:
+αυτου Defmosxb₂c₂𝔄𝔅𝔅(sub *): +αμα αυτου k | om και
οι νιος j | om a Mdeg*lnprtwxb₄d₂ | αυτου μετ αυτου 1°] cum
eo ipsius 𝔏 | om αυτου 1° Mabdmntvwd₂𝔅*𝔈 | om θυγα–
τερες 1°–αυτου 4° 1 | θυγατερες 1°] pr και αι acc𝔈: pr αι κα
c₂𝔅*: om m | υιων 1°] Dackoxb₂c₂𝔄𝔅𝔅(sub *) | om και
θυγατερες | θυγατερες 2°] pr και 𝔅ᵇˡ | +θυγατερων Dᵘⁱˡ
M rell 𝔄𝔅𝔈𝔏𝔖(mg) Or-gr | αυτου 3°] αυτων mr | μετ αυτου
2° Ahya₂b₂𝔅ᶜᵈ] om DᵘⁱˡM rell 𝔄𝔅ᵇ𝔈𝔏𝔖 Or-gr(uid) | om
και 3°–αιγυπτον 𝔈 | om παν b₂ | om αυτου 5°–(8) οναματα

f | om ηγαγεν εις αιγυπτον (107) 𝔏 | ηγαγε] ⟨post αιγυπτον
128: εισηγαγεν 25⟩: om n : +σον αυτω k

8 om δε bnwc₂𝔅 | om των υιων ισραηλ o | εισελθοντων]
εισπορευομενων M(mg)dhi*lnpt*(-ευμ·): εισπεπορευμενων tᵉ: πε–
πορευμενων v(mg): διασωθεντων f | αιγυπτον] +om τα ονοματα
αμα ιακωβ τω ηρι αυτου f: +αμα ιακωβ τω ηρι αυτων M(mg)bd
hilnoptvwγ*c₂𝔅 | ιακωβ 1°–αυτου] pr αμα k: ⟨ουτοι δε εισιν
αυτου 31.83⟩: om dnp𝔈: om ιακωβ o: ⟨om και–αυτου
107⟩: om οι behlqu | πρωτοτοκος] ⟨pr σ 31⟩: πρωτοτοκοι h |
ιακωβ 2°] pr του f: ⟨αυτου 107⟩ | ρουβην] ρουβιμ jtx: ρουβημ hk
Or-gr: ρουβειμ aᵗˢᵉp: ρουβιμ aᵇ*dfgilmn

9 υιοι δε ρουβην] pr και(16.130)𝔈: om f | om δε d | ρουβην]
ρουβιμ jtx: ρουβημ hk: ρουβειμ aᵗˢᵉp: ρουβιμ aᵃ*dgilm(pr τω)n |
ενωχ–χαρμι] quatuor 𝔈 | ενωχ] εγωχ g*(uid): Enech 𝔅ᵇ:
Enos Anonᵗʰ | φαλλουδ Ary] φαλλου bwa₂: φαλλους jmpt Jos-
ed: Palus Anonᵗʰ: φαλλουν DM rell 𝔄𝔅𝔅𝔏 Jos-codd: Phalach
𝔅ᵇ¹: ασρων] pr et 𝔏𝔖: ασρωμ abcehmnsva₂b₂𝔅ᵇ: ασρων f:
αερωμ l: ⟨εσρων 76⟩: Esrōm 𝔅ᵇ: Sarsom 𝔅 | χαρμι] χαρμη q:
⟨χαρι 18: χαραμ 71⟩: Carmin Anonᵗʰ: μαρχει x

10 om δε f | ιεμουηλ–χανανιτιδος] quinque 𝔈ᶠᵖ: sex 𝔈ᶜ |
ιεμουηλ] ιεμουιλ lm: Iamuel 𝔅𝔏 Anonᵗʰ | om και 1° p | ιαμειν]
ιαμμ m: ιαμειν s: ιεμι v: αμιν ⟨71⟩𝔅ᵇ: om και 2° p | αωδ]
ποσκ𝔖: ιαωθ fi Anonᵗʰ: αωρ b₂: αωλ r: αδωδ ac₂: ιαωδ de
ghjtv(txt)yᵃ: ιαωδ w (mg)𝔅ᵇ: ιαωβ m(uid)𝔖: ιαωδ de
Iaōl 𝔅ᵇ: Iao 𝔏: χιωδ k: αιωθ bw: πουθοδος Jos: Iamil 𝔅ᵇ |
om και 3°–σααρ f | ιαχειμ] om και 3° dp | ιαχειμ A*agya₂𝔏 Anon]
ιαχειν DMcfh–moqsuvx𝔄𝔅𝔖 Mhlm𝔅): ιαχυειν 7ος: αχειμ
A*cᵃ: αχειν rᵇb₂: αχιν bdnptwc₂: ⟨αχιν 128⟩: om και 4° dp |
σααρ] σααλ D: Sara Anonᵗʰ: ασααρ egj𝔏: αααρ ⟨30-79⟩:
σααρος Jos: Sāchar 𝔅ᵇ: σαμουηλ A] σαουλ DᵘⁱˡM omn
𝔄𝔅𝔅𝔏: ⟨σαου 31⟩: σαουλος Jos: σααρος Jos-ed: Salamiel
Anonᵗʰ | υιος] pr ο l: υιος c₂: ο εκ dnptv(txt)

11 om δε dma₂ | γηρσων–μεραρει] tres 𝔈 | γηρσων] γηρ–
σωμ ka₂: γηρσον ln: γεδσων Anonᵗʰ: γηρσωμ (30) 𝔅ᶜᵈ: ⟨αβααρ
Getson 𝔏: Gedso 𝔅ᵇ: Tedson 𝔅ᵖ: Gesson Anonᵗʰ: γεσων codd-
ap-Or: γεδεων dfi* | καθ] καθ x*ᵃ Anonᵗʰ: Etaath 𝔏 | μεραρει] Merarii
Anonᵗʰ: μεραρει a: μαραιρος Jos-ed

12 om και 1° σε c₂ | om και 1° da₂𝔅ᵇʷ | ηρ 1°–ͅαρα] quinque
𝔈 | om και 1° dp | αυναν 1°] αιναω 𝔅ᵇ | om και 2° dp 𝔅ᵇ |
σηλωμ] ϸϲϫ𝔖: σιλωμ bl(ι ex corr)pw: ⟨σιλωαμ 84⟩:

5 απο–ορκου] σ᾽ a Bersabee 𝔖

136

καὶ Σηλὼμ¶ καὶ Φάρες καὶ Ζάρα· ἀπέθανεν δὲ Ἢρ καὶ Αὐνὰν ἐν γῇ Χανάαν· ἐγένοντο δὲ υἱοὶ A
13 Φάρες Ἁσρὼμ καὶ Ἰεμουήλ. [13]υἱοὶ δὲ Ἰσσαχάρ· Θωλὰ καὶ Φουὰ καὶ Ἰασοὺφ καὶ Ζαμβράμ. ¶ a$_2$
14 15 [14]υἱοὶ δὲ Ζαβουλών· Σέρεδ καὶ Ἁσρὼν καὶ Ἀλοήλ. §[15]οὗτοι υἱοὶ Λείας, οὓς ἔτεκεν τῷ Ἰακὼβ § 𝔏$^{r}$
ἐν Μεσοποταμίᾳ τῆς Συρίας, καὶ Δείναν τὴν θυγατέρα αὐτοῦ· πᾶσαι αἱ ψυχαί, υἱοὶ καὶ αἱ
16 θυγατέρες, τριάκοντα τρεῖς. [16]υἱοὶ δὲ Γάδ· Σαφὼν καὶ Ἁγγεὶς καὶ Σαυνὶς καὶ Θασοβὰν καὶ
17 Ἀηδὶς καὶ Ἀροηδὶς καὶ Ἀροηλείς. [17]υἱοὶ δὲ Ἀσήρ· Ἰεμνὰ καὶ Ἰεσσαὶ καὶ Ἰεοὺλ καὶ Βαριὰ καὶ
18 Σάαρ ἀδελφὴ αὐτῶν. υἱοὶ δὲ Βαριά· Χόβωρ καὶ Μελχιήλ. [18]οὗτοι υἱοὶ Ζέλφας, ἣν ἔδωκεν
19 Λαβὰν Λείᾳ τῇ θυγατρὶ αὐτοῦ, ἣ ἔτεκεν τούτους τῷ Ἰακώβ, δέκα ἓξ ψυχάς.¶ §[19]υἱοὶ δὲ Ῥαχὴλ ¶ 𝔏$^{r}$
20 γυναικὸς Ἰακώβ· Ἰωσὴφ καὶ Βενιαμείν. [20]ἐγένοντο δὲ υἱοὶ Ἰωσὴφ ἐν γῇ Αἰγύπτῳ, οὓς ἔτεκεν § ℭ$^{m}$
αὐτῷ Ἀσεννὲθ θυγάτηρ Πετρεφῆ ἱερέως †Ἡλίου† πόλεως, τὸν Μαννασσὴ καὶ τὸν Ἐφράιμ. ἐγέ-

16 σαυνεις *D* 17 βαρεια (bis) *D* | μελχειηλ *D*
18 λα|βαν λια in mg et sup ras A$^{1}$ 20 ιλιου A

*D*Ma–y(a$_2$)b$_2$c$_2$𝔄𝔅(ℭ$^{m}$)𝔈𝔏$^{r(v)}$𝔖

σηλων n𝔏 | om και 3° dnp𝔅$^{w}$ | ⟨ζαρα] βαρα 18⟩ | απεθανον g$^{*}$ n𝔄𝔈𝔏 | ηρ και αυναν 2°] *duo* 𝔈 | ηρ 2°] *Cher* 𝔏 | ⟨και 5°—χαναααν] εν γη χαναααν και ο αυναν 16⟩ | αυναν 2°] αυναυ f | υιοι 2°] pr οι o𝔅 | ασρωμ και ιεμουηλ] *duo* 𝔈 | ασρωμ] ασρων *D*M ejoqsuv(txt)c$_2$: ⟨ασρον 130$^{a?}$⟩: εσρωμ bfkn$^{*}$wxb$_2$𝔅𝔏 Anon: εσρων n$^{a}$v(mg): εσρωνος Jos-ed | και ιεμουηλ] καπεμουηλ m | ιεμουηλ] [illegible] 𝔖: ιεμουλ n: ιεβουηλ f: *Iamuel* 𝔄: *Gemuel* 𝔏: εμουηλ r

13 ⟨υιοι] pr και 128⟩ | ισσαχαρ] ισαχαρ acdfiilmpt𝔄𝔅𝔏 Anon: σαχαρ r | θωλα—ζαμβραμ] *quatuor* 𝔈 | θωλα] [illegible] 𝔖: θολα acmc$_2$: θουλας Jos: θωλαν bw: θωχα o: θωα n: φωλα b$_2$ | om και 1° *D*ackopsx𝔏 | φουα] φουδ bw𝔄𝔅$^{w}$: φουλα g: φα s: *Fuei* 𝔏: *Gaū* Anon$^{2}$ | om και 2° *D*dnpsvb$_2$ | ιασουφ An] ιασουμ hb$_2$: ιασουρ e: ⟨ιασσουρ 32⟩: ασουβ acor𝔅$^{w}$: [illegible] 𝔖: ασσουβ m: ασουμ c$_2$: ιασουβ *D*M rell 𝔄𝔅$^{p}$ Anon$^{2}$: ιασουβος Jos-codd: *Iasob* 𝔅$^{l}$: *Iasup* 𝔏: ιωβος Jos-ed | ⟨om και 3° 71⟩ | ζαμβραμ] ζαμβραν *D*egjnqc$_2$: ζαμβρα c: ζαμεραμ l: ζαμραμ Mx: [illegible] 𝔖: *Zamra* Anon$^{2}$: *Zamam* 𝔄: ταμβραμ dp: αμραμ hm𝔅$^{lp}$: *Abram* 𝔅$^{w}$: ισαμβρα και ζαμβριν bw

14 σερεδ—αλοηλ] *tres* 𝔈 | σερεδ] [illegible] 𝔖: σαραδος Jos-ed: σερεθ gjr: εερεθ e: *Serea* 𝔅$^{lp}$: *Zered* 𝔅$^{w}$: εσρεδ *D*: σεδερ ac(δ ex corr)fik–ovc$_2$ Anon: σαδαρ b$_2$: σεδεκ bw: *Seber* 𝔏 | om και 1° dp | ασρων Ay] ασρωμ r: ελων l: αδων dpt: αλων a𝔏: ααλων c$_2$: αλλων *D*$^{sil}$M rell 𝔄𝔅 Anon$^{1}$: *Sallon* Anon$^{2}$ | αλοηλ AMv(mg)y] αχοηλ i$^{a?}$r: λαχοηλ f: ασημ l: *Sem* Anon$^{1}$: *Em* Anon$^{2}$: ιανηλος Jos-ed: λαιηλ i$^{*}$: ιαηλ hkob$_2$: ⟨ιεηλ 76⟩: αηλ m: *El* 𝔅$^{w}$: εηλ *D*ns𝔄𝔅$^{lp}$: αιηλ v(txt) rell: *Aees* 𝔏

15 ετεκεν] εγεννησε qu | τω ιακωβ] *ex Iacob* 𝔏: om τω am t𝔄-ed | μεσοποταμια] pr τη bfikmwxb$_2$: μεσοποταμιας a | om της cp | την θυγατερα αυτου] *sororem eorum* 𝔏$^{r}$ | αυτου] αυτης n𝔅$^{w}$ | πασαι—υιοι 2°] pr και egj𝔈: *et omnes filii* 𝔏$^{r}$ | om αι 1° acdhklmopst | υιοι 2°] pr οι fi𝔅: υιων o𝔖: om l | αι 2° Afi] om *D*$^{sil}$M rell | θυγατερες] θυγατερων o𝔖 | om τριακοντα—(16) και 2° g | τριακοντα τρεις] *XXIII* 𝔏$^{r}$: om c$_2$ | τρεις] pr και o: τρια x

16 om δε b𝔈$^{p}$ | γαλ qu | σαφων—αροηλεις] *septem* 𝔈 | σαφων] σαφφων M: σαπφων y: ⟨σαβων 18⟩: σαμπων n: αφων dp: *Asphon* 𝔅$^{w}$: *Sofan* Anon$^{1}$: *Fonan* Anon$^{2}$ | om και 1°—αροηδις f | om και 1° dp | αγγεις] εγγις l: *Anges* Anon$^{1}$: *Arces* Anon$^{2}$: *Medis* 𝔄 | om και 2°—αηδις j | om και 2° dp | σαυνις] ⟨σαυνης 76⟩: σαυνι l: *Saonis* 𝔏$^{r}$: *Saunia* 𝔄: *Saumis* 𝔅$^{w}$: σαννις g: βαυνις m | om και 3° dp | θασοβαν] θασοβαμ biknwy: θασυβαν c: ⟨θοσοβαν 128⟩: *Thausobam* 𝔄: σασοβαν a: *Chasoban* 𝔏$^{r}$: *Soban* Anon: ⟨θασθουαν 71: σαβωθαμ 76⟩: ζαβρων Jos: [illegible] 𝔖 | om και 4° dp | αηδις και αροηδις] *Ismamelis* Anon$^{1}$ | αηδις] αηδης i$^{*}$lx: αειδης m: αιδης adpty: ⟨αηδη 71⟩: ληδεις r: ληδης i$^{a?}$: *Andis* 𝔅$^{lp}$: *Aededis* 𝔏$^{r}$: *Aelis* 𝔅$^{w}$: *Aenis* 𝔏$^{r}$: *Ism* Anon$^{2}$ | om και αροηδις oyb$_2$ | om και 5° dp | αροηδις] αροηδης ajt𝔅$^{lp}$: αροειδης m: αροιδης dpc$_2$: αροαδεις i$^{*}$𝔏: αρονδεις n: αροωδης l: *Aroelis* 𝔄 Anon$^{2}$: ⟨αορηδεις 31: αοραδης 76⟩: ορυαδις s: ορροδεις w: ορρωδεις b: αυαρις *D* | om και αροηλεις jos | αροηλεις] αροηλης ft: αροηδεις i$^{*}$: αραηλης dp: αρεηλεις qu: αριηλις *D*c(-λεις)kv(mg)x𝔄: αριηλης l Jos-ed: αριηλιος c$_2$: *Ariolis* Anon$^{1}$: *Ariobs* Anon$^{2}$: αριειδεις n: αριηδις o: *Ariedis* 𝔏$^{r}$: *Ariadis* 𝔏$^{r}$: αρικλης a: αριλλης m: αιηδεις bw

17 υιοι δε 1°] ουτοι δε υιοι abci$^{*}$kmowxb$_2$c$_2$𝔄𝔖: om δε egj 𝔅$^{w}$ | ασηρ] *Asser* 𝔅 | ιεμνα—αυτων] *quinque* 𝔈 | ⟨ηεμνα 30⟩ | om και 1°—ιεουλ t | om και ιεσσαι 𝔅 | om και 1° dp | ιεσσαι 𝔄y] ιεουλ h: ιεσουλ ln𝔏$^{r}$: ιεσουρ bw: ιεσουαρ dopc$_2$: ιεσσουα i$^{*}$s: ισσουα j: εσσουα fi$^{a?}$r: ιεσουα *D*M rell 𝔄-codd Anon: *Iesua* 𝔄-ed: *Iessussua* 𝔏$^{r}$ | και ιεουλ] om al: om και dp | ιεουλ] ιουλ b: *Iaul* 𝔏$^{r}$: [illegible] 𝔖: ⟨ισουλ 71: ιεουμ 76⟩: ιερουαλ m: ιεσσουα h: *Zeut* 𝔏$^{r}$ Anon$^{2}$: *Zieui* Anon$^{1}$: + και ιεουχ *D*: + *et Iesua* 𝔅$^{lp}$ | om και 3° dp | βαρια 1°] βαιεμ c$_2$ | σααρ A] σαρρα *D*di$^{*}$sv: σαραα l(uid): σαρα Mi$^{a?}$ rell 𝔄𝔅𝔏 Anon | αδελφη] pr η hm: αδελφην o | αυτων] αυτου c$^{*}$ | om δε 2° dp𝔈𝔏$^{r}$ | βαρια 2°] *Sara* 𝔏$^{r}$: + και σαρα αδελφη w | χοβωρ και μελχιηλ] *duo* 𝔈 | χοβωρ Aekyc$_2$] χοβαρ ch: χοβολ *D*fgis: χοβορ M rell 𝔅: *Chobor* 𝔄: *Chober* Anon: *Lobor* 𝔏$^{r}$: *Iobor* 𝔏$^{r}$ | μελχιηλ] *Melchiel* 𝔏$^{r}$: ⟨μελχηλ 31⟩: μεχιηλ m: *Echiel* 𝔅$^{w}$

18 υιοι] pr οι c$_2$𝔅 | om εδωκεν l | λεια] post αυτου s: om l | η] και ⟨78⟩ 𝔏$^{r}$ | ετεκεν—ιακωβ] *hos genuit Iacob* 𝔏$^{r}$: om τουτους m𝔈 | om τω dp | om δεκα—(19) ιακωβ l | δεκα εξ ψυχας] ψυχας δεκα εξ mpv: ψυχαι ιϛʹ n: *animae sunt XVI* 𝔏$^{r}$ | εξ] pr και bfiwx | ψυχας] ψυχαι *D*s 𝔈(uid): *filios* 𝔄

19 om δε 𝔈$^{p}$ | om ραχηλ f$^{*}$ | om γυναικος ιακωβ s | βενιαμειν] βενιαμην nowc$_2$: βενιαμειμ y

20 εγενοντο 1°—εδεμ] sub ÷ M | υιοι 1°] pr οι io𝔅: post ιωσηφ m𝔈: om bg | γη] τη gi$^{*}$: om n | αιγυπτου jmqu | om ους 1°—πολεως 𝔈 | om αυτω 1° mo | ασεννεθ A*D*$^{sil}$Mo(νε sup ras o$^{a}$)rxyb$_2$c$_2$𝔅ℭ] [illegible] 𝔖: *Asennet* Anon$^{1}$: ασσενεθ bh: ασενετ p: ασινεθ n: ασενεθ rell: ⟨ασηνεθ 31⟩: *Asaneth* 𝔄: *Asednec* 𝔏 | θυγατηρ] pr η k | πετρεφη Ay] πεντεφρη filmqu: πεντεφρι dnp: πετεφρι b: πετεφρη *D*$^{sil}$M rell 𝔅ℭ: *Petefres* 𝔏 Anon$^{1}$: *Petaphre* 𝔄 | ηλιου πολεως] *Ōn* 𝔅 | ιλιου Aa | om τον 1° fl | μαννασση 1° A] μανασση m𝔄: μανασσης f: μανασης l: μανασσην qsu: μανασση *D*$^{sil}$M rell 𝔅ℭ𝔏 Anon | om τον 2° bflw | εφραιμ 1°] ευφραιμ f | εγενοντο 2°—εδεμ] sub ÷ 𝔖 |

A νοντο δὲ υἱοὶ Μαννασσή, οὓς ἔτεκεν αὐτῷ ἡ παλλακὴ ἡ Σύρα, τὸν Μαχείρ· Μαχεὶρ δὲ ἐγέννησεν
τὸν Γαλαάδ. υἱοὶ δὲ Ἐφράιμ ἀδελφοῦ Μαννασσή· Σουτάλααμ καὶ Τάαμ. υἱοὶ δὲ Σουτάλααμ·
Ἐδέμ. ²¹υἱοὶ δὲ Βενιαμείν· Βάλα καὶ Χόβωρ καὶ Ἀσβήλ. ἐγένοντο δὲ υἱοὶ Βαλὰ Γηρὰ καὶ ²¹
Νοεμὰν καὶ Ἀγχεὶς καὶ Ῥὼς καὶ Μαμφεὶν καὶ Ὀφιμίν· Γηρὰ δὲ ἐγέννησεν τὸν Ἀράδ. ²²οὗτοι ²²
υἱοὶ Ῥαχὴλ οὓς ἐγέννησεν Ἰακώβ· πᾶσαι ψυχαὶ δέκα ὀκτώ. ²³υἱοὶ δὲ †Δάν†· Ἀσόμ. ²⁴καὶ ²³
υἱοὶ Νεφθαλί· Ἀσιὴλ καὶ Γωυνὶ καὶ Ἴσσααρ καὶ Συλλήμ. ²⁵οὗτοι υἱοὶ Βάλλας, ἣν ἔδωκεν ²⁵
Λαβὰν Ῥαχὴλ τῇ θυγατρὶ αὐτοῦ, ἣ ἔτεκεν τούτους τῷ Ἰακώβ· πᾶσαι ψυχαὶ ἑπτά. ²⁶πᾶσαι ²⁶
δὲ ψυχαὶ αἱ εἰσελθοῦσαι μετὰ Ἰακὼβ εἰς Αἴγυπτον, οἱ ἐξελθόντες ἐκ τῶν μηρῶν αὐτοῦ, χωρὶς
τῶν γυναικῶν υἱῶν Ἰακώβ, πᾶσαι ψυχαὶ ἑξήκοντα ἕξ. ²⁷υἱοὶ δὲ Ἰωσὴφ οἱ γενόμενοι αὐτῷ ἐν ²⁷

23 δαν] δαιδαν A      24 ασειηλ D | γωυνει D
25 η] ην A*      26 εξελθοντες A¹] εξελθοντες A*

DMa-yb₂c₂𝕬𝕭𝕮ᵍ𝕰𝕷𝓥𝓢

ιιοι μαννασση] μαναση νιοι m: το μαανασση νιοι c | νιοι 2°] pr οι
ο𝕭 | μαννασση 1° A] μαναση l𝕬: μανασση DᵘⁱˡM rell 𝕭𝕮𝕷
Phil Anon' | ουτ 2°] ex corr pᵃ: ην d | αυτω 2°] αυτοι d | om
η 1° dfi*p | παλλακιε c Phil-cod | om η 2° Phil-cod | των 3°—
γαλααδ] duo 𝕰 | om των 3° f | μαχειρ 1°] μαχηρ dl | μαχειρ
2°—των 4°] νιοι δε μαχειρ h | μαχειρ δε] και μαχειρ np | μαχειρ
2°] pr και f: μαχηρ l: (μαρχειρ 18) | γαλααδ] γαλαδ f: γαλααδ
ej: χαλααβ b: γαλιδ d: γαλι p: Gaad Anon': μαδαδ 79:
μαδιαδ 76) | αδελφω p | μαννασση 3° A] μαναση lm𝕬: μαναση
DᵘⁱˡM rell 𝕰: Manasses 𝕷 | σουτλααμ 1°—εδεμ] tres 𝕰ᶜᶠ:
decem 𝕷 | σουταλααμ 1°] σουταλαδ c₂: σουταλαμ aefgjnt𝕭
𝕷 Anon²: ·𝖱𝖾𝗍𝗵· 𝓢: σουταλλαμ o: σουθαλααμ w𝕮:
(σουθλααμ 30): Suthalá Anon': σουταλααμ 1: θουσαλααμ b: om
και 1°—σουταλααμ 2° cfc₂ | τααμ] Taan 𝕭: Thaam Anon²:
Cham Anon': ταλαμ dnpt: ·𝖱𝖾𝗍𝗵· 𝓢: | νιοι δε σουταλααμ]
om i*m: om δε v | σουταλααμ 2°] σουταλαμ aegji𝕭ᵉᵃ𝕷 Anon²:
·𝖱𝖾𝗍𝗵· 𝓢: σουταλααμ b: Sutadam 𝕭: σουθαλααμ bw𝕮:
(σουθλααμ 30): Suthalá Anon' | om εδεμ—(21) βαλα 2° p |
εδεμ] ·𝖱𝖾𝗍𝗵· 𝓢(mg): Aedem 𝕷(pr et) Anon': εδωμ begjos
wc₂𝕭ᵉᵖ: ελεμ i*y: αιλεμ n: ·𝖱𝖾𝗍𝗵· 𝓢(txt)

21 om δε 1° D𝕰𝕻 | om βαλα 1°—ασβηλ 𝕰 | βαλα και χοβωρ]
·𝖱𝖾𝗍𝗵· 𝓢(mg): βαλα ·𝖱𝖾𝗍𝗵· 𝓢 (txt): βαλαι fib: βαλλα v: Bara 𝕮: βαλαε cob₃𝕭ᵖ Anon': Bellach
Anon': αλαχ a | και 1°—βαλα 3°] sub — 𝕊: om fi*r* | om
και 1° bnswc₂ | χοβωρ] ·𝖱𝖾𝗍𝗵· 𝓢: χοβωρ bcdnqs*tvw: Chober
Anon: αχοβωρ k: βοχωρ aoβ𝕵: βορωκ b₂: χοβωλ D | om και
2°—βαλα 3° n | ασβηλ] Asbee 𝕰-ed: ασβαλ c: Asibel Anon (Aβi-
Anon'): (ασφηλ 31.83): Asoel 𝕷: ασηλ s:
Masbel 𝕭ᵛ: Sabie 𝕬-codd | om 2°] om οβ | βαλα 2°]
𝕊: βαλαι m: βαλλα 350 𝕭ᵖ: Bara 𝕮: βαλαε
cob₂ Anon': Bellac Anon': μαλαχ a | γηρα 1°—οφιμιν] sex 𝕰 |
γηρα 1°] Geera 𝕬: γηραν m: Tera 𝕭ᵛ: Adar Anon': Arad
Anon²: (om 31) | om και 3° dp | νοεμαν] νοεμμαν e: νεεμαν
k𝕬: νεεμαης Jos-ed: νεομαν m: νοεμμαν c: νοεμμαν w Anon²:
νοεμμαν l: μοσμαν D: Alohelmal 𝕷: και 4° dp |
·𝖱𝖾𝗍𝗵· 𝓢(txt): Anachis 𝕷: αγγεις c₂: αχειι a: Aichis 𝕷:
·𝖱𝖾𝗍𝗵· 𝓢(mg): λαχεις bᵃnw: φαχεις bᵛ: αγχειν Dgjqsu𝕰:
(αγχει 128: αγχηρ 76: εγκειν 73): αχιν dh(αχειν)lpt𝕭ᵖ:
·𝖱𝖾𝗍𝗵· 𝓢: αγχειν k: (ειγχειν 31: αχειν 18): Iachin Anon' αγχη
m: (αχι 84) | om και 5° dp | ρωος n Anon' | om και 6° dp |
μαμφειν] Manphin 𝕭ᵖ𝕷: μαμφην ej: μεμφαι ai*(-ειν) Anon':
μαμφειι blmoptwxl₁𝕭(-ειμ bw): ·𝖱𝖾𝗍𝗵· 𝓢: μεμφαι c:
μαμφειις fiᵃᵀr: (μαμφει 68): ιαμφαι c₂: Amphiin 𝕭ᵛ: Afiin
Anon' | om και οφιμιν 𝕭ᵃᵀᵒʳ𝕭ᵛ | οφιμιν] οφιμιν ν: οφιμιι

Machpt(-μειμ Mh): οφειμειμ qu: οφιμημ d: οφιμμιν ν: (οφιμ-
μιμ 30): οφιμμιν n: οφιλειμ l: αφημιιν b₂: ομφιμιιν c₂: οφιμειν
D: φιμιν j: φιμιαι ej: (φιμμειμ 79): ·𝖱𝖾𝗍𝗵· 𝓢: Afin
Anon': οφθειμειμ i*: Ophi et Ophimin 𝕷: (φαμφιν και φιμειμ
73) | γηρα 2°—αραδ] sub — 𝕊: γηρα δε] και γηρα p | γηρα
2°] γηρας c: Geera 𝕬: Tera 𝕭ᵛ: Arad Anon' | om των r
αραδ] αραθ (31) 𝕭ᵛ: αδαθ m: αραμι dptb₂

22 ουτοι] +δε (18.32) 𝕭ᵂ𝕰𝕷 | νιοι] pr οι ο𝕭 | om ραχηλ
l | εγεννησεν A] ετεκε ραχηλ τω l: ετεκεν τω DᵘⁱˡM rell 𝕭𝕮
𝕰𝕷𝓢 | ιακωβ] και 1° ραχηλ: μετα ιακωβ βω: μετα ιακωβ bw |
πασαι ψυχαι] omnes filii 𝕬-codd: om πασαι 𝕮𝕰 | ψυχαι] pr
και DᵘⁱˡMabcefgjnoqwx𝕭 | δεκα οκτω] δεκα και εννεα D: nouen-
decim 𝕮𝕷: δεκα τεσσαρες aoxb₂𝕰ᵛ: + · ι' m

23 νιοι δε] pr και acoxb₂c₂: και νιοι d: filius autem 𝕷:
om δε p𝕰ᵖ | δαν] δαμ bc: δαιδαν A: αιλαν o | ασομ] ασωμ fl:
ασων m Anon'

24 και νιοι] νιοι δε egji𝕭ᵖ: om και b₂ | νιοι] pr οι bio𝕭 |
νεφθαλι AM(-λει)qu] νεφθαλημ y𝕬(uid): νεφθαλημ dnt𝕭: νεφ-
θαλιμ D rell: Nephthaloim 𝕮: Nephalim 𝕷: Neptalim
Anon': Nepthalyn Anon²: ασιηλ—συλλημ] quatuor 𝕰 | ασιηλ]
·𝖱𝖾𝗍𝗵· 𝓢: (ασηειλ 16: ασηλ 31): (ασηλ 31): ·𝖱𝖾𝗍𝗵· 𝓢: fi𝕷: ασιηλ
acob₂c₂ Anon: ιασβηλ bw: ασων l | om και 2° p | γωυνι]
γουνι mp Anon: γουνις Jos-ed: (γωιιν 71): γωυη fi: γωνι cᵇ
x(-νει)𝕰: Göumin 𝕮: νιοι ιακωβ l | om και 3° p |
ισσααρ] ισσαχαρ qu: ισααρ abcf*lop: ασσααρ mx: Asaar 𝕬:
ιασσααρ egj: Issaar 𝕷: ιασααρ c₂: (ισασαρ 30): ·𝖱𝖾𝗍𝗵· 𝓢: Afin
(ισασαρ 79): Enxer Anon | συλλημ] ·𝖱𝖾𝗍𝗵· 𝓢: συλλειμ
egj: συαλημ y: (συλημ 71.76): συλιμ dm(-ειμ): συλλημ n:
ειλειμ p: Iessaar 𝕷: ασιηλ n: σιλημ l: Siluē Anon²: σελλημ fiᵇⁱᵖ:
σελλιμος Jos-ed: σαλλημ c₁ σαλημ a: Oualem 𝕭ᵛ: Symeon 𝕷

25 βαλας delmpq | λαβας c | ραχηλ—αυτου] filiae suae
Rachel 𝕷: τω ιακωβ | η ετεκεν τουτους] hi sunt quos peperit
𝕮 | η] και aci*mnsxb₂c₂𝕭𝕮ᶠ𝕷𝓢 | om τουτους m | πασαι ψυχαι
επτα] om πασαι 𝕮: πασαι 𝕮: πασαι ψυχαι] πασαι ψυχαι m:
omnes filii 𝕬-codd | ψυχαι] pr αι 𝕭ᵘⁱˡᵃ—gijn—qswx𝕭 | επτα]
(οκτω 128): quinque 𝕰

26 om δε 1° bw𝕭ⁱᵖ | ψυχαι 1°] pr αι Db-gjmnn(mg)wxc₂𝕭 |
εισελθουσαι] ελθουσαι k | μετα ιακωβ] post αιγυπτον (30.77) 𝕮
(cum Iacob patre suo𝕭): Iessaar 𝕷: om και | εξελθοντες] εξηλθον
j | εκ των μηρων] ex faemore 𝕷 | μερων m | om των 2° egjux |
νιων] pr των efgijv(mg)b₂c₂ᵇ𝕭(uid): των του m: om c₂* |
(ιακωβ 2°] ιηλ 25) | ιακωβ 2°] pr και DᵘⁱˡMabcefgjmv(mg)wxc₂𝕭: + οικον ιακωβ h |
εξ] πεντε δε: δυο f: septem 𝕰ᶠ

27 om ιωσηφ 2° | om οι m | γενομενοι (γενωμενοι 18):
εγενοντο acfikmoxc₂ | om αυτω f | om γη befinpw𝕬𝕭𝕮𝕷 |
αιγυπτω] αιγυπτου mqu: +μανασση και εφραιμ f | om ψυχαι

138

γῇ Αἰγύπτῳ ψυχαὶ ἐννέα. πᾶσαι ψυχαὶ οἴκου Ἰακὼβ αἱ εἰσελθοῦσαι εἰς Αἴγυπτον ἑβδομή- (A) (B)
κοντα πέντε.

28   ²⁸Τὸν δὲ Ἰούδαν ἀπέστειλεν ἔμπροσθεν αὐτῶν πρὸς Ἰωσὴφ συναντῆσαι αὐτῷ καθ᾿ Ἡρώων
29 ᵇπόλιν εἰς γῆν Ραμεσσή. ²⁹ζεύξας δὲ Ἰωσὴφ τὰ ἅρματα αὐτοῦ ἀνέβη εἰς συνάντησιν Ἰσραὴλ § B
τῷ πατρὶ αὐτοῦ καθ᾿ Ἡρώων πόλιν· καὶ ὀφθεὶς αὐτῷ ἐπέπεσεν ἐπὶ τὸν τράχηλον αὐτοῦ, καὶ
30 ἔκλαυσεν κλαυθμῷ πίονι. ³⁰καὶ εἶπεν Ἰσραὴλ πρὸς ᵇἸωσὴφ Ἀποθανοῦμαι ἀπὸ τοῦ νῦν, ἐπειδὴ § 𝕷ᶜ
31 ἑώρακα τὸ πρόσωπόν σου· ἔτι γὰρ σὺ ζῇς. ³¹εἶπεν δὲ Ἰωσὴφ πρὸς τοὺς ἀδελφοὺς αὐτοῦ Ἀναβὰς ¶ 𝕷ᶜ
ἀπαγγελῶ τῷ Φαραὼ καὶ ἐρῶ αὐτῷ Οἱ ἀδελφοί μου καὶ ὁ οἶκος τοῦ πατρός μου, οἳ ἦσαν ἐν γῇ
32 Χανάαν, ἥκασιν πρός μέ· ³²οἱ δὲ ἄνδρες εἰσὶν ποιμένες· ἄνδρες γὰρ κτηνοτρόφοι ἦσαν· καὶ τὰ
33 κτήνη καὶ τοὺς βόας καὶ πάντα τὰ αὐτῶν ἀγιόχασιν. ³³ἐὰν οὖν καλέσῃ ὑμᾶς Φαραὼ καὶ εἴπῃ
34 ὑμῖν Τί τὸ ἔργον ὑμῶν ἐστιν; ³⁴ἐρεῖτε Ἄνδρες κτηνοτρόφοι ἐσμὲν οἱ παῖδές σου ἐκ παιδὸς ἕως
τοῦ νῦν, καὶ ἡμεῖς καὶ οἱ πατέρες ἡμῶν· ἵνα κατοικήσητε ἐν γῇ Γέσεμ Ἀραβίᾳ· βδέλυγμα γάρ
ἐστιν Αἰγυπτίων πᾶς ποιμὴν προβάτων.

XLVII 1   ¹¹Ἐλθὼν δὲ Ἰωσὴφ ἀπήγγειλεν τῷ Φαραὼ λέγων Ὁ πατὴρ καὶ οἱ ἀδελφοὶ καὶ τὰ κτήνη καὶ
2 οἱ βόες αὐτῶν καὶ πάντα τὰ αὐτῶν ἦλθον ἐκ γῆς Χανάαν, καὶ ἰδοὺ εἰσιν ἐν γῇ Γέσεμ. ²ἀπὸ δὲ
3 τῶν ἀδελφῶν παρέλαβεν πέντε ἄνδρας καὶ ἔστησεν αὐτοὺς ἐναντίον Φαραώ.¶ ³καὶ εἶπεν Φαραὼ ¶ 𝕮ᵐ

B τοῖς ἀδελφοῖς Ἰωσήφ Τί τὸ ἔργον ὑμῶν; οἱ δὲ εἶπαν τῷ Φαραώ Ποιμένες προβάτων οἱ παῖδές σου, καὶ ἡμεῖς καὶ οἱ πατέρες ἡμῶν. 4εἶπαν δὲ τῷ Φαραώ Παροικεῖν ἐν τῇ γῇ ἥκαμεν· οὐ γάρ 4 ἐστιν νομὴ τοῖς κτήνεσιν τῶν παίδων σου, ἐνίσχυσεν γὰρ ὁ λιμὸς ἐν γῇ Χανάαν· νῦν οὖν κατοικήσομεν ἐν γῇ Γέσεμ. 5εἶπεν δὲ Φαραὼ τῷ Ἰωσήφ (6)Κατοικείτωσαν ἐν γῇ Γέσεμ· εἰ δὲ ἐπίστῃ 5 ὅτι εἰσὶν ἐν αὐτοῖς ἄνδρες δυνατοί, κατάστησον αὐτοὺς ἄρχοντας τῶν ἐμῶν κτηνῶν. ἦλθον δὲ εἰς Αἴγυπτον πρὸς Ἰωσήφ Ἰακὼβ καὶ οἱ υἱοὶ αὐτοῦ· καὶ ἤκουσεν Φαραὼ βασιλεὺς Αἰγύπτου. (5)καὶ εἶπεν Φαραὼ πρὸς Ἰωσήφ λέγων Ὁ πατήρ σου καὶ οἱ ἀδελφοί σου ἥκασι πρὸς σέ· 6ἰδοὺ 6 ἡ γῆ Αἰγύπτου ἐναντίον σού ἐστιν· ἐν τῇ βελτίστῃ γῇ κατοίκισον τὸν πατέρα σου καὶ τοὺς ἀδελφούς σου. 7εἰσήγαγεν δὲ Ἰωσήφ Ἰακὼβ τὸν πατέρα αὐτοῦ καὶ ἔστησεν αὐτὸν ἐναντίον 7 Φαραώ· καὶ εὐλόγησεν Ἰακὼβ τὸν Φαραώ. 8εἶπεν δὲ Φαραὼ τῷ Ἰακὼβ Πόσα ἔτη ἡμερῶν τῆς 8 ζωῆς σου; 9καὶ εἶπεν Ἰακὼβ τῷ Φαραὼ Αἱ ἡμέραι τῶν ἐτῶν τῆς ζωῆς μου ἃς παροικῶ ἑκατὸν 9 τριάκοντα ἔτη· μικραὶ καὶ πονηραὶ γεγόνασιν αἱ ἡμέραι τῶν ἐτῶν τῆς ζωῆς μου· οὐκ ἀφίκοντο εἰς τὰς ἡμέρας τῶν ἐτῶν τῆς ζωῆς τῶν πατέρων μου, ἃς ἡμέρας παρῴκησαν. 10καὶ εὐλογήσας 10 Ἰακὼβ τὸν Φαραὼ ἐξῆλθεν ἀπ' αὐτοῦ. 11καὶ κατῴκισεν Ἰωσήφ τὸν πατέρα καὶ τοὺς ἀδελφοὺς 11

XLVII 3 ποιμαινες Α    5 κατοικειτωσαν Β^ah] κατοικιτωσαν Β*  |  ηκασιν Α    6 κατοικησον Α    9 μεικραι Β*(μικ- Β^b)  |  αφεικοντο D    11 κατωκησεν Α

ADMa-yb₂c₂𝔄𝔅𝔈𝔏𝔖

+ εστ 𝔏𝔖  |  υμων] pr εστιν κ𝔄: + εστιν cfir𝔅  |  οι δε] ει 𝔈  |  ειπαν] ειπον a-fm-quc₂  |  om τω φαραω dfho  |  ποιμενες] + εσμεν dnpt𝔅  |  προβατων] κτηνων f: + sunt 𝔄: + sumus 𝔏: + nos 𝔈  |  ⟨παιδες⟩ δουλοι 14)  |  σου] + εσμεν fi^a¹: + εκ παιδος εως του νυν egj Or-gr: ⟨+ εως του νυν⟩ 20) om και 2°—ημων Or-gr  |  ημεις] υμεις al*  |  πατερες] παιδες a  |  ημων] om a: + εκ παιδος εως του νυν M(mg)dhi^a¹j(mg)npqrtuv(mg)yb₂𝔅(uid): +εκ παιδος εως του νυν A: + εκ νεοτητος εως του νυν o: + εως του νυν l: + αχρι του νυν f

4 ειπαν δε] ειπον δε acdenopc₂: ειπεν δε l*: και ειπαν bw  |  om τω i*jn Or-gr  |  παροικειν—ηκαμεν] adscendimus in terram (pro επιχωι leg εχωπι)𝔅: fac nos habitare in terra in quam uenimus 𝔈  |  κατοικειν n  |  εν 1°—ηκαμεν] uenimus in terra hac 𝔄  |  om τη lb₂  |  γη 1°] + γεσεμ b₂: + η f  |  ηκαμεν] ηκομεν ahmorvxc₂: ηκωμεν cn: εισιομεν k  |  εστιν] erat 𝔄  |  νομη] νομη c ⟨τοις⟩ pr εν 30)  |  ενισχυσεν] ενισχυσεν c₂: ισχυσεν n  |  λιμος n  |  γη 2°] pr τη hv  |  κατοικησομεν Β] κατοικησωμεν Aa—dflnpwy Chr: —οι παιδες σου ADM omn 𝔄𝔅𝔖  |  ⟨κατοικησομεν οι παιδες σου 31⟩: fac habitare (+ nos 𝔈) seruos tuos 𝔈: morabuntur pueri tui 𝔏  |  γεσεμ Mfioqt

5 om ειπεν 1°—γεσεμ dfl  |  ειπεν 1°] pr + 𝔖  |  om τω ιωσηφ Chr  |  ιωσηφ 1°] + λεγων egj  |  λεγων ο κῆρ σου και οι αδελφοι σου ιδαον προς σε ιδον τη γη αιγυπτου εναντιον σου εστιν εν τη βελτιστη γη κατοικισον τον κρα σου και τους αδελφους σου a^ckmoquxc₂𝔄𝔈𝔖 [λεγων] quia 𝔈: om c₂  |  ο κῆρ] οι κ̅ρε̅ς τ] πατερες] παιδες a  |  ημων] ημων πς a^a¹: ⟨ηκασι⟩ εληλυθασιν kmc₂  |  σε] + εν γη αιγυπτου o  |  om ιδου c₂  |  om αιγυπτου o ⟨εναντιον⟩ εναντιον c: εις προσωπον της βελτιστη γη] αγαβω τους αδελφους k  |  σου 4°] + 𝔖]  |  om κατοικειτωσαν—γεσεμ 𝔈  |  κατοικειτωσαν] pr et 𝔄: κατοικεατωσαν imnp Chr-codd  |  om εν γη γεσεμ Chr  |  γεσεμ Mx  |  ει] η c: ειτε j  |  om επιστη οτι f  |  επιστη] επιστης qu: επιστησαι ekl: επιστασαι D: εφισθασαι m  |  εν αυτοις] post δυνατοι c: om d  |  om ανδρες Or-gr  |  om των b  |  εμων κτηνων] ημων κτηνων rt: κτηνων ημων dp𝔏  |  om ηλθον—(6) σου 2° x𝔄𝔈𝔏𝔖(txt)  |  ηλθον—αιγυπτου sub ÷ Mv  |  ηλθον] ηλθαν m: ηλθεν jqu𝔅  |  εισηλθον w: εισηλθε b  |  om προς ιωσηφ 1° acfoc₂  |  om ιακωβ—αυτου 𝔏  |  om οι 1° cdln*  |  om και 2°—(6) σου 3° k  |  om

και 2°—αιγυπτου c₂  |  φαραω 1°] pr o o: om l  |  om βασιλευς αιγυπτου p  |  και 3°—(6) σου 3°] sub ❖ Mv: om qsu  |  φαραω 2°] om np: ⟨+ βασιλεως αιγυπτου 25⟩: ⟨om προς ιωσηφ 2° 30⟩: προς 2°] τω DMa—eghjl-ptvwb₂c₂𝔖(mg) | λεγων—(6) σου 3°] αγαγε αυτους προς με m: pater tuus 𝔖(mg): om c(spat 5 litt relict)oc₂  |  ικωσ σου 1°] + οτι 79)  |  ⟨πατηρ⟩ πας 16)  |  σου 2°] om v: + et pecora eorum 𝔅  |  ηκασι] ηκουσιν ny(uid): εληλυθασιν v(uid)

6 om totum comma b₂  |  ιδου] pr ει 𝔏: om bvw  |  η + δε bw  |  εναντιον σου] εις προσωπον σου v: coram eis 𝔅  |  εν—σου 3°] habitent pater tuus et fratres tui in terra bona 𝔄  |  om τη βελτιστη γη] αγαβωτατω της γης v: om γη dp  |  κατοικισον] καταστησον b: καθισον v  |  τον—σου 3°] αυτον n

7 εισηγαγεν δε] και εισηγαγεν k  |  om ιακωβ 1° befgj𝔈  |  αυτου] αυτω m: om (18) 𝔄  |  om και 2°—φαραω 2° cfnqsu  |  τον 2°] τω p  |  φαραω 2°] + ειπεν δε ιακωβ τω φαραω b

8 ειπεν—ιακωβ] και ειπεν αυτω φαραω p  |  ποσα ετη ημερων] ποσαι ημεραι ετων b₂: om ετη f  |  ημερων] per των (20) Chr: om v  |  om της Abb₂c₂

9 om και 1° 𝔏  |  ιακωβ τω φαραω] om p*: om τω φαραω d  |  των ετων 1°] post ζωης 1° 𝔄: om 𝔈  |  om ετων n  |  της ζωης μου 1°] sub ÷ 𝔖: om της b  |  om ας 1°—μου 2° m*p*  |  om ας 1°—μου 2°] παροικω] peregrinatus sum 𝔄: νιλτι 𝔈  |  εκατον—ετη] ετη εκατον τριακοντα 18 𝔄: post γεγονασιν m^a: τριακοντα και εκατον ετη k: om Phil  |  ⟨μικραι⟩ πικραι 79)  |  μικραι] magni 𝔏: om lpv: ⟨+ οτι 79⟩  |  ⟨πατηρ⟩ πας 16)  |  σου 2°] om v: + et pecora eorum 𝔅  |  2° Phil Chr✝  |  αι 1°—ετων 2°] anni 𝔅  |  των 2°—ζωης 2°] uitae meae et annorum 𝔈: om l Ath Chr✝ Thdt  |  των ετων Or-lat  |  om ουκ—παρωκησαν 𝔏  |  ουκ] pr και 𝔄𝔈𝔖 Chr  |  αφικοντο] αφηκοντο bw  |  αφικον m: αφικετο A: εξικορτο Phil: εφθασαν Ath Thdt  |  om ras (25) Phil  |  των—ημερας 2°] om l*: om των ετων της ζωης (18) 2° Phil Ath Chr✝ Thdt  |  των ετων 2°] post ζωης 2°—v: ημερας] ⟨om 71.76⟩: ημερας 2° (as ημ.?)] ημεραι αι D: om ημερας 2° bw𝔅𝔈 Phil  |  παρωκησαν] παρωκησα bclmswc₂*: νίχετιντ 𝔈

10 τον] τω t

11 και κατωκισεν ιωσηφ] Ioseph autem deduxit 𝔏  |  πατερα] + αυτου D^aa—dfi^a¹l—prstwxb₂c₂𝔄𝔅𝔏𝔖(sub ❖) Chr  |  αυτου]

αὐτοῦ καὶ ἔδωκεν αὐτοῖς κατάσχεσιν ἐν γῇ Αἰγύπτου, ἐν τῇ βελτίστῃ γῇ, ἐν γῇ Ῥαμεσσή, καθὰ B
12 προσέταξεν Φαραώ. 12 καὶ ἐσιτομέτρει Ἰωσὴφ τῷ πατρὶ αὐτοῦ καὶ τοῖς ἀδελφοῖς καὶ παντὶ τῷ
οἴκῳ τοῦ πατρὸς αὐτοῦ σῖτον κατὰ σῶμα.
13 13 Σῖτος δὲ οὐκ ἦν ἐν πάσῃ τῇ γῇ, ἐνίσχυσεν γὰρ ὁ λιμὸς σφόδρα· ἐξέλιπεν δὲ ἡ γῆ Αἰγύπτου
14 καὶ ἡ γῆ Χανάαν ἀπὸ τοῦ λιμοῦ· 14 συνήγαγεν δὲ Ἰωσὴφ πᾶν τὸ ἀργύριον τὸ εὑρεθὲν ἐν γῇ
Αἰγύπτου καὶ ἐν γῇ Χανάαν τοῦ σίτου ὃ ἠγόραζον, καὶ ἐσιτομέτρει αὐτοῖς· καὶ εἰσήνεγκεν Ἰωσὴφ
15 πᾶν τὸ ἀργύριον εἰς τὸν οἶκον Φαραώ. 15 καὶ ἐξέλιπεν τὸ ἀργύριον πᾶν ἐκ γῆς Αἰγύπτου καὶ
ἐκ γῆς Χανάαν· ἦλθον δὲ πάντες οἱ Αἰγύπτιοι πρὸς Ἰωσὴφ λέγοντες Δὸς ἡμῖν ἄρτους· καὶ ἵνα
16 τί ἀποθνήσκομεν ἐναντίον σου; ἐκλέλοιπεν γὰρ τὸ ἀργύριον ἡμῶν. 16 εἶπεν δὲ αὐτοῖς Ἰωσὴφ
Φέρετε¶ τὰ κτήνη ὑμῶν, καὶ δώσω ὑμῖν ἄρτους ἀντὶ τῶν κτηνῶν ὑμῶν, §εἰ ἐκλέλοιπεν τὸ ἀργύριον ¶ 𝔖
17 ὑμῶν. 17 ἤγαγον δὲ τὰ κτήνη πρὸς Ἰωσήφ, καὶ ἔδωκεν αὐτοῖς Ἰωσὴφ ἄρτους ἀντὶ τῶν ἵππων § F
καὶ ἀντὶ τῶν προβάτων καὶ ἀντὶ τῶν βοῶν καὶ ἀντὶ τῶν ὄνων· καὶ ἐξέθρεψεν αὐτοὺς ἐν ἄρτοις
18 ἀντὶ πάντων τῶν κτηνῶν αὐτῶν ἐν τῷ ἐνιαυτῷ ἐκείνῳ. 18 ἐξῆλθεν δὲ τὸ ἔτος ἐκεῖνο, καὶ ἦλθαν
πρὸς αὐτὸν ἐν τῷ ἔτει τῷ δευτέρῳ καὶ εἶπαν αὐτῷ Μή ποτε ἐκτριβῶμεν ἀπὸ τοῦ κυρίου ἡμῶν· εἰ
γὰρ ἐκλέλοιπεν τὸ ἀργύριον ἡμῶν καὶ τὰ ὑπάρχοντα καὶ τὰ κτήνη πρὸς σὲ τὸν κύριον, καὶ οὐχ

12 εσιτομετρι A    18 ουχ B^ab] ουκ B*

AD(F)Ma–yb₂c₂𝔄𝔅𝔈𝔏r(𝔖)

+ εις γην γεσεμ bw: ⟨+ εν γη γεσεμ 71⟩: + εν γη εδεμ j(hab et mg)v(mg) | αυτοις] αυτους mp | κατασχειν Chr-codd | γη 1°] ⟨pr τη 71: τη 31⟩: om egjc₂ | αιγυπτου Bb*fnw] αιγυπτω A D^sil Mb^a rell Chr | om τη bw | om γη 2° ob₂ | εν γη ραμεσση] *Gesem* 𝔏: om D | γη 3°] pr τη bw | ραμεσση] ραμεση abl n(-σι)opwx*: *Ramesa* 𝔄: *Ramasse* 𝔅 | καθαπερ hv(mg) | προσεταξεν] προσεταξε c: συνεταξεν αυτω fi^a?r: + αυτω D: + *eis* 𝔈

**12** και εσιτομετρει] *admensus est autem* 𝔏 | σιτομετρει l | om ιωσηφ p | τω πατρι] τοις αδελφοις hm | αυτου 1° Bf–imq𝔅 𝔏𝔖(uid)] om ADM rell 𝔄 Chr | τοις αδελφοις Bgi] pr πασι v(mg): τω πρι h: τω πρι αυτου m: ⟨τους αδελφους αυτου 31⟩: + αυτου ADM rell 𝔄𝔅𝔏𝔖 Chr | παντι τω οικω] ⟨πασι του οικου 73 mg⟩: πασι τοις εκ του οικου j(mg)kv(mg) | παντι] παν b | om τω 2° r | σιτον] σιτου bw: ⟨σιτων 18⟩ | σωμα] σωματα bqu𝔏𝔖: *os* 𝔄

**13** σιτος δε ουκ ην] και ουκ ην σιτος p𝔈 | om ενισχ.—σφοδρα l | λιμος] λοιμος n: + επι της γης o: + *super totam terram* 𝔅 | εξελιπεν] εξελειπεν ADMc^a(-ληπ-)hkmnoryb₂*(uid): εξελιπον a | ⟨αιγυπτω 77⟩ | απο] + προσωπου k | λοιμου n

**14** συνεισηγαγε degj | παν 1°] post αργυριον 1° n: απαν Chr: συμπαν k | το 2°—αιγυπτου] των τε εν αιγυπτω Chr | γη 1°] τη i*: om 𝔅 | αιγυπτου Bbfknoquw] αιγυπτω ADM rell 𝔅 | και 1°] pr και εισηγαγεν αυτο εις τον οικον φαραω p | εν γη 2°] της γης p: των εν τη Chr | του σιτου] pr απο abnv(mg)wy: pr υπο f: το αργυριον p: *ex frumento* 𝔏 | ο B] ου AD^sil M omn | ηγοραζον] pr αυτοι k: ηγοραζε ⟨79⟩ 𝔄 | και εσιτομετρει αυτοις] sub ÷ 𝔖: om 𝔈 | αυτοις] αυτους m(uid) | om και 3°—φαραω p | εισηνεγκεν] εισηγαγεν brw Chr | om ιωσηφ 2° bw Chr | παν το αργυριον 2°] απαν Chr: + το ευρεθεν εν γη αιγυπτω και εν γη χανααν g | om εις—(15) παν l

**15** ⟨om και 1°—παν 64⟩ | εξελειπεν ADMchkmnr*sv*(uid) | το αργυριον παν B] om παν Aafkmx–c₂𝔄𝔈^p𝔏𝔖: παν το αργυριον D^sil M rell 𝔈^cf: λοιπον το αργ. Chr | εκ γης 1°] pr ωστε αναλωθηναι egj: εκ της i*: εκ της γης f: *in terra* 𝔄-codd: *terrae* 𝔈 | om και 2°—χανααν l | εκ γης 2°] εκ της γης f: *in terra* 𝔄-codd: *terrae* 𝔈 | om οι αιγυπτιοι 𝔖* | και 3°—αποθνησκομεν] *ne moriamur* 𝔈: om και 𝔖 | αποθνησκωμεν fns𝔏 | εκλελοιπεν] εξελειπε m: εξελιπε ⟨20⟩ Chr | om ημων DMacdh klopqs–vxb₂c₂𝔄𝔅𝔖 Chr

**16** om αυτοις n | om ιωσηφ dp | φερετε] + ημιν p^a(υμιν p*) | υμων 1°] ημων gp* | om και—υμων 2° mc₂ | υμιν] ημιν g | αρτους] αρτον q | αντι—υμων 2°] αντ αυτων p: om n | om ει—αργυριον F^b? | υμων 3° Bf] ημων A: om DFM rell 𝔄𝔅𝔏

**17** ⟨ηγαγε 31⟩ | κτηνη] + αυτων F^bfi^a?r𝔅 Or-gr | om προς ιωσηφ Chr | ιωσηφ 1°] pr τον bw | om και 1°—ιωσηφ 2° j | om ιωσηφ 2° np𝔈 Chr | αρτους] αρτον F^b?: *panem* 𝔏: om Chr | om των 1°—αντι 2° 𝔈 | om και 2°—προβατων c₂ | om αντι των 2° p | προβατων] βοων n | om και 3°—βοων s | αντι των 3°] om p: om αντι d𝔈 | βοων] προβατων n | αντι των 4°] om p: om αντι Chr | εθρεψεν bfw | αυτους] αυτοις hp: αυτοις ιωσηφ a: + ιωσηφ ckmob₂ | εν αρτοις] om ⟨76⟩ Chr: om εν b | om παντων f(j)m𝔅 Chr | om αυτων f | εν 2°—εκεινω] om Chr: om εν f | τω ενιαυτω] post εκεινω o

**18** om εξηλθεν—εκεινο b | εξηλθεν] εξηλθον c₂: διηλθεν F^bn | ⟨δε] τοινυν 71⟩ | ετος] εκες A | και ηλθαν] ηλθον δε Chr | ηλθαν Bi*] ηλθον AD^sil FMi^a? rell | προς αυτον] *ad Ioseph* 𝔄: om i* | εν] και Chr: om mv(txt) | ετει] ενιαυτω dhlnptv(mg)y | om και ειπαν αυτω b₂ | ειπον F^b?ac–fmnpc₂ | αυτω] αυτο h^b?: om 𝔏 | απο] υπο e | κυριου ημων] λιμου s | om ει—κυριον 𝔅^lp | ει—ημων 2°] *si argentum erat defecit* 𝔄 | ει γαρ] *quia* 𝔈 | το αργυριον ημων B𝔅^w] ⟨το ημων αργυριον 108⟩: τα παιδαρια F*: om ημων ADF^bM omn 𝔏 | και 3°—κτηνη] *et si pecora et res* 𝔄 | om και τα κτηνη m | om και 4° t* | τα κτηνη] pr παντα F^bdfi^a?npt: + ημων b | προς 2°—κυριον] om F*: *ante dominum nostrum* 𝔏 | σε] om b₂: + *sunt* 𝔄 | κυριον] + ημων M(mg)bcegjk Chr | om και 5° kwx | ουχι

12 σιτον κατα σωμα] α' τροφην κατα λογον του οχλου M
14 και 3°—φαραω] και εισεκομισεν ιωσηφ το του σιτου απαν αργυριον και χρημα προς φαραω s
18 μη—ημων 1°] ου μη διαψευσθωμεν τω κω ημων F^b | ει γαρ εκλελοιπεν] ιδου τετελειωται F^b

B ὑπολείπεται ἡμῖν ἐναντίον τοῦ κυρίου ἀλλ᾽ ἢ τὸ ἴδιον σῶμα καὶ ἡ γῆ ἡμῶν. ¹⁹ἵνα μὴ ἀπο- 19
θάνωμεν ἐναντίον σου καὶ ἡ γῆ ἐρημωθῇ, κτῆσαι ἡμᾶς καὶ τὴν γῆν ἡμῶν ἀντὶ ἄρτων, καὶ ἐσόμεθα
ἡμεῖς καὶ ἡ γῆ ἡμῶν παῖδες Φαραώ· δὸς σπέρμα ἵνα σπείρωμεν καὶ μὴ ἀποθάνωμεν, καὶ ἡ γῆ
ἐρημωθήσεται. ²⁰καὶ ἐκτήσατο Ἰωσὴφ πᾶσαν τὴν γῆν τῶν Αἰγυπτίων τῷ Φαραώ· ἀπέδοντο 20
γὰρ οἱ Αἰγύπτιοι τὴν γῆν αὐτῶν τῷ Φαραώ, ἐπεκράτησεν γὰρ αὐτῶν ὁ λιμός· καὶ ἐγένετο ἡ γῆ
Φαραώ, ²¹καὶ τὸν λαὸν κατεδουλώσατο αὐτῷ εἰς παῖδας, ἀπ᾽ ἄκρων ὁρίων Αἰγύπτου ἕως τῶν 21
ἄκρων, ²²χωρὶς τῆς γῆς τῶν ἱερέων μόνον· οὐκ ἐκτήσατο ταύτην Ἰωσήφ· ἐν δόσει γὰρ ἔδωκεν 22
δόμα τοῖς ἱερεῦσιν Φαραώ, καὶ ἤσθιον τὴν δόσιν ἣν ἔδωκεν αὐτοῖς Φαραώ· διὰ τοῦτο οὐκ ἀπέ-
¶ D δοντο τὴν γῆν αὐτῶν.¶ ²³εἶπεν δὲ Ἰωσὴφ πᾶσι τοῖς Αἰγυπτίοις Ἰδοὺ κέκτημαι ὑμᾶς καὶ τὴν 23
§ a₂ γῆν ὑμῶν σήμερον τῷ Φαραώ, λάβετε αὐτοῖς σπέρμα καὶ σπείρατε τὴν γῆν· ²⁴καὶ ἔσται τὰ 24
§ 𝔐ᵐ γενήματα αὐτῆς, δώσετε τὸ πέμπτον μέρος τῷ Φαραώ· τὰ δὲ τέσσερα μέρη ἔσται ὑμῖν αὐτοῖς
εἰς σπέρμα τῇ γῇ καὶ εἰς βρῶσιν ὑμῖν καὶ πᾶσιν τοῖς οἴκοις ὑμῶν. ²⁵καὶ εἶπαν Σέσωκας ἡμᾶς, 25
εὕρομεν χάριν ἐναντίον τοῦ κυρίου ἡμῶν, καὶ ἐσόμεθα παῖδες Φαραώ. ²⁶καὶ ἔθετο αὐτοῖς Ἰωσὴφ 26

18 υπολιπετα B    19 ινα 1°] +ουν Bᵃᵇ | σπειρωμεν] +και ζωμεν Bᵃᵇᵘᵍ
21 απ] ατο D    22 δοσει Bᵃᵇ] δοσι Bᵃ | ιερευσι F
23 την γην 1°] γηγ|γην Bᵃ ᵘⁱᵈ(την|γην Bᶦ¹ᵃ¹)    24 δωσεται A | πεμπτος A | τεσσαρα Bᵃᵇ | πασι F

A(D)FMa–y(a₂)b₂c₂𝔄𝔅(𝔈ᵐ)𝔈𝔏ʳ

A(uid) | υπολιπεται Aaegi*(-τε)jsy Or-gr (repugnante contextu)] υπολιπετα B : υπολελειπται DᵐⁱFMⁱᵃ¹ rell 𝔄(uid)𝔈𝔏 Chr | om Aew ⟨εναντιον του κυριου⟩ ⟨εναντιον σου 71⟩: ante te dñm nostrum 𝔏 : coram te domine 𝔄 : domine coram te 𝔈 | κυριου 2° Bx𝔄] +ημων ADᵘⁱFM rell 𝔅 Or-gr | αλλ] pr ουδεν 𝔅 : om Or-gr Chr | ημων 3°] ημιν 1
19 ινα μη αποθανωμεν] μη ουν αποθ. n : ⟨μη αποθ. ουν 78⟩ | ινα 1° B*] +ουν BᵃᵇADᵐⁱFM rell 𝔄𝔅𝔈𝔏 Or-gr Chr | και η γη 1°] pr και γε ημεις αυτοι ack(om γε)mxb₂c₂ : pr et nos 𝔄 : +ημων abegjkmn𝔄-codd | ερημωθη Bbdfiw𝔏 Or-gr] pr μη n 𝔈(uid) : ερημωθησεται ADFM rell | κτησαι—φαραω] post ερημωθησεται d | ⟨τη γην⟩ τη γη 30 : τα κτηρη 76⟩ | αντι] εναντι m | αρτων] pr των n Chr : αρτου Fᵇ | εσομεθα] εσωμεθα clns* : simus 𝔈 | ημεις] pr και abeghjlpvw Chr | φαραω] pr τω begjq uw Chr | δος] pr και k𝔈ᶜᶠ : δω n : +ημιν begjw𝔅𝔈 | σπερματα AD(+D)y | om ινα σπειρωμεν Fᵇ¹ | σπειρωμεν B*] om egi : +και ζωσωμεν ADFᵇfhlmpqtu : +και ζησομεν dk : +και ζωμεν BᵃᵇᵘᵍF*M rell Chr : et uiuamus 𝔄𝔅𝔏 : +ut uiuamus 𝔈 | om και 5° egi | ⟨γη 3°⟩ +ημων 18⟩ | ερημωθησεται BA⁰] pr ουκ A(+Dᵐⁱ)FM omn 𝔄𝔈(uid) Chr: non deseretur 𝔏
20 ιωσηφ] pr o qu | om πασαν Chr | την γην 1°] post αιγυπτιων m | των—φαραω 2°] om 𝔈ᵖ : om των bel | τω 1°—φαραω 2°] et reddidit Pharaoni omnem terram eorum 𝔈ᶜᶠ | τω 1°] αυτω m* : om degjc₂ | επεδοντο 1 | γαρ 1°] δε 1 | οι αιγυπτιοι] post αυτων 1° c₂ : +ανδρες k | την γην 2°] pr πασαν y | αυτων 1°] αυτω b : om y | φαραω] ιωσηφ n* | οm επεκρατησεν—φαραω 3° em | αυτων 2°] post λιμος Al : αυτων s : αυτοις f : om y | λιμος] +η | γη] terra eorum 𝔏 | φαραω 3° BDbg*wc₂] pr τω AFMgᵃ¹ rell Chr
21, 22 libere uertit 𝔈
21 κατεδουλωσατο] λω sup ras aᵃ¹ : κατεδουλωσατο e | αυτω] αυτων A : εαυτω abkmowxb₂c₂ : om jy | εις παιδας] εις περας m : ⟨om 71⟩ | απ ακρων οριων] ab initio finis 𝔏 | ⟨ακρων 1°⟩ ακρον 128⟩ | om οριων—ακρων 2°] om | ⟨αιγυπτου⟩ αιγυπτιων 25⟩ | εως] pr και Fᵇ cfiknswxc₂ | om των F*egj Chr | ακρων 2°] +αυτων 1 : +εἰμς 𝔄𝔏 Or-lat

22 χωρις] post γης bw | μονον] μονων bcef*gjlq : μονης dm npt | ουκ εκτησατο ταυτην Bbfiw] ουκ εκτ. αυτην v𝔄 : ταυτην ουκ εκτ. Fᵇdegjknpt : quia non acquisiuit eos 𝔄 : om ταυτην A DF*M rell 𝔏 | ιωσηφ] +αυτη M(mg) : +τω φαραω f | εδωκεν 1°] δεδωκεν ny | δομα] δοματα AMbdefbiᵃ¹kmprtx𝔄(uid) Chr-codd (βρωματα ed) : om c₂ | ⟨ιερευσιν⟩ pr τοτε 18⟩ | φαραω 1°] pr παρα k | και—φαραω 2°] sub ∗ M : om και j | ησθιον—ην] manducauerunt quod 𝔏 | εδωκεν 2°] δεδωκεν r | φαραω 2°] ιωσηφ n* | δια τουτο] (pr και 84⟩ : +enim 𝔏(int lin) | απεδωτο nᵃ
23 πασι] post αιγυπτιοις n : om bdegjlw Chr | κεκτημαι] κεκτηγε b | ημαι 1 | και 1°—υμων] post σημερον acm(τη γη)ox b₂c₂𝔄𝔅 | την γην 1°] ημεις ny | σπερμα] λαβετε f : om Chr | ⟨αυτοις⟩ Bdiᵐmopstu*] αυτους y : εαυτοις AFMiᵃ¹uᵃ rell Chr: om 𝔈ᵖ | σπερματα AFᵇabceghjmnpstya₂𝔄 Chr | σπειρετε w | την γην 2°] αυτην b : εαυτοις M
24 εσται 1°—αυτης] pr εαν dhpt Chr ⟨γεννηθη pro εσται codd⟩ : pr αν n : quod natum fuerit ex eo 𝔏 : om 𝔅 : om εσται c₂𝔈 | γεννηματα fgjl Chr | την γην h | om δωσετε—αυτοις g | δωσετε] pr και bdfklqtuw𝔄 : Chr-ed | om τω s | om τω Aely | εσται c₂] post υμιν 1° M | την γην 3] ημιν 1 | αυτοις] και αυτη ny | εις σπερμα] pr και s : post γη ackimxc₂ : om εις και j | εσομεθα] εσωμεθα clnsw : εσομενα bgw | τη γη] (pr εν 18 : τηι γηι 32⟩ : om b₂ | om εις 2° (84⟩ 𝔏 | ⟨υμιν 2°⟩ ημιν 1⟩ : υμων cemp : om αι εις βρωσιν τοις ρητισιν υμων 𝔄(mg) | om πασιν 𝔄 | οικοις BFbhnwa₂] pr εν τοις AM rell ⟨οικιαις c⟩ 𝔄 𝔅𝔈(uid)𝔏 Chr | υμων] ημων l : υμιν c : +και εις βρωσιν τοις ρητισιν υμων a₂𝔄-codd𝔄
25 ειπαν] ειπον Fᵇ¹dmnc₂ : +ει 𝔄𝔈 | σεσωκας] sanasti 𝔏 : +γαρ b | ⟨ημων 1°⟩ pr et 𝔈 : ευρομεν η. ευραμεν Ay : ⟨ευρακαμεν 20⟩ : +enim 𝔅 | εναντιον—ημων] coram te domine 𝔈 | εναντιον] ⟨ενωπιον 14⟩ : +σου ⟨18⟩ 𝔏 | om του 1 | ⟨ημων⟩ υμων k | εσομεθα] εσωμεθα clnsw | παιδες φαραω] αυτου οικεται n | φαραω Begjkr] pr εν τω l : pr τω AFM rell Chr : Pharaonis 𝔏
26 τουτο δε Chr | αυτοις] αυτους diᵃnᵃ¹pt𝔏 | ιωσηφ] post προσταγμα 𝔄 Chr : ⟨om 31.73⟩ | εις προσταγμα] το προσ-

19 κτησαι] αγορασον Fᵇ    21 αναπογραφους εποιησεν (? =κατεδουλωσατο)c₂
22 εν—ιερευσιν] a' οτι ακριβασμος τοις ιερευσιν Mc₂ ⟨οτι ακρβ.] ακρβ. γαρ⟩: σ' συνταξις γαρ ην τοις ιερευσιν Mc₂ : σαμ.
και γαρ μερις ην τοις ιερευσιν c₂

εἰς πρόσταγμα ἕως τῆς ἡμέρας ταύτης ἐπὶ γῆν Αἰγύπτου τῷ Φαραὼ ἀποπεμπτοῦν, χωρὶς τῆς γῆς B
27 τῶν ἱερέων μόνον· οὐκ ἦν τῷ Φαραώ. ²⁷κατῴκησεν δὲ Ἰσραὴλ ἐν γῇ ¶ Αἰγύπτῳ ἐπὶ τῆς γῆς ¶ 𝕮ᵐ
Γέσεμ· καὶ ἐκληρονόμησαν ἐπ' αὐτῆς, καὶ ἐπληθύνθησαν σφόδρα.
28      ²⁸Ἐπέζησεν δὲ Ἰακὼβ ἐν γῇ Αἰγύπτῳ ἔτη δέκα ἑπτά· ἐγένοντο δὲ αἱ ἡμέραι Ἰακὼβ ἐνιαυ-
29 τῶν τῆς ζωῆς αὐτοῦ ἑκατὸν τεσσεράκοντα ἑπτὰ ἔτη. §²⁹ἤγγισαν δὲ αἱ ἡμέραι Ἰσραὴλ ἀποθανεῖν, § 𝕮ᵐ
καὶ ἐκάλεσεν τὸν υἱὸν αὐτοῦ Ἰωσὴφ καὶ εἶπεν αὐτῷ Εἰ εὕρηκα χάριν ἐναντίον σου, ὑπόθες τὴν
χεῖρά σου ὑπὸ τὸν μηρόν μου, καὶ ποιήσεις ἐπ' ἐμὲ ἐλεημοσύνην καὶ ἀλήθειαν τοῦ μή με θάψαι
30 ἐν Αἰγύπτῳ· ³⁰ἀλλὰ κοιμηθήσομαι μετὰ τῶν πατέρων μου, καὶ ἀρεῖς με ἐξ Αἰγύπτου καὶ θάψεις
31 με ἐν τῷ τάφῳ αὐτῶν. ὁ δὲ εἶπεν Ἐγὼ ποιήσω κατὰ τὸ ῥῆμά σου. ³¹εἶπεν δέ Ὄμοσόν μοι.
XLVIII 1 καὶ ὤμοσεν αὐτῷ ¶ καὶ προσεκύνησεν Ἰσραὴλ ἐπὶ τὸ ἄκρον τῆς ῥάβδου αὐτοῦ. ¹¹Ἐγένετο ¶ 𝕮ᵐ
δὲ μετὰ τὰ ῥήματα ταῦτα ἀπηγγέλη τῷ Ἰωσὴφ ὅτι Ὁ πατήρ σου ἐνοχλεῖται· καὶ ἀναλαβὼν § D𝕮ᶜ
2 τοὺς δύο υἱοὺς αὐτοῦ, τὸν Μανασσῆ καὶ τὸν Ἐφράιμ, ἦλθεν πρὸς Ἰακώβ. ²ἀπηγγέλη δὲ τῷ
Ἰακὼβ λέγοντες Ἰδοὺ ὁ υἱός σου Ἰωσὴφ ἔρχεται πρός σέ· καὶ ἐνισχύσας Ἰσραὴλ ἐκάθισεν ἐπὶ

[apparatus criticus omitted]

143

B τὴν κλίνην. ³καὶ §εἶπεν Ἰακὼβ τῷ Ἰωσὴφ ¶Ὤφθη μοι ὁ θεός μου¶ ἐν Λοῦζα ἐν γῇ Χανάαν, καὶ 3
§ z ¶ F εὐλόγησέν με ⁴καὶ εἶπέν μοι Ἰδοὺ ἐγώ σε αὐξανῶ καὶ πληθυνῶ καὶ ποιήσω σε εἰς συναγωγὰς 4
ἐθνῶν, καὶ δώσω σοι τὴν γῆν ταύτην καὶ τῷ σπέρματί σου μετὰ σὲ εἰς κατάσχεσιν αἰώνιον. ⁵νῦν 5
οὖν οἱ δύο υἱοί σου οἱ γενόμενοί σοι ἐν Αἰγύπτῳ πρὸ τοῦ με ἐλθεῖν εἰς Αἴγυπτον πρὸς σὲ ἐμοί
εἰσιν, Ἐφράιμ καὶ Μανασσή, ὡς Ῥουβὴν καὶ Συμεὼν ἔσονταί μοι· ⁶τὰ δὲ ἔκγονα ἃ δ' ἂν 6
γεννήσῃς μετὰ ταῦτα ἔσονται ἐπὶ τῷ ὀνόματι τῶν ἀδελφῶν αὐτῶν, κληθήσονται ἐπὶ τοῖς ἐκείνων
κλήροις. ⁷ἐγὼ δὲ ἡνίκα ἠρχόμην ἐκ Μεσοποταμίας τῆς Συρίας, ἀπέθανεν Ῥαχὴλ ἡ μήτηρ σου ἐν 7
γῇ Χανάαν, ἐγγίζοντός μου κατὰ τὸν ἱππόδρομον χαβραθὰ τῆς γῆς τοῦ ἐλθεῖν Ἐφράθα· καὶ
κατώρυξα αὐτὴν ἐν τῇ ὁδῷ τοῦ ἱπποδρόμου· αὕτη ἐστὶν Βεθλέεμ. ⁸ἰδὼν δὲ Ἰσραὴλ τοὺς υἱοὺς 8
Ἰωσὴφ εἶπεν Τίνες σοι οὗτοι; ⁹εἶπεν δὲ Ἰωσὴφ τῷ πατρὶ αὐτοῦ Υἱοί μού εἰσιν οὓς ἔδωκέν μοι ὁ 9
θεὸς ἐνταῦθα. καὶ εἶπεν Ἰακώβ Προσάγαγέ μοι αὐτοὺς ἵνα εὐλογήσω αὐτούς. ¹⁰οἱ δὲ ὀφθαλμοὶ 10
Ἰσραὴλ ἐβαρυώπησαν ἀπὸ τοῦ γήρους, καὶ οὐκ ἠδύνατο βλέπειν· καὶ ἤγγισεν αὐτοὺς πρὸς
αὐτόν, καὶ ἐφίλησεν αὐτοὺς καὶ περιέλαβεν αὐτούς. ¹¹καὶ εἶπεν Ἰσραὴλ πρὸς Ἰωσὴφ Ἰδοὺ τοῦ 11
προσώπου σου οὐκ ἐστερήθην, καὶ ἰδοὺ ἔδειξέν μοι ὁ θεὸς καὶ τὸ σπέρμα σου. ¹²καὶ ἐξήγαγεν 12

2 κλειυην B*(κλιν- Bᵇ) 3 ο θς μου ωφθη μοι Bᵃᵇ | ηυλογησεν A
6 αδελφω A 7 εφραθα sup ras B?ᵃ?ᵇ 10 γηρως ABᵃᵇ*D*ˢⁱˡ | ουκ] ουχ Aᵇ | ηγγεισεν Aᵇ

A*D*(F)Ma–y(z)$a_2b_2c_2$𝔄𝔅ℭᶜ𝔈𝔏ʳ

ιακωβ efgjv(mg) | ανεκαθισεν bsw | την κλινην] της κλινης ho: την κοιτην gj Or-gr: της κοιτης e

3 και ειπεν] ειπεν δε bc(uid)w | ωφθη—μου B*] ο θς ωφθη μοι D(+*D*ˢⁱˡ)bw𝔏: ο θς μου ωφθη... F: ο θς μου ο οφθεις μοι m𝔈: ο θς μου ωφθη μοι BᵃᵇAMa(-θαι) rell 𝔄𝔅ℭ-cod Chr Cyr½: om μου ℭ-ed Cyr½ | εν λουζα] post χαναav A: εν λουζη hᵇ?: *in uisione* ℭ-ed: om d Cyr½ | με] μοι cms: ⟨om 31⟩

4 om μοι 𝔄-ed ℭ-cod | om ιδου aℭ-cod Chr | om εγω y 𝔅ℭ | σε 1° Bbfinw] post αυξανω A*D*ˢⁱˡM rell 𝔄𝔏 Or-gr Chr Cyr(αυξησω ed) | πληθυνω Bbfinw] + σε A*D*ˢⁱˡM rell 𝔄𝔅ℭ-cod 𝔈(uid)𝔏 Or-gr Chr Cyr | om και ποιησω σε lm | συναγωγην oqu | ⟨εθνων] αυτων 30⟩ | om ταυτην dp | om και 5°—σε 3° 𝔄 | κατασχεσιν αιωνιον] τας γενεας αυτων n

5 νυν ουν] *nunc* 𝔄 | οι 1°] pr ουτοι 𝔈 Chr | υιοι] οιυι i*: post σου ⟨25⟩ Cyr-ed½ | σου] om 𝔏(uid): + ουτοι $a_2$ | γενομενοι] ⟨γεννωμενοι 18⟩: γεγεννημενοι dlpt | σοι] σου dlp: om 𝔄 Phil | αιγυπτω] pr γη αιγη r: pr γη AMdhklnptvz$a_2$ℭ-ed: γη αιγυπτου egjqu Cyr½ | om προ—σε 𝔅 Chr Cyr½ | με] post ελθειν ot Cyr½ | εισελθειν $c_2$ | εις αιγυπτον Bfi] post σε A*D*ˢⁱˡM rell ℭ-cod𝔏 Ath Cyr½: *huc* 𝔈: om ℭ-ed | om προς σε 𝔄 Phil | om εμοι εισιν l𝔈 | μανασση] να sup ras b: μαννασση A: μανασσης ac–gi*jlmpqtuy$a_2b_2$ᵘⁱᵈ(sup ras) Phil ed Or-gr½ Ath Chr Cyr½ ed½ Thdt: μαννασσης n | ρουβην] ρουβειν c: ρουβιν xℭ-ed: ρουβημ hk Or-gr Cyr½ (pr και): ρουβειμ p Chr Cyr-ed½ Thdt: ρουβιμ d–gijlnt Phil-codd-omn: ρουμιμ m | συμεων] pr ως A*D* fhikstvx–$a_2$𝔅 Cyr-cod½ | μοι] μου $c_2$: σοι $a_2$

6 τα δε] *et alia* 𝔄: + εις το εξης Chr | εκγονα] εγγονα aci k–nqru Cyr-cod½: εγονα b | α] οσα ⟨20⟩ Chr: om kn Cyr-cod½ | δ αν B] αν A*D*dfhimnprsxy$b_2$ Chr: om blw$a_2$: εαν M rell Or-gr Cyr | γεννησης] γεννησεις bdghlnpu(-σις)w$a_2$: γεννηται σοι ℭ-ed Cyr½ | om μετα ταυτα Cyr½ | εσονται—κληροις] *uocabunt nomen tuum super eos uocabunt eos nomine fratrum tuorum et dicent nomen tuum in sortibus illis* ℭ-ed | ⟨εσονται—αυτων] σοι εσονται των αδελφων αυτων το ονομα αυτων 30⟩ | εσονται B𝔈 Or-gr] + σοι r: *erunt tibi* 𝔅: pr σοι A*D*M rell 𝔄 ℭ-cod 𝔏 Chr Cyr | επι 2° Bi*] εν A*D*Miᵃ? rell 𝔅ℭ-cod 𝔏(uid) Or-gr Chr Cyr | κληρωσιν d

7 om δε z | εκ μεσοποταμιας] εν μεσοποταμια $b_2$ | εκ] απο f | μεσοποταμιας] pr της Cyr-ed | της συριας] sub ÷ z: om της *D*s | απεθανεν] + επ εμε z(mg) | ραχηλ] post σου *D*ackm x$b_2c_2$𝔄 Chr: ραχιηλ l | εγγιζοντος μου] pr *in uia* 𝔈ᶜ: εγγιζοντι μοι bw: εγγιζοντος δε μου r: om l: om μου $a_2$ | ⟨om κατα 84⟩ | χαβραθα της γης] *in terra Chabratha* ℭ-cod: om της γης ℭ-ed | χαβραθα] post γης 𝔄𝔈: χαβρατα *D*: χαβαθρα y: ⟨γαβραθα 20⟩ | γης] πηγης a | του 1°] pr προ bkmw | εφραθα] pr εις γην n Cyr: pr εις acdeghᵇjoptv(εβρ-txt)z$b_2c_2$𝔄: pr εν $a_2$: ⟨εις εφρανθα 79: εν ευφρανθα 18⟩: ευφραθα f | κατωρυξαν $a_2$𝔄-codd | αυτην] + εκει bw | τη] γη k | οδω] γη bdfh iᵃ?lprtx$c_2$(txt)𝔄𝔖-ap-Barh-cod | ιπποδρομου] ιπποδρομιου i*: υποδρομου f | αυτη] + δε r | βεθλεεμ B𝔅ˡ Chr] βιθλεεμ nr: βηθλεεμ A*D*ˢⁱˡM rell(βη sup ras $b_2$)𝔅ʷᵖℭ Cyr: *Bethlahem* 𝔄: *Bethel* 𝔏: + *sepeliuerunt Abraham ibi sepeliuerunt etiam Isaac ibi in spelunca duplici quam Abraham acquisiuit a filiis Cheth* ℭ-ed

8 ισραηλ] ιακωβ f | υιους] pr δυο v(mg)z(mg) | ειπεν] pr *et* 𝔈ᵖ: + *ei* ℭ-cod 𝔈 | σοι ουτοι] *sunt hi tui* 𝔄: *sunt isti tibi* 𝔏 | σοι] ησιν *D*: εισιν $c_2$: υιοι f: om bdjkw Cyr-cod: + *sunt* 𝔅ℭ | ουτοι] + εισιν k𝔈ᵖ

9 ειπεν 1°—αυτου] και ειπεν Chr | om ιωσηφ ℭ-ed | τω πατρι αυτου] *ei* ℭ: om dp | ⟨υιοι] pr οι 20.32⟩ | μου] μοι r | εισιν] om Chr: + ουτοι kmℭ | ⟨δεδωκε 16.77.130⟩ | ο θεος] *Dn̄s* 𝔏 | om ενταυθα Chr | και ειπεν] ειπε δε Cyr | ιακωβ] pr *ei* 𝔈: *ei* ℭ-ed: *Istrahel* 𝔏 | προσαγαγετε d | μοι αυτους] *eos ad me* 𝔏: + ωδε k | ινα] και n

10 δε] post οφθαλμοι AMdegjmpqrtuvxz$a_2$ | ισραηλ] ιακωβ dpt𝔅: αυτου A*D*Mghjlqrsuvyz$a_2$ Chr Cyr: om e | εβαρυωπησαν] εβαρυωνησαν qu: εβαρυνθησαν bdi*ptw𝔅ℭ-ed: *ingrauauerunt* 𝔏 | om απο του γηρους ℭ-ed | και 1°—(12) προσεκυνησαν] rescr Aᵇ(sup ras usque ad των γο) | ηδυνατο] ηδυναντο Aᵇ(εδ-)*D*Mc–fijkmnortxyz$b_2c_2$ Cyr: ηδυνηθησαν l | ηγγισεν] ηγγισαν bw: + δε Aᵇ | om αυτους 1° bw | αυτον] αυτους m* | και περιελαβεν αυτους] *induxit eos sibi* ℭ-ed: om l | om αυτους 3° bw

11 ισραηλ] ιακωβ $a_2$ | ιωσηφ] pr τον Cyr-ed | ιδου 1°] + *ego* ℭ-ed | του—εστερηθην] ουκ εστερησεν με κυριος του προσωπου σου Barn | το προσωπον adf | om σου 1° e | εστερηθην] ηστεριθη n*: *fraudauit me Deus* ℭ-ed | om ιδου 2° kp𝔄ℭ-ed | μοι] με o | om ο θεος ℭ-ed | om και 3° bj$c_2$𝔅ℭ𝔏 | το σπερμα] τους παιδας n

3 ο θεος μου] ισχυρος ικανος Fᵇ

Ἰωσὴφ αὐτοὺς ἀπὸ τῶν γονάτων αὐτοῦ, καὶ προσεκύνησαν αὐτῷ ἐπὶ πρόσωπον ἐπὶ τῆς γῆς. B
13 [13]λαβὼν δὲ Ἰωσὴφ τοὺς δύο υἱοὺς αὐτοῦ, τόν τε §[r]Ἐφράιμ ἐν τῇ δεξιᾷ, ἐξ ἀριστερῶν δὲ Ἰσραήλ, § 𝔏[r]
14 τὸν δὲ Μανασσὴ ἐξ ἀριστερῶν, ἐκ δεξιῶν δὲ Ἰσραήλ, ἤγγισεν αὐτοὺς αὐτῷ. [14]ἐκτείνας δὲ Ἰσραὴλ
τὴν χεῖρα τὴν δεξιὰν ἐπέβαλεν ἐπὶ τὴν κεφαλὴν Ἐφράιμ, οὗτος δὲ ἦν ὁ νεώτερος, καὶ τὴν ἀρι-
15 στερὰν¶ ἐπὶ τὴν κεφαλὴν Μανασσή, ἐναλλὰξ τὰς χεῖρας. [15]καὶ ηὐλόγησεν αὐτοὺς καὶ εἶπεν ¶ 𝔏[r]
Ὁ θεὸς ᾧ εὐηρέστησαν οἱ πατέρες μου ἐναντίον αὐτοῦ Ἀβραὰμ καὶ Ἰσαάκ, ὁ κύριος ὁ τρέφων με
16 ἐκ νεότητος ἕως τῆς ἡμέρας ταύτης, [16]ὁ ἄγγελος §ὁ ῥυόμενός με ἐκ πάντων τῶν κακῶν, εὐλογήσαι § L
τὰ παιδία ταῦτα· καὶ ἐπικληθήσεται τὸ ὄνομά μου ἐν αὐτοῖς καὶ τὸ ὄνομα τῶν πατέρων μου
17 Ἀβραὰμ καὶ Ἰσαάκ· καὶ πληθυνθείησαν εἰς πλῆθος πολὺ ἐπὶ τῆς γῆς. [17]ἰδὼν δὲ Ἰωσὴφ ὅτι
ἐπέβαλεν ὁ πατὴρ τὴν δεξιὰν αὐτοῦ ἐπὶ τὴν κεφαλὴν Ἐφράιμ, βαρὺ αὐτῷ κατεφάνη· καὶ ἀντε-
λάβετο Ἰωσὴφ τῆς χειρὸς τοῦ πατρὸς αὐτοῦ ἀφελεῖν αὐτὴν ἀπὸ τῆς κεφαλῆς Ἐφράιμ ἐπὶ τὴν
18 κεφαλὴν Μανασσή. [18]εἶπεν δὲ Ἰωσὴφ τῷ πατρὶ αὐτοῦ Οὐχ οὕτως, πάτερ· οὗτος γὰρ ὁ πρωτό-

13 ηγγεισαν A
17 του] αου $B^*$(του $B^?$)
15 ευλογησεν $D^{sil}$
18 ουχ $B^{ab}$] ουκ $B^*$

AD(L)Ma–$c_2$𝔄𝔅ℭ[c]𝔈𝔏[r(v)]

**12** ιωσηφ Bfin] om s: post αυτους $A^b D^{sil}$Mc(uid) rell 𝔄𝔏 Chr Cyr | απο] εκ qu | αυτου] ιη̅λ bw | προσεκυνησεν $x^*c_2$ 𝔈 | αυτω] αυτον bw(+αυτον): om 𝔏 | επι προσωπον] επι προσωπου bw: ⟨απο προσωπου 18⟩: *super faciem suam* 𝔄𝔅ℭ-cod: om aℭ-ed | om επι 2° bw | την γην DMc–hjlmnpst Cyr-cod

**13** λαβων δε] και λαβων bw | ιωσηφ] pr ο Cyr-cod | om δυο Cyr | om αυτου 𝔏 | τον τε—ισραηλ 1°] pr *posuit* ℭ-ed: *posuit Ephrem ad sinistram Israel* $𝔅^{lp}$: om $𝔅^w$ | τον τε εφραιμ] *et stare fecit Ephrem* 𝔈 | τον τε] τοτε q | τε] μεν bw: om nvz | om εν $i^*$ | δεξια] +*manu sua* ℭ-cod: +αυτου $fi^{a?}r$ℭ-ed $𝔏^r$ | εξ αριστερων δε] και εξ αριστερων m: *ut esset ad sinistram* 𝔏: om εξ ⟨14.16.130⟩ ℭ | ισραηλ 1°] pr του l: pr τω fm: om kℭ: +ηγγισεν αυτους αυτω $e^*$: +ηγγισεν αυτους $g^*$ | δε 3°] post μανασση c Cyr: τε Ds: om $kma_2$ℭ-cod | μανασση] μαναση m: μαννασση An: μανασσην degjpqu: +δε c: +*stare fecit* 𝔈 | ⟨εξ 2°—δεξιων] εν τη δεξια εξ αριστερων 78⟩ | εξ αριστερων 2° B] τη αριστερα D: *ad sinistram* $𝔏^r$: om km 𝔅: εν τη αριστερα AM rell Cyr | om εκ—ισραηλ 2° m | εκ δεξιων δε] *ut esset ad dextram* 𝔏: om ℭ | εκ δεξιων] εν δεξια $c_2$ | om δε 4° $drsa_2$𝔅 | ισραηλ 2°] pr του dl: ⟨pr τον 107⟩: +μαννασση y | om ηγγισεν αυτους αυτω ℭ-ed | ηγγισεν] pr και bnw𝔏: +τε y | αυτω] pr προς r

**14** την χειρα την δεξιαν] την δεξιαν χειρα $Dackosxb_2c_2$: *manum suam dextram* 𝔅ℭ: *dextram manum suam* 𝔄 | επεβαλεν—κεφαλην 1°] *inposuit caput* $𝔏^r$ | επεβαλεν] ενεβαλεν l: επεθηκεν $fi^{a?}r$ Phil(uid) Barn | επι 1°] εις n | ουτος—νεωτερος] *iunioris fratris* $𝔏^r$: om 𝔅 | ουτος δε ην] *qui est* ℭ-ed | ουτος] αυτος $a_2$𝔈(uid) | ⟨om δε 2° 76⟩ | ⟨om ην 68⟩ | ο νεωτερος] ο ν int lin $r^a$ | om ο g | και] *ad* $𝔏^r$ | την αριστεραν] pr *posuit* ℭ-ed: +*eius imposuit* 𝔅: +*posuit* 𝔈: +*eius* ℭ | μανασση] μαναση m: μαννασση A: +*hic enim est primogenitus* ℭ-ed: +ο προτοτοκος c | om εναλλαξ τας χειρας c | εναλλαξ] εναλλαξας DMab $dfhi^aklopr stwb_2c_2^{b?}$(uid)𝔅(uid)ℭ(uid) Phil(uid) Chr Cyr(-ξων cod): αναλλαξας n: εξαλλαξας x: *immutans* 𝔏: *et mutauit* 𝔄 𝔈(+*Esrael* $𝔈^p$) | χειρας] +οτι μανασση ο πρωτοτοκος $amoxb_2c_2$ 𝔄⟦μανασση] μανασσης $b_2$: μανασης m: +ην $c_2$𝔄⟧: +οτι μεν ει συ ο πρωτοτοκος d

**15** om και 1° nqu | ηυλογησεν] ευλογησας k | και ειπεν] om ℭ-cod: om και k: +*illis* 𝔏 | θεος] +μου $a_2$ℭ-ed | ω] ex corr $h^{b?}$ | ⟨ευηρεστησαν] +αυτω 20⟩ | εναντιον αυτου] ενωπιον αυτου AMd–jlpqrtuvyz$a_2$ Phil ½ Chr Cyr: om m Phil ½: om αυτου 𝔏 | om ο 2° Phil-cod ½ | κυριος B] θς̄ ADM omn 𝔄𝔅ℭ𝔏 Phil Or-gr Ath Chr Cyr Nov Hil | om με $e^*$ Phil-cod ½ | νεοτητος] +μου $Dabdfhiklmn^*$pr–uwx$a_2c_2$𝔄𝔅ℭ𝔏 Or-gr Ath Chr Cyr Nov Hil | om εως—ταυτης Phil ½ Hil

**16** ο αγγελος] pr και 𝔈𝔏 Phil-cod ½ Cyr ½ Hil: +ο τρεφων με και Chr ½ | ο ρυομενος] ο ρυσαμενος $bfi^{a?}r$𝔄ℭ-ed(uid) Ath ½ Thdt ½: *qui liberauit* 𝔏 Nov | με] +εκ νεοτητος μου Chr ½ | om των 1° b Phil-cod ½ | κακων] +μου bdlptw𝔏 Ath ½ Cyr ½ | ευλογησαι] α sup ras $e^{a?}$: ευλογησει ⟨20⟩ Ath-codd ½ Chr: ευλογηση L: ευλογησον fhl: *benedices* ℭ-ed | ⟨ταυτα τα παιδια 79⟩ | επικληθησεται] επικληθη $i^a$: *inuocetur* 𝔏 | το 1°—αυτοις B𝔅 $𝔈^c$] *nomen meum super eos* ℭ-ed$𝔈^f$: εν αυτοις L: επ αυτοις l$𝔈^p$: εν αυτοις το ονομα μου $AD^{sil}$M rell 𝔄𝔏 Chr ⟦εν] επ $bi^*w$ 𝔏: om $j^*$qu | αυτοις] αυτης w: αυτους $i^*$⟧ | om και 2° Ll | των πατερων μου] om $𝔈^p$: om μου L | ⟨om αβρααμ και ισαακ 30⟩ | αβραμ e | πληθυνθειησαν] *multiplicetur* 𝔏: *benedicantur* 𝔄: +*et erunt* ℭ-cod

**17** ο πατηρ] pr *manum suam* 𝔈: post δεξιαν p: om r: +αυτου AD(+$D^{sil}$)Lachk–oqstuxy$a_2b_2c_2$𝔅ℭ𝔏 Cyp | την δεξιαν αυτου] pr την χειρα ALMhlnpqrtuv(mg)y$a_2$𝔅ℭ Cyp(+αυτου $ra_2$): pr επι $b^*$: post εφραιμ 1° $c_2$: om την δεξιαν d: om αυτου $lra_2$𝔈 Cyp: +χειρα $fi^{a?}$ | om την κεφαλην 1° ℭ-cod | βαρυ] pr και y | αυτω] post κατεφανη 𝔄: ⟨αυτο 25⟩ | εφανη L $fc_2$ | επελαβετο L | της χειρος] post πατρος l | ⟨om του πατρος αυτου $18^*$⟩ | αφελειν] αφεασιν l | αυτην] αυτης l: om d | απο] επι b: εκ l | εφραιμ 2°] pr του $c_2$: +και θεισθαι αυτην n: +*imposuit eam* 𝔅ℭ-ed: +*ponere eam* ℭ-cod | μανασση] μαναση m: μαννασση Ay

**18** ειπεν δε] και ειπεν f | ιωσηφ—αυτου 1°] τω πρ̄ι αυτου ο ιωσηφ f | τω πατρι] *ad patrem* Cyp | om αυτου 1° $i^*$w | ουτως] ουτος ejn$a_2$: *sicut* 𝔏 | ουτος] ουτως c | γαρ] εστιν $a_2$ Cyp: om $c_2$: +εστιν 𝔄𝔅ℭ Thdt | πρωτοτοκος] πρεσβυτερος bw Thdt: *primitiuus meus* Cyp: +*est* 𝔏 | επιθες] θες egj: μεταθες Barn:

14 εναλλαξ] αντιστρεψας η επιστημονως M: α' επιστημονως vz(sine nom)
15 εκ νεοτητος] σ' αφ ου ειμι M
16 ο ρυομενος] α' ο αγχιστευων Mv: ο αγχιστευς j
17 βαρυ αυτω κατεφανη] α' εκακωθη σ' αηδες αυτω Mjvz$c_2$ ⟦αειδες v | αυτω] αυτου v: om z⟧

B τοκος, ἐπίθες τὴν δεξιὰν ἐπὶ τὴν κεφαλὴν αὐτοῦ. ¹⁹καὶ οὐκ ἠθέλησεν, ἀλλὰ εἶπεν Οἶδα, τέκνον, 19
οἶδα· καὶ οὗτος ἔσται εἰς λαόν, καὶ οὗτος ὑψωθήσεται· ἀλλὰ ὁ ἀδελφὸς αὐτοῦ ὁ νεώτερος μείζων
§ 𝕃· αὐτοῦ ἔσται, καὶ τὸ σπέρμα αὐτοῦ ἔσται εἰς πλῆθος ἐθνῶν.¶ ²⁰καὶ εὐλόγησεν αὐτοὺς ἐν τῇ ἡμέρᾳ 20
ἐκείνῃ λέγων Ἐν ὑμῖν εὐλογηθήσεται Ἰσραὴλ λέγοντες Ποιήσαι σε ὁ θεὸς ὡς Ἐφράιμ καὶ ὡς
Μανασσή· καὶ ἔθηκεν τὸν Ἐφράιμ ἔμπροσθεν τοῦ Μανασσή. ²¹εἶπεν δὲ Ἰσραὴλ τῷ Ἰωσήφ 21
§ F Ἰδοὺ ἐγὼ ἀποθνήσκω, καὶ ἔσται ὁ θεὸς μεθ᾽ ὑμῶν καὶ ἀποστρέψει ὑμᾶς εἰς τὴν γῆν ¹τῶν πατέρων
ὑμῶν· ²²ἐγὼ δὲ δίδωμί σοι σίκιμα ἐξαίρετον ὑπὲρ τοὺς ἀδελφούς σου, ἣν ἔλαβον ἐκ χειρὸς Ἀμορ- 22
ραίων ἐν μαχαίρᾳ μου καὶ τόξῳ.
§ d₂ ¹Ἐκάλεσεν δὲ Ἰακὼβ τοὺς υἱοὺς αὐτοῦ καὶ εἶπεν αὐτοῖς Συνάχθητε, ἵνα ἀναγγείλω ὑμῖν τί ː XLIX
ἀπαντήσει ὑμῖν ἐπ᾽ ἐσχάτων τῶν ἡμερῶν.
¶ d₂ 　　　　　²συνάχθητε καὶ ἀκούσατέ μου, υἱοὶ Ἰακώβ· 　　　　　　　1
　　　　　　　ἀκούσατε Ἰσραήλ, ἀκούσατε τοῦ πατρὸς ὑμῶν.¶
¶ L 　　　　　³Ῥουβὴν πρωτότοκός μου, σὺ ἰσχύς μου καὶ ἀρχὴ τέκνων μου·¶ 　　　3
　　　　　　　σκληρὸς φέρεσθαι καὶ σκληρὸς αὐθάδης.

19 αλλα 1°] αλλ ADᵉⁱˡ | αλλα 2°] αλλ Dⁱⁱˡ　　　20 ηυλογησεν A　　　22 διωμι D | μαχαιρη AD

AD(FL)Ma–c₂(d₂)𝔄𝔅(ℭc)𝔈𝕃ʳ⁽ᵛ⁾

<table>
<tr><td>

+αυτου f | την δεξιαν] pr την χειρα σου fiᵃ¹n𝔅ℭ𝔈: pr την
χειρα Ldhiˡlptvz: pr σου Barn: *dextram manum tuam* 𝕃-ed |
δεξιαν Bfiln| χειρα σου ː +σου ADᵉⁱˡLMdᵃ(sup ras) rell 𝔄-codd
𝕃 Chr Cyp

19 και 1°] *ille autem* Cyp | ηθελησεν] +ο π̄ρ αυτου M(mg)
acmvxzb₂c₂𝔄ℭ-ed (sub ✣ Mᵐˢz) | αλλα ειπεν] *et dixit* Cyp:
*dicens* ℭ-ed | οιδα 2°] *et ego* ℭ-ed: om Chr‡ | και ουτος] *hic
enim* 𝔅 | και 2° pr + z | ουτος 1°] αυτος Dbw: ουτως cmq* |
(om εσται 1° 16.30.73.77) | om εις λαον και m | λαον] *populum
magnum* ℭ | ουτος 2°] (αυτος 76): om, bw𝔈 | υψωθησεται]
*magnus erit* 𝕃 | μειζων αυτου] post εσται 2° 𝔄 | μειζον i |
αυτου 2°] post εσται 2° a₂𝕃: om g | εσται 2ᵇ] εστι dl | om
και 4°—εσται 3° fc₂ | εσται 3°] εθνων bw𝔈: om egjtvza₂
𝕃 | om εις 2° v(txt)

20 (om και 1° 16) | ευλογηθησεται] ευλογηθη iᵉ:
ενευλογηθησεται j | ισραηλ] pr ras b–egjvwz: (ιακωβ 71) | λε-
γοντες] λεγοντων f: λεγοντων h | ποιησαι] ποιησα Chr-codd‡:
*faciet* 𝕃 | σε] σοι x𝔅: om c | εφραιμ 1°] pr των c₂ | om ως
1° cdfjlⁿpvzb₂c₂𝔄-ed𝔈𝕃 Chr | μανασση 1°] μανασση m: μαν-
νασση Ay: μανασσην Legj | om και 3°—μανασση 1° ab₂𝔈𝕃 |
τον] τω m | εμπροσθεν του] ωι a₂ | του] τω m: om bdw |
μανασση 2°] μανασση m: μαννασση Ay: +εν τη ευλογια egj

21 τω] post b | ιδου] post εγω 𝔄: om c | εσται εις x |
εσται] post θεος x𝔄 | θεος] +μου s | υμων 1°] ημων dma₂ |
αποστρεψει] αποστρεψη g: αναξει M(mg)(mg)lnv(mg)z(mg) |
υμας Babwxb₂c₂𝔈 Thdt] ημας dgz: +εκ της γης ταυτης ADi:
+ο θ̄ς m: +ο θ̄ς εκ της γης ταυτης M(sub +)dgz(sub +)a₂(om
ταυτης) rell 𝔄𝔈 Chr | της γης 1°] εκ γης ταυτης 73: bcdfgjl Thdt:
μων m: μων a₂ Chr-ed: (+εκ της γης ταυτης 73)

22 δωμι δε] *et ecce* 𝕃 | +εcce 𝕃 | δεδωκα x𝔄 | σικιμα bdf
ikmopwy | εξαιρετον] +πολιν fiᵃ¹r | υπερ] παρα L | εκ χειρος]
*de manibus* 𝔄𝔅𝕃: (εκ γης 71) | αμορραιων] pr των akmoxb₂c₂
𝔅: αμοραιων L: αμμορραιων dh: +υπερ τους
αδελφους σου n | μαχαιρα] pr τη m | om μου z* | τοξω cᵉ(uid)m

XLIX 1 εκαλεσεν δε] και εκαλεσεν (107) Chr Tract | ιακωβ]
post αυτου Chr Tract | (τους υιους αυτου] αδελφους 71) | αυτου
αυτων 1°(uid) | om και 𝕃* | αυτους Bfilnr𝔈𝕃 Tract] om ADF

</td><td>

LM rell 𝔄𝔅 Or Eus Chr Cyr | συναχθητε] αθροισθητε M(mg):
συλλεγητε Phil-codd: δευτε Or-gr‡: *accedite* 𝕃 Tract: *conuenite
et congregamini* 𝕃ᵖ: *conuenite ad me filii Iacob* Or-lat‡ | ινα]
και 𝕃 Eus‡: om A-Z | αναγγειλω] (pr εγω 31.83): αναγγελω
na₂ Phil-codd Eus‡: αναγγελω Phil-codd: απαγγειλω DLbc
lsv(mg)wb₂c₂ Phil-ed Or-gr‡ Eus‡ Cyr Thdt: (απαγγελω 76):
επαγγειλω Eus‡: (προαναγγειλω 20): αγγελι e | om υμιν 1°
Phil | om τι—υμιν 2° b | απαντηση i: απαντησει απαντηση Phil-codd-
aliq: απαντησεται Lacdiᵃpstxc₂d₂ Phil-ed Eus‡ (post υμιν‡)
Chr Thdt: απαντησηται Fn: υπαντησεται o: *occurrat* 𝕃 Tract:
αποθησεται Or-gr‡: συμβησεται Eus‡: εσται (18) Or-gr‡-
lat‡ | υμιν 2°] υμας ‡: om Or-gr‡-lat‡ A-Z: +*post hoc* 𝕃* |
εσχατων] εσχατω Fᵃ Phil-ed: εσχατον bd—gjovwxa₂ Eus‡ Cyr
A-Z

2 συναχθητε—ισραηλ] *et conuenerunt et uenerunt filii Iacob
et dixit iis* 𝔈(+*Audite eum* ℭ) | συναχθητε BDᵈⁱˡ(mg)qsuv(mg)
yz(mg) A-Z] αθροισθητε AFLMa(-ησεται aᵃuid)j(txt)v(txt)z(txt)
rell Or-gr Eus Chr Cyr | και ακουσατε μου ινα αναγγειλω μαν
A-Z: om Or-lat | ακουσατε 1°] αθροισθητε y | om μου—ακουσατε
2° Chr | μου BDᵈⁱˡ[*s] om AFLMiᵃ¹ rell 𝔄𝔅𝕃 Or-gr Eus Cyr
Tract | μοι ιακωβ ακουσατε] pr οι c(mg)oa₂𝔅: om a₂*: om
υιοι 107) | ιακωβ] ε̄η̄λ w | ακουσατε 2°—υμων] pr εt Or-lat:
om D | om ακουσατε 2° w 𝔄: αουσατε 3° Biᵃ]
om AFLMiᵃ¹ rell 𝔄𝔅𝕃 Or Eus Chr Cyr A-Z Tract | του] pr
περι qu | υμων] ημων gl*n: +*audite eum* 𝔈ᵖ

3—7 om d₂

3 ρουβην] ρουβαν irx: ρουβημ kq Ath‡: ρουβαιμ p Chr‡
Cyr‡: ρουβιμ d–gjlmnt Or-gr Chr‡ Cyr‡ | πρωτοτοκος] pr ο a₂
Chr‡ | om μου 1° 𝕃ʳ Chr‡ Tract | συ ισχυς μου] sub +
v(uid)z: om n | συ] εi 𝕃*: om Laef[g]mc₂ Or-lat‡ | και
iᵃ Cyr-cod‡ | om και 1° egj | τεκνων] pr των fiᵃ¹r | σκληρος
1°—αυθαδης] *duritia iuisti et duritia audacia* 𝔄 | σκληρος 1°]
pr εt 𝔄: σκληρην kquc₂ Chr‡ | φερεσθαι] *in conuersatione* 𝕃ᵖ
Or-lat Tract: φαινεσθαι ε: (ωs φαινεσθαι 18) | και 2°] bis scr
e: post σκληρος 2° 𝕃ₛ-ap-Barh Or-lat Tract: om n | σκληρος
2°] σκληρος (3ι(κλ-).64) Chr‡: om dp: +και e

</td></tr>
</table>

22 σικιμα εξαιρετον] aʹ ωμον ενα Mv
XLIX 3 αρχη τεκνων μου] aʹ και κεφαλαιον λυπης μου M | τεκνων μου] ανδριας μου Fᵇ | σκληρος 1°—αυθαδης] περισ-
σοτερα τιμη και περισσοτερον κρατος Fᵇ

4 ⁴ἐξύβρισας ὡς ὕδωρ, μὴ ἐκζέσῃς· B
ἀνέβης γὰρ ἐπὶ τὴν κοίτην τοῦ πατρός σου·
τότε ἐμίανας τὴν στρωμνὴν οὗ ἀνέβης.
5 ⁵Συμεὼν καὶ Λευὶ ἀδελφοί·
συνετέλεσαν ἀδικίαν ἐξ αἱρέσεως αὐτῶν.
6 ⁶εἰς βουλὴν αὐτῶν μὴ ἔλθοι ἡ ψυχή μου,
καὶ ἐπὶ τῇ συστάσει αὐτῶν μὴ ἐρίσαι τὰ ἥπατά μου·
ὅτι ἐν τῷ θυμῷ αὐτῶν ἀπέκτειναν ἀνθρώπους,
καὶ ἐν τῇ ἐπιθυμίᾳ αὐτῶν ἐνευροκόπησαν ταῦρον.
7 ⁷ἐπικατάρατος ὁ θυμὸς αὐτῶν ὅτι αὐθάδης,
καὶ ἡ μῆνις αὐτῶν ὅτι ἐσκληρύνθη·
διαμεριῶ αὐτοὺς ἐν Ἰακώβ,
καὶ διασπερῶ αὐτοὺς ἐν Ἰσραήλ.
8 §⁸Ἰούδα, σὲ αἰνέσαισαν οἱ ἀδελφοί σου· § $d_2$
αἱ χεῖρές σου ἐπὶ νώτου τῶν ἐχθρῶν σου·
προσκυνήσουσίν σοι οἱ υἱοὶ τοῦ πατρός σου.
9 ⁹σκύμνος λέοντος, Ἰούδα·
ἐκ βλαστοῦ, υἱέ μου, ἀνέβης·
ἀναπεσὼν ἐκοιμήθης ὡς λέων καὶ ὡς σκύμνος·
τίς ἐγερεῖ αὐτόν;

XLIX 5 λευει *D*] ερεσεως $B^*$(αιρ- $B^{ab}$)A 6 συστασει $B^{ab}$] συστασι $B^*$
8 αινεσαισαν $B^{ab}$] αινεσεσαν $B^*$

A*D*FMa–$c_2$($d_2$)𝔄𝔅𝔈$𝔏^{r}$

**4** εξυβρισας] *exabundanti* $𝔏^r$ | μη εκζεσης] *non excandescas* $𝔏^r$ Tract: *ebulliens* 𝔅: om $c_2^*$(½) | εκζεσης] ζ sup ras $A^a$: ⟨επιζεσης 20⟩: ζεσης $F^{b?}$(uid) | γαρ] *autem* $𝔏^r$ | την κοιτην] της κοιτης Hip: om την bfrw$c_2$(½) Cyr½ | om του Cyr½ | τοτε] οτε az: *tu* Or-lat | εμιανας] εμινας m: ⟨εμολυνας 20⟩ | ου ανεβης] pr ras (1) A: του πρς σου $a_2$ | ανεβης 2° sup ras $A^{a?}$

**5** λευη qu | αδελφοι] pr σοι $a_2$: om Chr | om εξ αιρεσεως αυτων Cyr-cod ½

**6** ελθοι] ελθη dfgjlmnp: εισελθοι s Cyr½ cod½: εισελθη c Cyr½ | μου 1°] +*super eos* $𝔏^r$ | επι—ερισαι] *inuoluat mendatione eorum non certantur* $𝔏^r$ | επι τη συστασει] *super audaciam* Tract⅔ | om τη 1° t | στασει y | μη ερισαι] ⲛⲛⲟⲩϯⲙⲁϯ (? *non conuenient*) 𝔅 | ερισαι τα ηπατα] *consentiat mens* 𝔄 | ερισαι] ερεισαι bdeg$i^{a?}$o–uwx$z^*a_2c_2$ 𝔖-ap-Barh Hip-ed Or-lat Cyr: ερησαι f: ερειση l Chr: ερισεται c: ερεισεται jm Hip-codd: αιρησεται k | τα ηπατα] η δοξα k: om τα m Hip-codd | οτι] *qui* $𝔏^r$ | om τω qu | ανθρωπους] ανδρας $F^{b\,mg}$: αυτους m | εν 2°] επι $g^*$ | om τη 2° $F^*$(suprascr $F^1$) | ταυρον] *tauros* 𝔄: *urbes* 𝔈

**7** αυθαδης] αυθαδεις o: *inuidali* $𝔏^r$ | οτι εσκληρυνθη] om $c_2^*$𝔈: om οτι $a_2$ | εσκληρυνθησαν b$d^*$w | διαμεριω] *diuiserunt* 𝔄-cod | εν 1°] επι a | διασπερω] διασκορπιω A | om αυτους 2° Tract

**8** σε αινεσαισαν] ηνεσαν σε $𝔈^{fp}$ Just | αινεσαισαν] αισαν sup ras $z^{a?}$: αινεσαν f$i^*$s Cyr-hier-cod: αινεσειαν Cyr-hier-ed Thdt: ⟨αινεσαιεν 20⟩: αινεσατωσαν n Hip-codd: αινεσουσιν lm𝔅$𝔏^r$ Or-lat⅔ Cyr-hier-cod Cyr½ ed½ Cyp-ed Vg: *conlaudant* $𝔏^r$: *laudant* Cyp-codd | αι χειρες σου] *manus tua* 𝔄-ed: om σου Hip-codd½ | επι] κατα Eus⅙ | νωτου] νωτον f: νωτων m: ⟨νωτα 79⟩: τ[ω] νωτω F | προσκυνησουσιν—σου 4°] om f Or-gr-codd-omn ½-lat ½ Eus½ | προσκυνησουσιν] pr και $b_2$ Chr Cyr½ T-A: *adorent* $𝔈^c$ Or-lat (pr *et*): προσκυνησωσι Hip-cod | σοι] σε A$F^*$(οι suprascr $F^{1?a?}$)Mbdh$i^{a?}l^{a?}$prt–wy$za_2$ Just Hip-ed Eus¼ | om οι 2° Feghjlns$c_2$ Or-gr½ | του πατρος] *fratris* $𝔏^r$

**9** ιουδα] ιουδας *D*𝔅 | βλαστου] +μου ⟨78.107⟩ Thdt½: +*ascendisti* 𝔄 | υιε μου] μου υιε Eus $\frac{1}{15}$ (μοι cod): *filius meus* $𝔏^r$ Hil Tract: *mihi fili* Cyp-codd: *mihi filius* Cyp-cod: *eius* Or-lat½: om υιε Cyp-codd | μοι $F^*r𝔏^r$ | ανεβης] *adscendit* Or-lat½: εγεννηθης Hip-cod½: om Hil: +*mihi* $𝔅^w$: +ras (3) $𝔅^p$ | αναπεσων εκοιμηθης] καμψας κατεκλιθης Or-gr½: ανακλιθεις ανεπαυσατο Thdt | εκοιμηθη bn$x^{a?}$ Just Eus $\frac{1}{11}$ Cyr-hier-ed Chr⅔ | και—αυτον] *resurrexisti ut catulus leonis* Tract⅓ | ως 2°] ωσει f | σκυμνος 2°] +λεοντος $c_2$𝔄𝔅𝔈(uid)$𝔏^r$ Or-lat Eus $\frac{8}{15}$ Chr⅔ Thdt½ Cyp Hil Tract: +λεοντι m | εγερει] ε 2° ex corr $h^{a?}$: εγειρει l𝔄-ed: εγυρει c

4 εξυβρισας] εθαμβηθης $F^b$ | εκζεσης] περισσευθης $F^b$

5 αδελφοι] ομογνωμ[ονες] $F^b$ | συνετελεσαν—αιρεσεως] α′ σκευη αδικιας ανασκαφε M

6 μη 2°—μου 2°] α′ μη μονηθητω δοξα (μου) M: μη μονωθη η δοξα μου $F^b$(int lin) | ενευρ. ταυρον] α′ σ′ εξεριζωσαν τειχος Mvz: εξερισωσαν τειχος j | ενευρ.] εξεριζωσαν $F^b$ 7 αυθαδης] δυνατος $F^b$

8 ιουδα—σου 3°] ο εβραιος ιουδα σοι εξομολογησονται οι αδελφοι σου αι χειρες σου επι τα μεταφρενα των εχθρων σου $c_2$ | σε αινεσαισαν] α′ σοι εξομολογησασθωσαν M$c_2$

9 εκ βλαστου] απο αρπαγματος $F^b$ | αναπεσων] εγονατισας $F^b$ | εγερει] α αναστησει M

B 10 οὐκ ἐκλείψει ἄρχων ἐξ Ἰούδα, 10
καὶ ἡγούμενος ἐκ τῶν μηρῶν αὐτοῦ,
ἕως ἂν ἔλθῃ τὰ ἀποκείμενα αὐτῷ,
καὶ αὐτὸς προσδοκία ἐθνῶν.
11 δεσμεύων πρὸς ἄμπελον τὸν πῶλον αὐτοῦ, 11
καὶ τῇ ἕλικι τὸν πῶλον τῆς ὄνου αὐτοῦ·
πλυνεῖ ἐν οἴνῳ τὴν στολὴν αὐτοῦ,
καὶ ἐν αἵματι σταφυλῆς τὴν περιβολὴν αὐτοῦ.
12 χαροποιοὶ οἱ ὀφθαλμοὶ αὐτοῦ ὑπὲρ οἶνον, 12
¶ $d_2$ καὶ λευκοὶ οἱ ὀδόντες αὐτοῦ ἢ γάλα.¶

13 Ζαβουλὼν παράλιος κατοικήσει, 13
καὶ αὐτὸς παρ' ὅρμον πλοίων,
καὶ παρατενεῖ ἕως Σιδῶνος.

14 Ἰσσαχὰρ τὸ καλὸν ἐπεθύμησεν, 14
ἀναπαυόμενος ἀνὰ μέσον τῶν κλήρων·
15 καὶ ἰδὼν τὴν ἀνάπαυσιν ὅτι καλή, 15
καὶ τὴν γῆν ὅτι πίων,
ὑπέθηκεν τὸν ὦμον αὐτοῦ εἰς τὸ πονεῖν,
καὶ ἐγενήθη ἀνὴρ γεωργός.

10 εκλιψει B*(-λειψ- B$^{a?b}$)A*D*F* 11 ελικι] ελικει B*(-κι B$^b$)A: ελικη *D*
13 σιδονος B$^a$ 15 τονιν A | εγενη F*

A*D*FMa–$c_2$($d_2$)𝔄𝔅𝔈𝔏$^{rv}$

10 ρχων εξ ιουδα sup ras A$^a$ | εξ ιουδα] *in Iuda* Iren | και 1°] ουδε km𝔄𝔅𝔏$^r$𝔖-ap-Barh Just ½ Hip ⅓ ed ⅓ Or-gr ⅓-lat Eus$_{\frac{0}{18}}$ Cyr-hier Chr Jul-ap-Cyr Thdt$_{\frac{1}{18}}$ Iren Nov Hil Tract | εκ—αυτου] εξ ισραηλ Or-gr ⅓ | αυτου] σου Thdt$_{\frac{1}{18}}$ | αν] ου f Chr ⅓ Thdt$_{\frac{1}{18}}$ A-Z: om Jul-ap-Cyr T-A | ελθοι gi | τα αποκειμενα αυτω] τα αποκειμενα αυτων $a_2$: το αποκειμενον αυτου ο αποκειται m: ω τα αποκειμενα Or-gr$_{\frac{1}{18}}$: *is cuius sunt praeparata* 𝔄: *cui reposita erant* Or-lat ½: ο αποκειται αυτω $c_2$: *semen quod ei repositum est* Tract: ο αποκειται dfgpxz(txt)$d_2$ Just-codd ⅓ Or-gr$_{\frac{1}{18}}$ Eus$_{\frac{1}{17}}$ Chr ⅓ ed ⅓ Thdt$_{\frac{1}{18}}$ A-Z T-A: ω αποκειται ejlntv(txt)$b_2$$^b$𝔏 Just ⅓ ed ⅓ Hip Or-gr$_{\frac{4}{18}}$-lat ⅓ codd-ap-Or-lat ½ Eus$_{\frac{4}{17}}$ Cyr-hier Chr ⅓ codd ⅓ Cyr ⅓ ed ⅓ codd ⅓ Thdt $\frac{1}{18}$ Iren Nov: αποκειται i$^{a?}$: *semen cui repositum est* Hil: ПЄⲦⲈ ⲪⲎⲈⲦⲈⲤϪⲎ ⲚⲀϤ (? = ω αποκειται) 𝔅 | αυτος] pr ω n: ουτος Chr-codd ⅓: *ipsum est* Hil: + εσται 𝔏 Just Hip ⅓ Or-lat Eus$_{\frac{4}{17}}$ Ath ½ Cyr-bis Nov: + *est* 𝔄 Iren Cyp | εθνων] + εστι l

11 τον πωλον 1°] τον ονον $c_2$ Hip-codd ⅓ Thdt ¼: την ονον Hip ⅓ ed ⅓ Ath T-A: om o* | om και 1°—αυτου 2° Just ⅔ | τη ελικι] pr εν Hip ⅓ ed ⅓: *cilicio* 𝔏$^v$: *ad cilicium* Cyp Tract: *ad praesepium* 𝔏$^r$: + της αμπελου g$^b$ Thdt ⅔ T-A | τον 2°—ονου] *asinam* Or-lat | τον πωλον 2°] το υποζυγιον Eus | om αυτου 2° afi$^{a?}$orvxz$a_2$$c_2$𝔄 Just ½ Ath Iren | πλυνιει $a_2$ | εν 1°—αυτου 4°] εν αιματι σταφυλης την στολην αυτου Just ⅓: την στολην αυτου εν αιματι σταφυλης Just ⅔ | εν οινω] post αυτου 3° Nov | αυτου 3°] + χαροποιοι οι οφθαλμοι m* | την περιβολην] το περιβολαιον egj: *anabolium* 𝔏: *anaboladium* Tract | om αυτου 4° $c_2$

12 χαροποιοι] χαροποι gjk$^{a?}$psx$b_2$$^{a?}$ Just Clem Hip-codd Chr ⅓ Cyr: *formidolosi* Cyp: *fulgentes* 𝔏 Tract | υπερ οινον B] απο οινου A*D*FM omn 𝔄𝔅(uid)𝔏 Just Hip (pr ως cod ⅓) Or-lat Eus Chr ⅓ Cyr Thdt T-A Iren Cyp Tract: ως οινος Chr ⅓: ⟨απο αιγου 83⟩ | om λευκοι l | om αυτου 2° *D*F* | η γαλα] *a lacte* Tract | η] ως f𝔈𝔏$^v$ Just Hip-cod ⅓ Ath Iren-codd | γαλα] γαλακτος Hip-cod ⅓

13 ζαβουλον cs | παραλιος] + θαλασσων ackmx$b_2$$c_2$: *ad littora maris* 𝔄-ed: *ad littus marium* 𝔄-codd | παροικησει *D* | παρ ορμον πλοιων] *erit praesidium nauium* 𝔏$^r$: *presidium nauium erit* 𝔏$^v$ | παρ ορμον] *portus* 𝔄 | ορμων cdi*mn | πλοιων] πλοιον f* Cyr-ed ½: και πλοιον l | παρατενει] παρατεινει v: παρατενιει $b_2$: ⟨παρεκτενει 20⟩: *extendit* 𝔏$^r$ | σιδωνος] σιδονος B$^a$fi: *Sydonia* 𝔏$^r$

14 ισαχαρ F*(ισσ- F$^1$)de*flmpt$b_2$$^{a?}$𝔄𝔅𝔏$^r$ Phil-codd Cyr-ed | το καλον] *bos* 𝔏$^v$ | το] τον g | αναπαυομενος] ⟨ινα παυομενος 31⟩: om m | ανα μεσον] ανα μεσω k: εν μεσω A(εμμ-)d ny: ⟨om ανα 25⟩

15 om την αναπαυσιν f | οτι καλη] *quae bona est* 𝔏$^v$ | και την γην bis scr c | πιον c | επεθηκεν k | om αυτου Phil Or-gr | πονειν] ποιειν el$a_2$: πονου k* | εγενηθη] εγεννηθη fgkl: εγενετο bnsw Phil Chr | ⟨γεωργος] + γης 30.71⟩

10 τα αποκ. αυτω] ο αποκειται F$^b$: ω αποκειται ο εστιν M | και 2°—εθνων] α' και αυτω συστημα λαων M
11 και τη ελικι] και εις καλικαρπον F$^b$
12 χαροποιοι] α' κατακοροι Mvz(sine nom): αλλος φησιν κατακοροι θερμοι διαπυροι φοβεροι j
13 παρατενει] α' μηρος αυτου M
14 το καλον επεθυμησεν] ονος σγκαριζων F$^b$: α' ονος οστωδης M | των κληρων] των λιβαδων F$^b$
15 και 3°—γεωργος] σαμ. και εστιν γεωργος υπηρετειν j | ανηρ γεωργος] α' εις φορον δουλευων M: α̅ο̅ς φησιν φορον δουλευων j | ανηρ] α̅ο̅ς v

16 　　¹⁶Δὰν κρινεῖ τὸν ἑαυτοῦ λαόν,
　　　　ὡσεὶ καὶ μία φυλὴ ἐν Ἰσραήλ.

17 　　¹⁷καὶ γενηθήτω Δὰν ὄφις ἐφ' ὁδοῦ,
　　　　ἐνκαθήμενος ἐπὶ τρίβου·
　　　　δάκνων πτέρναν ἵππου,
　　　　καὶ πεσεῖται ὁ ἱππεὺς εἰς τὰ ὀπίσω·

18 　　¹⁸τὴν σωτηρίαν περιμένων Κυρίου.

19 　　¹⁹Γάδ, πειρατήριον πειρατεύσει αὐτόν·
　　　　αὐτὸς δὲ πειρατεύσει αὐτῶν κατὰ πόδας.

20 　　²⁰Ἀσήρ, πίων αὐτοῦ ὁ ἄρτος,
　　　　καὶ αὐτὸς δώσει τρυφὴν ἄρχουσιν.

21 　　²¹Νεφθαλεί, στέλεχος ἀνειμένον,
　　　　ἐπιδιδοὺς ἐν τῷ γενήματι κάλλος.

22 　　²²Υἱὸς ηὐξημένος Ἰωσήφ,
　　　　υἱὸς ηὐξημένος μου ζηλωτός·
　　　　υἱός μου νεώτατος·
　　　　πρὸς μὲ ἀνάστρεψον.

23 　　²³εἰς ὃν διαβουλευόμενοι ἐλοιδόρουν,
　　　　καὶ ἐνεῖχον αὐτῷ κύριοι τοξευμάτων·

B

16 κρινει] κρειωει B: κριμι A　　　　17 εφ] επ A | εγκαθημενος BᵃᵇADᵐᵘᶠ | πεσειτε Bᵉ(-ται Bᵃᵇ)
19 πιρατευσει (1°) A　　　20 αρχουσι (+ ras 1 litt) F　　　22 νεωτος (νε sup ras 3 litt Aᵃ) A　　　23 ενιχον A

ADFMa-c₂𝔄𝔅𝔈𝔏ᵛ

16 δαν] +και αυτος T-A | τον εαυτου λαον] τον αυτου λαον M: τον λαον αυτου AFb-eghjlp-uwyaₙbₓ𝔄 Cyr: plebem suam 𝔏: om εαυτου T-A½ | ωτ j | om και μια 𝔅 | om και x𝔅𝔈𝔏 | μια φυλη] υλη ex corr fᵇ: μιαν φυλην ⟨128⟩ Hip-ed T-A½: ex una tribu 𝔏ᵛ: semis uerᵃ 𝔄½ | εν—(17) δαν mutila in F | om εν Phil | ισραηλ] pr τω T-A½: pr τη T-A½
17 om και 1° 𝔅ᶜᵈ | γενηθητω] γεννηθητω Hip-codd½: εγενηθη τω Abdopqtuvxzaₙ (76.107) [εγεννηθη 76 | το 107] 𝔅: γενεσθω Phil: εσται 𝔅T-A | οφις] pr ως 𝔏ᵛ Cyr½: post οδον Hip½ | εφ—οδου] insidiator in uia 𝔄 | εφ οδου] εφ οδω Cyr-ed½: εν οδω Cyr½: επι την γην Hip-codd½: om 1𝔅 | καθημενος fjₙ Phil ½ Hip ½ Cyr½ | επι τριβου] επι τριβον fm: in semitas 𝔏ᵛ: om ⟨76⟩ Hip½ | δακνων] pr και b: +και aₓ | πτερναν Fᵇ | ιππου] ιππων αυτου fiᵃ¹ | και 2°—ιππευς] iaciens equitem 𝔄 | ο ιππευς] equus 𝔏ᵛ | οπισω] οπισθια DFMacdegh jklpqstuv(mg)xz(mg)aₙbₓcₓ(uid) Chr Cyr
18 την—κυριου] in salutem tuam sustinui te Domine Iren | την] pr ει 𝔄 | σωτηριαν] +περιαν Fᵉ: +σου Fᵇ | περιμενων] post κυριου T-A | κυριου] pr παρα Cyr-ed: a Dñο 𝔏: παρα του θεου Phil ½(uid)
19 πειρατηριον πειρατευσει αυτον] praedans exibit 𝔄 | πειρατηριον] (bis scr 71): πειρατηριοι n | om αυτον Cyr½ | om αυτος—αυτων dloᵛpcₓ | αυτος δε] pr και nt Thdt: και αυτον Fy Cyr½ | πειρατευσει 2°] πειρατευων m | αυτων Fabce ghᵇijmntwxz Cyr½ cod 1½ Thdt: αυτου fqu Cyr-ed½: αυτον kᵒ (uid): εος 𝔏 | ποδας] +εστιν 𝔄
20 ασηρ] ⟨ασειρ 25⟩: Asser 𝔅: αηρ k | πιων] ω ex corr lᵃ¹: πιον cxᵃ¹ | αυτου] post αρτος acmxcₓ𝔅𝔏 | om ο zcₓ | om και αυτος aᵐᵛ] pr ουκ l | δωσει] διαδωσει Aaiᵃ¹orcₓ: διασωσει f: διδωσι cs: διαδιδωσιν D | τρυφην B] τροφην ADFM omn 𝔅𝔈𝔏 Hip Chr Cyr ⟨αρχουσιν⟩ +και διασωσει τροφην 79⟩
21 νεφθαλει BDF(-λι)Mrsv(txt)xzaₙbₓoᵉ] νεφθαλιμ hᵇitᵃ³: Nephthalim 𝔄: Nepthalim 𝔏ᵛ: Neptalim 𝔏ᵛ: νεφθαλειν Cyr-cod: νεφθαν hᵒ: νεφθαλειμ Av(mg)bₓᵃ rell Chr Cyr-ed Thdt | στελεχος ανειμενον] codex defectus 𝔏ᵛ: arbor repromissionis quod ex defectus 𝔏ᵛ | ανειμενον lmᵃ¹ | επιδιδους—καλλος] augens frugibus induens frugibus pulchritudinem 𝔄 | επιδιδους] επιδους dmₐ Hip-cod: ⟨αναδιδους 20⟩ | om εν Cyr | γενηματι] γενηματι AMfmnxᵒyaₙ Hip-ed Chr Thdt: +αυτον dfhᵇiᵃ¹prt | καλος aᵒcdltᵒ
22 υιος ηυξημενος 1°] ras 13 litt (.... ηυξημενος) τ: filius meus crescens 𝔏ᵛ: om Fᵇ¹dfmp Chr: +μου M(mg)v(mg)z(mg) 𝔏ᵛ: +μαι n | ιωσηφ—μου] om l: om υιος—μου n𝔏ᵛ | υιος 2° bis scr c | ηυξημενος μου] meus crescens 𝔏ᵛ: om dma Cyr: post ζηλωτος yℬ(uid): μοι diᵃ¹ptcₓ: om ADFᵒMiᵒ rell 𝔄 Chr Cyr | ζηλωτος] ζηλωτης dᵒaₓℬ(uid) Hip-cod Cyr-ed: υιος ηυξημενος Chr | om μου 2° 𝔅 | νεωτερος abcfhiᵃ¹kmnrwxycₓ𝔏ᵛ Chr | om με m | αναστρεφων dcₓ½ (-ον)𝔅
23 εις ον διαβουλευομενοι mutila in F | εις] +οδον f | διαβουλομενοι d | ελοιδορουν] ελοιδορουτο o: +και διεδικαζοντο acxbₓcₓ(½) | +και εδικαζαντο kcₓ(½): +και εδικαζωτο m𝔄 | om και n | αυτω] αυτων c: αυτον nᵒ | κυριοις nᵒ

17 ενκαθημενος] συρομενος Fᵇ　　　18 περιμενων κυριου] υπεμεινα κε̄ Fᵇ
19 πειρατηριον πειρατευσει] φοσσατων φοσσατευ[σει] Fᵇ(int lin): α′ ευξωνος ευξωνης σ′ λοχος M | πειρατηριον] α′ ευξωνος σ′ λοχος jvz(sine nom) | πειρατευσει 2°—ποδας] φοσσατευσει υστερον Fᵇ(int lin): ευξωνισθησεται πτεραας M
20 τρυφην] α′ τρυφας M　　　21 στελεχος—καλλος] α′ ελαφος απεσταλμενος ο διδους καλλογην M
23 εις—τοξευματων] το σαμ. και εμισησαν αυτον κατοχοι μεριδων και διεμειναν εν βαθει τοξον αυτων jcₓ [μεριδα cₓ | τοξον αυτων] τοξευματων j]

149

B

<sup>24</sup>καὶ συνετρίβη μετὰ κράτους τὰ τόξα αὐτῶν,    24

   καὶ ἐξελύθη τὰ νεῦρα βραχιόνων χειρὸς αὐτῶν,

διὰ χεῖρα δυνάστου Ἰακώβ·

ἐκεῖθεν ὁ κατισχύσας Ἰσραηλ·

(25)  παρὰ θεοῦ τοῦ πατρός σου.

<sup>25</sup>καὶ ἐβοήθησέν σοι ὁ θεὸς ὁ ἐμός,    25

   καὶ εὐλόγησέν σε εὐλογίαν οὐρανοῦ ἄνωθεν,

καὶ εὐλογίαν γῆς ἐχούσης πάντα·

ἕνεκεν εὐλογίας μαστῶν καὶ μήτρας, ·

<sup>26</sup>   εὐλογίας πατρός σου καὶ μητρός σου·    26

ὑπερίσχυσεν ἐπ᾽ εὐλογίαις ὀρέων μονίμων,

καὶ ἐπ᾽ εὐλογίαις θεινῶν ἀενάων·

ἔσονται ἐπὶ κεφαλὴν Ἰωσήφ,

καὶ ἐπὶ κορυφῆς ὧν ἡγήσατο ἀδελφῶν.

<sup>27</sup>Βενιαμεὶν λύκος ἅρπαξ·    27

τὸ πρωινὸν ἔδεται ἔτι,

καὶ εἰς τὸ ἑσπέρας δίδωσιν τροφήν.

§ L  ‡<sup>28</sup>Πάντες οὗτοι υἱοὶ Ἰακὼβ δώδεκα, καὶ ταῦτα ἐλάλησεν αὐτοῖς ὁ πατὴρ αὐτῶν· καὶ εὐλόγη- 28

§ 𝕮ᵐ σεν αὐτοὺς ὁ πατήρ, ἕκαστον κατὰ τὴν εὐλογίαν αὐτοῦ εὐλόγησεν αὐτούς. ‡<sup>29</sup>καὶ εἶπεν αὐτοῖς 29

---

25 ηυλογησεν F | εινεκεν D<sup>sil</sup>F       26 ευλογιας] [ευλογγε[ιας] D<sup>uid</sup> | θινων B<sup>b</sup>AF
27 προινον F* | ετει A             28 αυτοις] αυτοιις F*(uid) | ηυλογησεν (bis) AF

ADF(L)Ma-c₂𝔅(𝕮ᵐ)𝕾𝕷ᵛ

24 ⟨om και 1°—αυτων 1° 30⟩ | συνετριβη] συστριβη w:
συνετριβησαν Hip-codd | μετα κρατους] post αυτων 1° a₂𝔅:
⟨κατα κρατος 20⟩ | κρατους] pr του m | τοξα] τοξευματα F | om
και 2° n | εξελυθη] εξεχθη r | om τα 2° F<sup>b1</sup> Cyr½ Thdt |
βραχιονων] pr + αυτων c | χειρος Bbow] και χειρων c: om
fi<sup>a1</sup>𝔅𝕷ᵛ Cyr½: manū 𝕷ᵛ | χειρων ADFMi<sup>b</sup> rell 𝔅𝕴𝕾𝕷²ap-Barh
Chr Cyr½ Thdt | αυτων 2°] αυτων n*: αυτου m | χειρα] χειρος
D(+D) | δυναστου Thdt | om εκειθεν—σου p | om o i<sup>m</sup> Chr-ed |
κατισχυσας] κατισχυσιν d: κατοικησας g: +σε Ay | ισραηλ]
ιακωβ A | θεου] pr του Adt | om θεου] αυτου n*𝕷ᵛ

25 om και 1° n* | εβοηθησεν] εβοησεν a₂ | ⟨σοι⟩ σε 73⟩ |
⟨σε⟩ δε 18⟩ | ⟨ευλογιαν ουρανου⟩ απο ουθου ευλογιαν 14⟩ | ουρανου]
pr απο egj: ουνον fi<sup>a1</sup>r: ⟨απ αθου 79⟩ | om ανωθεν και ευλογιαν
k | ευλογιαν 2°] pr ευλογησεν f | γης] pr την A𝔅<sup>j1</sup>: την n |
εχουσης] habentē 𝕷ᵛ | παντα 𝕷ᵛ | ταυτα] pr τα i | ενεκεν ευλογιας.... (26)
ευλογιας] propter benedictiones...benedictiones 𝔄 | ενεκεν ευλο-
γιας] propter benedictionem terrae habentem omnia propter bene-
dictionem 𝕷ᵛ | ενεκεν] ενεκα fm: και ενεκεν 4° A |
⟨μητραν 71⟩

26 ⟨ευλογιας⟩ ευλογιαν ka₂c₂: benedictiones (-nis 𝕷ᵛ)𝕷ᵛ | om
και μητρος σου m | υπερισχυσεν] υπερεσχυσεν F<sup>b</sup>: υπερισχυσεν
bfi<sup>a1</sup>nov(txt)wz(txt) Cyr Thdt: ⟨ενισχυσεν 79⟩: om ενισχυσεν
e: quae praevaluerunt 𝔄 | επ 1°] ος c₂: υπερ bd-gi<sup>a1</sup>jnptw Hip Thdt: om amb₂ |
ευλογιαις 1°] ευλογιας bejs*(uid)wx Hip Thdt: ευλογιαι n:
ευλογιαν adfi<sup>a1</sup>ptv(txt)z(txt) | ορεων] ορηεων bw: om Anqu |
μονιμων] singularium 𝕷ᵛ | om και 2°—θεινων D | επ ευλο-
γιαις 2°] επι ευλογιας dpt: επιθυμαις fi<sup>a1</sup>nv(txt): επιθυμαις fi<sup>a1</sup>nv(txt)
z(txt)𝕷 Hip-cod Thdt: ⟨επι θυσιαις 71⟩ | θεινων] pr βου k:
ουηνων s: εθνων y: βουηων ab₂c₂𝔅: fontium 𝕾-ap-Barh | uallium
𝕷ᵛ: desiderantiū 𝕷ᵛ | αεναων BAchi*os] om b: αιωνιων
D(+D)FM(txt)i<sup>a1</sup> rell Hip Chr Cyr Thdt | εσονται] pr αι
dpt Cyr-ed: pr και n: εσονται cn | κεφαλην] pr την Dz Chr:
κεφαλη AF<sup>b1</sup>abmnowxc₂ Thdt: την κεφαλης v | om και επι
κορυφης n | επι κορυφης] super capita 𝔄-ed𝕷¹: om κορυφης
𝔄-cod | κορυφης] κορυφην F*klmquyz(+σου qu) | επι ηγησατο
αδελφων] quo praefuit fratrum 𝕷ᵛ | ηγησατο] ηγατησατο fi*:
ηγωνισατο l | αδελφων] pr των f: +αυτου c₂

27 βενιαμειν] βενιαμιν (ante ν ras 1 txt) l: βενιαμην n:
βενιαμειμ w | λυκος] αυτος h* | το πρωινον] το πρωι Cyr-cod½
(uid): πρωι Cyr½ | εδεται] comedit Or-lat | ετι] post και 𝕷ᵛ:
πρωιδαν F<sup>b</sup>: om quẽ Or-lat Chr Cyr½ Thdt | om εις m Cyr½
cod½ | om το 2° Cyr½ | διδωσιν Bi* Hip] διαδωσει F<sup>b1</sup>fh:
διαδιδωσιν F<sup>b</sup>kvz: diuidit 𝕷ᵛ Hil(uid): ⟨διαδω 31⟩: δωσει ⟨73.
84⟩ Cyr-cod½: dabit 𝔅𝕷ᵛ Or-lat: διαδωσει e(mg)a₂ Chr-ed
Cyr-ed 2°: διαδωσιν ADMe(txt)i<sup>a1</sup> rell 𝔄 Chr-codd Cyr½-ed½-
cod½ Thdt

28 ουτοι] οι A: +οι oa₂𝔅 | υιοι] post ιακωβ c₂ | φυλαι ac
m𝔄-codd | δωδεκα] pr φυλαι Ldfi<sup>b</sup>jknprtvzc₂𝔄-ed: δεδωκα
w: +φυλαι ο | ταυτα] +α akoxb₂c₂𝔄 | ελαλησεν] post αυτων
Ary | αυτοις] post k: ιακωβ c₂: ⟨om 84⟩: om και 2°—ταπην
o | 𝔅? | om αυτους 1° Chr | om 2° ταπην 2°—αυτους 2° bfnw |
ο πατηρ 2° B] κατα την ευλογιαν αυτου a₂: +αυτων ο: om A
D<sup>sil</sup>FLM rell 𝔄𝔅𝕴𝕾𝕷 Or-lat Chr | κατα] pr και | om την r |
αυτου] αυτων cv(mg): om 𝔅 | ευλογησεν αυτους 2°] pr ην vz𝔅
Chr: om dp

29 om και 1° ειπεν αυτοις] pr και ενετειλατο αυτοις M<sup>mg</sup>(indice
ad (28) αυτους 1° posito)acmxb₂c₂𝔄: dixit autem Iacob 𝕮 |

---

24 παρα θεου] παρα ισχυρου F<sup>b</sup>       25 ο θεου] ο ισχ[υρος] F<sup>b</sup> | γης κ.τ.λ.] αβυσσου υποκατω F<sup>b</sup>
26 επ ευλογιαις 2° κ.τ.λ.] επιθυμιαις υψηλων και τετιμημενων M | θεινων] βουηων F<sup>b</sup>
27 διδωσιν τροφην] μερι[σει] λαφυρον F<sup>b</sup>: α´ μερισει λαφυρα Mvz: α´ διαμεριει λαφυρα jc₂: σ´ μεριει σκυλα Mjvzc₂(μερισει vz)

Ἐγὼ προστίθεμαι πρὸς τὸν ἐμὸν λαόν· θάψατέ με μετὰ τῶν πατέρων μου ἐν τῷ σπηλαίῳ ὅ B
30 ἐστιν ἐν τῷ ἀγρῷ Ἐφρὼν τοῦ Χετταίου, ³⁰ἐν τῷ σπηλαίῳ τῷ διπλῷ τῷ ἀπέναντι Μαμβρὴ ἐν γῇ
Χανάαν, ὃ ἐκτήσατο Ἀβραὰμ τὸ σπήλαιον¶ παρὰ Ἐφρὼν τοῦ Χετταίου ἐν κτήσει μνημείου. ¶ 𝕮ᵐ
31 ³¹ἐκεῖ ἔθαψαν Ἀβραὰμ καὶ Σάρραν τὴν γυναῖκα αὐτοῦ· ἐκεῖ ἔθαψαν Ἰσαὰκ καὶ Ῥεβέκκαν τὴν
32 γυναῖκα αὐτοῦ· ἐκεῖ ἔθαψαν Λείαν, ³²ἐν κτήσει τοῦ ἀγροῦ καὶ τοῦ σπηλαίου τοῦ ὄντος ἐν αὐτῷ
33 παρὰ τῶν υἱῶν Χέτ. ⁸³³Καὶ κατέπαυσεν Ἰακὼβ ἐπιτάσσων τοῖς υἱοῖς αὐτοῦ, καὶ ἐξάρας § d₂
L 1 τοὺς πόδας αὐτοῦ ἐπὶ τὴν κλίνην ἐξέλιπεν καὶ προσετέθη πρὸς τὸν λαὸν αὐτοῦ. ¹καὶ ἐπιπεσὼν
2 Ἰωσὴφ ἐπὶ τὸ πρόσωπον τοῦ πατρὸς αὐτοῦ ἔκλαυσεν αὐτὸν καὶ ἐφίλησεν αὐτόν. ²καὶ προσ-
έταξεν Ἰωσὴφ τοῖς παισὶν αὐτοῦ τοῖς ἐνταφιασταῖς ἐνταφιάσαι τὸν πατέρα αὐτοῦ· καὶ ἐνετα-
3 φίασαν οἱ ἐνταφιασταὶ¶ τὸν Ἰσραήλ. ³καὶ ἐπλήρωσεν αὐτοὺς τεσσεράκοντα ἡμέρας· οὕτως ¶ D § 𝕮ᵐ
γὰρ καταριθμοῦνται αἱ ἡμέραι τῆς ταφῆς· καὶ ἐπένθησεν αὐτὸν Αἴγυπτος ἑβδομήκοντα
4 ἡμέρας. ⁴Ἐπειδὴ δὲ παρῆλθον αἱ ἡμέραι τοῦ πένθους, ἐλάλησεν Ἰωσὴφ πρὸς τοὺς δυνάστας
Φαραὼ λέγων Εἰ εὗρον χάριν¶ ἐναντίον ὑμῶν, λαλήσατε περὶ ἐμοῦ εἰς τὰ ὦτα Φαραὼ λέγοντες ¶ L

29 με] μετα F*            30 κτησι Bᵇ(·ει Bᵃᵇ) | μνημιου F*
31 εθαψαν 3°] εθραψα F | λιαν A        33 κλειπην Bᵃ(κλιν· Bᵇ)
L 3 τεσσαρακοντα Bᵃᵇ | οντω A(uid)

A(D)F(L)Ma–c₂(d₂)𝔅𝔅(𝕮ᵐ)𝔖𝔏ʳ

αυτοις] αυτους e: om mn : + εντειλαμενος k | εγω] pr ιδου bw𝔖 :
(+ ειμι 76) | προστιθεμαι] προτιθεμαι f: προστιθεμεν A : (προσ-
τιθημ 30): om L | προς] pr και c | εμον λαον] λαον μου bw:
λαον τον εμον m | θαψατε] pr et 𝔖: θαψετε FMcgIpyza₂ Chr
(pr και) Thdt⅓ : θαψματε f | (των πατερων] τον πρα 107) | σπη-
λαιω] + τω διπλω LM(mg)dfnptvz(sub ✶ vz) | om o—(30) σπη-
λαιω be | o] οι L | om εν 2°—(30) διπλω f | εν τω αγρω] post
εφρων A: om c₂ | εφρων] (post χετταιου 18): εφρωμ qu:
εφρηξ L: (εφραιμ 71)
30 εν 1°—διπλω] pr in monimento 𝕮: (om 30) | σπηλαιω]
+ o εν χωρα cx(ω)𝔖(pr ✤) | του διπλω] ο εστιν εν αγρω Fᵇ |
τω 3°] ο εστιν Liᵃ¹n: om fl*m𝔖𝕮(uid) | μαμβρη] μαμβρε
Fᵇ: μαμβρι dn: μαβρη sᵃ: μαμφρη cᵉ | γη Bbegi*jpwa₂] τη
χωρα b₂: pr τη ADFLMiᵃ¹i(pr ✤) rell | χαναα] των χανα-
ναιων Dncmsb₂c₂*𝕮(uid) pr ol Fᵇ | εκτησατο αβρααμ] εκτη-
σαμψ f | om τ᷏ο—χετταιου m | το σπηλαιον] post χετταιου egj:
τον αγρον 𝔖: om (18.32) 𝔖-ed 𝔖𝔏ʳ: om το f | παρα—χετ-
ταιου] pr το ky: om p | εφρων] εφρωμ qu: εφραμ d | εν
κτησει] (pr και 18): εις κτησιν egj
31 εκει 1°] pr ου c₂ | om αβρααμ—εθαψαν 2° 𝔖ᵖ | αβρααμ]
pr τον Fᵇᵐᵍk | σαρραν] σαραν m: σαρρα c₂ | om την γυναικα
αυτου 1° j | εκει 2° BLacmnxyb₂c₂𝔖] και z: pr και ADFM
rell 𝔖𝔏 Thdt | om ισαακ—εθαψαν 3° fa₂ | ισαακ] pr τον k |
(om και ρεβεκκαν την 83) | ρεβεκκαν] ρεβεκαν cgᵉm: ρεββεκαν
e | εκει 3° BLaci*𝔖] pr και ADFMiᵃ rell 𝔖𝔏 Thdt | εθαψαν
3°] εθαψεν m𝔖ʳ | λειαν] pr την Fᵇᵐᵍk Thdt⅓ : δειαν i*
32 εν κτησει] in septionem 𝔏ʳ | κτησει BADᵘⁱⁱF*cdrc₂] pr
κτη i: pr τη FᵇᵇLM(pr +) rell 𝔖𝔏 | αγρου] αργυριου a₂ | και
του σπηλαιου] in speleum 𝔏ʳ: om και Lf | του οντοι—νιων] om
bw: (om του 83): om οντος εν αυτω f | του οντος—εν αυτω
αβρααμ 18)] pr quod emptum est 𝔏: pr του dkpt : pr τω f: pr
το i | χετ] pr του 79: του χετταιου 25): χετταιου h: + εκ-
τησατο αβρααμ j(mg)z(mg)
33 (και κατεπαυσεν] και κατεπαυεν 108: κατεπαυσε δε 76) |
om ιακωβ Chr | om επιτασσων—εξαρας f | επιτασσων] ad-

monens 𝔏ʳ | τοις υιοις] τους υιους bc: omnibus filiis 𝔏ʳ | τοις]
τουτ m* | εξαρας] + ιακωβ ADFMcdeghiᵃ¹jklp(επαρας)q—vyza₂𝔖
Chr | (τουι—κλινην) εκει της κλινης τους ποδας 78) | τους ποδας
αυτου] post κλινην egj(om αυτου gj) | αυτου 2° Benya₂c₂𝔖𝔖
Chr] om ADFLM rell 𝔖𝔏 Thdt | επι την κλινην] επι την κλινης
f: in lectum suum 𝔏-codd | εξελιπεν] εξελειπεν ADFchkmnr
sya₂ : εξελειψεν ο | om επι c: in 𝔖-codd | (τον λαον] τους
πρας 37) | om αυτου 3° f
L 1 [επι] κατα Labcknwxb₂c₂d₂: ante 𝔖ᶜ | το προσωπον
Biᵃ¹oa₂] τον τραχηλον Aegjim: om τ᷏ο DᵘⁱⁱF(uid)
LMiᵃ rell Chr | om του πατρος mx* | εκλαυσεν] + τικρυσ
j(mg)qu : αυτον 1° BDᵘⁱⁱLbnwd₂𝔖𝔏] εκ αυτω Fdeghjlopqtuvz
Chr: pr εκ AM rell : super eum 𝔖𝔖: (om 71) | om και εφιλησεν
αυτον a𝔖 | κατεφιλησεν Lcfimnd₂ Chr
2 (om και 1° 78) | om ιωσηφ b₂ | om τοις παισιν αυτου bw |
παισιν] υιοις f | τοις ενταφιασταις] (pr και 71): om f | εντα-
φιασαι] pr του (ενταφιαξειν 20) | τον πατερα αυτου] αυτον f |
αυτου 2°] ιωσηφ j(mg): om a | om και 2°—ισραηλ bw | τον
ισραηλ] (pr τον πρα ιωσηφ 71: τον πρα αυτου 18): om τον L:
+ πρα ισραηλ m : + τον πρα αυτου f
3 ualde mutila in 𝕮 | επληρωσεν—ημερας] repleti sunt eius
dies quadraginta 𝔖-codd 𝔏 (XL dies): plorauerunt eum dies
quadraginta 𝔖-ed | επληρωσεν Bkz𝔖ʳ] επληρωσεν AFLM rell
𝔅𝕮(uid)𝔖ᶜᶠ | αντους B] eis 𝔖ᵖ: (αυτον 16): αυτω dhlmpta₂b₂
Chr: αυτοις AFLM rell 𝔖 | τεσσερακοντα] pr το πενθος f: post
ημερας 1° d | om ουτως—ημερας 2° bw | καταριθμουνται] denu-
merabantur 𝔖𝔏ʳ | επενθησαν M𝔖 | om αυτον d₂𝔖ᵖ | αιγυπτος]
οι αιγυπτιοι (18) 𝔖(uid) | εβδομηκοντα ημερας] τεσσαρακοντα
ημερας b₂ : (ημερας ογδοηκοντα 16)
4 επειδη δε] και L | επει FMcegjkmqrsuvz—c₂ | δε] γαρ
bdp : om Aoy | παρηλθον] παρηλθοσαν m : παρηλθοσαν acj(mg)
korv(mg)c₂ : (ηλθον 18) | (προς] εις 31.83) | δυναστας] αρχοντας
x | ευρον] δη ευρω k : εγωτιον f | ημων ο | περι εμου BAiᵃ*y
b₂𝔅𝕮(uid)𝔖] om FMiᵃ¹ rell 𝔖𝔏 | εις τα ωτα] εις τον οικον k:
προς b₂𝔖𝔏 | λεγοντος c₂*

33 εξαρας] α´ συνελεξεν Mv: σ´ συναγαγων Mδν
L 2 τοις 1°—ενταφιασται] τοις ιατροις του αρωματισαι τον πρα αυτου και αρωματισαν οι ιατροι Fᵇ
3 της ταφης] των αρωματων Fᵇ: α´ των αρωματιζομενων Mvzc₂(sine nom zc₂)

B 5 Ὁ πατήρ με ὥρκισεν λέγων Ἐν τῷ μνημείῳ ᾧ ὤρυξα ἐμαυτῷ ἐν γῇ Χανάαν, ἐκεῖ με θάψεις. 5
νῦν οὖν ἀναβὰς θάψω τὸν πατέρα μου, καὶ ἀπελεύσομαι. 6 καὶ εἶπεν Φαραὼ Ἀνάβηθι, θάψον 6
D τὸν πατέρα σου καθάπερ ὥρκισέν σε. 7 καὶ ἀνέβη Ἰωσὴφ θάψαι τὸν πατέρα αὐτοῦ· καὶ 7
συνανέβησαν μετ' αὐτοῦ πάντες οἱ παῖδες Φαραὼ καὶ οἱ πρεσβύτεροι τοῦ οἴκου αὐτοῦ, καὶ
πάντες οἱ πρεσβύτεροι τῆς γῆς Αἰγύπτου, 8 καὶ πᾶσα ἡ πανοικία Ἰωσὴφ καὶ οἱ ἀδελφοὶ αὐτοῦ καὶ 8
πᾶσα ἡ οἰκία ἡ πατρικὴ αὐτοῦ καὶ ἡ συγγενία αὐτοῦ· καὶ τὰ πρόβατα καὶ τοὺς βόας ὑπελίποντο ἐν
γῇ Γέσεμ. 9 καὶ συνανέβησαν μετ' αὐτοῦ καὶ ἅρματα καὶ ἱππεῖς, καὶ ἐγένετο ἡ παρεμβολὴ μεγάλη 9
σφόδρα. 10 καὶ παρεγένοντο εἰς ἅλωνα Ἀτάδ, ὅ ἐστιν πέραν τοῦ Ἰορδάνου, καὶ ἐκόψαντο αὐτὸν 10
κοπετὸν μέγαν καὶ ἰσχυρὸν σφόδρα· καὶ ἐποίησαν τὸ πένθος τῷ πατρὶ αὐτοῦ ἑπτὰ ἡμέρας. 11 καὶ 11
ἰδὸν οἱ κάτοικοι τῆς γῆς Χανάαν τὸ πένθος ἐν ἅλωνι Ἀτάδ καὶ εἶπαν Πένθος μέγα τοῦτό ἐστιν
τοῖς Αἰγυπτίοις· διὰ τοῦτο ἐκάλεσεν τὸ ὄνομα αὐτοῦ Πένθος Αἰγύπτου, ὅ ἐστιν πέραν τοῦ
Ἰορδάνου. 12 καὶ ἐποίησαν αὐτῷ οὕτως οἱ υἱοὶ αὐτοῦ, καὶ ἔθαψαν αὐτὸν ἐκεῖ. 13 καὶ ἀνέ- 13/13

---

5 μνημιω F*
11 ειδον D^allF | αταδ B^a] ταδ B^auid

8 παροικεια A | συγγενεια B^ab
13 αυτον 1°] +εκει B*(om B^a?b)

A(D)FMa-d₂𝔄𝔅ℭ^c𝔈𝔏^v

5 ο—ωρκισεν] ωρκισε με ο πατηρ μου Chr | ο] pr οτι j(mg)
v(mg): (οτι 31) | πατηρ Bi*] +μου AFMi^a¹ rell 𝔄𝔅𝔏 | με
ωρκισεν Bi*]ωρκισεν μοι s: ωρκισε ρ: ωρκισε
με 20) | λεγων] pr προ του τελευτησαι Abkyb₂ (31.37.83) 𝔈[τε-
λευτησαι] τελευτησασθαι 37: + αυτον 31.83]: om ej: +προ του
τελευτησαι αυτον fi^a¹r: + ιδου εγω ειμι αποθνησκω M^mg (indice
ad λεγων in commate 4 posito) ak(-σκων)o: +ιδου εγω αποθνησκω
c(-σκων)mxc₂𝔄 | εν 1°] pr sepeli me ℭ(uid): +δε m | ο] ld₂ |
ωρυξα] κατωρυξα 76: +μνημειον 𝔅^p(*)(uid): +εγω dnptd₂
𝔄(uid) | εαυτω c₂ | εν 2°—θαψεις] εκει με θαψον εν γη χααααν
b₂ | (γη] pr τη 18) | om εκει με θαψεις ℭ | θαψεις] θαψην dfh
ipy: θαψον c₂𝔈 | αναβας θαψω] ascendam ut (et 𝔏^v) saepelliam
𝔏 | συναναβας (20) Chr | και—(6) θαψον periere in ℭ | απε-
λευσομαι B] επελευσομαι AF*hrv(mg)wa₂b₂: απελευσομαι mqux:
επαπελευσομαι c: επαπελευσομαι F^b¹Mv(txt) rell Chr: reuertar
𝔅𝔈𝔏: ueniam 𝔄: +προς σε f

6 και ειπεν] pr και ειπον φαραω pt: pr και ειπον τουτο τω
φαραω d: pr και ειπον φαραω οι αδελφοι: ⟨pr ειπον ουν τω
φαραω κατα τα ειρημενα υπο του ιωσηφ 31.83 (υπερ)⟩: ειπεν δε
ps𝔏^v | φαραω Baci^omxc₂d₂𝔄ℭ𝔏^v] pr ει 𝔅: +ιωσηφ o: +προς
ιωσηφ d: +τω ιωσηφ AFMi^a¹ rell 𝔅: +ad Ioseph 𝔏^v | θαψον]
pr el 𝔈𝔏^v: (θαψαι 16) | καθαπερ] pr και o: καθοτι egj: καθως
m | ωρκισεν](ωρκωσε 84): ωκισε d | (σε] με 18)

7 συνανεβησαν] ανεβησαν g | παντες 1°] pr αρματα και ιππεις
και n | om και 3°—αυτον 3° 1ℭ | οι πρεσβυτεροι 1°] omnes
seniores 𝔏 | του οικου] του λαου b₂ | om και g | om αυτου 3° c₂ |
και 4°—αιγυπτου] post (8) ιωσηφ 𝔏^v: (om 107) | παντες οι πρεσ
sup ras y | παντες 2°] post πρεσβυτεροι 2° d₂: om 𝔄𝔏^v | om
γης Bfikwb₂] rasis τγης n: om gs: om γης AF(uid)adprsd₂*
𝔈𝔏^v Phil: om γης DMd₂^a¹ rell

8 παροικια] παροικεια efh^b¹lwc₂ | ιωσηφ] pr αυτου Phil |
αυτου f: η πρικη αυτου b₂ | om και 2°—αυτου 1° ℭ | om και
3°—αυτου 2° b₂ | (om η αι 118) | οικια η πατρικη] πρικη ουσια
p | οικια] παροικια aa₂: κατοικια cx | η πατρικη] post αυτου 2°
bfind₂: του πρς l | η συγγενια Bwb₂𝔈] την συγγενειαν AD
F(-νιαν F*)M rell 𝔄ℭ𝔏^v Chr: cognationem 𝔅(uid): αυτου 3° Bi^alwb₂𝔄ℭ𝔈𝔏] om ADFMi^a¹ rell
𝔄𝔏^v Chr | και τα προβατα] post (8) αυτου: om b₂: om και
𝔅^p(b) | και τα] τα δε j(mg)w𝔈^cf(uid): om και 𝔅^p | om και
τους βοας n | υπελιποντο Bbdegjlsx𝔄𝔅ℭ𝔈𝔏] υπελειποντο AD

FM rell Chr-codd: υπελειπετο Chr-ed: ⟨απελειπωντο 84⟩ | γη]
pr τη qu | γεσεμ] γεσσεμ Mk: Gessen 𝔏^v

9 om και 1°—ιππεις n | συνανεβησαν] ascendere fecit 𝔈^cp
⟨αυτου 18⟩ | om και 2° DFabcd*fhiklowzb₂c₂d₂𝔅ℭ𝔈𝔏 Chr |
αρμα f | ιππεις | εγενετο] εγενηθη c₂: facti sunt 𝔈 | η—(10)
παρεγενοντο] bis scr g: om η c₂ | om μεγαλη 𝔅

10 παρεγενοντο] παρεγενετο Ai^arv(mg)𝔈^f: (εγενοντο 128):
εγενετο b₂ | εις 𝔅𝔏] εφ AD(εσ)FM omn 𝔅ℭ: ad 𝔏 | αινα
αταδ sup ras i^r | αλωνα] αλωνι bcdfpxb₂: αλων mo^w | αταδ]
αταδ b₂: ατατ Dn: Atae 𝔏^v: Adad 𝔅: Agad ℭ: Adat 𝔏^v:
βαταδ m: d ex ac₂: η i*klnod₂ | εκοψαντο] βοινου c | om
αυτον 2°—(11) ιορδανου g | και εκοψαντο] εκοψαντο δε f | om
αυτον fi^amd₂ | κοπετον] pr και fi^arv(mg)z(mg)𝔄ℭ𝔏: ⟨+εκει
30⟩ | μεγα ehi^aa₂ | om σφοδρα 30 | om και—πατρι Bacfvzb₂𝔈]
εποιησεν ADi^aFM rell 𝔄𝔅ℭ𝔏 Chr | το πενθος] post αυτου D^a
csxc₂𝔅 (om το ac₂): magnum luctum ℭ: om το mwa₂ | αυτου]
αυτων b₂𝔈 | ημερας επτα fm𝔏^v

11 ειδοσαν b₂ | κατοικουντες hwb₂ Chr | της γης] om 𝔏^v
γην w: om hmnb₂ Chr: om της di*ltc₂: om γην fℭ𝔏 | χανααν]
αιγυπτου f: om y | το πενθος] pr ÷z: om το c₂ | om εν αλωνι
αταδ d | εφ (en: (επι τη 20) | αλων nw | αταδ] αταδ z(txt)b₂:
αταρ D𝔏^v: Adad 𝔅: Agad ℭ: Adat 𝔏^v: τα B^auid 𝔏^v: om
F^b¹cdi*kmnpwc₂d₂ | πενθος 2°—αιγυπτιοις] itane luctus Ae-
gypti magnus 𝔅 | μεγα πενθος n | τουτο μεγα cjw | τουτο 1°]
post εστιν 1° ADFMabdfhilmprstvyza₂d₂𝔅^v: τουτον n: om 𝔄𝔏^v
Chr | om εστιν 1° c₂ | εκαλεσεν] εκαλεσαν DMdefjkmptwxa₂𝔅
ℭ𝔈^c𝔏: εκαλη i: εκληθη F | αυτου Baxc₂𝔅ℭ𝔏] του αυτου τοπου
k: του τοπου εκεινου AFbfilmrwyb₂d₂𝔅ℭ𝔏: του τοπου DM
rell Chr | ⟨om ο εστιν 68⟩

12 αυτου] post ουτως d: αυτο f: αιτου n*: sibi 𝔏^v | om
ουτως 𝔅^p | om οι υιοι αυτου 37) | om οι lmna₂* | (om υιοι
14) | αυτου] ε 𝔄 Acdfinptv(txt)z(txt)d₂𝔄: ⟨εν γη χανααν 18⟩:
+καθως ενετειλατο αυτοις ADFMa-qstuv(mg)w-d₂𝔄𝔅 [καθα y |
+καθως]om F*: +καθως εντιλατο h: +και ηραν αυτον acmoxc₂𝔄]:
⟨+καθως εντειλατο υιοις αυτου 37⟩ | και 2°—εκει] pr +z: om
𝔄𝔅𝔏𝔅be—lqsuwya₂b₂𝔅ℭ𝔏^v] και ⟨post εκει 37⟩: om m |
εκει] +καθως ενετειλατο αυτοις rℭ𝔏^v

13 om totum comma p | om και 1°—αυτον 2° 𝔅 | και
ανελαβον αυτον] om οι και 37 | και ηραν αυτον j^mgsxmgz^mg (sub ÷ w^mgz^mg):
⟨παραλαβοντες αυτον καθως ενετειλατο αυτοις 18⟩ | ανελαβον]

λαβὸν αὐτὸν οἱ υἱοὶ αὐτοῦ εἰς γῆν Χανάαν, καὶ ἔθαψαν αὐτὸν εἰς τὸ σπήλαιον τὸ διπλοῦν, Β
ὃ ἐκτήσατο Ἀβραὰμ τὸ σπήλαιον ἐν κτήσει μνημείου παρὰ Ἐφρὼν τοῦ Χετταίου, κατέναντι
Μαμβρή.¶   ¶ D

14   ¹⁴Καὶ ἀπέστρεψεν Ἰωσὴφ εἰς Αἴγυπτον, αὐτὸς καὶ οἱ ἀδελφοὶ¶ αὐτοῦ καὶ οἱ συναναβάντες ¶ F
15 θάψαι τὸν πατέρα αὐτοῦ.   ¹⁵ἰδόντες δὲ οἱ ἀδελφοὶ Ἰωσὴφ ὅτι τέθνηκεν ὁ πατὴρ αὐτῶν εἶπαν Μή
ποτε μνησικακήσῃ ἡμῖν Ἰωσήφ, καὶ ἀνταπόδομα ἀνταποδῷ ἡμῖν πάντα τὰ κακὰ ἃ ἐνεδειξάμεθα
16 αὐτῷ.   ¹⁶καὶ παρεγένοντο πρὸς Ἰωσὴφ λέγοντες Ὁ πατήρ σου ὥρκισεν πρὸ τοῦ τελευτῆσαι αὐτὸν
17 λέγων ¹⁷Οὕτως ⁚εἴπατε Ἰωσήφ Ἄφες αὐτοῖς τὴν ἀδικίαν καὶ τὴν ἁμαρτίαν αὐτῶν, ὅτι πονηρά σοι ⚹
ἐνεδείξαντο· καὶ νῦν δέξαι τὴν ἀδικίαν τῶν θεραπόντων τοῦ θεοῦ τοῦ πατρός σου.   καὶ ἔκλαυσεν
18 Ἰωσὴφ λαλούντων αὐτῶν πρὸς αὐτόν.   ¹⁸καὶ ἐλθόντες πρὸς αὐτὸν εἶπαν Οἴδε ἡμεῖς οἰκέται.
19/20 ¹⁹καὶ εἶπεν αὐτοῖς Ἰωσὴφ Μὴ φοβεῖσθε, τοῦ γὰρ θεοῦ ἐγώ εἰμι· ²⁰ὑμεῖς ἐβουλεύσασθε κατ' ἐμοῦ
εἰς πονηρά, ὁ δὲ θεὸς ἐβουλεύσατο περὶ ἐμοῦ εἰς ἀγαθά, ὅπως ἂν γενηθῇ ὡς σήμερον, ἵνα τραφῇ
21 λαὸς πολύς.   ²¹εἶπεν δὲ αὐτοῖς Μὴ φοβεῖσθε· ἐγὼ διαθρέψω ὑμᾶς καὶ τὰς οἰκίας ὑμῶν.   καὶ
παρεκάλεσεν αὐτοὺς καὶ ἐλάλησεν αὐτῶν εἰς τὴν καρδίαν.

13 μνημιου F*   15 αυτω] εις αυτον Bᶜ   17 ενεδιξαντο A

A(*DF*)Mꞃ-d₂𝕭𝕮ᵐ𝕰𝕷ʳ(𝕾)

ανελαβοσαν acoc₂: απελαβον l | om αυτον 1° fn | οι υιοι αυτου] om ehoc₂𝕭𝕰ᵖ: om l | εις γην] εις την γην FᵇᵗMᵉiᵉ: εις την γην Dacfnoc₂: εν γη egj𝕬-ed | ⟨και 2°⟩ pr και ελαβον αυτον 16⟩ | om αυτον 2° ⟨16⟩ 𝕬 | om το 3°—μαμβρη a₂ | το σπηλαιον 2°] post μαμβρισι: om defmnwc₂d₂𝕭𝕰𝕷ʳ om παρα—μαμβρη d | ατεναντι w | μαμβρη] μαμβρη nᵉ*: μαμβρη Fᵇ: Mabre 𝕮

14 απεστρεψεν Begjnoxn𝕷 Chr | υπεστρεψεν fhiᵃʳ Chr: αποστρεψεν ld₂: επεστρεψεν AFMiᵉ rell | ⟨εις αιγυπτον ιωσηφ 16⟩ | εις⟩ εκ Fᵇ(uid)Fᵇ | αιγυπτου γην αιγυπτου k | εις 1°—αυτου 2°] omnes qui cum eo qui ascenderunt una sepelire patrem suum et fratres eius (eorum 𝕰ᵖ) | αδελ... F | οι 2°—αυτου 2° periere in 𝕮 | οι συναναβαντες] pr παντες Mabcmoqsuxc₂𝕬𝕭: οι sup ras zᵃ: παντες οι συναναβαωσετ⟩ pr αυτου k: +παντες Aiprv z𝕷: +μετ αυτου acmosc₂(uid)𝕭 Chr | om θαψαι—αυτου 2° Chr | αυτου 2°] ⟨+μετα το θαψαι τον πρα αυτου M(mg)a(auτων)ci°kl(pr και)ovxz(pr ⊛)c₂d₂𝕭

15 ιδοντες δε] και ιδοντες wb₂: om δε l | ιωσηφ 1°] αυτου km𝕰 | ⟨και γαρ 30⟩: ειπαν cdiᵐm—pvwzᵃˡ(uid)c₂d₂ | μνησικακησει bdglopvy | ημιν 1°] υμιν d | ιωσηφ 2°] +ημιν g: +οτι τεθνηκεν ο πηρ ημιν k | και—κακα periere in 𝕮 | ανταποδωμ⟩ post ανταποδωι Chr: post ημιν 2° finvxzd₂𝕬𝕰 | ανταποδω⟩ ανταποδωσι b: ανταποδωσει eiᵇjrswn₂b₂: ανταποδωσαι g: ανταποδωση f(uid) | υμιν c | ταυτων των κακων mn: om ταυτα 𝕭𝕰ᵖ | om τα κακα egj | ων mn: οσα egj: om w | ενεδειξαμεθα] pr αν j: εδειξαμεθα n | αυτω] pr εν m: εις αυτον Bᶜ: om 𝕭𝕭ᵖ⁽*⁾: (+κακα 32)

16 παρεγενοντο Backmowxb₂c₂𝕬𝕮(uid)𝕰𝕷 Spec] παραγε-ναμενοι lqu: παραγενομενοι AM rell Chr | ιωσηφ] αυτω m Chr | λεγοντες Backmowxb₂c₂𝕬(uid)𝕮(uid)𝕰(uid)𝕷 Spec] ειπον bdf iᵉnpd₂ Chr: ειπαν AMiᵃˡ rell 𝕭 | ο πατηρ—αρον AMiᵃˡ rell 𝕭 | ωρκισεν] ωρκισε ⟨2ο.32⟩ Chr-ed: +σε dfknpstw𝕷ᵃˡ: +me 𝕰ᵖ: +nos 𝕬𝕭𝕮𝕰ᵈ𝕷ʳ Spec

17 om αυτοις 𝕷 Chr Spec | ιωσηφ 1°] pr τω egmw: ad Ioseph 𝕷ᶜ | την αδικιαν αυτοις kmsx | om την αδικιαν και egj | αδικιαν 1°] αμαρτιαν αυτων aco: +αυτων c₂𝕭𝕮(uid) | και 1°—σου mu-

tila in 𝕮 | om και την αμαρτιαν Ay | αμαρτιαν⟩ αδικιαν aco | om αυτων 1° b Spec | om οτι—των c₂ | οτι] qui 𝕷ʳ | πονηρα] πολλα w: om 36] post ενεδειξαντο ac(σαι)kmosx 𝕬𝕾: om qu Chr | την αδικιαν και νυν δεξαι qu | και νυν] nunc ergo 𝕷 | των θεραποντων α. om του θεου dfᵉ*jmnpty*𝕷ʳ Spec | και 3°—(18) οικεται periere in 𝕮 | ⟨και εκλαυσεν⟩ εκλαυσεν δε 18⟩ | προς αυτον] ταυτα p: om m

18 και] καιγε k: om ελθοντες προς αυτον dh₂d₂ | ελθοντες] ιδοντ sup ras iᵉ: εξελθοντες l | προς αυτον] sub ⚬ ⚹: fratres eius 𝕰ᵖ: om Chr: +καιγε αδελφοι αυτου και επεσαν εις προσω-πον αυτου M(mg)ackmxc₂𝕬𝕾(sub ⊛ Mᵐᵍ𝕾) [om καιγε km𝕬 | αδελφοι] pr οι akmc₂ | om και akmc₂𝕬 | επεσαν] επεσον amc₂: επετεσαν c₂(uid) | om του θεου dfᵉ*jmnpty*𝕷ʳ Spec | και 3°—(18) om Mᵐᵍ] ειπαν] pr και akxc₂𝕬: και ειπον cm: ειπον AMbegjln–rtuvd₂: ειπον σε k | om 𝕭𝕰 | οιδε] ειδε n: ιδε cdehiᵉk*lmpsxc₂𝕬𝕰𝕷 Chr Spec: ηδη a₂: om f𝕾 | οικεται Bm] pr σου εσομεθα fiᵃʳr: ⟨pr σου 71⟩: pr om AMiᵉ rell 𝕭𝕾 Chr: ικεται kᶜˡ: famuli ⟨domestici 𝕷ʳ⟩ tui sumus 𝕬𝕷 Spec: seruiemus tibi 𝕭

19 ιωσηφ αυτοις vz𝕭 | om ιωσηφ A | δεω γαρ blnswxa₂ | εγω Bx𝕷ʳ] om w: post ειμι AM rell 𝕷𝕾 Chr Spec

20 κατ] περι ny | om εις 1° bdfgᵐmw𝕭𝕮(uid)𝕰 Chr Spec | πονηρα] κακα b: θι θεος] θι δε gj: ⟨θι αου 76⟩ g:ebουλευσατο] εβουλευσατο n | περι εμου] ⟨κατ εμου 30.37⟩: in me 𝕷ʳ | om εις 2° 𝕭𝕰 Spec | αγαθον o𝕷ʳ: οπων—ως] sicut factum est quidem 𝕬 | om αν Meghjc₂ | γενηθη] γενηθω m: γενηθε 𝕷𝕾: γενηται bfiᵃˡnrswb₂d₂ | ως] om 𝕭𝕷ʳ: +η d₂ | ινα] και fiᵃˡr | τραφη Biᵉ*b₂] διατραφηται m: διαραφεται k: διατραφη AMiᵃʳ rell Chr | πολυς] +nobis 𝕭

21 ειπεν δε αυτοις] pr και f | ειπεν δε Bl] και ειπεν AM rell 𝕭𝕷 Chr Spec | φοβηθειs c | τας οικιας] τους οικους c: ⟨τας γυναικας 30⟩ | παρεκαλεσεν] επαρεκαλεσεν m: uocauit 𝕰: rogauit 𝕷ʳ Spec | ελαλησεν] +καταθυμα αυτοις k | αυτων] post καρδιαν bkmw𝕬𝕷𝕾 Spec: αυτοις fiᵉnod₂𝕮 | την καρδιαν] ⟨τας καρδιας 128*⟩: +eorum 𝕮

13 το διπλουν] αγρον του διπλου Fᵇ | το σπηλαιον 2°] τον αγρον Fᵇ   16 λεγων] σ' παρακαλουν M
17 αφετ—αδικιαν] α' αρον δη αθεσιαν αδελφων σου M | αυτων 1°] fratribus tuis 𝕾 | πονηρα σοι ενεδειξαντο] α' κακια ημιψατο
σε M | δεξαι] α' αρον δη b𝕾
19 του—ειμι] α' οτι μη αντι θῦ εγω Mj(ꜱ)zₛ(om οτι): α' οτι μη θ̄ς εγω j(ꜱ)c₂ₛ(om οτι): σ' μη γαρ αντι θῦ εγω ειμι Mb
j(om αυτου)zc₂(om ειμι)𝕾: σαμ. μη φοβεισθε και γαρ φοβουμενοι θ̄ν ειμι jc₂   21 διαθρεψω] α' διοικησω M

B   ‡²²Καὶ κατῴκησεν Ἰωσὴφ ἐν Αἰγύπτῳ, αὐτὸς καὶ οἱ ἀδελφοὶ αὐτοῦ καὶ πᾶσα ἡ πανοικία 22
§ D τοῦ πατρὸς αὐτοῦ· καὶ ἔζησεν Ἰωσὴφ ἔτη ἑκατὸν δέκα. ²³καὶ εἶδεν Ἰωσὴφ Ἐφράιμ παιδία ἕως 23
τρίτης γενεᾶς· καὶ υἱοὶ Μαχεὶρ τοῦ υἱοῦ Μανασσῆ ἐτέχθησαν ἐπὶ μηρῶν Ἰωσήφ. ²⁴καὶ εἶπεν 24
Ἰωσὴφ τοῖς ἀδελφοῖς αὐτοῦ λέγων Ἐγὼ ἀποθνήσκω· ἐπισκοπῇ δὲ ἐπισκέψεται ὑμᾶς ὁ θεός, καὶ
ἀνάξει ὑμᾶς ἐκ τῆς γῆς ταύτης εἰς τὴν γῆν ἣν ὤμοσεν ὁ θεὸς τοῖς πατράσιν ἡμῶν, Ἀβραὰμ καὶ
Ἰσαὰκ καὶ Ἰακώβ. ²⁵καὶ ὥρκισεν Ἰωσὴφ τοὺς υἱοὺς Ἰσραὴλ λέγων Ἐν τῇ ἐπισκοπῇ ᾗ ἐπι- 25
σκέψεται ὑμᾶς ὁ θεὸς καὶ συνανοίσετε τὰ ὀστᾶ μου ἐντεῦθεν μεθ᾽ ὑμῶν. ²⁶καὶ ἐτελεύτησεν 26
¶ DℭℲ᾽ Ἰωσὴφ ἐτῶν ἑκατὸν δέκα· καὶ ἔθαψαν αὐτὸν καὶ ἔθηκαν ἐν τῇ σορῷ ἐν Αἰγύπτῳ.¶

      23 ιδεν AD       25 συνανοισεται BA       26 ετελευσεν Dᵇ

A(D)Ma-d₂𝕬𝕭ℭ=𝕰𝕷ᵛ𝕾

22 και κατωκησεν] κατωκησε δε find₂ℭ | εν αιγυπτω] εν γη
αιγυπτω c₂: εις αιγυπτον A | και 2°—αυτον 1°] sub ÷ : 𝕾: om
bw | om και 3°—αυτον 2° 𝔼ᵖ | πασα] post αυτον 2° bw | παρ-
οικια] παροικια fc₂ Chr: οικια bhwd₂: ⟨πατρια 20⟩ | om του
πατρος t°c₂ | αυτου 2°] αυτων xb₂ | om ετη g
23 ιωσηφ 1°] ιωσηφ g° | εφραιμ] post παιδια finyd₂𝔄𝔈:
om a₂ Chr: +και μανασση c₂ | παιδια] pr τα ⟨107⟩ 𝔅ᵖ: ⟨παιδα
83: παιδοι 79⟩ | τριτης] pr της a₂ | om και 2° D° | υιοι] pr
οι D°acimoquxyc₂𝔅 | μαχειρ] μαχηρ ek°lp: ⟨μεχρι 31⟩ | του
υιου] και υιοι b₂: om του bw: om υιου a | μανασση] μανασση
m: μαννασση Ay | ετεχθησαν] pro οι o𝔈 | μηρων] pr των
b₂𝔅¹: μηρον gm 𝕷ᵛ(uid)
24 ειπεν—αδελφοις] εκαλεσεν ιωσηφ τους αδελφους ν(txt)
z(txt) | om λεγων Admc₂𝕷ᵛ | εγω] pr ιδου bi*¹nrw𝕷: ιδου fk:
+ecce 𝕭 | επισκοπη δε] et 𝕰ᶜ(+uel 𝕰)𝕷ᵛ | ⟨δε⟩ γαρ 31⟩ | ο θι
επισκεψεται υμας k𝕰ᶜ | επισκεψηται fmnz | υμας ο θεος] ο θι
υμας AD^⁵ⁱMahlop°qs−vxyzc₂𝕾 Chr]: ο θι ημας dp° | υμας 1°]
ημας g | ⟨om και 2° 30⟩ | αναξει] ει sup ras z°: αναξη c: ⟨εξαξει
16.130⟩: educet 𝕬𝕰𝕷 | υμας 2°] +ο θι m | εις την γην] pr
και εισαξει υμας d₂*𝕰ᶜ: om f𝕰ᵖ: om την D | γη] ης f | ειπεν
ειπεν b₂ | ο θεος 2°] post ημων d₂: ⟨ετ 31⟩ | om αι*kmna₂𝕷ᵛ |

τοις πατρασιν ημων] pr dare 𝕬ℭ (+eam): sub ÷ 𝕾: om A |
υμων dknz*(uid)𝕭 | αβρααμ] pr τω i*nptd₂ Thdt | om και 3°
cg𝕬 | ιαβωβ f
25 ωρκισεν—επισκεψεται] οψεται m | τοις υιοις p | ισραηλ]
υμων y𝕭 | εν—η] in uisitatione sua 𝕷 (om sua 𝕷ᵛ) | η] ει c |
επισκεψηται D^⁵ⁱbcnz𝕬-codd | υμας] post θεος AD^⁵ⁱMcdhlmo
p(ημας p*)qs-vx-c₂| ημας g: ⟨om 31⟩ | om και 2° kc₂𝕭𝕰 |
συνανοισετε] (συνανοισατε 76: συναναβιβασατε 64 mg): συναξη-
ται f: colligetis 𝕷ᵛ: tolletis 𝕷ᵛ
26 hoc comma rec man adscr D | ετων BA[ma₂c₂𝕬𝕰 Chr]
pr ων D°M rell 𝕭ℭ𝕰𝕷𝕾 | και εθηκαν Babi*kowc₂𝕬-codd 𝕷ᵛ]
και εταφη f: om D°ya₂d₂: +αυτον AMi¹ rell 𝕬-ed𝕭ℭ𝕰𝕷𝕾 |
⟨εν αιγυπτω] αιγυπτου 16⟩

Subscr γενεσις Mabiq ⟨+και τελος αυτης qᵇ⟩ rux: γενεσις a′
h: γενεσις κοσμου Ay ⟨+τελος⟩: γενεσις κατα τους εβδομηκοντα
Bc₂ | γενεσις στιχοι δτη′ vz: τελος της γενεσεως fs: τελος γενεσις
βιβλιον a′n: τελος του πρωτου βιβλιου της γενεσεως συγγραφης
παρα του θεοπνου μωυσεως c: γενεσεως στιχοι ͵δυ′ τελος της a′
βιβλιου g: ετελειωθη η γενεσις στιχοι δτη′ j: ετελειωθη συν θω
το πρωτον βιβλιον της παλαιας τουτ εστιν η γενεσις a₂: εχει το
βιβλιον της γενεσεως στιχων δτη′ w

26 εθαψαν] α′ ηρωματισαν M | σορω] α′ γλωσσακομω M

# CORRECTIONS AND ADDITIONS IN THE NOTES ON GENESIS.

[N.B. Through an unfortunate oversight we omitted to take into account the quotations in Eusebius, *Eclogae Propheticae*, until two-thirds of Genesis were printed. To this cause are due most of the corrections given below.]

Notes on

Gen. 1. 3, 9, Reference should have been made to the quotation in Long. *De Sublim.* ix. 9 εἶπεν ὁ θεός... γενέσθω φῶς, καὶ ἐγένετο· γενέσθω γῆ, καὶ ἐγένετο.

12, l. 4, *omit* '63'.

2. 13, l. 2, *read* 'γαιων ej On'.

4. 16, l. 4, *read* 'ναιν m On-cod'.

5. 1, l. 1, *for* 'Phil-cod-omn $\frac{1}{2}$' *read* 'Phil-codd-omn $\frac{1}{2}$'.

11. 7, l. 5, *after* 'Or-gr-cod $\frac{1}{2}$' *add* 'Eus'.

l. 6, *after* 'Or-gr $\frac{2}{3}$' *add* 'Eus'.

12. 1, ll. 8, 9, *for* 'Eus' (both times) *read* 'Eus $\frac{1}{3}$'.

2, l. 3, *for* 'Eus $\frac{1}{3}$' *read* 'Eus $\frac{1}{3}$'.

15. 1, l. 4, *after* '𝔄-ed' *add* 'Eus'.

7, l. 4, *after* 'Phil-arm:' *add* 'κυριος Eus:'.

16. 7, l. 1, *after* 'Phil' *add* 'Eus'.

10, l. 4, *after* 'rell' *add* 'Eus'.

11, l. 3, *after* 'Chr |' *add* 'εχεις] εξεις Eus |'.

13, l. 1, *after* 'Phil-arm' *add* 'Eus'.

l. 3, *after* 'Phil $\frac{1}{3}$' *add* 'Eus $\frac{2}{3}$'.

17. 1, l. 6, *for* 'Eus-ed' *read* 'Eus $\frac{1}{3}$-ed $\frac{1}{3}$'.

l. 10, *for* 'Eus' *read* 'Eus $\frac{2}{3}$'.

18. 1, l. 1, *for* 'Eus $\frac{1}{2}$' *read* 'Eus $\frac{1}{3}$: αυτω κυριος Eus $\frac{1}{3}$'.

l. 2, *for* 'Eus $\frac{1}{2}$' *read* 'Eus $\frac{1}{3}$'.

l. 3, *for* 'Eus $\frac{2}{3}$' *read* 'Eus $\frac{2}{3}$'.

l. 4, *omit* 'Eus'.

l. 7, *after* 'x' *add* 'Eus $\frac{1}{3}$'.

2, l. 8, *for* 'Eus' *read* 'Eus $\frac{1}{3}$'.

3, l. 2, *after* 'Phil-codd' *add* 'Eus'.

4, l. 3, *after* '𝔅p' *add* 'Eus'.

l. 4, *after* 'Or-gr' *add* 'Eus'.

16, l. 3, *for* '⟨επεβλεψαν 20⟩' *read* 'επεβλεψαν ⟨20⟩ Eus'.

17, l. 3, *for* '$\frac{2}{3}$' *read* '$\frac{2}{3}$'.

18, l. 2, *for* '$\frac{1}{2}$' *read* '$\frac{1}{3}$'.

l. 3, *for* 'ευλογηθησονται lm' *read* 'ενευλογηθησονται] ενευλογηθησεται Eus $\frac{1}{3}$: ευλογηθησονται lm'.

19, l. 5, *after* 'djmp' *add* 'Eus $\frac{1}{2}$'.

l. 6, *after* 'Eus' *add* '$\frac{1}{2}$'.

20, l. 2, *after* 'Eus' *add* '$\frac{1}{3}$'.

l. 4, *after* 'Eus' *add* '$\frac{1}{3}$'.

24, l. 10, *after* 'Eus' *add* '$\frac{1}{3}$'.

18. 25, l. 2, *after* 'Eus' *add* '$\frac{1}{3}$'.

l. 4, *for* '$\frac{1}{2}$' *read* '$\frac{1}{3}$'.

19. 1, l. 1, *after* 'ανηλθον E' *add* ': απηλθον Eus $\frac{1}{3}$: εισηλθον Eus $\frac{1}{3}$'.

15, l. 1, *for* 'fhrt' *read* 'fhirt'.

19, l. 2, *after* 'x' *add* 'Eus'.

23, l. 2, *after* 'Eus' *add* '$\frac{1}{3}$'.

24, l. 1, *for* '$\frac{5}{8}$' *read* '$\frac{7}{10}$'.

l. 2, *for* '$\frac{1}{8}$' *read* '$\frac{1}{10}$'.

l. 4, *for* '$\frac{2}{3}$' *read* '$\frac{2}{3}$'.

l. 6, *for* '$\frac{1}{3}$' *read* '$\frac{1}{3}$'.

l. 7, *for* '$\frac{1}{3}$' *read* '$\frac{1}{3}$'.

21. 17, l. 5, *before* 'Chr' *add* 'Eus'.

18, l. 5, *after* 'Cyr-ed |' *add* 'om μεγα Eus |'.

l. 6, *before* 'Chr-ed' *add* 'Eus'.

27. 29, l. 7, *after* 'rell' *add* 'Eus'.

l. 8, *before* 'T-A' *add* 'Eus $\frac{1}{3}$'.

28. 10, l. 1, *after* 𝔅 *add* 'Eus(+o)'.

17, l. 3, *after* 'clx' *add* 'Eus'.

30. 22, l. 4, *after* 'ανεωξεν]' *add* '+ο θς̄ l:'.

31. 3, l. 2, *after* '$d_2$ |' *add* 'των πατερων Eus |'.

13, l. 1, *for* '$\frac{1}{3}$' *read* '$\frac{1}{4}$'.

l. 4, *for* '$\frac{1}{3}$'...'$\frac{2}{3}$' *read* '$\frac{1}{4}$'...'$\frac{2}{4}$'.

l. 5, *for* '$\frac{3}{3}$' *read* '$\frac{3}{4}$'.

l. 6, *for* '$\frac{1}{3}$' *read* '$\frac{2}{4}$'.

l. 13, *after* 'Or-gr' *add* 'Eus'.

32. 6, l. 8, *omit* 𝔖.

36. 23, l. 11, *for* 'ijmn' *read* 'i–n', *and omit* 'γεμηλ l:'.

31, l. 2, *omit* 'βασιλευσοντες l'.

37. 2, l. 13, *for* 'Chr-ed $\frac{1}{2}$' *read* 'Chr-ed $\frac{1}{3}$'.

38. 1, l. 1, *before* 'εως' *add* 'εφικετο l |'.

41. 35, l. 1, *for* '$i^{a?}p$' *read* '$i^{a?}lp$'.

42. 5, ll. 4, 5, *for* 'λοιμος n' *read* 'λοιμος και n'.

9, l. 5, *for* '$nc_2$' *read* '$mnc_2$'.

16, ll. 6, 7, *for* 'απαχθηεθησεσθαι' *read* 'απαχθη δεθησεσθαι'.

36, l. 5, *for* '$cegja_2$' *read* '$cegjla_2$'.

44. 1, l. 7, *for* 'fmw' *read* 'fmnw'.

12, l. 1, *after* 'ηρευνα δε]' *add* 'ερευνα δε m'.

45. 15, l. 3, *for* 'egjlv' *read* 'egjlnv'.

22, l. 5, *after* '𝔄-codd |' *add* 'χρυσιους m |'.

46. 20, l. 24, *for* 'ουταλααμ l' *read* 'ουταλααμ lm'.

21, l. 1, *after* '𝔈p |' *add* 'βενιαμην n |'.



CAMBRIDGE: PRINTED BY JOHN CLAY, M.A. AT THE UNIVERSITY PRESS.